Crimes of Passion

spectrum Literaturwissenschaft/ spectrum Literature

Komparatistische Studien/Comparative Studies

Herausgegeben von / Edited by
Moritz Baßler, Werner Frick, Monika Schmitz-Emans

Band 50

Crimes of Passion

Repräsentationen der Sexualpathologie
im frühen 20. Jahrhundert

Herausgegeben von
Oliver Böni und Japhet Johnstone

Mit einem Vorwort von Scott Spector

DE GRUYTER

Gedruckt mit Unterstützumg der Bundesstiftung Magnus Hirschfeld.

GEFÖRDERT VON

bundesstiftung
magnushirschfeld

ISBN 978-3-11-041990-0
e-ISBN (PDF) 978-3-11-042014-2
e-ISBN (EPUB) 978-3-11-042016-6
ISSN 1860-210X

Library of Congress Cataloging-in-Publication Data
A CIP catalog record for this book has been applied for at the Library of Congress.

Bibliografische Information der Deutschen Nationalbibliothek
Die Deutsche Nationalbibliothek verzeichnet diese Publikation in der Deutschen
Nationalbibliografie; detaillierte bibliografische Daten sind im Internet über
http://dnb.dnb.de abrufbar.

© 2015 Walter de Gruyter GmbH, Berlin/Boston
Satz: jürgen ullrich typosatz, Nördlingen
Druck: Hubert & Co. GmbH & Co. KG, Göttingen
♾ Gedruckt auf säurefreiem Papier
Printed in Germany

www.degruyter.com

Danksagung

Ohne die großzügige finanzielle Unterstützung der *Bundesstiftung Magnus Hirschfeld* wäre die vorliegende Publikation nicht möglich gewesen. Mit ihrer Hilfe konnten wir die Beiträge der Tagung *Crimes of Passion: Repräsentationen der Sexualpathologie im frühen 20. Jahrhundert*, die im Juli 2013 in Münster stattfand, auf diese Weise einer breiteren Öffentlichkeit zur Verfügung stellen. Wir hoffen, die Bundesstiftung im Sinne von Magnus Hirschfelds Motto „per scientiam ad iustitiam" so außerdem bei ihren Anliegen zu unterstützen. Wir danken auch all jenen Institutionen, die darüber hinaus mit ihrem finanziellen und ideellen Engagement die Tagung ermöglichten und damit die Grundlage für diesen Sammelband legten. Dass wir mit der *Hans-Böckler-Stiftung* neben der Bundesstiftung Magnus Hirschfeld einen weiteren außeruniversitären Förderer gewinnen konnten, unterstreicht die gesellschaftliche Relevanz unserer Forschung. Wir danken auch der *Westfälischen Wilhelms-Universität Münster* und ihren Institutionen wie der *Gleichstellungsbeauftragten*, dem *International Office* oder dem *SmartNetwork*, das in Kooperation mit dem *DAAD* die Anwesenheit unserer zahlreichen internationalen Gäste ermöglichte. Selbstverständlich gilt auch dem *Germanistischen Institut* mit der ihr angegliederten *Graduate School ‚Practices of Literature'* unser Dank. Insbesondere die Koordinatorin Maren Konrad hat uns mit Rat und Tat von der ersten Planung bis hin zu den bürokratischen Nachwehen der Tagung außerordentlich geholfen.

Ferner möchten wir sowohl den Herausgebern der Buchreihe *spectrum Literaturwissenschaft* dafür danken, dass sie unseren Band in ihre Reihe aufgenommen haben, als auch dem de Gruyter Verlag für seine Unterstützung und sein Engagement. Die Essenz bleiben aber die Beiträge, deren AutorInnen mit viel Geduld und Mühe ihre wunderbaren Tagungsvorträge in die vorliegenden Aufsätze überführt haben und uns Herausgebern die Arbeit nicht nur erleichtert, sondern auch zu einer Freude gemacht haben. Wir danken Ina Linge, Matthias Schaffrick und Ana Ilic für die kritische Durchsicht unserer Einleitung und Maik Bierwirth für sein unschätzbares Lektorat unseres Manuskripts.

Münster und Berlin, im Februar 2015   Die Herausgeber

Inhaltsverzeichnis

Scott Spector (Ann Arbor)
Preface

Delirious: Sexual Pathology, Crime, and Art at the *Fin de Siècle*

Art, crime, and sex are ever in season, but undoubtedly enjoyed a symbiotic efflorescence from the last third of the nineteenth century on. "Sexual pathology," however, was an obsession of the last third of the nineteenth century, and the fulcrum of the emergence of the Western notion of sexuality as such. The conceptualization of "sexuality" was, from the first, associated with disease on the one hand and crime on the other. It flowed directly into the modern art movement just at the moment where art seemed to be breaking away from the world around it. The aesthetic programs and novel productions within the visual arts, literature, and the stage – whether referred to as "aestheticism," "art for art's sake," "Decadence," "the Young," or "secession" – set free the sensual component of the aesthetic and in doing so turned to sexuality freed from the bounds of conventional morality. In the same period, the new discipline of sexual science focused on the privileged category of deviance. The concentration on liminal states of sexual pathology led naturally to reflections on genius, creativity, and artistic innovation in particular. A book series entitled *Grenzfragen des Nerven- und Seelenlebens*, for example, could include volumes on Tolstoi, Kleist, Ibsen, the genealogy and psychology of composers, Hypnosis and Art, and Poetry and Neurosis. Sexual pathology was more than a pet theme of *fin-de-siècle* Central European literature – the two sprang from a common source.

This state of affairs raises a particular set of questions that the contributions in this volume begin to address in specific ways. First of all, there is the question of the new formation of knowledge and practice itself. What kind of knowledge is this, what forms does it take, and what are its peculiar effects? One objective here is hence an epistemology of the complex sex/crime/art that emerges from the cases under study. It is, in some of these examples, more of a space of knowledge beyond the verbal; we recall that Paul Moreau de Tours, and Richard von Krafft-Ebing after him, thought of sex as a genital sensibility, or a "sixth sense."[1] As much as the new science would struggle for academic legitimacy, in its most original moments it would also invest itself in those regions of experience that did

---

1 See Harry Oosterhuis: Stepchildren of Nature. Krafft-Ebing, Psychiatry, and the Making of Sexual Identity. Chicago 2000, p. 59.

not operate according to the same iron laws that governed other territories of knowledge.

Once we have established the relation between the new sexual science and art, it remains to be fleshed out what the nature of that relation is, and what its implications are. The literature of sexual science was, from its inception, literary – Krafft-Ebing's case histories are told as the tales they are, his descriptions of syndromes, complexes, and etiologies are elaborately poetic. His forerunner Mantegazza was no less of a writer, in fact a novelist of love as well as a scientist of sex. Sexologists like Iwan Bloch and Magnus Hirschfeld would cite long strings of examples from classical and modern literature. Not to mention Freud, who named complexes after Greek mythological heroes, and devoted tomes to the biblical Moses and the life of Leonardo da Vinci. The coupling of sexual pathology and art inevitably raises questions of aesthetics that require different forms of attention – what one contributor describes as a "poetology" of deviance.

Literary and scientific modes of understanding sexuality may not always have worked in concert, for they were also in some sense in competition with one another. What would the world of "sexuality" have looked like had an aesthetic model of desire overruled the medical model of the sexual instinct? One needn't engage in that sort of counterfactual exercise, however, to analyze some of the grounds on which a sort of struggle among these modes of discourse ensued, and their shifting hierarchies.

The question of *genre* hence emerged – recurrently – in our discussions and in the contributions to this volume. What is the bearing of scientific conceptualizations of sexuality on literature and art, and how in turn have those conceptualizations drawn upon their form and example? The sexological or criminological case study and the literary, pictorial, or dramatic representation all have presumed referents in the world outside the work. But what is the relationship of these representations to the lived experience of sexual and criminal subjects? How has the self-understanding of these subjects conditioned, and been conditioned by these representations? If sexual subjectivity is the lynchpin of the circuit of sexual knowledge and sensibility, then the sexual subject – as conscious agent – is more present in these explorations than in the earlier generations of history of sexuality.

In the wake of Foucault – and several waves of subsequent Foucauldians – there has been a focus on the various conceptualizations of sexuality in play in cultural and scientific representation. Judging from many of the essays in this volume, the scholarship seems to have moved past strict bifurcations, and yet works within a field of play structured by particular conceptions of sexual acts, desires, aims, identities, and so on. Historical understandings of sex have certainly been anchored in such models, but examination proves the models themselves to be more porous, mobile, flexible, and unstable than they had previously been assumed to be. More nuanced approaches to these understandings are yielding new insights about the cultural contexts that produced them. Similarly, "mechanisms" of repression, sublimation and desublimation, and so on take on a new hue when donned by historical actors.

The Freudian model of psychosexual development has perhaps been responsible for a push-and-pull in the scholarship on sexuality that is discernable in these contributions: when is sex "about" something else (power relations, social order, politics), when are the same social relations "about" sex? When is sex about sex? We may take for granted that anything like a "sexual order" must be intricately linked to other hierarchies and systems – economic, gendered, racial, national, colonial – but it takes careful analysis to see how it is so. Sex and ideology – what Gayle Rubin called "thinking sex" – is hence at the center of the dialogue unfolding in the following pages.[2]

Ultimately, the obsessions of the *fin de siècle* – from sexual pathology to sexual violence to an art for art's sake, removed from moral considerations – were so many reflections on the state of civilization. Cesare Lombroso and Otto Weininger both understood a profound if mysterious link between degeneration and genius.[3] This is the period, too, of the discovery of the instinctual genius inherent in the art of the insane, the criminally insane, the poetry of lust murderers.[4] In the words of Erich Wulffen

> Es handelt sich um ein in die Urpolarität alles Erschaffenen tief eingetauchtes Gesetz, das in der organischen Natur des Menschen begründet ist, die wie alle Wesenheit des Alls in einer Entwicklung und Äußerung von Kräften überhaupt besteht ... Wir erkennen und begreifen, wie auf dem ewigen Kampfe des Guten und des Tugend mit Sexualität und Verbrechen alle geistige Kultur der Menschheit sich aufgebaut hat, wie diese zeitliche Wechselwirkung den Mythos aller Völker schuf, ihre Religionen stiftete, ihre Weisheit und Philosophie erstehen ließ und schließlich alle ihre Künste begründete und zur Blüte brachte...[5]

Civilization itself, on this account, is nothing but a crime of passion.

---

2 Gayle Rubin: Thinking Sex. Notes for a Radical Theory of the Politics of Sexuality, in: Carole S. Vance (ed.): Pleasure and Danger. Exploring Female Sexuality. London 1992, p. 267–293.

3 Cf. Cesare Lombroso: Entartung und Genie. Neue Studien. Leipzig 1894; Max Nordau: Entartung. 2 vols. Berlin 1892–1893; Otto Weininger: Geschlecht und Charakter. Wien, Leipzig 1903, p. 131–144 (= chapter "Begabung und Genialität").

4 See Cesare Lombroso: Kerker-Palimpseste. Wandinschriften und Selbstbekenntnisse gefangener Verbrecher. Hamburg 1899.

5 Erich Wulffen: Sexualspiegel von Kunst und Verbrechen. Dresden 1928.

References

Cesare Lombroso: Entartung und Genie. Neue Studien. Leipzig 1894.

Cesare Lombroso: Kerker-Palimpseste. Wandinschriften und Selbstbekenntnisse gefangener Verbrecher. Hamburg 1899.

Max Nordau: Entartung. 2 vols. Berlin 1892–1893.

Harry Oosterhuis: Stepchildren of Nature. Krafft-Ebing, Psychiatry, and the Making of Sexual Identity. Chicago 2000.

Gayle Rubin: Thinking Sex. Notes for a Radical Theory of the Politics of Sexuality, in: Carole S. Vance (ed.): Pleasure and Danger. Exploring Female Sexuality. London 1992.

Otto Weininger: Geschlecht und Charakter. Wien, Leipzig 1903.

Erich Wulffen: Sexualspiegel von Kunst und Verbrechen. Dresden 1928.

Oliver Böni und Japhet Johnstone (Münster)
Anders als die Andern

Eine Art Einführung in die Sexualpathologie des frühen
20. Jahrhunderts

1 Representing the Sexual Other

Der sexualpathologische Diskurs erobert die Kultur der Moderne fast ebenso
schnell wie er sich seit Ende des 19. Jahrhunderts als wissenschaftliche Disziplin
zu etablieren beginnt. Von Anfang an – darauf verweisen namhafte Sexualpathologen in ihren Standardwerken immer wieder – geht die Wissenschaft dabei mit
verschiedenen Künsten ein enges Bündnis ein. Insbesondere der Literatur wird
von den Sexualpathologen ein zentraler Stellenwert eingeräumt: Angesichts des
Mangels an empirischem und statistischem Material bietet die Literatur einen
reichen Fundus an Fallgeschichten, von dem ausgehend die Wissenschaftler ihre
Systematisierungen sexueller Devianzen konstruieren können. Die für den sexualpathologischen Diskurs typische Verbindung von *sex and crime* treibt die
wissenschaftliche wie auch populäre Rezeption und ‚Veralltäglichung‘ einschlägiger sexualpathologischer Texte wie etwa Richard von Krafft-Ebings *Psychopathia sexualis* maßgeblich voran. Sexuelle Devianz hat sich im Zuge dessen zu
einem prominenten Ableger des sozial Anderen entwickelt, da sie *per definitio-
nem* das Andere von dem repräsentiert, was gesellschaftlich akzeptiert, legitimiert und institutionalisiert ist. Devianz als Abweichung von einem kulturell
konstruierten ‚Normalen‘ muss als Bruch mit der sozialen Ordnung und damit als
Verbrechen wahrgenommen und zur sozialen Stabilisierung juristisch bzw. gesellschaftlich sanktioniert und unterbunden werden.

Die breite Antizipation sexualpathologischen Wissens im frühen 20. Jahrhundert führt die Notwendigkeit seiner kulturwissenschaftlichen Erforschung deutlich vor Augen. Die kulturpoietische Wirkung der Sexualpathologie ist nicht
zuletzt auf die ihr innewohnende Inter- und Transdisziplinarität zurückzuführen,
die bereits von Zeitgenossen erkannt wird. Exemplarisch seien Wulffen, der in
seinem *Sexualspiegel von Kunst und Verbrechen* explizit die Verbindung zwischen
Kunst und (devianter) Sexualität herstellt,[1] und Hirschfeld genannt, der in der

---

1 Vgl. Erich Wulffen: Sexualspiegel von Kunst und Verbrechen. Mit über 100 Tafeln und Abbildungen in Lichtdruck. Dresden 1928.

von ihm herausgegebenen *Sittengeschichte der Nachkriegszeit* Ethik, Geschichtswissenschaft und Sexologie verbindet.[2] Ähnlich wie diese Bücher richtet sich auch Theodor Lessing mit der Gerichtsreportage *Haarmann* an ein breiteres Publikum und wählt den Lustmörder Fritz Haarmann als Ausgangspunkt für eine umfassende Kultur- und Gesellschaftskritik.[3] Bereits diese wenigen Beispiele illustrieren, wie das sexualpathologische Wissen in einen intensiven Austausch mit anderen Diskursen tritt.

Die in diesem Band versammelten Beiträge sind das Ergebnis der 2013 in Münster abgehaltenen internationalen Tagung *Crimes of Passion: Repräsentationen der Sexualpathologie im frühen 20. Jahrhundert*. Die Beiträge unterziehen das breite Spektrum der Repräsentationen der Sexualpathologie in verschiedenen kulturellen Erzeugnissen (zu denen auch die unzähligen zeitgenössischen wissenschaftlichen Publikationen zählen) am *Fin de siècle* und in der ersten Hälfte des 20. Jahrhunderts historischen und kritischen Analysen. Die Erforschung vergangener – und damit ‚anderer‘ – Kulturen erfordert gerade mit Blick auf sensible Themen wie Geschlecht und Sexualität einerseits ein besonderes Bewusstsein für die Distanz zur untersuchten Kultur mit den ihr eigenen Moralen, Ideologien, Identitätskonzeptionen und soziopolitischen Prozessen, für deren Bewertung nicht nur die Kulturwissenschaft zuständig sein kann, wenn sie ihren Untersuchungsgegenständen gerecht werden und die eigenen Ergebnisse nicht verfälschen möchte. Andererseits gilt es, eine Balance mit den – berechtigten – Ansprüchen kritischer Theorien herzustellen, die sich in ihren Analysen gegenwärtiger Debatten über Geschlecht und Sexualität auf die Geschichte (und ihre Geschichten) beziehen: Mit der Bezugnahme auf vergangene diskursive Konstrukte und Kontroversen können solche Theorien wichtige Impulse aufnehmen und grundlegende Reflexionen über aktuelle Entwicklungen anstoßen.

Mit Rückgriff auf den maßgeblich durch den New Historicism neu akzentuierten Begriff der Repräsentation nehmen wir als Herausgeber eine zwischen diesen beiden Ansprüchen vermittelnde Position ein, die auch durch die historische Ausrichtung der verschiedenen Beiträge gewährleistet wird. Die herausragende Stellung, die der Repräsentationsbegriff in unserem kulturwissenschaftlichen Band einnimmt, erklärt sich durch die Einbettung des je zu analysierenden ‚Dinges‘ in einen für die jeweilige Kultur spezifischen „Sinnzusammenhang" bzw. in ein bestimmtes „Bedeutungssystem", durch welche die ‚Dinge‘ überhaupt erst

---

2 Vgl. Magnus Hirschfeld (Hg.): Zwischen zwei Katastrophen (früher: Sittengeschichte der Nachkriegszeit). 2., durchgesehene neu bearb. Aufl. Hanau 1966 [1930].

3 Vgl. Theodor Lessing: Haarmann. Die Geschichte eines Werwolfs und andere Gerichtsreportagen. Hg. u. eingeleitet v. Rainer Marwedel. Frankfurt/M. 1989 [1925].

etwas zu repräsentieren beginnen und damit einen Zeichencharakter erhalten.[4] Den Beiträgen dient die Berücksichtigung solch semiotischer Systeme, die mit Greenblatt als Resultat von Verhandlungen (*negotiations*) und Austauschprozessen (*exchanges*) zwischen einer bestimmten Repräsentation und der das semiotische System einer Kultur bildenden Pluralität anderer Repräsentationen verstanden werden können, als Grundlage ihrer Analysen.[5] Die mit Greenblatt apostrophierten Repräsentationen solcher Bedeutungssysteme sind dabei gerade keine (Re-)Konstruktionen aus heutiger Perspektive, sondern materialiter in Texten überlieferte bedeutungstragende ‚Dinge'. Insofern sind die in diesem Sammelband untersuchten Repräsentationen weniger „Vergegenwärtigung[en] von Abwesendem"[6] als vielmehr sexualpathologische Vergegenwärtigungen von *in anderen Texten desselben kulturellen Archivs Anwesendem.*

Die folgenden drei Sektionen des Bandes betonen jeweils einen Aspekt der den Repräsentationen der Sexualpathologie anhaftenden Charakteristika: Die erste Sektion *Undermining Sciences* versammelt Studien, die untersuchen, wie wissenschaftliche Erkenntnisse auf Strategien, Verfahren und ‚Fällen' fußen, die vorwiegend in Gebieten der Literatur und der anderen Künste beheimatet sind und von der aufkeimenden Sexualpathologie und Kriminologie als ‚wissenschaftliche' Methoden antizipiert wurden. Die Beiträge zeichnen einerseits nach, wie die Texte namhafter Sexualpathologen davon *unterminiert* werden, andererseits wie die Produkte der verschiedenen Künste – gerade auch diejenigen von medizinisch Gebildeten wie beispielsweise Döblin – gezielt die Wissenschaftlichkeit der Wissenschaft in ihren Grundfesten erschüttern. Die zweite Sektion *Inspiring Arts* wiederum geht gewissermaßen den entgegengesetzten Weg, indem die Beiträge nun die wissenschaftlichen Repräsentationen in künstlerischen Texten ins Auge fassen und der Frage nach dem direkten Einfluss der Sexualpathologie auf die Künste im frühen 20. Jahrhundert nachgehen. Während kriminelle Akte und abweichende Identitäten bereits in den ersten beiden Sektionen immer wieder angeschnitten werden, geht die letzte Sektion *Judging Normality* diesem Aspekt weiter auf den Grund, indem sie die juristischen Angelegenheiten einerseits, die

---

4 Moritz Baßler: Die kulturpoetische Funktion und das Archiv. Eine literaturwissenschaftliche Text-Kontext-Theorie. Tübingen 2005 (= Studien und Texte zur Kulturgeschichte der deutschsprachigen Literatur, Bd. 1), S. 107–109.

5 Stephen Greenblatt: Resonance and Wonder, in: Ivan Karp, Steven D. Lavine (Hg.): Exhibiting Cultures. The Poetics and Politics of Museum Display. Washington, DC 1992, S. 42–56, hier S. 45.

6 Horst Wenzel: Art. „Repräsentation₂", in: Harald Fricke (Hg.): Reallexikon der deutschen Literaturwissenschaft. Neubearbeitung des Reallexikons der deutschen Literaturgeschichte gemeinsam mit Georg Braungart, Klaus Grubmüller, Jan-Dirk Müller u.a. Bd. III: P–Z. Berlin, New York 2007, S. 268–271, hier S. 268.

Etablierung und Abweichung von gesellschaftlichen Normen – und damit: Normalitäten – andererseits in den Vordergrund rückt.

Der Notwendigkeit, die versammelten Beiträge mit den genannten drei Sektionen in eine lineare Ordnung zu bringen, haftet etwas Widersinniges an – schließlich konstituiert sich ‚die Sexualpathologie des frühen 20. Jahrhunderts' erst aus dem ihr zugrunde liegenden Bedeutungsgeflecht, aus dem intertextuellen Dialog der in den einzelnen Aufsätzen jeweils im Zentrum stehenden Repräsentation(en) der Sexualpathologie. Die Beiträge müssten entsprechend gleichsam nebeneinander, ja übereinander gelegt – oder noch besser: als Hypertext in Buchform präsentiert werden, um ihre Wirkung gänzlich entfalten zu können. „Der Fehler dieses Buches ist", wie man in Anlehnung an Musil (etwas anmaßend) formulieren könnte, „ein Buch zu sein. Daß es einen Einband hat, Rücken, Paginierung. Man sollte zwischen Glasplatten ein paar Seiten [Beiträge!] davon ausbreiten und sie von Zeit zu Zeit wechseln. Dann würde man sehen,"[7] wie die untersuchten Repräsentationen miteinander in Beziehung treten und das Paradigma der Sexualpathologie entfalten. Wir versuchen uns im zweiten Teil der Einleitung zumindest an der *imitatio* eines solchen Dialogs, indem wir an einem ausgewählten Beispiel – Richard Oswalds 1919 uraufgeführtem Aufklärungsfilm *Anders als die Andern* – die zentralen Thesen und Inhalte der Beiträge vorstellen und damit vorab die dem Inhaltsverzeichnis zu entnehmende Linearität durchbrechen.

Die Filmanalyse widmet sich den genannten Aspekten der drei Sektionen und untermauert ihre fundamentale Bedeutung für sexualpathologische Repräsentationen. Ausgehend von der Frage nach dem adäquaten Sichtbarmachen des ‚Sexualpathologischen', welches bei der Analyse des noch jungen visuellen Mediums Film *und* der sich konstituierenden Wissenschaft der Sexualpathologie eine kaum zu überschätzende Bedeutung zukommt, untersuchen wir die Besonderheiten der Semiose im Kontext sexualpathologischer Repräsentationen. Wir fragen damit zugleich nach den Bedingungen, die ein ‚Ding' in einem bestimmten Bedeutungszusammenhang zu einem für die Sexualpathologie relevanten – und das heißt: zu einem interpretationswürdigen – Zeichen macht, und nach dem daran anschließenden Prozess der Sinn- und Bedeutungszuschreibung – also der (hermeneutischen) Interpretation – solcher Zeichen im Lichte ihres intertextuellen Austausches mit anderen als ‚sexualpathologisch' eingestuften Zeichen.

---

7 Robert Musil: Klagenfurter Ausgabe. Kommentierte digitale Edition sämtlicher Werke, Briefe und nachgelassener Schriften. Mit Transkriptionen und Faksimiles aller Handschriften. Hg. v. Walter Fanta, Klaus Amann, Karl Corino. Klagenfurt 2009; LESETEXTE; Bd. 16: Frühe Tagebuchhefte; Vermischte Notizen 1918–1919, S. 76.

In unserer Analyse steht die These im Zentrum, dass das Sichtbarmachen im Aufklärungsfilm auf eine Vereindeutigung, ja Stilllegung des semiotischen Prozesses angewiesen ist, die aber aufgrund der Komplexität und Polyvalenz der verknüpften Zeichen und Diskurse unterlaufen wird. Es entsteht sonach die paradoxe Situation, dass der im Film *Anders als die Andern* transportierte (volks-) aufklärerische Gestus aufgrund des Mediums Film, der als ästhetisches Medium noch mehr als andere Texte mit seinen erzählerischen Mitteln für „das Konzept der unbegrenzten Semiose" anfällig ist,[8] einerseits unterminiert wird, andererseits aber überhaupt erst als ästhetisches Erzeugnis in der Mitte des gesellschaftlichen Diskurses ankommen konnte. Mit der Kernthese des Beitrags *Dialektik von Repression und Liberalisierung. Die Politisierung der Homosexualität vor dem Ersten Weltkrieg* von Norman Domeier können wir diese Bewegung als „Dialektik der Aufklärung" bezeichnen:[9] Domeier beschreibt die Wichtigkeit des Eulenburg-Skandals für die Emanzipationsbewegung der Homosexuellen. Wenngleich Homosexualität erst durch die Kontroversen rund um den Skandal zu einem öffentlich sagbaren Diskurs avancieren konnte, so schlägt diese ‚Aufklärung' der Bevölkerung nur zu bald in ihr Gegenteil um und leistet der Homophobie Vorschub.

Dass *Anders als die Andern* dem Genre des Aufklärungsfilms zuzurechnen ist – und sich deshalb zur Einführung in die Sexualpathologie exzellent eignet –, markiert der volle Untertitel: *§ 175. Sozialhygienisches Filmwerk.* Dieses Genre, das nebenbei bemerkt von Oswald selbst begründet wurde,[10] hegt den Anspruch, die Gesellschaft über die menschliche Sexualität in all ihren Spielarten mit all den damit verbundenen möglichen Gefahren wie Geschlechtskrankheiten oder Prostitution *aufzuklären* und „vermeidet" dabei – zumindest nach Oswalds Eigeneinschätzung – „alles Sensationelle".[11] Laut dem im Filmtitel erscheinenden Paragraphen, der im deutschen Reichsstrafgesetzbuch die „widernatürliche Unzucht, welche zwischen Personen männlichen Geschlechts [...] begangen wird", unter Strafe stellt,[12] fokussiert der Film also auf die noch als Sexualpathologie eingeschätzte Homosexualität. Namhafte zeitgenössische Kritiker entlarven diese kinematographische Aufklärung allerdings schon früh und nicht nur im Fall von

---

8 Vgl. Umberto Eco: Semiotik und Philosophie der Sprache. München 1985, S. 169f.

9 Vgl. Domeier, S. 323–343.

10 Paul Englisch: Die sexuelle Frage in Literatur, Kunst, Presse und Film der Zwanziger Jahre, in: Hirschfeld (Hg.): Zwischen zwei Katastrophen, S. 217–253, hier S. 249.

11 Richard Oswald u. Magnus Hirschfeld, zit. n. Bernhard Rosenkranz, Gottfried Lorenz: Hamburg auf anderen Wegen. Die Geschichte des schwulen Lebens in der Hansestadt. Hamburg 2005, S. 37.

12 § 175 RStGB.

Anders als die Andern als eine mit „pornographischen Exkursionen"[13] gewürzte „*Schein*aufklärung",[14] die nicht dem menschlichen Fortschritt dient, sondern selbst als Ausdruck des kulturellen Verfalls gedeutet werden kann.[15] Dennoch – oder gerade deswegen – bleibt dieses von manchen Zeitgenossen als „Schund" gebrandmarkte Genre eine höchst erkenntnisreiche Quelle von paradigmatischer Bedeutung für die Kulturwissenschaft.[16] Leider sind die meisten Aufklärungsfilme allerdings entweder von den Nationalsozialisten zerstört worden oder mittlerweile verschollen.[17] Einer der wenigen Filme, die dank aufwändiger Restaurierung und Rekonstruktion zumindest als Fragment erhalten ist,[18] ist *Anders als die Andern*, der – wie auch einige von Oswalds früheren Aufklärungsfilmen – unter der Mitwirkung des Sexologen und Bürgerrechtlers Magnus Hirschfeld entstanden ist.[19]

Allerdings begründet sich unsere Wahl ausgerechnet dieses Aufklärungsfilms keineswegs allein aus der unbefriedigenden Quellenlage. Wie wohl keine

---

13 Siegfried Kracauer: Von Caligari zu Hitler. Eine psychologische Geschichte des deutschen Films. Mit 64 Abbildungen. Frankfurt/M. 1984, S. 50.

14 Kurt Tucholsky: Die Prostitution mit der Maske, in: ders.: Gesamtausgabe. Bd. 3: Texte 1919. Hg. v. Stefan Ahrens, Antje Bonitz, Ian King. Reinbek b. Hamburg 1999, S. 139–142, hier S. 141 (Hervorhebung O.B./J.J.).

15 Der Filmwissenschaftler Mel Gordon beschreibt die Aufklärungsfilme eher nüchtern als „melodramatic, silent motion-picture features that exhumed the sordid sexual behaviors of Mitteleuropa's youth. They […] focused on the collapse of bourgeois morality and its communal effects." Mel Gordon: Erotica in the Service of Social Hygiene. Sexual Enlightenment Melodramas in Austro-Hungarian and Weimar German Cinema, in: John Cline, Robert G. Weiner (Hg.): From the Arthouse to the Grindhouse. Highbrow and Lowbrow Transgression in Cinema's First Century. Lanham, MD 2010, S. 3–9, hier S. 4.

16 Tucholsky: Die Prostitution mit der Maske, S. 141.

17 Malte Hagener, Jan Hans: Von Wilhelm zu Weimar. Der Aufklärungs- und Sittenfilm zwischen Zensur und Markt, in: Malte Hagener (Red.): Geschlecht in Fesseln. Sexualität zwischen Aufklärung und Ausbeutung im Weimarer Kino 1918–1933. München 2000, S. 7–22, hier S. 17.

18 Von der nach Steakleys Angaben wohl ursprünglich 90 Minuten langen Originalfassung sind trotz aufwendiger Restaurierung gerade noch 50 Minuten erhalten. Vgl. James D. Steakley: Cinema and Censorship in the Weimar Republic. The Case of Anders als die Andern, in: Film History 11 (1999), S. 181–203, hier S. 182. Die Rekonstruktion des Films basiert maßgeblich auf einem Fragment aus der ehemaligen UdSSR. Die verschollenen deutschen Texttafeln wurden aus dem Ukrainischen ins Englische übersetzt und später von Steakley für die DVD-Version überarbeitet. Wir beziehen uns im Folgenden auf diese von Steakley in Kooperation mit dem Filmmuseum München 1999 erstellte Fassung. Vgl. Steakley: Cinema and Censorship, S. 197 (Fn. 7) und Abspann der restaurierten Fassung von *Anders als die Andern*.

19 Elizabeth Otto: Schaulust: Sexuality and Trauma in Conrad Veidt's Masculine Masquerades. In: Christian Rogowski (Hg.): The Many Faces of Weimar Cinema. Rediscovering Germany's Filmic Legacy. Rochester, NY 2010 (= Screen Cultures: German Film and the Visual), S. 134–152, hier S. 140.

andere ‚Sexualpathologie' illustriert die im Film thematisierte, noch bis ins späte 20. Jahrhundert in Deutschland strafbare Homosexualität nochmals die Relevanz der beiden oben angesprochenen Wissenschaftsverständnisse: Da wir im 21. Jahrhundert in Zeiten leben, in denen (zumindest in weiten Teilen der westlichen Welt) gleichgeschlechtlichen Paaren neue Rechte und Freiheiten zugestanden werden und die ehemals als ‚pathologisch' eingestufte sexuelle Identität eine deutlich breitere Akzeptanz bzw. Toleranz erfährt, wird nicht nur dem Spannungsverhältnis zwischen Vergangenheit und Gegenwart Raum gegeben, sondern auch die Alterität vergangener Kulturen spürbar, wodurch Reflexionen über scheinbar ‚universelle', ‚ewig gültige' und ‚natürliche' Ansichten zu Geschlecht und Sexualität evoziert werden. Der Filmtitel *Anders als die Andern* bringt aber nicht zuletzt das Kernproblem der Sexualpathologie so idealtypisch auf den Punkt, dass wir nicht anders konnten, als ihn zum Gegenstand unserer Einführung zu machen: Das gedoppelte *othering* hebt auf geradezu wohltuende Art und Weise diese so verbreitete kulturelle Praxis auf und erklärt das Andere letztlich zum Normalen.

2 Vom Sichtbarmachen des sexuellen Anderen

> Der Appetit auf Sinnlichkeit erwies sich als sichere kommerzielle Spekulation. Den Abrechnungen zufolge verdoppelte so manches Kino seine monatlichen Einnahmen, sobald es [...] Sexfilme zeigte.
>
> *Siegfried Kracauer*[20]

Wenngleich die Absorption des sexualpathologischen Diskurses in der Mainstream-Kultur des frühen 20. Jahrhunderts in einer kaum zu überblickenden Zahl an Medien, Genres und Textsorten nachgewiesen werden könnte – und in diesem Sammelband nachgewiesen werden wird –, bietet sich die Berücksichtigung der Inszenierung sexologischen Wissens in den sogenannten Aufklärungsfilmen in besonderem Maße an: Die Entstehung, ebenso wie der (finanzielle) Erfolg dieses Genres im deutschsprachigen Raum, belegt die kaum zu überschätzende kulturelle Relevanz der Sexualpathologie im gesellschaftlichen Diskurs über die Grenzen eines wissenschaftlich gebildeten Publikums hinaus. Ein großes, höchst heterogenes Publikum wird unabhängig von der Zugehörigkeit zu einer bestimmten

---

20 Kracauer: Von Caligari zu Hitler, S. 51.

Gesellschaftsschicht und unabhängig vom jeweiligen Bildungsstand in die Kinos der Weimarer Republik gelockt.[21]

Das neue Medium Film wirft als visuelles Medium grundlegende Fragen nach Möglichkeiten und Grenzen des Sichtbarmachens auf, die gerade auch die Sexualpathologie verstärkt herausfordern. Seit der Jahrhundertwende beginnt sich nämlich zunehmend die Erkenntnis durchzusetzen, dass das maßgeblich mit dem Namen des Mediziners Cesare Lombroso verbundene Sichtbarkeitsparadigma für die wissenschaftliche – und infolgedessen auch juridische – Auseinandersetzung mit der Sexualpathologie unzureichend ist:[22] Die sexualpathologische Disposition eines Menschen ist weder am Körper noch anhand seines Verhaltens eindeutig zu erkennen. Während bisher von einer Kongruenz von äußeren Attributen – etwa physiognomischer Eigenschaften – und innerer Verfasstheit ausgegangen werden konnte, offenbart sich nunmehr ein Spannungsverhältnis zwischen Oberfläche, Bild und tieferem Wesen. Sowohl die Film- und Medientheorie als auch die Kriminologie und Sexualpathologie sind aber gerade darauf angewiesen, von außen auf das Innere schließen zu können; also die Psychologie in der Physiognomie ihres jeweiligen Untersuchungsgegenstands – der Film respektive der sexuell deviante Mensch – ausmachen zu können.

Irina Gradinaris und Johannes Pauses Beitrag *Sexualmord und Fotografie. Zur Entstehung des Tatorts als Wissensraum* nimmt diese epistemologische Erschütterung als Ausgangspunkt für die Analyse der sich als neue kriminologische Methode etablierenden Tatortfotografie: Gerade weil Lustmörder nicht als Lustmörder erkennbar sind,[23] verschiebt sich die Aufmerksamkeit der Fotografie – und der sie untersuchenden Wissenschaftler – vom Täter zum Opfer und schließlich zum Tatort, der semiotisch in Beziehung zum Täter gesetzt wird.[24] Kriminologie und Sexualpathologie – und nicht zuletzt auch künstlerische Erzeugnisse wie die Aufklärungsfilme – müssen sich also einem semiotischen und hermeneutischen

---

21 Vgl. Andrea Haller: Frühes Kino zwischen Stadt und Land. Einige Überlegungen zum Verhältnis von Kinoprogrammgestaltung, Kinopublikum und moderner Stadterfahrung vor 1914, in: Tobias Becker, Anna Littmann, Johanna Niedbalski (Hg.): Die tausend Freuden der Metropole. Vergnügungskultur um 1900. Bielefeld 2011, S. 229–258, hier S. 233.

22 Dies hinderte später die Nationalsozialisten freilich nicht daran, dieses obsolete Paradigma zum Kernargument ihrer rassistischen und eugenischen Theorien zu machen.

23 Dies sieht auch Krafft-Ebing, der sich fortwährend auf Lombrosos Thesen bezieht, im kriminologischen Teil seiner *Psychopathia sexualis* mit Blick auf den Lustmord ein: Sofern ein Lustmörder vor Gericht nicht gesteht, bei einem Mord sexuelle Lust verspürt zu haben, bleibt die sexuelle Dimension eines Mords lediglich „Präsumption" (Krafft-Ebing: Psychopathia sexualis. Mit besonderer Berücksichtigung der conträren Sexualempfindung. Eine klinisch-forensische Studie. 7., vermehrte u. theilw. umgearb. Aufl. Stuttgart 1892, S. 397).

24 Vgl. Gradinari und Pause, S. 49–73.

Problem stellen: *Welches* sind die Zeichen, an denen das Sexualpathologische sichtbar wird, und *wie* können diese Zeichen kontrolliert interpretiert werden? Die Kriminologie ist bei solchen Fragen, wie Gradinari und Pause eindrücklich zeigen, maßgeblich auf (neue) ästhetische Verfahren angewiesen, um das komplexe Bedeutungssystem sexualpathologischer Repräsentationen rekonstruieren zu können. Um dem grundlegenden Problem des Sichtbarmachens des Sexualpathologischen auf die Spur zu kommen, nutzt auch Oliver Bönis Beitrag *„Mord als eine schöne Kunst betrachtet"*. *Der Lustmörder als poetologische Figur* die literarische Repräsentation des Lustmörders – wenngleich unter umgekehrten Vorzeichen: Texte verschiedener literarischer Strömungen funktionalisieren den Lustmörder just wegen seiner Darstellungsproblematik als poetologische Figur. Wenn schon die Wissenschaft am Lustmörder scheitert, dann muss also die Kunst neue Verfahren entwickeln, um auch diese Unsagbarkeit in den Griff zu bekommen.[25] Im Versuch, den Lustmörder literarisch zu repräsentieren, entstehen, so zeigt Böni, neue Ästhetiken und Poetiken.

Sowohl der Titel der Filmästhetik Béla Balázs' *Der sichtbare Mensch oder die Kultur des Films* als auch seine darin aufgestellte These, „daß [...] Psychologie und [...] Sinn [im Film] nicht als ‚tiefere Bedeutung' im Gedanken, sondern in der sinnfälligen Erscheinung restlos an der Oberfläche liegt",[26] verdeutlichen das Potential dieser zu den frühesten und bis heute für den Stummfilm einschlägigsten Filmtheorien für unsere Analyse des Sichtbarmachens sexualpathologischer Repräsentationen mitsamt den daran anschließenden Problemen. Balázs verspricht einen Ausweg aus dem der Sexualpathologie wie auch dem Film eigentümlichen Dilemma, die psychologische Tiefe des Darzustellenden mit neuen Methoden und Verfahren an der Oberfläche des Dargestellten zu visualisieren und für den Rezipienten lesbar zu machen. Physiognomie, Mimik, Gestik und Kleidung des sichtbar zu machenden – im Aufklärungsfilm stets *sexuell devianten* – Menschen im Zusammenspiel mit den ihn umgebenden Räumen, sozialen Kontakten und Gegenständen, aber auch die ihn inszenierenden kinematografischen Verfahren wie Ausleuchtung, Schnitttechnik, Kameraführung und Musikuntermalung (um nur einige zu nennen), stehen daher im Fokus. Der Film ermöglicht in Balázs' emphatischen Sinne mit all diesen Mitteln eine „neue Offenbarung des Menschen" kraft „der visuellen Kultur":[27]

Seine Gebärden bedeuten überhaupt keine Begriffe, sondern unmittelbar sein irrationelles Selbst, und was sich auf seinem Gesicht und in seinen Bewegungen ausdrückt, kommt von

---

25 Vgl. Böni, S. 173–195.
26 Béla Balázs: Der sichtbare Mensch oder die Kultur des Films. Wien, Leipzig 1924, S. 41.
27 Balázs: Der sichtbare Mensch, S. 13 u. S. 24.

einer Schichte der Seele, die Worte niemals ans Licht fördern können. Hier wird der Geist unmittelbar zum Körper, wortelos, sichtbar. [...] *Der Mensch wird wieder sichtbar werden.*[28]

Das grundlegende Verfahren – und die für die Sexualpathologie vielversprechende Methode – des filmischen Sichtbarmachens des Menschen koinzidiert mit der zentralen ästhetischen Qualität des Films: seiner „Einschichtigkeit".[29] Der Film ist im eindringlichen Sinne bloße Oberflächen-Kunst ohne Tiefe, ohne Inhalt und ohne ‚Dahinter'; der Film ist „eine Flächenkunst, und ‚was innen ist, ist außen' bei ihm."[30]

Da jeder Aufklärungsfilm ein bestimmtes Ziel, hermeneutisch gesprochen: eine möglichst eindeutige Botschaft zu vermitteln sucht, kann er es trotz seiner an die Epoche der Aufklärung angelehnten Genrebezeichnung freilich nicht ganz dem Zuschauer überlassen, „sich seines Verstandes ohne Leitung eines anderen zu bedienen", um, wie die vielzitierte Formulierung Kants es weiter schildert, den „Ausgang des Menschen aus seiner selbstverschuldeten Unmündigkeit" zu finden.[31] Bereits die Filmtitel bzw. -untertitel liefern die nötige Anleitung zum ‚korrekten' Deutungsmuster der an der Oberfläche, dem Außen des Films materialisierten Repräsentationen. Freilich übernehmen aber darüber hinaus „Regisseur und Schauspieler[,] die eigentlichen Dichter des Films",[32] die Rolle des Interpreten, dank dessen Vermittlung das Publikum den richtigen Weg durch die Zeichenvielfalt des dargestellten sexualpathologischen Paradigmas finden soll.

Die erste Einstellung in *Anders als die Andern* präsentiert den Protagonisten – als Leser! Und zwar als *interpretierenden* Leser von Zeitungen. Wir sehen ihn bei der Lektüre verschiedener Todesanzeigen über Dahingeschiedene, die allesamt Suizid begangen haben. Während die Gründe für diese Taten (zumindest für die Angehörigen) im Dunkeln liegen, ist der Protagonist von der eigenen Lesart, nach der die Selbstmörder sich wegen ihrer Homosexualität getötet haben, völlig überzeugt – als wäre ein Suizid als Zeichen gelesen dermaßen eindeutig. Dieser Gestus des Behauptens ist diesem Zeitungsleser ebenso zu eigen wie den Aufklärungsfilmen insgesamt. Doch trotz des vehementen Behauptens und der Instrumentalisierung von wissenschaftlichen Fakten: die Dissemination von Sinn und Bedeutung lässt sich nicht unterbinden. Anna Katharina Schaffner arbeitet diesen

---

28 Balázs: Der sichtbare Mensch, S. 24f. (Hervorhebungen im Original).
29 Balázs: Der sichtbare Mensch, S. 37.
30 Balázs: Der sichtbare Mensch, S. 40f.
31 Immanuel Kant: Beantwortung der Frage: Was ist Aufklärung?, in: ders.: Kant's Werke. Bd. VIII: Abhandlungen nach 1781. Hg. v. d. Königlich Preußischen Akademie der Wissenschaften. 2. Aufl. Berlin 1912 [Nachdruck 1969], S. 33–42, hier S. 35.
32 Balázs: Der sichtbare Mensch, S. 39.

Aspekt neben vielen anderen in ihrem Beitrag *Sexology and Literature. On the Uses and Abuses of Fiction* auf der Basis des Spannungsverhältnisses, des Zusammenspiels und der Interferenzen von Literatur und sexologischer Wissenschaft heraus.[33] Der Protagonist in *Anders als die Andern* erscheint in diesem Lichte geradezu als Wiedergänger der Verfahren sexologischer Schriften. Statt wissenschaftlicher Kausalität erhält vielmehr die Rhetorizität einen epistemologischen Anspruch, wie auch Schaffner anhand der Beispiele Krafft-Ebings, Alfred Binets, Havelock Ellis' und Iwan Blochs zeigt. Wie im Film – und in anderen künstlerischen Produkten – mit seiner Bedeutungskomplexität der Zeichen droht auch in der Sexualpathologie aufgrund ihrer (intertextuellen) Bezugnahme auf Literatur, die Kernbotschaft im Prozess ihres Sichtbarmachens unterminiert zu werden.

Selbst wenn für Balázs das Narrative im Film nicht von besonderem Interesse ist, kommen wir nicht umhin, dieses etwas näher zu betrachten. Schließlich konstruiert zum einen die Sexualpathologie aus narrativer Kontiguität wissenschaftliche Kausalität – siehe erneut Schaffner –, zum anderen illustriert die „Fabel" von *Anders als die Andern*,[34] wie sich der Protagonist vom Subjekt zum Objekt der Semiose durch die Sexualpathologie entwickelt. Der Film erzählt die Liebesgeschichte zwischen dem gefeierten Violinisten Paul Körner und seinem jüngeren Schüler Kurt Sivers.[35] Ihre Beziehung wird als eine harmonische dargestellt, die erst durch äußere Einflüsse zum Scheitern verurteilt wird: zunächst durch die Familien Körners und Sivers, dann durch den Erpresser Franz Bollek, der von Körner Geld fordert und letzteren bei einer Zahlungsweigerung wegen des § 175 anzuzeigen droht. Nachdem die Erpressung eskaliert, taucht Sivers unter und bricht alle sozialen Kontakte ab. Einsam und deprimiert denkt Körner über sein bisheriges Leben nach, dessen wichtigste Stationen in einer Analepse nachgezeichnet werden: erste Liebe zu einem Mitschüler im Internat, Vereinsamung während seines Studiums, gescheiterter Versuch von einem Hypnotiseur ‚geheilt' zu werden und schließlich Konsultation eines von Magnus Hirschfeld höchstpersönlich gespielten Sexologen.

Nach dieser Analepse besucht Körner einen sexologischen Vortrag (wiederum von Hirschfeld gehalten),[36] der *als* Vortrag direkt in den Film hineinmontiert

---

33 Vgl. Schaffner, S. 37–48.
34 Vgl. Balázs: Der sichtbare Mensch, S. 40.
35 Tatsächlich sind die beiden Schauspieler, die Körner und Sivers spielen – Conrad Veidt (*1893) und Fritz Schulz (*1896) – fast gleich alt, doch wegen ihrer Lehrer-Schüler-Beziehung, Schminke und Kostümierung wirkt der Altersunterschied deutlich größer. Zu den Lebensdaten vgl. Art. „Veidt, Conrad" u. Art. „Schulz, Fritz", in: Histor. Kommission b. d. Bayr. Akad. d. Wiss. (Hg.): Deutsche Biographie. Onlinefassung [o.S., zuletzt geprüft am 23.05.2014].
36 Vgl. die *opening credits* des Films.

wird und die bisherige Narration unterbricht. Im Anschluss sehen wir den Prozess gegen Bollek und Körner – ersterer ist wegen Erpressung, letzterer wegen des Verstoßes gegen § 175 angeklagt. Beide werden im Sinne der Anklage verurteilt. In der Zeit zwischen Urteilsverkündung und Haftantritt begeht Körner Selbstmord, weil er die soziale Ausgrenzung – auf der Straße wird er gedemütigt, alle seine Konzerte werden wegen des Skandals abgesagt, sein Vater verstößt ihn und rät ihm zum Suizid – nicht erträgt.[37] Und dadurch erfüllt er exakt jenes Bild, welches durch das Medium Zeitung am Anfang des Filmes gezeigt wurde, in dem er das dort dargestellte Telos homosexuellen Begehrens selbst antizipiert und realisiert. Zu Körners Beerdigung kommt Sivers, der sich ebenfalls umzubringen droht, vom anwesenden Sexologen aber davon abgehalten wird und stattdessen den Auftrag erhält, fortan für die Rechte Homosexueller zu kämpfen. In der letzten Einstellung des Films sieht man dann den Sexologen Hirschfeld, wie er mit großer Geste den § 175 aus dem Strafgesetzbuch streicht.

Wie die meisten Aufklärungsfilme arbeitet auch *Anders als die Andern* mit den für das Film-Melodram typischen Verfahren:[38] „[M]ittels Typisierung, Hyperbolik und Tautologie der Zeichen [wird] auf eine sinnhafte Totalität eindeutig definierter affektiver und moralischer Wirkungsreaktionen" gezielt.[39] Es darf für den Aufklärungsfilm geradezu als typisch erachtet werden, dass neben dem Melodram auch diverse andere Genres und Gattungen instrumentalisiert werden, um die jeweils im Zentrum stehende Botschaft möglichst effektiv zu inszenieren. Während das Melodram mit seiner an das Drama angelehnten Liebesgeschichte auf Emotion und Moral abzielt, dienen kriminalistische Einsprengsel und Action-Sequenzen wie beispielsweise die fast in jedem Aufklärungsfilm vorkommenden ausufernden Schlägereien der Erzeugung von Spannung.[40] Und nicht zu vergessen ist die aus wirkungsästhetischer Perspektive wichtigste Ingredienz, welche die kinematografische Vermittlung ‚wissenschaftlicher' Erkenntnisse unterhaltsam und massentauglich genießbar macht: Elemente des Sexfilms.

---

37 Anders Steakley, nach dessen Ansicht allein die Trennung von Sivers als Motiv für Körners Suizid infrage kommt. Vgl. James D. Steakley: „Anders als die Andern". Ein Film und seine Geschichte. Mit einem Beitrag v. Matthias M. Weber u. Wolfgang Burgmair. Hamburg 2007 (= Bibliothek rosa Winkel, Bd. 43), S. 62.

38 Vgl. Tim Gallwitz: In der Falle von Triebtheorie und repressiver Moral. *Geschlecht in Fesseln*, in: Malte Hagener (Red.): Geschlecht in Fesseln. Sexualität zwischen Aufklärung und Ausbeutung im Weimarer Kino 1918–1933. München 2000, S. 154–166, hier S. 157.

39 Johann N. Schmidt: Ästhetik des Melodramas. Studien zu einem Genre des populären Theaters im England des 19. Jahrhunderts. Heidelberg 1986, S. 28.

40 Vgl. Tucholsky: Die Prostitution mit der Maske, S. 140: Hier bricht Tucholsky die Poetik solcher Filme auf die griffige Formel „eine Treppe ist nur zu dem Behufe da, damit Leute herunterkollern, daß es kracht" herunter.

Als narratives bzw. poetologisches Fundament fungiert allerdings die Fallgeschichte. Nicht nur, weil Aufklärungsfilme oft – so auch *Anders als die Andern* – auf realen Fällen basieren,[41] sondern weil sie insbesondere hinsichtlich ihrer Struktur und ihres epistemologischen Anspruchs ähnlich wie Fallgeschichten funktionieren. Arne Höckers Beitrag *Drama, Anekdote, Fall. Wedekinds Lulu* illustriert diesen Aspekt der Fallgeschichte ausgehend von gattungstheoretischen Überlegungen:[42] Wedekinds eigenwillige Lektüre eines der *Psychopathia sexualis* entnommenen Falls als Anekdote führt das Potential eines solchen Falls, zugleich singulär *und* repräsentativ zu sein, auf ein Spannungsverhältnis der Gattungen Anekdote, Fall und Drama zurück und illustriert damit einerseits, wie das Objektive aus dem Singulären entwickelt wird, andererseits wie im Objektiven das Singuläre gattungsübergreifend weiter besteht.

Anders als die Andern ist dann auch entsprechend einer Fallgeschichte strukturiert, wie wir sie aus der wohl berühmtesten Sammlung solcher Texte – Krafft-Ebings *Psychopathia sexualis* – kennen: Der Filmuntertitel *§ 175* gibt den ersten Hinweis auf die im Zentrum stehende ,Sexualpathologie', die Homosexualität. Die oben skizzierte Fabel hat mit Höcker gesprochen den Status der Geschichte des Falls, während mit den fünf Auftritten des Sexologen,[43] von denen insbesondere sein Filmvortrag hervorzuheben ist, dem Publikum die Geschichte der Falldeutung präsentiert wird, welche wiederum analog zu den in Schaffners Beitrag herausgearbeiteten Beobachtungen funktioniert. In der *Psychopathia sexualis* wird die jeweilige Darstellung eines sexualpathologischen Falls treffenderweise meist als „Beobachtung" bezeichnet:[44] Sie versammelt die (freilich vom Beobachter gezielt ausgewählten) zentralen Fakten, aus denen Krafft-Ebing eine allgemeingültige Ätiologie und Diagnostik deduziert. Die narrative Struktur ähnelt sich in den verschiedenen Beobachtungen und umfasst neben Beruf, familiärem Hintergrund, Physiognomie sowie (etwaigen) Krankheiten auch die Sexualbiographie von den ersten sexuellen Aktivitäten bis hin zum gegenwärtigen Sexualleben mit Beschreibungen des Verhältnisses zum eigenen und anderen Geschlecht.[45] *Anders als die Andern* verfährt ganz ähnlich. Und vielleicht bezeichnet

---

41 Gordon: Erotica, S. 7.
42 Vgl. Höcker, S. 159–172.
43 Drei der fünf Szenen mit dem Sexologen wurden zensiert: Herausgeschnitten wurde die Konsultation des Sexologen durch die Eltern Körners, die Aussage des Sexologen vor Gericht und die Schlusseinstellung, in welcher der Sexologe § 175 durchstreicht. Vgl. hierzu Steakley: Anders als die Andern, S. 4/f.
44 Z.B. Krafft-Ebing: Psychopathia sexualis, S. 194.
45 Vgl. wiederum exemplarisch eine ,Beobachtung' zur „[e]rworbene[n] conträre[n] Sexualempfindung" in Krafft-Ebing: Psychopathia sexualis, S. 194–197.

‚Beobachtung', wie auch obige Ausführungen zu Balázs gezeigt haben,[46] das visuelle Medium mit seinem *beobachtenden* Publikum noch treffender als Krafft-Ebings Fallgeschichten.

Beobachten wir also zunächst mithilfe von Balázs' Überlegungen zum Schauspieler den Protagonisten aus *Anders als die Andern*. Damit Schauspieler nicht nur als „Darsteller", sondern als „Charakter" überzeugen, müssen ihre „Physiognomie[n]" nach Balázs adäquat die zu spielende Rolle abbilden:[47] „Auf dem Film ist es *ihr Aussehen*, welches [...] ihren Charakter für uns bestimmt."[48] Die Gesichtszüge Körners (bzw. Veidts) sind durch die übertrieben stark aufgetragene Schminke fast schon ins Karikaturhafte verzerrt und lassen den gerade einmal 26-jährigen Veidt deutlich älter – und v.a. kränker – erscheinen (Abb. 1). Insofern arbeitet das Medium Film dem wissenschaftlichen Paradigma der Zeit zu, indem es nicht nur gleichzeitig den pathologischen Menschen und die Pathologie selbst sichtbar macht, sondern diese zudem in Bewegung und so auch ins Leben übersetzt,[49] wodurch das im Vordergrund stehende Visuelle beim Beobachten eines Films in eine Äquivalenzbeziehung zu den wissenschaftlichen Observationen eines Sexologen tritt. Im Sinne der lombrosianischen Theorie des ‚Verbrechermenschen' (*L'uomo delinquente*), dessen Physiognomie angeblich essentialistische Hinweise auf die pathologische Grundverfassung solcher Menschen liefert, will der Film Körners Homosexualität an dessen Körper sichtbar machen. Dabei entnimmt der Film verschiedene Topoi, Bilder, Vorstellungen und Klischees aus der von der Sexualpathologie beeinflussten Kultur des frühen 20. Jahrhunderts.

Körner erscheint als der schwächlich-„schlaffe[]",[50] zerbrechliche, ausgemergelte und tieftraurige *décadent*, der von der Außenwelt abgeschlossen in seiner im Stil der Jahrhundertwende eingerichteten Villa wie Hofmannsthals Kaufmannssohn im *Märchen der 672. Nacht* umgeben von schönen und wertvollen

---

46 Der Film vermag es nach Balázs, eine voyeuristische Illusion zu erzeugen und zu befriedigen: „Doch gehört es zu den tiefsten metaphysischen Sehnsüchten des Menschen, zu sehen, wie Dinge sind, wenn man nicht zugegen ist." Balázs: Der sichtbare Mensch, S. 112.

47 Balázs: Der sichtbare Mensch, S. 55f.

48 Balázs: Der sichtbare Mensch, S. 55 (Hervorhebungen im Original). Für Balázs bildet die Physiognomie die Grundlage jeder Filmkunst, wie seine Argumentationsstruktur in *Der sichtbare Mensch* deutlich macht: Zuerst behandelt er ausführlich das Gesicht und den Körper von SchauspielerInnen und erst in einem zweiten Schritt widmet er sich deren Mienenspiel. Vgl. Balázs: Der sichtbare Mensch, S. 64.

49 Vgl. Thomas Elsaesser: Early German Cinema: A Second Life?, in: ders. (Hg.): A Second Life: German Cinema's First Decades. Amsterdam 1996. S. 9–37. Elsaesser betont die Illusion des Lebens, die durch bewegte Bilder entsteht. Die bewegten Bilder des Mediums Film wurden deshalb auch „lebendige Bilder" genannt. Vgl. Elsaesser: Early German Cinema, S. 15–18.

50 Steakley: Cinema and Censorship, S. 181.

Abb. 1: Körners Physiognomie. © Filmmuseum München.

Abb. 2: Körners Familie. © Filmmuseum München.

Dingen den Tag mit Musizieren und Nichtstun verlebt. Entsprechend tritt Körner im Film meist in seiner Hauskleidung auf. Unter seinem edlen, mit einem verspielten ornamentalen Muster durchzogenen Haussakko (wahlweise auch ein exotischer Seidenkimono) trägt er ein blütenweißes Hemd, tief bis zur Brust geöffnet. Entgegen jeder Etikette bleibt dieses Hemd selbst beim Empfang von Besuchern geöffnet und unterstreicht eine gewisse Nachlässigkeit, die so gar nicht zu seiner Zugehörigkeit zum gehobenen Bürgertum passen möchte und außerdem zu der stets perfekt gescheitelten Frisur und den schmuckbehangenen Unterarmen in herbem Kontrast steht. Der auffallende Goldschmuck, den er unpraktischerweise gar beim Klavierspielen trägt, macht jedoch auch seine affektierte und blasierte Eitelkeit deutlich. Der Film treibt damit das Bild des homosexuellen *décadent* bis zur grotesken Übertreibung auf die Spitze und präsentiert Körner als linkisch-ungeschickten und krankhaften Menschen, der vorgeblich aber zugleich unser Mitleid, nicht unsere Missachtung, erwecken soll.

Der Balázs'sche Physiognomiebegriff umfasst einen weiteren mit Blick auf *Anders als die Andern* aufschlussreichen Aspekt: Da Schauspieler „nur *ein* ‚Schauspielergesicht'" haben, verkörpern sie „immer de[n]selbe[n] Typus, der auch durch die täuschendste Maskierung und in jedem Kostüm zu erkennen ist [...]."[51] Dies hat zur Folge, dass das Publikum die in einem Film gespielte Rolle stets im Lichte der anderen vom selben Schauspieler dargebotenen Rollen in anderen Filmen interpretiert. Wenngleich Veidt bereits 1919 als ‚Filmstar' galt, der entsprechend als Publikumsmagnet wirkte,[52] wirft das Casting von *Anders als die Andern* doch Fragen auf – schließlich tat sich Veidt bisher eher mit der Darstellung zwielichtiger, ja krimineller Gestalten hervor: So spielte er einen psychopathischen Stalker,[53] diverse exotische Figuren aus fremden Kulturen wie etwa einen dämonischen indischen Priester,[54] Mörder,[55] mehrere promiske Gestalten,[56] einen Wahnsinnigen,[57] einen gewalttätigen Zuhälter,[58] den Tod höchst-

51 Balázs: Der sichtbare Mensch, S. 56 (Hervorhebung O.B./J.J.).

52 Hermann J. Huber: Art. „Anders als die Anderen" [sic!], in: ders. (Hg.): Gewalt & Leidenschaft. Das Lexikon Homosexualität in Film und Video. Mit Beiträgen von Michael Höfner. 2., erw. Aufl. Berlin 1989, S. 16.

53 Vgl. Robert Reinerts *Der Weg des Todes* (1916).

54 Vgl. Robert Wienes *Furcht* (1917) sowie Alexander Antalffys und Paul Lenis *Das Rätsel von Bangalor* (1918).

55 Vgl. Willy Grunwalds *Opfer der Gesellschaft* (1918), Ewald André Duponts *Die Japanerin* (1919) und Richard Oswalds *Unheimliche Geschichten* (1919).

56 Vgl. Paul Lenis *Prinz Kuckuck – Die Höllenfahrt eines Wüstlings* (1919) und Richard Oswalds *Opium* (1919).

57 Vgl. Conrad Veidts *Wahnsinn* (1919).

58 Vgl. Richard Oswalds *Der Reigen – Ein Werdegang* (1920).

persönlich[59] und zweimal gar den Teufel.[60] Und nicht zu vergessen: Veidts sensationeller Cesare in Robert Wienes *Das Cabinet des Dr. Caligari* (1920).[61] Wenn also Balázs vermutet, dass das Publikum zwischen den verschiedenen Rollen eines Schauspielers Äquivalenzbeziehungen herstellt,[62] dann ist es um Sympathie, Identifikation und Mitleid mit Körner freilich schlecht bestellt. Genauso schlecht steht es damit allerdings auch hinsichtlich der Kernaussage des Films. Das von Körner repräsentierte sexuell Andere bleibt in *Anders als die Andern* deutlich negativ konnotiert, so dass sich das *Was* des Films – seine Kernaussage, nach der Homosexuelle nicht wegen ihrer sexuellen Andersartigkeit gerichtlich belangt werden sollten – in einem Spannungsverhältnis zum *Wie* – den Strategien des Sichtbarmachens der Andersartigkeit – befindet.

Dieser Befund wird durch die „sichtbaren Dinge" im Film weiter erhärtet.[63] Nach Balázs existiert im Stummfilm zwischen Menschen und Dingen hinsichtlich ihrer Funktion als Bedeutungsträger kein „Valeurunterschied": „In der gemeinsamen Stummheit werden sie mit dem Menschen fast homogen [...]."[64] In *Anders als die Andern* avancieren diese ‚Dinge' zum Schauplatz, an dem das undarstellbare Begehren ausgehandelt wird. Selbst während der zensurlosen Zeit wäre die *sichtbare* Darstellung homosexueller Akte undenkbar gewesen. Oswald nutzt die Ambiguität der Allegorie, um dieses Problem der Repräsentation zu umgehen: ‚Durch die Blume' gelingt es Oswald, homosexuelle Akte anzudeuten. Im frühen 20. Jahrhundert scheint es offenbar keine Kunst zu geben, die nicht durch die Proliferation des sexualpathologischen Diskurses beeinflusst wird und für die Repräsentation der Sexualpathologie instrumentalisiert werden könnte. Wenn sogar das Kunsthandwerk der Floristik plötzlich sexualpathologisch konnotiert ist, kommt man nicht umhin, mit Ole Fischer festzustellen: All art is erotic. In seinem Beitrag *„All art is erotic". Adolf Loos, Henry van de Velde, Ornament and Crime* rundet Fischer das Spektrum der verschiedenen Kunstgattungen in unserem Sammelband ab, indem er die Kontroversen namhafter Architekten und

---

59 Vgl. Richard Oswalds *Unheimliche Geschichten* (1919).

60 Vgl. Franz Ecksteins und Rosa Portens *Der nicht vom Weibe Geborene* (1918) und F.W. Murnaus *Satanas* (1920).

61 Da *Anders als die Andern* noch im Frühling des Jahres 1920 in Berliner Kinos gezeigt wurde, umfasst diese (unvollständige, aber repräsentative) Liste auch Filme nach 1919. Vgl. Steakley: Cinema and Censorship, S. 188.

62 Noch heute hat dieses Prinzip seine Gültigkeit – man stelle sich nur einmal vor, Hollywoods *prince charming* Brad Pitt würde einen Vergewaltiger spielen. Oder man denke an den ‚Skandal', den *everybody's darling* Julia Roberts auslöste, als sie in Mike Nichols' *Closer* (2004) ihren Ehemann erstaunlich vulgär zum Analverkehr aufforderte.

63 Balázs: Der sichtbare Mensch, S. 47.

64 Balázs: Der sichtbare Mensch, S. 47.

Architekturtheoretiker beleuchtet.[65] Er zeigt, wie grundlegend das Verhältnis von Sexualität, Körperlichkeit, Textilien und Handwerk für den Entwurf neuer architektonischer Ästhetiken ist. Loos etwa nutzt die Vergleichbarkeit von ‚primitivem' Körperschmuck (Tätowierungen) mit der Ornamentik der Wiener Secession, um einen nach eigener Auffassung neuen, modernen und fortschrittlicheren Stil zu entwerfen – ‚sexualisierte' Architekturen sind nach Loos entsprechend als Verbrechen zu werten, da sie einen Rückfall in die Vormoderne markieren.

In *Anders als die Andern* sind im Bildvordergrund beim ersten Besuch von Sivers, nachdem er Körner bei dessen Konzert kennengelernt hat, prominent leicht im Welken begriffene weiße Dahlien drapiert. Als sich Körner und Sivers später dann näher gekommen sind, sind die Blumen verschwunden. Während nach der ersten Begegnung von Körner mit Sivers durch das Welken angedeutet sowohl Reinheit als auch Unsicherheit zu schwinden beginnen, ist beides, nachdem eine Texttafel das Näherkommen der beiden explizit macht, gänzlich fort. Oswald nutzt die im frühen 20. Jahrhundert noch weit verbreitete, hochdifferenzierte Blumensprache,[66] um die homosexuelle Beziehung nonverbal und ohne explizite Bilder zu erzählen. Sivers wie auch Körner haben durch ihr Zusammenkommen ihre Jungfräulichkeit verloren, und was bei ihrer ersten Begegnung im Konzert noch eine unsichere zwischenmenschliche Beziehung war, welche lediglich eine Zuneigung von Fan und Idol bedeuten konnte oder aber die sich anbahnende Liebesbeziehung, hat nun eine eindeutige, stabile Richtung bekommen: Sivers und Körner sind ein Paar. Allerdings zeigt der Film dies – ähnlich wie die Architekturkritik in Fischers Beitrag – zugleich mit einer moralischen Wertung, denn beide verlieren schließlich durch diese Beziehung die mit der Farbe Weiß symbolisierte Reinheit und Unbescholtenheit.

Aber nicht nur die Blumen haben sich gegen die Kernbotschaft des Films verschworen. So tanzen beispielsweise am helllichten Tag in einem luxuriösen Café ausgelassen homosexuelle Paare miteinander. Wie bei Festivitäten zunächst nicht anders zu erwarten, stehen auf den Tischen fast ausschließlich alkoholische Getränke – halbleere Wein- und Bierflaschen – herum. Diese ‚stummen Dinge' erhalten im sexualpathologischen Kontext – und mit Blick auf die Tageszeit[67] –

---

65 Vgl. Fischer, S. 196–212.

66 Adolf Glaßbrenner: Berliner Blumensprache, in: ders.: Welt im Guckkasten. Ausgewählte Werke in zwei Bänden. Bd. 1. Hg. u. mit einer Einleitung versehen v. Gert Ueding. Frankfurt/M. u.a. 1985, S. 369–381: „Georgine [= veraltet f. Dahlie]. / Huld'jend möchte' ick, Jungfrau, mir Dir nah'n, / Und Dir bieten meine Hand zum Jlücke, / Deine Tugend, Lotte, zieht mir an, / Doch Dein Stolz stößt jrausam mir zurücke."

67 Für die genaue Uhrzeit gibt es keine eindeutige Belege, allerdings deuten mehrere Indizien darauf hin, dass die Caféhausszene entweder vormittags oder nachmittags spielt: Erstens fehlt die

allerdings durchaus eine problematische Bedeutung: Zieht man etwa exemplarisch Krafft-Ebings *Psychopathia sexualis* als Intertext hinzu, in dem unablässig die Engführung von Alkohol und sexueller Devianz bemüht wird, werden die Getränke in *Anders als die Andern* zu Repräsentationen für die Unzurechnungsfähigkeit und/oder die übergesteigerte „Lüsternheit" der Feiernden.[68]

Das Publikum, welches wohl mehrheitlich dank *Anders als die Andern* zum ersten Mal die homosexuelle Szene zu Gesicht bekommt, sieht sich in der Caféhaus- und Kostümballszene mit wohlhabenden, lüsternen, karnevalesken, durch den Alkoholkonsum potentiell unzurechnungsfähigen Menschen konfrontiert. Das sexuell Andere zeigt sich erneut nur zu deutlich als negativ konnotiertes Anderes. Sowohl Körner als auch die Homosexuellen in den genannten Massenszenen evozieren – bezogen auf die Kernaussage des Films – zwei höchst problematische Befunde, die das Kinopublikum fragwürdige Schlüsse ziehen lassen dürfte: Erstens erscheint Homosexualität als dekadent oder noch zugespitzter: als Verfallserscheinung. Dem zeitgenössischen Publikum ist diese Funktionalisierung der Sexualpathologie im Kontext des kulturkritischen bzw. -pessimistischen Diskurses, der eben nicht nur durch die bereits erwähnten Publikationen eines Hirschfelds oder eines Lessings vorangetrieben wird, bestens vertraut, aber auch durch Repräsentationen wie *Anders als die Andern*. Christiane Hansen präsentiert in ihrem Beitrag „*Paradise Lost". Transgressive Sexualität in Klabunds Mythen* ein weiteres Beispiel dafür: In Klabunds Gedichtzyklus werden antike Mythen sexualpathologisch angereichert und dadurch zu einer klassizistischen Fallstudiensammlung an Perversionen.[69] Hansens Engführung ihrer Interpretation mit Spenglers Bestseller *Untergang des Abendlandes* zeigt schließlich die frappierende Nähe der Gedichte Klabunds zu einem kulturpessimistischen Weltbild, wie es im 20. Jahrhundert weit verbreitet war.

Höchst problematisch ist zweitens der evozierte – und nicht zuletzt mit den verräterischen sichtbaren Dingen flankierte – Eindruck, dass ausschließlich Mitglieder der sozialen Elite von dieser ‚Sexualpathologie' betroffen seien; gerade im

---

für Schwarzweißfilme übliche Markierung, dass es Abend bzw. Nacht ist, zweitens liest Bollek in der Zeitung von einem am Abend stattfindenden Konzert Körners – er liest also die *Morgen*- und nicht die *Abend*zeitung.

68 Die „Intoxication mit Alkohol" kann nach Krafft-Ebing zu einer „cerebrale[n] Hyperästhesie (gesteigerte Libido sexualis, Lüsternheit)" führen. In Gerichtsprozessen, die sexualpathologische Fälle verhandeln, spielt der Alkoholkonsum entsprechend eine gewichtige Rolle – namentlich mit Blick auf eine dadurch möglicherweise hervorgerufene verminderte Zurechnungsfähigkeit im Sinne von § 181 RStGB. Vgl. hierzu Krafft-Ebing: Psychopathia sexualis, S. 35. Angesichts dessen überrascht es nicht, dass der Alkoholkonsum auch in verschiedenen Beiträgen dieses Sammelbands eine Rolle spielt – vgl. etwa Tobin, S. 277–300; oder Cottier, S. 301–322.

69 Vgl. Hansen, S. 213–230.

Kontext der den meisten Deutschen noch sehr präsenten Eulenburg-Affäre ist dies besonders virulent.[70] Auch als historische Beispiele werden in einem Tagtraum Körners ausschließlich namhafte Politiker bzw. Herrscher wie Ludwig II. oder Friedrich der Große und Künstler wie Pjotr Tschaikowski, Leonardo da Vinci oder Oscar Wilde angeführt. Diese soziologische Dimension der Sexualpathologie führt Christina Templin in ihrem Beitrag *„Sex and Crime". Kleptomanie in Wissenschaft und Populärkultur um 1900* anschaulich aus,[71] indem sie nachweist, wie die Sexualpathologie bei Frauen geradezu zu einem gesellschaftlichen Distinktionsmerkmal avanciert. Während stehlende Frauen der Oberschicht zu medizinischen und damit zu unzurechnungsfähigen, triebgesteuerten Fällen – eben zu Kleptomaninnen – erklärt werden, übergibt man Frauen niederer Gesellschaftsschichten den Fängen der Polizei und Justiz – schließlich stehlen nach damaliger Interpretation letztere aus Habgier.

Sind also alle Homosexuelle dekadente Schauspieler von hoher Geburt? Nicht ganz, denn Sivers bildet interessanterweise eine Ausnahme, die sich allein schon an seiner Physiognomie ablesen lässt: Unbeschwert, (fast) ungeschminkt, fröhlich, jugendlich, mit runden Gesichtszügen und strahlenden Augen sein großes Idol Körner anhimmelnd – später liebend – repräsentiert er das Gegenteil Körners (Abb. 3).

Abb. 3: Sivers und Körner. © Filmmuseum München.

---

70 Vgl. hierzu erneut Domeier, S. 323–343.
71 Vgl. Templin, S. 117–138.

Sein burschikoses Auftreten kontrastiert chiastisch mit Körners kränklicher, zerbrechlicher, anscheinend in die Jahre gekommener Figur. Die Verpaarung zweier ungleicher Seelen, die sogar auf mikrologischer Ebene anhand der gegensätzlichen Augenpartien Körners und Sivers manifest wird,[72] konnotiert eine heterosexuelle Matrix. Nicht zwei identische, sondern zwei unterschiedliche Seelen – Seelen*geschlechter* möchte man in Anlehnung an historische Theorien zur Homosexualität zuspitzen – bilden die Grundlage der Liebe. Die Gegensätzlichkeit von weiblich und männlich konnotierten Männerkörpern verstärkt diesen Eindruck zusätzlich. In *Inverted Acts, Perverted Identities, and Criminal Desire in Germany 1864–1914* stellt Japhet Johnstone neben den eben skizzierten weitere ‚wissenschaftliche' Versuche vor, wie die homosexuelle Liebe um 1900 mit der Figur der ‚Inversion' bzw. des ‚Invertierten' von Karl Heinrich Ulrichs, Richard von Krafft-Ebing, Sigmund Freud und Magnus Hirschfeld erklärt wird.[73] Johnstone weist nach, dass die textuelle Repräsentation gleichgeschlechtlicher Liebe das Resultat der Inversion ist. Vielleicht hat die Beziehung von Sivers und Körner wegen dieser Vielfalt an Erklärungsmodellen nicht nur in zeitgenössischen Kritiken, sondern auch in der aktuellen Forschung zu höchst unterschiedlichen Bewertungen geführt. So spricht Otto von einer Liebe mit idealer Balance von Liebe und Sexualität,[74] während Steakley das Ideale platonisch verklärt: Demnach bleibe diese Liebe „im Bereich des Platonischen und geht niemals ins ‚Grobsinnliche' über."[75]

Man kann nicht mit letzter Gewissheit nachweisen, ob der Film die homosexuelle Liebe bewusst nicht qua Geschlechtsverkehr zeigen möchte, doch die Darstellung homosexueller Akte wäre in der Weimarer Republik aufgrund polizeilicher Vorgaben in jedem Fall gänzlich undenkbar – Oswald und Hirschfeld hatten schlicht keine Wahl, wenn sie nicht wegen Obszönität verurteilt werden wollten. Es ist dies das Paradox, dass ein Film über eine Sexualpathologie einerseits das Unsichtbare sichtbar machen möchte, das sichtbar Gemachte aber zugleich nur in Andeutungen bestehen kann – und sei es in Form von weißen Dahlien. Daraus folgt ein semiotisches Paradox, denn diese Andeutungen können nur evoziert werden, wenn die Ambiguität der Zeichen erhalten bleibt. Damit die Zeichen aber die Botschaft des Films transportieren können, müssen sie indes mit einer eindeutigen Lesart überschrieben werden, die das Publikum in die richtige

---

72 Nach Balázs „strahlt" „die Großaufnahme der Augen [...] mehr Seele aus als die Totale des Körpers." Balázs: Der sichtbare Mensch, S. 84.

73 Vgl. Johnstone, S. 93–116.

74 Vgl. Otto: Schaulust, S. 140.

75 Steakley: Anders als die Andern, S. 54f. Nach Steakley wird hier eine zentrale These Hirschfelds anzitiert, nach der viele Homosexuelle keinen Geschlechtsverkehr praktizieren, weshalb sie auch nicht gegen § 175 verstoßen würden.

Richtung lenkt. Die bereits erwähnte erste Einstellung von *Anders als die Andern* fungiert in dieser Hinsicht auch als Lektüreanweisung: Zwar *könnte* es sein, dass die Suizide aus anderen Gründen als den von Körner behaupteten erfolgten, doch will Körner, will der Film, dass der Zuschauer diese Suizide ebenso wie alle anderen ambivalenten Zeichen ausschließlich dahingehend liest, dass alle Signifikanten das Homosexuelle bezeichnen.

Der Film delegiert die Verantwortung für das Dargestellte damit an den Zuschauer, der selbst und erst aufgrund der Lektüreanleitung das Homosexuelle qua Rezeptionsmodus herstellt. Wenn die innige Beziehung zwischen Körner und Sivers gezeigt wird, könnte es eben lediglich eine Lehrer-Schüler-Beziehung bzw. eine Männerfreundschaft sein und wenn Körner Sivers' Kopf streichelt lediglich ein Geste des Trosts. Es könnte aber auch alles ganz anders sein – und dieses Andere, die sexuelle Dimension, *die* macht erst das Publikum sichtbar. Die besondere Bedeutung der Rezeption sexualpathologischer Texte (im weitesten Sinne) thematisieren Theresa Hiergeist in *Medizin, Macht, Moral. Sexualpathologie und Leserbeteiligung in À la recherche du temps perdu* und Ina Linge in *Hospitable Reading. An Approach to Life Writings of Gender and Sexual „Deviants".*[76] Die spezifische Autorität des Rezipienten mitsamt ihrer ambivalenten Folgen im Kontext der Sexualpathologie zeigt Linge anhand der beiden autobiografischen Texte *Aus eines Mannes Mädchenjahren* und *Tagebuch einer männlichen Braut* auf. Linge kontrastiert zwei Arten der Lektüre autobiografischer Texte, bei welcher der Lesende entweder als Autorität über und gegen den Text agiert oder aber identifikatorisch am Text selbst partizipiert und damit das erlesene Leben im Akt der Lektüre selbst erlebt. Eine weitere Variante eines solchen rezeptionsästhetischen ‚Miterlebens' arbeitet Hiergeist heraus, die in ihrem Beitrag in den berühmten Szenen in Prousts *Recherche* zu Homosexualität, Exhibitionismus und Sadomasochismus den narrativen Verfahren eine Destabilisierung der pathologisierenden Erzählhaltung attestiert: Qua Rezeption partizipiert der Leser nicht nur am Textgeschehen und den dort dargestellten ‚Perversionen', sondern wird selbst zum pathologisierenden, ja ‚perversen Voyeur', der sich von der Textbewegung stimulieren lässt. Mit Blick auf *Anders als die Andern* kann man entsprechend beobachten, dass erst im Kopfkino des Zuschauers der Aufklärungsfilm zum ‚Sexfilm' wird.

Es entbehrt nicht einiger Ironie, dass nach der Wiedereinführung der Zensur gerade die Ambivalenz der Zeichen zum Anlass für das Aufführungsverbot von *Anders als die Andern* geführt hat: Der Film suggeriere nämlich, dass nicht nur

---

76 Vgl. Hiergeist, S. 231–251; u. Linge, S. 74–92.

homosexuelle Praktiken, sondern auch homosexuelle Identitäten nach § 175 bestraft werden würden. Schließlich werden im Film überhaupt keine homosexuellen Praktiken dargestellt. Da Körner aber dennoch wegen Verstoßes gegen § 175 verurteilt wird, könne dies beim Zuschauer nach Ansicht der Zensurbehörden zu Verwirrung und Fehlinformation führen. Ausgehend vom Film müsse das Publikum zu der Auffassung gelangen, dass auch ‚normale' Männerfreundschaften und ‚normale' zwischenmenschliche Interaktionen strafbar wären. *Anders als die Andern* beschädige so mit seiner irreführenden Darstellung letztlich das deutsche Rechtsverständnis und damit den deutschen Staat insgesamt und müsse deshalb verboten werden.[77]

Die öffentliche Aufführung des Films wird also deshalb untersagt, weil plötzlich der Unterschied zwischen ‚normalem' und ‚pathologischem' sozialen Handeln zu stark erschüttert wird. Auch dies darf nicht zuletzt der besonderen Rezeptionshaltung gegenüber sexualpathologischen Repräsentationen zugeschrieben werden, die sich einerseits am Dargestellten ergötzt, andererseits den Anspruch hegt, das Normale vom Devianten abzugrenzen und so zu stabilisieren. Nicht nur *Anders als die Andern* und die rezeptionsästhetischen Beiträge unseres Bandes zeigen, wie schwierig – wenn nicht gar unmöglich – eine solche Stabilisierung ist, sondern auch Stephan Karschays Beitrag *An Epidemic of Perversions. Normativity and Deviance in Richard von Krafft-Ebing's Psychopathia sexualis*, in dem er Jürgen Links Normalismus-Theorie auf die *Psychopathia sexualis* anwendet, um die höchst problematische Etablierung moralischer und ethischer Normen aufzuzeigen, die Krafft-Ebing ausgehend von kriminellen Subjekten vorantreibt.[78]

Wie es sich für eine ordentliche Fallgeschichte gehört, obliegt auch in *Anders als die Andern* die unumstößliche Deutungshoheit mit der damit verbundenen Macht über die Geschichte des Falls ganz dem Sexologen. Wenn wir im Folgenden die Strategien herausarbeiten, mit denen diese schier unbegrenzte Autorität der Sexualpathologie inszeniert wird, gilt es aber im Hinterkopf zu behalten, dass in letzter Konsequenz der sexualpathologische Absolutismus durch die bereits vorgestellten filmischen Mittel unterminiert wird, wodurch die Kernbotschaft des Films dem Sexologen ebenfalls entgleitet – auch nachfolgend schlägt Kunst Wissenschaft.

Mit demselben Gestus, mit dem Krafft-Ebing die Faktizität seiner Fakten behauptet,[79] tritt auch der von Magnus Hirschfeld ‚gespielte' Sexologe im Film

---

77 Vgl. Steakley: Anders als die Andern, S. 192.
78 Vgl. Karschay, S. 255–276.
79 Vgl. Schaffner, S. 37–48.

auf. Wie schon die Besetzung Körners führt diejenige des Sexologen, der als einzige Figur namenlos bleibt, zu Irritationen, da sie die Wissenschaftlichkeit der Sexologie unterminiert und als Schauspielerei inszeniert. Wegen des Vexierbilds aus realer Person – Hirschfeld – und gespielter Figur – „The Physician and Sexologist", wie es in den *opening credits* heißt –, wird eine klare Trennung zwischen Wissenschaft und Kunst unterlaufen. Das Unterlaufen dieser Trennung dürfte wohl – der Sexologe in *Anders als die Andern* und unsere Sammelbandbei-träge illustrieren dies nur zu deutlich – überhaupt erst das Resultat eines über-bordenden Positivismus' sein, der in seiner Radikalität auch im späten 20. Jahr-hundert noch keineswegs sein Ende gefunden zu haben scheint.[80] Mit Blick auf die Ursprünge der Filmgeschichte stellt auch Tom Gunning diese Ausdifferenzie-rung in Frage, wenn er gerade auf die *Verbindung* der experimentell verfahrenden Wissenschaften mit dem Ästhetischen hinweist, welche durch die das Spektakulä-re betonenden Ausstellungspraktiken und die Nutzung des Films zur Dramatisie-rung von Vortragsabenden heraufbeschworen wird.[81]

Durch Hirschfelds doppelte Funktion im Film, einerseits als Sexologen-Figur der Geschichte des Falls, andererseits als quasidokumentarische Person Magnus Hirschfeld in einem wissenschaftlichen Vortrag, wird das Verhältnis der Fiktiona-lität zur Realität und das Verhältnis der Wissenschaft zur Kunst in vergleichbarer Weise erschüttert. Diese Interferenzen begleiteten nicht nur die Geschichte des Falls des Films *Anders als die Andern*, sondern werden auch in unseren Beiträgen immer wieder angesprochen. Exemplarisch fokussiert Linda Leskau in *Sadismus/ Masochismus in Alfred Döblins* Der schwarze Vorhang. *Eine Analyse der reziproken Wissenswanderungen zwischen Literatur und Wissenschaft* diesen Aspekt, indem sie in Döblins Text – der Autor selbst wie Hirschfeld ein Vexierbild aus Wissen-schaft und Kunst – das Gendering von ‚Perversionen', die der *Schwarze Vorhang* mit Texten wie der *Psychopathia sexualis* gemein hat, herausstellt. Leskaus Bei-trag zeigt, dass weder Fiktion noch Wissenschaft frei von normativen Zwängen sind, die selbst wieder ein Resultat gesellschaftlicher und kultureller Kontrover-sen darstellen. Immerhin lassen fiktionale Texte nach Leskau allerdings neue Konfigurationsmöglichkeiten des Begehrens aufscheinen.[82]

---

80 Man denke hierbei nur an die Irritationen und Kontroversen, die der von den *science studies* ins Feld geführte Befund der „soziale[n] Konstruktion wissenschaftlicher Tatsachen" hervorrufen konnte. Vgl. hierzu Bruno Latour: Eine neue Soziologie für eine neue Gesellschaft. Eine Einfüh-rung in die Akteur-Netzwerk-Theorie. Frankfurt/M. 2010, S. 152.
81 Vgl. Tom Gunning: The Cinema of Attractions. Early Film, Its Spectator and the Avant-Garde, in: Wide Angle 8/3–4 (1986), S. 63–70.
82 Vgl. Leskau, S. 139–156.

Nichtsdestoweniger ist es aber ausgerechnet der Sexologe, der die Zeichen-
ambivalenz vermöge seines fiktional-faktischen Status' in eine wissenschaftliche
Ordnung bringt und die Zeichendeutung prädestiniert. Er ist es, der unumstößliche Fakten präsentiert, der richtet, befiehlt und fordert. Und er ist es, der mit der
Autorität der Wissenschaft schließlich auch dasjenige sichtbar machen darf, was
der Geschichte des Falls aufgrund gesetzlicher Bestimmungen unmöglich ist: die
unzensierte Darstellung der menschlichen Sexualität. Ob Kracauer vielleicht gar
nicht die eigentliche Handlung der Aufklärungsfilme meinte, sondern die hinein-
montierten wissenschaftlichen Vorträge, wenn er von „pornographischen Exkursionen" sprach?[83] Zumindest bekommt der Zuschauer nun tatsächlich – und im
wörtlichen Sinne – nackte Tatsachen zu sehen: Männliche Frauen, weibliche
Männer, Intersexuelle und Transvestiten (Abb. 4–6).

Abb. 4: Männliche Frau als Malerin.
© Filmmuseum München.

Abb. 5: Weiblicher Mann.
© Filmmuseum München.

---

83 Kracauer: Von Caligari zu Hitler, S. 50.

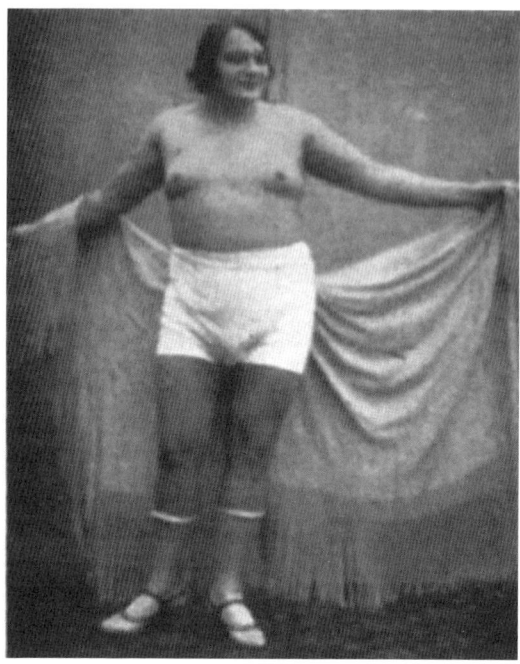

Abb. 6: Intersexuelle(r).
© Filmmuseum München.

Man kommt nicht umhin, angesichts der Auswahl an Fotografien erneut an Gradinaris und Pauses Befunde zu denken: Wie schon das Pathologische des Lustmörders nicht am Körper des Lustmörders manifest wird, gelingt es diesen Abbildungen nicht, die Homosexualität sichtbar zu machen – im Gegenteil: Homosexuelle und andere sexuelle ‚Devianten' werden stattdessen wie in den entwürdigenden Menschenausstellungen im Rahmen von Jahrmärkten, die um 1900 nach wie vor üblich waren,[84] als Kuriositäten präsentiert.

Alle Auftritte des Sexologen/Hirschfelds stehen im Dienste der Geschichte der Deutung und decken nicht nur die vielfältigen Aspekte seiner Expertise ab – Diagnose, (unmögliche) Therapie, Ätiologie, Engagement als Bürgerrechtler und durch seine Gutachtertätigkeit auch Justizreformer –, sondern demonstrieren eindrücklich den fast schon anmaßenden, da allumfassenden Deutungsanspruch, den die Sexologie für sich beansprucht. Die Disziplin wird als fortschrittlicher, wissenschaftlicher und überhaupt als diejenige Wissenschaft präsentiert, die von nun an für die Psyche des Menschen zuständig ist. Diesen Paradigmenwechsel macht die Szenenfolge vom Psychoanalytiker zum Sexologen in *Anders*

---

[84] Anne Dreesbach: Gezähmte Wilde. Die Zurschaustellung „exotischer" Menschen in Deutschland 1870–1940. Frankfurt/M. 2005, S. 112.

als die Andern deutlich sichtbar. Nicht nur ‚verleiht' der Sexologe nach dem Scheitern des Psychoanalytikers Körner seine (sexuelle) Identität, sondern dazu auch noch die passende Moral. Die Macht und der Anspruch der Sexologie kennen offenkundig keine Grenzen: Hirschfelds Motto *per scientiam ad justitiam* ist somit absolut wörtlich zu verstehen. Selbst wenn das Erscheinen des Sexologen im filmisch-fiktionalen Gerichtsprozess gegen Körner – das als weiterer Beleg das Selbstverständnis der Sexualpathologie unterstreicht, sowohl der Medizin und Rechtsprechung als auch der Moral und Exekutiven überlegen zu sein – nicht überliefert ist, kann man auf der Basis des Engagements Hirschfelds in realen Prozessen erahnen, mit welcher Verve er in *Anders als die Andern* für den Freispruch Körners plädiert haben dürfte.

Robert Deam Tobins luzide Aufarbeitung bislang unbekannter Quellen eines Paragraph–175–Prozesses in seinem Beitrag *Widernatürliche Unzucht! Paragraph 175 in Deutsch-Südwestafrika* veranschaulicht, wie solche Gerichtsverhandlungen damals abliefen.[85] Dieser gegen einen Kolonialisten namens Victor van Alten geführte Prozess in Deutsch-Südwestafrika, wo das deutsche Strafrecht ebenso Gültigkeit hat wie im Deutschen Reich, dokumentiert die Gerichtspraxis in solchen Fällen – nicht zuletzt auch die ‚Gutachterschlacht', die solche Verfahren nach sich ziehen. Fast überflüssig zu erwähnen, dass in diesem Prozess ebenfalls Hirschfeld ein zentraler Akteur war.

Gerichtsprozesse und -urteile, in denen eine Sexualpathologie im Zentrum steht, avancieren zu einem Forum, durch das die Gesellschaft letztlich sich selbst verhandelt. Mit jedem einzelnen Urteilsspruch wird aufs Neue ‚im Namen des Volkes' verkündet, wer zur Gesellschaft gehört und welche Eigenschaften in einer Gesellschaft akzeptiert sind. Aber nicht nur diese kollektivistische Dimension, sondern auch das individuelle Schicksal wird im Gerichtssaal erörtert, wie Maurice Cottier in *Tragische Verhängnisse. Erzählstile und sexuelle Gewalt im Amtsbezirk Bern um 1900* nachweist. Cottier deduziert in seiner Analyse unzähliger Gerichtsakten zu Sexualstraftaten verschiedene Narrative und setzt sie in Beziehung zur Subjektkonstituierung der Angeklagten, die in ihren Protokollen in die Position des Sich-Selbst-Erzählenden gelangen.[86] Eine ähnliche Funktion scheint auch Körners biografische Analepse in *Anders als die Andern* zu haben, in der er nicht nur seine eigene Identität, sondern auch sein Verhältnis zur Gesellschaft reflektiert und be*urteilt*.

Als ob der auf die Gerichtsverhandlung folgende vollständige Ausschluss aus der Gesellschaft – und sogar der Kunst – zur Vernichtung Körners nicht ausrei-

---

85 Vgl. Tobin, S. 277–300.
86 Vgl. Cottier, S. 301–322.

chen würde, wird er noch zu einer einwöchigen Gefängnisstrafe verurteilt. Wie in der Kernaussage des Films, so auch in anderen Fällen, waren Sexualpathologen bemüht, diese Rechtspraxis als inhuman und unsinnig zu brandmarken. Bereits im frühen 20. Jahrhundert erachten die namhaften Sexualpathologen, die zudem meist eine juristische Expertise vorweisen können, das Gerichts- und Strafwesen als dringend reformbedürftig. Janet Weston widmet sich ebendiesen Bestrebungen und zeichnet in *„Prison will not cure a sexual perversion": Sexology, Forensic Psychiatry, and their Patients in Twentieth-Century Britain* die konfliktträchtige Beziehungsgeschichte der Gefängnisreformen in Großbritannien nach, die im Lichte neuer psychiatrischer Erkenntnisse – und Behandlungsmethoden – zunehmend an Fahrt gewinnen.[87] Weston stellt die Diskrepanzen zwischen wissenschaftlichem Fortschritt und obsoletem Gefängniswesen dar und lenkt so die Aufmerksamkeit auf die Frage, welche Funktionen das Gefängnis für die Gesellschaft und das wegen seiner Pathologie verurteilte Individuum haben kann – umso mehr, wenn wie in vielen Fällen die Möglichkeit einer Heilung im Raum steht, sofern die Verurteilten nur richtig versorgt werden würden. Während nach Ansicht des Sexologen Körner weder heilbar ist, noch eine Gefahr für die Gesellschaft darstellt, behauptet beispielsweise Krafft-Ebing, dass es durchaus Fälle der Homosexualität gibt, die unter Umständen heilbar sein könnten. Gleichwohl: Was verspricht sich die Gesellschaft davon, wenn sie Körner für eine Woche wegsperrt? Besserung? Nur zu gut versteht man angesichts solcher Urteile Hirschfeld, der mit vollem Einsatz um jeden Freispruch kämpft.

Die letzten Auftritte des Sexologen in *Anders als die Andern*, von denen immerhin zwei Standbilder mit dazugehörigen Texttafeln existieren, unterstreichen den Autoritätsanspruch der Sexualpathologie weiter: Als Sivers bei der Beerdigung Körners auftaucht und sich umzubringen droht, hält ihn der Sexologe davon ab und befiehlt:

> This is the life task I assign to you. Just as Zola struggled on behalf of one man who innocently languished in prison, what matters now is to restore honor and justice to the many thousands before us, with us, and after us. *Through knowledge to justice!* (Hervorhebungen im Original)

Im Lichte des eigenen Wissens setzt der Sexologe, während Sivers sich bürgerrechtlich zu engagieren hat, schon einmal ein Zeichen und streicht mit einer sich selbst verliehenen exekutiven Macht den § 175 aus dem RStGB. Gewaltenteilung war gestern – die Sexualpathologie weiß am besten, wie gerechte Gesetze zu sein haben und erobert mit großem Selbstbewusstsein die Kultur des frühen 20. Jahrhunderts.

---

87 Vgl. Weston, S. 344–367.

Verwendete Literatur

Béla Balázs: Der sichtbare Mensch oder die Kultur des Films. Wien, Leipzig 1924.

Klaus Bartels: Serial Killers: Erhabenheit in Fortsetzung. Kriminalhistorische Aspekte der Ästhetik, in: Susanne Krasmann, Sebastian Scheerer (Hg.): Die Gewalt in der Kriminologie. Kriminologisches Journal. 6. Beiheft. Weinheim 1997, S. 160–182.

Moritz Baßler: Die kulturpoetische Funktion und das Archiv. Eine literaturwissenschaftliche Text-Kontext-Theorie. Tübingen 2005 (= Studien und Texte zur Kulturgeschichte der deutschsprachigen Literatur, Bd. 1).

Anne Dreesbach: Gezähmte Wilde. Die Zurschaustellung „exotischer" Menschen in Deutschland 1870–1940. Frankfurt/M. 2005.

Umberto Eco: Semiotik und Philosophie der Sprache. München 1985.

Thomas Elsaesser: Early German Cinema: A Second Life?, in: ders. (Hg.): A Second Life: German Cinema's First Decades. Amsterdam 1996, S. 9–37.

Paul Englisch: Die sexuelle Frage in Literatur, Kunst, Presse und Film der Zwanziger Jahre, in: Hirschfeld (Hg.): Zwischen zwei Katastrophen, S. 217–253.

Tim Gallwitz: In der Falle von Triebtheorie und repressiver Moral. *Geschlecht in Fesseln*, in: Malte Hagener (Red.): Geschlecht in Fesseln. Sexualität zwischen Aufklärung und Ausbeutung im Weimarer Kino 1918–1933. München 2000, S. 154–166.

Adolf Glaßbrenner: Berliner Blumensprache, in: ders.: Welt im Guckkasten. Ausgewählte Werke in zwei Bänden. Bd. 1. Hg. und mit einer Einleitung versehen von Gert Ueding. Frankfurt/M. u.a. 1985, S. 369–381.

Mel Gordon: Erotica in the Service of Social Hygiene. Sexual Enlightenment Melodramas in Austro-Hungarian and Weimar German Cinema, in: John Cline, Robert G. Weiner (Hg.): From the Arthouse to the Grindhouse. Highbrow and Lowbrow Transgression in Cinema's First Century. Lanham, MD 2010, S. 3–9.

Stephen Greenblatt: Resonance and Wonder, in: Ivan Karp, Steven D. Lavine (Hg.): Exhibiting Cultures. The Poetics and Politics of Museum Display. Washington, DC 1992, S. 42–56.

Tom Gunning: The Cinema of Attractions. Early Film, Its Spectator and the Avant-Garde, in: Wide Angle 8/3–4 (1986).

Malte Hagener, Jan Hans: Von Wilhelm zu Weimar. Der Aufklärungs- und Sittenfilm zwischen Zensur und Markt, in: Malte Hagener (Red.): Geschlecht in Fesseln. Sexualität zwischen Aufklärung und Ausbeutung im Weimarer Kino 1918–1933. München 2000, S. 7–22.

Andrea Haller: Frühes Kino zwischen Stadt und Land. Einige Überlegungen zum Verhältnis von Kinoprogrammgestaltung, Kinopublikum und moderner Stadterfahrung vor 1914, in: Tobias Becker, Anna Littmann, Johanna Niedbalski (Hg.): Die tausend Freuden der Metropole. Vergnügungskultur um 1900. Bielefeld 2011, S. 229–258.

Magnus Hirschfeld (Hg.): Zwischen zwei Katastrophen (früher: Sittengeschichte der Nachkriegszeit). 2., durchgesehene neu bearb. Aufl. Hanau 1966 [1930].

Hermann J. Huber: Art. „Anders als die Anderen" [sic!], in: ders. (Hg.): Gewalt & Leidenschaft. Das Lexikon Homosexualität in Film und Video. Mit Beiträgen von Michael Höfner. 2., erw. Aufl. Berlin 1989, S. 16.

Immanuel Kant: Beantwortung der Frage: Was ist Aufklärung?, in: ders.: Kant's Werke. Bd. VIII: Abhandlungen nach 1781. Hg. v. d. Königlich Preußischen Akademie der Wissenschaften. 2. Aufl. Berlin 1912 [Nachdruck 1969], S. 33–42.

Siegfried Kracauer: Von Caligari zu Hitler. Eine psychologische Geschichte des deutschen Films. Mit 64 Abbildungen. Frankfurt/M. 1984.

Richard von Krafft-Ebing: Psychopathia sexualis. Mit besonderer Berücksichtigung der conträren Sexualempfindung. Eine klinisch-forensische Studie. 7., vermehrte u. theilw. umgearb. Aufl. Stuttgart 1892.

Bruno Latour: Eine neue Soziologie für eine neue Gesellschaft. Eine Einführung in die Akteur-Netzwerk-Theorie. Frankfurt/M. 2010.

Theodor Lessing: Haarmann. Die Geschichte eines Werwolfs und andere Gerichtsreportagen. Hg. u. eingeleitet v. Rainer Marwedel. Frankfurt/M. 1989 [1925].

Robert Musil: Klagenfurter Ausgabe. Kommentierte digitale Edition sämtlicher Werke, Briefe und nachgelassener Schriften. Mit Transkriptionen und Faksimiles aller Handschriften. Hg. v. Walter Fanta, Klaus Amann, Karl Corino. Klagenfurt 2009.

Elizabeth Otto: Schaulust: Sexuality and Trauma in Conrad Veidt's Masculine Masquerades. In: Christian Rogowski (Hg.): The Many Faces of Weimar Cinema. Rediscovering Germany's Filmic Legacy. Rochester, NY 2010 (= Screen Cultures: German Film and the Visual), S. 134–152.

Bernhard Rosenkranz, Gottfried Lorenz: Hamburg auf anderen Wegen. Die Geschichte des schwulen Lebens in der Hansestadt. Hamburg 2005.

Johann N. Schmidt: Ästhetik des Melodramas. Studien zu einem Genre des populären Theaters im England des 19. Jahrhunderts. Heidelberg 1986.

James D. Steakley: „Anders als die Andern". Ein Film und seine Geschichte. Mit einem Beitrag v. Matthias M. Weber und Wolfgang Burgmair. Hamburg 2007 (= Bibliothek rosa Winkel, Bd. 43).

James D. Steakley: Cinema and Censorship in the Weimar Republic. The Case of Anders als die Andern, in: Film History 11 (1999), S. 181–203.

Kurt Tucholsky: Die Prostitution mit der Maske, in: ders.: Gesamtausgabe. Bd. 3: Texte 1919. Hg. v. Stefan Ahrens, Antje Bonitz, Ian King. Reinbek b. Hamburg 1999, S. 139–142.

Horst Wenzel: Art. „Repräsentation$_2$", in: Harald Fricke (Hg.): Reallexikon der deutschen Literaturwissenschaft. Neubearbeitung des Reallexikons der deutschen Literaturgeschichte gemeinsam mit Georg Braungart, Klaus Grubmüller, Jan-Dirk Müller u.a. Bd. III: P–Z. Berlin, New York 2007, S. 268–271.

Erich Wulffen: Sexualspiegel von Kunst und Verbrechen. Mit über 100 Tafeln und Abbildungen in Lichtdruck. Dresden 1928.

I. Undermining Sciences

Anna Katharina Schaffner (Kent)
Sexology and Literature

On the Uses and Abuses of Fiction

It is well known that Freud mined the literary field for representations of what he considered symbolically potent universal and timeless human conflicts. He modeled some of his most important theoretical constructions upon findings from literary texts – the Oedipus complex, narcissism and his conception of the uncanny are the most obvious examples. What is less frequently discussed is that he also drew significantly on sexological writings by his predecessors in the field, most importantly Richard von Krafft-Ebing, Alfred Binet, Havelock Ellis and Iwan Bloch.[1] Like Freud, these pioneers of the scientific study of sex also make extensive use of literary sources. There is thus an older tradition of taking recourse to products of the imagination when theorizing the sexual.

The ways in which many sexologists use literary sources differs substantially from the then-common practice of spicing up scientific studies with erudite references to classical literature. Not only do the early sexologists adopt terms and concepts from fictional sources, such as sadism and masochism, but literary texts frequently serve as evidence in their works, and fictional representations are treated as case studies which are deemed just as valid as empirical observations. Surprisingly, this blending of discourses has received little critical attention.[2] The concoction of fact and fiction in early sexological works is a pervasive practice that has substantially shaped the construction of sexological knowledge.

Of course, the very notion of 'fact' and 'fiction', particularly in the field of medical narratives, is contentious in itself. Most people would agree, however, that there is a difference between the artefacts which are the result of language used figuratively and for aesthetic ends and language used to describe and analyze empirical reality. In other words, few would deny that there is a differ-

---

1 Freud sweepingly acknowledges these writers and their achievements in the first footnote in his *Drei Abhandlungen zur Sexualtheorie*. See Sigmund Freud: Drei Abhandlungen zur Sexualtheorie (1905), in: Alexander Mischerlich, Angela Richards, James Strachey (eds.): Sexualleben, Frankfurt/M. 1982 (Studienausgabe, vol. 5), p. 37–146, p. 47.

2 Vernon A. Rosario and Heike Bauer are among the few critics who have investigated the exchanges between literature and sexology in more detail. See Vernon A. Rosario: The Erotic Imagination: French Histories of Perversity. New York, Oxford 1997; and Heike Bauer: English Literary Sexology: Translations of Inversion, 1860–1930. Basingstoke 2009.

ence between discourse that is presented as fact and discourse that is presented as fiction.

Two things should be remembered in the discussion, though. First, the rigid division of knowledge into ever more specialized compartments and disciplines is of course a modern phenomenon that was taken to unprecedented levels in the twentieth century, which saw a solidification of the chasm between 'hard' scientific facts and other areas of cultural production. Second, the *scientia sexualis* was still in its infancy in the last decades of the nineteenth century, preoccupied with erecting new disciplinary conventions, terminologies and nosologies, and with establishing, more or less from scratch, a valid pool of case studies. Since there were very few empirical studies to which the sexologists could refer, it is not entirely surprising that they resorted to other written sources in search of case-study materials. Most importantly, sexology depends like no other science, with the sole exception of psychoanalysis, on narrative: sexologists can only very rarely investigate their objects of inquiry – desire, the erotic imagination, and actual sexual behavior – directly. The early sexologists depended almost entirely on oral or written linguistic mediations, most notably in the form of the stories their patients were willing to tell.

Ivan Crozier draws attention to the pivotal importance of case histories in the construction of early sexological knowledge. He rightly maintains that it is precisely the use of case histories which "makes sexology a medical discipline, rather than simply musing about sexuality".[3] Not only did case histories help sexologists to shape their theories and gradually to establish a stock of knowledge about sexual desires, but they are also the foundation upon which the empirical aspirations of sexology rest. While this is doubtlessly true, the empirical value of fictional case studies is at best dubious, and Crozier does not comment on the ubiquity of those and on how they shaped the sexological theories themselves.

In this essay, I analyze some of the ways in which fictional representations are used in the theoretical frameworks of four sexologists. I wish to reflect on the theoretical ramifications of five main tendencies of instrumentalizing literary sources. The ubiquity of references to literary sources in these scientific texts not only sheds light on the processes involved in the production and institutionalization of sexual knowledge, but brings to the fore the intricate enmeshment of fantasy, language and sexual desire, as well as the dependence of an entire scientific discipline upon narratives – both fictional and factual in nature.

---

3 Ivan Crozier: Pillow Talk: Credibility, Trust and the Sexological Case History, in: History of Science 46/4: 154 (2008), p. 35–404, p. 376.

Tendency 1: Fiction cited as evidence for the existence of certain perversions

The first tendency is simply to state that certain so-called perversions exist in literary texts. The Austro-German forensic psychiatrist Richard von Krafft-Ebing's (1840–1902) *Psychopathia sexualis*, first published in 1886 and republished in 12 updated and expanded editions during its author's lifetime,[4] was the first and most influential attempt to classify and describe the modern sexual perversions later canonized by Freud, which include sadism, masochism, homosexuality, fetishism, voyeurism and exhibitionism. Richard von Krafft-Ebing uses this technique frequently. His *Psychopathia sexualis* is saturated with literary references – he mentions not only the Marquis de Sade and Leopold von Sacher-Masoch, but also Rousseau, Baudelaire, Kleist, Schiller, Shakespeare and many others. In his nosology of sexual deviance, examples from literary texts feature alongside material from forensic and medical archives; fiction is used as 'proof' for the existence of certain pathologies, and is considered just as valid in this context as scientific data. While many fictional examples are relegated to the footnotes and are not visually set apart and numbered like the empirical case studies and those culled from other medical or forensic texts, they are nevertheless given the same status in the main theoretical framework of the text. He frequently uses phrases including the verb "beweisen" [to prove]; for instance, "[d]ass conträre Sexualempfindung nicht selten sein dürfte, beweist u. A. der Umstand, dass sie in Romanen häufig Gegenstand ist" [that contrary sexual feelings are not a rarity is evidenced by the fact that they are frequently the subject of novels].[5] Here and in many other examples, a scientific linguistic register and its associated values are applied to literary works, which are thus in effect "factualized".

Most frequently, Krafft-Ebing simply states the fact that certain phenomena have been discussed in literary texts, without commenting any further on the issue. For example, in his chapter on fetishism, Krafft-Ebing states: "Ein neuropathisches Auge wirkt auf Personen beider Geschlechter vielfach als Fetisch. 'Madame, vos beaux yeux me font mourir d'amour' (Stelle bei Molière)'" [A neuropathic eye often functions as a fetish for both sexes. 'Madam, your beautiful

---

4 See Harry Oosterhuis: Stepchildren of Nature: Krafft-Ebing, Psychiatry and the Making of Sexual Identity. Chicago, London 2000.
5 Richard von Krafft-Ebing: Psychopathia sexualis. Mit besonderer Berücksichtigung der conträren Sexualempfindung. Eine klinisch-forensische Studie. Stuttgart 1893 (8th rev. ed.), p. 232, fn. 1. [Reprinted as Elibron Classics Replica Edition, unabridged facsimile, 2005.] All translations are mine.

eyes make me die of love' (passage in Molière)].[6] Sometimes he lists in footnotes works in which a particular perversion is discussed, without evaluating these in any detail. Here and in other similar examples, the existence of similar phenomena in literary texts is uncritically stated; its value for the medico-forensic discussion is taken for granted.

Krafft-Ebing repeatedly inserts footnotes introduced by an invitation to the reader to compare the medical descriptions to literary ones: the imperative "Vergl [eiche]" [compare, or see] is the word most frequently used in his references to literature. The following statements are typical examples: "In der Exaltation des Kampfes drängt sich die Vorstellung der Exaltation der Wollust ins Bewusstsein. Vgl. bei Grillparzer die Schilderung einer Schlacht durch einen Krieger" [In the exaltation that arises in a fight the notion of an exaltation of lust pushes its way into consciousness. See Grillparzer and his description of a battle by a warrior].[7]

Like Krafft-Ebing, the French psychologist Alfred Binet (1857–1911) frequently refers to literary sources in "Le Fétichisme dans l'amour" (1887), which was in fact one of the first texts that theorized sexual fetishism and that posited childhood trauma and other childhood events as formative experiences which shape sexual preferences – an idea that Freud would develop further a few years later.[8] In some respects his way of deploying literature as 'proof' is similar to Krafft-Ebing's. For example, in order to support his argument about the fetishization of psychological qualities, Binet mentions the characters Rosalba from *Les Diaboliques* [The She-Devils/The Diaboliques] (1874) and Vellini from *Une Vieille Mâitresse* [An Old Mistress] (1851) by Jules Amédée Barbey d'Aurevilly, and asserts: "Ces [...] exemples suffisent à prouver qu'en se fixant sur une qualité psychique, le désir sexuel ne s'épure pas toujours" [These (...) examples suffice to prove that by fixating on a psychological quality, sexual desire does not always become simpler].[9] Like Krafft-Ebing, he uses the verb "prouver" [to prove] here and thus in effect factualizes fiction.

---

6 Krafft-Ebing: Psychopathia sexualis, p. 22.
7 Krafft-Ebing: Psychopathia sexualis, p. 58, fn. 1.
8 See Emily Apter: Feminizing the Fetish: Psychoanalysis and Narrative Obsession in Turn-of-the-Century France. Ithaca, NY 1991, p. 19, fn. 19.
9 Alfred Binet: Le Fétichisme dans l'amour, in: Études de psychologie expérimentale. Paris 1888, p. 58.

Tendency 2: Authors used as case-studies, texts branded as symptoms

Frequently, authors have the dubious honor of serving as perverse case studies themselves. Krafft-Ebing, for example, diagnoses writers such as Sade, Sacher-Masoch, Kleist and Baudelaire as perverts on the basis of their fictional texts or their biographies, or else a mixture of the two, the boundaries between fact and fiction being, once again, eradicated. It is not surprising that Rousseau, owing to his perceptively self-analytical and sexually explicit confessionary autobiography, became the nineteenth-century sexologists' favorite literary case study. In *Psychopathia sexualis*, the description of Rousseau's life and work is set apart from the main text by being printed in smaller type like the other case studies; unlike the "Beobachtungen" [observations], however, it is not numbered. The same applies to Baudelaire's case study. The discussions of Rousseau and Baudelaire thus not only conceptually but even visually occupy a liminal place between empirical fact and theory.

The British sexologist Havelock Ellis' numerous literary connections and interests have already been well documented. Interestingly, Havelock Ellis is the one sexologist Freud refers to most frequently in his *Drei Abhandlungen zur Sexualtheorie*. Given Ellis' background as a literary critic and editor, it is not surprising that he too quotes extensively from literary sources. But unlike Krafft-Ebing and Binet, he only rarely uses literary representations of the so-called perversions as evidence and as case studies. Ellis' discussions of Marlowe, Shakespeare and Whitman are essentially psychoanalytical-biographical in nature – he uses literary texts in order to diagnose their authors. Marlowe, for example, is diagnosed with sexual perversion on the basis of the presence of these topics in his literary works. Shakespeare, in contrast, is declared normal, in spite of his sonnets, which are excused as merely an 'episode' in the poet's life.

Although Walt Whitman answered indignantly to a letter by John Addington Symonds, inquiring about the "precise significance" of the celebration of "manly love" in *Leaves of Grass* (1855), Ellis argues that Whitman was simply "unaware" of sexual issues and "lacking in analytical power." On the basis of the frequent presence of the motif of manly love in Whitman's work, the absence of representations of sexual relationships with women, and the fact that Whitman wrote ambivalent letters to young men and remained unmarried, Ellis concludes that the author's sexuality must correspond to that of his fictional voices and dominant themes. The passage below is an example of diagnostic biographical criticism *avant la lettre*, in which work and oeuvre are conflated:

It remains true, however, that 'manly love' occupies in his work a predominance which it would scarcely hold in the feelings of the "average man" whom Whitman wishes to honour. A normally constituted person, having assumed the very frank attitude taken up by Whitman, would be impelled to devote far more space and far more ardour to the subject of sexual relationships with women and all that is involved in maternity than is accorded to them in *Leaves of Grass*. Some of Whitman's extant letters to young men, I understand, though they do not throw definite light on this question, are not of a character that easily permits of publication; and, although a man of remarkable physical vigour, he never felt inclined to marry. It remains somewhat difficult to classify him from the sexual point of view, but we can scarcely fail to recognise the presence of the homosexual instinct, however latent and unconscious.[10]

Tendency 3: Literature considered a mirror of its times

The German dermatologist and specialist in venereal diseases Iwan Bloch's (1872–1922) attitude towards literature seems at first glance the most sophisticated among the sexologists discussed so far. He published two studies on the Marquis de Sade, as well as one on Rétif de la Bretonne (1906) under the pseudonym Eugen Dühren, and he also discovered and published Sade's original manuscript of *Les 120 Journées de Sodome* (1785) in 1904. Significant parts of his sexological writings read like well-researched literary and cultural histories: he contextualizes his literary references historically, philosophically and autobiographically, and even comments on the details of the writing process and intellectual genesis of Sade's works. The range of his cultural and literary references is remarkable. Unlike his predecessors, he reflects explicitly on the legitimacy of his sources and the unique ontological status of literary writings, and considers fiction a mirror of dominant cultural practices and beliefs. Adopting what resembles a proto-New Historicist stance, he asserts:

> Der sichtbarste und dauernste Ausdruck des Gesellschaftslebens einer bestimmten Epoche ist die Literatur, in der alle Tendenzen, Stimmungen, Empfindungen, Triebe und Lebensauffassungen am deutlichsten zu Tage treten und fixiert werden. Die französische Literatur des 18. Jahrhunderts ist ein getreuer Spiegel der Sitten und der Lebensführung. [The most conspicuous and lasting expression of the social life of a specific age is its literature, in which all tendencies, moods, sentiments, drives and attitudes towards life clearly come to

---

10 Havelock Ellis, John Addington Symonds: Sexual Inversion. A Critical Edition. Ed. Ivan Crozier. Basingstoke 2008, p. 111.

light and are recorded. The literature of eighteenth-century France is a faithful mirror of mores and lifestyles.][11]

However, as we will see, he proceeds to violate his own methodological credo rather crudely later on.

Tendency 4: Fiction equipped with truth-value

Alfred Binet is keenly interested in the truth-value of the literary descriptions he uses, which he frequently attempts to establish. For example, he wrote to Alexandre Dumas to ask whether his description of a case of voice fetishism in "La Maison du vent" [The House of Wind] (1875) was based on a real case, which Dumas, to his satisfaction, confirmed.[12] The entire third chapter of Binet's study, in which he discusses masochism in terms of a fetishization of suffering, is based exclusively on the famous passage in Rousseau's *Confessions* in which he traces the origin of his predilection back to a significant childhood event. Binet treats Rousseau as a psychologist *avant la lettre*, and repeatedly asserts the "absolute sincerity", the accuracy and the analytical sophistication of Rousseau's observations:

> Ce sont là d'admirables pages de psychologie. Jamais un sujet n'a décrit une maladie psychique avec plus de finesse et de pénétration. Pour ma part, je tiens cette auto-observation pour capitale; elle me paraît absolument sincère, car on n'invente pas ces choses-là, quand on n'en a pas la clef; d'ailleurs l'analyse y reconnaît un grand nombre de détails qui sont caractéristiques du fétichisme amoureux, et que nous retrouverons tout à l'heure chez d'autres malades. Le grand mérite de cette observation est d'être complète; rien n'est laissé dans l'ombre; tout est clair, tout se tient, tout est logique. [...] L'observation de Rousseau est si lumineuse qu'elle ne laisse aucun doute dans l'esprit sur la véritable signification du phénomène. [These are admirable pages of psychology. Never before has a subject described a psychological illness with more perceptiveness and penetration. Personally, I deem these self-observations to be of capital value; they seem to me absolutely sincere, for one does not invent such things if one does not have the key to them; moreover, an analysis reveals a large number of details which are characteristic of amorous fetishism here, and which we shall find again in other sufferers. The great merit of this observation is that it is complete; nothing is left in the shade; all is clear, all fits together, all is logical. (...) Rousseau's

---

11 Eugen Dühren [pseudonym for Iwan Bloch]: Neue Forschungen über den Marquis de Sade und seine Zeit. Mit besonderer Berücksichtigung der Sexualphilosophie De Sade's auf Grund des neuentdeckten Original-Manuskriptes seines Hauptwerkes "Die 120 Tage von Sodom". Berlin 1904, p. 237.
12 Binet: Le Fétichisme, p. 30.

observations are so lucid that they leave no doubt whatsoever in the mind about the true significance of the phenomenon.][13]

Binet also discusses at length a description of mouth fetishism in Adolphe Belot's *La Bouche de Madame X* [The Mouth of Madame X] (1882). It is here that Binet for the first time explicitly acknowledges the fictional status of his literary sources, and he subsequently attempts to separate factual from fictional elements in his analysis of the novel. Binet comments on the degree to which the main character, M. X., conforms to the key characteristics of sexual perverts. In many respects Belot's description is deemed truthful, but in others it is found wanting: "Quant à ses antécédents personnels ou héréditaires, il n'en parle point; c'est une lacune; mais il raconte que M. Charcot, qui le connaît, voit en lui un sujet remarquable" [He tells us nothing about his personal or hereditary history; this is a lacuna; however, he tells us that M. Charcot, whom he knows, considers him a remarkable subject].[14]

The most unforgivable psychological blunder is that M. X. is deemed to be too attached to reality, and that overall he does not rely enough on his own sexual fantasy world, which is a trademark feature of the perverse. Yet, Binet forgives Belot for his inaccuracies, acknowledging that the novelist has to amplify the facts of real life so as to make them understandable for the common reader. Exaggeration, he observes, is essential in literary writing.

> Voici maintenant où commence la fantaisie. L'auteur a fait de M. X... un viveur à outrance, une hôte assidu des maisons publiques du beau monde. Il nous semble que le caractère intellectuel de M. X... est tracé d'une main un peu incertaine. Si M. X... existe, ce doit être un homme qui, sans dédaigner la jouissance matérielle, apprécie surtout les plaisirs de l'imagination [...]. [This is where the fantasy begins. The author has turned M. X. into a lover of excess, a regular frequenter of brothels. It appears to us that the intellectual character of M. X. is drawn by a slightly uncertain hand. If M. X. were to exist, he would be a man who, without being averse to physical pleasure, would appreciate more than anything the pleasures of the imagination (...).][15]

---

13 Binet: Le Fétichisme, p. 55–57.
14 Binet: Le Fétichisme, p. 80.
15 Binet: Le Fétichisme, p. 81.

Tendency 5: Fictions equipped with scientific value

Bloch's most interesting deployments of, and reflections on, literary sources can be found in his second study on Sade, entitled *Neue Forschungen über den Marquis de Sade und seine Zeit. Mit besonderer Berücksichtigung der Sexualphilosophie De Sade's auf Grund des neuentdeckten Original-Manuskriptes seines Hauptwerkes "Die 120 Tage von Sodom"* [New Studies on the Marquis de Sade and His Times. With especial consideration of the sexual philosophy of de Sade as evident in the newly discovered original manuscript of his major work, "The 120 Days of Sodom"] (1904). Here, Bloch puts forth a number of noteworthy claims. First, he maintains that it is Sade and not Krafft-Ebing who has to be credited with having attempted the first systematic description and classification of the perversions. In *Les 120 Journées de Sodome*, Sade attempts to catalogue and group all the 'passions' systematically, and Bloch credits this attempt with scientific value:

> [D]ie von de Sade mitgeteilten Fälle sexueller Anomalien scheinen zum grössten Teile der Wirklichkeit entnommen worden zu sein. Diese verschiedenartigen, seltsamen Typen der Masochisten, Koprolagnisten, Sadisten usw. begegnen uns auch noch heute. Man glaubt Fälle von Krafft-Ebing vor sich zu haben. Mit erstaunlichem Scharfblick, mit genauester Kenntnis aller psychologisch bedeutsamen Details hat de Sade dieses ungeheure dunkle Gebiet menschlicher Verirrungen ins helle Licht gerückt, fast alle Möglichkeiten und Wirklichkeiten des Geschehens auf demselben erschöpft und so hundert Jahre vor v. Krafft-Ebing einen Ueberblick über alle diese Phänomene gegeben, der an Vollständigkeit, was die Tatsachen betrifft, selbst von einem modernen Forscher kaum übertroffen werden kann. [(T)he cases of sexual abnormalities reported by de Sade seem to a large extent to be taken from reality. Even today we still encounter those diverse, strange types of masochists, coprophiliacs, sadists etc. One seems to be confronted with Krafft-Ebing's cases. With surprising acuity, with detailed knowledge of all the psychologically significant details, de Sade shone a bright light on this monstrous, dark sphere of human aberrations. He explored almost all possibilities and realities in that area and, one hundred years before v. Krafft-Ebing, provided an overview of all these phenomena, which – even by a modern scholar – can hardly be surpassed in terms of completeness concerning the facts.][16]

While Binet emphasizes the truth-value of his literary sources, Bloch persistently insists upon the *scientific* merits of Sade's undertaking: "De Sade muss [...] als der erste und einzige Schriftsteller des 18. Jahrhunderts betrachtet werden, der den Versuch einer wissenschaftlichen Erklärung aller Erscheinungen der sogenannten Psychopathia sexualis gemacht hat" [De Sade has to be considered the first

---

16 Dühren [Bloch]: Neue Forschungen, p. 438.

and only writer of the eighteenth century who attempted a scientific explanation of all manifestations of the so-called psychopathia sexualis].[17] This is of course a highly questionable claim – Sade was arguably more interested in the production of a polemical, philosophical, anti-clerical and anti-Rousseauist discourse than in fostering the advancement of scientific knowledge. In fact, most of his oeuvre is now understood as a critique of such rational knowledge.

As Horkheimer and Adorno have suggested in *Dialektik der Aufklärung* (1947), Sade's philosophy is symptomatic of the inbuilt self-destructive seed of Enlightenment thought: Sade turns the most cherished value of the Enlightenment, namely rationality, against itself and pushes the principle of science into a principle of annihilation.[18] Formalized reason, the dehumanizing reification of subjects, absurdly detailed classificatory systems and perversely inverted laws are not celebrated for their own sake, but ultimately serve as weapons turned against a social order which is perceived as pathological in its own right.

Here, the neglect of the non-literal qualities of fictional texts seems particularly troubling. Bloch suggests that Sade endorses what he in fact criticizes. Not only does he take Sade's classificatory and combinatory mania entirely at face value, but he even argues for its scientific veracity. He does not investigate the phenomenon of voice and narrative perspective and instead assumes a one-to-one correspondence between the opinions of the author and his characters. Neither does he allow for such things as irony, satire, polemic or allegory. The only explicit acknowledgement of the fictional nature of Sade's writings, and the possibility of the existence of figurative meanings, is expressed in Bloch's very brief discussion of exaggeration in Sade's work. It seems as though the acknowledgment of the presence of exaggeration in the realm of fiction is as far as the sexologists are prepared to go in their reflections on the specificities of the literary.

Conclusion

As the sexologists knew well, literary representations have the power not only to represent but also to generate and shape sexual fantasies. Certain literary works thus serve a paradoxical double function in sexological discourse. First, they describe cases of sexual deviance, which allows them to feed into the nosologies

---

17 Dühren [Bloch]: Neue Forschungen, p. 414.
18 Max Horkheimer, Theodor W. Adorno: Dialektik der Aufklärung: Philosophische Fragmente. Frankfurt/M. 1969, p. 101.

constructed to contain the perversions. Secondly, they incite the perverse imagination and thus help to perpetuate corrupting ideas. Literature is often identified
by Krafft-Ebing as a polluting force or perversion generator, and this conception
is shared by other sexologists. Most sexologists deemed erotic literature to be not
just legitimate source material that could impact their theories, but also a dangerous force which can incite and perpetuate perverse desires: even a single literary
work could thus double as both problem and antidote. It seems somewhat paradoxical that although all of the sexologists write extensively on the perverse, they
remain fairly blind to the potentially 'perverse' meanings of the literary representations of the perversions, that is, to the fact that figurative literary language
frequently turns the meanings of message-orientated language on their head, or
that certain statements might be ironic.

What is unsettling from a contemporary point of view about the ways in
which literature is deployed in the works of the sexologists discussed is precisely
their disregard of the symptomatic nature of representations of sexual deviance.
They mostly ignore the metaphorical nature of these representations and the
implications of literary form, namely, the ontological status of literary texts as
aesthetic rather than factual artifacts. Krafft-Ebing, Binet, Ellis and Bloch assume
that if a certain perversion exists textually, it follows that it also exists in reality as
empirically observable behavior. But the degree to which perversions exist in
reality *because* they exist textually – the idea that desires and sexual identities
are, to a certain extent, the product of discursive structures, including literary
ones – remains to a largely untheorized in their work.

The ubiquitous presence of fiction in sexological studies raises the broader
issue of how much language, be it literary or scientific, is capable of shaping
sexual behaviors, fantasies and identities. The essentialists vs. constructivists
debate has so far focused primarily on the effects of scientific labels and descriptions on the processes of identity formation, but has not taken into account the
degree to which these scientific narratives are shaped by literary works, which
complicates the matter even further and challenges the empirical aspirations of
sexology. What if the categories we use to label sexual behaviors, desires and
identities were not just the outcome of scientific 'fictions' (i.e., ideologically
determined medical narratives) but to a large extent scientifically re-valorized
products generated by the literary imagination? Fictions have provided many of
the first available descriptions of certain sexual predilections, and not only
furnished the sexologists with ample case study materials and essential terms
and concepts, but also impacted directly on their classificatory frameworks.

Literature about sexual desire is to a certain extent an expression of such
desires, albeit not necessarily a straightforward reflection of the author's own
sexual preferences. Literature is also not just, as Freud argues, a sublimatory

activity which privileges the imagination over reality and takes place in lieu of the physical act. Writing about desire is always also a performative act, a linguistic reification of desire. And as such it does indeed fall into the legitimate remit of the sexologists. All of the sexologists discussed were acutely aware of the pivotal role fictions play in expressing, shaping, inciting and perpetuating modes of sexual desire. This paper has sought to address an unsettling question concerning the process of sexological discourse formation, namely the remarkable extent to which many of the early sexological narratives about perverse desire, which form the foundation of Freud's theories and continue to shape contemporary conceptions, are actually based upon works that present themselves as fictions.

References

Emily Apter: Feminizing the Fetish: Psychoanalysis and Narrative Obsession in Turn-of-the-Century France. Ithaca, NY 1991.

Heike Bauer: English Literary Sexology: Translations of Inversion, 1860–1930. Basingstoke 2009.

Alfred Binet: Le Fétichisme dans l'amour, in: Études de psychologie expérimentale. Paris 1888.

Ivan Crozier: Pillow Talk: Credibility, Trust and the Sexological Case History, in: *History of Science*, 46/4: 154 (2008), p. 35–404.

Eugen Dühren [pseudonym for Iwan Bloch]: Neue Forschungen über den Marquis de Sade und seine Zeit. Mit besonderer Berücksichtigung der Sexualphilosophie De Sade's auf Grund des neuentdeckten Original-Manuskriptes seines Hauptwerkes "Die 120 Tage von Sodom". Berlin 1904.

Havelock Ellis, John Addington Symonds: Sexual Inversion. A Critical Edition. Ed. Ivan Crozier. Basingstoke 2008.

Sigmund Freud: Drei Abhandlungen zur Sexualtheorie (1905), in: Alexander Mischerlich, Angela Richards, James Strachey (eds.): Sexualleben, Frankfurt/M. 1982 (Studienausgabe, vol. 5), p. 37–146.

Max Horkheimer, Theodor W. Adorno: Dialektik der Aufklärung: Philosophische Fragmente. Frankfurt/M. 1969.

Richard von Krafft-Ebing: Psychopathia sexualis. Mit besonderer Berücksichtigung der conträren Sexualempfindung. Eine klinisch-forensische Studie. Stuttgart 1893 (8th rev. ed.). [Reprinted as Elibron Classics Replica Edition, unabridged facsimile, 2005.]

Harry Oosterhuis: Stepchildren of Nature: Krafft-Ebing, Psychiatry and the Making of Sexual Identity. Chicago, London 2000.

Vernon A. Rosario: The Erotic Imagination: French Histories of Perversity. New York, Oxford 1997.

Irina Gradinari (Berlin) und Johannes Pause (Dresden)
Sexualmord und Fotografie

Zur Entstehung des Tatorts als Wissensraum

1 Lustmord als diskursive Leerstelle

Vom Moment seines diskursiven Erscheinens an stellte der Lustmord ein epistemologisches Problem dar. Als Kategorie des Verbrechens entstand er in einer Zeit, die durch ein allgemeines wissenschaftliches Interesse an sexuellen ‚Pathologien‘[1] ebenso gekennzeichnet war wie durch den Beginn einer systematischen, wissenschaftlichen Erfassung der Kriminalität. Im Schnittfeld dieser beiden Diskurse blieb das Phänomen Lustmord jedoch ein wissenschaftliches Phantasma. Die aufwendigen Beweisführungen, die die Taten auf körperliche (und ab den 1950er Jahren auf psychische) Merkmale zurückführen sollten, erwiesen sich nicht als dienlich, eine allgemeingültige Definition und eine eingrenzende Klassifikation dieses Verbrechenstypus hervorzubringen, die es erlaubt hätte, mit Sicherheit zu bestimmen, was ein Lustmord ist und was nicht. Martin Lindner versteht den Lustmord daher als eine Art des „Anti-Textes",[2] als Figur des Risses im kulturellen Sinngeflecht, die das von Horst Thomé beschriebene Defizit in den sinnstiftenden Prozessen der Kultur der Jahrhundertwende vergegenwärtigt.[3] Dieses wurde unter anderem durch die Entstehung der Großstadt und später durch die Folgen des Ersten Weltkriegs, durch die Mobilisierung und Industrialisierung, den technischen Fortschritt, das schnelle Altern und die Vervielfältigung des Wissens sowie die daraus resultierende Inflation der Sinn- und Denkmuster bedingt. Die Kultur um 1900 produzierte den Lustmord nicht zuletzt mit dem Zweck, solchen Krisenphänomenen der Moderne ein Bild zu verleihen, mit dem diese abgespalten und gebändigt werden konnten.

---

[1] Michel Foucault: Sexualität und Wahrheit. Bd. 1: Der Wille zum Wissen. Frankfurt/M. 1983, S. 149.

[2] Martin Lindner: Der Mythos ‚Lustmord'. Serienmörder in der deutschen Literatur, dem Film und der bildenden Kunst zwischen 1892 und 1932, in: Joachim Lindner (Hg.): Verbrechen – Justiz – Medien. Konstellation in Deutschland von 1900 bis zur Gegenwart. Tübingen 1999, S. 272–305, hier S. 282.

[3] Horst Thomé: Modernität und Bewußtsein in der Zeit des Naturalismus und Fin de siècle, in: York-Gothart Mix (Hg.): Naturalismus. Fin de siècle. Expressionismus 1890–1918. München, Wien 2000, S. 15–27, hier S. 18.

Das Unerklärliche und zugleich das Faszinierende am Lustmord war seine Verbindung mit dem männlichen Trieb: Nicht jeder Mord vor, während oder nach einer Vergewaltigung konnte als Lustmord gelten, sondern nur derjenige, der in der Erklärung eines Kriminologen und eines Sexualpathologen in einen unmittelbaren Zusammenhang mit der abweichenden Sexualität des Täters gebracht werden konnte. Bereits den am Ende des 19. Jahrhunderts vorherrschenden Definitionen zufolge war Lustmord – etwa nach dem Arzt und Sexualpathologen Richard von Krafft-Ebing – genau dann festzustellen, wenn der Täter eine Abweichung von der gesellschaftlichen Norm männlicher Sexualität aufwies, die in dieser Zeit streng an Heterosexualität, Monogamie, Ehe und Reproduktion gebunden war. Der Lustmord wurde entweder als „Ersatz für [den] Coitus" verstanden,[4] also als Zeichen der Impotenz, oder als Folge der gesteigerten Sexualität, also als Zeichen der Überpotenz, die mit anderen Arten sexueller ‚Abweichungen' wie Homosexualität, Sadismus, Masochismus, Fetischismus usw. einhergehen konnte, wobei die Erklärungen immer einen epistemologischen Überschuss aufweisen:[5] Sie führen stets mehrere mögliche Gründe zusammen, die im Prozess der Erklärung kausal mit dem Mord verbunden wurden. Daher fällt das Motiv zum Lustmord, wie Arne Höcker überzeugend nachgewiesen hat, mit dem narrativen Motiv des Lustmordes zusammen: Beides erscheint als Ergebnis einer diskursiven Erzählstrategie und als Folge ästhetischer Entscheidungen, die den Lustmord erklären wollten und ihn dabei als epistemisches Objekt eigentlich erst konstruierten.[6] So blieb der Lustmord bis zu seiner wissenschaftlichen Diskreditierung Anfang der 1980er Jahre eine Leerstelle, die mit Fallgeschichten und neuen Theorien und Erklärungen immer von neuem gefüllt werden musste.

Generell hat sich die Kriminologie mit der Definition von Richard von Krafft-Ebing nicht zufrieden gegeben. Genau genommen wurde durch sie das grundlegende Definitionsproblem überhaupt erst deutlich: Die Kriminologie und vor allem die Polizei benötigten eine kategoriale, allgemeingültige Klassifikation des Lustmordes, die sie bei der Fahndung nach dem Mörder sowie im Zuge der Beweisführung und der Gerichtverhandlung einsetzen konnten. Krafft-Ebings kausale Verbindung des Mords mit der Sexualität des Täters wurde von der Kriminologie für diejenigen Verbrechen verwendet, deren Grausamkeit jegliche

---

4 Richard von Krafft-Ebing: Psychopathia sexualis. München 1986, S. 80.
5 Eine ausführliche Analyse zur Diskursivierung des Lustmordes in verschiedenen Disziplinen findet sich bei Irina Gradinari: Genre, Gender und Lustmord. Die mörderischen Fantasien in der deutschsprachigen Gegenwartsprosa. Bielefeld 2011.
6 Arne Höcker: „Lust am Text" – Lustmord und Lustmord-Motiv, in: Susanne Komfort-Hein, Susanne Scholz (Hg.): Lustmord. Medialisierungen eines kulturellen Phantasmas um 1900. Königstein i. Ts. 2007, S. 37–51.

Erklärung als defizitär ausstellte bzw. die Diskrepanz zwischen dem Mord und seiner Begründung als unüberbrückbar auswies. Die Sexualität als Ätiologie des Verbrechens war so einerseits das, was die Herausbildung einer allgemeingültigen, handhabbaren Definition störte; andererseits verleitete sie gerade deswegen dazu, mit dem Lustmord die grausamsten Verbrechen zu bezeichnen. In der Zeit eines Strebens nach einer lückenlosen, vollständigen Erfassung der kriminellen Energien wurde Lustmord so zum regelrechten Symptom des kriminologischen Paradigmas selbst: Mit dem Lustmord wurde alles absorbiert, was sich der Erfassung in den üblichen Rastern und Klassifikationen der Kriminologie entzog. Aus eben diesem Grund wurde er letztlich zu einer Chiffre für die Unerklärbarkeit des Verbrechens: Laut Maria Tatars Definition wird als Lustmord jeglicher Mord identifiziert, der keine nachvollziehbaren Motive aufweist.[7]

Gerade hinsichtlich dieser definitorischen Probleme wurde die Fotografie, die bereits im 19. Jahrhundert einen intensiven Einsatz in der Polizeiarbeit erfuhr, etwa ab 1910 als zentrales Medium der Vergegenwärtigung und Fixierung des Lustmordes eingesetzt. Das Datum bezieht sich auf die erste Auflage der kriminologischen Studie des Landsgerichtsdirektors Erich Wulffen mit dem Titel *Der Sexualverbrecher*.[8] Die Studie war zweifellos eine der populärsten Publikationen kriminalistischer Lustmord-Fotos zu dieser Zeit. Auf die Popularität dieses Buches weisen beispielsweise die Ähnlichkeiten zeitgenössischer bildkünstlerischer Inszenierungen des Lustmordes mit Wulffens Fotografien hin. Die intensive Beschäftigung der Kunst mit dem Lustmord diagnostiziert so bereits das sexualwissenschaftliche *Bilder-Lexikon* von 1930.[9] Eine unmittelbare Bezugnahme auf Wulffen findet sich beispielsweise in der 1922 entstandenen Radierung *Lustmord* von Otto Dix, die eine grausam verstümmelte Frauenleiche auf einem Bett zeigt (Abb. 1).[10] Sie zeichnet das Foto eines Lustmordopfers nach – einer Prostituierten in Wien –, das sich bei Wulffen findet. Dix stellt die verunstaltete Leiche in einen auffälligen Kontrast zur Bürgerlichkeit des Zimmers. Das Bild gewinnt seine

---

7 Vgl. Maria Tatar: Lustmord. Sexual Murder in Weimar Germany. Princeton, NJ 1995.

8 Erich Wulffen: Der Sexualverbrecher. Ein Handbuch für Juristen, Verwaltungsbeamte und Ärzte. Berlin 1910 u. 1920. Zu dieser Zeit existieren bereits Fotografien von Jack-the-Ripper-Opfern, jedoch bleibt hier zu untersuchen, wie bekannt diese der Öffentlichkeit waren und ob Wulffen zu ihnen Zugang hatte. Eine weitere Frage ist, warum heute nur die Bilder von fünf seiner Opfer und nicht von allen 11 oder 18, die seine Zeitgenossen ihm zugeschrieben haben, bekannt sind. Die Vermutung wäre, dass nur die grausamsten von ihnen in Umlauf kamen.

9 Art. „Lustmord-Motiv", in: Ergänzungsband zum Bilder-Lexikon. Kulturgeschichte – Literatur und Kunst – Sexualwissenschaft. Hg. v. Wiener Institut für Sexualwissenschaft. Bd. VII. Hamburg 1930, S. 422f.

10 Dieses Bild referiert ebenso wie das Bild *Der Sexualmord* aus dem Jahr 1922 auf eine Opferfotografie, die sich bei Erich Wulffen auf Seite 455 findet.

Wirkung also nicht zuletzt aus der Spezifik des dargestellten Tatortes. Dieser lässt Rückschlüsse nicht allein auf das Opfer, sondern auch auf den abwesenden Täter zu, dessen exzessive Gewalt sich gegen dieses Milieu richtet. Zugleich entlarvt diese Gewalt die bürgerliche Ordnung aber auch, scheint sie doch deren konstitutiver Bestandteil zu sein, der sich in ihrem Inneren verbirgt. Auch das Bild *Der Lustmord* (1924) von Rudolf Schlichter (Abb. 2) ist von einer bei Wulffen abgedruckten Fotografie des Raubmordes an einer Prostituierten inspiriert (Abb. 3).[11] Schlichters Gemälde macht dabei deutlich, wie Kunst und Literatur den Lustmord als Motiv mitgestaltet und verbreitet haben. Während der Mord bei Wulffen nicht sexuell motiviert ist, scheint für Schlichter allein die Verbindung zur verbotenen Sexualität als Grund auszureichen, um ihn als Lustmord zu bezeichnen.

Abb. 1: *Lustmord* (1922) von Otto Dix. Radierung. © VG Bild-Kunst.

Die Studie kann darüber hinaus insofern als exemplarisch aufgefasst werden, als dass sie die Verbindung von Fotografie und Lustmord-Paradigma besonders

---

11 Vgl. Wulffen: Sexualverbrecher, S. 455 u. S. 464.

Abb. 2: *Der Lustmord* (1924) von Rudolf Schlichter. © VG Bild-Kunst.

sichtbar macht. Denn die Fotografie – so die These dieses Beitrags – erscheint als konstitutiv für das Verständnis des Lustmordes als einer das Vorstellungsvermögen sprengenden Tat.[12] Das Verbrechen, das sich der rationalen Erfassung entzieht, wird erst durch den visuellen Überschuss der fotografischen Bilder gewissermaßen *als unfassbares* definiert. Bei Wulffen finden sich Fotos von grausam verstümmelten, aufgeschlitzten, misshandelten und in demütigenden Positionen hinterlassenen Opfern, die das Verbrechen einerseits fixieren, andererseits jedoch offenkundig nicht in ihrer epistemologischen Funktion aufgehen. Bemer-

---

12 Freilich war die Fotografie in dieser Zeit nicht die einzige Strategie der Identifizierung des Lustmords. Neben konkreten Erzählmustern, die den Lustmord als spezifische Verbrechensform präzisieren sollten, kann eine Orientierung an einzelnen Täternamen als auffällig gelten, die eine Art vergleichender Exemplifizierung der Taten ermöglichen sollte. In den früheren Schriften werden beispielweise die Fälle Vinzenz Verzeni oder (bei Feuerbach und Krafft-Ebing) Andreas Bichel als paradigmatisch behandelt; heutzutage werden in der populär-wissenschaftlichen Literatur die Fallgeschichten von Peter Kürten oder Fritz Haarmann im Zusammenhang mit dem Lustmord tradiert.

Abb. 3: „Raubmord. Tötung einer Prostituierten in Wien. Der Täter hat die Prostituierte nach dem Geschlechtsakt erstochen. Erkennungsdienst Wien." Wulffen: Sexualverbrecher, S. 464.

kenswert ist zudem, dass die meisten anderen Kapitel seines Werks kaum bebildert werden, während im Lustmord-Kapitel das Verhältnis von illustrierendem Bild und wissenschaftlichem Text deutlich zugunsten der grausamen Fotografien kippt. Die Fotografie verhalf dem kriminalanthropologischen Lustmorddiskurs dazu, die männliche Sexualität auf den Mord zu beziehen. Ähnlich wie später auch das Kino lieferte sie so das, was die Kriminologie am Körper des Mörders nie mit Sicherheit festhalten konnte: den Nachweis einer trieb- und rauschhaften, ungezügelt sexuellen Motivation des Mordes, die visuell am überzeugendsten inszenierbar war. Zugleich aber verschob die Fotografie den Lustmord-Diskurs entsprechend ihrer visuellen Logik vom Täter zum Opfer, wobei sie insbesondere das kriminalanthropologische Paradigma, das die Tat an konkrete physische oder psychische Merkmale des Täters knüpfte, nachhaltig modifizierte – eine Verschiebung, die freilich erst jetzt, aus der Sicht der bereits etablierten Traditionen bestimmter ästhetischer Motive, erkennbar wird.

Es ist dabei nicht auszuschließen, dass der Einsatz der Bilder bei Wulffen von Beginn an einem Streben nach Popularität geschuldet war. Mit Sicherheit waren die sensationsheischenden Aufnahmen dieser förderlich: Zwischen 1910 und 1928 erlebte das Werk elf Auflagen. Kein Zweifel besteht zudem am voyeuristischen Charakter der Fotografien, die den Tod der weiblichen Opfer konservieren und zur Schau stellen und so auch die Macht der Kriminologie inszenieren, die über dem Tod steht, diesen analysiert und über ihn regiert. Alle Fotos in diesem Buch referieren auf Sexualität, zeigen körperliche Verstümmelungen und offenbaren so einen Bereich des Verbotenen und Tabuisierten, der als nur der Kriminologie zugänglich ausgewiesen wird. In der Forschung wurden die Fotografien trotz ihres voyeuristischen Charakters bislang allerdings kaum kritisiert – im Gegensatz zu den Künstlern Otto Dix, George Grosz, Rudolf Schlichter, Max Beckmann und Heinrich Maria Davringhausen.[13] Gefragt werden muss daher nach der Verbindung von Schaulust und Wissenschaftsbetrieb. Wie legitimiert sich die Wissenschaft über den Umgang mit dem Tod, wie führt sie selbst Wissen und Begehren zusammen, und konkret in diesem Fall: Wie wird durch das visuelle Medium der Fotografie das Wissensparadigma des Sexualmords selbst konstituiert?

Denn Wulffen war keinesfalls der einzige, der Fotografien dieser Art veröffentlichte. Ähnliche Bilder finden sich beispielsweise auch in einer Studie des Gerichtsmediziners Julius Kratter.[14] Noch in den 1960er Jahren wurden vergleichbare Aufnahmen im Zusammenhang mit Sexualverbrechen benutzt.[15] Sie wurden auf diese Weise zum zentralen Bestandteil der wissenschaftlichen

---

13 Siehe Kathrin Hoffmann-Curtius: Frauenmord als Spektakel. Max Beckmanns „Martyrium" der Rosa Luxemburg, in: Susanne Komfort-Hein, Susanne Scholz (Hg.): Lustmord. Medialisierungen eines kulturellen Phantasmas um 1900. Königstein i. Ts. 2007, S. 91–114; Kathrin Hoffmann-Curtius: „Wenn Blicke töten könnten." Oder: Der Künstler als Lustmörder, in: Ines Lindner, Sigrid Schade, Silke Wenk u.a. (Hg.): Blick-Wechsel. Konstruktionen von Männlichkeit und Weiblichkeit in Kunst und Kunstgeschichte. Berlin 1989, S. 369–394; Beate Herrmann-Antes: George Grosz. Die Lustmorddarstellungen. Berlin 1992; Wolf-Dieter Dube: „Der Lustmörder" von Heinrich Maria Davringhausen, in: Pantheon. Internationale Zeitschrift für Kunst XXXI (1973), S. 181–185; Martin Lindner: Der Mythos „Lustmord"; Martin Büsser: Lustmord Mordlust. Das Sexualverbrechen als ästhetisches Sujet im 20. Jahrhundert. Mainz 2000; Klaus Theweleit: Männerphantasien. 2 Bde. Frankfurt/M. 1977–1978.
14 Julius Kratter: Gerichtsärztliche Praxis. Lehrbuch der gerichtlichen Medizin. Bd. II. Stuttgart 1919.
15 Steffen Berg: Das Sexualverbrechen. Erscheinungsformen und Kriminalistik der Sittlichkeitsdelikte. Hamburg 1963; Joseph Paul de River: Der Sexualverbrecher. Eine psychoanalytische Studie. Heidelberg 1951.

Kommunikation über den Lust- bzw. Sexualmord: Mit ihrer Verwendung einher ging eine Verschiebung des kriminalanthropologischen Paradigmas, das den Täter anhand fotografisch visualisierter körperlicher Merkmale zu identifizieren suchte. Lombroso konstituierte den sichtbaren, durch die Fotografie erfassten Körper als ein polysemes Zeichensystem, dessen Vieldeutigkeit erst in einem Interpretationsakt auf die Tat zurückgeführt wurde. Die Anhäufung von Pathologien erschwerte dabei zugleich ihre Differenzierung. Wenn angeblich alle Verbrecher jedoch durch Schädelanomalien identifiziert werden konnten, wie war dann die Spezifik des alle Grenzen kriminologischer Rationalisierung sprengenden Lustmörders zu erfassen? Wulffens Antwort bestand darin, so unsere These, die Fotos der Leichen für die noch nicht gefassten Täter sprechen zu lassen.

2 Visuelle Kriminologie

Das Fotografieren der grausamen Morde gehorchte also zunächst jenem allgemeinen Rationalisierungsstreben, das mit der Fotografie spätestens seit der Mitte des 19. Jahrhunderts vorangetrieben wurde. Die technische Perfektionierung des fotografischen Verfahrens (leichtere Kameras, lagerfähige Fotos, kurze Belichtungszeit usw.) gab den Anlass dazu, die Fotografie Schritt für Schritt für verschiedene wissenschaftliche Bereiche nutzbar zu machen. Bereits seit 1870 verbreiteten sich länderübergreifend Verbrecheralben. Gegen Ende des Jahrhunderts wurden die anthropometrischen Karten Bertillons international in die Polizeiarbeit eingeführt;[16] sie enthielten körperliche und persönliche Angaben, Fotos und daktyloskopische Fingerabdrücke. Diese Informationen werden in einer modifizierten Form bis heute für die Katalogisierung der Verbrecher benutzt. Erkennungsdienstliche Abteilungen in der Polizei mit eigenen Fotoateliers existieren in Hamburg seit 1889, in Berlin seit 1899 und in München seit 1898.[17] Dieser optischen Katalogisierung des Verbrechens lag der Glaube an die Fähigkeit der Fotografie zugrunde, die Wirklichkeit nicht nur festhalten, sondern genauer und besser wahrnehmen zu können als das menschliche Auge – formuliert bereits 1844 bei William Henry Fox Talbot in seinen Beschreibungen der Fotografie.[18] So

---

16 Alphons Bertillon war Leiter des Erkennungsdienstes der Pariser Polizei. 1882 wurde sein anthropometrisches Verfahren (Bertillonage) eingeführt.

17 Vgl. Susanne Regener: Fotografische Erfassung. Zur Geschichte medialer Konstruktionen des Kriminellen. München 1999, S. 161.

18 Siehe Andrea Gnam: Verführung zum Erzählen. Fotografie zwischen Tatort und Fiktion, in: Sabina Becker, Barbara Korte (Hg.): Visuelle Evidenz. Fotografie im Reflex von Literatur und Film. Berlin, New York 2011, S. 25–38, hier S. 27.

stellte der Kriminologe Hans Gross 1893 paradigmatisch fest, „daß die gute Fotografie viel deutlicher zeichnet, als wir [...] zu sehen vermögen."[19]

Die Anwendung der Fotografie zur Erfassung der Kriminalität hatte dabei drei zentrale Effekte. Erstens versuchten die Polizei und die Kriminalanthropologie, allgemeingültige Regeln für die Erfassung der Kriminellen aufzustellen, die es ermöglichten, die Täter zu identifizieren und Täterprofile und -typen zu klassifizieren. Die Fotografie zielte somit einerseits auf eine genaue Erfassung und auf die sichere Wiedererkennbarkeit des individuellen Täters, andererseits auf die Herstellung universeller Kriminalitätstypen, die durch Vergleiche oder die direkte Überlagerung von Aufnahmen sichtbar werden sollten. Die anthropometrischen Registraturen Bertillons sowie die kriminalanthropologische Taxierung Lombrosos waren die Ergebnisse dieser Suche nach einer neuen Konzeptualisierung des kriminellen Körpers (Abb. 4).[20] Von Beginn an waren die Bilder dabei Gegenstand einer wissenschaftlichen Ausdeutung, die das Sichtbare ins Zeichenhafte überführen sollte. Der von Lombroso bewirkten Faszination an der Dechiffrierung und Hierarchisierung der Physiognomie verfielen auch Alfred Döblin und Walter Benjamin.[21]

Zweitens trug die Fotografie dazu bei, dass die polizeilich-kriminalistischen, anthropologischen und ethnologischen Verfahren nach der Objektivierung und Verdinglichung der fotografierten Subjekte strebten, die bis ins Innere hinein erfasst werden sollten. Zum Beispiel führen Kriminologen in den 1890er Jahren eine Diskussion über den Einsatz von Röntgenbildern des Skelettes, die euphorisch als „Fotografien des Unsichtbaren" bezeichnet wurden, zur Identifizierung der Kriminellen.[22] Bekannt ist seit der Entwicklung der Bertillonage die körperliche Fixierung der Verbrecher am Stuhl, der nach Susanne Regener institutionell einen ikonographischen Verbrecher-Typus generiert: einen Körper ohne Expression, ohne sozialen Kontext und ohne Individualität.[23] Die Körper sollten auf den *portraits parlés* von Bertillon bis in die Details visuell fixiert werden, wobei sie gleichwohl optisch geradezu zerstückelt wurden, indem einzelne Merkmale – Ohren, Nase usw. – hervorgehoben wurden (Abb. 5).[24] In dieser nach Vollständigkeit

---

19 Hans Gross: Handbuch für Untersuchungsrichter als System der Kriminalistik. Graz 1899, S. 264.

20 Die Karteien von Alphons Bertillon waren die Vorläufer der modernen polizeilichen Erfassungskarteien.

21 Gnam: Verführung, S. 32.

22 Regener: Fotografische Erfassung, S. 145.

23 Regener: Fotografische Erfassung, S. 163.

24 In diesen *portrait parlés* versuchte Alphonse Bertillon, den menschlichen Körper vollkommen zu erfassen. Er entwickelte ein Analogieverfahren, nach dem die Nasen und Ohren miteinander

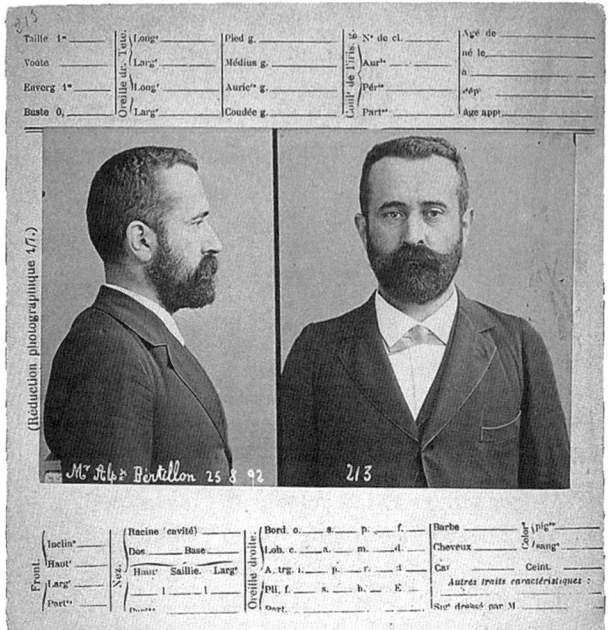

Abb. 4: Kartei von Alphonse Bertillon, die Bertillon selbst zeigt. University College, London. Zitiert nach http://www.eugenicsarchive.org/html/eugenic/static/images/2005.html.

strebenden Rationalisierung, die auf empirischer Basis stattfand und daher eine umfassende Materialsammlung voraussetzte, wurden selbstverständlich auch die Leichen fotografiert, wenn sie nicht direkt mumifiziert und gesammelt wurden. Solche Sammlungen finden sich etwa im *Pathologischen Museum* Virchows oder bei Lombroso selbst, der neben den zahlreichen Fotografien Totenmasken, Hautreste mit Tattoos sowie Knochen und Schädel von Verbrechern archivierte.

Diese Entwicklung bedingte letztendlich, drittens, die Konstituierung einer neuen Wahrnehmung, die laut Susanne Regener eine Schulung des Sehens und eine Aufwertung des Anschauens im wissenschaftlichen Betrieb und in der polizeilichen Praxis zur Folge hatte: „Berufsspezifische Schärfung [des Blicks] hieß das Mittel zur Erkundung des Unsichtbaren."[25] Die vermeintliche Unbestechlichkeit des apparativen Blicks wurde zum Vorbild einer kriminalistischen Wahrnehmung, die das Feld der Sichtbarkeit mit größter Genauigkeit und Objektivität

---

verglichen werden konnten. Allerdings konnte sich das Verfahren aufgrund der Mühseligkeit des Vergleichs nicht durchsetzen.

25 Regener: Fotografische Erfassung, S. 185.

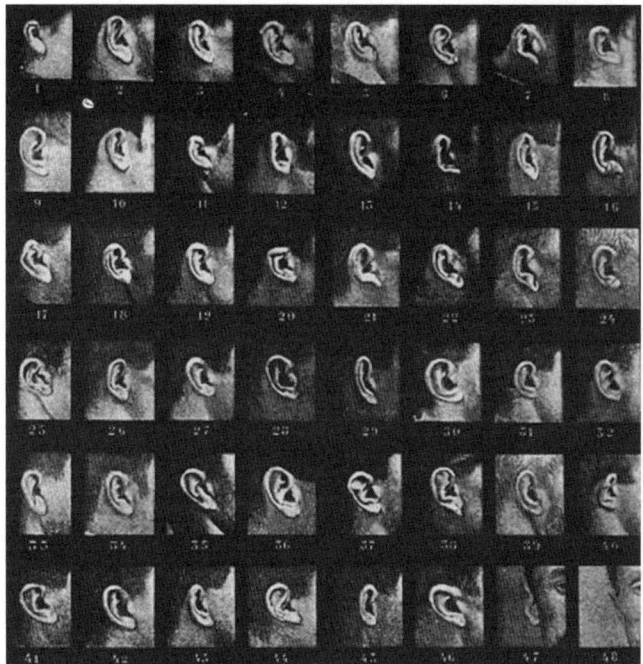

Abb. 5: Ein *portrait parlé* von Alphonse Bertillon. Illustration aus: Henri Coupin: Notre oreille, in: La Nature, Nr. 1470, 27 juillet 1901, S. 40f.

erfassen und semantisieren sollte. So hielt beispielsweise Gustav Roscher, Hamburger Polizeipräsident der Jahrhundertwende, auf dem Polizeikongress in Wien 1923 einen Vortrag mit dem programmatischen Titel *Die systematische Erziehung der Kriminalbeamten zur richtigen Wahrnehmung als die Grundlage ihre Arbeit.*[26]

Die Fotografien initiierten also ein neues epistemologisches Paradigma: Sie wurden eingesetzt, um die Wahrheit anhand objektivierbarer Erkennungszeichen festzuhalten und diese Wahrheit außerdem zu klassifizieren. Auswahl und Verwendung der Leichen-Fotos bei Wulffen folgen zunächst diesem Prinzip: Die Bilder sollen die Wahrheit sichtbar machen und sie zugleich in ein klassifikatorisches System einordnen. Sie fungieren dabei als Ergänzung zum Text, wobei sie nur kurz oder gar nicht kommentiert werden und in der Regel innerhalb des Buches verschoben, also vom Text weitgehend abgekoppelt eingesetzt werden. So werden zum Beispiel zwei Fotografien, die fast die gesamte Seite 460 einnehmen, erst auf Seite 468 kurz angesprochen, wobei hier zwei weitere Fotografien

---

26 Regener: Fotografische Erfassung, S. 141.

anderer Morde zu sehen sind, die nicht kommentiert werden. Aufgrund ihrer Grausamkeit erschweren die Abbildungen zudem die Lektüre, treten somit tendenziell in ein Konkurrenzverhältnis zur Schrift und stören auf diese Weise den Lesevorgang. Gewollt oder ungewollt markieren sie die Grenze des Sagbaren: Die wenigen spärlichen Erläuterungen, die der Band summarisch aneinanderreiht, liefern weder eine umfassende Beschreibung noch eine Erklärung der Taten, die daher auf visueller Ebene klassifiziert werden müssen.

Durch die schockierenden Fotografien wird so gerade die Diskrepanz zwischen dem Visuellen und der Schrift deutlich. Die Sprache reicht nicht mehr aus, um zu erklären, was der Lustmord ist; die Fotografien sind nicht mehr Gegenstand wissenschaftlichen Kommentierens, sondern scheinen vielmehr die Ohnmacht der Sprache zu demonstrieren, gegenüber welcher die Anschaulichkeit der Bilder als selbsterklärend und erschöpfend erscheint. Der Ausstellungscharakter der Fotos macht zudem deutlich, dass die Fotografien von Wulffen ähnlich wie die sogenannten Semiophoren zu definieren wären, als archivierte Gegenstände ohne Nützlichkeit, die eventuell zufällig entstanden und lange im Archiv lagen, aber aufgrund ihrer Verbindung zu einem Verbrechen mit symbolisch aufgeladener Bedeutung versehen wurden – ein Merkmal, durch das sich die meisten musealen und Kriminalobjekte nach Krzysztof Pomian charakterisieren: Ihre „sinnlichen Merkmale werden umgewandelt in Zeichen, die eine Beziehung herstellen sollen zwischen dem Betrachter und dem Unsichtbaren, auf das sie verweisen".[27] Die von Wulffen ausgewählten Fotos wurden zunächst nicht dezidiert als Lustmord-Dokumentationen archiviert, sie sind daher auch zumeist nicht datiert; das aktuellste Bild ist aus dem Jahr 1906, die meisten anderen wurden Ende des 19. oder Anfang des 20. Jahrhunderts aufgenommen. Wulffen bezieht sich somit durchgängig auf bereits archivierte Verbrechen.

Die Bedeutung der Fotografien stellt Wulffen in erster Linie durch ihre Auswahl her. Sie alle scheinen die auch im Text beschriebene Vorstellung des Lustmordes zu illustrieren, die sich an Krafft-Ebings eingangs zusammengefasster Definition orientiert. Möglicherweise ist das der Grund dafür, dass die Täter der meisten Morde unbekannt bleiben: Wulffen sind die passenden Fotos viel wichtiger als das Ergebnis ihrer Untersuchung – also der Täter. Er übersetzt die Definition des Lustmordes in das visuelle Medium und verschiebt somit den Lustmord selbst. Folgende Merkmale fallen dabei ins Auge:

Erstens stellt der Lustmord bereits bei Krafft-Ebing einen Bruch mit den Normen dar. Hier wird er zu einer radikalen Überschreitung, die nicht anhand der Physiognomien oder sonstiger körperlicher Merkmale der Täter deutlich gemacht

---

27 Krzysztof Pomian: Der Ursprung des Museums. Vom Sammeln. Berlin 1988, S. 95.

werden kann. An den Bildertafeln von Lombroso lässt sich studieren, dass die Fotografie gerade die Ununterscheidbarkeit der Täter produziert, die unter bestimmte epistemische Kategorien subsumiert werden. Dabei besteht zum einen das Problem der anthropologischen Erkennung der Motivation zum Mord, zum anderen sind die Fotos der Täter nicht mehr aussagekräftig, denn die polizeilichen Aufnahmen tendieren seit dem Ende des 19. Jahrhunderts dazu, die Verbrecher aus jedem sozialen Kontext zu lösen und sie auf diese Weise zu uniformieren (Abb. 6).[28] Regener nennt diese Fotos in Analogie zu Blumenbergs Metapher der „nackten Wahrheit" „nackte Bilder", in denen jegliche deutbare Zeichen wie Kleidung oder Interieurs eliminiert wurden, um die ‚Wahrheit' des Individuums, seine Identität, die hier als etwas Unveränderbares und Klassifizierbares konzipiert ist, ans Licht zu bringen.[29] Wulffen hingegen sucht für seine Aussagen die grausamsten Morde aus, weil die Überschreitung, die sich in der Narration nur quantitativ, also in der Zahl der Opfer und der Aufzählung der Perversionen des Täters ausdrückt, *in einem Bild* erkannt werden soll. Daher spielt auch die Serie, die später zum eigentlichen Indiz dieses Täter-Typus' wird, für Wulffen keine besondere Rolle. Die Idee der Überschreitung führt zur Verdichtung der Gewalt im Bild, das den Lustmorden so einen intensiven und spektakulären Charakter verleiht.

Die Fotos müssen zweitens den Bezug zur sexuellen Handlung demonstrieren. So werden zumeist nackte Frauen-, seltener Mädchenkörper präsentiert, die entweder auf dem Bett liegen, gefesselt wurden oder mit dem Hinweis versehen werden, es handele sich um Prostituierte. Nicht alle der gezeigten Morde sind Lustmorde, aber ihr sexueller Charakter ist stets unverkennbar. Die Fotos können also auf den ersten Blick das Sexuelle andeuten, das im Text mühsam hervorgehoben werden müsste. Auch sucht Wulffen nach einer Evidenz für die Thesen Lombrosos und Krafft-Ebings, bei denen bekanntlich die Beschreibung der ‚Abweichungen' des Täters deutlich mehr Platz einnimmt als die Beschreibung der Morde. Das zeigt etwa der Fall Vinzenz Verzeni, der bei Lombroso, Krafft-Ebing, Ilberg und Wulffen erwähnt wird:[30] Verzeni, geboren 1849, bedroht mehrmals Frauen, um gemäß seines Geständnisses sexuelle Befriedigung zu erlangen. Schließlich begeht er zwei Morde, bei denen er seine Opfer – eine Frau und ein Mädchen –

---

28 Durch die Disziplinierung und Erfassung des Körpers mithilfe der Fotografie entsteht auch ein neues Subjekt, das vom sozialen Kontext abgekoppelt wird. Gesucht wurde nach einem objektiven Verfahren, Subjekte fotografisch zu fixieren und personengebundene Daten aufzubewahren.
29 Regener: Fotografische Erfassung, S. 156.
30 Krafft-Ebing: Psychopathia sexualis, S. 76–82. Dem Fall Verzeni widmen Krafft-Ebing und später Ritter in seiner populär-medizinischen Studie zum Lustmord aus dem Jahr 1890 große Aufmerksamkeit. Vgl. Felix Otto Eberhard Ritter: Der Lustmord und ihm verwandte Erscheinungen perverser Geschlechtsempfindungen. Populär-medizinische Studie. Niemegk 1890.

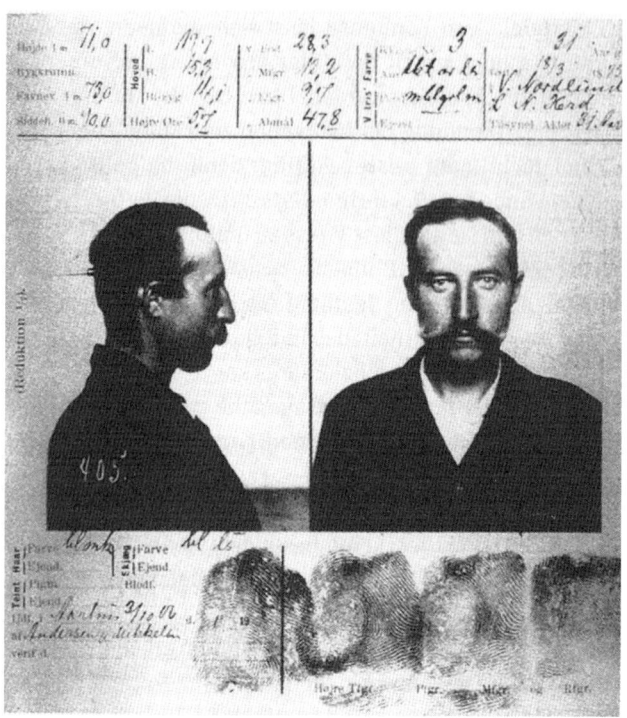

Abb. 6: Polizeiliche Aufnahme, Hamburg um 1900. Gustav Rocher: Großstadtpolizei. Ein praktisches Handbuch der deutschen Polizei. Hamburg 1912, S. 236. Zit. nach: Regener: Fotografische Erfassung, S. 143.

jeweils verstümmelt und aufschlitzt. Bei der Analyse dieses Falls schließt Lombroso aufgrund einer physiologischen und physiognomischen Untersuchung, dass Verzeni Degenerationsmerkmale wie beispielsweise einen asymmetrischen Schädel und ungleiche Ohren sowie eine enorme Entwicklung des Jochbeins, des Unterkiefers und des Penis' aufweist. Außerdem fehlte Verzeni ein Hoden, der andere war atrophisch. Verzenis Degenerationszeichen führt Lombroso auf das elterliche Erbe zurück: Zwei seiner Onkel diagnostiziert er als Kretins, den dritten als mikrozephal, der Vater zeige Spuren pellagröser Entartung[31] und sein Vetter war ein Gewohnheitsdieb. Wulffen stellt sich in eben diese Tradition: Er übernimmt die Art der Erklärung, bei der die Tat selbst nur in zwei kurzen Sätzen

---

31 Zit. n. Krafft-Ebing: Psychopathia sexualis, S. 76–82. Zur Erläuterung: Die pellagröse ‚Entartung' ist eine Hautkrankheit, die aufgrund schlechter Ernährung und dem Mangel an bestimmten Nährstoffen entsteht.

erwähnt wird und die Erläuterung der physischen Pathologien des Täters einleitet, die dann eine gute halbe Seite füllt.[32]

Falls der Verbrecher keine physiologische Abweichung der Geschlechtsorgane aufweist, ist der Aspekt des Sexuellen hier auf das Geständnis des Verbrechers angewiesen. Ungeklärt bleibt die Verbindung zwischen seinem Geschlechtsteil und den Morden, oder welche der Pathologien für die Motivation zum Mord als Auslöser fungierte. Die visuelle Inszenierung der sexuellen Lust bei Wulffen hingegen ist unmittelbar und nicht auf die Ausdeutung einzelner Merkmale angewiesen: Sie nimmt die sichtbaren Folgen der Tat als Symptom des Täters. Diese Tendenz wird das Kino später weiterentwickeln und vervollkommnen: Die Sexualverbrechen werden in zeitgenössischen Filmen gerne mit ‚schönen' Leichen inszeniert – einem literarischen und bildkünstlerischen Topos –, um durch attraktive Schauspielerinnen und erotische Körperbilder Erotik zu evozieren.[33]

Den zeitgenössischen Vorstellungen von der angeborenen Verbrechernatur folgend, müssen die Fotos drittens die Lustmorde aus der bürgerlichen Ordnung ausgrenzen. Die Prostituierten deuten so auch auf einen verbotenen, diskreditierten gesellschaftlichen Bereich hin. Weiterhin werden die Leichen im Wald abgebildet, wodurch eine Nähe zur Natur und die Nicht-Zugehörigkeit von Tat und Täter zur bürgerlichen Ordnung signalisiert werden. Der Wald wird bereits in der Literatur der Moderne als Unbewusstes oder auch als Reich der natürlichen, unkontrollierbaren Triebe stilisiert – etwa in Döblins *Die Ermordung einer Butterblume*, in welcher der Lustmord ebenfalls in einem Wald stattfindet. Diese Bereiche jenseits des Bürgerlichen werden durch die Verbrechen zudem als pathologisch und gefährlich ausgewiesen. Die Fotografien stehen somit in einem Kontrast zu den polizeilichen Fotografien der Verbrecher, die ihre epistemische Gewalt gerade durch ihren artifiziellen, mit zeitgenössischen Normen der Personenfotografie brechenden Charakter und vor allem durch die Entkoppelung vom sozialen Kontext zu erlangen suchen.

Die Fotos machen dadurch viertens das Verborgene sichtbar, denn die Leichen stehen nicht für sich selbst, sondern werden zu Symptomen des unbekannten männlichen Täters. Die Bilder der Opfer korrespondieren mit den Tätern und die Beschreibung der Taten begleiten umgekehrt die Täterfotos. Diese konstituieren eine heterosexuelle Logik. Die Täter bringen die Frauen um, wobei die weiblichen Leichen auf den männlichen Täter hindeuten. So sprechen die Unterschriften der Opferfotos kaum vom dargestellten Geschehen, sondern geben in

---

32 Vgl. Wulffen: Sexualverbrecher, S. 461.
33 Vgl. dazu Elisabeth Bronfen: Nur über ihre Leiche. Weiblichkeit, Tod und Ästhetik. München 1994.

der Regel Auskunft über den Mörder – etwa, ob er identifiziert oder nicht identifiziert wurde. Bei Wulffen sind nur noch drei Täterfotos zu finden, die seine Lustmord-Typologie vorführen: „vorgetäuschter", „scheinbarer" und „echter" Lustmord. Zunächst das Foto einer Mörderin, das jedoch gerade demonstrieren soll, dass Frauen nicht zum Lustmord fähig sind: Gezeigt wird das Porträt der Arbeiterin U., die ihr Kind umgebracht und dann einen Lustmord simuliert hat, um den Verdacht von sich abzuwenden (Abb. 7).[34] Die bürgerliche Umgebung der Fotografie signalisiert hier den Mangel an Triebhaftigkeit und die Normalität, die im Text mit dem Konzept „Weiblichkeit als Maskerade" unterstützt wird.[35] Die Frauen können nach Wulffen somit höchstens einen Lustmord vortäuschen,[36] ihn jedoch nie wirklich begehen, da ihnen der physiologische Trieb dazu fehlt.

Echte und scheinbare Lustmorde können nur die Männer begehen. Der echte Lustmord unterscheidet sich vom scheinbaren – ebenfalls ein Begriff aus dem semantischen Feld des Sehens/Blicks/Visuellen – aufgrund seiner Grausamkeit, deren Grad visuell festgestellt wird, indem auch dieser scheinbare Lustmord von Wulffen mit einem Bild demonstriert wird. Ein Foto zeigt das Opfer in einer sexuellen Position; dieses ist jedoch nicht grausam entstellt, weshalb es sich nach Wulffen nicht um einen Lustmord handeln kann. Im Falle des Porträts eines scheinbaren Lustmörders wählt er einen umstrittenen Fall. Das Foto, das den Tischler J. zeigt,[37] unterstützt die Logik des Scheinbaren, die in der Argumentation entfaltet wird (Abb. 8): Scheinbar bedeutet, dass das Verbrechen wie ein Lustmord aussieht – es geht um einen kannibalistischen Mord – und der Mörder ein potenzieller Lustmörder ist, allein schon weil er männlich ist. Nur die Spezialisten können die Tat jedoch genauer differenzieren und den scheinbaren vom echten Lustmord unterscheiden. Der vierzehnmal vorbestrafte arbeitslose Tischler hat ein 10-jähriges Mädchen umgebracht, zerstückelt, gebraten und gegessen. Als Motiv hat er Hunger angegeben, und so schließen die Sachverständigen den Lustmord aus. Wulffen hält diesen Mord dennoch für „sexuell gefärbt", ohne diese Diagnose genauer zu erklären.[38] In Wulffens Definition würde dieses Verbrechen

---

34 Wulffen erläutert, dass die Arbeiterehefrau U. ihre siebenjährige Tochter am 9. November 1897 getötet und postum misshandelt hat, um einen Lustmord vorzutäuschen. Sie wurde zum Tode verurteilt, später aber begnadigt. Vgl. Wulffen: Sexualverbrecher, S. 473.

35 Joan Riviere: Weiblichkeit als Maskerade, in: Liliane Weisberg (Hg.): Weiblichkeit als Maskerade. Frankfurt/M. 1994, S. 34–47.

36 Wulffen: Sexualverbrecher, S. 475. Wulffen bezieht den vorgetäuschten Lustmord im Text nicht auf das Geschlecht, jedoch dient die Fotografie der Täterin hier als Beispiel, während der ‚echte' und ‚scheinbare' Lustmord von Männern verübt wird. Die Kategorie des ‚scheinbaren' Lustmords definiert seine graduelle Abstufung, bei der die sadistische Lust nicht genug ausgeprägt ist.

37 Wulffen: Sexualverbrecher, S. 479.

38 Wulffen: Sexualverbrecher, S. 478.

Abb. 7: Vorgetäuschter Lustmord. Erkennungsdienst Dresden (nicht datiert). Wulffen: Sexualverbrecher, S. 473.

wohl schon aufgrund seiner Grausamkeit und der heterosexuellen Täter-Opfer-Konstellation in die Kategorie des Lustmords fallen. Auf dem Bild ist beides zu sehen: Kleidung, Haltung und Aussehen können in der kriminalanthropologischen Logik sowohl auf soziale Aspekte wie niedrige Herkunft und heruntergekommene Existenz als auch auf ,natürliche' Merkmale, etwa die Primitivität des Täters, hindeuten. Letzteres legt auch die Bildunterschrift nahe: Hier wird er als unzurechnungsfähiger Anthropophage klassifiziert, was ebenso wie der in der Erklärung angesprochene „Nahrungstrieb" atavistische Züge impliziert, die zugleich sexuell konnotiert sind. Der Täter wurde auch für unzurechnungsfähig erklärt.[39]

---

39 Wulffen: Sexualverbrecher, S. 478.

Abb. 8: Scheinbarer Lustmord
mit Anthropophagie.
Wulffen: Sexualverbrecher, S. 478.

Abbildung 20. Lustmord (Brustbild des Täters). Der Arbeiter Hugo A. Schilling, geboren 8. August 1881, hat am 19. Oktober 1906 einem 13 Jahre alten Mädchen mit dem Messer den Hals durchgeschnitten und den Unterleib aufgeschnitten. Er hat an demselben Tage auch eine 48 Jahre alte Frau und am 23. Oktober 1906 ein 14 Jahre altes Mädchen durch Messerstiche schwer verletzt. Er wurde am 20. April 1907 hingerichtet. Vgl. auch Abbildungen 21 bis 23.

Erkennungsdienst Dresden.

Abb. 9: Echter Lustmord (Brustbild des Täters).
Erkennungsdienst Dresden. Wulffen:
Sexualverbrecher, S. 465.

Bei einem einzigen Foto wird ein männlicher Täter als Lustmörder tituliert, dessen Gesicht stellvertretend für alle nicht identifizierbaren Mörder in diesem Kapitel steht (Abb. 9). Der Arbeiter Hugo A. Schilling (1881–1907) hatte im Oktober 1906 innerhalb einiger Tage ein dreizehnjähriges Mädchen getötet sowie eine 48 Jahre alte Frau und ein 14 Jahre altes Mädchen durch Messerstiche schwer verletzt. Er wurde 1907 hingerichtet.[40] Wulffen funktionalisiert auf diese Weise

---

40 Wulffen: Sexualverbrecher, S. 465.

die Fotografien der Leichen um: Sie stehen nicht mehr für das Geschehen, sondern werden zu sichtbaren Indizien des verborgenen Triebs des Täters. Dieser visuellen Logik folgt auch der Text: Der abgebildete Lustmörder Schilling wollte die sexuelle Motivation beim Angriff auf Frauen nicht zugeben. Er beging die Tat laut seinen Angaben allein wegen des Raubs und stritt „Samenerguß oder die geschlechtliche Erregung" ab.[41] Wulffen nennt ihn daher einen ‚latenten' Lustmörder,[42] dessen Opfer seinen Trieb ans Licht brachten, also evident machten. Wulffen verweist auf die Fotografien eines Opfers und kommentiert die Verbrechen wie folgt:

> Die wollüstige Befriedigung kann latent geblieben sein. Die Häufigkeit und Gleichartigkeit der nur an Frauenpersonen verübten Anfälle spricht mit großer Wahrscheinlichkeit dafür, daß auch für Schilling Stechen und Zerschneiden sexuelle Äquivalente waren. Vielleicht waren seine von ihm angegebenen, auf Raub oder Diebstahl gerichteten Absichten, die er meist bei der Berührung der Frauenperson sofort vergaß und nicht durchführte, zum Teil gar nicht ernstlich gemeint.[43]

Schilling nahm den Frauen, die er angriff, allerdings dennoch ihr Geld ab, weshalb fraglich bleibt, warum Wulffen meinte, er habe den Diebstahl vergessen. Die (wieder versetzt auftauchenden) Fotos sollen den Raubmord widerlegen und erzeugen zudem eine Ikonographie des Lustmord-Tatorts: Drei Bilder demonstrieren erst den Ort, an dem die Leiche eines 13-jährigen Mädchens gefunden wurde, nämlich einen Wald; dann die Mordwaffe – ein Messer – und schließlich das verstümmelte Opfer.[44] Dieses ist ebenfalls grausam entstellt, wie die anderen Opfer der nicht ermittelten Täter. Die Identifikation des Lustmordes funktioniert hier über eine visuelle Vergleichbarkeit der Bilder, diese liefern bereits wichtige Topoi des Lustmordes (abgelegener Ort, Wald, Messer). Bei Wulffen sind es somit in erster Linie visuelle Parameter, die den Lustmord erkennbar machen.

3 Der Tatort ersetzt den Täter

In diesem Prozess der Vereinnahmung der Opfer zugunsten der Täter werden die Opfer neu semantisiert, wenn sie stellvertretend den Täter repräsentieren und so zum Zeichen seines Profils und später zum Bild seiner Psyche werden. Trotz der Fallgeschichten, die zum größten Teil noch im kriminalanthropologischen Modus

---

41 Wulffen: Sexualverbrecher, S. 470.
42 Wulffen: Sexualverbrecher, S. 468.
43 Wulffen: Sexualverbrecher, S. 470f.
44 Vgl. Wulffen: Sexualverbrecher, S. 466f.

argumentieren, verabschiedet die Fotografie letztlich dieses Paradigma: Nicht der Körper, nicht die Geschichte des Täters und nicht seine Pathologien werden betrachtet, sondern das Opfer, das indessen in die Symptome des Geschlechtstriebes des Täters umcodiert wird. Die Opfer werden einerseits zum materiellen Indiz der Existenz eines entarteten Triebs des Täters, welcher an dessen eigenem Körper zu schwer identifizierbar war, zumal die Symptome und Anzeichen zumeist weit verstreut waren (Schädelform, Körperfunktionen, Degenerationsmerkmale, Krankheiten, vererbte Anomalien). Die Aufnahmen der Leichen liefern hingegen unverrückbare Beweise – das weibliche Opfer, das mit seinem Tod die Wahrheit des Sexualverbrechens belegt. Indem sie Zeichen für etwas Abwesendes, Unsichtbares werden, verlieren die Leichen-Bilder ihre Referenz zur Realität und verweisen somit auf das Wesen des Fotografischen, die fotografierten Subjekte/Objekte zu entleeren oder sie von ihrem Kontext zu entkoppeln. Daher sind sie im engeren Sinne keine ‚Abbildungen‘ der Tat, sondern Bestandteil eines neuen Wissenssystems über den abwesenden *Täter*.

Was hier im Entstehen begriffen ist, ist letztlich der moderne Tatort. Wie zentral die Fotografie für die Entstehung dieses Paradigmas ist, deutet bereits Walter Benjamin in seinen Überlegungen zur Fotografie an.[45] Schon die erste Fotografie-Beschreibung von William Henry Fox Talbot (1844) verwandelte die Ansicht eines Pariser Boulevards in einen Tatort, der, wie Andrea Gnam hinzufügt, mit Erwartungen aufgeladen und zugleich unbestimmt sei.[46] Nach Christine Karallus entwickelte sich eine systematische Tatort-Fotografie etwa seit 1900, wobei die Fotografie für die Konstitution des epistemischen Raums Tatort insofern entscheidend war, als dass sie diesen „vor unkontrollierten Eingriffen und drohendem Spurenverlust zu schützen schien": Fotos ermöglichten eine „unmittelbare Erfahrung von Wahrheitsmomenten" und deren langfristige Speicherung in Archiven.[47]

Auf diese Weise gesichert und objektiviert, konnte der Tatort zum zentralen Ort der Charakterisierung des Täters und zum Kommunikationsort zwischen Täter und Polizei werden. Er ist Ausdruck eines neuen Paradigmas insofern, als dass er später in der Selbstdefinition des Lustmörders und auch im Film eine zentrale Rolle für die Darstellung von Sexualmorden spielt – für die Bildung des Täterprofils, das gerade am Tatort, an der Position der Leiche abzulesen ist. Dieser

---

45 Walter Benjamin: Kleine Geschichte der Fotografie, in: ders.: Gesammelte Schriften. Bd. 2.1. Frankfurt/M. 1980, S. 368–385, hier S. 385.
46 Gnam: Verführung, S. 27.
47 Vgl. Christine Karallus: Bild-Befund. Zur heuristischen Funktion einer fotografierten Spur, in: Martina Heßler (Hg.): Konstruierte Sichtbarkeiten. Wissenschafts- und Technikbilder seit der Frühen Neuzeit. München 2005, S. 199–216, hier S. 204.

Zusammenhang wird auch den Tätern bewusst, die beginnen, den Tatort für die Kriminalisten zu arrangieren – zum Beispiel im Fall des Maiglöckchen-Mörders, der Ende der 1940er die Leiche mit Maiglöckchen schmückte und damit einen eigenen Mord-‚Stil‘ etablierte.[48] Auch den Kriminalisten ist diese Kommunikationsfunktion des Tatortes vertraut: Sie sammeln Zeichen für die Rekonstruktion der Tat und die Ermittlung des Täters auch deshalb, weil diese als Ausdruck des psychischen Zustandes des Täters verstanden werden können. So bildet beispielsweise das *National Center for the Analysis of Violent Crime* (USA) seit 1981 Profiler aus,[49] die diese Zeichen angeblich lesen können. Anhand der Logik des Visuellen wird die Psyche veräußert, auf die externen Gegenstände übertragen und befindet sich außerhalb des Täters und nicht mehr in seinem Inneren oder auf der Oberfläche seines Körpers.

Die Fotografie konstituiert den Tatort zudem als semantisch aufgeladenen Wissensort, der über das vergangene Geschehen Aufschluss gibt. Während die Täter, wie am Beispiel der ‚nackten‘ Bilder gezeigt, zunehmend uniformiert und vom sozialen Kontext abgekoppelt werden, befinden sich die Opfer immer in konkreten Kontexten. Die Fotos können dabei mit Judith Butler als ‚Framing‘-Strukturen verstanden werden,[50] die ein Stück der Umgebung zusammen mit dem Opfer einrahmen und so einen epistemischen Raum konstruieren, in dem das Verbrechen stattgefunden hat. Die Eingrenzung eines Tatorts stellt auch heutzutage noch die erste Maßnahme bei der Aufklärung eines Verbrechens dar. Bei Wulffen gibt es noch keine Systematik der Tatort-Beschreibung,[51] doch verweist er bei einer Fotografie in der Bildunterschrift auf die Schönheit der Landschaft, die zur Grausamkeit des Fundes in Kontrast stehe (Abb. 10).[52] Auch die Spurensicherung ist bereits im Ansatz entwickelt: Anhand einer Detailfotografie, die Bissspuren festhält, wird laut Wulffen später ein Täter identifiziert. Das Foto des Täters wird jedoch nicht gezeigt.[53] Die Fotografie überwindet die zeitlichen und räumlichen Distanzen, sie überführt das Ereignis des Verbrechens in die Unver-

---

48 Berg: Sexualverbrechen, S. 154.

49 Uwe Füllgrabe: Sadistische Mörder, in: ders., Hannspeter Dinges, (Hg.): Gewalttätige Sexualtäter und Verbalerotiker. Bremen 1992, S. 125–156.

50 Vgl. Judith Butler: Raster des Krieges. Warum wir nicht jedes Leid beklagen. Frankfurt/M. 2010.

51 Holger Roll: Lehr- und Studienbriefe. Kriminalistik/Kriminologie. Bd. 8: Tatortarbeit. Hilden 2008.

52 Im Bild des Tatortes wird die Mordstelle mit dem Kreuz gekennzeichnet. Wulffen kommentiert: „Auffällig ist, daß Schilling die Tat am hellen Vormittag an einer immerhin recht übersichtlichen Örtlichkeit verübte. Man beachte auch den Kontrast der schönen Landschaft mit der grausigen Tat." Wulffen: Sexualverbrecher, S. 466.

53 Wulffen: Sexualverbrecher, S. 475.

gänglichkeit eines Spurenarsenals, das als überzeitlicher Signifikant auf den vergangenen Moment des Ereignisses verweist. Die von den Fotos eingerahmten Gegenstände werden dabei von ihrem Gebrauchskontext entkoppelt, bekommen neue Bedeutungen und werden ebenfalls für das Profil des Täters relevant. Der Tatort entfaltet somit eine Wucherung neuer Signifikationen, die von der Fotografie für immer festgehalten werden kann und aus der das Wissen über den Täter hervorgehen sollte.

Abbildung 21. Lustmord an einem 13jährigen Mädchen. Bild des Tatorts; † die Mordstelle. Auffällig ist, daß Schilling die Tat am hellen Vormittag an einer immerhin recht übersichtlichen Örtlichkeit verübte. Man beachte auch den Kontrast der schönen Landschaft mit der grausigen Tat. Vgl. Abbildung 20, 22 und 23. Erkennungsdienst Dresden.

Abb. 10: Lustmord an einem dreizehnjährigen Mädchen, verübt durch Hugo A. Schilling. Erkennungsdienst Dresden. Wulffen: Sexualverbrecher, S. 466.

Dieser Wahrheitsmodus der Fotografie kann jedoch bereits mit den Beispielen aus Wulffens Werk selbst dekonstruiert werden, wird doch an anderer Stelle der inszenatorische und konstruktive Charakter dieses Mediums unweigerlich offenbar. Gezeigt wird ein Foto einer Vergewaltigung, die sichtbar nachgestellt wurde (Abb. 11).[54] Es soll hier vermutlich vorgeführt werden, dass die Fotografie auch dann die Umstände erhellen kann, wenn das Objektiv nicht vor Ort gewesen ist.

---

54 Wulffen: Sexualverbrecher, S. 421.

Dieses Foto macht aber überdies die Grenze des Fotografischen sichtbar. Nichtsdestoweniger ist das Bild von Bedeutung, da es den Tatort dokumentiert. Wulffen schreibt zu diesem Bild: „Schändung (Lokalaugenschein). Das Stiegenhaus, in dem das Verbrechen verübt wurde, mit dem Täter und Opfer und dem auf der Stiege stehenden Knaben, der den Vorgang beobachtet hat."[55] Am Ende des Buches werden zudem inszenierte SM-Spiele auf konfiszierten Bildern gezeigt – auch die Vorstellung der pathologischen Lust wird somit als bildhafte Inszenierung offenbar. Der Wahrheitsimpetus der Fotografie und ihr Eindringen in die Wirklichkeit bleiben jedoch konstitutiv für die Definition des Lustmords; sie sind außerdem verantwortlich für die Langlebigkeit des Motivs in der Kultur. Das kriminalanthropologische Paradigma hat hingegen nicht überlebt, nur sein Produkt – der Lustmord –, hat es gerade aufgrund seiner visuellen Logik weit gebracht.

Abbildung 6. Schändung (Lokalaugenschein). Das Stiegenhaus, in dem das Verbrechen verübt wurde, mit dem Täter und Opfer und dem auf der Stiege stehenden Knaben, der den Vorgang beobachtet hat.
Erkennungsdienst Wien.

Abb. 11: Eine Fotografie, die angeblich eine Vergewaltigungsszene bezeugen soll. Erkennungsdienst Wien. Wulffen: Sexualverbrecher, S. 421.

---

55 Wulffen: Sexualverbrecher, S. 421.

Verwendete Literatur

Walter Benjamin: Kleine Geschichte der Fotografie, in: ders.: Gesammelte Schriften. Bd. 2.1. Frankfurt/M. 1980, S. 368–385.

Steffen Berg: Das Sexualverbrechen. Erscheinungsformen und Kriminalistik der Sittlichkeitsdelikte. Hamburg 1963.

Elisabeth Bronfen: Nur über ihre Leiche. Weiblichkeit, Tod und Ästhetik. München 1994.

Martin Büsser: Lustmord Mordlust. Das Sexualverbrechen als ästhetisches Sujet im 20. Jahrhundert. Mainz 2000.

Judith Butler: Raster des Krieges. Warum wir nicht jedes Leid beklagen. Frankfurt/M. 2010.

Wolf-Dieter Dube: „Der Lustmörder" von Heinrich Maria Davringhausen, in: Pantheon. Internationale Zeitschrift für Kunst XXXI (1973), S. 181–185.

Michel Foucault: Sexualität und Wahrheit. Bd. 1: Der Wille zum Wissen. Frankfurt/M. 1983.

Uwe Füllgrabe: Sadistische Mörder, in: Hannspeter Dinges u. Uwe Füllgrabe (Hg.): Gewalttätige Sexualtäter und Verbalerotiker. Bremen 1992, S. 125–156.

Andrea Gnam: Verführung zum Erzählen. Fotografie zwischen Tatort und Fiktion, in: Sabina Becker, Barbara Korte (Hg.): Visuelle Evidenz. Fotografie im Reflex von Literatur und Film. Berlin, New York 2011, S. 25–38.

Irina Gradinari: Genre, Gender und Lustmord. Die mörderischen Fantasien in der deutschsprachigen Gegenwartsprosa. Bielefeld 2011.

Hans Groß: Handbuch für Untersuchungsrichter als System der Kriminalistik. Graz 1899.

Beate Herrmann-Antes: George Grosz. Die Lustmorddarstellungen. Berlin 1992.

Arne Höcker: „Lust am Text" – Lustmord und Lustmord-Motiv, in: Susanne Komfort-Hein, Susanne Scholz (Hg.): Lustmord. Medialisierungen eines kulturellen Phantasmas um 1900. Königstein i. Ts. 2007. S. 37–51.

Kathrin Hoffmann-Curtius: „Wenn Blicke töten könnten." Oder: Der Künstler als Lustmörder, in: Ines Lindner, Sigrid Schade, Silke Wenk u.a. (Hg.): Blick-Wechsel. Konstruktionen von Männlichkeit und Weiblichkeit in Kunst und Kunstgeschichte. Berlin 1989, S. 369–394.

Kathrin Hoffmann-Curtius: Frauenmord als Spektakel. Max Beckmanns „Martyrium" der Rosa Luxemburg, in: Susanne Komfort-Hein, Susanne Scholz (Hg.): Lustmord. Medialisierungen eines kulturellen Phantasmas um 1900. Königstein i. Ts. 2007, S. 91–114.

Christine Karallus: Bild-Befund. Zur heuristischen Funktion einer fotografierten Spur, in: Martina Heßler (Hg.): Konstruierte Sichtbarkeiten. Wissenschafts- und Technikbilder seit der Frühen Neuzeit. München 2005, S. 199–216.

Richard von Krafft-Ebing: Psychopathia sexualis. München 1986.

Julius Kratter: Gerichtsärztliche Praxis. Lehrbuch der gerichtlichen Medizin. Bd. II. Stuttgart 1919.

Martin Lindner: Der Mythos ‚Lustmord'. Serienmörder in der deutschen Literatur, dem Film und der bildenden Kunst zwischen 1892 und 1932, in: Joachim Lindner (Hg.): Verbrechen – Justiz – Medien. Konstellation in Deutschland von 1900 bis zur Gegenwart. Tübingen 1999, S. 272–305.

N.N.: Art. „Lustmord-Motiv", in: Ergänzungsband zum Bilder-Lexikon. Kulturgeschichte – Literatur und Kunst – Sexualwissenschaft. Hg. vom Wiener Institut für Sexualwissenschaft. Bd. VII. Hamburg 1930, S. 422f.

Krzysztof Pomian: Der Ursprung des Museums. Vom Sammeln. Berlin 1988.

Susanne Regener: Fotografische Erfassung. Zur Geschichte medialer Konstruktionen des Kriminellen. München 1999.

Felix Otto Eberhard Ritter: Der Lustmord und ihm verwandte Erscheinungen perverser Geschlechtsempfindungen. Populär-medizinische Studie. Niemegk 1890.

Joseph Paul de River: Der Sexualverbrecher. Eine psychoanalytische Studie. Heidelberg 1951.

Joan Riviere: Weiblichkeit als Maskerade, in: Liliane Weisberg (Hg.): Weiblichkeit als Maskerade. Frankfurt/M. 1994, S. 34–47.

Holger Roll: Lehr- und Studienbriefe. Kriminalistik/Kriminologie. Bd. 8: Tatortarbeit. Hilden 2008.

Maria Tatar: Lustmord. Sexual Murder in Weimar Germany. Princeton, NJ 1995.

Klaus Theweleit: Männerphantasien. 2 Bde. Frankfurt/M. 1977–1978.

Horst Thomé: Modernität und Bewußtsein in der Zeit des Naturalismus und Fin de siècle, in: York-Gothart Mix (Hg.): Naturalismus. Fin de siècle. Expressionismus 1890–1918. München, Wien 2000, S. 15–27.

Erich Wulffen: Der Sexualverbrecher. Ein Handbuch für Juristen, Verwaltungsbeamte und Ärzte. Berlin 1910 u. 1920.

Ina Linge (Cambridge)
Hospitable Reading

An Approach to Life Writings of Gender and Sexual "Deviants"

In 1907, two German narratives were published that each told the story of a person who was perceived to deviate from the gender and sexual norm. *Aus eines Mannes Mädchenjahren*, written under the pseudonym N.O. Body, describes the life of Nora Body, who is raised as a girl but feels that her true nature is that of a man.[1] *Tagebuch einer männlichen Braut*, published anonymously with only the name of the editor, Walter Homann, given, relates the story of Dori, whose effeminate appearance threatens his ascribed male identity.[2] In what appear to be confessional autobiographies, both first-person narrators recount their experiences of a gender and sexual identity that is very different from that of their peers, and both show an awareness of the medical discourse surrounding such 'deviance'.[3]

Indeed, both texts stand in relation to the medico-scientific discourse of *Sexualwissenschaft*. N.O. Body's *Aus eines Mannes Mädchenjahren* concludes with an afterword by German sexologist and activist Magnus Hirschfeld, who praises the book as an illuminating account of the pains and difficulties experienced by individuals such as the protagonist, Nora Body. Nora feels that her true sex was misrecognised at birth and thus struggles to fulfil the expectations of girlhood and femininity. Nora's identity and desires classify and marginalise her as deviat-

---

1 N.O. Body: Aus eines Mannes Mädchenjahren. Ed. Hermann Simon. Berlin 1993. Unless otherwise noted, all subsequent references are to this edition, which will henceforth be referred to as MJ, and are given after quotations in the text.
2 Walter Homann: Tagebuch einer männlichen Braut. Hamburg 2010. Unless otherwise noted, all subsequent references are to this edition, which will henceforth be referred to as T, and are given after quotations in the text.
3 I will generally use the pronoun 'he' for Dori and 'she' for Nora. The use of gendered pronouns is highly problematic in the context of these narratives, as it inevitably inflicts a certain injustice on the protagonists, whose complex gender identities defy such straight-forward naming. The use of pronouns will reflect, in both cases, the expected gender identity of the space in which they are placed and thus help to point out how both Nora and Dori exceed such gendered interpellations. The question of naming will be an important one here, too. What do I call the collection of texts and the kind of lives I am referring to? For want of a better word, I will be referring to 'deviant' identities and desires, whereby deviance here means that a certain act or way of being is perceived to deviate from the sexual or gender norm of the time. 'Deviance', therefore, very much remains in quotation marks to show that, in order to do justice to these texts, I must handle them with care.

ing from the expected sexual and gender norm. Only after much hardship is Nora recognised as *truly* male first by medical, then also by legal authorities that allow her to change her official sex and finally allow *him* to live life as a man. *Tagebuch einer männlichen Braut*, too, stands in relation to the sexological discourse of its time. By making use of words such as "Urning" and "Homosexueller", the protagonist Dori seems familiar with categories taken from sexological terminology. Although Dori is raised as a man, his peers repeatedly out him as effeminate. Set against his entertaining the crowds as a "Damenimitator", dressing publicly in female attire, and engagement to a man who perceives him as a woman, "Homosexueller" also became a category that Dori was considered to belong to.

As Anna Katharina Schaffner points out in her book, *Modernism and Perversion*, sexologists and other medical practitioners of the early twentieth century often sourced their case studies not only from diaries and autobiographies but also literary texts. As such, the fact that *Tagebuch einer männlichen Braut* was published in an early version with Walter Homann as author and then later republished with him as editor might have been fairly unproblematic. Yet, more recent autobiographical criticism would undeniably be more sceptical of this lack of distinction between 'fact' and 'fiction' and might search for the texts' obliteration of certain facts. Indeed, scholars concerned with both texts have shown a similar interest in searching for truths and information about the text that lie beyond the self-description of the narratives themselves. In his introduction to the English translation of *Aus eines Mannes Mädchenjahren*, Sander Gilman focuses on Body's achievements as a "clever trickster" who managed to conceal his 'real' Jewish identity; Helga Thorson understands Body as a "hermaphrodite", a description that stems from sexological discussions of the text but can be found nowhere within the narrative; in his detective piece on the 'real' N.O. Body, Hermann Simon sets out to discover "das Rätsels Lösung" by pointing out that the author of Body's text was Karl/Martha Baer.[4] The afterword to the most recent republication of *Tagebuch einer männlichen Braut* merges the narrative itself with the historical case of Dina Alma de Paradeda as the former is based on the latter.[5]

---

4 Sander L. Gilman: Whose Body Is It, Anyway? Hermaphrodites, Gays, and Jews in N.O. Body's Germany, in: N.O. Body: Memoirs of a Man's Maiden Years. Philadelphia 2006, p. vii–xxiv, p. vii; Helga Thorson: Masking/Unmasking Identity in Early Twentieth-Century Germany: The Importance of N.O. Body, in: Women in German Yearbook: Feminist Studies in German Literature and Culture 25 (2009), p. 149–173; Hermann Simon: Wer war N.O. Body?, in: N.O. Body: Aus eines Mannes Mädchenjahren. Ed. Hermann Simon. Berlin 1993, p. 167–246.
5 Jens Dobler: Nachwort, in: Walter Homann (ed.): Tagebuch einer männlichen Braut. Hamburg 2010, p. 154–175.

Such critical reactions to both texts are interesting and valuable, but they also affirm that the authority to define and classify both narratives remains firmly within the critic's hand. Rather than engaging in an analysis that understands the reader as sovereign figure who can judge and fail the narrative, I would therefore like to begin this essay by suggesting a reading that considers the responsibilities of the reader, that is attentive to the narrative itself and that looks for an ethical and equal relation between text and reader. The second part of this essay will propose that such a reading might orientate itself around the concept of hospitality, considering the relation between narrative and reader, whereby the reader functions as host *and* guest. As reader, I would like to offer hospitality to the text by inviting it to communicate the way in which it would like to be understood, but I also become a guest when I am invited by the narrative to respond in a certain way. Such a reading is in part based on the awareness of what an inhospitable reading – or a reading that pays little to no attention to hospitality – might do to a text by, for example, imposing a genre, asking for the text to portray ethical instructions, going beyond the narrative to find information elsewhere or – importantly in this context – pathologizing the self that attempts to take on narrative form. Lastly, listening to the call of the narrative in such a way will also answer another question: why does it want to be read in this way and what can be gained from a certain address and a certain relation between narrative and reader?

1 "Nur Erlebtes und nichts Erdachtes": The problem with genre

In his preface to *Aus eines Mannes Mädchenjahren*, German author Rudolf Presber draws the reader's attention to the fact that this book contains "nur Erlebtes und nichts Erdachtes" (MJ 2). Body's text, thus introduced, reiterates Presber's statement in the opening sentence: "Dieses Buch ist ein Buch der Wahrheit" (MJ 8). Similarly, *Tagebuch einer männlichen Braut* determines in its title the genre of the text. In the preface, Walter Homann describes the narrative as a "wahres Lebensbild, bei dem nichts verschwiegen und dem nichts hinzugesetzt wurde" (T 7). Both narratives insist that they speak nothing but the truth without adding fictional elements, in both cases a picture-perfect description of autobiographical writing.

Autobiographies are most commonly defined through their non-identity with fiction, a definition that literary theorist, Paul de Man, summarises rather critically in his 1979 essay, "Autobiography as De-facement". "Autobiography seems to depend on actual and potentially verifiable events in a less ambivalent way than fiction does. It seems to belong to a simpler mode of referentiality, of representation, and of diegesis."[6] This summary forms a criticism aimed at genre critic Philippe Lejeune, whose work is concerned with the generic disposition of autobiography defined as a "retrospective prose narrative written by a real person concerning his own existence, where the focus is his individual life, in particular the story of his personality".[7] As a description of how autobiographies can be understood, this seems problematic: to claim that an autobiography is retrospective simplifies a process whereby a past may not be simply written down, but re-evaluated in the present moment; prose writing excludes poetry, drama and photography; to speak of the narrative of an individual life implies an ability to faithfully transcribe lived experience, and to suggest that the story of personality can be told assumes a possible consistency and completion of subjecthood. Lejeune's description of autobiography may work for some texts, but when looking at narratives that may – as Dori's and Nora's texts do – describe themselves as autobiographical but speak of selective events, of specific occurrences, of fantasy and the negotiation of identity, Lejeune's definition is distinctly unhelpful.

Lejeune's famous "autobiographical pact" does not seem to contribute to a more tolerant understanding of autobiography, either. Any autobiography, he argues, assumes an agreement between author and reader, whereby the former promises truthfulness. It is under this condition that autobiography can be distinguished from the autobiographical novel, which does not make such claims.[8] This pact is consolidated by the author's name on the cover, the signature that seals the deal. It is this identity of author, narrator and protagonist that, according to Lejeune, defines autobiography. But to believe it is possible that author, narrator and protagonist can be identical implies, again, a singular identity of the author that can be transcribed into the protagonist's action and related by the narrator without fault. Furthermore, to enforce a clear distinction between autobiographical writing and autobiographically informed fiction suggests that fact and fiction are clearly distinguishable in the recounting of lives.

That both *Tagebuch einer männlichen Braut* and *Aus eines Mannes Mädchenjahren* are incompatible with Lejeune's description becomes clear almost immediately, despite their above-mentioned attempts to pass as straight-forward autobiographical narratives. *Tagebuch einer männlichen Braut* was published with Walter Homann's name appearing as editor. The rather sensationalist description, "männliche Braut", refers to an event that took place shortly after the original

---

6 Paul de Man: Autobiography as De-Facement, in: MLN 94 (1979), p. 919–930, p. 920.
7 Philippe Lejeune: On Autobiography. Ed. Paul John Eakin. Minneapolis 1989, p. 4.
8 Philippe Lejeune: The Autobiographical Pact, in: On Autobiography, p. 3–30.

publication and was discussed in various newspapers at the time: Dina Alma de Paradeda, whom Magnus Hirschfeld later called a prime example of homosexual transvestism, committed suicide out of fear that his fiancé would discover his 'true' male identity. In newspaper reports, Paradera was referred to as "die männliche Braut".[9] *Tagebuch einer männlichen Braut* was taken up by different publishers and republished in varying editions, sometimes anonymously, sometimes with Homann as editor. A very early version that can no longer be found listed Homann as author and led Jens Dobler, in his *Nachwort* to the 2010 edition, to draw the conclusion that this might have been an "Urfassung der 'männlichen Braut'" before it was named as such.[10]

The 2010 edition depicts on the cover a photograph of Dina Alma de Paradeda and announces Homann as author, not editor. The "Nachwort" includes a historical overview of the various publications of the text and Homann's life. This most recent publication of Dori's narrative, then, cannot be classified straight-forwardly as either novel *or* autobiography. Although it puts Homann back on the cover as author, it also depicts Dina Alma de Paradeda, consequently blending the ideas of Homann as author of a fictitious text with Paradeda's as the spiritual autobiographer, co-author or collaborator. The afterword, too, lists Hirschfeld's reactions to the case of the "männliche Braut", but not the book itself, as if this were not necessary because both are identical.[11] Both genre assignment and authorship are thus perceived as constructing other forms of the *Doppelwesen* that the title suggests, thereby merging both autobiography and novel (as well as Paradeda and Homann) into a hybrid narrative performance that complicates Lejeune's autobiographical definition.

N.O. Body's *Aus eines Mannes Mädchenjahren* is similarly ambiguous in its identification of author and genre. First published in 1907, it consists of a preface by German author Rudolf Presber and an afterword by sexologist Magnus Hirschfeld that together frame Nora's central narrative. Both Presber and Hirschfeld, as well as Nora's main narrative, assure their readers that the text is an autobiography that contains nothing but the truth. In 1993, the text was republished once more; and here, alongside the original narrative, an essay by Hermann Simon appeared, entitled "Wer war N.O. Body?" in which Simon engages in an investigation as literary detective that reveals the 'real' Nora Body to be Martha or, later, *Karl* Baer. Uncovering Baer's social and cultural milieu and political activism,

---

9 Dobler: Nachwort, p. 154.
10 Dobler: Nachwort, p. 165.
11 According to Dobler, Hirschfeld never commented on Homann's book, but it is interesting that this should not be mentioned in the afterword and that Hirschfeld's reaction to the newspaper event should stand in for a reaction to the book itself.

Simon's work furnishes the narrative with a historical backdrop, but it also high-lights the divergence of certain details in the book from actual events. Baer, for example, was not French Catholic, as claimed in the narrative, but of Jewish origin.[12] In his very brief introduction, he foreshadows his findings and promises that he can reveal the secret ("das Geheimnis lüften") and provide the solution to the mystery ("des Rätsels Lösung"), thus suggesting that he believes his biographical outline to complete the otherwise unfinished autobiography and, similar to *Tagebuch einer männlichen Braut*, positing a narrative somewhere between fact and fiction.[13]

The question, then, of how to read narratives that describe themselves as autobiographies but that fail to fit into the accepted definition of this genre is particularly important when one considers that the status of these narratives as autobiographical has been cast into doubt. Lejeune's insistence on autobiography as a transcript of lived experience, as a true account tempts us to want to cross-check the autobiographical text with lived experience, a process that conse-quently situates each autobiography on a scale from documentary to fiction, thereby attributing these texts with a status of always more or less failed docu-mentation of experience.[14] This is what de Man responds to when he offers an alternative to Lejeune's understanding of autobiography:

> We assume that life *produces* the autobiography as an act produces its consequences, but can we not suggest, with equal justice, that the autobiographical project may itself produce and determine the life and that whatever the writer does is in fact governed by the technical demands of self-portraiture and thus determined, in all its aspects, by the resources of his medium?[15]

According to de Man, then, autobiographies do not document life, but in fact produce and frame life through the process and conventions of writing. Although this is a very useful re-evaluation that highlights the superfluity of a strict distinc-tion between fact and fiction in autobiographical writing, de Man's approach does

---

12 Simon: Wer war N.O. Body?, p. 180.

13 Hermann Simon: Vorbemerkung, in: N.O. Body: Aus eines Mannes Mädchenjahren, no con-tinuous pagination.

14 Feminist and queer theory has long since paid attention to the validity of "experience" in general. Joan Scott, for example, questions the authority of experience alone, arguing that "[w]hen experience is taken as the origin of knowledge [...] [q]uestions about the constructed nature of experience, about how subjects are constituted as different in the first place, about how one's vision is structured – about language (or discourse) and history – are left aside." Joan Scott: Experience, in: Joan Scott, Judith Butler (eds.): Feminists Theorize the Political. London 1992, p. 22–40, p. 25.

15 De Man: Autobiography, p. 920.

not necessarily illuminate how one might respond to a narrative that nevertheless claims to narrate life truthfully.

De Man's approach is reminiscent, of course, of Michel Foucault's discussion of confessional writing in *The Will to Knowledge*, the first volume in his *History of Sexuality*. Here, Foucault rejects the "repressive hypothesis" that claims intrinsic desires urge us to confess that which is already within, only hidden and repressed.[16] Confessional writing does not liberate the self from an oppressive regime of power, Foucault argues, but is thoroughly immersed in the circuit of power that generates such discourses. Sexual "deviants" who confess to their bodily and psychological abnormalities, for example, can do so only by adopting the terms provided by the medico-scientific enterprise that surrounds them, and the more they talk, the more they become enmeshed in this power system.

Foucault later adopts a more positive view of the constitutive power of self-narration: In "About the Beginnings of the Hermeneutics of the Self", he offers an understanding of confessional discourse that allows for a more optimistic understanding of identity formation, asserting that "[t]he self has [...] not to be discovered but to be constituted, to be constituted through the force of truth".[17] Truth, here, is "not defined by a correspondence to reality but as a force inherent to principles and which has to be developed in a discourse".[18] Therefore, the self speaks the truth when it gives a confession that rings true in relation to the social principles, norms and language that enclose it. In her work on autobiography and the broad category of life writings, Martina Wagner-Egelhaaf thus summarises: "Autobiographie heißt demzufolge nicht be-schriebenes, sondern ge-schriebenes Leben".[19]

Although Lejeune's understanding of autobiography seems to differ significantly from de Man's and Foucault's perception of self-narration, they all establish a similarly hierarchical relation between reader and text: Lejeune's definition of autobiography seems to accredit the reader with the authority to fail any self-proclaimed autobiographical text at the first sight of fictionality. De Man's and Foucault's post-structuralist re-definitions of autobiographical writing as always already fictional and constitutive offer little guidance on how to approach a text that claims to present real experiences. Discussions of the fictionality and constitutive power of autobiographies foreclose any analysis that takes the self-portrayal of Body and Dori's narratives as autobiographical seriously.

---

16 Michel Foucault: The History of Sexuality. The Will to Knowledge. London 1998, p. 15–49.
17 Michel Foucault: About the Beginnings of the Hermeneutics of the Self. Two Lectures at Dartmouth, in: Political Theory 21 (1993), p. 198–227, p. 210.
18 Foucault, Hermeneutics, p. 209.
19 Martina Wagner-Egelhaaf: Autobiographie. Stuttgart 2000, p. 16.

In search for an ethical correction to de Man's and Foucault's arguments and looking for an approach to both narratives that makes it possible to do justice to a self-portrayal as autobiographical, I want to return once more to Lejeune's famous definition of an autobiography as a "retrospective prose narrative written by a real person concerning his own existence, where the focus is his individual life, in particular the story of his personality".[20] Who speaks these words? Is it the reader of autobiography, who demands of the text to concur with this definition, or is it the narrative voice itself, asking to be read in this way? I suggest it is the latter, and I do so because these words are not unfamiliar. Lejeune's definition echoes words that are indeed found in self-proclaimed autobiographical texts, reminding again of the aforementioned passage from N.O. Body's *Aus eines Mannes Mädchenjahren*, in which the narrator describes his own text as a "Buch der Wahrheit", "a book of truth" (MJ 8 and 158). This approach turns Lejeune's definition on its head: it is not I, the reader, who puts demands on the text as laid out by Lejeune in his definition. It is the narrated self that makes these demands of its imagined reader. It is the autobiographical voice that speaks, saying this is what I am, this is the way in which I ask to be understood.

Understood as such, Lejeune's definition can also be taken, not as a measure by which autobiography can be judged, but as an acknowledgment of what the text demands of its ideal reader. And that demand is for the reader to *believe*. Lejeune himself acknowledges the role of belief when it comes to reading auto-biographies:

> Yes, I have been fooled. I believe that we can promise to tell the truth; I believe in the transparency of language, and in the existence of a complete subject who expresses himself through it; I believe that my proper name guarantees my autonomy and my singularity [...]; I believe that when I say "I", it is I who am speaking: I believe in the Holy Ghost of the first person. And who doesn't believe in it? But of course it also happens that I believe the contrary, or at least claim to believe it.[21]

His absolute faith in autobiography as a true account of a complete self is presented here, and it is described, on the one hand, as foolish and naïve and, on the other hand, as a belief that competes with another. This competing belief is mentioned only in the paragraph before: "telling the truth about the self, consti-tuting the self as complete subject – it is a fantasy".[22] He both believes that

---

20 Lejeune: On Autobiography, p. 4.
21 Lejeune: On Autobiography, p. 131.
22 Lejeune: On Autobiography, p. 131.

autobiography is truth *and* fantasy, yet the casual way in which Lejeune admits to apparently incommensurable beliefs suggests that both are not that different. Lejeune depicts the predicament of writing self-descriptive text both as demanding that the implied reader believe the narrative in question, but, at the same time, as having an awareness that no narrative will ever be an adequate transcript of life. "In spite of the fact that autobiography is impossible," Lejeune summarises, "this in no way prevents it from existing".[23]

Such an understanding of autobiographical writing, rather than testing the truth-value of a text and accordingly accepting or rejecting it into the autobiographical project, pays attention to the ways in which the texts communicate this genre ascription and what may thereby be asked of the reader who is thus addressed. The autobiographical pact, then, is not a pact between author and reader, but a demand of the narrative addressed to the implied reader. This approach facilitates an investigation into the mechanics of self-narration, how truth-claims are evoked within the narrative and what might be gained from such claims. Reading autobiographies in this way means offering a response to the call of the narrative and finding in this response my responsibility as reader, a responsibility I must act upon if I want to do justice to the text.

Reading *Tagebuch einer männlichen Braut* and *Aus eines Mannes Mädchenjahren* in this way, a very interesting and complex address is revealed. Dori's narrative opens with a section that elaborates on the nature of the text at hand but simultaneously addresses the reader, who is explicitly asked to react in a certain way:

> Mit diesem Brief geht dir ein ganzes Paket kraus und wirr geschriebener Blätter zu – Tagebuchblätter. Sieh zu, was du damit anfangen kannst. Du, der du mich stets verstanden hast, wirst aus den Blättern herauslesen, wie ich gekämpft habe und wie ich unterlegen bin. Glaubst du, daß es denen nützen könnte, die meine Leidensgefährten sind, wenn du die Aufzeichnungen ganz oder teilweise veröffentlichst, so tue das. Dir allein überlasse ich die Entscheidung. (T 9)

This passage communicates how the narrative is to be understood – as a diary – and that it may be opened to a wider readership if a certain "you" decides that these words are useful to Dori's fellow sufferers ("Leidensgefährten"). Although Dori suggests that the reading of his text might be beneficial for his fellow sufferers, the address of his words remains somewhat ambivalent: can suffering be helped if others who suffer like him read these words, or if others unlike him begin to understand the nature of this suffering? The utility ("Nutzen") of such a

---

23 Lejeune: On Autobiography, p. 131f.

shared experience of suffering remains unclear, too: will communal suffering eradicate that suffering? Dori neither confirms nor denies this, but by disregarding this question and yet still drawing attention to suffering as communal, the text asks for this suffering to be shared and indicates that community or a collective of suffering may alter the intensity of such suffering.

Similarly, as mentioned above, N.O. Body's *Aus eines Mannes Mädchenjahren* also invites a certain kind of reading. Both the first and last paragraph of Nora's narrative begin with the same proposition: "Dieses Buch ist ein Buch der Wahrheit" (MJ 8 and 158). As opening sentence of the narrative, this proposition is followed with the words, "Dieses Leben will geglaubt werden, so fremd es auch ist" (MJ 8). Here, what it might mean for a book to speak the truth is explained: its truth lies in the acknowledgment that, despite its unusual nature, it can be *believed* as a true life. Although it can be assumed that an account of a true life narrates events that took place as such, this is not mentioned here. Rather, the emphasis is on the response of the reader to recognise and acknowledge this truth. To make the truthful story of this life believable, it has to be justified and declared to a readership. Like Dori's narrative, its generic self-description as autobiographical text is intricately bound up with an address to a readership and a call for a certain kind of response.

2 "Mancher einsichtsvolle Leser": Offering an ethical and hospitable response

According to Lejeune, the relation between autobiographical narrator and reader is one of need and dependence: "He needs me: it is in my expression that he looks for proof of existence, certificate of worth, response of love."[24] Lejeune's statement is ambiguous: on the one hand the reader appears as an authoritative figure superior to the narrative, which she must prove or certify, a kind of sovereign power imbued with juridical powers. Being subjected to proofs and certifications is a treatment that both Dori's and Nora's narratives are used to receiving, given the pathological discourses that surround them. On the other hand, Lejeune's affirmation could be understood to propose a symbiotic relationship between text and reader, for if there is a need on the part of the narrative that addresses itself to a reader whose expression or response holds hope, the reader might be seen as

---

24 Lejeune: On Autobiography, p. 233.

holding a responsibility to respond and to find a sense of fulfilment in one's role as reader in this response.

How can this relationship be understood within the framework of an ethical project? Jacques Derrida's discussion of hospitality as an ethical relation between guest and host can, I believe, inform an understanding of the ethical relation between reader and narrative akin to the understanding of Lejeune's statement that I have developed here. Derrida makes a distinction between hospitality, in its absolute form as the *Law* of hospitality and the *laws* of hospitality. The Law of hospitality goes beyond the mere offering of a place to rest to a guest:

> [A]bsolute hospitality requires that I open up my home and that I give not only to the foreigner (provided with a family name, with the social status of being a foreigner, etc.), but to the absolute, unknown, anonymous other, and that I *give place* to them, that I let them come, that I let them arrive, and take place in the place I offer them, without asking of them either reciprocity (entering into a pact) or even their names. The law of absolute hospitality commands a break with hospitality by right, with law or justice as rights.[25]

Derrida's reference to a pact calls to mind Lejeune's pact. But unlike Lejeune's, Derrida's Law of hospitality has absolutely no conditions attached and demands that the host, or critic,[26] gives without expecting anything in return, and gives without worrying about compromising one's own subject position, or about losing one's home, or being utterly invaded by the unknown guest. In contrast to this, the laws of hospitality are the juridico-political conditions that attach themselves to organised hospitality and that tell us what rights and obligations we have as host or guest.

Already, it can be seen that the laws and the Law of hospitality are incommensurable, for the Law of hospitality comes without conditions and cannot accept the laws of hospitality that are always and necessarily conditional. Yet, in the tension between these two understandings of hospitality Derrida sees ethical potential. "[T]he two regimes of a law of hospitality: the unconditional or hyperbolical on the one hand, and the conditional and juridico-political, even the ethical, on the other: ethics in fact straddling the two".[27] An ethical relation

---

25 Jacques Derrida: Of Hospitality. Anne Dufourmantelle Invites Jacques Derrida to Respond. Stanford 2000, p. 25.
26 Joseph Hillis Miller's discussion of the relationship between deconstructive reading and the text to be read as a relation similar to that of host and parasite is helpful here, too. Due to the negative connotations of parasite, which Miller aptly refutes in his essay, I will nonetheless continue to refer to host and *guest*. Joseph Hillis Miller: The Critic as Host, in: Deconstruction and Criticism. London 1979. p. 217–253.
27 Derrida: Hospitality, p. 136–137.

between host and guest arises from this tension between, on the one hand, giving without holding back, giving everything, including oneself, and, on the other, constructing boundaries that structure this exchange between guest and host.

Out of this tension between laws and Law ethical questions arise: "Is it more just and more loving to question or not to question? to call by the name or without the name? [...] Does one give hospitality to a subject? [...] to a legal subject?"[28] As host, the ethical reader can remain open to the text, to consider a response that is just and loving, that is ethical because it does not give answers in advance but invites the text to declare itself: "The question *of* the foreigner as question *comes from* abroad. And thus of response or responsibility. How should one respond to all these questions? How be responsible for them? How answer for oneself when faced with them?"[29] An ethical reading is a hospitable reading that responds to a text and that finds in this ethical response its responsibility and response-ability. Hospitable reading is not a method but a response to text and, as response, depends on whatever demand the narrative might pose. This is not a method of literary analysis for all texts but a hospitable approach to reading certain texts that avoids establishing a hierarchical relation between narrative and reader that posits the reader as judge, but not initiator of literary ethics, thus leaving her protected from harm and without responsibility.

This approach is, in part, a response to ethical criticism that positions ethics rather differently. In *Love's Knowledge*, Martha Nussbaum asks for "a future in which literary theory (while not forgetting its many other pursuits) will also join with ethical theory in pursuit of the question, 'How should one live?'"[30] Nussbaum's suggestion to look towards literature for ethical guidance, thus accrediting it with the power to inspire ethical readers, is a powerful argument for ethical criticism. Ethics, for Nussbaum, is situated in the text and works outwards towards the reader, but she says very little about how the process of reading itself might be ethically informed.

Even if this ethical relation between narrative and reader is a particular characteristic of autobiographical writing that Nussbaum's discussion of literature in general does not pay attention to, other critics who discuss the specific connection between autobiography and ethics hardly go beyond the internal ethical bearing of the text. Richard Freadman regards autobiography and the autobiographer as ethical, thus, much like Nussbaum, defining ethics as driven

---

28 Derrida: Hospitality, p. 29.
29 Derrida: Hospitality, p. 131.
30 Martha Nussbaum: Love's Knowledge. Essays on Philosophy and Literature. Oxford 1990, p. 168.

by the narrative or writer.[31] In a similar publication on ethics and literature, Larry Lockridge considers the "moral risk for the autobiographer",[32] implying again that ethics – or a lack thereof – are the responsibility of the text and its originator. Wayne Booth finally emphasises that ethical thinking depends on the *encounter* between narrative and reader and thereby introduces the importance of the reader's participation in generating ethical attitudes, but, rather disappointingly, considers the ability to inspire ethical thinking as an adequate method to evaluate and judge the value of a narrative.[33]

In her inaugural lecture as Schröder Professor at the University of Cambridge, Sarah Colvin speaks about the ethics of reading and the reader's positioning in relation to a text. She lists, as a certain type of critic, the imposing reader who engages in "tidy thinking".[34] According to Colvin, such a reader understands her own point of view as authoritative and everyone else's view as invalid. Hospitable reading does not aim to be tidy in this way. It regards ethical criticism's search for ethics in the autobiographical text or any piece of literature as a worthwhile contribution to literary analysis. Yet, a hospitable approach adds another dimension to such an analysis: viewed through the lens of hospitality, ethical responsibility becomes more mobile and can shift from narrative to reader. When reading self-proclaimed autobiographies that tell of a deviance from gender and sexual norms, it is useful to acknowledge that there is an ethics involved that is found, not (just) on the side of the text, but on the side of the reader, an ethical imperative that asks for active participation in an ethical, attentive and hospitable way of reading.

Both *Tagebuch einer männlichen Braut* and *Aus eines Mannes Mädchenjahren* combine the communication of their belonging to a certain genre with a demand addressed to their readers to react and respond in certain ways. What remains to be analyzed, then, is the nature of this call to action in both narratives. As argued

---

31 Richard Freadman: Ethics, Autobiography and the Will. Stephen Spender's World Within World, in: Andrew Hadfield, Dominic Rainsford, Tim Woods (eds.): The Ethics in Literature. London 1999, p. 17–35.

32 Larry Lockridge: The Ethics of Biography and Autobiography, in: Dominic Rainsford, Tim Woods (eds.): Critical Ethics. Text, Theory and Responsibility. London 1999, p. 125–140, p. 125.

33 Wayne Booth: The Company We Keep. An Ethics of Fiction. Berkeley 1988.

34 Colvin takes the term "tidy thinking" from Jane Adamson who understands literature as working against tidiness. See Sarah Colvin: You have to change your life? The Ethics of Reading and German Studies. Inaugural Schröder Lecture. University of Cambridge. 25 Oct. 2013 (Lecture). See also Jane Adamson: Against Tidiness: Literature and/versus Moral Philosophy, in: Jane Adamson, Richard Freadman, David Parker (eds.): Renegotiating Ethics in Literature, Philosophy and Theory. Cambridge 1998, p. 84–110.

above, Dori's text describes itself as a true document of a poor soul suffering from an undefined illness and thereby invites a certain response or action from its readers and/or fellow sufferers to form a community of suffering. Noticeably, the nature of this suffering remains unexplained in this first section of the narrative. As such, the text tentatively invites a reading on the premise that one can only determine whether one is indeed a fellow sufferer by reading. Yet, having read and thus responded to the call of the narrative, the ambiguous address to fellow sufferer and/or "normal" reader also ambivalently puts one into both groups. If, upon reading, I remain unsure which viewpoint is my own, and if Dori's invitation endorses this ambivalence, then the call for community might be understood not only as a collective of sufferers, but an offering of response and compassion that enters one into a community of *recognition*, not identification.

Dori does not directly invite a reading of his narrative but rather passes on the responsibility to judge the worth of his words to a "you", and therefore invites a readership only by proxy. The words we just read are in fact announced by a preface signed by Walter Homann, who introduces the text as records left behind by an "Unglücklicher" who committed suicide because he was unable to live under the pressures of a difference brought on by nature and the resulting prejudice that led to his marginalisation. Here, Homann redefines the purpose and potential value of the narrative:

> Das Thema mag hie und da Anstoß erregen, aber mancher einsichtsvolle Leser wird doch vielleicht sein Urteil über jene Unglückliche ändern. [...]. Sollten die Aufzeichnungen des Toten dazu beitragen, [...] zu einem besseren Verständnis des Seelenlebens jener Doppelwesen zu führen, so würde der Zweck der Herausgabe dieser Blätter [...] erreicht sein. ("Vorwort" in T, no continuous pagination)

It seems that Homann reduces the ambivalence of Dori's address here and invites only the insightful ("einsichtsvolle") reader to be educated by the text. Of course this invitation is ambiguous, too, because I cannot know whether I have insight ("Einsicht") until I have accepted the invitation to read, much as I cannot know whether I am a fellow sufferer in advance of reading. Yet, perhaps Dori's original hope that his text might help others like him has not been replaced but supplemented by Homann's desire to inspire other readers like *him* – after all, his inviting preface shows that he is an example of an "einsichtsvoller Leser".

If Homann is indeed a reader of Dori's text in the sense that Dori intended, and has, as such, ambivalently entered the narrative and emerged, then he has begun to establish a collective of suffering. He does so not necessarily through identification because he only ambivalently enters into the address himself and does not determine whether he reads as fellow sufferer or "normal" reader. Rather, Homann begins to establish a collective of suffering through recognising

Dori's suffering. As such, Dori's address and tentative invitation has been passed to Homann who, in his turn, passes on the implied desire for a community of recognition to the reader by inviting her to read, too. Here, Homann also offers the contemporary readers, who are easily scandalized by the topic, a safe position from which they do not have to feel threatened in their normalcy but are rather addressed as compassionate Christians. Norms are invoked and even instrumentalized to open up the discussion of normative boundaries. From this position, the reader, in her turn, must now attempt to answer the hesitant call of the text in her own ways and to reciprocate the invitation that was offered to her. Homann's reading as editor thus exemplifies a response to Dori's call and acts as placeholder for any reader. If this is a place that all other readers may take up, then any reader is ambivalently addressed and asked to be responsible for the text in order to establish or continue a communal recognition of suffering.

Aus eines Mannes Mädchenjahren's initial call for a readership to believe the story that follows is complemented by another call for action at the very end of the book: "Ich wollte dieses Buch nicht schreiben, andere machten mich erst darauf aufmerksam, daß ich es als Beitrag zur Psychologie unserer Zeit und im Interesse der Wissenschaft und Wahrheit der Menschheit schuldig bin" (MJ 159). Nora offers the book to a readership because she feels that she owes it to humanity, she feels indebted to do so. It is difficult to see how a life that has been described as difficult throughout and that has been marginalised and othered owes anything to a public itself involved in perpetuating such difficulty. It also seems hard to see what debt the favour is meant to repay. Yet, this debt might be indicated by cross-referencing the earlier occurrence of the proposition: if the narrator asks for a readership to believe her life and therefore make valid her truth-claims, then the story of her life is the price she pays to receive, in return, the reader's belief. Thus, the reader enters into a relation of mutual exchange and debt: if, as reader, I offer the belief that the text speaks the truth, I will, in turn, be able to receive the narrative. In a way similar to Dori's account, I cannot know in advance if I will be able to believe the words that I am about to read, but once I have read them, I am asked to be bound by the introductory words, as I am told that the narrator has now honoured her part of the mutual debt.

The foreword to Nora's narrative, written by German author and playwright, Rudolf Presber, adds an interesting dimension to the narrative. Presber claims to have written the preface, "weil ich die mittelbare Ursache bin, daß dieses Buch überhaupt geschrieben wurde" (MJ 2). Presber asserts that he advised Nora on the threefold benefits of writing her narrative: to reduce "heimliche[s] Menschenleid" (MJ 2), to educate "jene [...], die vielleicht verantwortlich sind für schwere Erziehungsirrtümer" (MJ 4), and to function as therapeutic measure for herself: "Wenn Sie ein neues Leben beginnen wollen, geben Sie sich und andern [...] Rechenschaft von dem, was hinter Ihnen liegt. [...] Und mit jeder ehrlichen Zeile, die Sie schreiben, wird eine rostige *Fessel* von Ihnen abfallen, die Ihnen ins Fleisch schneidet, ein trauriges Stück Vergangenheit, das Sie niederdrückt" (MJ 5).

As such, Presber's foreword makes explicit both sides of the exchange between reader and narrator, but also draws attention to a departure from the past. The cathartic exercise of writing that Presber encourages Nora to engage in aims to *free* Nora from the life that is thus written. Nora confirms this when she argues that she did not want to write the book, but that the life recounted in the book wants to be believed. She thereby enforces a break between life and subject: her life is given over by way of narrating it, it has its own will – "[es] will geglaubt werden" (MJ 8). Presber reiterates the break between life and book on the one hand and self on the other, arguing that every line written about her life will become exterior to it and, offered to the readership, belong to them and no longer to Nora. Unexpectedly, distributing her narrative and inviting others to believe that it speaks the truth is the method by which Nora hopes to be freed from that very narrative, a narrative that is subsequently replaced by another, as Nora, now Norbert Body, visits his mother: "Meine Mutter erzählte mir von meiner Geburt" (MJ 151). Norbert's mother then tells the story of the origins of *his* life anew and replaces the narrative of Nora that Norbert no longer requires. The reader repays her debt of having been given a story by recognising it to be true and, through the act of believing that life, helps to sever the life told from the narrator who is no longer held back by it. To come back to the first part of this essay, this is also interesting with regard to the genre of the narrative: when Nora's future life and the narrative of his past are separated, the narrative no longer represents Nora's actual life, but one that now appears distant and fictional. Yet, this fiction is achieved only because the narrative is understood, in the first instance, as autobiographical.

3 Recognition

Both narratives address their readers in a peculiar way. They invite them to read but also to return the favour by offering to respond to the narrative in some way. What is the function of the address in Dori's and Nora's narratives to their readers? What can be gained from the recognition of suffering, in Dori's case, and the recognition of a life as true, in Nora's case?

In *Undoing Gender*, Judith Butler argues that the desire for recognition is a condition of every subject's ability to perceive life as livable and bearable. She says: "In the same way that a life for which no categories of recognition exist is not a livable life, so a life for which those categories constitute unlivable constraint is not an acceptable option".[35] Normative constraints can limit a subject's life to such an extent that life becomes impossible; at the same time, to fall outside any category forecloses the opportunity to be recognised at all. Particularly in the case of those who are considered to deviate from the norm, this is a precarious situation to be in. If such normative constraints urge every subject to ask itself, "What, given the contemporary order of being, can I be?",[36] there remains a serious threat that for certain subjects the answer might be: nothing. To be unable to find recognition means that one cannot be protected by the law, cannot be loved or grieved, because one's life is not recognised as human.

That this is the case in Nora's and Dori's lives is clear: Dori's narrative ends as he commits suicide because he realises that he cannot be loved if his fiancé finds out the circumstances of his bodily and sexual existence. Nora's life is unbearable until she wins over the law and has her legal sex changed. This returns us also to the question of naming: if there are no words to describe a subject and its relation to others, or if words suffocate and limit the subject, life is hardly livable. By asking for recognition of certain forms of life and certain appearances of embodiment, Dori's and Nora's narratives ask their readers to consider their life as livable, grievable and human. Importantly, as Butler argues in *Precarious Life*, such recognition does not refer to the acknowledgment of an original self: "To ask for recognition, or to offer it, is precisely not to ask for recognition for what one already is. It is to solicit a becoming, to instigate a transformation, to petition the future always in relation to the Other. It is also to stake one's own being, and one's own persistence in one's own being, in the struggle for recognition."[37] Both narratives offer hospitality to the readers by inviting them to recognise each narrative for what it is, and already implicit in this address and this call for recognition is a bid for change that can only be achieved if one works together with the Other on equal footing.

A narrative's call for recognition and the reader's response do not have to coincide. In a chapter entitled "Speaking with the Dead", Colin Davis responds to Emmanuel Levinas' statement that "[d]eath is the *without-response*", by arguing that "the absence of the other's response does not curtail all relation and return me to an identity unaffected by the other's existence".[38] An ethical relation can exist with a guest who cannot respond, the dead guest or the narrative. The most extreme version of hospitality is to take in the guest who cannot respond to our

---

35 Judith Butler: Undoing Gender. London 2004, p. 8.
36 Butler: Undoing Gender, p. 58.
37 Judith Butler: Precarious Life. London 2000, p. 44.
38 Colin Davis: Speaking with the Dead. De Man, Levinas, Agamben, in: Haunted Subjects. Deconstruction, Psychoanalysis and the Return of the Dead. Basingstoke 2007, p. 111–127, p. 117.

hospitality, the guest who never tells us that our hospitality is sufficient. As such, the offer of recognition does not have to take place simultaneously with the call for recognition. Yet, this does not foreclose any relation with the other or the text to which I am offering hospitality. "Maintaining a dialogue with the dead," Davis argues in his chapter about Derrida's haunted subjects, "means keeping their texts alive, which entails preserving them from premature closure. The texts of the dead are still unread in the sense that their full resources have not yet been brought to light, their capacity to generate fresh insight is not yet exhausted."[39]

Such preservation from premature closure is all the more urgent if we consider the two narratives analysed here: in 1933, National Socialists attempted to effect the closure Davis warns against when they ransacked Magnus Hirschfeld's *Institut für Sexualwissenschaft* and destroyed a library that contained autobiographical material of many of Hirschfeld's patients. Other publications, among them *Tagebuch einer männlichen Braut*, were placed on the list of banned books and thereby denied the reading that the narrative demands.[40] Destroyed, banned, categorised by a medico-scientific discourse, or devalued as inadequate autobiographies, these texts are not incorporated into a canon of autobiographical writing and are given almost none of the care and attention they deserve and desire, and yet their call for response endures. They require responding still. By responding to the narrative in an ethical and hospitable way that acknowledges the narrative's call for recognition, the reader contributes to the community of recognition that Dori calls for. That community is central to an understanding of all narratives of otherness and the remembrance of the difficulties of those who previously remained unrecognised as well as those who remain so today. Such an ethical response to narrative cannot be answered in advance, but can only be ensured by taking up an ethical position that promises to remain open and questions itself, not the narrative, again and again: to what extent can the reader act ethically and what response can be offered to the text to do justice to it?

References

Jane Adamson: Against Tidiness: Literature and/versus Moral Philosophy, in: Jane Adamson, Richard Freadman, David Parker (eds.): Renegotiating Ethics in Literature, Philosophy and Theory. Cambridge 1998, p. 84–110.

---

39 Colin Davis: Derrida's Haunted Subjects, in: Haunted Subjects. Deconstruction, Psychoanalysis and the Return of the Dead. Basingstoke 2007, p. 128–150, p. 139.
40 Online-Veröffentlichung der Liste der von den Nationalsozialisten verbotenen Schriften http://www.berlin.de/rubrik/hauptstadt/verbannte_buecher/index.php [accessed 15 May 2013].

N.O. Body: Aus eines Mannes Mädchenjahren. Ed. Hermann Simon. Berlin 1993.

Wayne Booth: The Company We Keep. An Ethics of Fiction. Berkeley 1988.

Judith Butler: Precarious Life. London 2000.

Judith Butler: Undoing Gender. London 2004.

Sarah Colvin: You have to change your life? The Ethics of Reading and German Studies. Inaugural Schröder Lecture. University of Cambridge. 25 Oct. 2013.

Colin Davis: Derrida's Haunted Subjects, in: Haunted Subjects. Deconstruction, Psychoanalysis and the Return of the Dead. Basingstoke 2007, p. 128–150.

Colin Davis: Speaking with the Dead. De Man, Levinas, Agamben, in: Haunted Subjects. Deconstruction, Psychoanalysis and the Return of the Dead. Basingstoke 2007, p. 111–127.

Jacques Derrida: Of Hospitality. Anne Dufourmantelle Invites Jacques Derrida to Respond. Stanford 2000.

Jens Dobler: Nachwort, in: Walter Homann (ed.): Tagebuch einer männlichen Braut. Hamburg 2010, p. 154–175.

Michel Foucault: About the Beginnings of the Hermeneutics of the Self. Two Lectures at Dartmouth, in: Political Theory 21 (1993), p. 198–227.

Michel Foucault: The History of Sexuality. The Will to Knowledge. London 1998.

Richard Freadman: Ethics, Autobiography and the Will. Stephen Spender's World Within World, in: Andrew Hadfield, Dominic Rainsford, Tim Woods (eds.): The Ethics in Literature. London 1999, p. 17–35.

Sander L. Gilman: Whose Body Is It, Anyway? Hermaphrodites, Gays, and Jews in N.O. Body's Germany, in: N.O. Body: Memoirs of a Man's Maiden Years. Philadelphia 2006, p. vii–xxiv.

Walter Homann: Tagebuch einer männlichen Braut. Hamburg 2010.

Philippe Lejeune: On Autobiography. Ed. Paul John Eakin. Minneapolis 1989.

Larry Lockridge: The Ethics of Biography and Autobiography, in: Dominic Rainsford, Tim Woods (eds.): Critical Ethics. Text, Theory and Responsibility. London 1999, p. 125–140.

Paul de Man: Autobiography as De-Facement, in: MLN 94 (1979), p. 919–930.

Joseph Hillis Miller: The Critic as Host, in: Deconstruction and Criticism. London 1979, p. 217–253.

Martha Nussbaum: Love's Knowledge. Essays on Philosophy and Literature. Oxford 1990.

Online-Veröffentlichung der Liste der von den Nationalsozialisten verbotenen Schriften http://www.berlin.de/rubrik/hauptstadt/verbannte_buecher/index.php [accessed 15 May 2013].

Joan Scott: Experience, in: Joan Scott, Judith Butler (eds.): Feminists Theorize the Political. London 1992, p. 22–40.

Hermann Simon: Wer war N.O. Body?, in: N.O. Body: Aus eines Mannes Mädchenjahren. Berlin 1993, p. 167–246.

Hermann Simon: Vorbemerkung, in: N.O. Body: Aus eines Mannes Mädchenjahren. Berlin 1993, no continuous pagination.

Helga Thorson: Masking/Unmasking Identity in Early Twentieth-Century Germany: The Importance of N.O. Body, in: Women in German Yearbook: Feminist Studies in German Literature and Culture 25 (2009), p. 149–173.

Martina Wagner-Egelhaaf: Autobiographie. Stuttgart 2000.

Japhet Johnstone (Münster)

Inverted Acts, Perverted Identities, and Criminal Desire in Germany 1864–1914

The tension between acts and identity surrounding the history of homosexuality has long troubled research on sexuality. The trouble usually begins with quoting the passage from Foucault's *History of Sexuality Volume 1*, where he writes about the shift in the nineteenth century from discrete, transgressive acts to the emergence of a species called the homosexual:

> As defined by the ancient civil or canonical codes, sodomy was a category of forbidden acts; their perpetrator was nothing more than the juridical subject of them. The nineteenth-century homosexual became a personage [...]. The sodomite had been a temporary aberration; the homosexual was now a species.[1]

This claim has been the source of many historical and theoretical critiques.[2] David Halperin, for example, engages with Foucault's statement on multiple occasions. His essay *Forgetting Foucault: Acts, Identities, and the History of Sexuality* highlights historical instances of identities based on same-sex desire from Antiquity and the Renaissance that relativize Foucault's historical framework. Halperin's multivalent critique of Foucault looks to how the reception of Foucault's claim has created significant blind spots in how scholars (and others) think about the relationship between identities and acts with regard to sexuality. Still, in his critique Halperin does not deny that there are some important changes going on in the timeframe that Foucault refers to:

> One symptom of that transformation, as a number of researchers (both before and after Foucault) have pointed out, is that something new happens to the various relations among sexual roles, sexual object-choices, sexual categories, sexual behaviors, and sexual identi-

---

1 Michel Foucault: History of Sexuality. Vol. 1: An Introduction. New York 1990, p. 43.
2 See, for example, in the German context Bernd-Ulrich Hergemöller: Von der "stummen Sünde" zum "Verschwinden der Homosexualität". Zuschreibungen und Identitäten, in: Wolfram Setz (ed.): Die Geschichte der Homosexualitäten und die schwule Identität an der Jahrtausendwende. Berlin 2002, p. 13–41; Philippe Weber: Der Trieb zum Erzählen: Sexualpathologie und Homosexualität. Bielefeld 2008; and Yvonne Ivory: The Urning and His Own. Individualism and the Fin-de-Siècle Invert, in: German Studies Review 26/2 (2003), p. 333–352.

ties in bourgeois Europe between the end of the seventeenth century and the beginning of the twentieth.[3]

This paper looks at sexological texts from the nineteenth century and early twentieth century, from the period during which homosexual identity was supposedly becoming a species, and demonstrates how these texts were negotiating the relationship between acts and identity that, though not new, was certainly highly contested at the time. The end of the nineteenth century, as the end of this transformative process, makes it a particularly complex moment in the history of the reification of sexual identities as they fall under the purview of medical experts and become objects of entire scientific disciplines.

Sexual inversion serves explanations of desire that rely on staging a subject position within legal and medical systems. In the works of Karl Heinrich Ulrichs and Richard von Krafft-Ebing, inversion serves as both a basis and stumbling block for their theories of desire. Ulrichs' way of relating identity and acts to one another especially contrasts with later notions of homosexuality in which acts have a different place in the pathological understanding of homosexuality. I also look to the works of Sigmund Freud and Magnus Hirschfeld, as two of the most influential figures from around 1900 writing on same-sex desire, in order to show how this new species of *Homo sapiens* developed into the deviant identity of the invert.

1 The urning as inverted identity (Ulrichs)

Karl Heinrich Ulrichs is often considered the forefather of the homosexual emancipation movement. The legal expert from Hanover made it his mission to fight for the decriminalization of same-sex love using rational methods in his attempt to convince the legal authorities to change the penal code. Drawing from philosophy, natural sciences, and literature, Ulrichs argues for the existence of a third sex that he called 'Urninge', a sex to which he too belongs, as he himself claims. He directs his argument to lawmakers and fellow legal practitioners, while referring to various scientific sources to support claims about the natural condition of same-sex desire. Inversion is fundamental to the Urning's desire.

Ulrichs' argument establishes the Urning as a subject position that is neither criminal nor pathological. In his address to the legal authorities in Frankfurt, he

---

3 David Halperin: Forgetting Foucault. Acts, Identities, and the History of Sexuality, in: Representations 63 (1998), p. 93–120, p. 96.

claims that Urninge are natural beings, just like those men and women who desire the opposite sex. In order to make this claim palatable to his audience he appeals to their reason early on, asking them to set aside for a moment their emotional and/or moral revulsion: "Verstand und Vernunftsschlüsse sind ein gemeinsamer Boden euch und mir. Auf diesem Boden seid ihr Rede und Antwort mir schuldig".[4] Ulrichs appeals to the lawmakers' reason as opposed to sympathy (*Empfindungsvermögen*) since they are obviously already unsympathetic to his cause.

Philosophy, science, and sexuality appear together from the start in the twelve-volume work *Forschungen über das Räthsel der mannmännlichen Liebe*, the first volumes of which were published anonymously starting in 1864. The status of scientific inquiry and *Wissenschaft* itself was of primary importance to Ulrichs' argument. Not only does he appeal to his audience's sense of reason but he also continues to demonstrate how abnormal sexual desire ought to be a matter of scientific study. Indeed, Ulrichs addresses his audience not just as lawmakers but also as gatekeepers to knowledge: "Ihr beherrscht die Wissenschaft und die Einrichtung der menschlichen Gesellschaft".[5] His interlocutors rule over both science and social institutions. It is his goal to open up science to the study of man-to-man love. "Die Wissenschaft ist, meines Erachtens, nicht unberührbar",[6] he writes, implying that scientific knowledge is made to develop and change.

The next step in Ulrichs' argument is to convince his interlocutors of the naturalness of the Urninge's desire. He does so via the gender inversion model. An Urning desires men because he has a woman's soul. His desire is natural because his core being is actually feminine. His male body is merely a superficial, non-essential aspect of his being. The natural order of things that brings together male and female is still at work in the Urning's desire. Ulrichs asks his audience then to consider that the Urning's desire is basically like their own desire. It functions in the same way. It is merely pointed in a different direction.

The most basic concept in Ulrichs' extensive writing on same-sex desire is that a third sex exists characterized by having a woman's soul inside a man's body. This division of body and soul obviously has a very long tradition, and Ulrichs himself looks back as far as Plato to ground his newly coined identity of the third sex. But Plato's *Symposium* presents a different model for same sex desire even if it also portrays a third sex, namely, the androgynous sex.[7] For

---

4 Karl Heinrich Ulrichs: Vindex, in: Forschungen über das Räthsel der mannmännlichen Liebe. I. Vindex. II. Inclusa. III. Vindicta. IV. Formatrix. V. Ara spei. Berlin 1994 (= Bibliothek rosa Winkel, vol. 7), p. viii.
5 Ulrichs: Vindex, p. ix.
6 Ulrichs: Vindex, p. xi.
7 Plato: The Symposium. Baltimore 1999, p. 22 [= 189d–192e].

Aristophanes, the origin of love is a matter of splitting, although that split is down the middle of a single body and not between the body and the soul. Ulrichs' division of body and soul and the gendered/sexed identity of the soul come more directly from the "rabbinical doctrine of the soul" as explained by Wolfgang Menzel. Ulrichs quotes from a 1834 publication by Menzel:

> Die rabbinische Seelenlehre [...] erklärt die Widersprüche im Character der Geschlechter und die oft seltsamen Sympathien aus der Seelenwanderung, dergestalt, daß weibliche Seelen in männlichen Körpern mit Weibern sich abstoßen als gleichnamige Pole, umgekehrt aber sich anziehen trotz des gleichen körperlichen Geschlechts.[8]

This passage appears in a series of quotes through which Ulrichs presents expert evidence to support his theory of the congenital nature of man-manly love. His description of the Urning as an individual with the body of a man and the soul of a woman relies upon principles conceived of as being natural, like the magnetic attraction of opposites. Indeed, here and elsewhere Ulrichs looks to the scientific discourse on magnetism that was gaining popularity in the nineteenth century.[9] Within this system the oppositional relationship between male and female guides the desire that an Urning experiences. In an epigraph from *Inclusa* (volume two in the twelve-volume work), Ulrichs includes some lines of verse written by Numa Numantius, his pseudonym:

> Ich bin ein Nordpol,
> Der den Nordpol seufzend zurückscheucht:
> Gleichwohl zu ihm hin
> Nordpol zu Nordpol,
> Unerforscht
> Doch unwiderstehlich, gezogen.[10]

What is immediately striking here is the contradiction between the poetic polarities and the elaboration of magnetic theories of desire in Ulrichs' prose that immediately follows this short poem. In the verse, the north pole is attracted to another north pole, while at the same time being repelled. Still, his point is clear enough: In the end the pull is irresistible. The natural forces behind desire guide the Urning and are not a matter of criminal choice. The union between an Urning

---

8 Karl Heinrich Ulrichs: Memnon, in: Forschungen über das Räthsel der mannmännlichen Liebe. VI. Gladius furens. VII. Memnon. Berlin 1994 (= Bibliothek rosa Winkel, vol. 8), p. 30.

9 Hubert Kennedy: Foreword, in: Karl Heinrich Ulrichs: Forschungen über das Räthsel der mannmännlichen Liebe. Vol. I–V. Berlin 1994, p. 9–18, p. 13.

10 Karl Heinrich Ulrichs: Inclusa, in: Forschungen über das Räthsel der mannmännlichen Liebe. I. Vindex. II. Inclusa. III. Vindicta. IV. Formatrix. V. Ara spei. Berlin 1994, p. 24.

and another male body is an act of nature: "In seinen Armen fühlen wir voll und ganz die magnetische Durchströmung. Wir fühlen unseren Körper durchströmt von einer belebenden, nervenstärkenden, wunderbaren Lebenskraft. Wir fühlen uns wie neu geboren".[11] The magnetic flow that courses through the Urning's body when in the arms of another man coincides with this other magnetic force that overcomes other natural laws of repulsion. Ulrichs' solution is to locate the cause of desire within the soul and to assign the soul the natural charge that would make it attracted to its natural opposite:

> Die Analogie der Magnetnadel trifft zu, nicht nur für euere, sondern auch für unsere Liebe. An Magnetnadeln, wenn sie schweben und leicht beweglich hangen, wird der ungleiche Pol zu einem ungleichen Pol durch eine unsichtbare Naturkraft sichtbar hingezogen.[12]

The analogy nevertheless requires more elaboration, for Urninge are not actually the same as men. Moreover, they are more similar to women: "Männer sind uns darum nur scheinbar gleiche, in Wahrheit ungleiche Pole, Weiber gleiche Pole".[13] Already inversion seems to be wreaking havoc on Ulrichs' system. Urninge are not men, but they are attracted to men. *Dioninge* (his term for men attracted to women) have men's bodies and men's souls. They are repulsed by other men. An Urning could thus either be attracted to a Dioning or another Urning: the former always ending in unrequited love, the latter implying that having the same gendered souls is not a hindrance to attraction.[14]

Another key element of Ulrichs' argument for the naturalness of Urninge's desire is his claim that man-to-man love is a congenital condition and not something that is acquired or otherwise subject to taste or choice. There is a risk with this approach that Ulrichs addresses head on, namely that there is already a

---

11 Ulrichs: Inclusa, p. 20.
12 Ulrichs: Inclusa, p. 25.
13 Ulrichs: Inclusa, p. 25.
14 This language echoes the scientific language of magnetism as well as the polarized language that Hegel uses to describe the inverted world phenomenon in *Die Phänomenologie des Geistes*. Indeed, Hegel's inverted world is characterized by a reversal of perceived polar charges: "Was im Gesetz der erstern, am Magnete Nordpol, ist in seinem andern übersinnlichen Ansich, (in der Erde nämlich), Südpol; was aber dort Südpol ist, hier Nordpol. Ebenso was im ersten Gesetze der Elektrizität Sauerstoffpol ist, wird in seinem andern übersinnlichen Wesen Wasserstoffpol; und umgekehrt was dort der Wasserstoffpol ist, wird hier der Sauerstoffpol." Georg Wilhelm Friedrich Hegel. Die Phänomenologie des Geistes. Eds. Hans-Friedrich Wessels, Heinrich Clairmont. Hamburg 2006, p. 112. Inversion and magnetism play out in Hegel's philosophical-scientific presentation of the inverted world as part of a larger project concerned with the establishment of the subject as substance – a similar goal to Ulrichs' scientific, juridical, and ethical argument to establish the Urning as a viable, substantial sex.

growing interest in something like 'natural-born criminals'.[15] Ulrichs differentiates between this criminal predisposition and that of the Urning:

> Unter 'angeboren' ist zu verstehen: geschlechtlich angeboren, organisch angeboren, dem geistigen Geschlechtsorganismus nach angeboren, nicht: krankhaft angeboren, auch nicht ein Angeborensein, wie dem Brandstifter, dem Diebe, dem Trunkenbold ein Hang etwa angeboren sein mag, Brand zu legen, zu stehlen, zu trinken.[16]

The natural-born desire in Urninge is not pathological as it is in the case of arsonists, thieves, and drunks. By extension, one might infer that there are 'good' natural states and 'bad' ones that are not desirable.

Given all the natural forces involved in structuring the Urning's desire, there is still a significant part of his existence that is artificial. Because of the social pressure and persecution, the Urning is forced to assume roles that allow him to maintain his secret attractions. With a man's body, he is able to play a Dioning, who is attracted to women. But this act is just as theatrical as a woman who plays a man on stage: "Den Mann spielen wir nur. Wir spielen ihn, wie auf dem Theater Weiber ihn spielen, oder wie der in Paris aufgewachsene Deutsche den Franzosen spielt, oder der in Deutschland aufgewachsene Jude den Deutschen".[17] Sexual identity, national identity, and 'ethnic'/religious identity are set up here as mere theatrics. Certainly, Ulrichs' purpose is to create a social and legal space for Urninge so that they are not forced to wear masks. However, this sentence from *Inclusa* de-essentializes each of these identity categories, since it is possible for a German to pass as a Frenchman and a Jew to pass as German. This configuration calls into question the notion of an internal, spiritual essence, especially given the perplexing polar relationships between body, soul, and desire. What function does the soul have in terms of being an object of desire? And what other attributes belong to the soul: Germanness? Jewishness? And how do these other attributes relate to the magnetic forces of desire?

The difficulty of lining up bodies, souls, and sexes preoccupied Ulrichs over the course of his twelve volumes of writing. By the time he wrote *Memnon* in 1868, he had more or less finalized his theory of sexuality.[18] After elaborating a complex

---

15 Scientific theories about the innate character of criminals were also gaining popularity and academic standing in the nineteenth century. Cesare Lombroso's theories about born criminals are perhaps the most well-known. But other theories of degeneracy included discussion of congenital criminal dispositions. See Anna Katharina Schaffner: Modernism and Perversion. Sexual Deviance in Sexology and Literature, 1850–1930. New York 2012, p. 43f.

16 Ulrichs: Vindex, p. 4.

17 Ulrichs: Inclusa, p. 13.

18 Kennedy: Foreword, p. 15.

taxonomy and nomenclature for the various types of Urninge and Dioninge, Ulrichs comes back to a more streamlined model based on four embryonic seeds of development. Depending on how these seeds develop, a person will become an Urning or Dioning with varying degrees of masculine or feminine traits and mannerisms. Here, too, Ulrichs relies upon the division and polar attraction of bodies to souls. Indeed, he clarifies to some extent the confusion that the metaphor of the North Pole created above, when he writes:

> Nur ein kurzsichtiges Auge übrigens würde hier geschlechtliche Anziehung gleicher Pole erblicken. Die Pole sind, wie bei jeder geschlechtlichen Anziehung, so auch hier ungleiche. Denn auch hier wird eine weibliche Seele angezogen von einem männlichen Körper, nicht Seele von Seele oder Körper von Körper.[19]

What seems from the outside to be an unnatural impossibility – two similarly charged poles attracted to one another – proves to be an illusion. In fact, attraction always follows the natural law of magnetic polarity. Moreover, Ulrichs makes explicit here that attraction runs from the soul to a body and not between bodies or even between souls. Desire and identity thus appear as part of a chiasm in which the oppositional pairs, male/female and body/soul, intersect and seek out their counterpart. Perhaps the strangest side-effect of this system is how it disembodies desire. The desiring subject's body itself becomes irrelevant the moment that souls desire bodies, and it is no longer a matter of bodies desiring bodies.

Sexual acts remain a primary concern in Ulrichs writings. His explicit goal from the very start, with the publication of the first volumes of *Forschungen* in 1864, was to challenge paragraph 143 of the Prussian penal code (*Strafgesetzbuch für die Preußischen Staaten*). Ulrichs finds a loophole in the law used to persecute Urninge; the law stipulates that acts against nature are to be punished:

> § 143 [...] Die widernatürliche Unzucht, welche zwischen Personen männlichen Geschlechts oder von Menschen mit Thieren verübt wird, ist mit Gefängniß von sechs Monaten bis zu vier Jahren, sowie mit zeitiger Untersagung der Ausübung der bürgerlichen Ehrenrechte zu bestrafen.

In contrast to his predecessors and those who would take up the topic after him, Ulrichs' case against the criminalization of sexual acts between men does not pathologize the identity that he establishes in order to explain the mystery of man-to-man love. Indeed, his challenge to the law relies on taking its language to task and re-signifying what is understood as natural and what is understood as

---

19 Ulrichs: Memnon, p. 16, fn. 15.

'männlich'. Ulrichs relies on science and medicine not to emphasize the exceptional, abnormal character of Urninge but rather to show that Urninge are not strictly speaking 'male' (because of their feminine souls) and, as a natural third sex, are not subject to the punishments stipulated in the Prussian penal code.

The relationship between acts and identity in Ulrichs' writings sets a clear precedent for thinking about sexuality, pathology, and criminality. The sexual act between two men is constantly present in his twelve volume work because it is after all the acts that are criminally punishable. In order to counter the juridical logic and the word of the law, Ulrichs must render the 'acts against nature' natural. In order to do so, he must establish a natural identity – that is to say a subject position based on sex/gender and desire that an individual might occupy before the law in order to avoid punishment for acting upon their desires. Ulrichs attempts to establish a non-criminal identity that allows individual actors to perform sexual acts without fear of prosecution. But the constitutive parts that make up these desiring subjects and allow for Ulrichs to argue for the existence of a third sex cannot be reduced to the acts that they feel compelled to perform. Unfortunately, this means that the inversion of the sexes that takes place might just as easily be the basis for arguing that these individuals are perverted and sick.

Perhaps the most important aspect of Ulrichs' role in the history of homosexuality is his strategy of using identity to counter the law. The injustice of the penal code could only be exposed if it could be shown that the perpetrators were not acting based on their own free will but were compelled by natural forces. The Urning was an early attempt to claim an identity based on same-sex desire that was legally viable. Ulrichs' grand scale project establishes this identity in a number of discourses ranging from the anthropological-scientific to the poetic-historical. Moreover, literature and literary figures were just as much evidence for the existence of the third sex as were statistics about Urninge living in European cities or ancient Greek practices as documented by Plato.[20] The Urning is thus a hybrid identity on multiple levels – a quality that it shares with other queer identities in the nineteenth century.

---

20 Anna Katharina Schaffner elaborates the function of literary texts and devices within the budding discourse on sexual pathology in her book *Modernism and Perversion: Sexual Deviance in Sexology and Literature, 1850–1930*. The book establishes a very clear connection between the realm of sexology and literature and shows how sexologists were using literary figures and tropes in their scientific models and correspondingly how literary authors were taking up issues present in the work of sexual scientists and psychologists. See also her article in this volume, p. 37–48.

2 Perversions of desire and pathological identities (Krafft-Ebing)

Richard von Krafft-Ebing is perhaps best known for coining the terms sadism and masochism, cornerstones of his famous book *Psychopathia sexualis*. While these perversions drew attention and sparked scandals, especially around the author Leopold Sacher-Masoch's reputation, *Psychopathia sexualis* also deals extensively with the perversion that Krafft-Ebing calls 'konträre Sexualempfindung'. This condition involves the perversion of sexual feelings that run counter to normal male-female desire. Indeed, by 1887, Krafft-Ebing had changed the title of *Psychopathia sexualis* to include "mit besonderer Berücksichtigung der konträren Sexualempfindung."[21] A few years later, in 1899, Krafft-Ebing's name also appears in Magnus Hirschfeld's petition against Paragraph 175, printed in the January 1 issue of *Jahrbuch für sexuelle Zwischenstufen*.[22] With homosexual desire high on the list of Krafft-Ebing's scientific interests and as a social issue that obviously mattered to him, the pathologizing and denormalizing tendencies in *Psychopathia sexualis* seem all the more paradoxical.

Psychopathia sexualis relies on various principles regarding what is natural and normal about the sexual development of individuals. One fundamental precept is that men and women, male and female are opposite and inverse categories. In addition to these sexual norms, Krafft-Ebing also relies on scientific norms that, for example, put great value into facts. Indeed, establishing the facts is an important early step in his scientific investigation. Following the introductory section entitled "Fragmente einer Psychologie des Sexuallebens", Krafft-Ebing turns to the facts in the two subsequent sections: first physiological facts, then biological facts. At the beginning of the section on biological facts, he writes: "Ein Individuum, dessen Geschlechtsentwicklung sich normal vollzogen hat, repräsentiert körperliche und seelische Merkmale, die erfahrungsge-

---

21 Harry Oosterhuis: Richard von Krafft-Ebing's 'Step-Children of Nature'. Psychiatry and the Making of Homosexual Identity, in: Vernon A. Rosario (ed.): Science and Homosexualities. New York 1997, p. 67–88, p. 73.

22 Magnus Hirschfeld: Petition an die gesetzgebenden Körperschaften des Deutschen Reichstages behufs Abänderung des Paragraphs 175 R.-Str.-G.-B. und die sich daran anschließenden Reichstags-Verhandlungen, in: Jahrbuch für sexuelle Zwischenstufen unter besonderer Berücksichtigung der Homosexualität 1 (1899), p. 239–280.

mäss dem Geschlecht, welchem es angehört, zukommen".[23] Normal sexual development depends on an alignment of gender, sex, and desire. And this alignment involves both the body and the soul. Even this short sentence betrays the circular logic that is paradigmatic when it comes to defining how gender/sex ought to be. Trying to translate and paraphrase the sentence makes this circularity even more obvious: An individual whose sexual development is normal displays corporeal and spiritual characteristics that correspond to the sex to which it belongs. In other words, normal sexual development depends on a person developing the sexual traits that belong to the sex that the person already has. Even just a quick glance at Butler's discussion of the fragile causality behind defining sex would show that Krafft-Ebing is taking effects for causes here.[24] But we need not stray far from Krafft-Ebing's own text to find confounding evidence. Indeed, he himself admits that pure forms of man and woman are rare: "Es ist Tatsache der Erfahrung, dass der reine Typus des Mannes oder Weibes nicht selten vermisst wird, indem männliche sekundäre Geschlechtscharaktere beim Weibe und umgekehrt weibliche beim Manne stellvertretend vorkommen".[25] While Krafft-Ebing's biological, empirical basis for his clinical study relies on a clear opposition between the sexes, these sexes are nevertheless prone to imperfection and impure, mixed, and inverted forms.

Based on these facts, Krafft-Ebing then elaborates on the various categories of neuroses and psychoses that might afflict men and women. Each type of sexual pathology has its own gender/sex logic that follows the basic assumption, also found in Ulrichs' writings, that male and female are opposite and opposing terms. So, for example, it would be easier to identify the pathological state of *Hyperästhesie* in women because men naturally have a stronger sex drive – for a woman to show signs of an overabundance of sexual energy is, in this system, obviously pathological.[26] Rather than recapitulate all the categories and subcategories of

---

23 Richard von Krafft-Ebing: Psychopathia sexualis. Mit Beiträgen v. Georges Bataille, Werner Brede, Albert Caraco, Salvador Dalí, Ernst Fuhrmann, Maurice Heine, Julia Kristeva, Paul Kruntorad u. Elisabeth Lenk. Munich 1984 (= reprint, 1912 ed.), p. 34.
24 "Instating itself as the principle of logical continuity in a narrative of causal relations which takes psychic facts as its point of departure, this configuration of the law forecloses the possibility of a more radical genealogy into the cultural origins of sexuality and power relations," writes Butler in her critical presentation of the causal subterfuge inherent in Freud's theory of sexual development. Judith Butler: Gender Trouble. New York 2006, p. 88.
25 Krafft-Ebing: Psychopathia sexualis, p. 35.
26 To be sure, Krafft-Ebing focuses most of his attention later on this pathological condition in men because, in this particular logic, it is obvious that such an excess in women would be a sign of sickness. In men, scientific investigation is needed in order to explore the frontier between pathological excess and a normal level of sexual energy.

sexual pathologies that Krafft-Ebing presents, I would like to keep the focus on the specific subcategory "antipathic sexual instinct" or "contrary sexual feelings" (*konträres Sexualempfinden*), which contains various manifestations of gender inversion, including "psychic Hermaphrodisy", "Homosexuality", "Effeminatio and Viraginity", and "Androgyny and Gynandry".[27] These perversions of normal sexual development involve varying degrees and distinct loci of gender inversion: more or less psychic, more or less physical, more or less based on sexual-object choice. The very name he gives this perversion implies an inversion. The "contrary" in "konträre Sexualempfindung" is a turning away from the normal state of sexual feelings. Yet, even without subjecting "konträr" to semantic acrobatics, Krafft-Ebing is explicit about inversion as the mechanism that turns sexual feelings the wrong way around. In setting up the structure of his study, Krafft-Ebing presents "konträre Sexualempfindung" as a lack of sexual stimulation for the opposite sex that is accompanied by greater sexual stimulation felt for the same sex. He divides the general category of contrary sexual feelings into four stages of development (*Entwicklungsstufen*):

α) Bei vorwaltender homosexualer Geschlechtsempfindung bestehen Spuren heterosexualer (psychischer) Hermaphrodisie.

β) Es besteht bloss Neigung zum eigenen Geschlecht (Homosexualität), die sekundären physischen Geschlechtscharaktere sind normal, die psychischen können beginnende Inversion zeigen.

γ) Die psychischen Geschlechtscharaktere sind invertiert, d.h. der abnormen Sexualität entsprechend geartet (Effeminatio – Viraginität).

δ) Auch die sekundären physischen Geschlechtscharakter nähern sich demjenigeen [sic] Geschlecht, zu welchem sich das Individuum zugehörig fühlt (Androgynie – Gynandrie).[28]

The list constitutes a continuum that runs from mild psychic gender inversion in which the individual feels desire for both men and women to a psychic and physical inversion in which the individual's body shows signs of the other sex. In each of these four stages inversion is present in some form or another, but most obviously, it appears verbatim under the second category (β). The nineteenth-century taxonomy depends on various levels of inversion and its manifestation in body and soul/psyche.

The question of terminology itself is one that Krafft-Ebing addresses. In an overview of studies on congenital instances of homosexual feelings, Krafft-Ebing

---

27 These terms belong to Krafft-Ebing's nomenclature, translations mine. See Krafft-Ebing: Psychopathia sexualis, p. 49.

28 Krafft-Ebing: Psychopathia sexualis, p. 49.

cites prior works on same-sex desire by Ulrichs, Johann Ludwig Casper, and Carl Westphal as providing the basis for an understanding of perverse desire as a born trait of certain individuals. In his presentation, he notes the shift in terminology and includes specific mention of Westphal's "angeborene Verkehrung der Geschlechtsempfindung mit dem Bewusstsein der Krankhaftigkeit dieser Erscheinung".[29] He goes on to clarify that this condition is now generally called "konträre Sexualempfindung." Inversion thus appears in *Psychopathia sexualis* not only in the Latinate derivative "Inversion" and "invertieren" but also as "Verkehrung." While Krafft-Ebing leads with the umbrella term "konträre Sexualempfingung", these more explicitly inverted names speak to an inherent topsy-turvy structure that accompanies attempts to categorize this form of contrary desire.

As with Ulrichs, the inversion that Krafft-Ebing situates at the heart of contrary sexual feelings depends on a pervasive logic of gender opposition. Indeed, the gendering of perversions, such as sadism and masochism, runs throughout *Psychopathia sexualis*. Gender/sex difference is after all a biological fact for Krafft-Ebing, and any deviation from biological fact is a perversion, even if the deviation is not in the first place sexual:

> Ich erinnere bloss an Männer mit Faible für weibliche Beschäftigung (Stickerei, Toiletten, u. dgl.), an Weiber mit Faible für männlichen Sport (ohne allen Erziehungseinfluss) und in beiden Fällen mit bedeutender Geschicklichkeit für gegensätzliche und auffallendem Ungeschick für eigentlich dem Geschlecht zukommende Beschäftigung.[30]

This anecdotal passage functions as part of Krafft-Ebing's argument about the primitive bisexuality (having both male and female traits) of humans. In his evolutionary view, the more advanced a species is, the more differentiated their sexual types are. Even if, as the passage here is meant to show, a 'pure' male or female type is rare, the inverted preferences and practices that Krafft-Ebing lists are obviously contrary to the natural, normal, healthy order of things.

Though Krafft-Ebing does argue for the decriminalization of homosexuality, the condition remains for him perverse and contrary to nature. Unlike Ulrichs, who argues that man-manly love was natural and completely healthy, Krafft-Ebing characterizes any sexual satisfaction that does not lead to procreation as perverse: "Als pervers muss – bei gebotener Gelegenheit zu naturgemässer geschlechtlicher Befriedigung – jede Aeusserung des Geschlechtstriebes erklärt werden, die nicht den Zwecken der Natur, i.e. der Fortpflanzung entspricht".[31]

---

29 Krafft-Ebing: Psychopathia sexualis, p. 258.
30 Krafft-Ebing: Psychopathia sexualis, p. 35.
31 Krafft-Ebing: Psychopathia sexualis, p. 68.

The negative connotations here become even clearer when he goes on to emphasize that, despite the unnatural objects of study, we must overcome our disgust in
order to examine these perversions in the name of clinical, social, and forensic
interests.[32] So while he shares Ulrichs' conviction that a scientific study of
sexuality is necessary, he merely transfers the language of the law ("widernatürliche Unzucht") into the psycho-pathological language of sexual science.

A person with contrary sexual feelings is a degenerate in Krafft-Ebing's
system. Not only have sexuality and an increase in "sensuality" (*Sinnlichkeit*)
historically been threats to families and civilizations, as Krafft-Ebing states in the
first few pages,[33] but the very basis of individual personality and self-conscious-
ness is caught up in a person's sexual development.

> Zu den festesten Bestandteilen des Ichbewusstseins, nach Erreichung der geschlechtlichen
> Vollentwicklung, gehört das Bewusstsein, eine bestimmte geschlechtliche Persönlichkeit zu
> repräsentieren und das Bedürfnis derselben, während der Zeit physiologischer Vorgänge
> (Sameneibereitung) in dem Generationsapparate, im Sinne dieser besonderen geschlechtli-
> chen Persönlichkeit sexuelle Akte zu vollbringen, die, bewusst oder unbewusst, auf eine
> Erhaltung der Gattung abzielen.[34]

Here, *in nuce*, is Krafft-Ebing's entire Darwinist, pro-procreation argument against
"contrary sexual feelings" and for a natural, normal sexual development that
involves desires aimed at preserving the species. This passage also makes clear
that Krafft-Ebing sees sexual desire as fundamental to an individual's identity.
The language he uses is telling: at a certain stage in the forming of self-conscious-
ness a person begins to "represent" a sexual personality (gender) and part of this
representation involves performing sexual acts. In cases of normal, healthy development these acts also support the survival of the species. Krafft-Ebing accords
an entire misaligned gendered character to individuals with full-blown deviant
sexuality. This character type extends into an individual's emotions, thinking,
and life goals: "Das Empfinden, Denken, Streben, überhaupt der Charakter entspricht, bei voller Ausbildung der Anomalie, der eigenartigen Geschlechtsempfindung, nicht aber dem Geschlechte, welches das Individuum anatomisch und
physiologisch repräsentiert".[35] This anomaly of an individual has the character
traits of the other gender, the gender that their anatomical and physiological self
does not represent. Thus, a body might "represent" one gendered/sexed identity
while a psychical disturbance might interrupt that representation, resulting in a

---

32 Krafft-Ebing: Psychopathia sexualis, p. 68.
33 Krafft-Ebing: Psychopathia sexualis, p. 6.
34 Krafft-Ebing: Psychopathia sexualis, p. 224.
35 Krafft-Ebing: Psychopathia sexualis, p. 257.

degenerate representation, one that does not portray a complete individual. A person with contrary sexual feelings is thus split, incomplete, and sick.

Krafft-Ebing's critique of Ulrichs brings to a point his stance on the pathological nature of same-sex desire. In his review of the various approaches to same-sex desire over the course of the nineteenth century, Krafft-Ebing presents Ulrichs' theory and activism in concise terms:

> Mitte der 60er Jahre trat ein gewisser Assessor Ulrichs, selbst mit diesem perversen Trieb behaftet, auf und behauptete [...] in zahlreichen Schriften, das geschlechtliche Seelenleben sei nicht an das körperliche Geschlecht gebunden, es gäbe männliche Individuen, die sich als Weib dem Manne gegenüber fühlen.[36]

Krafft-Ebing does not so much question the division of body and soul or the gender inversion model as much as the conclusions that Ulrichs draws from them. The problem is not that this condition might be considered congenital. Indeed, Krafft-Ebing himself acknowledges this, and the discussion of Ulrichs figures into his own presentation of cases of congenital contrary sexual feelings. The problem with Ulrichs' work on same-sex desire is that he does not pathologize it: "Ulrichs blieb nur den Beweis dafür schuldig, dass diese allerdings angeborene paradoxe Geschlechtsempfindung eine physiologische und nicht vielmehr eine pathologische Erscheinung sei".[37] Physiological in this context implies that the paradoxical sexual feelings are not only congenital but also fully healthy. For Krafft-Ebing, the burden of proof lies on the side of the physiological understanding of same-sex desire. Until proven otherwise it remains a pathological abnormality.

Also central to Krafft-Ebing's categorization and diagnosis of sexual pathology is his differentiation between perversion and perversity: Perversion is a sickness that falls under the purview of medical diagnosis and treatment. Perversity is a vice (*ein Laster*) that merits criminal punishment. In order for a sexologist, medical doctor, or court to differentiate between perversion and perversity, they must take into account a person's entire personality and examine the inner motivation behind their actions. The details of the perverse act itself are of little to no consequence in terms of the clinical study of sexual perversion. What should be obvious by now is that Krafft-Ebing employs pathology as the basis for decriminalizing same-sex desire. His plea to the courts is to consider acts in relationship to the individual who committed them. In cases of perversion, the pervert cannot be held accountable for his actions – just like someone who is deemed insane and incompetent to stand trial.

---

36 Krafft-Ebing: Psychopathia sexualis, p. 258.
37 Krafft-Ebing: Psychopathia sexualis, p. 258.

Of all the reasons that Krafft-Ebing gives for decriminalizing same-sex erotic acts between men, two stand out for their broader implications: the first highlights a certain logic of morality and the second the relationship between language and the law. While most of Krafft-Ebing's reasons (he lists eight) rely on the fact that paragraph 175 punishes people for a pathological condition that should be under the jurisdiction of psychiatrists, other reasons include the fact that the law encourages blackmail and that punishment has no prohibitive effect on most of these men. I would like to focus on this second moral argument. Here is the full reasoning behind this point:

> Vielen derselben erscheint ihre Geschlechtsbefriedigung nicht als eine unnatürliche, im Gegenteil als eine natürliche und die vom Gesetz zugelassene als eine widernatürliche. Sie entbehren damit aller sittlichen Korrektive, die sie von ihrem sexuellen Delikte abhalten könnten.[38]

The Urninge (a term that Krafft-Ebing also uses) will continue to seek out sexual contact with men even after punishment because they do not see it as contrary to nature to do so. The law has no power to deter these actions because they are guided by a force stronger than the law, namely, nature. This is, of course, nature's dark and diseased side, but because it is a force of nature it means that Urninge will not abandon acting on their desires based on moral arguments. The combination of moral and pathological arguments speaks to the ongoing negotiations between the law and medicine that were especially delicate when it came to same-sex desire in the nineteenth century and into the twentieth century.

The law, unlike science and the study of medicine, is imprecise. At least this is another point in Krafft-Ebing's list of reasons to decriminalize same-sex sexual acts. He claims that the wording of paragraph 175 with its "widernatürliche Unzucht" leaves too much room for interpretation. It is too subjective:

> Beim Mangel einer Definition, was unter widernatürlicher Unzucht zu verstehen sei, ist dem subjektiven Ermessen des Richters ein zu grosser Spielraum eingeräumt. Die immer spitzfindiger werdende Auslegung des Para. 175 in Deutschland beweist die Unsicherheit der Rechtsauffassung.[39]

The unspoken corollary to this criticism is that science is specific and can develop an exact language that accurately describes the physical, pathological conditions that these individuals suffer from – as the preceding four hundred pages of *Psychopathia sexualis* have shown. Therefore, the point here is not so much about

---

38 Krafft-Ebing: Psychopathia sexualis, p. 433.
39 Krafft-Ebing: Psychopathia sexualis, p. 433.

how the language of the law is lacking, although it is, but rather that the language of science and medicine is better equipped to deal with sexual deviation. Or at least, psychiatrists should be consulted first before a criminal proceeding against an alleged Urning takes place. And yet, to be sure, Krafft-Ebing is also making a point that the law is faulty. Its fault is its dependence on language and by extension its openness to interpretation. He is significantly not arguing that the lawmakers revise paragraph 175 to be even more precise. Indeed, precision ought to be left to medicine and science. At the same time there is an implicit critique of the law's relationship to language, which must always include some room for interpretation. If there is too much room for interpretation, then the law becomes arbitrary.

For Krafft-Ebing, the Urning suffers from a mental affliction that makes him incapable of resisting sexual contact with other men. Philippe Weber indicates in his book *Der Trieb zum Erzählen* what is at stake in this medical logic: "Die Berechnung der Zurechnungsfähigkeit operierte mit dem pathologischen Trieb als einer Kraft, die mit einer bestimmten Stärke die Patienten zu sexuellen Handlungen mit Personen des eigenen Geschlechts drängte".[40] The medicalization and pathologization of sexual drives led to a shift in disciplinary spheres. Weber later states that sexual pathology had installed its own new and more efficient technologies of power behind the back of the legal system, so to speak: "Die Sexualpathologie [installierte] hinter dem Rücken der Justiz neue und effizientere Machttechniken".[41] Ulrichs' and Krafft-Ebing's arguments give shape to a new, non-criminal identity that is compelled by an inner desire to satisfy his sexual instinct through sexual acts with other men. But Ulrichs' autonomous Urning becomes subject to the expert knowledge of psychiatrists and doctors in Krafft-Ebing's system – it is up to those experts to determine (before the court of law) whether the defendant's actions are criminal or merely a symptom of his (mental) illness. The guilty defendant thus becomes either a criminal or a patient.

3 Treating inverts and homosexuals (Freud and Hirschfeld)

The inversion model is deeply engrained in Freud's presentation of same-sex desire in 1905 as part of his catalogue of sexual deviations in *Drei Abhandlungen*

---

40 Weber: Der Trieb zum Erzählen, p. 151.
41 Weber: Der Trieb zum Erzählen, p. 171.

zur Sexualtheorie. His reliance on the inversion model is obvious in the name he uses to designate these individuals, as he calls them inverts. Indeed, invert is explicitly Freud's preferred term over and against other terms in use throughout the nineteenth century: "Man heißt solche Personen Konträrsexuale oder besser Invertierte, die Tatsache die der Inversion".[42] From the start, inversion is the factual basis for this identity type. Inversion appears as a reversal of gender (male-female) identity, in which objects of desire do not line up with the natural/normal (non-deviant) trajectories of desire. To be sure, the entire discussion of inverts falls under the heading of "sexuelle Abirrungen," thereby permeating inversion with a sense of deviation – a wrong turn.

In Freud's theories inversion is importantly something that happens to someone. Indeed, even as his discussion of congenital versus acquired homosexuality emphasizes the ultimate irresolvable nature of this debate, he puts great value on developmental experience as shaping desires and the ego. An individual's development is marked by a series of events that are either overcome or linger as traumas in the psyche, arresting development. Freud's intervention in the debate about homosexuality is characterized by this reframing of experience. Whereas Krafft-Ebing tends to see so-called "acquired" contrary sexuality as more akin to perversity (criminally punishable acts), Freud argues that there is always something acquired about every sexual deviation. This relationship is apparent in the very grammar of the following sentence:

> Der scheinbar so gewonnenen Sicherheit macht aber die Gegenbemerkung ein Ende, daß nachweisbar viele Personen die nämlichen sexuellen Beeinflussungen (auch in früher Jugend: Verführung, mutuelle Onanie) erfahren, ohne durch sie invertiert zu werden oder dauernd so zu bleiben.[43]

Freud uses this sentence as an example of the interminable debate between nature and nurture when it comes to sexual desire. The perspective that he repeats here is that of the nature side: not all people who experience these potentially homosexuality-inducing events end up inverts. Contrariwise, an invert cannot be put through certain experiences with the hope of making him or her a normal heterosexual. The sentence is more remarkable for its use of the verb "to invert," namely as a transitive verb. Its use brings out the movement and transformation involved in this particular deviation. The invert is someone who was inverted by something. While Freud argues for a combined understanding of nature and nurture when it comes to inverts, he attributes a significance to

---

42 Sigmund Freud: Drei Abhandlungen zur Sexualtheorie. Frankfurt/M. 2005, p. 2.
43 Freud: Drei Abhandlungen, p. 6.

experience that destabilizes claims that the only natural and valid identity is one that is rooted in the biology of the body or engrained in the soul. The invert is a product, an effect of inversion.

The movement of inversion is not necessarily limited to producing inverts. According to Freud, inversion is a fundamental feature of all sexuality. Sexual drives involve displaced objects of desire and shifts in social orders: "Das Höchste und das Niedrigste hängen in der Sexualität überall am innigsten an einander ('Vom Himmel durch die Welt zur Hölle')".[44] With the highest and lowest – or the most noble and the most base – things being so close, inversion is never far away, nor perversion. Indeed, the quote from Goethe's *Faust I* indicates that the fall from heaven is precisely a case of such a perversion, a straying from the path of the high, good, and noble that results in not being able to sort out which way is up and which is down.

The world of sexual drives, like the dream world, is ruled by the unconscious and is therefore prone to all sorts of twists and turns. In *Vorlesungen zur Einführung in die Psychoanalyse*, Freud reiterates his ideas on the unconscious mechanisms that become apparent in dreams. Inversion is one of the main mechanisms, and it reveals itself particularly in the semantics of dreams. Freud refers to primal words (*Urworte*) that connote two opposed meanings, for example, "sacer" meaning both holy and defiled.[45] These words reflect the semantic dizziness that structures dreams: "Solche Umkehrungen, wie sie hier am einzelnen Wort genommen werden, kommen durch die Traumarbeit in verschiedener Weise zustande".[46] In dreams, inversion is not limited to a semantic opposition between words (a word connoting both its normal meaning and its opposite). Non-verbal images and figures might also represent their inverse. Even a sequence of events might better be understood as running in reverse. "Außerdem finden sich in Träumen Umkehrungen der Situation, der Beziehung zwischen zwei Personen, also wie in der 'verkehrten Welt'".[47] Freud further extends this direct reference to the inverted world tradition with the example of a hare hunting the hunter. Thus, we begin to see a chain of signifiers – rather cyclical than linear – that links together depictions of inverted world relationships to the logic of dreams, to the structure of the unconscious, to sexual drives, to sexual deviations, and finally to the invert.

---

44 Freud: Drei Abhandlungen, p. 21.
45 Sigmund Freud: Vorlesungen zur Einführung in die Psychoanalyse. Frankfurt/M. 1999, p. 170.
46 Freud: Vorlesungen, p. 171.
47 Freud: Vorlesungen, p. 171.

As with all the inversion models we have seen, Freud's relies on a hetero-sexual matrix of desire and gender identity, even as it seems to expand the image of the invert beyond merely the effeminate male. Freud refers to manly inverts:

> Es ist kein Zweifel, daß ein großer Teil der männlichen Invertierten den psychischen Charakter der Männlichkeit bewahrt hat, verhältnismäßig wenig sekundäre Charaktere des anderen Geschlechtes an sich trägt und in seinem Sexualobjekt eigentlich weibliche psy-chische Züge sucht.[48]

But the sexual objects of these manly inverts are effeminate men. The heterosexual matrix remains unscathed here as well as in cases of female inverts. Women who desire other women are masculine in Freud's theory.[49] These sex/gender divisions also appear in the scientific repositioning of the soul-body split around 1900. It is no longer a question of a female soul in a male body, but rather now it is a matter of female or male parts of the brain in a sexed body. Freud problematizes the dividing up of the brain in these terms and states that there is no way to know about whether or not there are actually "brain centers" (*Hirnzentren*) that regulate specific aspects of our psychological and cognitive make-up. His brief discussion on the lack of neurological evidence is in fact directed at Krafft-Ebing and Ulrichs. While both do develop theories about the embryonic preconditions of sexual development, it is striking that Freud hones in on these two figures in particular because their presentations of same-sex desire are more soul-centered than brain-centered. The shift in Freud's text seems telling of the conquest of medical science for control over the regulation of sexual desires and practices. The soul, once the concern of the church and religion, no longer figures prominently in discussions of sexual perversion. The brain is now the suspicious organ that allows for deviations in a person's psychological and physiological constitution.

In *Drei Abhandlungen* Freud calls into question some of the premises of Ulrichs' and Krafft-Ebing's treatment of homosexuality, but he nevertheless main-tains the oppositional understanding of gender that is necessary for the inversion model. Freud's discussion of deviations also entails an important distinction between acts, gender, and sexuality: namely, Freud differentiates here between sexual object and sexual goal; the sexual object being an individual (with a recognizable gender/sex) while the sexual goal is a certain behavior associated with specific body parts or other props. Both object and goal can be deviant, either in combination or individually. At the same time, Freud renders it a moot point whether or not homosexuality is congenital or acquired, stating repeatedly

---

48 Freud: Drei Abhandlungen, p. 9.
49 Freud: Drei Abhandlungen, p. 9.

that it is impossible to ever know for sure. Certainly, this undecidability has everything to do with Freud's basic argument regarding the formation of the self in the first place, that early childhood experiences are fundamental to the development of an adult's personality. Thus, for Freud, the potential for acquired homosexuality brought about by certain childhood traumas (see the Oedipus complex) is no less valid than the claim that homosexuality is a congenital condition.

Magnus Hirschfeld's monograph *Die Homosexualität des Mannes und des Weibes* from 1914 also operates within a basic gender inversion model. By the time it was published inversion was already being treated as a historical term, one that was fading into the past as other more scientifically specific terms were gaining currency.[50] In Hirschfeld's review of terminology, he situates "inversion" within the French context and cites Jean-Martin Charcot, Valentin Magnan, and Julian Chevalier as responsible for the shift from the term "sodomie" to "l'inversion".[51] Hirschfeld himself uses the terms "Homosexuell," "konträre Sexualempfindung," and "Urnanismus". Even without naming it as such, the structure of gender inversion inheres in Hirschfeld's explanations of homosexuality throughout his career. Inversion is no longer predominantly spiritual – it is now a chemical or hormonal inversion. Rather than entering into the details of the male and female hormonal excretions theory, I would like to focus on two innovations in Hirschfeld's study of homosexuality: the first involves a distinction between gender and sexuality that complicates the gender inversion model of sexual identity and the other involves the relationship between acts and identity. Hirschfeld notes that effeminate men and masculine women are not necessarily homosexuals:

> Heute wissen wir aber auf Grund genauerer Materialkenntnis, daß hier ein fundamentaler Irrtum vorlag, indem zwar die verschiedenen Zwischenformen gemischt vorkommen können, es aber durchaus nicht immer zutrifft, daß Effeminierte und Viragines, Weibmänner und Mannweiber, geschweige den Androgyne, homosexuell sind.[52]

Hirschfeld's "Zwischenstufen" theory makes room for more variations in gender and sexual identity. This new knowledge based on "material findings" contradicts the claims of Krafft-Ebing, who saw these deviations from the norm as

---

50 At the same time, it should be noted that "inversion" remained a common term for homosexuality well into the 20th century. For example, the collection of essays from 1965 edited by Judd Marmor, entitled *Sexual Inversion: The Multiple Roots of Homosexuality* continues to use inversion alongside other terms for same-sex desire.
51 Magnus Hirschfeld: Die Homosexualität des Mannes und des Weibes. Berlin 1984, p. 27.
52 Hirschfeld: Homosexualität, p. 30.

merely variations in a general homosexual instinct. The innovation here involves thinking of the sexed body as detached from sexual object-choice – though within the hormonal theories that Hirschfeld later describes, the sexual instinct has a corporeal origin caused by inverted male or female glands. This distinction marks a shift in theories of gender and sexuality that otherwise associate a specific gendered object choice with a specific gendered identity of the desiring subject. An inverted gender identity does not necessarily correspond to an inverted object choice in Hirschfeld's system.

Another important division that Hirschfeld makes is between being a homosexual and sexual acts between people of the same sex. The idea that someone can commit a homosexual act without *being* a homosexual is not new – indeed this idea is what people seem to associate with Foucault's claim about the world of sexuality prior to the creation of the homosexual as species. Hirschfeld makes clear that the reverse is also possible: "Es kann also jemand, der niemals einen homosexuellen Geschlechtsverkehr gehabt hat, homosexuell sein, wenn er sich nur in seelisch-sinnlicher Liebe zu Personen des gleichen Geschlechts hingezogen fühlt."[53] One possible consequence of this evacuation of acts from homosexual identity – or rather the elimination of acts from the diagnostic method of identifying homosexuals – is that a person can more easily be accused of being a homosexual without substantial material evidence. While Ulrichs argued for a homosexual identity in the form of a third sex in order to claim that homosexual acts were natural and therefore legal, and while Krafft-Ebing argued for the pathological mental condition of homosexuals in order to establish their "Unzurechnungsfähigkeit" and their lack of free (criminal) will when it comes to committing homosexual acts, Hirschfeld goes a step farther and claims that it is possible to identify homosexuals based solely on their internal desires. The claim would seem to be important for establishing a universal homosexual identity that exists with or without the pressure of legal sanctions. However, it also makes it easier to prosecute someone for being a homosexual. Of course, "being" homosexual was not itself a crime – only the acts were punishable.

Inversion remained the basic structure involved in explaining same-sex desire within the early homosexual emancipation movement. From Ulrichs to Hirschfeld, the Urning or homosexual was characterized by having a female core – be it in his soul, in his brain, or in his gonads. Even where the virile homosexual was included in the typology of sexual deviations, as with Freud, his desire is aimed at a man with feminine traits. To be sure, the hyper-masculine branch of the homosexual movement resisted the inversion model, groups such as *Die*

---

53 Hirschfeld: Homosexualität, p. 32–33.

Gemeinschaft der Eigenen led by Adolf Brand clashed with Hirschfeld's approach both politically and in terms of how the two groups understood same-sex desire. Brand's approach was more in line with the misogynistic thinking found in Otto Weininger's theory of sexuality, in which same-sex desire among masculine men makes sense because there is nothing desirable about femininity in the first place. This model of same-sex desire does not rely on inversion but rather on the elimination of the feminine. The alternative to the pathological inversion model was thus a misogynist concept of masculinity that saw the political activism and publicity created by Hirschfeld's *Wissenschaftlich-humanitäres Komitee* as drawing too much attention to same-sex desire. And given the fact that the medical and psychiatric professionals were professing the inversion model of homosexuality, the *Eigenen* were all the more resistant to their efforts to decriminalize homosexual acts. They did not want to be associated with an image of male-male desire that relied on feminizing parts of men, be they spiritual, psychological, or physiological.[54]

To understand Foucault's statement about the speciation of the homosexual as a claim meant to date the origins of sexual identity in the nineteenth century reduces his argument to a mere factoid and fails to take into account the discursive shift that was taking place. The efforts to decriminalize same-sex sexual acts implemented identity as a strategy to counter the language of the law. It was not as if sexual identities did not exist prior to the coinage of the word "homosexual," rather identity appears as an available structure that the law must take into account. But in order to shape an identity that can counter the logic of the law, scientific reasoning was necessary. The invert, thus, stands as a scientifically proven individual by the end of the nineteenth century. He or she can be medically examined, psychologically analyzed, physiologically dissected, and ultimately legally categorized as a pervert. The invert's acts are no longer the primary concern in terms of medical or psychiatric investigations. But as a legal strategy, the formation of the homosexual as a perverse identity was not as beneficial to the defendants as Ulrichs might have hoped. Establishing an individual as a homosexual did not protect him from public scrutiny, once he was brought to court. Expert witnesses like Magnus Hirschfeld would be called in to testify to the defendant's inverted, perverse identity, only to support the accusations of the prosecution in the end. For Hirschfeld, it was possible that a

---

54 For a discussion of the tensions in the homosexual movements around 1900 see the seminal work by James Steakley: The Homosexual Emancipation Movement in Germany. Salem, NH 1975; see also Elena Mancini: Magnus Hirschfeld and the Quest for Sexual Freedom. A History of the First International Sexual Freedom Movement. New York 2010; and Ivory: The Urning and His Own, p. 334.

person might *be* a homosexual without ever having actually committed a homosexual act.

At the turn of the century, the invert was a classifiable, pathological identity, whose qualities and characteristics had been categorized and organized into scientific structures. Sexual acts committed between two men remained illegal in Germany. However, these acts were no longer criminal in the same sense that an act of theft or violence was criminal. These acts were the results of uncontrollable, natural, albeit perverse drives. The contours of the invert's psyche were so well-established that the identity-type appears in full form in Proust's *Sodome et Gomorrhe*. Proust's narrator presents "l'inverti" in a multifaceted, extended description that reads like a zoological field study, explaining the habits, characteristics, and mannerisms of the invert.[55] Indeed, Proust's invert also desires along the same lines established by the German sexologists: The invert has a man's body but with a female core. Proust's invert is, however, exposed to a cruel paradox. His desire will never be fulfilled because he desires a 'real' man, not other inverts. Proust's literary portrayal of the invert's desire exposes this paradox inherent in the inverted models of desire. As such, his writing reveals an aspect of the scientific explanations, which would otherwise remain embedded in a hermetic logic that does not allow for paradoxes. At the same time, Proust presents a finished identity type with distinctly recognizable mannerisms and movements. The lengthy description of the invert also attests to a blurring of acts and identity in the scientific writings and legal scandals around 1900.

References

Judith Butler: Gender Trouble. New York 2006.
Michel Foucault: History of Sexuality. Vol. 1: An Introduction. New York 1990.
Sigmund Freud: Drei Abhandlungen zur Sexualtheorie. Frankfurt/M. 2005.
Sigmund Freud: Vorlesungen zur Einführung in die Psychoanalyse. Frankfurt/M. 1999.
David Halperin: Forgetting Foucault. Acts, Identities, and the History of Sexuality, in: Representations 63 (1998), p. 93–120.
Georg Wilhelm Friedrich Hegel. Die Phänomenologie des Geistes. Eds. Hans-Friedrich Wessels, Heinrich Clairmont. Hamburg 2006.

---

55 Teresa Hiergeist examines the relationships between reader and text in Proust's works elsewhere in the volume. Hiergeist provides a helpful framework for thinking about issues of mediality and mediation when it comes to representing perversions, whether they are sado-masochistic or inverted. See her article in this volume, p. 231–251.

Bernd-Ulrich Hergemöller: Von der "stummen Sünde" zum "Verschwinden der Homosexualität". Zuschreibungen und Identitäten, in: Wolfram Setz (ed.): Die Geschichte der Homosexualitäten und die schwule Identität an der Jahrtausendwende. Berlin 2002, p. 13–41.

Magnus Hirschfeld: Die Homosexualität des Mannes und des Weibes. Berlin 1984.

Magnus Hirschfeld: Petition an die gesetzgebenden Körperschaften des Deutschen Reichstages behufs Abänderung des Paragraphs 175 R.-Str.-G.-B. und die sich daran anschließenden Reichstags-Verhandlungen, in: Jahrbuch für sexuelle Zwischenstufen unter besonderer Berücksichtigung der Homosexualität 1 (1899), p. 239–280.

Yvonne Ivory: The Urning and His Own. Individualism and the Fin-de-Siècle Invert, in: German Studies Review 26/2 (2003), p. 333–352.

Hubert Kennedy: Foreword, in: Karl Heinrich Ulrichs: Forschungen über das Räthsel der mannmännlichen Liebe. Vol. I–V. Berlin 1994, p. 9–18.

Richard von Krafft-Ebing: Psychopathia sexualis. Mit Beiträgen v. Georges Bataille, Werner Brede, Albert Caraco, Salvador Dalí, Ernst Fuhrmann, Maurice Heine, Julia Kristeva, Paul Kruntorad u. Elisabeth Lenk. Munich 1984 (= reprint, 1912 ed.).

Elena Mancini: Magnus Hirschfeld and the Quest for Sexual Freedom. A History of the First International Sexual Freedom Movement. New York 2010.

Judd Marmor (ed.): *Sexual Inversion. The Multiple Roots of Homosexuality*. New York 1965.

Harry Oosterhuis: Richard von Krafft-Ebing's 'Step-Children of Nature'. Psychiatry and the Making of Homosexual Identity, in: Vernon A. Rosario (ed.): Science and Homosexualities. New York 1997, p. 67–88.

Plato: The Symposium. Baltimore 1999.

Anna Katharina Schaffner: Modernism and Perversion. Sexual Deviance in Sexology and Literature, 1850–1930. New York 2012.

James Steakley: The Homosexual Emancipation Movement in Germany. Salem, NH 1975.

Karl Heinrich Ulrichs: Inclusa, in: Forschungen über das Räthsel der mannmännlichen Liebe. I. Vindex. II. Inclusa. III. Vindicta. IV. Formatrix. V. Ara spei. Berlin 1994 (=Bibliothek rosa Winkel, vol. 7).

Karl Heinrich Ulrichs: Memnon, in: Forschungen über das Räthsel der mannmännlichen Liebe. VI. Gladius furens.VII. Memnon. Berlin 1994 (= Bibliothek rosa Winkel, vol. 8).

Karl Heinrich Ulrichs: Vindex, in: Forschungen über das Räthsel der mannmännlichen Liebe. I. Vindex. II. Inclusa. III. Vindicta. IV. Formatrix. V. Ara spei. Berlin 1994.

Philippe Weber: Der Trieb zum Erzählen. Sexualpathologie und Homosexualität. Bielefeld 2008.

Christina Templin (Göttingen)
„Sex and Crime"

Kleptomanie in Wissenschaft und Populärkultur um 1900

> Denn ich stahl ohne Wahl, ganz egal – Ja, ich stahl
> und stahl, und war es selbst aus Stahl! Ob ich's
> brauchen konnte, fiel nicht ins Gewicht – [...] Ach,
> es treibt mich, was zu klauen, mit Gewalt.
>
> *Friedrich Hollaender*[1]

Mit der Kleptomanin rekurriert Friedrich Hollaenders Chanson auf eine um 1900 populäre Figur, die ihre Genese sowohl medizinischen als auch populärkulturellen Diskursen verdankt. Um die Jahrhundertwende erfuhr die Diagnose Kleptomanie – das zwanghafte Stehlen – im Kontext der Entstehung neuer Konsumkulturen im europäischen und amerikanischen Raum mit den Warenhäusern als deren ersten Repräsentanten eine bisher ungekannte Konjunktur.[2] In den leidenschaftlichen und polarisierten Debatten über Chancen und Gefahren dieser neuen Institutionen wurden Warenhausdiebstähle von Medizinern als typischste Form der Kleptomanie beschrieben.[3] Kleptomanie galt als Symptom „verschiedener seelischer und biologischer Konstellationen" wie beispielsweise der Modekrankheit Hysterie und unterschied sich mit dieser Definition von ihrem früheren Status als eigener Geisteskrankheit.[4]

---

1 Friedrich Hollaender: Die Kleptomanin (1931), in: ders.: Chansons. Berlin 1967, S. 126f.

2 Gudrun M. König: Zum Warenhausdiebstahl um 1900: Über juristische Definitionen, medizinische Interpretamente und die Geschlechterforschung, in: Gabriele Mentges, Ruth-E. Mohrmann, Cornelia Foerster u.a. (Hg.): Geschlecht und materielle Kultur. Frauen-Sachen, Männer-Sachen, Sach-Kulturen. Münster u.a. 2000, S. 49–66, hier S. 60.

3 Die Debatten über kleptomanes Verhalten im Warenhaus und andernorts wurden international geführt. Zur Warenhausdebatte um 1900 vgl. Detlef Briesen: Warenhaus, Massenkonsum und Sozialmoral. Zur Geschichte der Konsumkritik im 20. Jahrhundert. Frankfurt/M., New York 2001; u. Thomas Lenz: Konsum und Modernisierung. Die Debatte um das Warenhaus als Diskurs um die Moderne. Bielefeld 2011. Lenz arbeitet drei zentrale Topoi der Debatte heraus: Weiblichkeit, Judentum und Ökonomie. Zu Warenhausdiebstählen als typischster Form von Kleptomanie siehe z.B. Otto Gross: Über psychopathische Minderwertigkeiten. Wien, Leipzig 1909, S. 24.

4 Joachim Gerchow: Das triebhafte Stehlen (die sog. Kleptomanie), o.O. 1958, S. 9. Kleptomanie war schon im frühen 19. Jahrhundert ein unter Medizinern diskutiertes Krankheitsbild, hier wurde sie als die „Lust zu stehlen um des Stehlens willen" erstmals als eigene Geisteskrankheit definiert.

Im Zuge dieses Warenhausdiskurses vollzog sich eine entscheidende Änderung in der Zuschreibung kleptomanen Verhaltens: Das Krankheitsbild Kleptomanie wurde zu einem klassen- und geschlechtsspezifischen Konzept verengt und wich fortan deutlich von der ursprünglichen Auffassung des 19. Jahrhunderts ab, die nicht hinsichtlich dieser beiden Parameter differenziert hatte, wohl aber Frauen eine größere Disposition zu kleptomanen Diebstählen zugesprochen hatte. Denn das Warenhaus als neuer Ort einer „feminisierten Öffentlichkeit" rückte eine ganz bestimmte Gruppe von Delinquenten in den Fokus der Zeitgenossen: die wohlhabende Frau.[5] In den so genannten „Kathedralen des Konsums"[6] versammelte sich vornehmlich das weibliche Klientel der Ober- und Mittelschicht und weniger der Unterschichten, die somit auch nur selten in den Blick gerieten.[7] Arbeiterfrauen und Männer aller sozialen Schichten waren zwar in der Theorie als kleptomane Diebe nicht ausgeschlossen, wurden in der Praxis aber nur selten beobachtet. So verdichteten sich Berichte über die gut situierte Diebin, die aufgrund einer temporären Willensschwäche ihrem Begehren nach den im Warenhaus ausgelegten Gegenständen nachgab und diese stahl, zu einem wirkmächtigen Narrativ, in dem Männer und Unterschichten nicht vorkamen.[8]

Denn im Gegensatz zum „echten" Diebstahl konnte man in solchen Fällen, in denen in zwanghafter Weise Dinge entwendet wurden, keine Bereicherungsabsicht aus ökonomischen Motiven feststellen. Siehe auch Gerhard Schmidt: Der Stehltrieb oder die Kleptomanie, in: Zentralblatt für die gesamte Neurologie und Psychiatrie 92/1,2 (1939), S. 1–18.

5 König: Warenhausdiebstahl, S. 53.

6 König: Warenhausdiebstahl, S. 51.

7 Nach Uwe Spiekermann waren Warenhäuser Orte des Bürgertums, die jeweils spezifische Käuferprofile aufwiesen: das Warenhaus des kleinen Mannes, des Mittelstands und für Luxusgüter. Vgl. Uwe Spiekermann: Das Warenhaus, in: Alexa Geisthövel, Habbo Knoch (Hg.): Orte der Moderne. Erfahrungswelten des 19. und 20. Jahrhunderts. Frankfurt/M., New York 2005, S. 207–217, hier S. 211f.

8 Zeitgenossen radikalisierten damit die bereits erwähnte, schon im frühen 19. Jahrhundert zu findende Auffassung, Frauen würden häufiger als Männer Ladendiebstähle begehen. Ein englischer Stich mit dem Titel *Die Entlarvung der Ladendiebin* griff 1787 das Narrativ der reichen Diebin auf (abgedruckt bei Eduard Fuchs: Illustrierte Sittengeschichte vom Mittelalter bis zur Gegenwart. Bd. 2. München 1910–1911, S. 39). Dass Kleptomanie Mitte des 19. Jahrhunderts jedoch kein ausschließlich weibliches Delikt war, spiegelt sich beispielsweise in einer satirischen Lithographie des Franzosen Honoré Daumier, in der der Anwalt des Angeklagten Kleptomanie als Waffe vor Gericht zur Strafmilderung einzusetzen beabsichtigt. Daumier verweist nicht nur auf die fehlende Geschlechtsspezifik, sondern auch auf die juristische Dimension der Thematik. Triebhaftes Stehlen war als Krankheitsbild eng assoziiert mit der kontrovers diskutierten Frage der Unzurechnungsfähigkeit, neben Medizinern hatten daher auch Juristen ein Wörtchen mitzureden. Daumiers Lithographie stammt aus der justizkritischen Reihe „Les Gens de Justice" und ist erstmals in Le Charivari (20.06.1846) erschienen.

Das Interesse der Geschichtswissenschaft an Kleptomanie erfolgte im Rahmen von Forschungsarbeiten zur Entstehung von Konsumkulturen im Allgemeinen und den Warenhäusern im Besonderen und hat sich daher weitgehend auf die Figur der Warenhausdiebin und das Warenhaus als Tatort beschränkt.[9] Mit der Identifikation der Kleptomanie als Warenhausdiebstahl wurde das in den Warenhausdebatten entstandene Narrativ fortgeschrieben. Kleptomanie um 1900 erscheint so als ein einerseits ausschließlich weibliches, ortsgebundenes Delikt der Mittel- und Oberschicht, das andererseits von spezifischen Akteuren – Mediziner und Juristen – beschrieben und ausdifferenziert wurde. Dieses Narrativ ist, so will ich im Folgenden zeigen, in zweierlei Hinsicht reduktionistisch: Wenig beachtet wurde von der Forschung die Vielschichtigkeit des medizinischen Diskurses, denn nach 1900 tauchten neue, sexuelle Deutungen kleptomanen Verhaltens auf, in denen das Warenhaus als spezifischer Tatort keine Rolle mehr spielte.[10] Überdies wurde ein wichtiger Produzent kleptomanen Wissens vernachlässigt: der populärkulturelle Diskurs, der neben medizinischen und juristischen Fachdiskursen ebenfalls Bilder des kleptomanen Diebstahls lancierte, transformierte und popularisierte.[11]

Im Folgenden wird in einem ersten Schritt (I.) gezeigt, wie Wissenschaftler kleptomanes Wissen multiplizierten, indem sie neben die Figur der Warenhaus-

---

9 Ich nenne hier nur die wichtigsten Arbeiten: Briesen: Warenhaus; König: Warenhausdiebstahl; Karen Nolte: Gelebte Hysterie. Erfahrung, Eigensinn und psychiatrische Diskurse im Anstaltsalltag um 1900. Frankfurt/M., New York 2003, S. 239–269. Auch im weiteren europäischen bzw. amerikanischen Sprachraum haben sich Historiker bisher lediglich mit Warenhausdiebstählen beschäftigt. Vgl. Patricia O'Brien: The Kleptomania Diagnosis: Bourgeois Women and Theft in Late Nineteenth-Century France, in: Journal of Social History 17/1 (1983), S. 65–77, hier S. 74; Elaine S. Abelson: The Invention of Kleptomania, in: Signs 15/1 (1989), S. 123–143, hier S. 142; dies.: When Ladies Go A-Thieving. Middle-Class Shoplifters in the Victorian Department Store. New York 1989; Tammy Whitlock: Crime, Gender and Consumer Culture in Nineteenth-Century England. Aldershot u.a. 2005. Siehe als jüngste Arbeit auch: Petra Löffler: Kleptomania. Zur Pathologisierung der Zerstreuung, in: Gabriele Dietze, Dorothea Dornhof (Hg.): Metropolenzauber. Sexuelle Moderne und urbaner Wahn. Wien u.a. 2014, S. 367–388.
10 Die Aufsätze von Uwe Spiekermann und Paul Lerner deuten als bisher einzige Arbeiten die zeitgenössischen sexuellen Deutungsmuster für den deutschen Kontext lediglich an. Vgl. Uwe Spiekermann: Theft and Thieves in German Department Stores, 1895–1930: A Discourse on Morality, Crime and Gender, in: Geoffrey Crossick, Serge Jaumain (Hg.): Cathedrals of Consumption. The European Department Store 1850–1939. Aldershot, Burlington 1999, S. 135–159; Paul Lerner: Consuming Pathologies: Kleptomania, Magazinitis, and the Problem of Female Consumption in Wilhelmine and Weimar Germany, in: Werkstatt Geschichte 42 (2006), S. 45–56. Vgl. für den anglo-amerikanischen Kontext die Hinweise bei Abelson: Ladies, S. 197–200.
11 In der Regel finden sich in der Forschung, wenn überhaupt, nur Aufzählungen und Andeutungen, aber keine Analysen dieser Produkte. Vgl. zur Popularisierung von Wissen Stefanie Samida (Hg.): Inszenierte Wissenschaft. Zur Popularisierung von Wissen im 19. Jahrhundert. Bielefeld 2011.

diebin die sexuell motivierten Kleptomanen rückten. Die sexuellen Deutungen der Kleptomanie lösten, so die erste These, die Kategorien Klasse, Geschlecht und Ortsgebundenheit auf und trugen zur Produktion und Ausdifferenzierung des sexuell ‚Anderen' bei. In einem zweiten Schritt (II.) wird gezeigt, dass neben medizinischen Konzeptionen auch populärkulturelle Produkte Annahmen über kleptomane Figuren in spezifischer Weise produzierten und mitgestalteten. Sie schrieben das Stereotyp der Kleptomanin als Warenhausdiebin zwar fest, demontierten es aber ebenfalls hinsichtlich seiner Geschlechts- und Ortsspezifik und unterlegten die kleptomanen Akte mit neuen Bedeutungen, so die zweite These. Sie instrumentalisierten ferner die Formel Kleptomanie für unterschiedliche Formen der Gesellschaftskritik (III.), so schließlich die dritte These.

1 Wissenschaftliche Deutungsmuster der Kleptomanie

Nach Erklärungen kleptomanen Verhaltens suchten nicht nur Psychiater und Kriminologen, sondern auch Psychoanalytiker und Juristen. Angesichts dieser um 1900 nicht klar voneinander abgegrenzten und sich erst allmählich ausdifferenzierenden Wissensbereiche ist hier weniger von disziplinären Trennlinien als gemeinsamen Argumentationsmustern und einer engen Verzahnung der Wissensbereiche zu sprechen.[12]

In den Debatten über kleptomanen Diebstahl war das Warenhaus der prominenteste Tatort, mit dem spezifische Argumentationslogiken einhergingen. Triebartige Diebstähle an diesem Ort erregten die Aufmerksamkeit von Medizinern und Juristen, da sie besonders häufig auftraten und zumeist „sonderbare[]

---

[12] Der Terminus ‚Kleptomanie' war um 1900 umstritten. Aufgrund der begrifflichen Nähe zum Konzept der Monomanien des Französischen Psychiaters Esquirol wollte man die neue Begriffsphysiognomie (Kleptomanie als Symptom) keinesfalls mit dem klassischen Konzept von Charles-Chretin Marc (Kleptomanie als eigenständige Geisteskrankheit) verwechselt wissen. Der Begriff selbst wurde als „höchst unglücklicher und unklarer", z.T. auch als verpönter beschrieben. Statt von Kleptomanie sprach man von Stehltrieb oder Stehlsucht, von diebischen Impulsen oder von einem Drang bzw. Zwang zu stehlen. Trotz dieser begrifflichen Uneinigkeit spreche ich im Folgenden von ‚Kleptomanie' und bezeichne damit ein Bündel von Zuschreibungen, die der Begriff erfuhr. Vgl. Kurt Boas: Über Warenhausdiebinnen, mit besonderer Berücksichtigung sexueller Motive, in: Archiv für Kriminal-Anthropologie und Kriminalistik 65/1,2 (1916), S. 103–132, hier S. 105; O. Juliusburger: Beitrag zur Lehre von der Psychoanalyse, in: Allgemeine Zeitschrift für Psychiatrie und psychisch-gerichtliche Medizin 64/6 (1908), S. 1002–1010, hier S. 1005; Leopold Laquer: Der Warenhaus-Diebstahl. Halle a. S. 1907, S. 22.

Umstände[]" aufwiesen. So beobachtete man in der Regel gut situierte Frauen aus der Mittel- und Oberschicht beim Stehlen von Kleinigkeiten mit häufig geringem Wert wie Hutfedern oder Spitzen. Ein derartiges Verhalten erschien aufgrund der Erziehung der Diebinnen und ihrer sozialen Stellung als besonders widersinnig.[13]

Der französische Psychiater Paul Dubuisson publizierte 1902 den wohl einflussreichsten Text zum Warenhausdiebstahl, der auch im deutschen Kontext breit und zustimmend rezipiert wurde.[14] Nach Dubuisson stahlen die Frauen aus guten Verhältnissen lediglich in den großen Warenhäusern – motiviert durch das Begehren, die ausgelegten Gegenstände zu besitzen. Wurden sie vom Warenhauspersonal nach dem Stehlakt angehalten, gestanden sie die Tat oft mit sichtbar großer Erleichterung. Bei Hausdurchsuchungen wurde eine gewisse Anzahl von Objekten zutage gefördert, die meistens unbenutzt, noch mit den Etiketten versehen, in Schränken versteckt worden waren. Ein weiteres Merkmal waren die stereotypen Erklärungen der Frauen wie „Es kam so über mich [...] es erschien mir, als ob dies alles mir gehöre – je weiter ich ging, um so mehr faßte mich die Lust zu nehmen – wenn man mich nicht festgenommen hätte, so hätte ich es noch bis ins Unendliche weiter fortgesetzt usw."[15]

Da gewöhnliche Diebstahlmotive wie ökonomische Not in solchen Fällen nicht plausibel erschienen, suchte man kleptomanes Verhalten zu erklären, indem man es in den Bereich des Pathologischen verwies. Allerdings stellte man schnell fest, dass ein großer Teil der Diebinnen nicht geisteskrank war, sondern sich an der Grenze zwischen Krankheit und Gesundheit bewegte. Gemeint waren damit hysterische und neurasthenische Frauen, womit man zwei um 1900 gängige, spezifisch ‚moderne' Krankheitsbilder aufrief.[16] Das geistige Befinden der Diebinnen definierten Mediziner im Sinne jener Grenzzustände zwischen Krankheit und Gesundheit als psychopathisch. Dubuisson konstatierte für diese Frauen eine verminderte moralische Widerstandskraft, welche durch biologische Pro-

---

13 Paul Dubuisson: Die Warenhausdiebinnen. Autorisierte Übersetzung aus dem Französischen von Alfred H. Fried. Leipzig [2]1904 [frz. Original 1902], S. 3f.
14 Die deutsche Übersetzung erschien 1904: Dubuisson: Warenhausdiebinnen. Vgl. für den deutschen Kontext Laquer: Warenhaus-Diebstahl; Leppmann: Ueber Ladendiebinnen (Autoreferat), in: Centralblatt für Nervenheilkunde und Psychiatrie 24/N.F. 12 (Feb. 1901), S. 68–71; ders.: Ueber Diebstähle in den grossen Kaufhäusern, in: Aerztliche Sachverständigen-Zeitung (Jan. 1901), S. 5f.
15 Zit. n. Dubuisson: Warenhausdiebinnen, S. 20–22, hier: S. 21f. Vgl. ebenso Hans Gudden: Die Zurechnungsfähigkeit bei Warenhausdiebstählen, in: Neurologisches Centralblatt 25/19 (1906), S. 922–924, bes. S. 922f.
16 Dubuisson: Warenhausdiebinnen, hier S. 28. Siehe zu Hysterie und Neurasthenie u.a. Nolte: Gelebte Hysterie; Joachim Radkau: Das Zeitalter der Nervosität. Deutschland zwischen Bismarck und Hitler. München 1998.

zesse wie Menstruation, Schwangerschaft oder Klimakterium zusätzlich geschwächt werden könne.[17] Dass Frauen während der Schwangerschaft oder der Menstruation häufiger straffällig wurden, war ein gängiges Argument in den damaligen Diskussionen über Diebstahl und Weiblichkeit. Dieses Argument speiste sich aus der unter Medizinern verbreiteten Annahme, dass die generativen Vorgänge der Frau ihre Psyche beeinflussen könnten, da sie die Erregbarkeit des Nervensystems steigern würden.[18]

Neben solchen organischen bzw. psychischen Dispositionen bedurfte es nach Dubuisson einer spezifischen Umgebung, eines so genannten „Milieus", welches die moralische Widerstandskraft weiter herabsetzte. Dieses fand Dubuisson im Warenhaus:

> Es ist unmöglich, einige Stunden in einem dieser ungeheuren Etablissements zu verbringen, ohne – und wäre man von der besten Konstitution der Welt – dabei ein ganz besonderes Gefühl der Entnervung, physischer Ermüdung und Betäubung zu empfinden. Das Gesicht, das Gefühl, der Geruch, unsere feinsten Sinne, ermüden rasch inmitten dieser wimmelnden, lärmenden, riechenden Menge, und wenn man auch ruhig am Platze bleibt oder nur wenig herumgeht, wird man dabei doch sehr rasch müde. Wenn dies nun schon beim Mann eintritt, wie muß dies erst auf die Frau und ganz besonders auf die kranke Frau wirken? Aber es kommt noch mehr hinzu. Man muß noch bei der Frau den Anreizungen Rechnung tragen, die auf sie einstürmen, und die ihrer Zahl, Verschiedenartigkeit und Stärke nach sehr bald – wenigstens bei gewissen Frauen – eine Wirkung hervorbringen müssen, die spirituöse Flüssigkeiten auf das Hirn erzeugen. Diese Magazinitis – man gestatte mir nur diese Bezeichnung – hat nicht viel zu sagen, sobald sie einen gewissen Grad nicht überschreitet, nur einer angenehmen Empfindung gleichkommt, die ein Glas Champagner uns zu verschaffen vermag, aber für viele, für die Kranken, hat sie zuweilen die Wirkung eines Glases Rum oder Absynths. ‚Der Kopf dreht sich mir ... ich verlor den Kopf ..., ich fühlte mich ganz betäubt ..., es schien mir, als ob die Gegenstände um mich tanzten' das sind die Ausdrücke die man aus dem Munde all der Unglücklichen hört, die sich in der Schlinge fingen.[19]

Die Frauen würden in der Atmosphäre des Warenhauses von einer Art „Warenhausdämon" erfasst, der ihre Begehrlichkeit wecke und sie in einen Zustand der

---

17 Dubuisson: Warenhausdiebinnen, S. 151 u. S. 176.
18 Vgl. Siegfried Placzek: Das Geschlechtsleben der Hysterischen. Eine medizinische, soziologische und forensische Studie. Bonn 1919, S. 80: „Es schlummert also der verbrecherische Trieb oder wird in normaler Zeit durch genügende Hemmungen in Schranken gehalten, bis der gewaltige Einfluß der Menstruation einen ‚Ausnahmezustand' schafft, in dem die gewöhnlichen Hemmungen versagen, und ein bestimmter, habitueller – gewöhnlich bezähmbarer – Trieb ungehindert sich in die Tat umsetzen kann." Siehe ebenfalls Siegfried Weinberg: Über den Einfluss der Geschlechtsfunktionen auf die weibliche Kriminalität, in: A. Finger, A. Hoche, Joh. Bresler (Hg.): Juristisch-psychiatrische Grenzfragen. Zwanglose Abhandlungen. Bd. VI. Heft 1. Halle a. S. 1907, S. 1–34.
19 Dubuisson: Warenhausdiebinnen, S. 152f.

Betäubung und des Rausches versetze, der schließlich die moralischen Entgleisungen beförde. Das Warenhaus war in dieser Optik vor allem eines: ein Ort der Verführung.[20] In der Diskussion um kleptomanes Verhalten im Warenhaus waren daher, so lässt sich zusammenfassen, zwei sich bedingende Faktoren ausschlaggebend: Die überreizte und psychopathische, z.T. von ihren generativen Vorgängen beeinflusste Frau zum einen, die Atmosphäre im Warenhaus zum anderen.

Das zeitgenössische Verständnis von Kleptomanie ging jedoch nicht in der wirkmächtigen Figur der Warenhausdiebin auf. Vor dem Hintergrund einer zunehmenden Diskursivierung des Sexuellen, der akribischen Beschreibung und Durchleuchtung von normabweichenden Sexualitäten in den Wissenschaften, rückten zu Beginn des 20. Jahrhunderts sexuelle Deutungen der Kleptomanie neben die Erklärungen des Warenhausdiebstahls à la Dubuisson, die in bewusster Abgrenzung zum Stehlakt der Warenhausdiebin formuliert wurden. Diese entkoppelten den zwanghaften Diebstahl von den Kategorien Klasse, Geschlecht und Warenhaus und verknüpften ihn neu mit der Sexualität der Diebe. Triebartige Diebstähle wurden einerseits als ein Prozess sexueller Befriedigung und andererseits als Handlung, die verdrängte sexuelle Wünsche symbolisierte, interpretiert. Da ein geschlechtliches Bedürfnis bei beiden Geschlechtern und allen Klassen angenommen wurde, rückte ein derartiger Erklärungsansatz ebenfalls kleptomane Männer und die Unterschichten in den Blick.[21] Umwelteinflüsse wie die Atmosphäre im Warenhaus spielten in diesen Erklärungen keine Rolle. Sexuell motivierte Diebe stahlen überall, in öffentlichen oder privaten Räumen. Das Warenhaus wurde hierbei zu einem Tatort unter vielen, der seine kulturkritische Aufladung verlor.

---

20 Dubuisson: Warenhausdiebinnen, S. 153, S. 166 u. S. 168. Vgl. auch Gudden: Zurechnungsfähigkeit, S. 922. Ähnlich argumentiert Fritz Flechtner: Warenhaus-Pathologie, in: Die Frau 11 (1904), S. 210–213, hier S. 210: „Ausbeutung der Frau! Das bezeichnete Zola in seinem Meisterroman ‚Au bonheur des dames' als das Prinzip jener großen Warenhäuser, die in den letzten Jahrzehnten in Paris entstanden sind und von dort ihren Siegeszug durch die ganze Welt angetreten haben. Das moderne Warenhaus in seiner höchsten Form ist ein Meisterwerk der Organisation. Alles ist darauf angelegt, die Frau anzulocken, sie in Versuchung zu führen; alle Wünsche nach Behaglichkeit und Luxus, alle Instinkte der Koketterie sollen in ihr erweckt und erregt werden."
21 Dennoch überwog auch hier der Anteil an kleptomanen Frauen. Zu den männlichen Kleptomanen vgl. besonders Wilhelm Stekel: Störungen des Trieb- und Affektlebens (die parapathischen Erkrankungen), Bd. VI: Impulshandlungen (Wandertrieb, Dipsomanie, Kleptomanie, Pyromanie und verwandte Zustände). Berlin, Wien 1922, S. 286–346. Schütz weist bspw. in seinen Ausführungen zum Taschen- und Warenhausdiebstahl darauf hin, dass es unter den psychopathischen Taschendieben genügend Männer gäbe. Vgl. Schütz: Zum psychologischen Verständnis des Taschen- und Warenhausdiebstahls, in: Archiv für Kriminologie 79/4 (1926), S. 245–253.

Wie genau funktionierte die Verknüpfung von Diebstahl und Sexualität? Zwei Erklärungsmodelle waren prominent: Kleptomanie wurde, erstens, als Äquivalent einer von der bürgerlichen Norm abweichenden Sexualbetätigung – seien es masochistische oder sadistische Neigungen – interpretiert. Nicht der Wunsch nach Besitz des Diebesgutes wie bei den Warenhausdiebinnen, sondern das Nehmen zur Erzeugung sexueller Befriedigung kennzeichnete den Charakter kleptomanen Verhaltens dieser sexuell ‚Anderen‘. So hieß es von medizinischer Seite: „Und wenn ich aus meiner gerichtsärztlichen Erfahrung mitteilen kann, daß sich der Orgasmus bei Gelegenheit des Diebstahls bis zum Samenerguß steigern kann, so ist die Bedeutung des sexuellen Momentes nach meiner Überzeugung eindeutig dargestellt und bewiesen.“[22] Eine sexuelle Motivation wird auch dem Diebstahl der Näherin Clara B. unterlegt:

> Betete sie wirklich, so wußte sie, daß es doch nichts helfen würde. Manchmal ging das so einen Tag und eine Nacht hindurch; dann machte sie sich des Morgens, vor Unruhe zitternd, gewöhnlich mit einer Handtasche auf, war aber im übrigen so aufgeregt, daß sie ihr Geld offen auf dem Tisch und die Tür unverschlossen ließ, und ging stehlen, bis sich der innere Drang in Befriedigung löste, und zwar jetzt mit Orgasmus.[23]

Zeitgenössische Quellen berichten von masochistisch motivierten Diebstählen, bei denen Gefahr und Schwierigkeit des Erwerbs eine erhebliche Rolle spielten. Je schwieriger der Diebstahl, desto befriedigter würden sich die Patienten zeigen. Besonders die Vorstellung der herannahenden Polizei beim Nehmen von Gegenständen trüge zur Luststeigerung bei, wie im Fall der 24-jährigen Fabrikarbeiterin A.M., die sich hinsichtlich des Stehlaktes wie folgt geäußert haben soll:

> Diese Art der Befriedigung [...] ist viel größer als das Onanieren, denn diese habe ich jederzeit zur Verfügung; das Onanieren ist kein Verlangen, sondern ein Haben, während das Nehmen erst ein Sehen, ein Verlangen, ein immer heftigeres Haben*wollen* ist. Dazu gesellt sich die Angst vor der Polizei, die die Aufregung bis zur Wollust steigert.[24]

Solchen Diebstählen auf masochistischer Grundlage wurden ebenfalls Fälle von sadistisch bedingter Kleptomanie an die Seite gestellt. Als Beispiel führte der Jurist Erich Wulffen den Marquis de Sade an, der in seinen Romanen eine Reihe

---

22 Schütz: Verständnis des Taschen- und Warenhausdiebstahls, S. 251.
23 W. Försterling: Genese einer sexuellen Abnormität bei einem Falle von Stehltrieb, in: Allgemeine Zeitschrift für Psychiatrie und psychisch-gerichtliche Medizin 64/16 (1908), S. 935–956, hier S. 946f.
24 Zit. n. O.-L. Forel: Masochismus und Kleptomanie, in: Zeitschrift für die gesamte Neurologie und Psychiatrie 84 (1923), S. 478–486, hier S. 480 (Hervorhebung im Original).

von Diebstählen aus sadistischen Motiven schildere.[25] Oberbezirksarzt Hans Kaan legte 1912 den Fall der 20-jährigen Patientin M.B. dar, welche einem gewissen J.K. die Heimsparkasse entwendet, geöffnet, den Inhalt entnommen und anschließend die Kasse in einen Kanal geworfen hatte.[26] Die Handlung erfolgte zur Zeit der Menstruation und wurde von einer Genitalerregung begleitet. M.B. war nach Kaan eine psychopathisch veranlagte Person mit einem stark entwickelten Geschlechtstrieb, der durch Verführungsversuche in der Pubertät seitens eines Verehrers und des elterlichen Dienstmädchens gesteigert worden sei. Ließ ein Mann sie sexuell unbefriedigt, so entwendete sie diesem Wertgegenstände unter sexueller Erregung. „Diese Diebstähle dürften sonach auf dem Drang beruhen, durch einen sadistischen Akt ein Äquivalent für die unterlassene normale Geschlechtsbefriedigung zu schaffen."[27] Erst durch die psychopathische Anlage der Patientin, den angeborenen und erworbenen Schwachsinn, konnte „zur Zeit der Menstruation ein sadistischer Impuls als pathologischer Affekt übermächtig werden".[28] Auch in diesem Fall wurde nicht die Begehrlichkeit der Diebin nach den Gegenständen durch bestimmte Reize erregt oder ihre psychische Widerstandskraft durch eine rauschhafte Atmosphäre geschwächt, sondern die Stehlhandlung begründete sich einzig aus dem Verlangen nach geschlechtlicher Befriedigung.[29]

Zweitens rückten die psychischen Mechanismen der Kleptomanen in den Blick. Als Wurzel aller Fälle von Kleptomanie galt eine unbefriedigte Sexualität – sei sie normkonform oder normabweichend. Im Diebstahl des Kleptomanen drücke sich ein verdrängter sexueller Wunsch aus, der häufig homosexuell motiviert sei. Männer wie auch Frauen erschienen in einer solchen Optik als sexuell bedürftige Wesen. Der Diebstahl sei somit kein Akt realer sexueller Befriedigung, sondern lediglich ein symbolischer Akt, der auf die fehlende Befriedigung verweise und ohne sexuelle Erregung einhergehe. Auch die entwendeten Gegen-

---

25 Erich Wulffen: Der Sexualverbrecher. Ein Handbuch für Juristen, Verwaltungsbeamte und Ärzte. Berlin [8]1921, S. 344–348, hier S. 344f. Wulffen verwies in diesem Zusammenhang auch auf den Sexualwissenschafter Iwan Bloch, der 1903 den Konnex von Sadismus und Kleptomanie beschrieben hatte. Vgl. Iwan Bloch: Beiträge zur Aetiologie der Psychopathia sexualis. Bd. 2. Dresden 1902–1903, S. 114–116.

26 Hans Kaan: Kleptomanie als Äquivalent sadistischer Befriedigung, in: Der Amtsarzt 4/11 (1912), S. 493–498, hier S. 493.

27 Kaan: Kleptomanie, S. 498.

28 Kaan: Kleptomanie, S. 498.

29 Vgl. zur Verknüpfung von Sexualität und Kleptomanie ebenfalls H. Zingerle: Beitrag zur psychologischen Genese sexueller Perversitäten, in: Jahrbücher für Psychiatrie und Neurologie 19 (1900), S. 353–366; Försterling: Genese einer sexuellen Abnormität; Emil Oberholzer: Eigentumsdelikte und Sexualität, in: Archiv für Kriminal-Anthropologie und Kriminalistik 50/1,2 (1912), S. 37–48.

stände hätten symbolische Bedeutung. Lange spitze Objekte wie Regenschirme galten als männliche Sexualsymbole, runde Dinge wie Schachteln oder Dosen als weibliche. Kleptomane seien vor der Tat unruhig, von Angstgefühlen gequält und auf der Suche nach dem „Rausch der verbotenen Handlung", die sie in einem traumähnlichen Zustand begingen, der klares Überlegen ausschließe. Der Intellekt sei auf ein Minimum reduziert, Folgen und Nachteile der Handlung würden nicht bedacht.[30] Besonders der Psychoanalytiker Wilhelm Stekel prägte die Diskussion über symbolische Diebstähle maßgeblich, wenn seine Deutungen auch umstritten blieben.[31] Zur Untermauerung seiner empirischen Forschung bemühte Stekel immer wieder literarische Quellen – eine gängige Praxis von Medizinern und Sexologen um 1900.[32] Hinsichtlich sadistisch motivierter Kleptomanie rekurrierte Stekel z.B. auf den Marquis de Sade und führte verschiedene ‚kleptomane Typen' aus dessen Schriften an. Das homosexuelle Moment von kleptomanen Diebstählen verbürgte Stekel durch Rekurs auf Dostojewskis Erzählung *Ein ehrlicher Dieb*. Den Diebstahl einer Reiterhose, die ein Tagedieb seinem Wohltäter stiehlt, interpretiert er als homosexuell motiviert.[33]

---

30 Wilhelm Stekel: Die sexuelle Wurzel der Kleptomanie, in: Zeitschrift für Sexualwissenschaft 2/10 (1908), S. 588–600, hier S. 589–591; ders.: Impulshandlungen, S. 207f. u. S. 260.

31 Ähnlich wie Stekel argumentierten Kiehlholz und Gross. Vgl. A. Kielholz: Symbolische Diebstähle. Vortrag, gehalten an der 57. Sitzung des Schweiz. Vereins für Psychiatrie in Freiburg am 1. XI.1919, in: Zeitschrift für die gesamte Neurologie und Psychiatrie 55 (1920), S. 304–309; Otto Gross: Das Freud'sche Ideogenitätsmoment und seine Bedeutung im manisch-depressiven Irresein Kraepelins. Leipzig 1907. Stekel bewegte sich mit seinen Thesen an den Grenzen des Diskurses – und hier besonders mit der Behauptung, beim kleptomanen Akt fehle die sexuelle Erregung, hatte man jene doch im übrigen Diskurs als distinktives Merkmal der Kleptomanie beschrieben. Einerseits finden sich zustimmende und wohlwollende Rezeptionen Stekels. Andererseits wurde aber die Beweiskraft von Stekels Thesen stark angezweifelt. Besonders der den entwendeten Gegenständen zugesprochene Symbolcharakter traf auf großen Widerspruch. Vgl. Wulffen: Sexualverbrecher; ders.: Das Weib als Sexualverbrecherin. Ein Handbuch für Juristen, Polizei- und Strafvollzugsbeamte, Ärzte und Laienrichter. Mit kriminalistischen Originalaufnahmen. Berlin ²1925 (1923); Max Friedemann: Zur Psychoanalyse und gerichtlichen Begutachtung der Kleptomanie, in: Wilhelm Stekel (Hg.): Fortschritte der Sexualwissenschaft und Psychoanalyse. Bd. 3. Leipzig, Wien 1928, S. 96–115, hier S. 98; Oberholzer: Eigentumsdelikte und Sexualität, S. 39.

32 Vgl. zu den literarischen Anleihen durch Kriminologen und Sexologen Jörg Schönert: Bilder vom „Verbrechermenschen" in den rechtskulturellen Diskursen um 1900: Zum Erzählen über Kriminalität und zum Status kriminologischen Wissens, in: ders. (Hg.): Erzählte Kriminalität. Zur Typologie und Funktion von narrativen Darstellungen in Strafrechtspflege, Publizistik und Literatur zwischen 1770 und 1920. Tübingen 1991, S. 497–531; Anna Katharina Schaffner: Fiction as Evidence: On the Uses of Literature in Nineteenth-Century Sexological Discourse, in: Comparative Literature Studies 48/2 (2011), S. 165–199.

33 Stekel: Impulshandlungen, S. 226–228 u. S. 261.

Milieuspezifische Einflüsse spielten in beiden sexuell gedeuteten Erklärungen kleptomanen Verhaltens keine Rolle, denn jetzt stand die „Mächtigkeit" des sexuellen Impulses im Vordergrund. Mit dem Faktor Sexualität verschoben sich die Deutungen kleptomanen Verhaltens im Warenhaus oder an anderen Orten hin zur ausschließlichen Betonung individueller Dispositionen. Fehlerhafte Assoziationsprozesse der Psyche wurden für die Verbindung von Sexualität und Stehlakt verantwortlich gemacht. Die Frage nach der Genese dieser Assoziationsprozesse wurde allerdings unterschiedlich beantwortet: Im ersten Fall griff man auf das Konzept der Psychopathie zurück. Innerhalb dieses Modells wurden angeborene und erworbene Degenerationsmerkmale für die fehlerhafte Assoziationsleistung verantwortlich gemacht. Im zweiten Fall lehnte man dieses Entartungsdenken als überholt ab und erklärte die Störungen assoziativer Verknüpfungen als Verdrängungsprozesse, die keiner degenerativen Basis bedurften, sondern potenziell in jedem Individuum infolge bestimmter Traumata erfolgen konnten.[34]

Im Zuge der sexuellen Erklärungen der Kleptomanie, so ist zusammenzufassen, ging es nicht um die Zementierung von Geschlechts- und Klassencharakteren und damit nicht um die Redefinition bzw. Restabilisierung einer dualen Geschlechterkultur – wie die historische Forschung die Zuweisung des Warenhausdiebstahls an Frauen erklärt hat.[35] Sondern es ging vielmehr um die Sexualisierung von weiblichen und männlichen Akteuren in einem wissenschaftlichen Kontext ohne Rücksicht auf Klasse und Geschlecht – schließlich rekrutierten sich kleptomane Diebe aus allen Klassen und beiden Geschlechtern.[36] Dies machte eine Viktimisierung von Kleptomanen durch ortsspezifische Gegebenheiten obsolet. Sexuelle Deutungen der Kleptomanie festigten indes die Verknüpfungen von *sex* and *crime*, wie sie schon für andere Delikte wie ‚Lustmord', ‚Notzucht' oder

---

34 In dem Nebeneinander dieser beiden Erklärungsmodelle spiegelt sich der Konflikt zwischen ‚traditioneller' Psychiatrie und Psychoanalyse, wie er um 1900 zu beobachten war. Vgl. zur Entartungs- bzw. Degenerationstheorie als vorherrschendem Erklärungsmuster der Psychiatrie im 19. Jahrhundert: Silviana Galassi: Kriminologie im Deutschen Kaiserreich. Geschichte einer gebrochenen Verwissenschaftlichung. Stuttgart 2004, S. 133f.; Volker Roelcke: Krankheit und Kulturkritik. Psychiatrische Gesellschaftsdeutungen im bürgerlichen Zeitalter (1790–1914). Frankfurt/M., New York 1999, S. 80–100.

35 König: Warenhausdiebstahl, S. 63.

36 Geschlechtsspezifische Argumentationslogiken finden sich freilich auch im Falle sexueller Deutungen, wie z.B. im behaupteten Zusammenhang von Menstruation und Diebstahl, der jedoch lediglich als verstärkendes, aber nicht ausschlaggebendes Argument in den Erklärungen hinzukommt. Allerdings werden diese auch durchbrochen wie in dem oben geschilderten Fall von Kaan, der den traditionell mit der männlichen Sexualität assoziierten sadistischen Akt einer Frau zuschreibt.

fetischistischen Diebstahl erfolgt waren.[37] Sie trugen auf diese Weise zur Produktion, Klassifikation und Ausdifferenzierung des sexuell ‚Anderen' bei, dessen Verhalten seit Ausgang des 19. Jahrhunderts im Zuge der Profilierung und Konturierung der beiden Disziplinen Psychiatrie und Kriminologie beständig vermessen wurde.[38]

2 Kleptomane Figuren in der Populärkultur

Was Paul Dubuisson für die Mediziner war, war Émile Zola für die Populärkultur. Die Bedeutung seines Warenhausromans *Das Paradies der Damen* (frz. 1883) für die Dynamik der Warenhausdebatten und den Bekanntheitsgrad der Warenhausdiebin in der Öffentlichkeit wurde im Zuge von Forschungsarbeiten immer wieder betont: Zola setzt sich in seinem Roman kritisch mit der Entstehung der Warenhäuser als Orte eines veränderten Konsumverhaltens auseinander und thematisiert die aus diesen Umwälzungen resultierenden Folgen. Mit dem skrupellosen Besitzer des Pariser Kaufhauses ‚Das Paradies der Damen' zeichnet er das Bild von dem am Fortschrittsoptimismus orientierten Bürger, dem der im Niedergang begriffene Einzelhandel gegenübersteht. Zola gelingt es, den ambivalenten Charakter der neuen Konsumkultur herauszustellen: wirtschaftliche Prosperität zum einen, moralischer Verfall zum anderen. Letzterer zeigt sich an wohlhabenden Damen, die vom Rausch des Kaufens besessen sind und ihre Gatten finanziell ruinieren, oder aber an jenen Frauen, die, von der Reizüberflutung und der rauschhaften Atmosphäre im Warenhaus geschwächt, zu Warenhausdiebinnen werden. Abgesehen von Zolas Roman aber wurde die populärkulturelle Auseinandersetzung mit triebartigem Stehlen und die enge Vernetzung von Wissenschaft und Populärkultur von der Forschung bisher wenig beachtet. Diese spielten jedoch in der Wissensproduktion über Kleptomanie eine erhebliche Rolle. Das Narrativ der Warenhausdiebin wurde von populärkulturellen Erzeugnissen sowohl festgeschrieben als auch transformiert und erweitert, wie im Folgenden gezeigt werden soll.

Neben Zola reproduziert die Novelle von Margarete Stahr *Aus dem Warenhaus!* (1903) das Narrativ der wohlhabenden, von der Atmosphäre im Warenhaus berauschten Diebin. Hier wird eine junge Baronesse beim gemeinsamen Besuch

---

[37] Auch Delikten wie Brandstiftung und Mord wurden in der Folgezeit sexuelle Motive unterlegt, vgl. bspw. Bloch: Beiträge zur Aetiologie, S. 116f.

[38] Siehe als einschlägiges Werk Richard von Krafft-Ebing: Psychopathia sexualis. Mit besonderer Berücksichtigung der conträren Sexualempfindung. Eine medizinisch-gerichtliche Studie für Ärzte und Juristen. 13., vermehrte Aufl. hg. v. Dr. Alfred Fuchs. Stuttgart 1907.

des Warenhauses mit ihrem Verlobten des Diebstahls einer Brosche überführt. Mehr noch als sie selbst ist ihr Bräutigam peinlich davon berührt und löst die Verbindung nach der ihm zugefügten Blamage. Wie bei Zola erscheint hier der Mann als Opfer der Stehlsucht seiner Frau, welche ihn an den gesellschaftlichen Abgrund zu führen droht.

Auch in Olga Wohlbrücks Roman *Der große Rachen* (1915) begegnet man der Warenhausdiebin. Gleich zu Beginn stiehlt „Frau Musikdirektor Susanne Graebner" im Warenhaus – „in der atemverpesteten, heißen Luft" – eine Spitzengarnitur und findet sich nach der Überführung in „irrer Verzweiflung", da sie dem Drang zu stehlen nun doch erlegen ist.[39] Am Tag zuvor,

> da war es ihr schon gewesen, als müßte sie eine kleine schwarze Gamasche in ihren Muff stecken. Wie ihr gutes Recht war ihr das fast erschienen. Aber dann lief sie davon wie gejagt, und zu Hause merkte sie, daß sie vor Erregung das ganze Paket mit den gekauften Gamaschen in der Elektrischen hatte liegenlassen. Das war gestern gewesen. Und heute – war sie wirklich zur Diebin geworden! Zur Diebin![40]

Kleptomanes Verhalten ist in Sigfrid Siwertz' Roman *Das große Warenhaus* (1928) zwar kein tragendes Handlungselement, dient aber dennoch der Konturierung des Handlungsschauplatzes ‚Warenhaus'.[41] In einem Gespräch mit dem Nachtwächter berichtet Warenhausdetektiv Sporre von reichen stehlenden Frauen:

> Zum Beispiel neulich! Ich stehe unten in der großen Halle gerade bei dem neuen Strumpftisch, du weißt ja. Da sehe ich, wie eine feine Dame in Pelz und allem ein paar schwarze Seidenstrümpfe von der besten Sorte in ihrer Tasche verschwinden läßt. Und dann geht sie ʼraus, als ob nichts passiert wäre. Ich folgte ihr natürlich heimlich. Sie ging in ein Haus am Strandweg. Mit Not und Mühe kam ich hinter ihr hinein, um zu sehen, daß der Fahrstuhl im ersten Stock hielt. Reichsgerichtsrat stand auf dem Schild, was sagst du, das höchste Gericht des Königs! Die gnädige Frau legte grade den Pelzmantel ab, als ich eintrat und um eine Unterredung unter vier Augen bat. Sie leugnete zuerst, das tun sie immer. Aber dann fing sie an, loszuheulen und holte die Strümpfe heraus und ein Paar Handschuhe außerdem. – ‚Ich

---

39 Olga Wohlbrück: Der große Rachen. Berlin 1915, S. 5f.

40 Wohlbrück: Rachen, S. 13.

41 So auch bei Max Freund: Der Warenhauskönig. Barmen 1912, S. 40–42; u. Oscar T. Schweriner: Arbeit. Ein Warenhaus-Roman. Berlin 1912, S. 223. Schweriner durchbricht gar die Klassenspezifik, indem er eine Arbeiterin ein Seidenband für 3 Mark stehlen lässt. Der Hunger hätte sie dazu getrieben zu stehlen, so ihre Erklärung. Die Absurdität des Diebstahls wird von Schweriner nicht näher erklärt, sie legt aber nahe, dass die Frau von der Atmosphäre im Warenhaus verführt worden ist. Ähnlich bei Margarete Böhme: W.A.G.M.U.S. Roman. Berlin 1911, S. 82. Hier stiehlt eine Arbeiterfrau während der Schwangerschaft im Warenhaus ein Stück Kuchen. Keine Rolle spielen triebhafte Warenhausdiebstähle in Erich Köhrer: Warenhaus Berlin. Ein Roman aus der Weltstadt. Berlin 1909.

kann nichts dafür', sagte sie. ,Ich weiß nicht, was mich überkommt, aber ich kann es nicht lassen. Der Arzt sagt, das ist Kleptomanie.'[42]

Die *Lustigen Blätter* greifen das Warenhausdiebinnen-Narrativ ebenfalls auf. Eine Karikatur von 1913 zeigt eine elegante Dame mit Pelz beim Verlassen eines Warenhauses, umringt von einem Polizisten und vier Angestellten, denen die Worte in den Mund gelegt sind: „Gans, du hast den Fuchs gestohlen, Gib ihn wieder her!"[43] Ferner profilieren Edwin S. Porters Stummfilm *The Kleptomaniac* (1905), das sozialdemokratische Witzblatt *Der Wahre Jacob* (1906) sowie erneut die *Lustigen Blätter* (1906) die Thematik. Sie lancieren den zeitgenössischen, mittlerweile von der Forschung für den wissenschaftlichen Diskurs widerlegten Vorwurf, Mittelschichtsfrauen seien in Theorie und Praxis medikalisiert, Unterschichtsfrauen aber kriminalisiert worden und üben damit Kritik an der Justiz.[44] Porter parallelisiert zwei Geschichten. Er zeigt eine wohlhabende und eine Frau aus der Unterschicht beim Ladendiebstahl und unter Anklage vor Gericht. Erstere wird freigesprochen, letztere aber verurteilt.[45] Ähnlich funktioniert die Karikatur in *Der Wahre Jacob*. Die reiche Kleptomanin erfährt nach dem Diebstahl im Sanatorium die beste Behandlung, die Diebin aus der Unterschicht aber verbüßt ihre Strafe im Gefängnis.[46] Die *Lustigen Blätter* wiederum modellieren einen Dialog im Warenhaus: „,Herr Direktor, ich sah eben: Die Gräfin Mopsberg hat sich ein Stück Valenciennes-Spitzen angeeignet...' ,Schicken Sie unauffällig zum Hausarzt der Gräfin.' ,Und eine Arbeiterfrau hat einen Hering gestohlen...' ,Um Gottes willen! Holen Sie rasch die Polizei!'"[47]

Die vorangegangenen Beispiele zeigen, dass das von Dubuisson und anderen etablierte Narrativ des Warenhausdiebstahls von populärkulturellen Medien in seinen wesentlichen Bestandteilen aufgegriffen wurde. Dass die Warenhausdiebin um 1900 eine bekannte Figur in der Öffentlichkeit war, ist damit auch dem populärkulturellen Diskurs zu verdanken, der den Eindruck verfestigen

---

42 Sigfrid Siwertz: Das große Warenhaus. Roman. Berlin u.a. 1928 [schwed. Original 1926], S. 247.

43 Lustige Blätter 28/47 (1913), S. 3.

44 Widerlegt haben die u.a. von Warren Breckman vertretene These König: Warenhausdiebstahl; u. Spiekermann: Theft. Vgl. Warren G. Breckman: Disciplining Consumption: The Debate about Luxury in Wilhelmine Germany, 1890–1914, in: Journal of Social History 24/3 (1991), S. 485–505. In der Theorie konnten auch Arbeiterfrauen mit der Diagnose Kleptomanie belegt werden. In der Praxis jedoch wurden solche Fälle selten beobachtet.

45 Edwin S. Porter: The Kleptomaniac. USA 1905 (Edison Studios Film).

46 Unterhaltungsbeilage zu Der Wahre Jacob 23/519 (1906), S. 5070, vgl. online unter http://digi. ub.uni-heidelberg.de/diglit/wj1906/0158?sid=c476c8637bdeea7bc14e6ded8a7ff62d [10.10.2013].

47 Spezialnummer Kleptomanie Lustige Blätter 21/26 (1906), o.S.

Abb. 1: Diebin und Kleptomane. Unterhaltungsbeilage zu *Der Wahre Jakob* 23/519 (1906), S. 5070.

half, Kleptomanie sei ein ortsgebundenes, klassen- und geschlechtsspezifisches Phänomen. Gleichzeitig waren es diese populärkulturellen Medien, die das Konzept hinsichtlich des Tatorts sowie der Geschlechtsspezifik aufbrachen und ähnlich wie der medizinische Diskurs das Bild der Kleptomanie erweiterten. So erschien 1906 eine Spezialnummer der *Lustigen Blätter*, die zwar mit beißendem Spott die Vorstellung der Klassenspezifik fortschrieb. Die Diebe kommen aus der Oberschicht wie die schon erwähnte Gräfin Mopsberg oder die Fürstin Wrede. Aus der Perspektive gestohlener Gegenstände wird in der Silberkammer dieser Fürstin ein Gespräch fingiert, in dem das Ausmaß ihrer Diebesstähle deutlich wird: Silberlöffel, Nachtleuchter und Serviettenringe beklagen ihr gemeinsames Schicksal und legen dabei ihre Herkunft aus gehobenen Hotels, Expresszügen und Sanatorien offen.[48] Was sich hier aber vollzieht, ist, erstens, eine Delokalisierung des Dieb-

---

[48] Spezialnummer Kleptomanie Lustige Blätter 21/26 (1906), o.S. Die Silberdiebstähle der Fürstin Wrede sind nicht erfunden. Im Juni 1906 wurden diese vor dem Landgericht I in Berlin verhandelt. Vgl. Münchener Neueste Nachrichten 59/277, 16.06.1906 Vorabendblatt.

stahls. Es wird nicht mehr nur im Warenhaus mit seinen verführerischen Auslagen gestohlen, sondern an all jenen Orten, an denen die Diebinnen Station machen. Ein Steckbrief der gesuchten Gräfin „Pia Desideria de la Saucière, geborene Freiin von Mopsien" wegen Diebstahls von Hotelgegenständen unterstreicht dies.[49] Damit entfällt, ähnlich wie im medizinischen Diskurs, das Argument der Verführung durch die Atmosphäre im Warenhaus, die Schuld wird allein den Diebinnen zugeschrieben. Delokalisiert wird der Diebstahl auch in dem Chanson *Die Klepto-manin* (1931) des Kabarettisten Friedrich Hollaender. Die Protagonistin, deren sozialer Hintergrund nicht ausgeleuchtet wird, stiehlt wahllos, konkrete Tatorte oder Objekte und ihre möglichen Verführungskräfte spielen keine Rolle, das Diebesgut wird nach der Tat weggeworfen:

> [...] und dann stahl ich einmal das und einmal diß –
> Ach, ich stahl schon meinem Vater das Gebiß!

> Denn ich stahl ohne Wahl, ganz egal –
> Ja, ich stahl und stahl, und war es selbst aus Stahl!
> Ob ich's brauchen konnte, fiel nicht ins Gewicht –
> ich stahl auch Busenhalter, was ja für mich spricht,
> denn damals hatte ich noch keine Busen nicht.

> [...] und ich schmeiß den ganzen Dreck
> weg! Weg! Weg!

Hollaenders Text ist wohl der einzige, der sich als Rekurs auf die sexuellen Deutungen der Kleptomanie lesen lässt und damit die Diebin und ihre Tat mit ganz anderen Merkmalen belegt, als dies beim Warenhausdiebstahl der Fall ist. Die Protagonistin befindet sich beim Stehlen in einem ‚sinnlichen' Zustand und das Ergreifen durch die Polizei wird als lustvoll erlebt, was an die von Zeitgenossen beschriebenen, masochistisch motivierten Diebstähle erinnert:

> Ach, und was ich mause,
> kaum hab ich's zu Hause,
> wird mein Kopf vollkommen leer,
> ich bin gar nicht sinnlich mehr [...].

> Ach, es treibt mich, was zu klauen, mit Gewalt.
> Selbst vor Bechsteinflügeln mache ich nicht halt!
> Ach, wie süß, wenn ich erwischt werd mittenmang!

---

49 Spezialnummer Kleptomanie Lustige Blätter 21/26 (1906), S. 12.

Die folgenden Zeilen „Geht 'ne Frau wo und es hängt ein Gatte dran, sag ich gleich: Gnäd'ge Frau, ich fleh Sie an: Ach, verstecken Sie, ach, verstecken Sie Ihren Mann!"[50] verweisen überdies auf die sexuellen Bedürfnisse der Diebin, die ihre Taten motivieren.

Zweitens lösen populärkulturelle Medien, erneut ganz ähnlich wie im medizinischen Diskurs zu beobachten, die Geschlechtsspezifik auf. Auch Männer treten hier als kleptomane Diebe auf, so z.b. der Ehemann der bereits erwähnten Fürstin Wrede in den *Lustigen Blättern*. Dieser beschenkt gemeinsam mit seiner Gattin einen gewissen Hotelbesitzer Meier zur Geburt seines Kindes mit Tafelsilber, das das Ehepaar ihm einst entwendete. So heißt es unter der Überschrift *Patengeschenke*: „Der Besitzer vom Hotel Bellevue, Herr Meier, ist ein äußerst raffinierter Kerl. Wird ihm ein Kind geboren, so bittet er regelmäßig das Fürstlich Wredesche Ehepaar, ein Patenamt zu übernehmen. Auf diese Weise kommt er nämlich allmählich wieder zu seinem Tafelsilber."[51] Ferner verweist ein schwarzer Rabe mit Silbergabel im Schnabel und Silberlöffel an den Krallen durch das Attribut des Zylinders auf den männlichen Diebstahl.[52] Modifiziert wird das Stereotyp der Warenhausdiebin auch in dem Schwank *Kleptomanie* (ca. 1900) von Max Hartung. Kleptomanes Verhalten wird hier ebenfalls einem Mann zugeschrieben. Die Handlung spielt im zeitgenössischen Berlin, im Hause Professor Leberecht Büchners. Seltsame Dinge gehen vor sich. Nach und nach verschwinden Gegenstände: ein Perlmuttmesser, ein Schlüssel, ein Strumpfband. Büchners Frau Eveline hat sogleich – bestärkt durch Zeitungsberichte über Fälle von Kleptomanie – den Verlobten ihrer Tochter, Dr. Frisch, im Verdacht. Er soll neben den anderen Dingen ebenfalls eine Stange schwarzen Siegellacks gestohlen haben:

> Eveline. [...] Ich habe bis heute geschwiegen, aber ich muß nun endlich reden: *Frisch leidet an Kleptomanie*, Leberecht! [...]
> Leberecht (wie vorher). „Aber was soll denn Frisch mit dem schwarzen Siegellack anfangen?
> Eveline: Das ist es ja eben! Darin zeigt sich die Kleptomanie! Du kennst doch das Lebensbild das Königs Amadeus von Spanien? Auch er war Gewohnheitsdieb. Und so der Dr. Frisch – er stiehlt – nur um zu stehlen – der Gegenstand ist ihm gleichgültig.[53]

Am Ende des Schwanks erweist sich Büchner selbst als der ‚Dieb' – hat er doch die vermissten Gegenstände im Zustand professoraler Verwirrung als Lesezeichen in seine Bücher gelegt, welche er wiederum sorgfältig im Regal verstaute.

---

50 Hollaender: Die Kleptomanin, S. 126f.
51 Spezialnummer Kleptomanie Lustige Blätter 21/26 (1906), S. 8.
52 Spezialnummer Kleptomanie Lustige Blätter 21/26 (1906), o.S.
53 Max Hartung: Kleptomanie. Schwank in einem Aufzug. Leipzig (ca. 1900), S. 7 (Hervorhebungen im Original).

Drittens wird Kleptomanie in den Medien ihres ursprünglichen definitorischen Kerns entkleidet und mit einer völlig neuen Bedeutung aufgeladen. Sie wird beispielsweise im Sinne geistigen Diebstahls als „Redaktionskrankheit" definiert, unter der Journalisten leiden, die sich gegenseitig ihre Texte stehlen.[54] Oder sie wird als Diebstahl unter Schriftstellern dargestellt: Hofmannsthal stiehlt Sophokles die Elektra, Hauptmann Grillparzer die Elga. Kleptomanie dient hier als Etikett aller möglichen Arten von Diebstahl.[55] In der Bildergeschichte *Nimm mich mit!* versuchen feine Damen und Herren vergeblich, Hotelportiers und Dienstmädchen zu stehlen. Das Verstauen des Diebesgutes im eigenen Koffer gelingt aufgrund der Größe nicht.[56] In *Die Manen der Kleptomanen* wiederum sind Napoleon, Alexander und Xerxes als Diebe von Ländereien zu sehen.[57] Und unter *Sammelsport* wird eine reiche Herzensbrecherin gezeigt, die in ihrem Wohnzimmer ihre Trophäen – gestohlene Herzen – hübsch drapiert hat.[58]

Delokalisierung des Diebstahls, Auflösung der Geschlechtsspezifik sowie die Vervielfachung von Bedeutungen unter Festschreibung der Klassenspezifik zeigt: Populärkulturelle Medien zeichneten ein differenziertes Bild kleptomaner Diebstähle, in dessen Komposition die reiche Warenhausdiebin nur einen Typus unter anderen darstellte.

3 Ausblick: Kleptomanie und Gesellschaftskritik

Warum, so stellt sich abschließend die Frage, wurde die Diagnose Kleptomanie von populärkulturellen Medien überhaupt aufgegriffen?[59] Warum machten sich Schriftsteller und Journalisten die Mühe, ein medizinisches Konstrukt aus den

---

54 Spezialnummer Kleptomanie Lustige Blätter 21/26 (1906), S. 6.
55 Spezialnummer Kleptomanie Lustige Blätter 21/26 (1906), o.S.
56 Spezialnummer Kleptomanie Lustige Blätter 21/26 (1906), o.S.
57 Spezialnummer Kleptomanie Lustige Blätter 21/26 (1906), S. 8.
58 Spezialnummer Kleptomanie Lustige Blätter 21/26 (1906), S. 13.
59 Im Vorangehenden habe ich mich auf die Analyse einschlägiger Titel beschränkt. Zu vermuten ist, dass noch weitere populärkulturelle Medien kleptomanes Stehlen thematisieren. Vor allem anglo-amerikanische und französische Medien wurden von mir, mit Ausnahme von Porters Stummfilm, nicht berücksichtigt. Thomas Lenz hat für den deutschen Warenhauskontext auf eine Reihe von Filmtiteln verwiesen: *Abenteuer im Warenhaus* (1917) von Edmund Edel, *Das Warenhausmädchen* sowie *Arme Maria. Eine Warenhausgeschichte* (1915) von Max Mack und Willy Zeyn, *Die Warenhausgräfin* (1915), *Die Warenhausmieze* (1920) und *Das Mädel aus dem Warenhaus* (1923) von Franz Hofer, *Warenhausmädchen* (1925), *Die Warenhausprinzessin* (1926) und *Ein Lied, ein Dieb, ein Warenhaus* (1927) von Karl Theodor Wagner. Die genannten Filme gelten allerdings als verschollen. Vgl. Lenz: Konsum, S. 132.

Gefilden der Mediziner und Juristen hervorzuzerren, um es sowohl festzuschreiben als auch, wie gezeigt, in dreierlei Hinsicht aufzubrechen? Die Thematisierung kleptomaner Diebstähle und der mit ihnen verbundenen Zuschreibungen bot die Möglichkeit des Anschlusses an und der Dynamisierung von verschiedenen gesellschaftskritischen Diskursen. Schon die häufig gewählte Gattung der Satire verweist auf diesen kritischen Impetus. Das Bild der stehlenden Frau, die den Verführungen ihrer Umwelt erliegt, kultivierte, erstens, das Stereotyp des ‚schwachen' Geschlechts, wie es um 1900 in medizinischen und antifeministischen Diskursen zirkulierte.[60] Situierte man diese Diebstähle im Warenhaus, so ließ sich, zweitens, eine Kritik an der neuen Konsumkultur vorführen: Das Warenhaus wurde als Verführer und moralisch gefährlicher Ort profiliert. Mit der Modellierung von Diebstählen reicher Frauen oder Männer wurde, drittens, Kritik an der ‚Dekadenz' der oberen Schichten vorgebracht, die im Kaiserreich auch an anderen Stellen lanciert wurde.[61] Viertens prangerten populärkulturelle Medien über die Figur der reichen Diebin eine als ungerecht empfundene Rechtsprechung an. Mit dem Vorwurf der Klassenjustiz zitierten Zeitgenossen einen zentralen Bestandteil der Justizkritik im Kaiserreich.[62] Die Identifikation von Kleptomanie mit Diebstählen und Diebesgut aller Art liest sich, schließlich, als Angriff auf die medizinische Diagnose und ihre Anwendungspraxis. Kleptomanie scheint aus dieser Sicht nicht mehr zu sein als eine leere, wahllos ins Feld geführte Formel, um gewöhnliche Straftaten zu entschuldigen, indem sie die Täter und Täterinnen pathologisierte und nicht kriminalisierte.

Mit dem Begriff ‚Kleptomanie', so wurde gezeigt, verband sich um 1900 ein Bündel von Zuschreibungen, das bei genauem Hinsehen vielschichtiger und komplexer war, als ein Blick in die Forschungsliteratur erwarten lässt. Nicht nur Mediziner multiplizierten kleptomanes Wissen, indem sie der diskursiven Figur der Warenhausdiebin die sexuell motivierten Kleptomanen an die Seite stellten und auf diese Weise das sexuell ‚Andere' jenseits von Klasse, Geschlecht und Tatort ausdifferenzierten. Auch populärkulturelle Medien reproduzierten und transformierten die typischste der kleptomanen Figuren in z.T. ähnlicher Weise wie die Mediziner und verbreiteten in diesem Zuge unterschiedliche Formen der Gesellschaftskritik, was nicht zuletzt auf eine enge Verzahnung von Wissens-

---

60 So auch die Deutung von König: Warenhausdiebstahl, S. 63. Vgl. beispielhaft Paul Julius Möbius: Über den physiologischen Schwachsinn des Weibes. Halle a. S. [12]1922 (1900).

61 Vgl. dazu z.B. Gunilla Budde: Blütezeit des Bürgertums. Bürgerlichkeit im 19. Jahrhundert. Darmstadt 2009, S. 92; Norman Domeier: Der Eulenburg-Skandal. Eine politische Kulturgeschichte des Kaiserreichs. Frankfurt/M., New York 2010.

62 Zur Justizkritik siehe Uwe Wilhelm: Das deutsche Kaiserreich und seine Justiz. Justizkritik, politische Strafrechtsprechung, Justizpolitik. Berlin 2010.

sphären um 1900 verweist. Kleptomanie wurde so in der zeitgenössischen Öffentlichkeit zu einem schillernden Phänomen.

Verwendete Literatur

Elaine S. Abelson: The Invention of Kleptomania, in: Signs 15/1 (1989), S. 123–143.

Elaine S. Abelson: When Ladies Go A-Thieving. Middle-Class Shoplifters in the Victorian Department Store. New York 1989.

Iwan Bloch: Beiträge zur Aetiologie der Psychopathia sexualis. Bd. 2. Dresden 1902–1903.

Kurt Boas: Über Warenhausdiebinnen, mit besonderer Berücksichtigung sexueller Motive, in: Archiv für Kriminal-Anthropologie und Kriminalistik 65/1,2 (1916), S. 103–132.

Margarete Böhme: W.A.G.M.U.S. Roman. Berlin 1911.

Warren G. Breckman: Disciplining Consumption: The Debate about Luxury in Wilhelmine Germany, 1890–1914, in: Journal of Social History 24/3 (1991), S. 485–505.

Detlef Briesen: Warenhaus, Massenkonsum und Sozialmoral. Zur Geschichte der Konsumkritik im 20. Jahrhundert. Frankfurt/M., New York 2001.

Gunilla Budde: Blütezeit des Bürgertums. Bürgerlichkeit im 19. Jahrhundert. Darmstadt 2009.

Norman Domeier: Der Eulenburg-Skandal. Eine politische Kulturgeschichte des Kaiserreichs. Frankfurt/M., New York 2010.

Paul Dubuisson: Die Warenhausdiebinnen. Autorisierte Übersetzung aus dem Französischen von Alfred H. Fried. Leipzig [2]1904 [frz. Original 1902].

Fritz Flechtner: Warenhaus-Pathologie, in: Die Frau 11 (1904), S. 210–213.

W. Försterling: Genese einer sexuellen Abnormität bei einem Falle von Stehltrieb, in: Allgemeine Zeitschrift für Psychiatrie und psychisch-gerichtliche Medizin 64/16 (1908), S. 935–956.

O.-L. Forel: Masochismus und Kleptomanie, in: Zeitschrift für die gesamte Neurologie und Psychiatrie 84 (1923), S. 478–486.

Max Freund: Der Warenhauskönig. Barmen 1912.

Max Friedemann: Zur Psychoanalyse und gerichtlichen Begutachtung der Kleptomanie, in: Wilhelm Stekel (Hg.): Fortschritte der Sexualwissenschaft und Psychoanalyse. Bd. 3. Leipzig, Wien 1928, S. 96–115.

Eduard Fuchs: Illustrierte Sittengeschichte vom Mittelalter bis zur Gegenwart. Bd. 2. München 1910–1911.

Silviana Galassi: Kriminologie im Deutschen Kaiserreich. Geschichte einer gebrochenen Verwissenschaftlichung. Stuttgart 2004.

Joachim Gerchow: Das triebhafte Stehlen (die sog. Kleptomanie), o.O. 1958.

Otto Gross: Das Freud'sche Ideogenitätsmoment und seine Bedeutung im manisch-depressiven Irresein Kraepelins. Leipzig 1907.

Otto Gross: Über psychopathische Minderwertigkeiten. Wien, Leipzig 1909.

Hans Gudden: Die Zurechnungsfähigkeit bei Warenhausdiebstählen, in: Neurologisches Centralblatt 25/19 (1906), S. 922–924.

Max Hartung: Kleptomanie. Schwank in einem Aufzug. Leipzig (ca. 1900).

Friedrich Hollaender: Die Kleptomanin (1931), in: ders.: Chansons. Berlin 1967, S. 126f.

O. Juliusburger: Beitrag zur Lehre von der Psychoanalyse, in: Allgemeine Zeitschrift für Psychiatrie und psychisch-gerichtliche Medizin 64/6 (1908), S. 1002–1010.

Hans Kaan: Kleptomanie als Äquivalent sadistischer Befriedigung, in: Der Amtsarzt 4/11 (1912), S. 493–498.

A. Kielholz: Symbolische Diebstähle. Vortrag, gehalten an der 57. Sitzung des Schweiz. Vereins für Psychiatrie in Freiburg am 1.XI.1919, in: Zeitschrift für die gesamte Neurologie und Psychiatrie 55 (1920), S. 304–309.

Erich Köhrer: Warenhaus Berlin. Ein Roman aus der Weltstadt. Berlin 1909.

Gudrun M. König: Zum Warenhausdiebstahl um 1900: Über juristische Definitionen, medizinische Interpretamente und die Geschlechterforschung, in: Gabriele Mentges, Ruth-E. Mohrmann, Cornelia Foerster u.a. (Hg.): Geschlecht und materielle Kultur. Frauen-Sachen, Männer-Sachen, Sach-Kulturen. Münster u.a. 2000, S. 49–66.

Richard von Krafft-Ebing: Psychopathia sexualis. Mit besonderer Berücksichtigung der conträren Sexualempfindung. Eine medizinisch-gerichtliche Studie für Ärzte und Juristen. 13., vermehrte Aufl. hg. v. Dr. Alfred Fuchs. Stuttgart 1907.

Leopold Laquer: Der Warenhaus-Diebstahl. Halle a. S. 1907.

Leppmann: Ueber Diebstähle in den grossen Kaufhäusern, in: Aerztliche Sachverständigen-Zeitung (Jan. 1901), S. 5f.

Leppmann: Ueber Ladendiebinnen (Autoreferat), in: Centralblatt für Nervenheilkunde und Psychiatrie 24/N.F. 12 (Feb. 1901), S. 68–71.

Lustige Blätter 21/26 (1906).

Lustige Blätter 28/47 (1913).

Paul Lerner: Consuming Pathologies: Kleptomania, Magazinitis, and the Problem of Female Consumption in Wilhelmine and Weimar Germany, in: Werkstatt Geschichte 42 (2006), S. 45–56.

Thomas Lenz: Konsum und Modernisierung. Die Debatte um das Warenhaus als Diskurs um die Moderne. Bielefeld 2011.

Petra Löffler: Kleptomania. Zur Pathologisierung der Zerstreuung , in: Gabriele Dietze, Dorothea Dornhof (Hg.): Metropolenzauber. Sexuelle Moderne und urbaner Wahn. Wien u. a. 2014, S. 367–388.

Paul Julius Möbius: Über den physiologischen Schwachsinn des Weibes. Halle a. S. [12]1922 (1900).

Karen Nolte: Gelebte Hysterie. Erfahrung, Eigensinn und psychiatrische Diskurse im Anstaltsalltag um 1900. Frankfurt/M., New York 2003.

Patricia O'Brien: The Kleptomania Diagnosis: Bourgeois Women and Theft in Late Nineteenth-Century France, in: Journal of Social History 17/1 (1983), S. 65–77.

Emil Oberholzer: Eigentumsdelikte und Sexualität, in: Archiv für Kriminal-Anthropologie und Kriminalistik 50/1,2 (1912), S. 37–48.

Siegfried Placzek: Das Geschlechtsleben der Hysterischen. Eine medizinische, soziologische und forensische Studie. Bonn 1919.

Edwin S. Porter: The Kleptomaniac. USA 1905 (Edison Studios Film).

Joachim Radkau: Das Zeitalter der Nervosität. Deutschland zwischen Bismarck und Hitler. München 1998.

Volker Roelcke: Krankheit und Kulturkritik. Psychiatrische Gesellschaftsdeutungen im bürgerlichen Zeitalter (1790–1914). Frankfurt/M., New York 1999.

Stefanie Samida (Hg.): Inszenierte Wissenschaft. Zur Popularisierung von Wissen im 19. Jahrhundert. Bielefeld 2011.

Anna Katharina Schaffner: Fiction as Evidence: On the Uses of Literature in Nineteenth-Century Sexological Discourse, in: Comparative Literature Studies 48/2 (2011), S. 165–199.

Gerhard Schmidt: Der Stehltrieb oder die Kleptomanie, in: Zentralblatt für die gesamte Neurologie und Psychiatrie 92/1,2 (1939), S. 1–18.

Jörg Schönert: Bilder vom „Verbrechermenschen" in den rechtskulturellen Diskursen um 1900: Zum Erzählen über Kriminalität und zum Status kriminologischen Wissens, in: ders. (Hg.): Erzählte Kriminalität. Zur Typologie und Funktion von narrativen Darstellungen in Strafrechtspflege, Publizistik und Literatur zwischen 1770 und 1920. Tübingen 1991, S. 497–531.

Schütz: Zum psychologischen Verständnis des Taschen- und Warenhausdiebstahls, in: Archiv für Kriminologie 79/4 (1926), S. 245–253.

Sigfrid Siwertz: Das große Warenhaus. Roman. Berlin u.a. 1928 [schwed. Original 1926].

Oscar T. Schweriner: Arbeit. Ein Warenhaus-Roman. Berlin 1912.

Uwe Spiekermann: Das Warenhaus, in: Alexa Geisthövel, Habbo Knoch (Hg.): Orte der Moderne. Erfahrungswelten des 19. und 20. Jahrhunderts. Frankfurt/M., New York 2005, S. 207–217.

Uwe Spiekermann: Theft and Thieves in German Department Stores, 1895–1930: A Discourse on Morality, Crime and Gender, in: Geoffrey Crossick, Serge Jaumain (Hg.): Cathedrals of Consumption. The European Department Store 1850–1939. Aldershot, Burlington 1999, S. 135–159.

Wilhelm Stekel: Die sexuelle Wurzel der Kleptomanie, in: Zeitschrift für Sexualwissenschaft 2/10 (1908), S. 588–600.

Wilhelm Stekel: Störungen des Trieb- und Affektlebens (die parapathischen Erkrankungen). Bd. VI: Impulshandlungen (Wandertrieb, Dipsomanie, Kleptomanie, Pyromanie und verwandte Zustände). Berlin, Wien 1922.

Siegfried Weinberg: Über den Einfluss der Geschlechtsfunktionen auf die weibliche Kriminalität, in: A. Finger, A. Hoche, Joh. Bresler (Hg.): Juristisch-psychiatrische Grenzfragen. Zwanglose Abhandlungen. Bd. VI. Heft 1. Halle a. S. 1907, S. 1–34.

Tammy Whitlock: Crime, Gender and Consumer Culture in Nineteenth-Century England. Aldershot u.a. 2005.

Uwe Wilhelm: Das deutsche Kaiserreich und seine Justiz. Justizkritik, politische Strafrechtsprechung, Justizpolitik. Berlin 2010.

Olga Wohlbrück: Der große Rachen. Berlin 1915.

Erich Wulffen: Das Weib als Sexualverbrecherin. Ein Handbuch für Juristen, Polizei- und Strafvollzugsbeamte, Ärzte und Laienrichter. Mit kriminalistischen Originalaufnahmen. Berlin [2]1925 (1923).

Erich Wulffen: Der Sexualverbrecher. Ein Handbuch für Juristen, Verwaltungsbeamte und Ärzte. Berlin [8]1921.

H. Zingerle: Beitrag zur psychologischen Genese sexueller Perversitäten, in: Jahrbücher für Psychiatrie und Neurologie 19 (1900), S. 353–366.

Linda Leskau (Bochum)

Sadismus/Masochismus in Alfred Döblins *Der schwarze Vorhang*

Eine Analyse der reziproken *Wissenswanderungen* zwischen Literatur und Wissenschaft

Die Begriffe *Sadismus* und *Masochismus* wurden im Jahre 1890 durch Richard von Krafft-Ebing in seiner Studie *Neue Forschungen auf dem Gebiet der Psychopathia sexualis* und ein Jahr später in der 6. Auflage der *Psychopathia sexualis* in den deutschsprachigen sexualpathologischen Diskurs eingeführt. Schon diese Diskursbegründung durch Krafft-Ebing, bei welcher er explizit auf die Literaten Marquis de Sade und Leopold von Sacher-Masoch verweist,[1] macht ein generelles Phänomen der Sexualpathologie deutlich: die enge Verflechtung von Wissenschaft und Literatur, die auch in anderen Studien, welche sich mit sexuellen Abweichungen beschäftigen, zu beobachten ist.[2]

Das kulturelle Phantasma des Lustmords[3] wurde von Krafft-Ebing schon in der ersten Auflage der *Psychopathia sexualis* von 1886 und somit vor der Einführung der Begriffe Sadismus und Masochismus in den wissenschaftlichen Kontext lanciert.[4] Der Lustmord, als spektakulärer Extremfall des Sadismus – eng ver-

---

1 Vgl. Richard von Krafft-Ebing: Neue Forschungen auf dem Gebiet der Psychopathia sexualis. Eine medicinisch-psychologische Studie. Stuttgart 1890, S. 2; ders.: Psychopathia sexualis. Mit besonderer Berücksichtigung der conträren Sexualempfindung. Eine klinisch-forensische Studie. 6., vermehrte u. theilweise umgearbeitete Aufl. Stuttgart 1891, S. 45 u. S. 75.

2 Ich benutze in diesem Beitrag die Begriffe ‚Abweichung' und ‚Perversion', da sie die Sichtweise des hegemonialen sexualwissenschaftlichen Diskurses der Zeit abbilden. Aus heutiger Sicht sollte jedoch diesbezüglich, um eine Entpathologisierung voranzutreiben, eher von ‚Varianz' oder ‚Variabilität' gesprochen werden.

3 Vgl. zum Lustmord als kulturelles Phantasma Susanne Komfort-Hein u. Susanne Scholz: *Lustmord* – zu einem kulturellen Phantasma um 1900, in: dies. (Hg.): Lustmord. Medialisierung eines kulturellen Phantasmas um 1900. Königstein i. Ts. 2007, S. 7–18.

4 „Die so genannte ‚Erfindung des Lustmörders' wird gemeinhin dem Begründer der Sexualpathologie Richard von Krafft-Ebing zugeschrieben, der 1886 mit der *Psychopathia sexualis* den ersten Versuch unternahm, das Feld sexueller Aberrationen mit Anspruch auf Vollständigkeit zu erfassen und systematisch zu ordnen. Über ihren eigenen disziplinären Kontext hinaus hat diese erste umfassende Schrift der Sexualpathologie Interesse auf sich gezogen und außerordentliche Bekanntheit erlangt durch die Benennung der beiden sexualpathologischen Grundperversionen Sadismus und Masochismus. Doch während erst die sechste Auflage des sexualpathologischen Bestsellers mit diesen Bezeichnungen aufwartet, taucht der Lustmörder bereits in der ersten

woben mit der Kriminologie –, ist von der literaturwissenschaftlichen Forschung ausgiebig analysiert worden. Auch gibt es Veröffentlichungen, welche sich mit Masochismus und Sadismus in der Literatur auseinandersetzen, allerdings liegt dabei der Fokus zumeist auf einer der beiden Erscheinungen. Es steht folglich eine systematische literaturwissenschaftliche Analyse von literarischen Texten um 1900 aus, die zum einen Sadismus *und* Masochismus, d.h. beide Phänomene *gemeinsam*, in den Blick fasst und zum anderen nicht nur ihre Extreme behandelt.

Ausgehend von Alfred Döblins frühem Roman *Der schwarze Vorhang* werden im Folgenden die vielfältigen und reziproken *Wissenswanderungen* zwischen wissenschaftlichen und literarischen Diskursfragmenten exemplarisch aufgezeigt, um die bedeutende Rolle von literarischen Texten in Bezug auf Entstehung und Entwicklung des Diskurses zu Sadismus und Masochismus um 1900 deutlich zu machen. In einem ersten Teil wird dargelegt, inwieweit Döblins Text den sexualpathologischen Diskurs – insbesondere vertreten durch Krafft-Ebings bekannte *Psychopathia sexualis* – reproduziert und stützt. Im zweiten Teil hingegen wird einem subversiven Potential des Romans das Wort geredet und der Fokus auf solche Textstellen gelegt, welche die Thesen der Sexualpathologie unterlaufen.

Die erste Version des Romans *Der schwarze Vorhang* entstand 1902/1903,[5] das zugehörige eigenhändige Manuskript wurde 1980 in Zürich entdeckt. Eine nicht von Döblin selbst vorgenommene Abschrift des Texts diente (wahrscheinlich) als Druckvorlage für die erste Veröffentlichung des Romans. Der Text wurde als Fortsetzungsroman zwischen Februar und Juli 1912 in der Zeitschrift *Der Sturm* publiziert. Dass der Roman in dieser avantgardistischen bzw. expressionistischen Zeitschrift erschien, ist signifikant, denn, so urteilt Anthony W. Riley: „*Der schwarze Vorhang* war seiner Zeit zu weit voraus, war zu revolutionär in seiner Darstellung der Gewalt, des ‚Lasterhaften‘, und vor allem in seiner Erzählhaltung und -technik [...].“[6] Dies spiegelt sich auch in den Worten Rainer Maria Rilkes wider, mit welchen dieser eine Veröffentlichung des Romans im Jahre 1904 ablehnte: „[D]urch diese beständige Vergewaltigung, die am Zartesten geschieht, kommt etwas Perverses, etwas Lasterhaftes in dieses Buch, das nur im ersten Augenblick im Stoffe selbst zu liegen scheint. Thatsächlich liegt es in dem per-

---

Auflage an prominenter Stelle auf.“ Arne Höcker: Epistemologie des Extremen. Lustmord in Kriminologie und Literatur um 1900. München 2012, S. 59f.

5 Zur Entstehungsgeschichte des Romans vgl. Anthony W. Riley: Anmerkungen und Varianten, in: Alfred Döblin: Jagende Rosse, Der schwarze Vorhang und andere frühe Erzählwerke. München 1987, S. 222–280, hier S. 252–280.

6 Anthony W. Riley: Nachwort des Herausgebers, in: Alfred Döblin: Jagende Rosse, Der schwarze Vorhang und andere frühe Erzählwerke. München 1987, S. 281–326, hier S. 309.

versen Verhältnis seines Autors zu seinem Stoffe [...]"[7] 1919 erschien der Roman dann erstmals in Buchform im S. Fischer Verlag. Auf der inhaltlichen Ebene erzählt er die Entwicklungsgeschichte des Protagonisten Johannes von sadistischen und masochistischen Phantasien über Sadismus gegen Tiere bis hin zum Lustmord an seiner Freundin Irene.

1 Reproduktion der Sexualpathologie

Den Ursprung für die sexuelle Pathologie des Sadismus verortet Döblins Text in Johannes' Jugendzeit. Johannes wird von Anfang an als junger Mann eingeführt, dessen Biographie und Wesen nicht dem *normalen Durchschnitt* entsprechen. Da seine Familie gestorben ist, wächst er bei einer entfernten Verwandten auf, zu welcher er keine besondere Beziehung aufzubauen fähig ist. Schon früh wird die Einsamkeit beschrieben, die Johannes, trotz bestehender Freund*innenschaften, stets fühlt und die sich wie ein roter Faden durch den Text zieht. Deutlich wird dieses Einsamkeitsgefühl, das Gefühl, von anderen Menschen getrennt zu sein, das eigene Leben führen zu müssen, ohne Möglichkeiten der Verbindung mit anderen Menschen zu haben, in dem Satz: „Monaden sind wir und haben keine Fenster." (SV 160)[8] Weiterhin wird Johannes zu Beginn als Mensch mit gesteigerter Empfindsamkeit beschrieben (SV 107), die sich besonders in Hinsicht auf Sexualität zeigt, welche sich nach und nach zu eindeutigem Sadismus entwickelt. Vor allem in Bezug auf seine Sexualität befindet sich Johannes aus diesem Grund in einer gesellschaftlichen Außenseiter*innenposition, da Sadismus – die sexuelle Lust an Grausamkeit und Gewalt – als anormale Sexualität eingeführt wird. Johannes' sexuelles Begehren weicht von der als gesellschaftlich *normal* konstruierten Sexualität ab, und er befindet sich, schon mit Beginn seiner sadistischen Phantasien, in einer Randposition; der spätere Lustmord an seiner Freundin Irene lässt ihn dann schließlich völlig ins gesellschaftliche Außen abgleiten. Der Text zieht folglich eine Grenze zwischen Johannes und seinem Umfeld. Diese Grenzziehung ist es auch, die Johannes' Einsamkeitsgefühl hervorruft; aufgrund seiner (sexualpathologischen) Andersartigkeit findet er keinen Zugang zu anderen Menschen, er bleibt mit sich und seinen sexuellen Begierden allein. Selbst die Liebesbeziehung zu Irene kann das Gefühl, als Monade exkludiert zu sein, nicht bezwingen: Liebe ist für Johannes nichts Gemeinsames, sondern stets etwas

---

7 Rilke zit. n. Riley: Nachwort, S. 308.
8 Alfred Döblin: Der schwarze Vorhang, in: ders.: Jagende Rosse, Der schwarze Vorhang und andere frühe Erzählwerke. München 1987, S. 107–205, hier S. 160. Zitate werden nach dieser Ausgabe künftig unter Angabe der Sigle SV im Text belegt.

Einseitiges, weshalb er Liebe im Sinne des Sadismus' als Besitz auffasst, „ein Lebendes, eine Menschenseele auf Tod und Leben zu besitzen." (SV 159)

Die ersten sadistischen Regungen Johannes' in seiner Jugendzeit werden durch eine Prügelszene hervorgerufen. In einer Schulstunde kommt es durch einen unglücklichen Zufall dazu, dass ein Freund von Johannes durch seine Schuld vom Lehrer geschlagen wird:

> Denn durch das störrische Leugnen des Beschuldigten gereizt, war der Lehrer, eine lange, hagere Gestalt mit raschen, stechenden Augen, in eine Wut ausgebrochen, die dem Stillen namenlos und unerhört war, und hatte den scheinbaren Dieb furchtbar geschlagen. Die Angst, die der Augenblick in Johannes hineinpreßte unter der Verschuldung, der Wut des Lehrers, dem Keuchen des Kameraden, spitzte sich jählings zu einer seltsamlichen starren Lust, die den Zusammengeduckten stumm und vornübergebeugt jeden Stockschlag auf das weiche Fleisch verfolgen, sein Ohr jedes Schmerzächzen einfangen ließ, und Zittern kam über ihn. Dieses zerreißende Gefühl zu vergessen, konnte er lange sein Herz nicht bezähmen. (SV 115f.)

Dass Johannes bei der Beobachtung des Geschlagenwerdens seines Freundes sexuelle Lust empfindet, wird im Zitat an mehreren Stellen klar herausgestellt, besonders aber durch die Wortwahl ‚starre Lust' manifest, welche als Verweis auf eine Erektion interpretiert werden kann.[9] Auffällig ist im Zitat weiterhin, dass die sexuelle (sadistische) Lust unkontrollierbar über Johannes hineinzubrechen scheint, und so kann ich mich Petra Portos Aussage anschließen, dass der sexuelle „Drang in *Der schwarze Vorhang* als etwas Eigenständiges wahrgenommen"[10] wird und nach seinem Erwachen Johannes' gesamtes Leben bestimmt. Das Flagellationserlebnis ist für Johannes' sadistische Entwicklung von Bedeutung, denn obwohl er beim Anblick der Flagellation zwischen Angst und Lust schwankt, überwiegt letztere am Ende. Auch Sigmund Freud räumt in seinem Text *Ein Kind wird geschlagen* der realen Beobachtung von Prügelszenen in der Schule Relevanz für eine pathologische Entwicklung ein, selbst wenn er davon ausgeht, dass Phantasien von Schlagszenen der realen Beobachtung solcher Szenen vorausgehen:

> Es läßt sich feststellen, daß die ersten Phantasien dieser Art sehr frühzeitig gepflegt worden sind, gewiß vor dem Schulbesuch, schon im fünften und sechsten Jahr. Wenn das Kind in der Schule mitangesehen hat, wie andere Kinder vom Lehrer geschlagen wurden, so hat dies Erleben die Phantasien wieder hervorgerufen, wenn sie eingeschlafen waren, hat sie ver-

---

9 Vgl. Petra Porto: Sexuelle Norm und Abweichung. Aspekte des literarischen und des theoretischen Diskurses der Frühen Moderne (1890–1930). München 2011, S. 194.
10 Porto: Sexuelle Norm und Abweichung, S. 194, vgl. dazu weiter Kap. 3.2.2, S. 195–199.

stärkt, wenn sie noch bestanden, und ihren Inhalt in merklicher Weise modifiziert. Es wurden von da an ,unbestimmt viele' Kinder geschlagen. Der Einfluß der Schule war so deutlich, daß die betreffenden Patienten zunächst versucht waren, ihre Schlagephantasien ausschließlich auf diese Eindrücke der Schulzeit, nach dem sechsten Jahr, zurückzuführen. Allein dies ließ sich niemals halten; sie waren schon vorher vorhanden gewesen.[11]

Krafft-Ebing nahm in seiner *Psychopathia sexualis* noch an, dass Sadismus bis auf wenige Fälle angeboren sei.[12] Diese Behauptung stützt er mit empirischen Fallgeschichten, in denen er ausführlich die familiäre Krankengeschichte der Betroffenen schildert, um die Vererbbarkeit der (sexual-)pathologischen Störung deutlich zu machen.[13] Krafft-Ebing geht folglich im Gegensatz zu Freud davon aus, dass die Wurzel einer Perversion allein im Individuum selbst liegt: „Der Grund für das Auftreten der Perversion wird also im Patienten selbst, nicht in dessen Umgebung gesucht, sein Laster ist individuell, nicht gesellschaftlich begründet."[14] Freud hingegen zieht zusätzlich die (gesellschaftlichen) Lebensumstände heran: Perversionen sind allen Menschen angeboren, jedoch werden sie erst durch die jeweilige Sozialisation, im Falle Johannes' durch das reale Erleben einer Flagellation, hervorgerufen: „Nun bietet sich uns die Entscheidung, daß den Perversionen allerdings etwas Angeborenes zugrunde liegt, aber etwas, *was allen Menschen angeboren* ist, als Anlage in seiner Intensität schwanken mag und der Hervorhebung durch Lebenseinflüsse wartet."[15] Wie schon Roland Dollinger betont, wird durch das Ereignis der Prügelszene anschaulich, dass der *Schwarze Vorhang* die These stützt, dass Perversionen zwar angeboren sein können, sie

---

11 Sigmund Freud: „Ein Kind wird geschlagen". (Beitrag zur Kenntnis der Entstehung sexueller Perversionen), in: ders.: Studienausgabe. Bd. VII: Zwang, Paranoia und Perversion. Hg. v. Alexander Mitscherlich, Angela Richards, James Strachey. Frankfurt/M. 1973, S. 229–254, hier S. 231.

12 Richard von Krafft-Ebing: Psychopathia sexualis. Mit besonderer Berücksichtigung der conträren Sexualempfindung. Eine medicinisch-gerichtliche Studie für Ärzte und Juristen. 12., verbesserte u. vermehrte Aufl. Stuttgart 1903, S. 70f.

13 Porto merkt jedoch an, dass diese Konstruktion eines kausalen Zusammenhangs zwischen Diagnose der Perversion und familiärer Krankengeschichte nicht immer gelingt: „Überhaupt ist stellenweise ein Mangel an Kohärenz in den Schilderungen Krafft-Ebings festzustellen. Die Fallgeschichten erweisen sich des Öfteren als Hintereinanderstellung von Symptomen, Rekonstruktion von Tathergängen, Aussagen über die Schädelform der Patienten [...] und ihre körperlichen Attribute sowie Diagnosen und wertenden Einschätzungen, ohne dass die einzelnen Beobachtungen logisch miteinander verknüpft würden und für den Leser nachvollziehbar zu einer Diagnose führten." Porto: Sexuelle Norm und Abweichung, S. 70.

14 Porto: Scxuelle Norm und Abweichung, S. 70.

15 Sigmund Freud: Drei Abhandlungen zur Sexualtheorie, in: ders.: Studienausgabe. Bd. V: Sexualleben. Hg. v. Alexander Mitscherlich, Angela Richards, James Strachey. Frankfurt/M. 1972, S. 37–145, hier S. 80 (Hervorhebungen im Original).

aber in erster Linie diskursiv bestimmt werden und keineswegs natürliche unhintergehbare Tatsachen sind:

> Es gibt im *Schwarzen Vorhang* allerdings Hinweise darauf, daß Döblin von diesem Erklärungsmodell von Sadismus und Masochismus als Manifestationen einer ‚angeborenen‘ Aggression abrückte und den Ursprung von Johannes' Sadismus in einer fehlgeleiteten Sozialisation durch Familie und Schule suchte.[16]

Dass der Beobachtung der Flagellation vom Roman eine große Bedeutung für die sadistische Entwicklung Johannes' eingeräumt wird, zeigt sich besonders dadurch, dass im Anschluss an dieses Ereignis, welches Lust beim Anblick von Grausamkeit hervorrief, von den ersten sadistischen Handlungen Johannes' berichtet wird. Sein Sadismus gegen Tiere erhält dabei eine besondere Relevanz: „Er wurde im Garten einmal dabei betroffen, wie er seinem Hund Petersilie aufdringen wollte und ihn, als er sich sperrte und winselte, immer wieder an die würzigen Blätter heranriß; man nannte ihn daher Hans Petersilie." (SV 116) Ist bereits in dieser Handlung Lust an Grausamkeit erkennbar, geht der Text als nächstes auf eine noch sadistischere Handlung ein:

> Er [Johannes, L.L.] fragte ihn [seinen Hund, L.L.] heimlich dumme Dinge, sah ihm in die großen, unvernünftigen Augen und hob langsam die hinterlistigen, lüsternen Hände, legte sie um den braunhaarigen Hals und drückte mit flackerndem Atem fest, wenn das Tier sich sträubte und mit den Pfoten kratzte, drückte, bis es nicht mehr winselte, ihm die Augen aus den Höhlen traten und der schmale Körper sich beiseite warf. Ließ er den Hund los, der sich unter das Sofa schleppte, so kroch er ihm nach, legte sich auf die Erde und horchte starr entzückt wie auf das Ächzen des Kameraden, auf das Winseln und hastige Atmen des Tieres. (SV 116)

Deutlich bezeugt die Wortwahl im Zitat – ‚flackernde[r] Atem‘, ‚lüsterne Hände‘, ‚horchte starr entzückt‘ –, dass Johannes beim Quälen des Tiers sexuelle Lust empfindet. Auch im folgenden Zitat ist Johannes' sexuelle Lust am Erleben von ohnmächtigem Leid, welches er selbst durch Gewalt gegen sein Haustier hervorbringt, offensichtlich:

> Auf dem Flur hob er das Tier mit täuschenden Schmeichelworten auf, wiegte es ruhig in den Armen, und während die Erwartung in ihm zitterte und mit jeder Sekunde stärker zitterte, schleuderte er es plötzlich die halbe Treppe hinunter, worauf er mit halsbrecherischen Sprüngen nacheilte, um zu sehen, ob das Tier noch lebe und seinen Trost auf den letzten

---

16 Roland Dollinger: Sadomasochismus in Alfred Döblins *Der schwarze Vorhang*, in: Ira Lorf, Gabriele Sander (Hg.): Internationales Alfred-Döblin-Kolloquium: Leipzig 1997. Bern 1999 (= Jahrbuch für Internationale Germanistik. Reihe A: Kongressberichte, Bd. 46), S. 51–65, hier S. 57.

dunklen Pfad mitnehmen könne. Und lachte und klatschte schon unterwegs in die Hände, wenn der Hund sich mehrmals um sich selbst drehte, ohne den Weg zum Entlaufen zu finden, und küßte ihn mit herzlichem, dankbaren Mitleid. (SV 116)

Sein Sadismus gegen das Tier geht soweit, dass er schließlich den Hund aus sexueller Lust am Töten umbringt. (SV 116)

Krafft-Ebing analysiert den Sadismus an Tieren als eine spezifische Form des Sadismus beim Mann: „In zahlreichen Fällen benützen sadistisch perverse Männer, die vor einem Verbrechen am Menschen zurückschrecken, oder denen es überhaupt nur auf den Anblick des Leidens eines empfindenden Wesens ankommt, zur Potenzierung oder Erregung ihrer Wollust den Anblick des Sterbens von Thieren [...] oder die Marterung derselben."[17] Interessant ist die Ansicht von Krafft-Ebing, dass oftmals Sadismus am Tier ausgeübt wird, weil der Sadist vor dem Verbrechen am Menschen zurückschreckt – mit anderen Worten: das Tier dient dem Sadisten als Ersatz für die Frau. Diese Beobachtung Krafft-Ebings wird in Döblins Text antizipiert: Mit der Entdeckung der Frau wird das Tierquälen obsolet, denn es werden keine sadistischen Handlungen gegen Tiere mehr erwähnt, und Johannes' sexuelles Begehren richtet sich nunmehr vollständig auf das weibliche Geschlecht.

Die ersten Wahrnehmungen Johannes' von Frauen sind von einer geheimnisvollen Unerklärlichkeit geprägt und schlagen danach in Verehrung um: „Rätselhafte, unfaßbare Menschen waren die Frauen, kaum Menschen, zarter, erlesener, unmerklich ähnlich seinem Freunde, – und noch mehr: die Blume vom Weine Mensch." (SV 122) Umso mehr sich Johannes mit dem Rätsel Frau beschäftigt, desto öfter wird er von Phantasien heimgesucht, die ein sexuelles Begehren zeigen:

> Seine Finger streckten sich in die Luft und sehnten sich nach Berührung und Gleiten über Weiches, Schmelzendes; seine Haut träumte von Wärme; über die gekrümmten Knie strömte und spukte die Lust hin sich zu schließen, zu umschließen; Brust und Lippen drängten sich gegen die Kissen seines Bettes, gegen einen schlanken Baum, schmachteten verloren zu den schimmernden Himmelswolken auf. (SV 125)

Im Zitat wird zum einen offenkundig, dass Johannes' geschlechtliches Begehren endgültig geweckt ist und zum anderen wird erneut die bereits erwähnte Passivität Johannes' in Bezug auf den sexuellen Trieb herausgestellt, welcher ihn zu überwältigen droht. Jedoch bleibt die sexuelle Begierde im genannten Zitat noch unbestimmt, sie hat noch kein eindeutiges Ziel. Dass dieses Begehren ein sexuel-

---

17 Krafft-Ebing: Psychopathia sexualis (12. Aufl.), S. 96.

les Begehren nach dem anderen Geschlecht ist, wird Johannes indes bei folgender Begegnung bewusst:

> Als Johannes unter behaglichem Summen durch die Vorstadt schlenderte, sah er an einem Garten, vor einem dürftigen, einstöckigen Hause, ganz nahe an dem grüngestrichenen Holzgitter eine junge, blonde, stumpfnasige Frau, die ihr winziges Kindchen auf den Schoß legte und mit halboffenem Busen saß. Sie starrte den großen Burschen, der stehen blieb, ruhig aus wasserblauen Augen an. In Johannes war bei dem Anblick der vollen, strotzenden Brüste eine Stichflamme aufgeschlagen. Die blendete ihn, so daß er stehen blieb und den Atem anhielt. Sein Atem flog, als er wieder ging, trabte, hastvoll lief; er war fassungslos nach dem heißen Schreck; wußte nicht warum und was ihm geschehen sei. (SV 126)

Diese durch den Schreck bedingte Bestürzung ändert sich schnell und Johannes erkennt, dass seine ständige körperliche und seelische Unruhe durch das Begehren nach dem anderen Geschlecht hervorgerufen wird: „Blitzschnell begriff er alles, als er ein reckendes Verlangen seiner Arme und seiner Brust, ein Drängen seines Schoßes nach der jungen Bauersfrau fühlte." (SV 127) Die Nichterfüllung seines Begehrens führt nun dazu, dass seine anfängliche Vergötterung und Idealisierung der Frau in Hass umschlägt:

> Unter dem Leiden bog sich sein Begehren zu einem Recht um, das man ihm versagte, und in dem Hilflosen stieg Haß und eine verschleierte Bitterkeit auf, die die Augen starr und das Herz kalt und still machte. Eine dunkle Verschlossenheit zog über sein Wesen, die nicht mehr wich, etwas Kaltes, Zurückweisendes, ja Höhnisches, das die überzarte Verletzlichkeit seiner Seele verdeckte. (SV 128)

Als er dann Irene kennenlernt, seine spätere Freundin, bekommt dieser Frauenhass sadistische Züge und es entsteht in Johannes ein Verlangen, Irene, stellvertretend für das gesamte Geschlecht Frau, leiden zu lassen:

> Eine Lustigkeit und Laune ergriff ihn; diese Lustigkeit wünschte sich zu vergrößern […]; das Weibchen mußte, zufällig, wie es sich ihm darbot, wie ihn auch ein zufälliges Wesen [die Bauersfrau, L.L.] hatte leiden machen, für ihr Geschlecht büßen. So tief wollte er es peinigen, wie er selbst gelitten hatte und noch tiefer, und er wollte ihrer Qual zuschauen. (SV 138)

Scheint der Wunsch, Irene als Frau zu quälen, hier zunächst noch aus Rachsucht zu resultieren, wird schnell klar, dass auch sexuelles Begehren und somit Sadismus ausschlaggebend sind, da Johannes Irene als „Spielzeug seiner Lust" (SV 138) bezeichnet, also die Grausamkeit gegen Irene explizit an sein sexuelles Begehren gekoppelt ist.

In der sich im Laufe des Romans entwickelnden Beziehung zwischen Johannes und Irene wird zunächst der Eindruck erweckt, als würde die Unterteilung in

Mann und Frau anhand der Sadismus- und Masochismus-Definitionen Krafft-Ebings erfolgen, welcher den Sadismus als männliche und den Masochismus als weibliche Perversion festlegte, d.h. der Sadismus wird als pathologische Steigerung des natürlichen männlichen Geschlechtscharakters „ins Masslose und Monströse" aufgefasst,[18] wohingegen der Masochismus, die Unterwerfung unter das andere Geschlecht, als pathologische Steigerung der natürlichen weiblichen Geschlechtscharaktere gilt: „So liegt es nahe, den Masochismus überhaupt als eine pathologische Wucherung specifisch weiblicher psychischer Elemente anzusehen, als krankhafte Steigerung einzelner Züge des weiblichen psychischen Geschlechtscharakters, und seine primäre Entstehung bei diesem Geschlechte zu suchen [...]."[19] Wolfgang Schäffner postuliert sogar, dass die Geschlechter in *Der schwarze Vorhang* vorrangig durch die sexualpathologischen Begriffe differenziert werden. Die Zuordnung zu einem biologischen Geschlecht (sex) erfolge über das soziale Geschlecht (gender), d.h. anhand der sexuellen (perversen) Handlungen der Protagonisten.

> Döblins Genese des Lustmörders Johannes erzeugt demnach einen nicht zufälligen Effekt: eine exakte Geschlechtdefinition ohne jeden Nachweis von Geschlechtsdrüsen, von äußeren Geschlechtsmerkmalen oder heterosexuellem Verkehr. Gerade über die beiden Formen von Sexualverhalten, von Johannes' Sadismus und Irenes Masochismus, die beide als geschlechtsspezifisch gelten, erzeugt Döblins Text eine scheinbar eindeutige Identifikation der Geschlechter auf der Grundlage der von Krafft-Ebing eingeführten Begriffe [...].[20]

Die Geschlechtscharaktere, welche sich ab Mitte des 18. Jahrhunderts entwickeln und im 19. Jahrhundert wissenschaftlich angereichert wurden, ordnen Frauen und Männern, den biologischen Merkmalen entsprechend, spezifische Eigenschaften, Charaktere, Merkmale, Fähigkeiten und Handlungsräume zu.[21] Mit anderen Worten: Die Geschlechtscharaktere Frau/Mann beschreiben das *naturgegebene Wesen* der Frau und des Manns, wodurch ein Kausalitätsverhältnis zwischen sex und gender postuliert wird. Die Frau wird als das schwache Geschlecht charakterisiert, die physische und psychische Unterlegenheit der Frau ist ihrer

---

18 Krafft-Ebing: Psychopathia sexualis (12. Aufl.), S. 70.
19 Krafft-Ebing: Psychopathia sexualis (12. Aufl.), S. 147.
20 Wolfgang Schäffner: Die Ordnung des Wahns. Zur Poetologie psychiatrischen Wissens bei Alfred Döblin. München 1995 (= Die Materialität der Zeichen, Bd. 13), S. 184f.
21 Vgl. zum Begriff der Geschlechtscharaktere Karin Hausen: Die Polarisierung der „Geschlechtscharaktere" – Eine Spiegelung der Dissoziation von Erwerbs- und Familienleben, in: Werner Conze (Hg.): Sozialgeschichte der Familie in der Neuzeit Europas. Stuttgart 1976 (= Industrielle Welt. Schriftenreihe des Arbeitskreises für moderne Sozialgeschichte, Bd. 21), S. 363–393.

Natur entsprechend determiniert. Da nun der Masochismus durch Unterwerfung und Lust am Leiden gekennzeichnet ist, wird er als weiblich charakterisiert und dem Sadismus als Ausdruck von männlicher Stärke, Überlegenheit, Aggression und Herrschaft entgegengesetzt. Die heterosexuelle Matrix, in welcher sex, gender und erotisches Begehren naturgegeben aufeinander bezogen sind,[22] verzahnt auch das als pervers stigmatisierte Begehren mit der Binarität der Geschlechter, d.h. Perversion und Geschlecht bedingen sich also gegenseitig. Dementsprechend geht Krafft-Ebing davon aus, dass sich Sadismus und Masochismus und damit Mann und Frau zu einer Einheit fügen:

> Das vollkommene Gegenstück des Masochismus ist der Sadismus. Während jener Schmerzen leiden und sich der Gewalt unterworfen fühlen will, geht dieser darauf aus, Schmerz zuzufügen und Gewalt auszuüben. Der Parallelismus ist ein vollständiger. Alle Akte und Situationen, die vom Sadisten in der aktiven Rolle ausgeführt werden, bilden für den Masochisten in der passiven Rolle den Gegenstand der Sehnsucht.[23]

Auch in Döblins Text wirkt es zunächst so, als würde der Sadist Johannes durch die Masochistin Irene ergänzt werden: „Die Friedgewohnte aber liebte in seiner Nähe die Angst, die ihr in den Knien prickelte, und die leichte Wolke von Grauen, die seine Gegenwart ihr über die Haut, die Arme und Schultern jagte." (SV 149) Wird in diesem Zitat schon deutlich, dass Irene sich körperlich nach dem Angstgefühl sehnt, das Johannes ihr bereitet, wird die Lust, die sie an ihrer Erniedrigung, an ihrer Unterwerfung, an der ihr geltenden Grausamkeit und Gewalt findet, im folgenden Zitat eindeutig herausgestellt:

> O in welcher Schmach wirft es mich, daß ich ein Weib bin. Genug duldete ich in mir und nun wälzt es mich vor deine Füße hin. Komm zu mir, du Entsetzlicher. Ich bin ganz von mir abgedrängt, das Stumme in mir hast du sprechen machen; nun bette mich auch und laß mich büßen, daß ich ein Weib bin. Schlürftest nie an meiner Seele so bang und durstig. Meine Hände wollen in deinen zucken, wie Efeu wollen dich meine Glieder bedrängen. Du darfst mich ganz vernichten, denn nur für dich bin ich aufgegrünt; für dich verfinsterte und hellte sich mein Mädchenblut und immer wieder weinte es quellend um dich, Johannes. (SV 170)

Auffällig ist, dass Irene zwar an einer Stelle Johannes beim Namen nennt, ihren eigenen Namen jedoch verschweigt und stattdessen den Kollektivsingular ‚Weib' benutzt. Sie ist *die eine* Frau, welche für *alle anderen* Frauen leiden will und damit übernimmt sie die von Johannes vorgegebene Rolle, stellvertretend für das ge-

---

22 Vgl. Judith Butler: Das Unbehagen der Geschlechter. Frankfurt/M. 1991; dies.: Körper von Gewicht. Die diskursiven Grenzen des Geschlechts. Frankfurt/M. 1997.
23 Krafft-Ebing, Psychopathia sexualis (12. Aufl.), S. 158.

samte Frauengeschlecht zu büßen. Die sadomasochistische Einheit mutet demzufolge zunächst komplett an: der Sadismus Johannes' wird durch den Masochismus Irenes vollständig ergänzt.

Doch gibt es auch Szenen, in welchen Johannes' Phantasien masochistisch geprägt sind:

> Was war er auch, der Falsche, von Sünden Zermorschte, Blöde, im Grunde vor ihr, als ein Schatten, der auf sie fiel, vielleicht ein häßliches Untierchen, eine Maus, vor der sie aufschrie. Was maßte er sich an? Was Mann und Weib! Spie er sie nicht an, grinste er nicht; als sie ihn anblickte? Schwach war er und gemein und unterlegen. O, er wollte nicht feige sein, den ehrlichen Kampf nicht meiden: sein Raub, seine rechte Beute, – er selbst, sollte sich nicht entwischen! In die Schmutzlache wollte er sich mit der Schnauze stoßen: lecken und winseln, winseln und lecken [...]. (SV 141)

Bedeutsam ist, dass Johannes nicht von seinem Mund, sondern von einer Schnauze spricht, und dass er vor Irene winseln und lecken möchte. Damit verweist er auf die Rolle eines Hundes und phantasiert sich in die Position desjenigen Tiers, welches er in seinen Jugendjahren aus sadistischen Motiven zu Tode quälte. Da seine Phantasien neben sadistischen auch masochistische Begierden aufweisen, wäre die naheliegende Schlussfolgerung, dass sein Sadismus und damit seine männliche Position in Frage gestellt werden, da er sich als Mann in die masochistische und damit weibliche Rolle phantasiert.[24] Doch wie Döblin in seinem Roman geht auch die Sexualpathologie davon aus, dass jedes sadistische Subjekt auch immer masochistische Begierden hat und *vice versa*:[25]

> Die auffälligste Eigentümlichkeit dieser Perversion liegt aber darin, daß ihre aktive und passive Form regelmäßig bei der nämlichen Person mitsammen angetroffen werden. Wer Lust daran empfindet, anderen Schmerz in sexueller Relation zu erzeugen, der ist auch befähigt, den Schmerz als Lust zu genießen, der ihm aus sexuellen Beziehungen erwachsen ist. Ein Sadist ist immer auch gleichzeitig ein Masochist, wenngleich die aktive oder die passive Seite der Perversion bei ihm stärker ausgebildet sein und seine vorwiegende sexuelle Betätigung darstellen kann [...].[26]

Dadurch räumt der sexualpathologische Diskurs bereits selbst die Möglichkeit ein, dass sich Sadismus und Masochismus nicht eindeutig in die Geschlechterbi-

---

24 Auch Dollinger postuliert, dass die vielfachen Fälle von männlichem Masochismus das binärgeschlechtlich organisierte Modell von weiblichem Masochismus und männlichem Sadismus in Frage stellen. Vgl. Dollinger: Sadomasochismus in Alfred Döblins *Der schwarze Vorhang*, S. 55.
25 Vgl. Krafft-Ebing: Psychopathia sexualis (12. Aufl.), S. 160f.
26 Freud: Drei Abhandlungen zur Sexualtheorie, S. 69.

narität einfügen, wodurch die postulierte Charakterisierung von Sadismus als männliche und Masochismus als weibliche Perversion ins Wanken gerät und daher auch die von Schäffner postulierte Möglichkeit der eindeutigen Zuordnung der Geschlechter in Döblins Roman anhand der Pathologien Sadismus und Masochismus zwar nicht komplett hinfällig, jedoch zumindest in ihrer Eindeutigkeit angefochten wird und sich eventuell eine erneute Untersuchung der Geschlechterdifferenzierung im Roman lohnte.

Trotz alledem lässt sich festhalten, dass Döblins Roman größtenteils mit dem hegemonialen wissenschaftlichen Diskurs zu Sadismus und Masochismus um 1900 übereinstimmt.[27] Wie oben bereits erwähnt soll nun ein Analyseteil angeschlossen werden, in dem gezeigt wird, dass sich Döblins Roman auch als Subversion des sexualpathologischen Diskurses lesen lässt.

2 Subversion der Sexualpathologie

Irene wird vom Text als Masochistin eingeführt und damit als Frau, die sich anscheinend, ganz nach ihrem Geschlechtscharakter, ihrem Freund Johannes unterwirft. Ihr Masochismus geht so weit, dass der Wunsch gequält zu werden, in einen Wunsch getötet zu werden, mündet. Bei einem Treffen mit Johannes bittet sie ihn, den ersehnten Lustmord auszuführen: „Sie blühte in seinen Armen auf. Inbrünstig und hingerissen flüsterte sie: ‚Töte mich, Johannes. Töte mich, ich fleh dich an. Du hast das Recht und sonst niemand.'" (SV 195) Der sadomasochistischen Einheit und dem bisherigen Verlauf des Romans entsprechend erwartet die*der Leser*in, dass Johannes als Sadist Lust empfindet, den Mord auszuführen, so wie Irene als Masochistin ihren Mord herbeisehnt. Doch Johannes reagiert verstört und flüchtet:

> „Irene, dein Hals ist so weiß – du löst mich, – wie heiß sind deine Lippen. Was tust du mir?" – – Er ging taumelnd. Irene folgte ihm mit dem Blick durch den frühlingsknospenden Garten. Als sie wieder im dunklen Zimmer lag, atmete ihre Brust wild und tief, flog, vom Dunkel gedeckt, über ihr Gesicht ein höllisches Lächeln. Sie war ihm gewachsen. (SV 195)

Die Frage, die sich der*die Leser*in nun stellen könnte, wäre, warum Johannes vor der Erfüllung seiner Phantasien, dem Lustmord an Irene, flieht. Ist es nur die Angst vor diesem letzten Schritt? Die Antwort findet sich in der Figur Irenes und wird im letzten Teil des Zitats angedeutet: „Sie war ihm gewachsen." (SV 195) An dieser Stelle wird Irene auf Augenhöhe mit Johannes gestellt; sie unterwirft sich

---

27 Vgl. Dollinger: Sadomasochismus in Alfred Döblins *Der schwarze Vorhang*, S. 54.

nicht bloß, sondern sie *fordert* ihre Unterwerfung *ein*, ihre Erniedrigung und Qual, sie *verlangt* ihren Lustmord. Dem Sadisten Johannes steht das Recht Irene zu töten nicht einfach zu, sondern Irene selbst verleiht ihm dieses Recht und verlangt von ihm, dieses Recht zu nutzen. Diese Forderung aus der eigentlich als unterwürfig definierten masochistischen Position heraus ist es dann auch, welche die vom sexualpathologischen Diskurs postulierte sadomasochistische Einheit unterläuft. Auch Dollinger erwähnt in einem Nebensatz, dass der Masochist oftmals seinem „nur *scheinbar dominanten* Gegenüber eine genau definierte Rolle"[28] zuschreibt, wobei er auf die Folgen dieser Erkenntnis nicht weiter eingeht, da sein Interesse auf dem Nachweis eines femininen Masochismus des Protagonisten Johannes liegt. Schaut man sich die genannte Textstelle genau an, zeigt sich, dass der Sadist Johannes vor Irene flieht, weil sie als selbstbewusste Masochistin bzw. Frau in Erscheinung tritt und somit seine superiore Stellung als Sadist bzw. Mann in Frage stellt. Die sadomasochistische Einheit entpuppt sich als unausführbarer Irrtum, denn die*der Sadist*in braucht ein Opfer, welches nicht gequält werden will, so wie die*der Masochist*in eine*n Henker*in benötigt, die*der ihren*seinen Willen ausführt. Es ist bemerkenswert, dass sich Döblins Roman hier als Subversion der sadomasochistischen Einheit lesen lässt und damit auf eine These von Gilles Deleuze vorausweist, die dieser erst Mitte des 20. Jahrhunderts in *Sacher-Masoch und der Masochismus* formuliert. Deleuze verneint die Annahme einer sadomasochistischen Einheit aus eben den Gründen, die sich in Döblins Roman erzählerisch aufbereitet finden lassen:

> Es scheint ja so evident, daß ein Sadist und ein Masochist zusammentreffen müssen. Daß der eine gern leiden macht und der andere gern leidet, scheint sich so hübsch zu ergänzen, daß es schade wäre, wenn das Zusammentreffen ausbliebe. Daher die Witze der Art: ein Masochist und ein Sadist treffen sich. Der Masochist sagt: ‚Schlag mich.' Antwortet der Sadist: ‚Nein.' Es gibt kaum einen dümmeren Witz. Nicht nur, weil die Geschichte an sich unmöglich ist, sondern weil sie eine alberne Überheblichkeit in der Einschätzung der Perversionen bezeugt. Unmöglich ist sie außerdem. Nie würde ein wirklicher Sadist ein masochistisches Opfer akzeptieren [...]. Aber ebensowenig wird ein Masochist sich einen wirklich sadistischen Henker suchen. Sicherlich braucht er für den weiblichen Henker eine Person mit bestimmter Veranlagung; aber diese muß erst ausgebildet und nach einem geheimen Plan herangezogen werden, der mit einer Sadistin völlig scheitern würde.[29]

---

28 Dollinger: Sadomasochismus in Alfred Döblins *Der schwarze Vorhang*, S. 60 (Hervorhebungen L.L.).

29 Gilles Deleuze: Sacher-Masoch und der Masochismus, in: Leopold von Sacher-Masoch: Venus im Pelz. Mit einer Studie über den Masochismus von Gilles Deleuze. Frankfurt/M. 1968, S. 163–281, hier S. 193f.

Um es noch einmal zu präzisieren: Döblins Text macht mit der Flucht Johannes' deutlich, dass der Sadist zwar quälen will, dafür aber ein Opfer braucht und kein selbstbewusstes Subjekt, welches masochistische Forderungen an ihn stellt, und genauso braucht die Masochistin ein Subjekt, welches sie quält, aber immer den eigenen Wünschen entsprechend. Zugespitzt formuliert: Der *selbstbestimmte* masochistische Akt der Unterwerfung ist zugleich ein Gestus der Unterwerfung des*der Henkers*Henker*in unter den Willen der*des Masochist*in*Masochisten.

Trotz der Subversion der sadomasochistischen Einheit endet Döblins Text mit genau dieser, und so scheint es, als kehre er zuletzt wieder zum hegemonialen sexualpathologischen Diskurs zurück: Der Sadist Johannes führt den von ihm und Irene begehrten Lustmord aus und Irene genießt als Masochistin ihre Ermordung:

> Dann ergriffen seine Hände ihre Arme, sie blühte ihm mit Gelächter, steil wie er, entgegen. Schrie gell auf. Denn wie er sie umschlang, hatten seine Zähne tief in den weißen Hals und die Kehle geschlagen, das Gesicht in den Blutstrom gedrückt, schlürfte er an ihrem Halse, die mit leisem Keuchen gegen seine Umklammerung anrang. Er seufzte mit gepreßten Kiefern und zitterte: wie warm, wie warm. Es quoll wie ein Bad über sein Gesicht, lag wie ein [sic!] rote Binde über seinen Augen. Den bittern Blutdunst atmeten sie: sie kannten sich beide nicht. Durch das Weib rauchte weiß und immer dichter die tödliche Lust; rührte ihr Stirn, Auge und Knie. Sie wuchs in die Umarmung hinein, in die Schwere seiner mörderischen Hände, den erstickenden Druck seines Leibes. Aus seinen Armen, die sich lösten, glitt sie seufzend an ihm herunter, er stand über ihr gebückt, deren Mund offen war, deren Adern an den Schläfen stärker blauten. [...] Sie spritzte ihr Blut nach ihm, mit tiefen Schauern, träumend. Ihre Finger kratzten den Waldboden; sie zuckte, als er sie aufhob. Noch als sie erkaltete, suchten ihre Lippen nach seinem Munde. (SV 200f.)

Da die Lustmordszene in der Forschungsliteratur ausgiebig behandelt wurde, sollen lediglich zwei wichtige Aspekte betont werden. Es wurde bereits auf die Tilgung des Vornamens ,Irene' hingewiesen und auf seine Ersetzung durch den Kollektivsingular ,Frau'. Im Verlauf des Romans schreitet diese Tilgung der Vornamen stetig voran, wie sich ebenfalls an den oftmals genutzten Prädikatszuschreibungen zeigt, welche an die Stelle der Vornamen ,Irene' und ,Johannes' gesetzt werden:[30] „die Rothaarige", „der schwere Große", „die Lachende", „die Hingeworfene", „die reine Sanfte", „de[r] Unkluge", „der Schwere, Breitstirnige", „die Stolze", „die Erwartende", „der Starke, Schwere" etc. (SV 164f. u. 199f.) Arne Höcker macht diesbezüglich darauf aufmerksam, dass sich die Tilgung der Vornamen als individuelle Zeichen im Akt des Lustmords bis zur „kompromisslose[n] Auslöschung alles Individuellen [...] zugunsten des bloß Männlichen bzw. Weibli-

---

30 Vgl. Höcker: Epistemologie des Extremen, S. 166.

chen" steigert.[31] Im Akt des Lustmords taucht nur noch ein einziges Mal Irenes Name auf, als direkte Rede Johannes', ansonsten ist mit Höcker übereinzustimmen: „Das Zeichen der Individualität, der Vorname der Protagonisten, fällt wie die Charaktere dem gewalttätigen Drängen der Triebe zum Opfer."[32]

Der zweite Punkt ist die Inszenierung des Lustmords als vampirischer Akt, der sich als pathologische Steigerung des sogenannten Liebesbisses lesen lässt.[33] Es wird deutlich, dass Johannes genau diesen tödlichen Liebesbiss anstrebt, wenn er sagt: „Jeder Kuß verfehlt einen Biß." (SV 199) Jeder Kuss, welcher kein Biss ist und den anderen Menschen nicht zerreißt, gilt ihm als missglückt: Das Ziel von Johannes ist der vampirische Biss, mit dem er letztendlich Irene tötet.[34]

Interessant ist die genannte Inversion von Kuss und Biss insbesondere, weil der Liebesbiss als Domäne der Frau gilt,[35] sodass in Döblins Text erneut die Eindeutigkeit der Geschlechterbinarität zwischen masochistischer Frau und sadistischem Mann in Frage gestellt wird. Führte die Tilgung der Individualität von Irene und Johannes durch das Verschwinden ihrer Vornamen zur Reduktion auf die jeweilige Repräsentation des Weiblichen bzw. Männlichen, wird die eindeutige Grenze durch die Inversion von Kuss und Biss erneut brüchig, denn es ist der männliche Part, der den Liebesbiss ausführt.

Die Subversion der sadomasochistischen Einheit wurde bereits behandelt und schaut man sich die zitierte Lustmordszene genauer an, wollen sich Sadismus und Masochismus selbst hier nicht gänzlich zu einer Einheit fügen. Dem sexualpathologischen Diskurs zufolge ist es die*der Sadist*in, welche*r aktiv agiert und die*der Masochist*in, welche*r passiv reagiert, doch in Döblins Lustmordszene lassen sich aktiver und passiver Part nicht problemlos zuordnen. Obwohl es Irene ist, die als Masochistin ermordet wird, hat sie an vielen Stellen die aktive Rolle inne: „sie blühte ihm mit Gelächter, steil wie er, entgegen", „[s]ie wuchs in die Umarmung hinein", „[s]ie spritzte ihr Blut nach ihm", „suchten ihre Lippen nach seinem Munde". (SV 200f.) Die Formulierungen ,steil wie er' und ,sie

---

31 Höcker: Epistemologie des Extremen, S. 166.

32 Höcker: Epistemologie des Extremen, S. 166.

33 Vgl. Monika Treut: Die grausame Frau. Zum Frauenbild bei de Sade und Sacher-Masoch. Basel, Frankfurt/M. 1984, S. 105.

34 Schon bei Döblin lässt sich die Kuss-Biss-Formel als ein intertextueller Bezug auf Kleists Penthesilea charakterisieren und auch Krafft-Ebing erwähnt die Inversion von Kuss und Biss, indem er explizit auf den literarischen Text *Penthesilea* als Inbegriff des weiblichen Sadismus eingeht und beschreibt, wie Penthesilea durch die versehentliche Verwechslung von Kuss und Biss Achilles (gemeinsam mit ihren Hunden) in Stücke reißt. Vgl. Krafft-Ebing, Psychopathia sexualis (12. Aufl.), S. 100.

35 Vgl. Annette Keck: Avantgarde der Lust. Autorschaft und sexuelle Relation in Döblins früher Prosa. München 1998, S. 134.

spritzte nach ihm' machen darüber hinaus deutlich, dass Irene in der Lustmords-zene nicht nur die aktive Rolle innehat, sondern durch die genannte Phallus-symbolik auch männlich kodiert wird.[36] Übereinstimmend mit Höcker kann somit postuliert werden, dass „in der Inszenierung der Mordtat [...] die Rollenverteilung von Täter und Opfer, Subjekt und Objekt der Tat, nicht mehr aufrecht" erhalten werden kann.[37] Demzufolge findet in der Lustmordszene von Döblins Roman *Der schwarze Vorhang* eine Subversion der sadomasochistischen Einheit und auch der Kopplung der Geschlechterbinarität an die Perversionen Sadismus und Masochis-mus statt: Weder ergänzen sich Sadismus und Masochismus eindeutig zu einer Einheit, noch ist die Zuordnung von Passivität zu Weiblichkeit und Masochismus und Aktivität zu Männlichkeit und Sadismus unproblematisch.

3 Fazit

Es konnte gezeigt werden, dass Döblins Text den sexualpathologischen Diskurs sowohl reproduziert, als auch subversiv unterläuft. Diese Zusammenfügung der beiden – sich auf den ersten Blick ausschließenden Lesarten – betont die spezi-fische Ambivalenz des Textes bezüglich der Sexualpathologie. Würde einer der beiden Lesarten – Reproduktion oder Subversion – bevorzugt werden, nähme man sich eine Vielzahl produktiver Analysemöglichkeiten, da der Text gerade durch die Unschärfe und Unentscheidbarkeit seiner sexualpathologischen Posi-tionierung seinen interpretatorischen Reiz erhält.

Wird der Roman als Ganzes betrachtet, scheint es zunächst so, als würde die Seite der Reproduktion der Sexualpathologie überwiegen, da viele Textstellen die sexualpathologische Annahme stützen, dass sich Sadismus als männliche und Masochismus als weibliche Perversion zur sadomasochistischen Einheit komple-mentieren. Trotzdem ist es bemerkenswert und wichtig zu betonen, dass es Aspekte gibt, die sich als Subversion der Sexualpathologie lesen lassen. Denn insbesondere in Bezug auf die Dichotomie zwischen masochistischer Frau und sadistischem Mann sowie in Bezug auf die sadomasochistische Einheit bleibt der Text an vielen Stellen ambivalent.

Dies macht noch einmal den wichtigen Befund deutlich, dass die Wissens-wanderungen zwischen literarischen und wissenschaftlichen Diskursfragmenten zur Thematik Sadismus und Masochismus nicht nur reziprok bzw. zirkulär sind –

---

36 Die floralen Metaphern beziehen sich intertextuell auf Döblins Erzählung *Die Ermordung einer Butterblume*, denn auch die Butterblume wird bei ihrer Ermordung durch Phallussymbole als männlich gekennzeichnet.

37 Höcker: Epistemologie des Extremen, S. 165.

eine Erkenntnis, die sich in der Forschungsliteratur durchgesetzt hat und schon um 1900 reflektiert wurde –, sondern darüber hinaus die Literatur zum Teil über den hegemonialen Wissenschaftsdiskurs hinausgeht, ihn verschiebt und subversiv unterläuft. So vermag sie es, den Diskurs voranzutreiben, ihn weiterzuentwickeln und auch Raum für mögliche Gegendiskurse bietet.

Verwendete Literatur

Judith Butler: Das Unbehagen der Geschlechter. Frankfurt/M. 1991.

Judith Butler: Körper von Gewicht. Die diskursiven Grenzen des Geschlechts. Frankfurt/M. 1997.

Gilles Deleuze: Sacher-Masoch und der Masochismus, in: Leopold von Sacher-Masoch: Venus im Pelz. Mit einer Studie über den Masochismus von Gilles Deleuze. Frankfurt/M. 1968, S. 163–281.

Alfred Döblin: Der schwarze Vorhang, in: ders.: Jagende Rosse, Der schwarze Vorhang und andere frühe Erzählwerke. München 1987, S. 107–205.

Roland Dollinger: Sadomasochismus in Alfred Döblins *Der schwarze Vorhang*, in: Ira Lorf, Gabriele Sander (Hg.): Internationales Alfred-Döblin-Kolloquium: Leipzig 1997. Bern 1999 (= Jahrbuch für Internationale Germanistik. Reihe A: Kongressberichte Bd. 46), S. 51–65.

Sigmund Freud: Drei Abhandlungen zur Sexualtheorie, in: ders.: Studienausgabe. Bd. V: Sexualleben. Hg. v. Alexander Mitscherlich, Angela Richards, James Strachey. Frankfurt/M. 1972, S. 37–145.

Sigmund Freud: „Ein Kind wird geschlagen". (Beitrag zur Kenntnis der Entstehung sexueller Perversionen), in: ders.: Studienausgabe. Bd. VII: Zwang, Paranoia und Perversion. Hg. v. Alexander Mitscherlich, Angela Richards, James Strachey. Frankfurt/M. 1973, S. 229–254.

Arne Höcker: Epistemologie des Extremen. Lustmord in Kriminologie und Literatur um 1900. München 2012.

Karin Hausen: Die Polarisierung der „Geschlechtscharaktere" – Eine Spiegelung der Dissoziation von Erwerbs- und Familienleben, in: Werner Conze (Hg.): Sozialgeschichte der Familie in der Neuzeit Europas. Stuttgart 1976 (= Industrielle Welt. Schriftenreihe des Arbeitskreises für moderne Sozialgeschichte, Bd. 21), S. 363–393.

Annette Keck: Avantgarde der Lust. Autorschaft und sexuelle Relation in Döblins früher Prosa. München 1998.

Susanne Komfort-Hein, Susanne Scholz: *Lustmord* – zu einem kulturellen Phantasma um 1900, in: dies. (Hg.): Lustmord. Medialisierung eines kulturellen Phantasmas um 1900. Königstein i. Ts. 2007, S. 7–18.

Richard von Krafft-Ebing: Neue Forschungen auf dem Gebiet der Psychopathia sexualis. Eine medicinisch-psychologische Studie. Stuttgart 1890.

Richard von Krafft-Ebing: Psychopathia sexualis. Mit besonderer Berücksichtigung der conträren Sexualempfindung. Eine klinisch-forensische Studie. 6., vermehrte u. theilweise umgearbeitete Aufl. Stuttgart 1891.

Richard von Krafft-Ebing: Psychopathia sexualis. Mit besonderer Berücksichtigung der conträren Sexualempfindung. Eine medicinisch-gerichtliche Studie für Ärzte und Juristen. 12., verbesserte u. vermehrte Aufl. Stuttgart 1903.

Petra Porto: Sexuelle Norm und Abweichung. Aspekte des literarischen und des theoretischen Diskurses der Frühen Moderne (1890–1930). München 2011.

Anthony W. Riley: Anmerkungen und Varianten, in: Alfred Döblin: Jagende Rosse, Der schwarze Vorhang und andere frühe Erzählwerke. München 1987, S. 222–280.

Anthony W. Riley: Nachwort des Herausgebers, in: Alfred Döblin: Jagende Rosse, Der schwarze Vorhang und andere frühe Erzählwerke. München 1987, S. 281–326.

Wolfgang Schäffner: Die Ordnung des Wahns. Zur Poetologie psychiatrischen Wissens bei Alfred Döblin. München 1995 (= Die Materialität der Zeichen, Bd. 13).

Monika Treut: Die grausame Frau. Zum Frauenbild bei de Sade und Sacher-Masoch. Basel, Frankfurt/M. 1984.

II. Inspiring Arts

Arne Höcker (Boulder)
Drama, Anekdote, Fall

Wedekinds *Lulu*

1 Vom Fall zur Anekdote

Unter der Rubrik ‚Bestialität' findet sich in der *Psychopathia sexualis* Richard von Krafft-Ebings – von der ersten bis zur letzten Auflage unverändert – der folgende Eintrag:

> Der Verkehr weiblicher Individuen mit Tieren beschränkt sich auf den mit Hunden. Ein monströses Beispiel von sittlicher Depravation in grossen Städten ist der von Maschka (Handb. III) berichtete Fall einer Weibsperson in Paris, die in geschlossenen Kreisen gegen ein Eintrittsgeld vor Wüstlingen sich damit produzierte, dass sie sich von einem abgerichteten Bulldogg begatten liess![1]

In seinem Tagebuch nimmt Frank Wedekind Bezug auf diesen Fall.[2] Am 8. August 1889, also nur drei Jahre nach Erscheinen der ersten Auflage der *Psychopathia sexualis*, notiert er:

> Gestern abend im Bett dachte ich an die Anekdote aus Krafft-Ebing: Die Pariser Kokotte mit der Bulldogge. Ich male mir das aus, indem ich mir denke, daß das Mädchen auf den Händen hereinspaziert kommt und Geld einsammelt, indem es die Füße um weniges auseinanderhält. Dann läßt es sich durch Affen auskleiden, wobei die Hauptsache eine vollkommene Passivität ist. Dann kommen mindestens drei bis vier Doggen gehetzt und geprügelt. Das Mädchen wohnt und schläft mit einer Hündin zusammen von wegen des Seelendufts. Den ganzen Nachmittag verwende ich auf die Zeichnung des Mädchens.[3]

---

1 Richard von Krafft-Ebing: Psychopathia sexualis. Mit besonderer Berücksichtigung der conträren Sexualempfindung. Eine medicinisch-gerichtliche Studie für Ärzte und Juristen. (Neudruck der 14. Aufl., hg. v. Alfred Fuchs, Stuttgart 1912). München 1984, S. 422.

2 Bereits Johannes G. Pankau hat darauf hingewiesen, dass Wedekind sich in seinen Tagebüchern auf die oben zitierte Passage aus Krafft-Ebings sexualpathologischem Standardwerk bezieht. Pankau argumentiert, dass Wedekind das kasuistische Beispiel in einem literarischen Sinne aufnimmt und ästhetisch weiterverwendet. Vgl. Johannes G. Pankau: Prostitution, Tochtererziehung und männlicher Blick in Wedekinds Tagebüchern, in: Ortrud Gutjahr (Hg.): Frank Wedekind. Würzburg 2001 (= Freiburger literaturpsychologische Gespräche, Bd. 20), S. 19–54.

3 Frank Wedekind: Die Tagebücher. Ein erotisches Leben. Hg. v. Gerhard Hay. Frankfurt/M. 1986, S. 108.

Wedekinds Genrebezeichnung, um die es mir hier geht, ist so treffend wie problematisch. Denn was hier als Anekdote ausgewiesen wird, besitzt im Kontext der *Psychopathia sexualis* den Status eines Falls und Wert einer Beobachtung. Beobachtungen heißen bei Krafft-Ebing die Fallgeschichten, womit einerseits Authentizität und Autorität verbürgt wird und sich andererseits eine Lektüreanweisung verbindet: Der bevorzugt medizinisch oder juristisch berufene Leser soll die Beobachtungen aus wissenschaftlicher Perspektive, mit klinischem Blick nüchtern, sachlich und zurückgenommen nachvollziehen.[4] Zwar gehört der Fall der Pariser Kokotte nicht zu den als Beobachtung ausgezeichneten und durchnummerierten Fällen, sondern wird mit Verweis auf das von Josef Maschka 1882 herausgegebene *Handbuch der gerichtlichen Medicin* angeführt, der hier den Beobachtungsrahmen ersetzt. Wenn man diesem Quellenverweis folgt, so erweist es sich allerdings als durchaus angemessen, von einer Anekdote oder auch einem Schwank zu sprechen, denn Maschka *erwähnt* hier nichts anderes als ein Gerücht aus seiner Pariser Zeit.[5]

Um den Wahrheitsgehalt und die wissenschaftliche Glaubwürdigkeit von Krafft-Ebings Fallgeschichten geht es mir hier jedoch nicht. Vielmehr als über Krafft-Ebings sexualpathologisches Standardwerk sagt die Genrebezeichnung ‚Anekdote' etwas darüber aus, wie Wedekind die *Psychopathia sexualis* gelesen haben wird und des Weiteren vielleicht, wie das Buch generell vom Publikum rezipiert worden ist. Es ist bekannt, dass sich die enorme Verbreitung der *Psychopathia sexualis* nicht unbedingt einem spezifisch wissenschaftlichen Interesse verdankte und Krafft-Ebing, um Missbrauch vorzubeugen, besonders anstößige Stellen ins Lateinische übertrug,[6] was allerdings auch nur zur Markierung der

---

4 Zur Genealogie einer Poetik der Beobachtung in Bezug auf die Entwicklung der Fallgeschichte vgl. Arne Höcker: Epistemologie des Extremen. Lustmord in Kriminologie und Literatur um 1900. München 2012, insb. S. 73–95.

5 „Zum Schlusse will ich noch erwähnen, dass sich vor Jahren während meines Aufenthaltes in Paris eine Frauensperson in heimlichen, geschlossenen Circeln gegen ein Entré von 10 Francs damit producirte, dass sie sich von einem eigens hierzu abgerichteten Bulldogg begatten liess." Josef Maschka: Zeichen der Jungfrauschaft und gesetzwidrige Befriedigung des Geschlechtstriebes, in: ders. (Hg.): Handbuch der gerichtlichen Medicin. Bd. 3. Tübingen 1882, S. 85–192, hier S. 191.

6 Vgl. hierzu das Vorwort zur ersten Auflage von 1886: „Die folgenden Blätter wenden sich an die Adresse von Männern ernster Forschung auf dem Gebiet der Naturwissenschaft und der Jurisprudenz. Damit jene Unberufenen nicht als Lektüre dienen, sah sich der Verfasser veranlasst, einen nur dem Gelehrten verständlichen Titel zu wählen, sowie, wo immer möglich, in terminis technicis sich zu bewegen. Ausserdem erschien es geboten, einzelne besonders anstössige Stellen statt in deutscher, in lateinischer Sprache zu geben." Richard von Krafft-Ebing: Psychopathia sexualis. Eine klinisch-forensische Studie. Stuttgart 1886, S. Vf.

guten Stellen beigetragen hat und sicherlich niemanden davon abgehalten haben wird, sich hier ein paar sexuelle Anregungen zu holen.

Anregend jedenfalls wirkt die Lektüre der *Psychopathia sexualis* offensichtlich auch auf die Phantasie Wedekinds, für den das anekdotische Potential des Falls auch in seiner weiteren literarischen Ausarbeitung im Vordergrund steht. Wie Johannes Pankau gezeigt hat, lässt sich dabei bereits eine Reihe von Elementen erkennen, die als konstitutiv für die dramatische Produktion Wedekinds gelten können: „Elemente des Zirkushaften, Artistischen, Prostitutiven, der dressierten Weiblichkeit und der Verbindung von Kommerziellem und Sexuellem".[7] Die Lektüre des Falls als Anekdote scheint es Wedekind zu ermöglichen, die im Fall auf die sexualpathologische Wissensordnung bezogene Perversität der dargestellten Handlung aus ihrem Zusammenhang herauszulösen, zu isolieren und auf dramatisch Darstellbares zu übertragen. Anders ausgedrückt erlaubt es die anekdotische Lesart des Falls, dessen Bezug auf eine auf das Allgemeine ausgerichtete Wissensordnung umzukehren und auf eine dieser Ordnung vorausgehende Handlungsebene zurückzubeziehen. Dieses Verfahren ist dabei keineswegs willkürlich und es wird wesentlich dadurch begünstigt, dass sich die Gattungsmerkmale von Anekdote und Fall in vielerlei Hinsicht überschneiden. Allerdings scheint sich der Fall gattungsmäßig einfacher oder doch zumindest eindeutiger bestimmen zu lassen als die Anekdote. Denn während der Fall auf den Anschein des Faktischen angewiesen ist[8] – geht es doch um das, was der Fall ist – bleibt die Anekdote „in jenem zwielichtigen Bereich" angesiedelt, wie erst kürzlich Michael Niehaus argumentiert hat, „dem mit der kategorialen Unterscheidung zwischen faktualem und fiktionalem Erzählen nicht recht beizukommen ist."[9] Zugleich aber bleibt der historische Bezug ein unverzichtbares Wesensmerkmal der Anekdote. So lautet die Definition im *Historischen Wörterbuch der Rhetorik*: „Als Anekdote bezeichnet man eine kurze, oft anonyme Erzählung eines

---

7 Pankau: Prostitution, Tochtererziehung und männlicher Blick, S. 48.
8 So bezieht sich Krafft-Ebing in den Fallgeschichten der *Psychopathia sexualis* nicht selten auf Quellen literarischer Herkunft. Beispielhaft kann hier auf den Fall Andreas Bichel verwiesen werden, den Krafft-Ebing als ersten Fall eines Lustmordes anführt und der der *Aktenmäßigen Darstellung merkwürdiger Verbrechen* des Juristen und Strafrechtsreformers Paul Johann Anselm Ritter von Feuerbach entstammt. Hier lässt sich exemplarisch zeigen, wie aus einem literarisch bearbeiteten Kriminalfall des frühen 19. Jahrhunderts bei Krafft-Ebing eine Fallgeschichte wird, die für die Beobachtung eines perversen Verhaltens einzustehen beanspruchen kann. Vgl. hierzu Arne Höcker: „Die Lust am Text". Lustmord und Lustmord-Motiv, in: Susanne Komfort-Hein, Susanne Scholz (Hg.): Lustmord. Medialisierungen eines kulturellen Phantasmas um 1900. Königstein i. Ts. 2007, S. 37–51.
9 Michael Niehaus: Die sprechende und die stumme Anekdote, in: Zeitschrift für deutsche Philologie 133 (2013), S. 183–202, hier S. 184.

historischen Geschehens von geringer Wirkung, aber großer Signifikanz, die mit einer sachlichen oder sprachlichen Pointe endet."[10] Bleibt der Fall auf den Kontext seiner Darstellung angewiesen und bedarf der Historizität nicht so sehr in Bezug auf die Individualität des in ihm präsentierten Ereignisses, sondern in Bezug auf die Bedingungen seiner Möglichkeit, bleibt die historische Faktizität des Ereignisses in der Anekdote unverbürgt. Schon deshalb wird sie „mit dem Phänomen des Klatschs in Verbindung gebracht".[11] Neben der Ereignishaftigkeit und Singularität eines anekdotisch dargestellten historischen Ereignisses muss somit als weiteres Charakteristikum auch dessen Unverbürgtheit hervorgehoben werden. Entsprechend resümiert Paul Fleming in einem Aufsatz zu Anekdote und Beispielhaftigkeit bei Linnaeus und Blumenberg:

> The anecdote is a narration that claims to present (whether true or not, verifiable or not) a historical event, usually a single event detached from other events. As a discrete isolated narrative, the anecdote doesn't have a chronological connection to any surrounding narration of events; even when collected – and anecdotes can only be collected, not ‚sewn' together into a single story – an anecdote stands on its own.[12]

Wenn nun Wedekind den Fall der Pariser Kokotte aus Krafft-Ebings *Psychopathia sexualis* als Anekdote liest, interessiert ihn die Authentizität des Ereignisses nicht und verschiebt sich zudem der Fokus vom Historischen als Garant von Wiederholbarkeit und Möglichkeit hin zum Historischen als Modus des Singulären, Besonderen und Erzählenswerten. Folgte man also einer entsprechenden Definition der Anekdote als einer bemerkens- und darum erzählenswerten, anregenden historischen Begebenheit, die auf eine prägnante und signifikante Charakterisierung einer Person oder eines Ereignisses gerichtet ist, so läge es in der Tat nahe, an die Herkunft der Fallgeschichte aus den *cause celèbre* und den *merkwürdigen Rechtsfällen* von Pitaval und Schiller bis zu Feuerbach und Willibald Alexis zu denken. Sowohl Anekdote als auch Fall berichten merkwürdige, also bemerkenswerte Begebenheiten, beziehen sich auf eigentümliche Charaktereigenschaften und erklären diese zum Wesensmerkmal ihres betreffenden Gegenstands. Allerdings unterscheiden sich Anekdote und Fall eben maßgeblich in der Ausrichtung ihrer jeweiligen Wirklichkeitsbezüge und hinsichtlich ihrer Autorisierung. Wörtlich ist die Anekdote ein Text, der nicht herausgegeben ist, ein ursprungs-,

---

10 Joachim Knape: Anekdote, in: Gert Ueding (Hg.): Historisches Wörterbuch der Rhetorik. Bd. 1. Tübingen 1992, S. 566–579, hier S. 566.
11 Niehaus: Die sprechende und die stumme Anekdote, S. 185.
12 Paul Fleming: The Perfect Story: Anecdote and Exemplarity in Linnaeus and Blumenberg, in: Thesis Eleven 104/1 (2011), S. 72–86, hier S. 74.

autorloser und nicht autorisierter Text.[13] Während der Fall auf den Herausgeber und seine – in diesem Fall: wissenschaftliche – Autorität angewiesen ist, bleibt die Authentizität der Anekdote zweifelhaft. Und schließlich richtet sich der Fall auf ein allgemeines Wissen aus, an dessen Formierung er selbst wesentlich beteiligt ist,[14] während sich die Anekdote den Gesetzen von Kausalität und Finalität nicht fügen muss und oftmals gerade die Ereignishaftigkeit ihres Berichts, das Zufällige, Einzigartige und Kontingente daran ins Spiel bringt. Letzteres wird von Joel Fineman hervorgehoben, der sich im Rahmen einer Auseinandersetzung mit dem *New Historicism* mit der Anekdote befasst hat. Fineman beschreibt die Anekdote als eine literarische Form, die Geschichte *passieren* lässt, indem sie sich räumlich und zeitlich nicht bindet und sich stattdessen einer narrativen Offenheit anheimgibt. Gerade dadurch aber, dass sie ein Ereignis in seiner singulären und kontingenten Ereignishaftigkeit darstelle, produziere die Anekdote einen Realitätseffekt.[15] Ihre Unbestimmtheit wäre somit ein ganz wesentliches Merkmal der Anekdote, die sie vom Fall unterscheidet, dem es ja darum geht, seine Erzählung auf Bestimmtes oder vielmehr noch Bestimmbares auszurichten. Genau in diesem Sinne bezieht sich Hans Lipps in einem Aufsatz von 1931, in dem er an André Jolles Analyse einfacher Formen anschließt, auf das Verhältnis von Anekdote und Fall: „Was als eine Anekdote zur Charakterisierung jemandes aufgegriffen oder als merkwürdige Geschichte erzählt oder worüber als über eine Affäre geredet wird, erfährt als Fall vorgetragen eine bestimmte Fassung und Behandlung."[16] Es lohnt sich also, hier noch einmal hervorzuheben, dass sich Anekdote und Fall nicht durch ihren behandelten Gegenstand unter-

---

13 „Anekdote, griech. an-ekdota (von ekdidonai = herausgeben, edieren), also ‚nicht Herausgegebenes'". Elfriede Moser-Rath: Art. „Anekdote", in: Kurt Ranke (Hg.): Enzyklopädie des Märchens. Handwörterbuch zur historischen und vergleichenden Erzählforschung. Bd. 1. Berlin, New York 1999, S. 528–542, hier S. 528.

14 Eine entsprechende Definition gibt Hans Lipps: „Das Besondere eines Falles ist etwas anderes als die dem Begriff einfach entzogene Individualität eines existierenden Gegenstandes. Ein Fall wird auf den Begriff *zu*, aber nicht – wie ein Gegenstand – von dem Begriff *her* nur eben weiterbestimmt. Fälle werden auf einen Begriff *hin* erkannt." Hans Lipps: Beispiel, Exempel, Fall und das Verhältnis des Rechtsfalles zum Gesetz (1931), in: ders.: Die Verbindlichkeit der Sprache. Frankfurt/M. 1958, S. 51.

15 „In formal terms, my thesis is the following: that the anecdote is the literary form that uniquely *lets history happen* by virtue of the way it introduces an opening into the teleological, and therefore timeless, narration of beginning, middle, and end. The anecdote produces the effect of the real, the occurrence of contingency, by establishing an event as an event within and yet without the framing context of historical successivity". Joel Fineman: The History of Anecdote: Fiction and Fiction, in: Harold Aram Veeser (Hg.): The New Historicism. New York, London 1989, S. 49–76, hier S. 61.

16 Lipps: Beispiel, Exempel, Fall, S. 47f.

scheiden lassen, sondern allein durch die Form ihrer Darstellung, die im Fall der Anekdote durch Unbestimmtheit Präsenz erzeugt.

Folgt man nun also Wedekinds Lektüre des Falls der Pariser Kokotte als Anekdote, so wird sofort deutlich, dass ihn das an den Fall anknüpfende Wissen um die sexuelle Perversion weniger interessiert als vielmehr die anekdotisch dargestellte Ereignishaftigkeit und ihr artistisches Potential, das sich ohne Schwierigkeiten in eine Varieté- oder Zirkusnummer übersetzen lässt. Und dass die Nummer auf der Bühne der Anekdote im Journal entspricht und überdies dem Anspruch der Modernität genügt, kann man sich auch von August Strindberg in seinem 1894 erschienenen Aufsatz *Qu'est-ce que 'le moderne'?* bestätigen lassen.[17] Wenn man so will, erlaubt es also die anekdotische Lesart, den Fall dramatisch auszumalen und theatralisch in Szene zu setzen.

2 Das Drama des Falls

Sollte nun für Wedekind zutreffen, was für viele seiner literarischen Zeitgenossen gilt, dass das Tagebuch nicht nur Datenspeicher sondern vielmehr Experimentierfeld für literarische Versuchsanordnungen ist, dann ließe sich behaupten, dass es sich bei Wedekinds Lektüre des Falls der Pariser Kokotte um den Modellfall eines literarischen Verfahrens handelt, aus dem sich weitere Schlüsse hinsichtlich Wedekinds literarischen Bezügen zur Sexualpathologie ziehen lassen.

Dass Wedekind die Sexualitätsdiskurse seiner Zeit kannte und sich auch literarisch darauf bezogen hat, gehört zu einem allgemeinen und doch beliebten Topos der Wedekind-Forschung.[18] Allerdings sind direkte diskursive Bezüge wie der hier besprochene in Wedekinds Werk eher selten. In Wedekinds *Lulu*-Dramen ist es allein das Auftauchen Jack the Rippers im letzten Akt, das einen direkten Bezug zur Sexualpathologie herzustellen und eine entsprechende Lektüre daran auszurichten erlaubt. So haben verschiedene Analysen von Wedekinds *Lulu*-Stücken jüngeren Datums sehr erfolgreich zeigen können, dass die zeitgenössischen Sexualitätsdiskurse auch unterhalb des Diskursiven, auf der Darstellungsebene selbst wirksam sind. So sei der von Jack the Ripper an Lulu verübte *Lustmord* nicht nur der grausame Schlusspunkt dieser Tragödie der Weiblichkeit; seine

---

17 Vgl. August Strindberg: Qu'est-ce que 'le moderne'? in: L'Écho de Paris, 20.12.1894.
18 Vgl. u.a. Johannes G. Pankau: Sexualität und Modernität. Studien zum deutschen Drama des Fin de Siècle. Würzburg 2005; Elke Austermühl, Hartmut Vinçon: Frank Wedekinds Dramen, in: Hans Joachim Piechotta, Ralph-Rainer Wuthenow, Sabine Rothemann (Hg.): Die literarische Moderne in Europa. Bd. 2: Formationen der literarischen Avantgarde. Opladen 1994, S. 304–321; Elizabeth Boa: The Sexual Circus. Wedekind's Theatre of Subversion. Oxford 1987.

„Ikonographie" ist, wie Hania Siebenpfeiffer argumentiert hat, auch „jenseits der Figur Jack the Rippers von Beginn im Drama präsent".[19] Erstaunlich ist jedoch, dass die dramatische Form in diesem Zusammenhang nur selten eine Rolle zu spielen scheint. Kaum findet sich eine Analyse der *Lulu*-Dramen, in der die sexualpathologischen Bezüge mit der Form des Dramas in Verbindung gebracht worden sind. Allein Johanna Bossinade spricht diese in einem Aufsatz an:

> Zum Verständnis von Wedekinds ‚Lulu'-Komplex wird häufig auf kultur- und sexualkundliche Schriften der Zeit, etwa von Bachofen und Engels, Krafft-Ebing, Havelock Ellis, Freud verwiesen. Wirklich einsichtsfördernd sind diese Bezüge freilich erst, wenn sie, was nicht immer der Fall ist, in einen Interpretationsrahmen eingebettet sind, der die Formgestalt der Dramen mit bedenkt.[20]

Mir scheint dies ein interessanter und wichtiger Hinweis zu sein, denn er legt nahe, Wedekinds Bezügen zur Sexualpathologie nicht nur auf der diskursiven Ebene zu folgen, sondern auf der Ebene literarischer und hier im speziellen dramatischer Form. Wie also verhält sich die dramatische Form zu ihrem Material sexualpathologischer Fallgeschichten? Bevor ich am Beispiel von Wedekinds *Monstretragödie* ein paar Vorschläge zur Beantwortung dieser Frage machen werde, scheinen mir zunächst einige allgemeine Überlegungen zum Verhältnis von Fall und Drama angebracht.

Die Fallgeschichte ist in den letzten Jahren zu einem beliebten Gegenstand literaturwissenschaftlicher Forschung geworden.[21] Das liegt zum einen daran,

---

19 Hania Siebenpfeiffer: Re-Writing Jack the Ripper. Zur Semiotik des Lustmords in Frank Wedekinds *Monstretragödie*, in: Susanne Komfort-Hein, Susanne Scholz (Hg.): Lustmord. Medialisierungen eines kulturellen Phantasmas um 1900. Königstein i. Ts. 2007, S. 55–72.

20 Johanna Bossinade: Wedekinds *Monstretragödie* und die Frage der Separation (Lacan), in: Freiburger literaturpsychologische Gespräche 20 (2001), S. 143–162, hier S. 147.

21 Die folgende Liste ist nur eine Auswahl der relevantesten Publikationen zum Verhältnis von Literatur und Fallgeschichte: Nicolas Pethes: Vom Einzelfall zur Menschheit. Die Fallgeschichte als Medium der Wissenspopularisierung zwischen Recht, Medizin und Literatur, in: Gereon Blaseio, Hedwig Pompe, Jens Ruchatz (Hg.): Popularisierung und Popularität. Köln 2005, S. 63–92; Johannes Süßmann, Susanne Scholz, Gisela Engel (Hg.): Fallstudien: Theorie – Geschichte – Methode. Berlin 2007; Jens Ruchatz, Stefan Willer, Nicolas Pethes (Hg.): Das Beispiel. Epistemologie des Exemplarischen. Berlin 2007; Critical Inquiry, Special Issue: Making the Case 33/3 (2007); Nicolas Pethes, Birgit Griesecke, Marcus Krause u.a. (Hg.): Menschenversuche. Eine Anthologie 1750–2000. Frankfurt/M. 2008; Gisela Steinlechner: Fallgeschichten. Krafft-Ebing, Panizza, Freud, Tausk. Wien 1995; Nicolas Pethes: Zöglinge der Natur. Der literarische Menschenversuch des 18. Jahrhunderts. Göttingen 2007; John Forrester: If p, then what? Thinking in Cases, in: History of the Human Sciences 9/1 (1996), S. 1–25; Andreas Gailus: A Case of Individuality: Karl Philipp Moritz and the Magazine for Empirical Psychology, in: New German Critique 79 (2000), S. 67–105; Höcker: Epistemologie des Extremen.

dass Fallgeschichten Anleihen an literarische Formen nehmen, und zum anderen, dass sich die Fallgeschichte am Ende des 18. Jahrhunderts aus einem allgemeinen, auch mit der Literatur geteilten Interesse an anthropologischen Fragen als eigenes Genre auszudifferenzieren beginnt. Bezüge der Literatur zur Fallgeschichte gibt es seither reichlich: sie reichen von Goethes *Werther*[22] bis zu Döblins *Die beiden Freundinnen und ihr Giftmord*,[23] von Moritz' psychologischem Roman *Anton Reiser*[24] bis zu Freuds berühmter Bemerkung, dass sich seine Krankengeschichten wie Novellen lesen lassen.[25] Dabei gibt es eine klare historische Affinität der Fallgeschichte zu narrativen Gattungen wie dem Roman und der Novelle und man könnte wohl behaupten, dass die Möglichkeitsbedingungen der Fallgeschichte im pragmatischen Erzählen liegen.[26] Das Modell dafür gibt im 18. Jahrhundert der Roman ab, der seit Friedrich von Blanckenburgs Romantheorie den inneren Menschen darstellen, auf Beobachtung basieren und auf Kausalität und Finalität abzielen soll.[27] Die Verbindung von Beobachten und Erzählen ist wesentlich für die Herausbildung von Fallgeschichten, die 1778 bei Johann Carl Wezel entsprechend noch „Beobachtungsgeschichten" heißen.[28] Und das heißt, dass hier unter literarischen Bedingungen die Narrativierung der Beobachtung menschlichen Handelns zur Erzeugung anthropologischen Wissens beitragen soll. Der Austausch von Literatur und den sich formierenden Humanwissenschaften findet also – stark abgekürzt – auf der Ebene von Erzählungen statt. Die dramatische Bearbeitung fallgeschichtlichen Materials ist hingegen eher selten und scheint auch nicht besonders geeignet, dem in Fallgeschichten erzeugten Wissen weitere Erkenntnisse hinzuzufügen. Denn gewissermaßen dreht ja das Drama die Perspektive der Fallgeschichte wieder um: Die in die Form einer

---

22 Vgl. Christiane Frey: Ist das nicht der Fall der Krankheit? Der literarische Fall am Beispiel von Goethes Werther, in: Zeitschrift für Germanistik 19 (2009), S. 317–329.

23 Vgl. das Kapitel „Tatsachenphantasie, Diskursphantasie: Für eine Poetik der Kontingenz" in Höcker: Epistemologie des Extremen, S. 171–188.

24 Vgl. Christiane Frey: Moritz' Anton Reiser als paradigmatische Fallgeschichte, in: Anthony Krupp (Hg.): Signatures of Thought: Karl Philipp Moritz. Amsterdam 2010, S. 19–41.

25 Vgl. Marianne Schuller: Erzählen Machen. Narrative Wendungen in der Psychoanalyse nach Freud, in: Arne Höcker, Jeannie Moser, Philippe Weber (Hg.): Wissen. Erzählen. Narrative der Humanwissenschaften. Bielefeld 2006, S. 207–220.

26 Vgl. hierzu auch Josef Fürnkäs: Der Ursprung des psychologischen Romans. Karl Philipp Moritz' Anton Reiser. Stuttgart 1977.

27 Vgl. Friedrich von Blanckenburg: Versuch über den Roman. Faksimiledruck der Originalausgabe von 1774. Stuttgart 1965; dazu auch Kurt Wölfel: Friedrich von Blanckenburgs Versuch über den Roman, in: Reinhold Grimm (Hg.): Deutsche Romantheorien. Beiträge zu einer historischen Poetik des Romans in Deutschland. Frankfurt/M., Bonn 1968, S. 29–60.

28 Johann Karl Wezel: Über die Erziehungsgeschichten, in: ders.: Pädagogische Unterhandlungen 3/3, S. 227–252.

kausalen und erklärenden Erzählung gebrachte Beobachtung menschlichen Handelns wird im Drama wieder in Handlungen rückübersetzt. Mir sind entsprechend auch nur zwei Beispiele aus dem 19. Jahrhundert bekannt, in denen sich Literaten dramatisch auf Fallgeschichten beziehen. Neben Wedekinds *Lulu*-Dramen ist das Georg Büchners Dramenfragment *Woyzeck*, das sich bekanntlich auf den Kriminalfall und das psychiatrische Gutachten zur Zurechnungsfähigkeit des Mörders Johann Christian Woyzeck bezieht. Im Gegensatz zu Wedekind verweist Büchner jedoch durch direkte Zitate auf das fallgeschichtliche Dokument, das von Johann Christian August Clarus angefertigt und veröffentlicht wurde und längst selbst zu einem unverzichtbaren Teil des Büchner'schen Werkzusammenhangs geworden ist.[29] Im Kontext von Fall und Drama lässt sich zeigen, dass Büchners *Woyzeck* genau jene dramatischen Elemente der Clarus'schen Fallgeschichte zitiert, die sich der psychiatrischen Narrativierung und also der Fallwerdung Woyzecks widersetzen. Man kann daraus, wenn man will, Schlüsse bezüglich des Realismus Büchners ziehen.

Auch bei Wedekinds *Monstretragödie*[30] kann man nicht einfach von einer dramatischen Fallgeschichte sprechen, sondern muss allererst berücksichtigen, dass sich das Drama dramatisch auf Fallgeschichten bezieht. Und es lässt sich vermuten, dass das Groteske und Karnevaleske der Tragödie ein Effekt dieser Dramatisierung fallgeschichtlichen Materials ist. Bereits Ruth Florack hat die *Monstretragödie* als eine „Grotesk-Montage" beschrieben, die auf den zeitgenössischen Sexualitätsdiskurs rekurriert.[31] Zugleich fragt Florack allerdings weiter, welche Textmomente es denn sind, die Wedekinds Drama in den diskursiven Kontext der Sexualpathologie stellen.[32] Wie bereits erwähnt, gibt es im Drama eigentlich nur ein direktes Zitat als Verweis auf den Sexualitätsdiskurs: das Auftauchen Jack the Rippers im letzten Akt, in dem dieser der vermeintlichen Protagonistin Lulu ein grausames Ende setzt. Doch selbst Jack the Ripper ist zur Zeit der Entstehung der *Monstretragödie* eher allgemeines und populäres Kultur-

---

29 Zum Verhältnis von Fall und Drama in Büchners *Woyzeck* vgl. Rüdiger Campe: Johann Franz Woyzeck. Der Fall im Drama, in: Michael Niehaus, Hans-Walter Schmidt-Hannisa (Hg.): Unzurechnungsfähigkeiten. Diskursivierungen unfreier Bewußtseinszustände seit dem 18. Jahrhundert. Frankfurt/M. 1998, S. 209–236.
30 Ich beziehe mich im Folgenden auf die erst in den 1980er Jahren wiederentdeckte Urfassung der *Lulu*-Dramen, weil hier die sexualpathologischen Bezüge deutlicher zu sehen sind als in den späteren Fassungen der Doppeltragödie, die ihre Form auch den damaligen Zensurbestimmungen zu verdanken haben. Vgl. hierzu insb. Ruth Florack: Wedekinds ‚Lulu'. Zerrbild der Sinnlichkeit. Tübingen 1995.
31 Vgl. Ruth Florack: Aggression und Lust. Anmerkungen zur *Monstretragödie*, in: Gutjahr (Hg.): Frank Wedekind, S. 163–177, hier insb. S. 171f.
32 Florack: Aggression und Lust, S. 164.

gut denn spezifischer Gegenstand der Sexualpathologie.[33] Des Weiteren sind Wedekinds Figuren weder als Typen noch als Charaktere konzipiert und auf Figurenpsychologie verzichtet Wedekind insgesamt. Vorgeführt werden Handlungen ohne Psychologie und die einzelnen Szenen reihen sich nummernhaft aneinander, ohne dabei einheitlichen Handlungsverlauf zu gestalten. Die Geschlossenheit der klassischen dramatischen Form wird vorsätzlich aufgelöst und die einzelnen Szenen besitzen jeweils eigenen semantischen Wert. In der *Monstretragödie* ersetzen Serialität und Wiederholung einen nach kausalen Prinzipien sich bildenden Plot. Und würde sich jemand die Mühe eines Versuchs machen, das Drama nachzuerzählen, so bekäme man wohl tatsächlich nichts anderes als eine Serie grotesk anmutender Anekdoten, die man nur noch unter das klinische Vorzeichen der sexuellen Perversion zu stellen brauchte, um ein sexualpathologisches Standardwerk daraus zu machen.

Wedekinds Drama also betreibt die Auflösung der dramatischen Einheiten von Handlung, Ort und Zeit und entsprechend machen auch die Figuren keine Entwicklung durch, was sich noch auf die Ebene der Figurenrede überträgt, die sich in bloßen Anspielungen auf körperliche Begehren erschöpft und immer auf der Hut ist, die scheinbar willkürlich gesetzten moralischen Grenzen nur gerade soweit zu überschreiten, dass noch Umkehr möglich ist. Kaum ein Satz wird zu Ende gesprochen, Ausrufe reihen sich an ins Leere laufende Anspielungen, das Drama folgt einer Strategie zur Vermeidung des Diskursiven und wenn es dann einmal zur Sache zu gehen verspricht, werden die sich manifestierenden Phantasien schnellstmöglich wieder in belanglose Plauderei abgelenkt. Zwar ist das ganze Stück im höchsten Maße sexuell aufgeladen, doch bleibt den Figuren sexuelle Erfüllung versagt. Allein Lulu bekommt, was sie verlangt. Schon im dritten Aufzug gesteht sie dem ihr verfallenen Dramatiker Alwa: „Ich möchte einmal einem Lustmörder in die Hände gerathen."[34]

Wie eine Motte dem Licht, so schrieb Karl Kraus über *Die Büchse der Pandora*, fliege Lulu, das unweiblichste Weib, dem männlichsten Mann, dem Lustmörder Jack entgegen.[35] Man hat dies, und wahrscheinlich durchaus zu Recht, als Kritik an der herrschenden bürgerlichen Geschlechterordnung und ihrer Sexualethik verstehen wollen und es ist ganz sicher nicht abzustreiten, dass der Skandal am Ende des Dramas darin besteht, dass es gerade der das öffentliche Bewusstsein verstörende und verängstigende Jack the Ripper ist, der Sorge dafür trägt, die

---

33 Vgl. Judith Walkowitz: City of Dreadful Delight. Narratives of Sexual Danger in Late-Victorian London. Chicago 1992.

34 Frank Wedekind: Lulu. Die Büchse der Pandora. Eine Monstretragödie. Frankfurt/M. 1999, S. 88.

35 Vgl. Karl Kraus: Die Büchse der Pandora, in: Die Fackel 182 (1905), S. 1–15, hier S. 6.

zivilisatorische Ordnung wieder herzustellen, indem er Lulu nimmt, „womit sie an den Männern gesündigt habe", wie es wiederum Karl Kraus ausdrückte.[36] Es ist sicherlich auch richtig, dass Jack am Ende des Dramas über den textuellen Zusammenhang hinaus auf eine Wirklichkeit außerhalb des Dramas verweist und auch so wahrgenommen werden muss.[37] Man muss aber dann auch noch den weiteren Schritt machen und zugestehen, dass diese Wirklichkeit Jack the Rippers selbst wiederum aus Anekdoten gestrickt ist.[38]

Die Schwierigkeit der *Monstretragödie* allerdings ist, dass sie selbst bis auf das Ende keine kritische Perspektive einnimmt und auf der Inhaltsebene überhaupt kein benennbares kritisches Programm entwirft. Vielmehr verfährt Wedekind durchgehend affirmativ mit den zeitgenössischen Sexualitätsdiskursen; er nimmt sie mimetisch auf und setzt sie dramatisch um. Allein wenn sich Jack am Ende und nach vollbrachter Tat, die bezeichnenderweise nichts mit Lust sondern mit Arbeit zu tun hat, über seine Trophäe freut, für die einmal der *London Medical Club* eine schöne Summe hinlegen wird, wenn also der Lustmörder selbst zum Zulieferer der medizinischen Wissenschaft wird und sein Handeln in den Dienst menschlichen Fortschritts stellt, dann wird hier die ganze Gewalt eines Diskurses offenbar, dem sich das Drama bis dahin vollständig verschrieben hat, indem es ihn beim Wort zu nehmen versuchte.

Nicht nur fungiert der Lustmord hier am Ende als Korrektiv im Namen der herrschenden Sexualmoral und bürgerlicher Normalitätsvorstellungen, was schon skandalös genug wäre, darüber hinaus aber erscheint der Lustmord als wissenschaftliches Verfahren. Wenn der Lustmörder zum Sammler und Anatom wird, wenn seine Handlung des Zerstückelns des weiblichen Körpers auf präzise chirurgische und wissenschaftliche Praktiken verweist, wird der Lustmord zu einem Akt, der in gewissem Sinne einen humanen, zumindest aber einen human-wissenschaftlichen Zweck verfolgt. Seinem spektakulären Gehalt entledigt und als vollkommen rationale Handlung in Szene gesetzt, ist der Lustmörder nicht mehr das erschreckend Andere, eine die zivilisierte Ordnung bedrohende naturhafte Bestie in menschlicher Gestalt, seine Tat wird vielmehr zu einem Ereignis, das sich nahtlos in die Ordnung der bürgerlichen Gesellschaft fügt und zu ihrem

---

36 Kraus: Büchse der Pandora, S. 6.
37 Ruth Florack zufolge thematisiere Wedekinds Drama so die Grenzen der Fiktionalität: „In der Wirklichkeit gibt es zwar keine Frauen wie Lulu, wohl aber Männer wie Jack the Ripper. So ist mit dem effektvollen Schluß der *Monstretragödie* die Angst, die der Leser bei der Lektüre verspüren mag, eben nicht zu Ende [?]. Real ist die Gewalt – diese Erkenntnis ist unausweichlich." Florack: Aggression und Lust, S. 176.
38 Vgl. u.a. Judith Walkowitz: Jack the Ripper und der Mythos von der männlichen Gewalt, in: Alain Corbin (Hg.): Die sexuelle Gewalt in der Geschichte. Berlin 1992, S. 107–135.

Selbstverständnis beiträgt. Wenn sich also die dramatisch dargestellte Tat des Lustmords so problemlos und vollkommen auf die Rationalität des humanwissenschaftlichen Diskurses beziehen lässt und darin gar ihren Sinn zu finden scheint, dann kann von der moralischen Autorität dieses Diskurses keine Rede mehr sein.

Wie das gemeint ist, das soll hier am Ende noch eine Anekdote veranschaulichen. Am 29. Mai 1905 inszenierte Karl Kraus *Die Büchse der Pandora* vor eingeladenen Gästen im Wiener Trianon-Theater. Dass Wedekind hier in der Rolle Jack the Rippers gerade die Schauspielerin Tilly Newes in der Rolle der Lulu umbringen sollte, die er nur ein Jahr später heiraten wird, scheint mehr als nur eine ironische Pointe zu sein.[39] Wie man es auch dreht und wendet, hier löst sich das Versprechen der Sexualpathologie ein und findet die *Monstretragödie* als bürgerliches Schauspiel ihr Happy End.

Verwendete Literatur

Elke Austermühl, Hartmut Vinçon: Frank Wedekinds Dramen, in: Hans Joachim Piechotta, Ralph-Rainer Wuthenow, Sabine Rothemann (Hg.): Die literarische Moderne in Europa. Bd. 2: Formationen der literarischen Avantgarde. Opladen 1994, S. 304–321.

Friedrich von Blanckenburg: Versuch über den Roman. Faksimiledruck der Originalausgabe von 1774. Stuttgart 1965.

Elizabeth Boa: The Sexual Circus. Wedekind's Theatre of Subversion. Oxford 1987.

Johanna Bossinade: Wedekinds *Monstretragödie* und die Frage der Separation (Lacan), in: Freiburger literaturpsychologische Gespräche 20 (2001), S. 143–162.

Rüdiger Campe: Johann Franz Woyzeck. Der Fall im Drama, in: Michael Niehaus, Hans-Walter Schmidt-Hannisa (Hg.): Unzurechnungsfähigkeiten. Diskursivierungen unfreier Bewußtseinszustände seit dem 18. Jahrhundert. Frankfurt/M. 1998, S. 209–236.

Critical Inquiry. Special Issue: Making the Case 33/3 (2007).

Joel Fineman: The History of Anecdote: Fiction and Fiction, in: Harold Aram Veeser (Hg.): The New Historicism. New York, London 1989, S. 49–76.

Paul Fleming: The Perfect Story: Anecdote and Exemplarity in Linnaeus and Blumenberg, in: Thesis Eleven 104/1 (2011), S. 72–86.

Ruth Florack: Wedekinds 'Lulu'. Zerrbild der Sinnlichkeit. Tübingen 1995.

John Forrester: If p, then what? Thinking in Cases, in: History of the Human Sciences 9/1 (1996), S. 1–25.

---

39 Auch Claudia Liebrand sieht darin einen selbstreferentiellen Kommentar Wedekinds. Sie schreibt: „Meines Erachtens nun ist diese Rollenwahl nicht kontingent, keine biographische Quisquilie, sondern ästhetisch selbstreflexiv: Sie verweist auf den ganz und gar *gender*-spezifizierten mortifizierenden Aspekt der künstlerischen Arbeit". Claudia Liebrand: Noch einmal: Das wilde, schöne Tier Lulu. Rezeptionsgeschichte und Text, in: Gutjahr (Hg.): Frank Wedekind, S. 179–194, hier S. 187.

Christiane Frey: Ist das nicht der Fall der Krankheit? Der literarische Fall am Beispiel von Goethes Werther, in: Zeitschrift für Germanistik 19 (2009), S. 317–329.

Christiane Frey: Moritz' Anton Reiser als paradigmatische Fallgeschichte, in: Anthony Krupp (Hg.): Signatures of Thought: Karl Philipp Moritz. Amsterdam 2010, S. 19–41.

Josef Fürnkäs: Der Ursprung des psychologischen Romans. Karl Philipp Moritz' *Anton Reiser*. Stuttgart 1977.

Andreas Gailus: A Case of Individuality: Karl Philipp Moritz and the Magazine for Empirical Psychology, in: New German Critique 79 (2000), S. 67–105.

Arne Höcker: „Die Lust am Text". Lustmord und Lustmord-Motiv, in: Susanne Komfort-Hein, Susanne Scholz (Hg.): Lustmord. Medialisierungen eines kulturellen Phantasmas um 1900. Königstein i. Ts. 2007, 37–51.

Arne Höcker: Epistemologie des Extremen. Lustmord in Kriminologie und Literatur um 1900. München 2012.

Joachim Knape: Anekdote, in: Gert Ueding (Hg.): Historisches Wörterbuch der Rhetorik. Bd. 1. Tübingen 1992, S. 566–579.

Richard von Krafft-Ebing: Psychopathia sexualis. Mit besonderer Berücksichtigung der conträren Sexualempfindung. Eine medicinisch-gerichtliche Studie für Ärzte und Juristen. (Neudruck der 14. Aufl., hg. v. Alfred Fuchs, Stuttgart 1912). München 1984.

Richard von Krafft-Ebing: Psychopathia sexualis. Eine klinisch-forensische Studie. Stuttgart 1886.

Karl Kraus: Die Büchse der Pandora, in: Die Fackel 182 (1905), S. 1–15.

Claudia Liebrand: Noch einmal: Das wilde, schöne Tier Lulu. Rezeptionsgeschichte und Text, in: Ortrud Gutjahr (Hg.): Frank Wedekind. Würzburg 2001 (= Freiburger literaturpsychologische Gespräche, Bd. 20), S. 179–194.

Hans Lipps: Beispiel, Exempel, Fall und das Verhältnis des Rechtsfalles zum Gesetz (1931), in: ders.: Die Verbindlichkeit der Sprache. Frankfurt/M. 1958.

Josef Maschka: Zeichen der Jungfrauschaft und gesetzwidrige Befriedigung des Geschlechtstriebes, in: ders. (Hg.): Handbuch der gerichtlichen Medicin. Bd. 3. Tübingen 1882, S. 85–192.

Elfriede Moser-Rath: Art. „Anekdote", in: Kurt Ranke (Hg.): Enzyklopädie des Märchens. Handwörterbuch zur historischen und vergleichenden Erzählforschung. Bd. 1. Berlin, New York 1999, S. 528–542.

Michael Niehaus: Die sprechende und die stumme Anekdote, in: Zeitschrift für deutsche Philologie 133 (2013), S. 183–202.

Johannes G. Pankau: Prostitution, Tochtererziehung und männlicher Blick in Wedekinds Tagebüchern, in: Ortrud Gutjahr (Hg.): Frank Wedekind. Würzburg 2001, S. 19–54.

Johannes G. Pankau: Sexualität und Modernität. Studien zum deutschen Drama des Fin de Siècle. Würzburg 2005.

Nicolas Pethes, Birgit Griesecke, Marcus Krause, u.a. (Hg.): Menschenversuche. Eine Anthologie 1750–2000. Frankfurt/M. 2008.

Nicolas Pethes: Vom Einzelfall zur Menschheit. Die Fallgeschichte als Medium der Wissenspopularisierung zwischen Recht, Medizin und Literatur, in: Gereon Blaseio, Hedwig Pompe, Jens Ruchatz (Hg.): Popularisierung und Popularität. Köln 2005, S. 63–92.

Nicolas Pethes: Zöglinge der Natur. Der literarische Menschenversuch des 18. Jahrhunderts. Göttingen 2007.

Jens Ruchatz, Stefan Willer, Nicolas Pethes (Hg.): Das Beispiel. Epistemologie des Exemplarischen. Berlin 2007.

Marianne Schuller: Erzählen Machen. Narrative Wendungen in der Psychoanalyse nach Freud, in: Arne Höcker, Jeannie Moser, Philippe Weber (Hg.): Wissen. Erzählen. Narrative der Humanwissenschaften. Bielefeld 2006, S. 207–220.

Hania Siebenpfeiffer: Re-Writing Jack the Ripper. Zur Semiotik des Lustmords in Frank Wedekinds *Monstretragödie*, in: Susanne Komfort-Hein, Susanne Scholz (Hg.): Lustmord. Medialisierungen eines kulturellen Phantasmas um 1900. Königstein i. Ts. 2007, S. 55–72.

Gisela Steinlechner: Fallgeschichten. Krafft-Ebing, Panizza, Freud, Tausk. Wien 1995.

August Strindberg: Qu'est-ce que ‚le moderne'? in: L'Écho de Paris, 20.12.1894.

Johannes Süßmann, Susanne Scholz, Gisela Engel (Hg.): Fallstudien: Theorie – Geschichte – Methode. Berlin 2007.

Judith Walkowitz: City of Dreadful Delight. Narratives of Sexual Danger in Late-Victorian London. Chicago 1992.

Judith Walkowitz: Jack the Ripper und der Mythos von der männlichen Gewalt, in: Alain Corbin (Hg.): Die sexuelle Gewalt in der Geschichte. Berlin 1992, S. 107–135.

Frank Wedekind: Die Tagebücher. Ein erotisches Leben. Hg. v. Gerhard Hay. Frankfurt/M. 1986.

Frank Wedekind: Lulu. Die Büchse der Pandora. Eine Monstretragödie. Frankfurt/M. 1999.

Johann Karl Wezel: Über die Erziehungsgeschichten, in: ders.: Pädagogische Unterhandlungen 3/3, S. 227–252.

Kurt Wölfel: Friedrich von Blanckenburgs *Versuch über den Roman*, in: Reinhold Grimm (Hg.): Deutsche Romantheorien. Beiträge zu einer historischen Poetik des Romans in Deutschland. Frankfurt/M., Bonn 1968, S. 29–60.

Oliver Böni (Münster)

„Mord als eine schöne Kunst betrachtet"

Der Lustmörder als poetologische Figur

Es gibt literarische Figuren, für die sich innerhalb der verschiedenen Philologien feste Lesarten etabliert haben. So dürften die meisten Leserinnen und Leser alarmiert sein, wenn sie bei der Lektüre auf eine Dichter- oder Künstlerfigur stoßen, denn sie ahnen – zumindest jene, denen diese Lesart während ihres literaturwissenschaftlichen Studiums nahegelegt wurde –, dass solche Figuren unbedingt hinsichtlich ihrer poetologischen Funktion befragt werden müssten. Unabhängig davon, was diese Figur repräsentiert, produziert, sagt oder denkt: Alles das könnte Hinweise auf die dem vorliegenden Text zugrundeliegende Poetik geben und somit als Folie für die Bedingungen und Regeln seiner künstlerischen Hervorbringung, seiner *poiesis*, dienen. Mit dieser Lesart – oder vielmehr: Lektüre*anweisung* – wird freilich keineswegs insinuiert, dass beispielsweise eine so komplexe Figur wie Heinrich Lee ausschließlich auf seine poetologische Funktion reduziert werden sollte, doch eine Analyse des *Grünen Heinrich* ohne eine Stellungnahme zu dieser Funktion würde zu Recht als mindestens unzureichend eingeschätzt werden.

Ein der Dichter- bzw. Künstlerfigur äquivalenter Fall liegt bei dem in den 1980er Jahren wiederentdeckten Lustmörder vor. Wenngleich die kulturwissenschaftliche Erforschung dieser Figur seit Tatars fulminanter Monographie *Lustmord. Sexual Murder in Weimar Germany* einen regelrechten Boom erlebt hat,[1] lassen sich die daraus resultierenden, unzähligen Forschungsarbeiten weitestgehend auf zwei Schlagworte reduzieren: Krieg und Geschlecht. Während der Lustmord im frühen 20. Jahrhundert nicht zuletzt wegen der plötzlich mit auffallender Häufigkeit auftretenden realen Lustmord-Fällen bereits von Zeitgenossen explizit in ein Kontiguitätsverhältnis zum Ersten Weltkrieg mitsamt seinen sozialen und moralischen Verwerfungen gesetzt wurde,[2] spielte der von der Genderforschung gern beschworene Geschlechterkampf im Metadiskurs über Lustmord nur eine subsidiäre Rolle.[3] Vielleicht ist es diesem Lektüre-Main-

---

1 Maria Tatar: Lustmord. Sexual Murder in Weimar Germany. Princeton, NJ 1985.

2 Exemplarisch stellt Theodor Lessing 1925 in seiner Reportage *Haarmann* die Äquivalenz- und Kontiguitätsbeziehung zwischen Krieg und Lustmord her. Vgl. Theodor Lessing: Haarmann. Die Geschichte eines Werwolfs und andere Gerichtsreportagen. Hg. u. eingeleitet v. Rainer Marwedel. Frankfurt/M. 1989, S. 180f.

3 Dieser Umstand ist nicht zuletzt darauf zurückzuführen, dass die bekanntesten Lustmörder entweder wie Fritz Haarmann nur männliche Opfer vorzuweisen hatten, oder aber wie im Fall

streaming geschuldet, dass die so vielfältigen und z.T. durchaus repräsentativeren an den Lustmord anknüpfenden zeitgenössischen Diskurse viel zu oft ausgeblendet wurden.[4]

Der folgende Beitrag beabsichtigt, wenigstens einem dieser zahlreichen – und bereits von Zeitgenossen weitaus ausführlicher reflektierten – Diskurse verstärkt Geltung zu verschaffen: In zentralen Texten, die einen Lustmord thematisieren,[5] dient letzterer zumeist dem Paradigma der Kunst. Dabei gilt es, die Kontinuität dieses Einschreibungsprozesses angesichts der ersten Lesart – Stichwort ‚Krieg' – besonders hervorzuheben, da die ersten Lustmord-Texte in die Vorkriegszeit fallen und genauso poetologische und ästhetische Fragen verhandeln wie die Texte der Zwischenkriegszeit. Ausgerechnet die schon im frühen 20. Jahrhundert als Symptom des Verfalls gedeutete Figur wird in verschiedenen Texten als Inspirationsquelle für neue ästhetische Verfahren instrumentalisiert, die sowohl innerhalb der Struktur als auch der Textur der Texte deutliche Spuren hinterlassen. Der Beitrag formuliert die These, dass der Lustmörder ebenso als poetologische Figur gelesen werden müsste, wie es bereits bei Dichter- und Künstlerfiguren in der Literaturwissenschaft Usus ist – und zwar auch in denjenigen Fällen, in denen Kunst vordergründig keine Rolle spielt.

Während eine poetologische Lesart bei Dichter- und Künstlerfiguren metonymisch durch ein vorliegendes Kontiguitätsverhältnis gedeckt ist, bedarf sie beim Lustmord einer besonderen Begründung – schließlich schlage ich letztlich eine

---

Peter Kürten sowohl Männer als auch Frauen mordeten. Auch in der Literatur sind nicht alle Opfer weiblich – vgl. exemplarisch Karl Jakob Hirschs *Kaiserwetter* oder den in diesem Beitrag weiter unten analysierten Roman *Blaubart* von Marga Passon.

4 Hiervon sind insbesondere die Arbeiten Höckers und Hoffmann-Curtius' ausgenommen, die gerade auch für den vorliegenden Beitrag wichtige Impulse gaben.

5 Bettauer: Der Frauenmörder (1922), De Quincey: Mord als eine schöne Kunst betrachtet (dt. 1913), Döblin: Der schwarze Vorhang (1918), Hindemith: Mörder Hoffnung der Frauen (1919), Hirsch: Kaiserwetter (1931), Jahnn: Pastor Ephraim Magnus (1919), Kaiser: Gilles und Jeanne (1923), Kaltneker: Die Opferung (1918), Kaltneker: Der Mord (1925), Klabund: Der kleine Mörder (1927), Kokoschka: Mörder Hoffnung der Frauen (1907), Lang: M (1931), Leni: Das Wachsfigurenkabinett (1924), Lessing: Haarmann (1925), Musil: Der Mann ohne Eigenschaften (1931/32), Ottwalt: Denn sie wissen was sie tun (1931), Passon: Blaubart (1925), Sanzara: Das verlorene Kind (1926), Schaefer: Gefangenschaft (1918), Wassermann: Christian Wahnschaffe (1919), Wedekind: Die Büchse der Pandora (1904), Weiß: Franta Zlin (1919), Weiß: Hodin (1923). Darüber hinaus sind auch die vielen Lustmord-Darstellungen in der bildenden Kunst von Davringhausen, Dix, Grosz und Kokoschka zu nennen, deren poetologische Funktion Hoffmann-Curtius überzeugend unter gendertheoretischem Blickwinkel nachgewiesen hat. Vgl. Kathrin Hoffmann-Curtius: „Wenn Blicke töten könnten" oder: Der Künstler als Lustmörder, in: Ines Lindner, Sigrid Schade, Silke Wenk u.a. (Hg.): Blick-Wechsel. Konstruktionen von Männlichkeit und Weiblichkeit in Kunst und Kunstgeschichte. Berlin 1989, S. 369–394.

Lektüre im allegorischen Modus vor und behaupte eine metaphorische Äquivalenzbeziehung, die den Lustmord *als* Kunst liest. Deshalb werde ich im Folgenden ausgehend von ausgewählten Texten des frühen 20. Jahrhunderts die Repräsentativität der Vergleichbarkeit von Lustmord und Kunst nachweisen und die daraus deduzierbaren poetologischen Implikationen skizzieren. Dem Beitrag liegt bewusst ein sehr heterogenes Textkorpus zugrunde, das nicht nur verschiedene Gattungen wie Essay, Aphorismus, Roman, Erzählung, Drama oder Lyrik umfasst, sondern auch unterschiedliche Strömungen wie Realismus oder Avantgarde berücksichtigt. Nachdem anhand von De Quinceys Essays die bis in das 19. Jahrhundert zurückreichende Tradition der Vergleichbarkeit von Kunst und (Lust-) Mord nachgewiesen wurde, stehen Texte aus dem Umfeld von Musils *Der Mann ohne Eigenschaften*, Döblins *Der schwarze Vorhang*, Kaltnekers *Die Opferung* sowie Passons *Blaubart* als paradigmatischer Text populärkultureller Provenienz im Zentrum der Analyse.

Thomas De Quincey, der Kennern der englischen Literatur in erster Linie wegen seinen *Confessions of an English Opium-Eater* (1821) bekannt sein dürfte, konturiert in seinen Essays *On Murder Considered as One of the Fine Arts*[6] auf ebenso ironische wie provozierende Weise Kants Ästhetik,[7] indem er zwei auf den ersten Blick inkommensurable Diskurse – Mord und Kunst – engführt. *Expressis verbis* reiht sich De Quincey dabei in die Tradition Jonathan Swifts ein, welcher in seinem ebenfalls satirischen Essay *A Modest Proposal* aus dem Jahr 1729 ganz ‚bescheiden' vorgeschlagen hat, Neugeborene als Nahrungsmittel zu verspeisen.[8] Entsprechend sind auch De Quinceys Essays dominiert vom Verfahren der Hyperbel, welches Kants Definition des Schönen als das, „was in bloßer Beurteilung (also nicht vermittelst der Empfindung des Sinnes nach einem Begriffe des Verstandes) gefällt" und somit „ohne alles Interesse gefallen müsse",[9] konsequent wörtlich nimmt und so die von Kant behauptete Autonomie der Kunst – insbesondere mit Blick auf die Moral – *ad absurdum* führt, ja pervertiert. De Quincey fordert seine Leser mit der Frage heraus, ob Verbrechen – und Tötungsdelikte im Besonderen – stets nur von einer moralischen Warte aus beurteilt werden können. Er vertritt die Ansicht, „[e]verything in this world has two handles. Murder,

---

6 Thomas De Quincey: On Murder Considered as One of the Fine Arts, in: ders.: The Collected Writings of Thomas De Quincey. Vol. XIII: Tales and Prose Phantasies. New and Enlarged Edition by David Masson. Edinburgh 1890, S. 9–124.

7 Patrick Bridgwater: De Quincey's Gothic Masquerade. Amsterdam, New York 2004, S. 100.

8 Jonathan Swift: A Modest Proposal for Preventing the Children of Poor People from Being a Burthen to Their Parents or Country and Making Them Beneficial to the Publick. Dublin 1729.

9 Immanuel Kant: Kritik der Urteilskraft. Hg. v. Wilhelm Weischedel. 2. Aufl. Frankfurt/M. 1996 (= Werkausgabe in 12 Bänden, Bd. 10), S. 193.

for instance, may be laid hold of by its moral handle [...], and *that*, I confess, is its weak side; or it may also be treated *æsthetically*, as the Germans call it – that is, in relation to good taste."[10]

1913 erscheinen De Quinceys Essays *On Murder* fast 90 Jahre nach ihrer Erstpublikation im renommierten J.C.C. Bruns Verlag unter dem Titel *Der Mord als eine schöne Kunst betrachtet* erstmals auf Deutsch.[11] Dieser kleine westfälische Verlag trat seit seiner Gründung als wichtigster Vermittler der europäischen und außereuropäischen Literatur in Erscheinung. Seine Übersetzungen von heute als Klassiker der Weltliteratur geltenden Werken erlaubten überhaupt erst eine breite Rezeption derselben und belegen überdies das gute Gespür des Verlags für den ‚Zeitgeist‘ der Moderne.[12] Dies gilt auch mit Blick auf den nach dem Ersten Weltkrieg zunehmend proliferierenden Lustmord-Diskurs, dem der Verlag mit seiner Übersetzung bereits vor dem Krieg den Weg in das Paradigma der Ästhetik bereitet hat. Um diesen Weg besonders deutlich zu machen, werde ich im Folgenden aus der deutschen Übersetzung zitieren.

In seinen Essays *On Murder* analysiert De Quincey nach Überlegungen zum Verhältnis von Moral und Ästhetik verschiedene reale Morde, befragt sie hinsichtlich ihrer ästhetischen Qualität, wobei ein komparatistischer Ansatz zum Zuge kommt, und deduziert schließlich Kriterien, mit denen ästhetische Urteile gefällt werden können. Die Kriterien umfassen zum einen die Person des Mordopfers, das idealerweise möglichst unbekannt, jung, rein, unbescholten und gesund sein solle – schließlich wäre es „höchst barbarisch, eine kranke Person zu ermorden".[13] De Quincey exemplifiziert diesen Aspekt unter anderem mit einem sarkastischen Seitenhieb auf Kant: „Auch Kant sollte ermordet werden", doch der Mörder besann sich eines besseren, denn nach De Quinceys Ansicht

war der Mörder [...] ein Kunstliebhaber, dem ein alter, dürrer, ausgemergelter Metaphysiker kein sonderlich geeignetes Objekt zur Entfaltung seiner künstlerischen Begabung zu sein schien. Denn mumienhafter als zu seinen Lebzeiten konnte jener Mann auch schließlich im Tode nicht aussehen.[14]

---

10 De Quincey: On Murder, S. 13.
11 Thomas De Quincey: Der Mord als eine schöne Kunst betrachtet. Übersetzt v. Alfred Peuker. Minden [1913].
12 Besonders bekannt und einflussreich sind die Übersetzungen der Werke Edgar Allen Poes, Oscar Wildes, Gustave Flauberts, Ralph Waldo Emersons, André Gides, H.G. Wells, Honoré de Balzacs und Fjodor Dostojewskis. Zur Relevanz des J.C.C. Bruns Verlags im Kontext des frühen 20. Jahrhunderts vgl. Klaus Martens (Hg.): Literaturvermittlung um die Jahrhundertwende: J.C.C. Bruns' Verlag, seine Autoren und Übersetzer. St. Ingbert 1996.
13 De Quincey: Mord als eine schöne Kunst, S. 53.
14 De Quincey: Mord als eine schöne Kunst, S. 35.

Weitere Kriterien sind nach De Quincey Zeit, Ort und Werkzeug der Tat. Am besten werde das Opfer bei Tageslicht in einer möglichst belebten Umgebung ermordet. Als Tatwerkzeug empfiehlt De Quincey das gute, alte Messer und lehnt die neue Mode der italienischen „Giftmischer" ab.[15] Insgesamt gelte aber die Faustregel: Eine Tat muss anders ausgeführt werden, als es der „gesunde Menschenverstand" diktiert, und von bekannten oder bereits angewandten Regeln des Mordens abweichen – nichts sei erfrischender als das Neue und Originelle.[16] Die wahre Vollendung der Mord-Kunst hänge aber letztlich ganz vom Mordmotiv ab – und hier plädiert De Quincey, dessen Satire offenkundig keine moralischen Grenzen kennt, für ein wahrlich mörderisches Äquivalent zum *l'art pour l'art*: Nur der Mord um des Mordens willen erfülle die von Kant als notwendig erachtete Interesselosigkeit der Kunst. Angesichts dessen ist es retrospektiv wohl nicht ganz überraschend, wenn sich die höchste ästhetische Tat angeblich im „reinen Lustmorde" manifestiere: Nur der Lustmord erfolge ausschließlich aus „ästhetischen Gründen", niemals aber aus „Notwendigkeit" – etwa um eines Raubs oder einer Rache willen.[17]

Freilich stellt die Verwendung des erst seit Krafft-Ebings *Psychopathia sexualis* zum sexualpathologischen *terminus technicus* avancierten ‚Lustmord' eine übersetzerische Freiheit dar – im englischen Original findet sich lediglich „a murder of pure voluptuousness".[18] Zum Vergleich: In der englischen Übersetzung der *Psychopathia sexualis* aus dem Jahre 1893 wird ‚Lustmord' mit „Lust-Murder" übersetzt.[19] Allerdings handelt der Übersetzer völlig korrekt, beschreibt De Quincey doch den nach seiner Ansicht perfekten Mord eindeutig als das, was man seit Ende des 19. Jahrhunderts dank Krafft-Ebing genuin unter ‚Lustmord' versteht: Eine „Wollust, potenziert als Grausamkeit, Mordlust bis zur Anthropophagie",[20] die auf „Hyperästhesie" – einem „krankhaft gesteigerte[n] Geschlechtstrieb" –[21] in Verbindung mit Paraesthesia sexualis"[22] beruht und die Extremform des Sa-

---

15 De Quincey: Mord als eine schöne Kunst, S. 41.

16 De Quincey: Mord als eine schöne Kunst, S. 55.

17 De Quincey: Mord als eine schöne Kunst, S. 143.

18 De Quincey: On Murder, S. 110.

19 Richard von Krafft-Ebing: Psychopathia Sexualis. With Especial Reference to Contrary Sexual Instinct: A Medico-Legal Study. Authorized Translation of the Seventh Enlarged and Revised German Edition by Charles Gilbert Chaddock. Philadelphia, London 1893, S. 62.

20 Richard von Krafft-Ebing: Psychopathia sexualis. Mit besonderer Berücksichtigung der conträren Sexualempfindung. Eine klinisch-forensische Studie. 7., vermehrte u. theilweise umgearb. Aufl. Stuttgart 1892, S. 62.

21 Krafft-Ebing: Psychopathia sexualis (1892), S. 48.

22 Krafft-Ebing: Psychopathia sexualis (1892), S. 62f.

dismus darstellt,[23] da „der Mord und das Grauenhafte [...] Lustgefühle er-
weck[en]".[24] Es ist also letztlich dem Übersetzer Alfred Peuker zu verdanken, den
Lustmord-Diskurs in das Paradigma der Ästhetik integriert zu haben.

Ausgerechnet bei demjenigen Autor, um den man aufgrund der Komplexität
seiner Texte am liebsten einen großen Bogen machen möchte, finden sich mehrere
auffällige Äquivalenzen bzw. gar Identitäten zu De Quinceys *Mord als eine schöne
Kunst betrachtet*. In einem fragmentarischen Aphorismus, der zwischen 1906 und
1908 entstand, fragt sich Robert Musil, was alles eine „[ä]sthetische Reaktion"
auslösen könne. Er zählt auf: „a) Vor einer Dichtung. b) Vor einer Schändung.
c) Vor einem wirklichen Mord. d) Vor Zeitungsbericht über einen Mord."[25] Fünf
Jahre vor Erscheinen der Essays von De Quincey auf Deutsch stellt sich Musil
offenkundig die gleiche Frage. Ob Musil später *Mord als eine schöne Kunst betrachtet* dann auch tatsächlich zur Kenntnis genommen hat, ist zwar nicht belegt, da er
sich an keiner Stelle explizit auf De Quincey bezieht, allerdings waren ihm der J.C.
C. Bruns Verlag und dessen Übersetzungen durchaus bekannt – er war nicht nur
einer derjenigen, die dank der Neuübersetzung der Werke Emersons im J.C.
C. Bruns Verlag begeistert an dessen Renaissance partizipierte, sondern plante
ursprünglich gar seinen *Törleß* im selben Verlag zu publizieren.[26] Besonders
auffällig sind aber zwei intertextuelle Äquivalenzen im *Mann ohne Eigenschaften*
und im *Mord als eine schöne Kunst betrachtet*. De Quincey hebt bei der Beschreibung des Künstler-Lustmörders Williams hervor, dass dieser ein Mann „ohne alles
überflüssiges Fett" gewesen sei.[27] Im *Mann ohne Eigenschaften* heißt es über den
Lustmörder Moosbrugger fast identisch, dass dieser ebenfalls ganz „ohne überflüssiges Fett" sei.[28] Doch damit nicht genug: Williams stellt laut De Quincey
einem Mädchen die Frage, was sie tun würde, wenn er nachts neben ihrem Bett

---

23 Vgl. Krafft-Ebing: Psychopathia sexualis, S. VIII. Lustmord ist in Krafft-Ebings Systematik eine
Unterkategorie des Sadismus'.
24 Richard von Krafft-Ebing: Psychopathia sexualis. Eine klinisch-forensische Studie. Stuttgart
1886, S. 76.
25 Robert Musil: Ästhetische Reaktion, in: ders.: Klagenfurter Ausgabe. Kommentierte digitale
Edition sämtlicher Werke, Briefe und nachgelassener Schriften. Mit Transkriptionen und Faksimiles aller Handschriften. Hg. v. Walter Fanta, Klaus Amann, Karl Corino. Klagenfurt 2009 (DVD-
Version); LESETEXTE; Bd. 14: Gedichte, Aphorismen, Selbstkommentare; Kritiker als Lebensform;
Ästhetische Reaktion.
26 Musil: Klagenfurter Ausgabe; LESETEXTE; Bd. 17: Späte Tagebuchhefte 1928–1942; 33: Autobiographie (1937–1942), S. 4.
27 De Quincey: Mord als eine schöne Kunst, S. 94.
28 Robert Musil: Der Mann ohne Eigenschaften. Roman. Reinbek b. Hamburg 1981 (= Robert
Musil: Gesammelte Werke in neun Bänden hg. v. Adolf Frisé, Bde. 1–5), S. 67.

„mit einem Tranchiermesser bewaffnet" stehen würde.[29] Diese Frage findet sich leicht variiert ebenfalls im *Mann ohne Eigenschaften* wieder, wenn „beim Zubett-gehen" ein „Sektionschef" oder ein „Bankprokurist" seine „schläfrige[] Gattin" fragt: „„Was würdest du jetzt anfangen, wenn ich ein Moosbrugger wäre...""[30]

Bereits in einem mit *Variété* betitelten Prosatext von 1900 findet sich die Engführung von Lustmord und Kunst, antwortet dort doch ein Mann auf die Frage, wer er denn sei: „Soll ich Ihnen sagen ein Narr? – ein Dichter – nein ich will bei der Wahrheit bleiben [...]: Ich bin der Mädchenmörder, den man gestern gehängt hat."[31] Ausgehend von dieser Stelle aus Musils Nachlass ist sich die Musil-Forschung weitgehend einig geworden, dass Moosbrugger, wie der Mäd-chenmörder später heißen wird, nicht nur die älteste – und ich möchte anfügen: konstanteste Figur – des *Mann ohne Eigenschaften* ist, sondern bereits hier einen wichtigen Persönlichkeitsteil des „Dichter-Ich" verkörpert.[32] Oder weiter zu-gespitzt: In jedem Dichter scheint ein triebgesteuerter Lustmörder zu stecken. Und so darf es gerade als dichterischer Imperativ gelten, wenn Musil an anderer Stelle fordert: „Alle Verbrecher loslassen, die man in sich hat. Die Wut Moosbrug-gers, mit einem krummen Messer in den Bauch zu fahren [ist] verständlich [...]."[33] Angesichts des zitierten Aphorismus-Fragments ist vielleicht auch verständlich, dass Musils Zeitungslektüre über den Prozess gegen den Lustmörder Christian Voigt, der von Karl Corino als ein zentrales reales Vorbild für Moosbrugger identifiziert wurde,[34] beim Autor eine ‚ästhetische Reaktion' auslöst. Das heißt: Dichterisch tätig zu werden, einen Roman zu schreiben, der 20 Jahre später unter dem Titel *Der Mann ohne Eigenschaften* erscheinen wird. Zwar ist es nicht zuletzt dem Ersten Weltkrieg geschuldet, dass sich erst nach demselben die vielen Ent-würfe, Ideen, Pläne und Gedanken 1919 zu verdichten beginnen, doch kann man festhalten, dass die Konfrontation Musils mit dem ‚Zeitungsbericht über einen Mord' ein zentraler ‚Trigger' für seine ästhetische Produktion darstellt. Auch im Kommentar der historisch-kritischen Klagenfurter Ausgabe der Werke Musils heißt es:

> Die hergestellte ‚ganz enge Verwandtschaft' zwischen Achilles/Anders [die Protagonisten in den Vorstufen] und dem Lustmörder wird zu einem Zündstoff, der daran beteiligt ist, den

---

29 De Quincey: Mord als eine schöne Kunst, S. 95.
30 Musil: Der Mann ohne Eigenschaften, S. 69.
31 Musil: Klagenfurter Ausgabe; LESETEXTE; Band 11: Kleine Prosa; Variété, S. 2.
32 Musil: Klagenfurter Ausgabe; KOMMENTARE; Figuren; Christian Moosbrugger.
33 Musil: Klagenfurter Ausgabe; LESETEXTE; Bd. 16: Frühe Tagebuchhefte 1899–1926; Der Spion, S. 221.
34 Karl Corino: Zerstückt und durchdunkelt. Der Sexualmörder Moosbrugger im *Mann ohne Eigenschaften* und sein Modell, in: Musil-Forum 10 (1984), S. 105–119.

> Motor der Schreibbewegung Musils am [...] Roman in Bewegung zu setzen. Das Interesse von Achilles an Moosbrugger wirkt als eine der Basisfiktionen für den werdenden Roman; sie ist ähnlich bestimmend wie die Erfahrung des Kriegsausbruches von 1914.[35]

Dieser textgenetische und produktionsästhetische Aspekt korreliert aber auch mit der *poiesis* des Romans: Der Lustmörder ist nicht nur für den Autor Musil ein Trigger, einen Roman zu schreiben, sondern auch innerhalb des Romans selbst ein Trigger für die romaninterne *poiesis*.[36]

Die Relevanz des Lustmörders für die Hervorbringung des Romans wird insbesondere in einer in den 1920er Jahren entstandenen Vorstufe zum *Mann ohne Eigenschaften* deutlich: Das erste Kapitel beginnt mit einem Traum des noch Anders heißenden Protagonisten, in dem ein Unbekannter in einem düsteren Vorstadtgasthof bei einem Stelldichein einer Frau die Zunge abbeißt und sie dann verbluten lässt.[37] Auch im Folgenden ist der Lustmörder Moosbrugger unablässig präsent – geradezu alle Figuren, Themen, Diskurse und Motive werden ununterbrochen explizit an Moosbrugger gespiegelt. Der Roman wird folglich nicht nur aus einer Lustmörder-Figur heraus entwickelt, sondern vollständig in Beziehung zu ihr gesetzt. Es liegt frei nach Nietzsche gewissermaßen eine ‚Geburt des Romans aus dem Geiste des Lustmords‘ vor – und sei es nur mit Blick auf die Struktur des Textes, denn der Lustmörder gibt ein spezifisches Skript vor, dem stellenweise konsequent gefolgt wird, wie beispielsweise in demjenigen Kapitel, in dem Moosbrugger in den Roman eingeführt wird,[38] nur um dann wieder variiert und für andere Zwecke instrumentalisiert zu werden.

Der auffälligste Unterschied hinsichtlich der Behandlung des Lustmörders in den Vorstufen und in der Endfassung des *Mann ohne Eigenschaften*, ist die klare Begrenzung der moosbruggerischen Proliferation im Roman durch Kapitel, die dezidiert nur Moosbrugger gewidmet sind. Nicht umsonst kann die These innerhalb der Musil-Forschung als Allgemeinplatz gelten, dass die sogenannten ‚Moosbrugger-Kapitel‘ gänzlich ohne den Roman auskommen könnten, während der gesamte Roman ohne die Moosbrugger-Kapitel nicht funktionieren würde. Dass sich hier gezwungenermaßen die Frage nach der poetologischen Funktion des Lustmörders anschließt, haben bisher nur Wenige berücksichtigt. Am überzeugendsten erbringt Höcker den Nachweis, dass ausgehend von Moosbrugger eine

---

35 Musil: Klagenfurter Ausgabe; KOMMENTARE; Figuren; Christian Moosbrugger.
36 Ähnlich auch Hermann Bernauer: Zeitungslektüre im *Mann ohne Eigenschaften*. München 2007 (= Musil-Studien, Bd. 36), S. 55.
37 Musil: Klagenfurter Ausgabe; LESETEXTE; Bd. 4: Der Mann ohne Eigenschaften – Die Vorstufen; Der Erlöser, S. 5f.
38 Musil: Der Mann ohne Eigenschaften, S. 67–76.

Möglichkeitspoetik entworfen wird, die schließlich zum charakteristischsten Textverfahren des *Mann ohne Eigenschaften*, dem Essayismus, führt.[39] Grundsätzlich würde ich mich der These Höckers anschließen, dass der Lustmörder Moosbrugger „das literaturästhetische Programm einer Poetik der Möglichkeit umsetzt und verkörpert".[40] Doch möchte ich diese These noch weiter fassen und basaler verstehen. In den Moosbrugger-Kapiteln werden die Möglichkeiten einer avantgardistischen Poetik ausgelotet, wie wir sie von Musil sonst nur noch aus seiner Novellensammlung *Vereinigungen* kennen. Der unvorstellbare und nicht verstehbare Lustmord dient im *Mann ohne Eigenschaften* der Erprobung einer experimentellen Poetik – und infolgedessen auch Ästhetik –, die sich zu weiten Teilen einem Verstehen entzieht, da die Textur deutlich Überhand gewinnt; das Material, die Rhetorik und die Textverfahren sich zu verselbstständigen beginnen und sich entsprechend gegen hermeneutische Lektüren zusehends sperren. Regelmäßig beobachtet man in den Moosbrugger-Kapiteln Textpassagen, die ähnlich der Textur-Definition Roland Barthes' *autopoietische* Züge aufweisen.[41] Als Beispiel möge folgende Stelle dienen, in der sich eine Textur gänzlich ohne narrative Struktur entwickelt:[42] Moosbrugger hatte

> den Eindruck, wie ein großes spiegelndes Wasser ausgebreitet zu sein, das durch nichts zu stören ist, den hatte er jetzt fast immer, wenn er auch die Worte dafür nicht hatte. Die Worte, die er hatte, waren: – Hmhm, soso. Der Tisch war Moosbrugger. Der Stuhl war Moosbrugger. Das vergitterte Fenster und die verschlossene Tür war er selbst. Er meinte das keineswegs verrückt und ungewöhnlich. Die Gummibänder waren einfach weg. Hinter jedem Ding oder Geschöpf, wenn es einem anderen ganz nah kommen möchte, ist ein Gummiband, das sich spannt. Sonst könnten ja auch am Ende die Dinge durch einander hindurchgehen. Und in jeder Bewegung ist ein Gummiband, das einen nie ganz das tun läßt, was man möchte. Diese Gummibänder waren nun mit einemmal fort. Oder war es bloß das hinderliche Gefühl wie von Gummibändern? Das kann man wohl nicht so genau unterscheiden? „Zum Beispiel, Frauen halten ihre Strümpfe mit Gummibändern. Da hat man's!" – dachte Moosbrugger. „Sie tragen wie ein Amulett Gummibänder ums Bein. Unter den Kitteln. Wie die Ringe, mit denen man die Obstbäume beschmiert, damit die Würmer nicht hinaufsteigen." Aber das sei nur nebenbei erwähnt.[43]

---

39 Arne Höcker: Der Mann der Möglichkeiten: Epistemologie und Ästhetik des Lustmords in Robert Musils *Der Mann ohne Eigenschaften*, in: Zeitgeschichte 35 (2008), S. 340–353, hier S. 347.

40 Arne Höcker: Der Mann der Möglichkeiten, S. 350.

41 Roland Barthes: Die Lust am Text. Frankfurt/M. 1974, S. 94.

42 Zur Unterscheidung von Struktur und Textur empfiehlt sich die von Baßler vorgeschlagene „Paraphraseprobe". Vgl. Moritz Baßler: Die Entdeckung der Textur. Unverständlichkeit in der Kurzprosa der emphatischen Moderne 1910–1916. Tübingen 1994, S. 15.

43 Musil: Der Mann ohne Eigenschaften, S. 395.

Die Poetik der Moosbrugger-Kapitel zelebriert iterativ eine Poetik um der Poetik willen – ganz so wie der Lustmord einen Mord um des Mordens willen darstellt. Der Fall Moosbrugger erscheint in diesem Licht wie „eine Reise an den Rand des Möglichen, die an den Gefahren des Unmöglichen und Unnatürlichen, ja des Abstoßenden vorbei, und vielleicht nicht immer vorbei führte; ein ‚Grenzfall‘, wie das Ulrich später nannte".[44] Da die diesen Kapiteln eigenen Textcharakteristika aber gerade *nicht* im gesamten Roman zu proliferieren beginnen, scheinen sie lediglich eine Möglichkeit zu bleiben; eine Möglichkeit aber, an der der Text vorbei muss, um für den restlichen Roman eine adäquate Poetik entwerfen zu können. Und wer weiß: Wenn der Titel des Kapitels, in dem Moosbrugger zum letzten Mal im publizierten Roman auftritt, intrinsisch die „Auflösung und Aufbewahrung" des Lustmörders – im Text, möchte man ergänzen – behauptet, vielleicht würde es sich doch lohnen, in einem *close reading* die Poetik des Romans vor, während und nach Moosbruggers Auftreten zu vergleichen, um den Nachweis zu erbringen, dass der ‚Mann der Möglichkeiten‘, wie Höcker ihn nennt, doch mehr poietische Spuren hinterlassen hat, als auf den ersten Blick erkennbar.

Eine ähnliche ‚Reise an den Rand des ästhetisch Möglichen‘ unternimmt Döblin in seinem Romanerstling *Der schwarze Vorhang*, bei dem wieder Höcker derjenige ist, der überzeugend nachweisen kann, dass der Lustmord hier als poetologisches Sprungbrett zu einer neuen avantgardistischen Ästhetik fungiert.[45] Trotz des vielsagenden Untertitels *Roman von den Worten und Zufällen* wurde dieser Text bisher in erster Linie unter dem Blickwinkel der ‚großen Krisen der Moderne‘ gelesen – also: Krise der Sprache, der Erkenntnis und des Subjekts stehen im Vordergrund.[46] Sexualpathologisch informierte Leser wiederum rezipieren den Text als „psychopathologische Fallstudie" und interessieren sich für die Ätiologie des Lustmörders Johannes.[47] In der Tat spielt das Lustmörder-Skript für den Text mit Blick auf seine – allerdings sehr rudimentäre – narrative Struktur eine wichtige Rolle, da auch im *Schwarzen Vorhang* wie schon im *Mann ohne Eigenschaften* ausgehend vom Lustmord ein Roman hervorgebracht wird, der auf ein für einen Mediziner wie Döblin bekanntes Skript zurückgreift, nur um es dann

---

44 Musil: Der Mann ohne Eigenschaften, S. 153. Diese ‚Reisepläne‘ bezieht der Erzähler allerdings auf die Geschwisterliebe Agathes und Ulrichs.

45 Arne Höcker: Epistemologie des Extremen. Lustmord in Kriminologie und Literatur um 1900. München 2012, S. 160–170.

46 Otto Keller: Döblins Montageroman als Epos der Moderne. Die Struktur der Romane *Der schwarze Vorhang, Die drei Sprünge des Wang-lun* und *Berlin Alexanderplatz*. München 1980, S. 32f.

47 Georg Braungart: Leibhafter Sinn. Der andere Diskurs der Moderne. Tübingen 1995, S. 306.

im virtuosen Textspiel für andere Zwecke zu instrumentalisieren.[48] Als der Roman aber um 1900 entstand und Döblin 1904 erfolglos versuchte, ihn zu publizieren,[49] konnte noch keine Rezipientin und kein Rezipient ahnen, dass hier das typische Skript des Lustmords herangezitiert und variiert wird. Abgesehen von Wedekinds *Büchse der Pandora* hatte sich der Lustmörder schlicht noch nicht als literarische Figur etabliert. Vielleicht war der arme Lektor des Axel Juncker Verlags, kein geringerer als Rainer Maria Rilke, auch deshalb dermaßen von Döblins einge- reichtem Manuskript überfordert, dass er es sofort ablehnte, weil die „lapidaren Diagnosen" und „das perverse[] Verhältnis [...] [des] Autors zu seinem Stoffe" zu einer „beständige[n] Vergewaltigung" führen.[50]

Ich bin davon überzeugt, dass Rilke einem Missverständnis aufgesessen ist. Dass er von der blutrünstigen und expliziten Lustmord-Beschreibung im Finale des Romans zusätzlich verschreckt wurde, kann nicht überraschen. Allerdings ist an diesem Missverständnis Döblin nicht ganz unschuldig – legt er doch seinem Manuskript ein Schreiben bei, in dem er erklärt: „Sexuell Pathologisches wird [im *Schwarzen Vorhang*] [...] auf ein normalpsychisches Verhalten zurückgeführt, als dessen Verschärfung, und eben durch diese Zurückführung begreiflich und *künst- lerisch darstellungsfähig*."[51] Während die Forschung dieses Schreiben bisher als schriftlich artikulierte Autorintention in erster Linie zur Rechtfertigung einer psychologischen Lesart des *Schwarzen Vorhangs* als ‚Fallgeschichte' hinzugezo- gen hat, erscheint mir weniger die Absicht, ein sexualpathologisches Phänomen ‚begreiflich' zu machen, relevant, als der Hinweis auf das Problem ihrer Darstel- lungsfähigkeit. Die Vermutung liegt nahe, dass nicht das Auserzählen der Motiva- tion der Lustmörderfigur, einen Mord zu begehen, neue künstlerische Verfahren nötig macht, sondern die Möglichkeiten künstlerischer Darstellung überhaupt erprobt werden sollen.

Die auch im Roman thematisierte Sprachskepsis führt zu einem Zweifel an der Kunst, doch statt wie Lord Chandos in Hofmannsthals *Brief* zu verstummen,[52] entwickelt *Der schwarze Vorhang* neue Verfahren – dem informierten Mediziner Döblin kam der Lustmörder insofern ganz gelegen. Der Roman erprobt nicht die Stichhaltigkeit einer Ätiologie – das wäre die Aufgabe einer Fallgeschichte, die

---

48 Zu diesem Spiel mit dem sexualpathologischen Wissen vgl. Linda Leskaus Beitrag in diesem Sammelband, S. 139–156.

49 Anthony W. Riley: Nachwort des Herausgebers, in: Alfred Döblin: Jagende Rosse, Der schwarze Vorhang und andere frühe Erzählwerke. München 1987, S. 281–326, hier S. 306.

50 Rainer Maria Rilke zit. n. Anthony W. Riley: Nachwort, S. 308.

51 Alfred Döblin zit. n. Anthony W. Riley: Nachwort, S. 308 (Hervorhebungen O.B.).

52 Hugo von Hofmannsthal: Der Brief des Lord Chandos. Erfundene Gespräche und Briefe. Nachwort v. Lorenz Jäger. Frankfurt/M. 2002, S. 21–32, hier S. 32.

hier offenkundig nicht vorliegt –,[53] sondern die Tragfähigkeit einer Lustmörder-Poetik, die ganz entsprechend der Krafft-Ebing'schen Definition des Lustmords auf Steigerung, sprich: Hyperästhesie, und auf Verkehrung, sprich: Parästhesie, basiert. Die Sprache der Kunst wird dem Normalitätsdiskurs entsprechend auf die Normalsprache bzw. Alltagssprache zurück- und als Steigerung und Verkehrung derselben vorgeführt. Es ist ein poetologisches Programm, wenn Johannes erkennt: „Jeder Kuß verfehlt einen Biß".[54] Diese Poetik fordert dazu auf, die Alltagssprache mit Textverfahren so zu steigern und zu verkehren, bis es einem ‚Biß' gleich schmerzt. Vergleicht man diese Poetologie mit Aussagen Haarmanns zu seinen Morden, so zeigt sich, dass dieses Programm selbst aus einer Steigerung und Verkehrung hervorgegangen sein könnte, denn der reale Lustmörder stellte immer wieder fest: Die Opfer „habe ich totgebissen – das kommt vom Küssen."[55] Das von einem unzurechnungsfähigen Geisteskranken hergestellte Kontiguitätsverhältnis von Küssen und Beißen wird im *Schwarzen Vorhang* zu einem das Textverfahren charakterisierenden Äquivalenzverhältnis.

Im *Schwarzen Vorhang* soll nicht der Lustmörder, sondern eine der Krafft-Ebing'schen Lustmord-Definition analoge Poetik erprobt sowie ‚begreiflich und künstlerisch darstellungsfähig' gemacht werden. Diverse Hinweise verdichten den Befund, dass der *Schwarze Vorhang* als poetologischer Roman gelesen werden möchte: Bereits am Anfang des Textes wird auf den Gleichnischarakter des Folgenden verwiesen, darauf, dass alles nur erdacht, keineswegs real sei.[56] Neben dieser prominent gesetzten Lektüreanweisung – man solle also nicht im wörtlichen, sondern im allegorischen Modus lesen –, schreibt sich der Text konsequent in die Tradition der nietzscheanischen Ästhetik ein, die auch durch die *Zarathustra*-Lektüre des Lustmörders heranzitiert wird, und singt ein Hohelied auf den Schein.[57] Auch im weiteren Verlauf lässt der Roman keinen Zweifel daran, dass das

---

53 Arne Höcker: Epistemologie des Extremen, S. 102.

54 Alfred Döblin: Der schwarze Vorhang. Roman von den Worten und Zufällen, in: ders.: Jagende Rosse, Der schwarze Vorhang und andere frühe Erzählwerke. München 1987, S. 107–205, hier S. 199.

55 Christine Pozsár, Michael Farin (Hg.): Die Haarmann-Protokolle. Mit Beiträgen von Erich Frey, Horst Giesemann und Hermann Lange. Faksimile d. Aufl. Reinbek b. Hamburg [1995]. München 2009, S. 179. Freilich bezieht sich *Der schwarze Vorhang* hier auch auf Kleists *Penthesilea*. Vgl. hierzu Braungart: Leibhafter Sinn, S. 315f.

56 Döblin: Der schwarze Vorhang, S. 107f.

57 Döblin: Der schwarze Vorhang, S. 108. Dass der Lustmörder Nietzsches *Zarathustra* liest, wird nur implizit durch ein Zitat markiert: „„Hier genoß er seines Geistes und seiner Einsamkeit und wurde dessen zehn Jahre nicht müde'". Vgl. hierzu Anthony Riley: Anmerkungen und Varianten, in: Jagende Rosse, Der schwarze Vorhang und andere frühe Erzählwerke. München 1987, S. 221–280, hier S. 256.

Paradigma der Ästhetik verhandelt wird: So dichtet der Lustmörder Parabeln,[58] erfreut sich wehmütig an der Materialität seiner Lektüre,[59] der Schrift, der Worte und der Sprache, und wälzt sich schließlich in seinen Manuskriptblättern, um mit ihnen eins zu werden,[60] unmittelbar bevor er – den Zufällen der Welt ebenso wie seinen eigenen Trieben ausgeliefert – einen Lustmord begeht.[61] Wie der poetologische Lustmörder in Musils *Mann ohne Eigenschaften* geht auch hier der Lustmörder in den Text ein – allerdings sind die Spuren seiner Poetik weitaus deutlicher zu erkennen, wie folgende, unmittelbar an den Lustmord anschließende Stelle mit ihrer auffallenden Textur exemplarisch belegt:

> Wie sie so sanft ruhn, alle die Seligen. Hoho, geht einer um, trägt seine Hände durch die Straßen! – Lilith, die große Verdunklerin, wie raschelt ihr Atem hier, wie betet man zu der Betrügerin. – Meine nassen, blauschwarzen Hände. – Hoho, geht einer um, einer, einer! Lilith singt, eine Nachtigall, hinter dem Fenster: „Itys, ach Itys" hinter den Fenstern. Wenn ich mich in die Stille vergrabe und die rasche Luft zu meiner Gespielin erwähle und buhle mit der grünlichen Bläue des Himmels, – so hold weht kein Wind, so seltsam leuchtet kein Himmel, daß mich seine Bläue jetzt nicht angrinste, daß die Stille nicht blöde, blöde zu mir lärmte. „Itys, ach Itys" hinter den Fenstern. Sie zügelt die schwarzen heißen Pferde, daß sie sich bäumen und mit Schnauben hochstehen. Riß die Leine? Meine nassen blutschwarzen Hände, – da geht einer um.[62]

Während bei Musil der Lustmörder einerseits zu einer ‚ästhetischen Reaktion' führt und damit einen über tausend Seiten langen Roman hervorbringt, der maßgeblich auf der Figur des Lustmörders basiert und von ihm ausgehend poetologische Reflexionen evoziert, entwirft der *Schwarze Vorhang* eine avantgardistische Poetik in Analogie zur sexualpathologischen Definition des Lustmords. Das Resultat ist durchaus vergleichbar: Sowohl die Moosbrugger-Kapitel als auch der *Schwarze Vorhang* sind Texte, die eine ausgesprochen dominante Textur und entsprechend eine schwache Struktur aufweisen. Statt Kontiguität, Kausalität, Narration oder Verstehbarkeit stehen die ambitionierten Textverfahren, das Sprachmaterial und die Textoberfläche selbst im Zentrum.

Nicht alle Texte, in denen ein Lustmörder auftritt, sind derart avantgardistisch wie diejenigen Musils und Döblins. Mit De Quinceys *Mord als eine schöne Kunst betrachtet* habe ich bereits ein solches Textbeispiel vorgestellt, das zwar genauso mit dem im *Schwarzen Vorhang* herausgearbeiteten poetologischen Imperativ der Steigerung und Verkehrung operiert – De Quincey greift auf Kants

---

58 Döblin: Der schwarze Vorhang, S. 130.
59 Döblin: Der schwarze Vorhang, S. 108.
60 Döblin: Der schwarze Vorhang, S. 196.
61 Döblin: Der schwarze Vorhang, S. 200f.
62 Döblin: Der schwarze Vorhang, S. 201f.

Ästhetik zurück und steigert diese dermaßen radikal, dass sie in ihr Gegenteil verkehrt wird –, doch spielt die Textur der Essays im Vergleich zur narrativen Struktur eine eher untergeordnete Rolle. Als weiteres Beispiel für einen Text mit nicht ganz so avantgardistischer Textur eignet sich Hans Kaltnekers während des Kriegs entstandenes, aber wie seine anderen Texte sich nicht auf den Krieg beziehendes,[63] und erst 1922 uraufgeführtes Drama *Die Opferung*, das den Lustmord gleichermaßen poetologisch als auch soteriologisch konnotiert. Die Begegnung des Protagonisten mit dem Lustmörder bei dessen Hinrichtung bleibt aber auch hier nicht ohne Wirkung auf die Textoberfläche. Der Prinz, so wird der Protagonist genannt, erkennt die Unmenschlichkeit der Gesellschaft, da sie auf brutalste Weise einen Mann hinrichtet, der als Unzurechnungsfähiger für seine Taten nichts kann. Er hält auf dem Schafott eine von expressionistisch-messianischem Erlösungspathos triefende Predigt und umarmt den nach seiner Mutter schreienden Lustmörder, welcher ihn schließlich küsst.[64] Auslöser für das Eingreifen des Prinzen ist der doppelte Schrei des Lustmörders, der auch dafür verantwortlich ist, dass der Prinz seine von der so verbreiteten „Oh-Mensch!-Krankheit" infizierte Rede in Versform mit Endreimen hält:[65]

> Menschen! Menschen! Das kann nicht geschehn!
> Eine Mutter gebar ihn [den Lustmörder] in blutigen Wehn,
> *eine* Mutter hat uns alle geboren,
> ist ihre Qual um diesen verloren?
> Wir alle lasen in dämmernden Kindheitstagen,
> daß unser Bruder Jesus Christ
> für uns ans Kreuz geschlagen ist.
> Für diesen ward er an kein Kreuz geschlagen?
> Steh auf, steh auf du – und schrei's ihnen zu,
> sie sind tausendmal mehr Mörder als du!
> Nein, sie sind nicht Mörder, sie sind deine Brüder.
> Du hast nicht gemordet. Nicht wirf dich nieder [...]
> wir waren noch klein und die Mutter schlief.
> Nun ist sie erwacht – und sie sandte den Sohn,
> er hat uns mit seinen gesegneten Wunden
> auf Ewigkeiten vom Blute entbunden,
> er trank unser Gift – unser Kreuz ward sein Thron![66]

---

63 Paul Fechter: Das Europäische Drama. Geist und Kultur im Spiegel des Theaters. Bd. 2: Vom Naturalismus zum Expressionismus. Mannheim 1957, S. 450.

64 Hans Kaltneker: Die Opferung. Eine Tragödie in vier Akten, in: ders.: Dichtungen und Dramen. Hg. v. Paul Zsolnay, eingeleitet v. Felix Salten. Wien, Leipzig 1925, S. 52–155, hier S. 101f.

65 Musil: Klagenfurter Ausgabe; LESETEXTE; Bd. 13: Kritiken; Wiener Theater.

66 Kaltneker: Opferung, S. 100f.

Von diesem Moment an kann der Prinz auch im Folgenden nicht mehr von der lyrischen Sprache ablassen und spricht fast durchgängig in diesem Stil. Zwar sind Versmaß und Reimschemata nicht immer perfekt und oftmals nur eine Annäherung an die üblichen Gedichtformen, doch fällt der Wechsel von Prosa in Lyrik sofort auf. Dieses Textverfahren wendet Kaltneker auch in einem späteren Drama an – dort, um den Abstieg einer topischen ‚heiligen Hure' in die Tiefen eines sexuell entgrenzten Milieus zu markieren, in dem es nur so von sexualpathologischen Figuren wimmelt.[67] Seit dem Lustmörder-Kuss, welcher in der *Opferung* als pervertierter Musenkuss inszeniert wird, fühlt sich der Prinz zudem dazu berufen, die Welt zu erlösen. Er ist davon überzeugt, dass nur die Hinrichtung eines Menschen, der *bewusst* die gesamte Schuld der Menschheit auf sich nimmt, als Erlöser in Frage kommt.[68] Und so begeht der Prinz einen Lustmord an seiner Geliebten. Kaum ist sie gestorben, beginnt der Prinz wieder wie zu Beginn des Dramas in Prosa zu sprechen.[69]

Man könnte nun dazu verleitet sein, in der durch den Lustmörder hervorgebrachten Ästhetik, wie sie bei Kaltneker zu beobachten ist, einen Gegensatz zu den ambitionierten Texturen Musils und Döblins zu sehen; nämlich eine Rückkehr zur althergebrachten, traditionsreichen Dramenform. Tatsächlich aber findet man in der *Opferung* nur einen ‚echten' Lustmord. Der Prinz mordet seine Geliebte gerade nicht um des Mordens willen, auch nicht um eine pathologische Lust zu befriedigen, sondern um die Welt zu erlösen. Der Prinz begeht lediglich einen „scheinbaren Lustmord[]" – wie er auch in der Sexualpathologie bezeichnet wurde –,[70] da dieser interessegeleitet ist. Der ‚echte' Lustmörder, dessen Musenkuss den Prinzen auf seinen soteriologischen und ästhetischen Irrweg führt, als poetologische Figur gelesen, passt dann doch deutlich besser zu einer avantgardistischen Ästhetik. Abgesehen von seiner körperlichen Präsenz und seinem körperlichen Gebaren äußert er sich nur in Urlauten: Zweimal sein Brüllen, im Text als „Uuuuuuaaaah - - -" wiedergegeben und dann lallend: „Muu-a-tta - - - Muu-a-atta - -".[71] Deutlich liegt der Akzent dieser Ästhetik auf der mit der Körperlichkeit des Lustmörders korrespondierenden Materialität der Textur.

---

67 Fechter: Das Europäische Drama, S. 456.

68 Kaltneker: Opferung, S. 117–119.

69 Kaltneker: Opferung, S. 125.

70 „Nicht jede Tötung einer genotzüchtigten Person muß aber auf perverse Sexualempfindungen oder überhaupt auf Wollust zurückgeführt werden. Solche Fälle gehören *nicht* zu Lustmord oder Lustbetätigung", sondern zum „scheinbaren Lustmord[]". Erich Wulffen: Der Sexualverbrecher. 5. Aufl. Berlin, Groß-Lichterfelde 1910, S. 473 (Hervorhebung O.B.).

71 Kaltneker: Opferung, S. 99–101.

In einem Gespräch bei einer Abendgesellschaft erläutert der Prinz seine Ansichten über die ideale Kunst. Er plädiert für eine momenthafte Kunst, die „ihren Sinn und ihre Stunde" hat und auch hässlich sein darf.[72] Er verehrt die Sterne und lässt hierzu eine „stillose Sternwarte"[73] auf sein Barockpalais bauen.[74] Theater, Ballett, Oper – ja die gesamte europäische Kunst – lehnt er ab, um stattdessen die exotische Kunst Asiens zu loben.[75] Wenn der Prinz später in Versen zu sprechen beginnt, markiert der Text, dass er sich mit seinem pervertierten Erlösungsauftrag auf einem Irrweg befindet. Die Authentizität, die Momenthaftigkeit, die Gewalt des Lustmords lässt sich nicht wiederholen und bleibt einzigartig. Gerade deshalb kann er auch dem Expressionisten Kaltneker als Folie für eine neue Ästhetik dienen, ohne dass er sie über den ganzen Text hinweg umsetzt. So einzigartig wie der Lustmord, wie die durch den Lustmord repräsentierte Ästhetik, so einzigartig blitzt der Lustmörder im Drama auf. Die höchste Kunst, so könnte man folgern, ist diejenige, die gänzlich ohne Vorbild und Tradition auskommt. Wie der Versuch des Prinzen scheitert, den Lustmord zu wiederholen bzw. zu imitieren, muss auch der Versuch scheitern, eine solche Ästhetik oder Poetik zu wiederholen.

Die bisherigen Analysen festigen den Eindruck, dass der poetologische Lustmörder stets eine avantgardistische mit ambitionierten Textverfahren operierende Ästhetik konnotiert. Ein weiteres Beispiel hierfür ist Ernst Weiß' 1923 publizierte Erzählung *Hodin*, die die epistemologischen Grenzen der Literatur anhand des Lustmördes auszuloten versucht und dabei auf das seit Platon als poetologischer Topos etablierte Motiv des Spiegels zurückgreift:[76] Der inhaftierte Lustmörder Hodin hat Aufzeichnungen in einer rätselhaften Schrift hinterlassen, die vom behandelnden Gefängnisarzt erst spät als mehrfach gespiegelte Stenographie entziffert werden kann.[77] Der relativ konventionell gehaltene Inhalt und Stil der Aufzeichnungen kontrastiert mit der Komplexität der Zeichen, die einerseits den Arzt daran erinnert, dass auch er Hodin gespiegelt wahrgenommen hat.[78] Andererseits sieht sich der Leser erneut mit dem poetologischen Imperativ der Steigerung und Verkehrung konfrontiert. Ergänzt mit einem geschickten und zugleich

---

72 Kaltneker: Opferung, S. 66.
73 Kaltneker: Opferung, S. 68.
74 Kaltneker: Opferung, S. 62.
75 Kaltneker: Opferung, S. 68.
76 Katrin Kohl: Poetologische Metaphern. Formen und Funktionen in der deutschen Literatur. Berlin, New York 2007, S. 42.
77 Ernst Weiß: Hodin, in: ders.: Die Erzählungen. Frankfurt/M. 1982, S. 128–154, hier S. 140.
78 Weiß: Hodin, S. 140.

fingierten Montageverfahren – [79] die erste Hälfte des Textes ist weitgehend aus der Perspektive des Gefängnisarztes erzählt,[80] während die zweite vorgibt, direkt aus den Aufzeichnungen zu zitieren – wird hier kritisch der Wert einer Kunst diskutiert, die nach der Ansicht Platons nur eine Spiegelung der Wirklichkeit – also: negativ konnotierte „Abbilder" – hervorbringt.[81] Die fortgesetzte Steigerung und Verkehrung der Wirklichkeitsspiegelung durch *Hodin* verspricht gleichermaßen einen ästhetischen wie epistemologischen Mehrwert.[82]

Abschließend soll gezeigt werden, dass der Lustmörder mitsamt seiner Anbindung an das Paradigma der Ästhetik spätestens in der Zwischenkriegszeit auch im Mainstream angekommen ist und keineswegs ausschließlich ein Phänomen der Hochkultur oder Avantgarde darstellt. So inszeniert sich etwa der Protagonist – ein Dichter – in Hugo Bettauers massentauglicher Krimikomödie *Der Frauenmörder* als Lustmörder, um mit dem dadurch hervorgerufenen öffentlichen Aufsehen seine bisher erfolglosen Dramen besser verkaufen zu können. Als die Öffentlichkeit von diesem vermeintlich dichtenden Lustmörder erfährt, explodieren nicht nur die Auflagezahlen, sondern auch der städtische Kulturbetrieb wird gerettet, weil alle die Dramen des Dichter-Lustmörders sehen wollen.[83] Rahel Sanzaras *Das verlorene Kind* und Jakob Wassermanns *Christian Wahnschaffe*, zwei Bestseller, die in erster Linie auf realistische Textverfahren zurückgreifen und vordergründig keine poetologischen oder ästhetischen Fragen verhandeln, können sich dem *poietischen* Potential des Lustmörders ebenfalls nicht entziehen. Immer dann, wenn diese Texte von ihren Lustmördern erzählen, scheitern die realistischen Verfahren. Deshalb setzen die genannten Texte in solchen Momenten statt Metonymie, Kausalität und Kontiguität Metaphern oder avantgardistische Verfahren wie das der Montage ein.[84] Der abrupte Verfahrenswechsel lässt sich ebenso in journalistischen wie wissenschaftlichen Texten beobachten, wenn sie genötigt sind, sich mit einem Lustmord auseinanderzusetzen.[85] Offenkundig stellt der

---

79 Die Montage ist nach Peter Bürger ein zentrales Verfahren der Avantgarde. Vgl. Peter Bürger: Theorie der Avantgarde. Mit einem Nachwort zur 2. Aufl. Frankfurt/M. 1974, S. 99.

80 Weiß: Hodin, S. 128–142.

81 Platon: Der Staat (Politeia). Übersetzt u. hg. v. Karl Vretska. Stuttgart 2006, S. 433 [= 596c-d].

82 Bekanntlich wird gerade der epistemologische Wert – und damit auch der Nutzen – der Kunst von Platon negiert. Vgl. Kohl: Poetologische Metaphern, S. 42f.

83 Tatar: Lustmord, S. 175.

84 So greift etwa Sanzara in *Das verlorene Kind* auf einen Fall aus dem *Neuen Pitaval* zurück. Vgl. Hania Siebenpfeiffer: Das verlorene Kind (1926), in: Claudia Benthien, Inge Stephan (Hg.): Meisterwerke. Deutschsprachige Autorinnen im 20. Jahrhundert. Köln u.a. 2005 (= Literatur – Kultur – Geschlecht: Kleine Reihe, Bd. 21), S. 337–356, hier S. 339.

85 Vgl. Anne-Kathrin Kompisch: Wüstling – Werwolf – Teufel. Medienbilder von Serienmördern in der deutschen Massenpresse. 1918–1945. Univ. Diss., Hamburg 2008, S. 37–40.

Lustmord nicht nur eine enorme Herausforderung für die zeitgenössische Wissenschaft und Gesellschaft dar, sondern gleichermaßen auch für die Kunst im Allgemeinen und die Literatur im Speziellen. Wahrscheinlich hat die Literatur deshalb den Ende des 19. Jahrhunderts gerade erst entdeckten – man kann auch sagen: erfundenen – Lustmörder so begeistert aufgenommen.

Bester Beleg für die Popularität des Lustmörders ist Marga Passons Roman *Blaubart*, der 1923 erstmals in der *Berliner Illustrirten Zeitung* veröffentlicht wurde. Diese Zeitung war damals Deutschlands meistgelesenes, an ein breites Publikum gerichtetes Massenblatt – mit einer Auflagenstärke von über einer Million.[86] 1925 erscheint der Roman schließlich als eigenständiges Buch im Ullstein-Verlag.[87] Nicht nur diese Publikationsorte, sondern auch Setting und Handlung verdeutlichen,[88] dass hier ein der Unterhaltungsliteratur zuzurechnender Text vorliegt, der von Anfang an kein Geheimnis aus seinem Kolportagecharakter macht. Erzählt wird einerseits von der Jagd zweier Detektive auf den Lustmörder Sir Hugh, andererseits von dessen Lustmorden, die er während seiner Flucht vor den Detektiven *und* vor den eigenen Trieben begeht. Den Lustmörder präsentiert dieser Text als nietzscheanischen Übermenschen, der von Lebenskraft geradezu überquillt und alles Schöne unabhängig von Alter oder Geschlecht um seiner Schönheit willen mordet, damit sein zerstörerisches Zuviel an Lebenskraft sich mit dem reinen Schönen zeugend vereinen kann. Dionysisches trifft Apollinisches: Nietzsches Philosophie ist im gesamten Roman allgegenwärtig und in eine ebenso abenteuerliche wie spannende Handlung verpackt. Nicht umsonst wird Sir Hugh ‚Blaubart‘ genannt, denn der ‚Bodycount‘ ist verglichen mit anderen Lustmord-Texten recht hoch. Wie oben mit Blick auf Sanzara und Wassermann beschrieben, weicht auch der ansonsten recht simpel gestrickte, mit realistischen Verfahren operierende *Blaubart* plötzlich in den metaphorischen Modus aus, wenn er den Lustmörder und seine Gefühle beschreiben möchte:

---

86 Birgit Kreutzahler: Das Bild des Verbrechers in Romanen der Weimarer Republik. Eine Untersuchung vor dem Hintergrund anderer gesellschaftlicher Verbrecherbilder und gesellschaftlicher Grundzüge der Weimarer Republik. Frankfurt/M. u.a. 1987, 224f.
87 Marga Passon: Blaubart. Roman. Berlin 1925.
88 Wichtige Handlungsstationen sind eine Schiffskatastrophe, eine rauschende Party in New York, wie sie Fitzgerald nicht übertriebener hätte beschreiben können, ein einsames, von Sir Hugh bewohntes Schloss im südamerikanischen Dschungel, das Verbrechermilieu einer europäischen Stadt, eine paradiesisch-utopische, der Freikörperkultur und dem Sport verpflichtete Heilanstalt für schöne Jünglinge und schließlich eine Insel der Aussätzigen. Zwischen diesen Stationen befindet man sich wahlweise in irgendwelchen Luxushotels oder luxuriösen Verkehrsmitteln.

Er verspürte Lust, sich [...] über seine Beute zu stürzen, die Begierde und Wundheit heraus-
zustoßen. [...] Wie schwarzer heißer Dampf brach die Erinnerung in ihn, Erinnerung an viele
Nächte. Wie ein Vampir würde die Frau ihn reizen, ihn schmerzhaft durchwühlen, seine
Qual ins Riesenhafte steigern, in einen Schrei, der den Himmel spaltete, bis er sie mit
Schlägen erwürgte, ihren Leib kalt machte, daß alle Lust an ihm zuschanden wurde,
abgründig in einen Eiskeller stürzte. Eis um ihn, Gletscherwasser, das ihn mit Grauen
überschüttete, schluchzendes Glück der Einsamkeit und Befreiung. Sein Gehirn stellte sich
wie ein Schlangenhelm in Mordlust auf. [...] Tigerhaft traten seine Füße den Boden. [...] Sein
inbrünstig geöffneter Mund zuckte heftig, flehend. [...] Die Leidenschaft, die wie ein wildes
Tier aus seinem Herzen in den ganzen Leib gebrochen und in reißenden Haß aufgeschossen
war, hinunterwürgen und mit den eigenen Zähnen zerfetzen. In die Einsamkeit stürzen wie
in das kalte, heilige Meer. [...] Die Morde rannten ihm nach, schwarze, stumme Tiere, die
anschwollen und zusammenschrumpften [...].[89]

Unabhängig davon, wie man die literarische Qualität dieses Textes einschätzen
möchte, der auch glühende Verehrer wie Ernst Weiß hatte:[90] Ohne Zweifel liegt
hier ein Texturereignis vor, das die Bedeutung der ansonsten so dominanten
narrativen Struktur deutlich unterminiert. Die stilistische Tmesis könnte nicht
radikaler sein. Zwar operiert *Blaubart* unablässig mit abgegriffenen Metaphern
und Gleichnissen, die gerade bei der Charakterisierung des Lustmörders besonders auffallen und den Text dem Kitsch annähern, doch steckt der Roman einerseits wegen solch wiederkehrenden Texturereignissen, andererseits wegen verhältnismäßig komplexen Reflexionen über das Paradigma der Kunst, wie sie etwa
im Finale des Romans – Sir Hughs Suizid – zu finden sind, voller Überraschun-
gen. Sir Hugh klagt Gott an:

„Du bist schuld! Du hast mich mißgestaltet und mich hinausgestoßen! Ich war ein Tier unter
deiner Peitsche. Galopp, Galopp! Im Kreise herum!" Er riß sich die Kleider vom Oberkörper,
schlug auf seine nackte, unmäßig breite und starke Brust. „Was ist das, he? Du hast dich
verhauen, Meisterbildhauer? Zu viel! Zu viel! Hier mußtest du wegnehmen, und hier! Sind
dir die Hände müde geworden?" Gehässig lachte er. „O nein! Das ist die Harmonie deiner
Welt!" Er reckte das breite Gesicht unter die Sterne. „Was für ein Kopf! Du hast die Backen
zu hoch gesetzt, Herr, den Schädel zu weit nach hinten getrieben. Bei der Nase ist dir der
Meißel ausgerutscht, oder hast du die Faust darauf geschlagen, als das Ganze fertig war,
und siehe, es war mißraten? [...] Ich will zeugen – ich will ein Kind haben – viele Kinder."[91]

Während das Paradigma der Ästhetik im *Blaubart* bisher in erster Linie diskursiv
über indirekte Nietzsche-Zitate – Philosopheme vom Übermenschen, Dionysi-

---

89 Passon: Blaubart, S. 68f.
90 Vgl. Ernst Weiß: Marga Passon, in: Literarische Umschau. 4. Beilage zur Vossischen Zeitung,
10.05.1925, S. 1.
91 Passon: Blaubart, S. 214f.

sches und Apollonisches – funktionierte, lässt sich Sir Hughs Apostrophe als metareflexives Moment lesen: Wenn eine literarische Figur in einem literarischen Text seine eigene Literarizität erkennt und sich dann bei seinem Schöpfer darüber beschwert, dann koinzidiert der Schöpfer unweigerlich mit dem Erzähler. Nicht zuletzt greift Sir Hugh zur Beschreibung seiner misslichen Lage als missratenes Kunstwerk auf den poetologischen Topos des Pygmalion zurück.[92]

Aufgrund dieses metareflexiven Moments wird der Lustmörder zur poetologischen Signatur des gesamten Romans, die bereits der Romantitel *Blaubart* präludiert: Sir Hugh ist Blaubart ist *Blaubart*. Entsprechend lässt sich nicht nur Sir Hugh, sondern der gesamte Roman mit dem auch in der zitierten Passage erwähnten ‚Zu viel‘ am treffendsten charakterisieren. Er will eine massentaugliche Kolportage sein, unterhaltend, spannend und abenteuerlich. Zugleich will er mehr sein als das, wie die Texturereignisse, Kunstreflexionen und unzähligen intertextuellen Bezüge zur Hochkultur belegen.[93] Das Resultat gleicht einem amoklaufenden Dionysos, dem die nötige Begrenzung und Ordnung durch Apollo fehlt.[94] Passons höchst erfolgreicher Roman erfüllt somit die Midcult-Definition Umberto Ecos, die sich in diesem Sinne geradezu als Beschreibung des Poetik *Blaubarts* lesen lässt:

> 1. er macht Anleihen bei Verfahrensweisen der Avantgarde und paßt sie der Konfektionierung einer Botschaft ein, die für alle verständlich und genießbar ist;
> 2. er benutzt diese Verfahrensweisen erst dann, wenn (und weil) sie bekannt, verbreitet, bereits konsumiert sind;
> 3. er konstruiert die Botschaft nach Maßgabe der Effekte, die sie bewirken soll;
> 4. er stellt den Konsumenten zufrieden, indem er ihn davon überzeugt, das Herz der Kultur schlagen gehört zu haben.[95]

Was im Falle Passons aber positiv auffällt, ist das (selbst-)kritische, ja (selbst-) ironische Bewusstsein für die eigene Poetik, das während der Erzählerapostrophe Sir Hughs deutlich zum Ausdruck kommt. Wenn sich der Lustmörder als künstlerische Karikatur erkennt, tut dies auch der Text, und insofern darf letzterer gerade deshalb trotz Kolportage und Kitsch nicht unterschätzt werden. Nicht

---

92 Zur poetologischen Lesart des Pygmalion-Mythos' vgl. Inka Mülder-Bach: Im Zeichen Pygmalions. Das Modell der Statue und die Entdeckung der „Darstellung" im 18. Jahrhundert. München 1998.
93 Implizit zitiert werden neben Nietzsches Philosophie u.a. Wagners *Der fliegende Holländer*, Thomas Manns *Zauberberg* und der vierte Satz aus Beethovens Streichquartett Nr. 16 (Op. 135).
94 Vgl. Passon: Blaubart, S. 186.
95 Umberto Eco: Die Struktur des schlechten Geschmacks, in: ders.: Apokalyptiker und Integrierte. Zur kritischen Kritik der Massenkultur. Frankfurt/M. 1986, S. 59–115, hier S. 71.

umsonst hat auch Ernst Weiß ‚das Herz der Kultur schlagen gehört', wenn er ausgesprochen wohlwollend über Passons *Blaubart* urteilt, der lediglich noch etwas Unfertiges, Unvollendetes und Inkohärentes an sich habe.[96] Mit der erarbeiteten Poetologie des Midcults möchte man allerdings dagegenhalten, dass der Text sich genau so präsentiert, wie er sich präsentieren muss, um eine möglichst heterogene, breitgestreute Leserschaft zu erreichen – von Ernst Weiß bis zum zeitungslesenden Proletariat, wenn man so will. Es ist dieses Bewusstsein für die notwendige Verbindung von künstlerischem Anspruch und nötiger Anpassung an das Publikum, die auch Bettauers *Frauenmörder* ironisch an den Tag legt. Wenn Bettauer einen Roman schreibt, der einen reißerischen Titel trägt und schon deshalb garantiert sein Publikum findet – man denke nur an die Erfolge, die selbst wissenschaftliche Publikationen wie *Der Sexualverbrecher* oder *Psychopathia sexualis* feierten –,[97] dann verhält sich der Autor letztlich seiner literarischen Figur entsprechend, die ihre Verkaufszahlen mit derselben Strategie in die Höhe schnellen lässt.

Die in diesem Beitrag vorgestellten Texte belegen die Repräsentativität der Engführung von Lustmord und Kunst. Unabhängig von Gattung, Genre, Erscheinungsjahr oder literarischer Strömung, unabhängig davon ob ein Text tendenziell eher der Hoch- oder der Populärkultur zuzurechnen ist: Die Persistenz, mit der diese Engführung im kulturellen Archiv zu finden ist, rechtfertigt auch dann eine poetologische Lesart des Lustmörders, wenn etwa wie in Klabunds Gedicht *Der kleine Mörder* ein Lustmord weder explizit noch implizit das Paradigma der Kunst konnotiert.[98] Die Häufigkeit der hergestellten Äquivalenzbeziehung von Lustmord und Kunst überführt diese in eine Kontiguitätsbeziehung, sodass bei einem Lustmord immer auch an die Kunst gedacht werden muss. Und so stellt sich auch bei Klabund die Frage, ob man in ästhetischer ebenso wie in poetologischer Hinsicht sogar von einem Mörder etwas lernen kann, der seiner kleinen Schwester „die große Kelle [i]n den Schoß" stößt und „[l]ächelnd über die kleine Leiche hin [fällt]."[99] So groß verständlicherweise zunächst der Widerwille gegen eine solche Lesart ist, die die im Kontext von Lustmorden präsenten Misshandlungen und Gewalttaten als Metapher für ‚das Schöne' liest, so nachdrücklich insinuieren die zahlreichen Funde im kulturellen Archiv, dass der Leser nicht umhin kommt, über seinen eigenen Schatten zu springen, wenn er der Komplexität solcher Texte

---

96 Weiß: Marga Passon, S. 1.
97 Höcker: Epistemologie des Extremen, S. 64.
98 Klabund: Der kleine Mörder, in: ders.: Die Harfenjule. Neue Zeit-, Streit- und Leidgedichte. Berlin [1927], S. 21.
99 Klabund: Der kleine Mörder, S. 21.

gerecht werden möchte. Es hilft nichts: Auch ein Lustmord wie in Klabunds Gedicht muss ganz im Sinne De Quinceys als eine schöne Kunst betrachtet werden.

Verwendete Literatur

Roland Barthes: Die Lust am Text. Frankfurt/M. 1974.

Moritz Baßler: Die Entdeckung der Textur. Unverständlichkeit in der Kurzprosa der emphatischen Moderne 1910–1916. Tübingen 1994.

Hermann Bernauer: Zeitungslektüre im *Mann ohne Eigenschaften*. München 2007 (= Musil-Studien, Bd. 36).

Georg Braungart: Leibhafter Sinn. Der andere Diskurs der Moderne. Tübingen 1995.

Patrick Bridgwater: De Quincey's Gothic Masquerade. Amsterdam, New York 2004.

Peter Bürger: Theorie der Avantgarde. Mit einem Nachwort zur 2. Aufl. Frankfurt/M. 1974.

Karl Corino: Zerstückt und durchdunkelt. Der Sexualmörder Moosbrugger im *Mann ohne Eigen-schaften* und sein Modell, in: Musil-Forum 10 (1984), S. 105–119.

Alfred Döblin: Der schwarze Vorhang. Roman von den Worten und Zufällen, in: ders.: Jagende Rosse, Der schwarze Vorhang und andere frühe Erzählwerke. München 1987, S. 107–205.

Umberto Eco: Die Struktur des schlechten Geschmacks, in: ders.: Apokalyptiker und Integrierte. Zur kritischen Kritik der Massenkultur. Frankfurt/M. 1986, S. 59–115.

Paul Fechter: Das Europäische Drama. Geist und Kultur im Spiegel des Theaters. Bd. 2: Vom Naturalismus zum Expressionismus. Mannheim 1957.

Arne Höcker: Der Mann der Möglichkeiten: Epistemologie und Ästhetik des Lustmords in Robert Musils *Der Mann ohne Eigenschaften*, in: Zeitgeschichte 35 (2008), S. 340–353.

Arne Höcker: Epistemologie des Extremen. Lustmord in Kriminologie und Literatur um 1900. München 2012.

Hugo von Hofmannsthal: Der Brief des Lord Chandos. Erfundene Gespräche und Briefe. Nachwort v. Lorenz Jäger. Frankfurt/M. 2002, S. 21–32.

Hans Kaltneker: Die Opferung. Eine Tragödie in vier Akten, in: ders.: Dichtungen und Dramen. Hg. v. Paul Zsolnay, eingeleitet v. Felix Salten. Wien, Leipzig 1925.

Immanuel Kant: Kritik der Urteilskraft. Hg. v. Wilhelm Weischedel. 2. Aufl. Frankfurt/M. 1996 (= Werkausgabe in 12 Bänden, Bd. 10).

Otto Keller: Döblins Montageroman als Epos der Moderne. Die Struktur der Romane *Der schwarze Vorhang, Die drei Sprünge des Wang-lun* und *Berlin Alexanderplatz*. München 1980.

Klabund: Der kleine Mörder, in: ders.: Die Harfenjule. Neue Zeit-, Streit- und Leidgedichte. Berlin [1927], S. 21.

Katrin Kohl: Poetologische Metaphern. Formen und Funktionen in der deutschen Literatur. Berlin, New York 2007.

Anne-Kathrin Kompisch: Wüstling – Werwolf – Teufel. Medienbilder von Serienmördern in der deutschen Massenpresse. 1918–1945. Univ. Diss., Hamburg 2008.

Richard von Krafft-Ebing: Psychopathia sexualis. Eine klinisch-forensische Studie. Stuttgart 1886.

Richard von Krafft-Ebing: Psychopathia sexualis. Mit besonderer Berücksichtigung der conträren Sexualempfindung. Eine klinisch-forensische Studie. 7., vermehrte u. theilweise umgearb. Aufl. Stuttgart 1892.

Richard von Krafft-Ebing: Psychopathia sexualis. With Especial Reference to Contrary Sexual Instinct: A Medico-Legal Study. Authorized Translation of the Seventh Enlarged and Revised German Edition by Charles Gilbert Chaddock. Philadelphia, London 1893.

Birgit Kreutzahler: Das Bild des Verbrechers in Romanen der Weimarer Republik. Eine Untersuchung vor dem Hintergrund anderer gesellschaftlicher Verbrecherbilder und gesellschaftlicher Grundzüge der Weimarer Republik. Frankfurt/M. u.a. 1987.

Theodor Lessing: Haarmann. Die Geschichte eines Werwolfs und andere Gerichtsreportagen. Hg. u. eingeleitet v. Rainer Marwedel. Frankfurt/M. 1989.

Inka Mülder-Bach: Im Zeichen Pygmalions. Das Modell der Statue und die Entdeckung der „Darstellung" im 18. Jahrhundert. München 1998.

Robert Musil: Der Mann ohne Eigenschaften. Roman. Reinbek b. Hamburg 1981 (= Robert Musil: Gesammelte Werke in neun Bänden hg. v. Adolf Frisé, Bde. 1–5).

Robert Musil: Klagenfurter Ausgabe. Kommentierte digitale Edition sämtlicher Werke, Briefe und nachgelassener Schriften. Mit Transkriptionen und Faksimiles aller Handschriften. Hg. v. Walter Fanta, Klaus Amann, Karl Corino. Klagenfurt 2009.

Marga Passon: Blaubart. Roman. Berlin 1925.

Platon: Der Staat (Politeia). Übersetzt u. hg. v. Karl Vretska. Stuttgart 2006.

Christine Pozsár, Michael Farin (Hg.): Die Haarmann-Protokolle. Mit Beiträgen von Erich Frey, Horst Giesemann und Hermann Lange. Faksimile d. Aufl. Reinbek b. Hamburg [1995]. München 2009.

Thomas De Quincey: Der Mord als eine schöne Kunst betrachtet. Übersetzt v. Alfred Peuker. Minden [1913].

Thomas De Quincey: On Murder Considered as One of the Fine Arts, in: ders.: The Collected Writings of Thomas De Quincey. Vol. XIII: Tales and Prose Phantasies. New and Enlarged Edition by David Masson. Edinburgh 1890, S. 9–124.

Anthony Riley: Anmerkungen und Varianten, in: Jagende Rosse, Der schwarze Vorhang und andere frühe Erzählwerke. München 1987, S. 221–280.

Anthony W. Riley: Nachwort des Herausgebers, in: Alfred Döblin: Jagende Rosse, Der schwarze Vorhang und andere frühe Erzählwerke. München 1987, S. 281–326.

Hania Siebenpfeiffer: Das verlorene Kind (1926), in: Claudia Benthien, Inge Stephan (Hg.): Meisterwerke. Deutschsprachige Autorinnen im 20. Jahrhundert. Köln u.a. 2005 (= Literatur – Kultur – Geschlecht: Kleine Reihe, Bd. 21), S. 337–356.

Jonathan Swift: A Modest Proposal for Preventing the Children of Poor People from Being a Burthen to Their Parents or Country and Making Them Beneficial to the Publick. Dublin 1729.

Maria Tatar: Lustmord. Sexual Murder in Weimar Germany. Princeton, NJ 1985.

Ernst Weiß: Hodin, in: ders.: Die Erzählungen. Frankfurt/M. 1982, S. 128–154.

Ernst Weiß: Marga Passon, in: Literarische Umschau. 4. Beilage zur Vossischen Zeitung, 10.05.1925, S. 1.

Erich Wulffen: Der Sexualverbrecher. 5. Aufl. Berlin, Groß-Lichterfelde 1910.

Ole W. Fischer (Salt Lake City)
"All art is erotic"

Adolf Loos, Henry van de Velde, Ornament and Crime

Seen from today's perspective, Henry van de Velde (1863–1957) and Adolf Loos (1870–1933) figure as early innovators of modern architecture in Central Europe, since they define the transition from Belle Époque to *Neues Bauen* of the 1920s and 30s. The biographies of the two architects show several parallels: both were autodidacts and derived from the peripheries of the discipline – Loos studied at a school of applied arts, attended the Technical University in Dresden, where he never graduated, and designed several interiors, renovations and shops before he realized his first building, while van de Velde moved from academic painting to abstract graphic work and book illustration to applied arts, interiors and finally architecture. Both designed mainly bourgeois apartments and suburban villas. Similarly, both architects started their careers with extensive theoretical work on topics of contemporary culture: van de Velde wrote reviews and essays for the Belgian avant-garde papers *L'Art Moderne, Van Nu en Straks* and the socialistic magazine *La Société Nouvelle*, and Loos held a column at the liberal Viennese newspaper *Neue Freie Presse*. Both protagonists developed a strong affinity to Anglo-Saxon culture: they embraced the industrially produced objects and commodities as well as Arts & Crafts furniture as an alternative to the historicist *decorum* of the Second Empire and Wilheminism. Further important influences on their artistic formation were the texts of Friedrich Nietzsche,[1] Gottfried Semper,

---

1 Earlier versions of this text have been published in Ole W. Fischer: Objected into the Void – The Polemics of Adolf Loos against Henry van de Velde: A Cultural-Psychological Analysis of Modernism, in: Umění/Art 55/4 (2007), p. 294–315; as well as Ole W. Fischer: Ins Leere widerspochen. – Adolf Loos und seine Polemik gegen Henry van de Velde, in: Ákos Moravánszky, Bernhard Langer, Elli Mosayebi u.a. (eds.): Adolf Loos: Die Kultivierung der Architektur. Zurich 2008, p. 83–116. For the relationship between Loos and Nietzsche, see Bruno Maldoner: Gegenüberstellung von Zitaten zu einigen Schwerpunkten im schriftstellerischen Werk von Adolf Loos und Friedrich Nietzsche, in: Burkhardt Rukschcio (ed.): Adolf Loos. Vienna 1989, p. 269–278; see also Anders V. Munch: Der stillose Stil. Munich 2005. On Nietzsche with regard to Henry van de Velde, see Alexandre Kostka: Der Dilettant und sein Künstler. Die Beziehung Harry Graf Kessler – Henry van de Velde, in: Klaus-Jürgen Sembach, Birgit Schulte (eds.): Henry van de Velde. Ein europäischer Künstler seiner Zeit. (exh. cat.) Cologne 1992, p. 253–283; see also Ole W. Fischer: The Nietzsche Archive in Weimar: A Retroactive Studiolo of Henry van de Velde? in: Thresholds 32 (2006), p. 42–46; as well as Ole W. Fischer: Nietzsches Schatten. Henry van de Velde – von Philosophie zu Form. Berlin 2012.

John Ruskin and William Morris – although they drew different conclusions from their readings. In addition, Loos found orientation in and support from the *aesthetic movement* and especially his writer friends Peter Altenberg and Karl Kraus,[2] just as van de Velde was rooted in the secessionist artists' association *Les XX* in Brussels in the early 1890s and in the *New Weimar Circle* (*Kreis Neues Weimar*) around Harry Count Kessler and Elisabeth Förster-Nietzsche after the turn of the century.

On the other hand, they seem to represent two oppositional poles of early modernity – the individualistic "Stilwollen" (will to style) of van de Velde appears irreconcilable with the "repression of ornament" by Loos,[3] and the psychological-physiological total work of art (*Gesamtkunstwerk*) of the former contrasts radically with the traditional aesthetics of handicraft and taste of the latter. In the writings of Loos we can register the traces of this antagonism in condensed polemic attacks against van de Velde, whereas on the side of the attacked there is nothing but silence – or maybe ignorance – in regard to his Viennese critic: neither his theoretical writings on architecture and style, nor his extensive memoirs,[4] which do not shy away from other vigorous confrontations,[5] contain any mention of Adolf Loos, and not even the large convolute of correspondence in the Brussels archives offer references to Loos,[6] even though van de Velde was in contact with Vienna over multiple channels and therefore informed about the city's protagonists and debates.[7]

Loos, however, showed an early interest in the work of van de Velde: already in one of his first newspaper reviews from November 1897 he mentions van de Velde's exhibition design for the *Belgium Congo Colonial Exposition* in Tervuren as

---

2 See the chapter "Formgebungstheorie", in: Eva B. Ottillinger: Adolf Loos. Wohnkonzepte und Möbelentwürfe. Salzburg, Vienna 1994, p. 11–28.

3 Michael Müller: Die Verdrängung des Ornaments. Zum Verhältnis von Architektur und Lebenspraxis. Frankfurt/M. 1977.

4 Hans Curjel (ed.), Henry van de Velde: Geschichte meines Lebens. Munich 1962. See also Anne van Loo, Fabrice van de Kerckhove (eds.), Henry van de Velde: Récit de ma vie. I–II. Brussels, Paris 1992 and 1995; and Léon Ploegaerts (ed.), Henry van de Velde: Les mémoires inachevés d'un artiste européen. Brussels 1999.

5 For example the detailed comments in the memoirs about the debate with Otto Eckmann about the "invention" of Art Nouveau and about the degeneration to the fashion of Jugendstil in 1901–1902, or the Werkbund controversy with Hermann Muthesius about type and art in 1914.

6 Bibliothèque Royal Albert 1ᵉʳ, Bruxelles, Archives et Musée de la Littérature, FS X Fonds Henry van de Velde.

7 For example van de Velde's acquaintance with colleagues such as Otto Wagner, Josef Hoffmann, Joseph Maria Olbrich and Joseph August Lux, but also with Viennese artists and writers as Hugo von Hofmannsthal, etc.

exemplary.[8] And in a review of art exhibitions published in the following year he evaluates the designs of Samuel Bing's *L'Art Nouveau* in Paris (1896) and the applied arts fairs at Dresden (1897) and Munich (1898), where van de Velde was prominently represented with his works, as signs of a new artistic revival and of the birth of a new style.[9] But already in the same year, 1898, his first doubts arise about the new applied arts movement, which to Loos seems to indulge into graphic fantasy, formal extravagance and artistic aestheticism, instead of a return to the tradition of British Arts and Crafts. While his bitterly aggressive feature articles had until now been targeted at the representatives of academic historicism and made him an ally of style reform, Loos increasingly started to criticize *German Jugendstil* and *Viennese Secession*, and attacked Josef Hoffmann, Joseph Maria Olbrich and Henry van de Velde by name, although keeping a respectful distance to Otto Wagner.

In the following years the critical comments in Loos' texts about van de Velde's person and work continue until the 1920s, but the most straightforward attack is dated from 1910:

> Dear Ulk!
> And I tell you, there will come a time when the furnishing of a prison cell by His Majesty's upholsterer Schulze or by professor Van de Velde will be regarded as a more serious level of punishment.
> Adolf Loos.[10]

This *bon mot* is directly associated with today's most famous essay by Loos, *Ornament and Crime*, that he delivered on March 3rd, 1910, in Berlin. Announced in the first volume of Herwarth Walden's expressionist artistic and literary journal *Der Sturm*, Loos's lecture sparked the interest of Berlin's avant-garde circles,[11] and

---

8 Adolf Loos: Eine Concurrenz der Stadt Wien, in: Die Zeit, 6 November 1897, cited after Adolf Loos: Die Potemkinsche Stadt. Verschollene Schriften 1897–1933. Ed. Adolf Opel. Vienna 1997, p. 19–23, p. 21.
9 Adolf Loos: Kunstgewerbliche Rundschau I, in: Die Waage, 1 October 1898, cited after Loos: Potemkinsche Stadt, p. 35–40, p. 35; Loos does not, however, refer to van de Velde directly, but states the titles of these exhibitions.
10 All translations by the author unless otherwise noted. Adolf Loos: An den ulk als dieser sich über 'ornament und verbrechen' lustig gemacht hatte, in: Der Sturm 1/6 (1910), p. 44, cited after Adolf Loos: Trotzdem. Gesammelte Schriften 1900–1930. Ed. Adolf Opel. Vienna 1997, p. 89; this witticism about the increased level of punishment is taken up and contrasted with the chaste simplicity of a "normal" prison cell, see Adolf Loos: Von der Sparsamkeit, in: Wohnungskultur 2/3 (1924), cited after Loos: Potemkinsche Stadt, p. 204–216, p. 210.
11 See the announcement of Loos's lecture in: Der Sturm 1/1 (1910), p. 8.

led to a derisive review in Berlin's satirical paper *Ulk* (meaning: josh),[12] answered by Loos in the next edition of *Der Sturm*. Despite of the briefness of the one-liner, it addresses the most obvious distinguishing factor between van de Velde and Loos: their opposite attitudes towards the relevance of ornament and style in modern culture.

This essay offers a close reading of the theories of van de Velde and Loos against the background of the decisive year 1910, in which Loos had to face a dispute over the façade of the "Goldman & Salatsch" building on the Michaeler-platz in Vienna, during which he conceived his central theoretical texts "Architecture" and "Ornament and Crime".[13] These texts reveal a subversive play of borrowing, reevaluation, objection and polemic counterattack against an unverbalized theory of the new ornament – and therefore against van de Velde as the invisible Other of this discourse.

Loos' fundamental hypothesis in "Ornament and Crime" is the cultural historical difference between the objective *Zeitgeist* of modernity and the adornment of historicism respective to *art nouveau*,[14] which he attributes to a cultural stage in historical evolution that has now been left behind:

> Let us briefly recall some chapters of cultural history: the less advanced a people is, the more wasteful it is with its ornament, it's adornment. The Indian covers each and every commodity, each boat, each row, and each arrow over and over with ornaments. To adopt the position of preferring ornament means showing the attitude of an Indian. [...] To search for beauty exclusively in form and not to depend on decoration is the goal aspired to by the whole of humanity.[15]

---

12 The review of "Ornament und Verbrechen" can be found in M.: Der Ornamentenfeind, in: Ulk. Wochenblatt für Humor und Satire 39/11 (1910), p. 5.

13 Adolf Loos: Ornament und Verbrechen (1908), manuscript for the lecture 1910, printed in: Cahiers d'aujourd'hui. June 1913; the first German version of the text was published in: Frankfurter Zeitung, 24 October 1929, cited after Loos: Potemkinsche Stadt, p. 78–88; Adolf Loos: Architektur (1909), in: Der Sturm 1/42 (1910), cited after Loos: Potemkinsche Stadt, p. 90–104; for the incorrect dating of the texts by Loos, see the editorial introduction by Adolf Opel, ibid., p. 15f., as well as the precise reconstruction by Christopher Long of the various stages of the text: Christopher Long: The Origins and Context of Adolf Loos's 'Ornament and Crime', in: Journal of the Society of Architectural Historians 68/2 (2009), p. 200–223.

14 In this essay Loos equates the stylistic language of *Jugendstil* with historicism in order to denigrate *Jugendstil* (*art nouveau*) as a continuation of historicism/Wilhelminism; this would become a topos of the historic construction of classic modernism in the future as, for example, in the case of Sigfried Giedion.

15 Adolf Loos: Das Luxusfuhrwerk, in: Neue Freie Presse, 3 July 1898, cited after Adolf Loos: Ins Leere Gesprochen. Gesammelte Schriften 1897–1900. Ed. Adolf Opel. Vienna 1997, p. 94–100, p. 97.

With the help of the theory of evolution as put forward by the biologist Ernst Haeckel from Jena,[16] which Loos transfers to the development of society, morals and commodities seen as a manifestation of an organic historic system of the "spirit" (*Geist*), he constructs a cultural hierarchy with modern civilization at the top and the "amoral savage" at the bottom. The main rhetorical tactic of "Ornament and Crime" is the "and", the equation of crime with ornament, which Loos stigmatizes as a characteristic trait of degeneration.[17] Here Loos' ideas seem to resonate with the writings of Cesare Lombroso, who describes tattoos as bodily symptoms of primitive peoples, lower classes and criminals. Lombroso also developed the doctrine of "forensic phrenology", which defined crime as inborn atavism, a form of devolution or regressive illness (*degeneration*), which can be identified directly from physical features of the face or body.[18] Loos took the then popular ideologies of "forensic phrenology" and "degeneration social theory" from the field of racial classification of human types and applied them to hand-crafted and architectonic commodities by first equating tattoos (on human skin) with ornamentation (of an object) as a matter of stigmatization and then by characterizing ornament as a pathological feature, as a material index of spiritual-cultural inferiority, mental illness, and amorality.

This notional comparison of tattoo with ornament refers back to the analogy of skin and covering, body jewelry and clothing, vessel and house, as formulated by Gottfried Semper in his theory of adornment and clothing in handcrafts and architecture.[19] The debate on architectural theory in the second half of the nineteenth century differentiates between structural core form (*Kernform*) and decora-

---

16 Loos: Ornament und Verbrechen, p. 78: "The human embryo recapitulates in his mother's womb all evolutionary stages of animal kingdom. [...] His childhood passes through all metamorphoses, which correspond to the history of humanity." See also Ernst Haeckel: Anthropogenie oder Entwicklungsgeschichte des Menschen. Gemeinverständliche wissenschaftliche Vorträge über die Grundzüge der menschlichen Keimes- und Stammes-Geschichte. Leipzig 1874.

17 For the German "Degenerationsmerkmal", see María Ocón Fernández: Ornament und Moderne. Theoriebildung und Ornamentdebatte im deutschen Architekturdiskurs (1850–1930). Berlin 2004, p. 364.

18 Cesare Lombroso: Der Verbrecher (homo delinquens). In anthropologischer, ärztlicher und juristischer Beziehung. 3 vols., Hamburg 1890 (Italian original title: L'Uomo Delinquente. Torino 1885); especially: 3rd Vol., 1st Chapter: Vom Tätowieren der Verbrecher [About the Tattooing of the Delinquent].

19 Gottfried Semper: Ueber die formelle Gesetzmäßigkeit des Schmuckes und dessen Bedeutung als Kunstsymbol, in: Monatsschriften des Wissenschaftlichen Vereins in Zürich (Vortrag vor gemischtem Publicum) 1/3 (1856), p. 101–130, cited after Hans Semper, Manfred Semper (eds.): Gottfried Semper. Kleine Schriften. Berlin 1884, p. 304–343, p. 304: "The aesthetic of the Hellenes is based, as far as the laws of formal beauty are concerned, on simple principles that emerge in original clarity and comprehensibility from the adornment of the [human] body."

tive art form (*Kunstform*). On the one hand there was the classical exegesis, presented by Carl Boetticher, who interprets decoration as secondary to structure and distinguishes linear, two-dimensional ornament from sculptural-tectonic architectural elements. This is what Loos alludes to when he compares van de Velde to an upholsterer – which means that he devalues him as exclusively decorative, fashionable or superficial and therefore as a *non-architectural* practitioner. Semper, who sees textiles used as means of spatial partition as the prehistoric origins of architecture and declares the carrying structure to be subordinate, represents the other side of this debate. Semper theorizes the emancipation of the surface from the supporting construction as *Bekleidung* (clothing) and argues for an ideal connection between covering and core, an interactive relation between surface and substructure in the form of the "technical ornament".[20] The debate involved the ethnological influences of the colonial "peoples' display" at exhibitions and world fairs: for Semper the "Caribbean fisherman's hut" at the *Great Exhibition* in London in 1851,[21] for van de Velde the black Africans at the *Exposition Universelle de Paris* in 1889 and the colonial exposition in Tervuren 1897, for Loos the Papuan Indians at the *Columbian Exposition* in Chicago in 1893. While Semper and van de Velde put the emphasis on the "instinctiveness" and "naturalness" of the artistic expressions of the "primitives" and draw conclusions from body jewelry on the origins and essence of arts – which led van de Velde to enthusiastic, anarchistic reflections on the classless state of the *noble savage* – Loos remains within a colonial imperialistic and racist view on the "primitives" and declares the primacy of "occidental culture"[22] under the leadership of the British gentleman as "representative of Germanic civilization".[23]

---

20 For an extensive study on the influence and reception of the concepts of Karl Bötticher and Gottfried Semper via Alois Riegl, Otto Wagner and Adolf Loos to the modern movement, see Werner Oechslin: Stilhülse und Kern. Otto Wagner, Adolf Loos und der evolutionäre Weg zur modernen Architektur. Berlin, Zurich 1994 (in English: Werner Oechslin: Otto Wagner, Adolf Loos, and the Road to Modern Architecture. Cambridge 2002).

21 Gottfried Semper: Der Stil in den technischen und tektonischen Künsten oder praktische Ästhetik: ein Handbuch für Techniker, Künstler und Kunstfreunde. Vol. 2: Keramik, Tektonik, Stereometrie, Metallotechnik für sich betrachtet und in Beziehung zur Baukunst. Munich 1863, p. 276.

22 See Das Andere: Ein Blatt zur Einführung Abendlaendischer Kultur in Oesterreich. Geschrieben von Adolf Loos [The Other. – A newspaper for the Introduction of Occidental Culture in Austria written by Adolf Loos]. Vienna 1903.

23 Adolf Loos: Kultur, in: März, October 1908, cited after Loos: Potemkinsche Stadt, p. 68–70; refer to Cesare Lombroso's Der Verbrecher for the connection between "atavism," "genius" and the "savage".

In *Ornament and Crime* Loos attempts a genealogical *Umwerthung* ("transvaluation") in the Nietzschean sense, namely as a critical instrument for a notional change of perspectives: Loos takes up the theory that ornament and body jewelry are the origin of the arts, but only to then turn it upside down. Just because ornamentation is historically prior to arts, it should not be read as purer, better or more genuine, but as something that has arrived at a higher state through a process of evolution: "evolution of culture is equivalent with the removal of ornament from commodity objects."[24] Where van de Velde senses the unspoiled expression of vigor, will and vitality in prehistoric, archaic or non-European gestures, rites and ornamental activities,[25] Loos only sees the "babble of art" – this means that the relationship between ornament and nonverbal communication remains intact but is associated with inferiority. The transformation of the analogy of body/jewelry and architecture/ornament is even more revealing: while van de Velde connects physical presence to "naturalness" and tries to build bridges between the organic and inanimate worlds with concepts like sensibility, intensity, rhythm, force and voluptuousness, in order to achieve an "animation of matter",[26] Loos translates this psychological-physiological argumentation of van de Velde as mere "drive" and detects behind abstract expressive ornament only "erotic scribbling":[27]

> The urge to ornament one's face and everything within one's reach is the ur-origin of visual arts. It is the babble of painting. All art is erotic. The first ornament that was born, the cross, was of erotic origin. The first artwork, the first act of art, committed by the first artist, who smeared it onto the wall to get rid of his overspill. A horizontal stroke: the reclining woman. A vertical stroke: the man penetrating her. The man who created it, sensed the same urge as Beethoven, he was in the same heavens in which Beethoven created the Ninth [symphony].[28]

---

24 Loos: Ornament und Verbrechen, p. 79.

25 Henry van de Velde: Aperçus en vue d'une Synthèse d'art. Bruxelles 1895, p. 19; for the German translation refer to Henry van de Velde: Allgemeine Bemerkungen zu einer Synthese der Kunst, in: Pan 5/4 (1899), p. 261–270, p. 265: "The sense for art, at least in an unaltered creative essence, will soon be found only amongst primitive peoples."

26 Henry van de Velde: Der neue Stil, in: Vom neuen Stil. Leipzig 1907, p. 51–83, p. 75–76: "The laws and conditions of beauty last forever, but the interrelations of lines, of colors, and of the different materials to each other can be sensed in different ways. Yet the nature of this sensibility stays the same. It draws from the source of the most powerful and pure that rests in us: from the voluptuousness with which we connect ourselves directly with the inner essence of all things: with rhythm. With the voluptuousness with which we sense the proportions of lines, colors and materials we have reached the idea of beauty in architecture […]."

27 Loos: Ornament und Verbrechen, p. 78.

28 Loos: Ornament und Verbrechen, p. 78.

If the ornament represents a natural stage of early mankind or of the development of the child,[29] according to Loos, for the cultivated adult (read: self-determined male) it must be understood as a form of regression or degeneration to a feminine-amoral sex drive.[30] Loos answers the threat to the dominant, male, rational *Ego* posed by emotion, sensuality, drive, body and sexuality with conceptual exclusion, a call for disciplinary action, defamation and conscious repression, and it is no accident that this is in line with the idea of civilization based on compulsion and the suppression of base instincts as proposed by Sigmund Freud, who was Loos's contemporary in Vienna.[31] From today's perspective, we could also say that ornamentation represents the suppressed "Other" in the texts of Adolf Loos according to the discourse theory of Michel Foucault.[32]

In 1892, Max Nordau was already transferring the social-Darwinist thesis of *décadence* (*Entartung*) as a phenomenon of biological and social degeneration into art history and criticism in order to show the denigration of modernity.[33] But Loos' dualism between, on the one hand, ornament, corporeality, drive, amorality, degeneration, primitivism and femininity versus, on the other hand, objectivity, rationality, spirit, civilization, modernism and masculinity relates to the book *Geschlecht und Charakter* ("sex and character") by Otto Weininger from 1903.[34] This ideological, psychological construct was based on a dualism that opposed the

---

29 See Ernst Haeckel's theory of recapitulation, in which he constructs the relation between the stages of individual development (ontogenesis) and the history of the species (phylogenesis). Haeckel also used the term "atavism" in regard to physical characteristics that relate to an older state of the history of the genus, e.g., as with the coat of body hair on a newborn child or the tail-appendage on the tailbone.

30 See Adolf Loos: Damenmode, in: Dokumente der Frauen. 1 March 1902, quoted in Loos: Potemkinsche Stadt, p. 126–132; see also Adolf Loos: Ornament und Erziehung, in: Naš směr, 10 October 1924, quoted in Loos: Ornament und Verbrechen, p. 173–179, p. 174–175.

31 See Müller: Verdrängung des Ornaments.

32 See the chapter "Die Systematisierung des Diskurses: Die Ornamentkritik" in Fernández: Ornament und Moderne, p. 356–371; see also Michel Foucault: Die Archäologie des Wissens. Frankfurt/M. 1973 (in English: The Archaeology of Knowledge. London 1972; after original: L'archéologie du savoir. Paris 1969).

33 See George Hersey: Why Should Women But Not Buildings Be Ornamented? Reflections on Adolf Loos, in: Any 4 (1994), p. 28–31; also refer to Max Nordau: Entartung, 2 vols. Berlin 1892–1893; the term "Entartung" in Nordau's sense can be traced by Loos several times, as for example in: Kulturentartung (1908), quoted in Loos: Potemkinsche Stadt, p. 74–77.

34 Otto Weininger: Geschlecht und Charakter. Eine prinzipielle Untersuchung. Vienna, Leipzig 1903. For a critical study on Weininger in the context of turn-of-the-century Viennese history of thought, see Jacques Le Rider: Der Fall Otto Weininger. Wurzeln des Antifeminismus und des Antisemitismus. Vienna 1985; see also Nike Wagner: Geist und Geschlecht. Karl Kraus und die Erotik der Wiener Moderne, Frankfurt/M. 1982.

male-creative-intellectual to the female-passive-negative. The book also popularized an anti-feminist and anti-Semitic worldview already pervasive in Viennese society in the first decade of the 20th century, even in the educated classes. Loos' sympathies with Weininger extend into the realm of politics, as Loos' obituary for the populist, anti-Semitic, anti-liberal and anti-socialistic mayor Karl Lueger in 1910 demonstrates.[35]

A second *Umwerthung* relates to the notion of ornament, jewelry and adornment as indices of a cultivated way of life, as symbols of noblesse, refinement, beauty and intensified pleasure, as discussed by Semper, Ruskin and van de Velde, or as an instrument of social distinction following Georg Simmel's interpretation. Loos denies any relation between life and ornament or adornment, instead he describes them as philistine, pathological and sick:

> I do not accept that ornament heightens the pleasure of life for a cultivated person, I do not sustain the objection put in words like "but if the ornament is beautiful...!" [...] The representative of ornamentation believes that my urge to simplicity is a form of self chastening. No, dear sir and professor from the school of applied arts, I do not chasten myself![36]

Loos' objection may be another direct response to one of van de Velde's arguments from his 1902 programmatic book on the *Revival of Applied Arts*, in which he draws a comparison between baldness and asceticism, chastening and the "unnatural life" of catholic celibacy in order to criticize them as "living death". Significantly, van de Velde goes on to support his equation of adornment with the pleasures of life and with the "natural" tattoos of the "primitives":

> The true sense for art, at least in its unadulterated creative essence, will soon be found only among primitive peoples. To embellish their lives as well as the tools for the necessities of their existence represents for them the only substance of life – and if somebody demanded that one of these people should not be allowed to tattoo himself, or to ornament the mat on which he lies down to rest, or embellish or decorate the knife that he uses for the provision of his food or his defense, he would draw the conclusion in his naïve state of mind that there would be nothing left, than to die, or that this life [without ornament] would not be the real life. He who lives his life without the adornment of art does not live a complete life, he does not enjoy the pleasures that the opportunity of his life provide, and he accumulates loss

35 Adolf Loos: Aufruf an die Wiener, in: Die Fackel 9/300 (1910), quoted in Loos: Potemkische Stadt, p. 106–107; for a historical political study on Karl Lueger, see Brigitte Hamann: Hitlers Wien. Lehrjahre eines Diktators. Munich 1996 (in English: Hitler's Vienna. A Dictator's Apprenticeship. New York 1999).
36 Loos: Ornament und Verbrechen, p. 81, see also p. 84.

upon loss. [...] A life without adornment is just as little the true life as the cloistered life in convents, where men and women vegetate in constant negation of their natural destiny.[37]

Here, van de Velde refers to the theory of an inherent human need to adorn and embellish, as suggested by Owen Jones and Alois Riegl, who likewise explicitly described tattoos as the original, natural, elementary and instinctive act of artistic production.[38] For Loos, ornament as a form of adornment might be "excused" in the case of people from a lower class or stage of cultural development, for example in the clothing of the underdeveloped, the heteronomous "herds-people" and women, applying ornament and color serves as an expressive and distinctive feature, while the "aristocratic"[39] modern man disguises his individual personality behind the anonymous mask of contemporary fashion,[40] and sublimates his joy of life through the autonomous and absolute art of (instrumental) music.[41] In the writings of Loos, this dualism between "herds-people" – as the anonymous mass driven by customs, morals and instinct and ruled by social relationships – and the aristocratic, strong-minded, autonomous individual who lives and thinks for himself, giving orders to himself as well as to others, relates directly to Nietzsche's "new man",[42] but with additional notions of simplicity, austerity and inconspicuousness that seem to lead back to Simmel.[43] Loos's desire to invert the relation between the inner and outer layer of meaning, between covering and core – or between mask and truth – is the fundamental problematic of his text: Gottfried Semper, whom both Loos and van de Velde held in high regard, stated in his explanations of the principle of clothing in architec-

---

37 Henry van de Velde: Geschichte der Renaissance im modernen Kunstgewerbe, in: Die Renaissance im modernen Kunstgewerbe. Berlin 1902, p. 7–67, p. 36–37.

38 See Owen Jones: The Grammar of Ornaments. London 1856, p. 14; see also Alois Riegl: Stilfragen – Grundlegung zu einer Geschichte der Ornamentik. Berlin 1893, p. 22 (in English: Problems of Style. Foundations for a History of Ornament. Princeton, NJ 1992).

39 Loos: Ornament und Verbrechen, p. 86: "I am preaching of the aristocrat, I mean those people, who stand at the peak of humanity and still bring up the deepest understanding for the urge and misery of the lower classes." The second part of the sentence is not quite in line with Nietzsche's concept of the aristocracy of the spirit; another more precise explanation of "aristocratic" lifestyle can be traced in a text by Loos from 1924: Loos: Von der Sparsamkeit, p. 215.

40 Loos: Ornament und Verbrechen, p. 88.

41 Loos: Ornament und Verbrechen, p. 87.

42 See Friedrich Nietzsche: Jenseits von Gut und Böse, in: Jenseits von Gut und Böse, Zur Genealogie der Moral. Kritische Studienausgabe. Eds. Giorgio Colli, Mazzino Montinari. Munich 1980 (= KSA 5), p. 9–243, p. 119.

43 Georg Simmel: Philosophie der Mode (1905), in: Philosophische Kultur. Gesammelte Essais. 3. Aufl. Potsdam 1923, p. 25–57, p. 45: "This is now just the meaning of fashion that is adopted by fine and original humans by using it [fashion] as a sort of mask."

ture that "masking" and "the haze of carnival fireworks [*Karnevalskerzendunst*] are the true atmospheres of art."[44] For Semper covering and masks correspond in architecture with (textile) ornament and color as a way of making us forget basic material, construction and technique, as a means to dematerialize or spiritualize architecture.[45] Van de Velde then takes the naked material surface as "negative beauty", similar to a winter landscape, as silence and rest from historicist applications. Yet he wants to "energize" and "animate" these bare surfaces with the forces of the artist, with traces of work and "constructive" ornament, in order to dematerialize the "dead" substance with the game of light and shadow, with colorful atmospheres, and dynamic forms.[46] Van de Velde, like Semper, proposes the idea of dematerialization not as the antithesis to materiality or against functional form but as a way of showing how "necessary conditions" of architecture could be enhanced and surpassed to the point of oblivion, to transcendence. Van de Velde senses in the naked, smooth surface of material a "horrifying foreshadowing of nothingness", a sign of perishability, senselessness, nihilism, against which the ancient Greeks had set abstract ornament and the cult of Dionysus as the enhancement of life.[47] Nietzsche, from whom van de Velde takes the notion of the Dionysian and the Apollonian as dualistic forces of art, unmasked the philosopher's search for absolute truth as an instinctive drive and warned against the grim nakedness, desperate emptiness and dark abyss behind the lifted veil of truth, against the negative and hostile effects on human life that must be defeated by an art of the surface, the fold, the skin.[48]

---

44 Gottfried Semper: Die textile Kunst für sich betrachtet und in Beziehung zur Baukunst. Frankfurt/M. 1860, p. 231–232.

45 Semper sees in the complete control of substance the possibility of overcoming its materiality and hence of reaching the realms of "spirit" and "poetics"; therefore he reads the perfectly executed marble structures of Greek temples as an unfinished "ground coat" for the colorful paintings that elevate the temple from pure matter to a cultural sanctuary.

46 Henry van de Velde: Das neue Kunst-Prinzip in der modernen Frauen-Kleidung, in: Deutsche Kunst und Dekoration 6/8 (1902), p. 363–387, p. 369: "The second [forgotten] principle [of creation] shows that each material possesses its own beauty, which is the expression of its vitality. Each material strives for life, and it is the duty of the artist to revive the sleeping life, in order to increase the whole property of life and its effects on man."

47 Henry van de Velde: Prinzipielle Erklärungen, in: Kunstgewerbliche Laienpredigten, Leipzig 1902, p. 137–195, p. 184–185.

48 Friedrich Nietzsche: Nietzsche contra Wagner, in: Der Fall Wagner, Götzen-Dämmerung, Der Antichrist, Ecce homo, Dionysos-Dithyramben, Nietzsche contra Wagner. Kritische Studienausgabe. Eds. Giorgio Colli, Mazzino Montinari. Munich 1980 (= KSA 6), p. 413–445, p. 438–439; see also Friedrich Nietzsche: Die fröhliche Wissenschaft, in: Morgenröte, Idyllen aus Messina, Die fröhliche Wissenschaft. Kritische Studienausgabe. Eds. Giorgio Colli, Mazzino Montinari. Munich 1980 (= KSA 3), p. 343–651, p. 351–352.

Thus, Semper, van de Velde and Nietzsche emanate from the dialectic of covering and core, in which the autonomy of the mask (or ornamented skin) provides for a reconstructed wholeness of content and form, of structure and appearance. Whether it is the technical ornament that reminds us of the textile origin of the wall or the metabolism of form and technique (Semper) or the structural ornament that brings out the necessity and order of the form finding forces in an abstract trace on the surface (van de Velde), this idea of adornment is always about bridging the duality of surface and depth, of matter and idea, of body and spirit, of art and life. The destroyed unity of the world of things also involves an estrangement between producer, object and user that results from industrial production, detached distribution and anonymous mass market society, which in turn led to the divergence of a historicist-style shell and a constructive core. This fractured state needed to be restructured and transformed into a piece of art, whose psychological and physiological *aura* is guaranteed by the individual artist.[49]

It is this assumption that Loos takes as his immediate target: if he attacks the ornamented shell in a polemic way as inorganic, retarded and pathological, this does not mean that he pleads for the bareness of the constructive core form or nudity of the human body, but that he argues for the clean and smooth covering, the correct dress, the inconspicuous, subtle, generalizable (male) fashion – modeled on the standard of the uniform – which operates as a mask for the contemporary individual.[50] Loos believes in the potential transfer of this idea of the generalized, supra-individual men's suit of modern fashion to architecture in the white plaster wall, which he praises in prophetic tones: "Look, the time is close, the fulfillment awaits us. Soon the streets of the cities will shine like white walls! Like Zion, the holy city, the capital of the heavens. Then the time of fulfillment will be there."[51] The prominent position held by white lime plaster and the marble slab in Loos' thinking around 1910 developed against the theoretical background of the discussion on ornament in architecture after the turn of the century, but

---

49 This complex of problems was to be analyzed later by Walter Benjamin with regard to visual arts. See Walter Benjamin: Das Kunstwerk im Zeitalter seiner technischen Reproduzierbarkeit, in: Gesammelte Schriften I,2. Eds. Rolf Tiedemann, Hermann Schweppenhäuser (= Werkausgabe, Bd. 2). Frankfurt/M. 1980, p. 471–508, (in English: The Work of Art in the Age of Mechanical Reproduction, in: Illuminations. Ed. Hannah Arendt. New York [1968]).

50 Adolf Loos: Lob der Gegenwart, in: März, 19 August 1908, quoted in Loos: Potemkinsche Stadt, p. 116–119, p. 116–117. For more on clothing as mask, see Loos: Von der Sparsamkeit, p. 206.

51 Loos: Ornament und Verbrechen, p. 80; for this "preacher's tone" see Henry van de Velde's lectures *Wie ich mir freie Bahn schuf* and *Predigt an die Jugend*.

crystallizes in response to the public scandal around the "ornamentless" façade of the House on the Michaelerplatz, the "Goldman & Salatsch" building (also known as 'Haus ohne Augenbrauen'), that erupted in Vienna in the same year, when Loos gave his lecture on "Ornament and Crime" for the first time: according to Loos, his building was neither concealed nor veiled behind a costume of historic styles, nor "indecently naked" or "tattooed in an uncivilized way", instead it presents itself covered with a second, white, neutral skin – and is therefore dressed like a gentleman.[52] This means that Loos did not conceive the mask as a piece of art that mediates or transcends as an autonomous layer the content or substructure in order to reconstruct the wholeness of the subject, nor as a (feminine) veil that discloses the hidden in a secret way as to arouse desirous gazes, but the mask of Loos is a (male) garment, a strict, culturally determined border that separates the inner from the outer, the individual from the collective.

Loos – and here he follows Nietzsche, van de Velde and Simmel – appreciates fashion as a motor of modernity, since it has a unifying effect on people of the same standing class, social role, nation or ethnic group:[53] the (male) suit is seen as a cultural indicator that shows the economic, political and intellectual self-determination of the individual against the traditional social forces and is characterized by a gentility of restraint, anonymity and continuity of form.[54] In other words, rapid changes and extravagancies are not essential aspects of fashion, but are relics of pre-modernity, as Loos explains in regard to women's fashion: the gown refers to the origins of clothing, which is not to be found in protection from the elements but in sensuality, seduction and in erotic competition. Colors,

---

52 Adolf Loos: Zwei aufsätze und eine zuschrift über das haus auf dem Michaelerplatz (1910), in: Der Morgen. 3 October 1910; and in: Neue Freie Presse, 6 December 1910, cited after Loos: Potemkinsche Stadt, p. 108–115, p. 113. For the distinguished meaning of the white wall as "natural skin" of the peasant house, see Loos: Architektur, p. 91. For an extensive discussion on the concept of the noblesse by inconspicuousness of the House on the Michaelerplatz against the background of modernity, see Mark Wigley: White Walls: Designer Dresses. The Fashioning of Modern Architecture. Cambridge 1995.

53 Adolf Loos: Wäsche, in: Neue Freie Presse. 25 September 1898, cited after Loos: Potemkinsche Stadt, p. 146–153, p. 147: "The traditional costume is the incorporation of resignation." In other words, the traditional costume of the peasant is a reminiscence of the bondslave system, a "caste-clothing"; see Friedrich Nietzsche: Menschliches, Allzumenschliches II, in: Menschliches, Allzu-menschliches. I und II. Eds. Giorgio Colli, Mazzino Montinari. Munich 1980 (= KSA 2), p. 367–705, p. 647–650; refer to Henry van de Velde: Die künstlerische Hebung der Frauentracht. Krefeld 1900, p. 33–34; see also Henry van de Velde: Volkskunst, in: Essays. Leipzig 1910, p. 123–136.

54 Adolf Loos: Die Herrenmode, in: Neue Freie Presse, 22 May 1898, cited after Loos: Potemkinsche Stadt, p. 55–61; see also Adolf Loos: Die Kleidung, in: Das Andere. Ein Blatt zur Einfuehrung abendlaendischer Kultur in Oesterreich. Geschrieben von Adolf Loos 1 (1903), cited after Loos: Potemkinsche Stadt, p. 21–53, p. 40–41.

ornaments, drapery and impractical length follow from a history of clothing that was determined primarily by adornment, dressing and display, which for Loos expresses the social, cultural and intellectual dependency and backwardness of the female. According to Loos, the culture forming force of fashion[55] can be found in the self-disciplinary action (and therefore repression) of the self-determined individual who submits voluntarily to the rules of etiquette and the dress code in order to participate in society on equal terms, what Loos calls the "internal police."[56] For Loos, the mask of fashion serves not only as an instrument of spiritualization by control of instinct and lust, or as a tool to secure individual personality by manifesting the border between inside and outside and walling-off the public mass, but also as an implement of equality and social participation. This, however, comes at the price of a disciplinarian and diagrammatic machine in the sense defined by Foucault; it imposes a form of conduct on a particular group or individuals, it generates affirmative attitudes and therefore internalizes established power structures.[57]

References

Walter Benjamin: Das Kunstwerk im Zeitalter seiner technischen Reproduzierbarkeit, in: Gesammelte Schriften I,2. Eds. Rolf Tiedemann, Hermann Schweppenhäuser. Frankfurt/M. 1980 (= Werkausgabe, Bd. 2), p. 471–508.
Gilles Deleuze: Foucault. Frankfurt/M. 1992.
Der Sturm 1/1 (1910).
Ole W. Fischer: Ins Leere widerspochen. – Adolf Loos und seine Polemik gegen Henry van de Velde, in: Ákos Moravánszky, Bernhard Langer, Elli Mosayebi u.a. (eds.): Adolf Loos: Die Kultivierung der Architektur. Zurich 2008, p. 83–116.
Ole W. Fischer: Nietzsches Schatten. Henry van de Velde – von Philosophie zu Form. Berlin 2012.
Ole W. Fischer: Objected into the Void: The Polemics of Adolf Loos against Henry van de Velde, a Cultural-Psychological Analysis of Modernism, in: Umění/Art 55/4 (2007), p. 294–315.

---

55 Loos: Wäsche, p. 151–152: "For every product that he [the outfitter] sells, he is responsible to the client for guaranteeing that it will give an elegant impression. [...] Compared with a tradesman he can be regarded as similar to the collector, to the director of an art gallery as against the artist. These too have the duty to select the best from the abundance of the created. This is spiritual work enough to fill out a human lifetime."
56 Adolf Loos: Antworten auf fragen aus dem publikum in: Neues 8 Uhr Blatt, June–October 1919, cited after Loos: Potemkinsche Stadt, p. 140–160, p. 159.
57 Michel Foucault: Überwachen und Strafen. Die Geburt des Gefängnisses. Frankfurt/M. 1977, p. 251–292. (in English: Discipline and Punish. The Birth of the Prison, New York 1977); a radicalization of Foucault's 'Panopticism' thesis can be found in Deleuze's interpretation. See Gilles Deleuze: Foucault. Frankfurt/M. 1992 (in English: Foucault. Minneapolis 1988).

Ole W. Fischer: The Nietzsche Archive in Weimar: A Retroactive Studiolo of Henry van de Velde?, in: Thresholds 32 (2006), p. 42–46.

Michel Foucault: Die Archäologie des Wissens. Frankfurt/M. 1973.

Michel Foucault: Überwachen und Strafen. Die Geburt des Gefängnisses. Frankfurt/M. 1977.

Brigitte Hamann: Hitlers Wien. Lehrjahre eines Diktators. Munich 1996 (in English: Hitler's Vienna. A Dictator's Apprenticeship. New York 1999).

George Hersey: Why Should Women But Not Buildings Be Ornamented? Reflections on Adolf Loos, in: Any 4 (1994), p. 28–31.

Owen Jones: The Grammar of Ornaments. London 1856.

Alexandre Kostka: Der Dilettant und sein Künstler. Die Beziehung Harry Graf Kessler – Henry van de Velde, in: Klaus-Jürgen Sembach, Birgit Schulte (eds.): Henry van de Velde. Ein europäischer Künstler seiner Zeit. (exh. cat.) Cologne 1992, p. 253–283.

Cesare Lombroso: Der Verbrecher (homo delinquens). In anthropologischer, ärztlicher und juristischer Beziehung. 3 vols., Hamburg 1890.

Christopher Long: The Origins and Context of Adolf Loos's 'Ornament and Crime', in: Journal of the Society of Architectural Historians 68/2 (2009), p. 200–223.

Adolf Loos: An den ulk als dieser sich über 'ornament und verbrechen' lustig gemacht hatte, in: Der Sturm 1/6 (1910), p. 44.

Adolf Loos: Antworten auf fragen aus dem publikum in: Neues 8 Uhr Blatt, June–October 1919.

Adolf Loos: Aufruf an die Wiener, in: Die Fackel 9/300 (1910).

Adolf Loos: Damenmode, in: Dokumente der Frauen, 1 March 1902.

Adolf Loos: Das Luxusfuhrwerk, in: Neue Freie Presse. 3 July 1898, cited after Adolf Loos: Ins Leere Gesprochen. Gesammelte Schriften 1897–1900. Ed. Adolf Opel. Vienna 1997, p. 94–100.

Adolf Loos: Das Andere: Ein Blatt zur Einführung Abendlaendischer Kultur in Oesterreich. Geschrieben von Adolf Loos. Vienna 1903.

Adolf Loos: Die Potemkinsche Stadt. Verschollene Schriften 1897–1933. Ed. Adolf Opel. Vienna 1997.

Adolf Loos: Eine Concurrenz der Stadt Wien, in: Die Zeit, 6 November 1897, cited after Loos: Potemkinsche Stadt, p. 19–23.

Adolf Loos: Die Herrenmode, in: Neue Freie Presse, 22 May 1898.

Adolf Loos: Die Kleidung, in: Das Andere. Ein Blatt zur Einfuehrung abendlaendischer Kultur in Oesterreich. Geschrieben von Adolf Loos 1 (1903).

Adolf Loos: Kunstgewerbliche Rundschau I, in: Die Waage, 1 October 1898, cited after Loos: Potemkinsche Stadt , p. 35–40.

Adolf Loos: Lob der Gegenwart, in: März, 19 August 1908.

Adolf Loos: Ornament und Erziehung, in: Naš směr, 10 October 1924.

Adolf Loos: Ornament und Verbrechen (1908), manuscript for the lecture 1910, printed in Cahiers d'aujourd'hui, June 1913.

Adolf Loos: Trotzdem. Gesammelte Schriften 1900–1930. Ed. Adolf Opel. Vienna 1997.

Adolf Loos: Von der Sparsamkeit, in: Wohnungskultur 2/3 (1924).

Adolf Loos: Wäsche, in: Neue Freie Presse, 25 September 1898.

Adolf Loos: Zwei aufsätze und eine zuschrift über das haus auf dem Michaelerplatz (1910), in: Der Morgen. 3 October 1910.

M.: Der Ornamentenfeind, in: Ulk. Wochenblatt für Humor und Satire 39/11 (1910), p. 5.

Bruno Maldoner: Gegenüberstellung von Zitaten zu einigen Schwerpunkten im schriftstellerischen Werk von Adolf Loos und Friedrich Nietzsche, in: Burkhardt Rukschcio (ed.): Adolf Loos. Vienna 1989, p. 269–278.

Michael Müller: Die Verdrängung des Ornaments. Zum Verhältnis von Architektur und Lebenspraxis. Frankfurt/M. 1977.

Anders V. Munch: Der stillose Stil. Munich 2005.

Friedrich Nietzsche: Die fröhliche Wissenschaft, in: Morgenröte, Idyllen aus Messina, Die fröhliche Wissenschaft. Kritische Studienausgabe. Eds. Giorgio Colli, Mazzino Montinari. Munich 1980 (= KSA 3), p. 343–651.

Friedrich Nietzsche: Jenseits von Gut und Böse, in: Jenseits von Gut und Böse, Zur Genealogie der Moral. Kritische Studienausgabe. Eds. Giorgio Colli, Mazzino Montinari. Munich 1980 (= KSA 5), p. 9–243.

Friedrich Nietzsche: Menschliches, Allzumenschliches II, in: Menschliches, Allzumenschliches. I und II. Eds. Giorgio Colli, Mazzino Montinari. Munich 1980 (= KSA 2), p. 367–705.

Friedrich Nietzsche: Nietzsche contra Wagner, in: Der Fall Wagner, Götzen-Dämmerung, Der Antichrist, Ecce homo, Dionysos-Dithyramben, Nietzsche contra Wagner. Kritische Studienausgabe. Eds. Giorgio Colli, Mazzino Montinari. Munich 1980 (= KSA 6), p. 413–445.

Max Nordau: Entartung. 2 vols. Berlin 1892–1893.

María Ocón Fernández: Ornament und Moderne. Theoriebildung und Ornamentdebatte im deutschen Architekturdiskurs (1850–1930). Berlin 2004.

Werner Oechslin: Stilhülse und Kern. Otto Wagner, Adolf Loos und der evolutionäre Weg zur modernen Architektur. Berlin, Zurich 1994 (in English: Werner Oechslin: Otto Wagner, Adolf Loos, and the Road to Modern Architecture. Cambridge 2002).

Eva B. Ottillinger: Adolf Loos. Wohnkonzepte und Möbelentwürfe. Salzburg, Vienna 1994.

Jacques Le Rider: Der Fall Otto Weininger. Wurzeln des Antifeminismus und des Antisemitismus. Vienna 1985.

Alois Riegl: Stilfragen – Grundlegung zu einer Geschichte der Ornamentik. Berlin 1893 (in English: Problems of Style. Foundations for a History of Ornament. Princeton, NJ 1992).

Gottfried Semper: Der Stil in den technischen und tektonischen Künsten oder praktische Ästhetik: ein Handbuch für Techniker, Künstler und Kunstfreunde. Vol. 2: Keramik, Tektonik, Stereometrie, Metallotechnik für sich betrachtet und in Beziehung zur Baukunst. Munich 1863.

Gottfried Semper: Die textile Kunst für sich betrachtet und in Beziehung zur Baukunst. Frankfurt/M. 1860.

Gottfried Semper: Ueber die formelle Gesetzmäßigkeit des Schmuckes und dessen Bedeutung als Kunstsymbol, in: Monatsschriften des Wissenschaftlichen Vereins in Zürich (Vortrag vor gemischtem Publicum) 1/3 (1856), p. 101–130.

Georg Simmel: Philosophie der Mode (1905), in: Philosophische Kultur. Gesammelte Essais. 3. Aufl. Potsdam 1923, p. 25–57.

Henry van de Velde: Aperçus en vue d'une Synthèse d'art. Brussels 1895.

Henry van de Velde: Das neue Kunst-Prinzip in der modernen Frauen-Kleidung, in: Deutsche Kunst und Dekoration 6/8 (1902), p. 363–387.

Henry van de Velde: Der neue Stil, in: Vom neuen Stil. Leipzig 1907, p. 51–83.

Henry van de Velde: Die künstlerische Hebung der Frauentracht. Krefeld 1900.

Henry van de Velde: Geschichte der Renaissance im modernen Kunstgewerbe, in: Die Renaissance im modernen Kunstgewerbe. Berlin 1902, p. 7–67.

Henry van de Velde: Geschichte meines Lebens. Ed. Hans Curjel. Munich 1962.

Henry van de Velde: Les mémoires inachevés d'un artiste européen. Ed. Léon Ploegaerts. Brussels 1999.

Henry van de Velde: Prinzipielle Erklärungen, in: Kunstgewerbliche Laienpredigten, Leipzig 1902, p. 137–195.

Henry van de Velde: Récit de ma vie. I–II. Eds. Anne van Loo, Fabrice van de Kerckhove. Brussels, Paris 1992 and 1995.

Henry van de Velde: Volkskunst, in: Essays. Leipzig 1910, p. 123–136.

Nike Wagner: Geist und Geschlecht. Karl Kraus und die Erotik der Wiener Moderne. Frankfurt/M. 1982.

Otto Weininger: Geschlecht und Charakter. Eine prinzipielle Untersuchung. Vienna, Leipzig 1903.

Mark Wigley: White Walls, Designer Dresses: The Fashioning of Modern Architecture. Cambridge 1995.

Christiane Hansen (Freiburg)
„Paradise Lost"
Transgressive Sexualität in Klabunds *Mythen*

Die Frage nach den Grenzen normgerechter menschlicher Sexualität hat den Blick immer wieder auf die Grenzen des Menschlichen hin gelenkt, und zwar sowohl hin zum Animalischen als auch in Bezug auf das Verhältnis des Menschen zum Göttlichen. Prominent konstatiert dies Richard Krafft-Ebing im Vorwort der *Psychopathia sexualis* (1886):

> Wer die Psychopathologie des sexuellen Lebens zum Gegenstand einer wissenschaftlichen Abhandlung macht, sieht sich einer Nachtseite menschlichen Lebens und Elends gegenübergestellt, in deren Schatten das glänzende Götterbild des Dichters zur scheusslichen Fratze wird und die Moral und Aesthetik an dem ‚Ebenbild Gottes' irre werden möchten.[1]

Kennzeichnend für Klabunds Gedichtzyklus *Mythen* ist die Destabilisierung eines solchen antinomischen Verhältnisses von Götterbild und scheußlicher Fratze und, damit verknüpft, die Suche nach der Rolle des Dichters im Geltungsbereich der literarischen ‚Fallstudie'. Der *Mythen*-Zyklus – gedruckt 1922 in der Sammlung *Das heiße Herz*, entstanden zwischen 1914 und 1921 –[2] überschreibt Schlüsselthemen der klassizistischen Antikerezeption mit zeitgenössischen Paradigmen des ‚Perversen'. Das moralisch Befremdliche lässt er dabei Gestalt gewinnen in der sehr vertrauten, oder pseudo-vertrauten, Vorstellungswelt der Antike als Legitimationsgrundlage der eigenen Kultur und der vermeintlich eigenen kulturellen Überlegenheit: Von einem klassizistischen Pathos wendet Klabund den Blick zum Pathologischen, ohne aber im Pathographischen aufzugehen – im Gegenteil wird gerade die ästhetische und mehrfach intertextuelle Medialisierung zum zentralen Teil der analytischen Arbeit.

---

1 Richard von Krafft-Ebing: Psychopathia sexualis. Mit besonderer Berücksichtigung der conträren Sexualempfindung. Eine klinisch-forensische Studie. 9., verbesserte u. theilweise vermehrte Auflage. Stuttgart 1894, S. V.

2 Über den Entstehungszeitraum informiert ein Vermerk auf der Innenseite des Titelblatts der Originalausgabe. Ich zitiere im Folgenden nach der Werkausgabe: Klabund [Pseudonym, eigentlich: Alfred Henschke, 1890–1928]: Sämtliche Werke. Bd. I: Lyrik. Zweiter Teil. Hg. v. Ramazan Şen. Amsterdam 1998, S. 445–464. Vgl. außerdem den Kommentar in der von Ralf Bogner herausgegebenen Ausgabe: Klabund: Werke. Bd. 4,2: Gedichte. Hg. v. Ralf Bogner. Heidelberg 2000, S. 1008; sowie den Überblick zu Klabunds Antikerezeption bei Antje Göhler: Antikerezeption im literarischen Expressionismus. Berlin 2012, S. 392–407, zu den *Mythen* S. 402–406.

Offensichtlich ist der *Mythen*-Zyklus in einem antiklassizistischen, und damit antibildungsbürgerlichen Affront verankert.[3] Ungewöhnlich ist jedoch der Versuch, diesen für die literarische Moderne typischen Dekonstruktionsprozess ganz entschieden sexualpathologisch zu perspektivieren und damit Konstruktionen sexueller Transgression in einen Fundus mythisch organisierten Wissens einzuschreiben. Klabund wählt dafür sowohl heroisch als auch erotisch imprägnierte, dramatisch wie auch narrativ vermittelte Mythen; neben Figuren aus den homerischen Epen stehen solche, die wesentlich über Ovids *Metamorphosen* tradiert sind. Entsprechend zielt der zyklische Zusammenhalt nicht auf narrative Kohärenz, sondern entsteht thematisch und strukturell: Thematisch verklammert werden erstens, in unterschiedlichen Gewichtungen, die Aspekte von Erotik und Sexualität einerseits und von Tod, Verfall und Zerstörung andererseits. Zweitens entsteht ein Zusammenhalt durch die emphatische Fokussierung des Männlichen – und umgekehrt die Ausklammerung des Weiblichen –, welche die homoerotische Engführung ebenso erlaubt wie einen differenzierenden und zugleich intimisierenden Blick auf die unter sich bleibenden männlichen Akteure: Dies ist wichtig insofern, als Setzungen normgerechter Sexualität immer mit Annahmen normgerechter Männlichkeit und Weiblichkeit gekoppelt werden – und auch, weil die klassizistische Antikerezeption stets Vorstellungen idealer Männlichkeit bereithielt, die in den *Mythen* herausgefordert werden. Der Zusammenhalt entsteht drittens strukturell, indem der Zyklus einen Niedergang nachzeichnet. Dies wird wesentlich getragen von einer Jahreszeitensymbolik, die über Frühling und Herbst in eine endzeitliche Kältestarre mündet, und die einhergeht mit einer zunehmenden motivisch-thematischen Präsenz von Tod und Zerstörung. Dem Zyklus fehlt jedoch eine eindeutig fixierte Erzählhaltung und, davon abhängig, eine in sich geschlossene Erzählerverantwortung. Der Darstellungsmodus wechselt von Rollenlyrik, mit einer mutmaßlich übergeordneten Erzählerperspektive oft unklar

---

3 Vgl. zum Phänomen des Antiklassizismus und den Transformationen der Antike um 1900 allgemein Achim Aurnhammer, Thorsten Pittrof (Hg.): ‚Mehr Dionysos als Apoll‘. Antiklassizistische Antike-Rezeption um 1900. Frankfurt/M. 2002; außerdem Werner Frick: Die mythische Methode. Komparatistische Studien zur Transformation der griechischen Tragödie im Drama der klassischen Moderne. Tübingen 1998; Bernd Seidensticker, Martin Vöhler (Hg.): Urgeschichten der Moderne: die Antike im 20. Jahrhundert. Stuttgart, Weimar 2001; allgemeiner auch Marcel Detienne: Die skandalöse Mythologie (oder: Projekt einer Arbeit über das zweideutige Wesen der sogenannten Mythologie), in: Renate Schlesier (Hg.): Faszination des Mythos. Studien zu antiken und modernen Interpretationen. Basel, Frankfurt/M. 1985, S. 13–34. Auch in Klabunds schriftstellerischem Werk ist die sexualpathologische wie auch homoerotische Stoßrichtung ungewöhnlich (vgl. sehr knapp zum Thema der Homosexualität im *Pjotr*-Roman Stefan Müller: Ach, nur ’n bisschen Liebe: Männliche Homosexualität in den Romanen deutschsprachiger Autoren in der Zwischenkriegszeit 1919 bis 1939. Würzburg 2011, S. 217–219).

verschachtelt, zu distanzierten Erzählhaltungen mit unterschiedlichen Reichweiten der Fokalisierung. Indem eine deutende und wertende Instanz somit fehlt, ist der gesamte Zyklus geprägt von Indifferenz: Dies irritiert insofern, als die Texte ein teils sehr explizit erotisches, ,perverses' und pathologisiertes Repertoire verwenden, das Reaktionen provoziert. Es fehlt so die Markierung eines Normgefüges, von dem ausgehend sich Abweichungen konstituieren, es fehlt aber damit zusammenhängend auch diejenige Psychologisierung und Motivierung aus Dispositionen und äußeren Umständen, die etwa die Fallbeschreibungen bei Krafft-Ebing charakterisieren. Die *Mythen* literarisieren folglich nicht einfach ein sexualpathologisches Interesse ihrer Zeit, sondern greifen es dialogisch auf, um dessen Anspruch zu dekonstruieren. Die in der Frühphase der Sexualpathologie viel beschworene Überlegenheit der literarischen Fallstudie[4] manifestiert sich nicht in der besonders exakten Herleitung des Pathologischen, sondern in der Möglichkeit, psychologisierende Dimensionen ganz wegzulassen. ,Perversion' gerät so zu einem nie ganz aufgelösten Spiel mit Konfigurationen des Möglichen.

Nachfolgend soll in Einzelanalysen gezeigt werden, wie Klabund Aspekte sexueller Transgression auf antike Figurationen projiziert, um diese vermeintlich ideale Welt schließlich in zwei komplementären Endzeitvisionen aufzulösen. Der poetische Weltentwurf der *Mythen* bildet dabei keine in sich abgeschlossene antike Welt, sondern versetzt diese mit weiteren Bedeutungshorizonten, hierbei wesentlich der biblischen Erzählung vom Sündenfall. Ausgehend von dieser intertextuellen Faktur lässt sich nachvollziehen, wie die sexualpathologische Wendung klassizistische Antike-Bilder und damit die Grundlagen einer klassizistisch inspirierten Anthropologie und Ästhetik ironisch dekonstruiert.

Die Ausgangskoordinaten der *Mythen* entwirft das Eingangsgedicht *Ibykos*, das als Rollengedicht einen unklaren Proömium-Status gewinnt.[5] Es unterstellt den Zyklus programmatisch dem Paradigma der lyrischen und auch erotischen Dichtung: Ibykos, belegt um die Mitte des 6. vorchristlichen Jahrhunderts, war in der Antike hauptsächlich für seine erotische Lyrik berühmt.[6] Verschiedene For-

---

4 Ich stütze mich wesentlich auf Anna Katharina Schaffner: Modernism and Perversion. Sexual Deviance in Sexology and Literature, 1850–1930. New York 2012, hier v.a. S. 48–62. Vgl. außerdem den Beitrag von Schaffner im vorliegenden Sammelband, S. 37–48.
5 Das Verhältnis des Proömiums zu den folgenden Gedichten ist nicht letztgültig zu vereindeutigen; zwar ist Ibykos die einzige Figur des Zyklus, die als Dichter konzipiert wird, letztlich bleibt jedoch offen, inwieweit diese Position die folgenden Gedichte überordnend einschließt. Die Ambivalenz der Ibykos-Rolle trägt zur Ausklammerung von Erzählverantwortung entscheidend bei.
6 Ibykos wirkte wesentlich auf Samos am Hof des Polykrates; er gehört den kanonischen ,neun Lyrikern' an. Vgl. Emmet Robbins: Art. „Ibykos", in: Hubert Cancik, Helmuth Schneider, Manfred Landfester (Hg.): Der Neue Pauly. Enzyklopädie der Antike. Bd. 5: Gru–Lug. Stuttgart 1998,

mulierungen und Bilder aus dem Eingangsgedicht entsprechen dabei den über-
lieferten Ibykos-Fragmenten. Die Lesart des gesamten Zyklus als fiktionale Rekonstruktion dieser Fragmente, also in einem Modus der Authentizität, wird so
als Möglichkeit eingeblendet.[7] Intertextuell verschränkt Klabund seinen Zyklus
zugleich mit Friedrich Schillers *Die Kraniche des Ibycus* (1798) als einem Schlüs-
seltext klassischer und klassizistischer Antikerezeption. Im Verweis auf die auch
im frühen 20. Jahrhundert zweifellos noch prägenden Paradigmen Schiller'scher
Antikerezeption nimmt Klabund so schon mit dem Titel des Eingangsgedichts
eine hochgradig dialogische Auseinandersetzung auf.[8] Selektiver gelesen perspektiviert er seinen Gedichtzyklus auf den Bezugshorizont von Schuld und
(Un-)Recht hin, den Schillers Ballade aufruft, und der in Klabunds indifferentem
Darstellungsmodus so markant fehlt.[9] Ibykos führt sich ein als etablierte Dichter-
figur; er illustriert ein Spektrum ihm geläufiger Themen und Tonlagen, welches er
im Spannungsfeld von Heroischem, Erotischem und entschieden auch der Sakra-
lität verortet:

Ibykos

1   Ich hasse das Weib.
     Sie hat die Erdkugel auseinandergerissen in zwei Brüste,
     Zwei Hälften, die kein Töpfer mehr zusammenkittet.
     Ihre Haare sind schlammiges Moos

Sp. 880f.; sowie Claire Louise Wilkinson: The Lyric of Ibycus: Introduction, Text and Commentary.
Berlin, New York 2013.
7 Markant ist etwa die Bezugnahme auf den „kydonische[n] Apfelbaum" (V. 29). Auch der für
Klabund ungewöhnliche Sprachduktus trägt zur Fiktion von Authentizität bei, die aber, wie zu
zeigen sein wird, von der synkretistischen Assemblage des antik-mythischen Materials mit
außerantiken Vorstellungswelten unterlaufen wird.
8 Friedrich Schiller: Die Kraniche des Ibycus, in: ders.: Schillers Werke. Nationalausgabe. Bd. I:
Gedichte in der Reihenfolge ihres Erscheinens 1776–1799. Hg. v. Julius Petersen, Friedrich
Beißner. Weimar 1943, S. 385–390. – Ich stütze mich terminologisch auf die von Manfred Pfister
erarbeitete Skalierung der Intertextualität, innerhalb derer dem Parameter der Dialogizität eine
besondere Bedeutung zukommt (Manfred Pfister: Konzepte der Intertextualität, in: ders., Ulrich
Broich (Hg.): Intertextualität: Formen, Funktionen, anglistische Fallstudien. Tübingen 1985,
S. 1–30). Vgl. methodisch außerdem den vom Berliner SFB 644 entwickelten Begriff der Transformation: Lutz Bergemann, Martin Dönike, Albert Schirrmeister u.a.: Transformation. Ein Konzept
zur Erforschung kulturellen Wandels, in: dies., Hartmut Böhme (Hg.): Transformation. Ein Konzept zur Erforschung kulturellen Wandels. Paderborn 2011, S. 39–56.
9 Einen Zusammenhang zwischen ethischem Bewusstsein und Sexualität konstatiert wiederum
Krafft-Ebing: „So wurzelt in letzter Linie alle Ethik, vielleicht auch ein guter Theil Aesthetik und
Religion in dem Vorhandensein geschlechtlicher Empfindungen." Psychopathia sexualis, S. 2.
Vgl. hierzu Schaffner: Modernism and Perversion, S. 46f.

5   Aus dem Teiche der Trübsal.
      Ihr Ruf ist der Ruf der brünstigen Unke.
      Ihre Beine stahl sie der Gazelle,
      Ihren Schoss einer fleischfressenden Pflanze,
      Ihre Ohren der Spitzmaus.
10   Ihre Augen dem Maulwurf, als er schlief. –
      Ibykos bin ich aus Rhegium,
      Wohl erfahren in sanftem und wildem Melos.
      Polykrates dem Tyrannen
      Sang ich die Liebe der delphischen Knaben,
15   Und Samos lächelte meinem Gesang.
      Der Helden gedacht ich
      In chorischen Liedern,
      Enkomien sann ich
      Und Hyporchemen dem Apoll
20   Und zur Kythara und Flöte
      Die heiligen Nomen.
      Eros
      Der Kypria hitziger Sohn
      Hat mein Herz verwundet.
25   Es rinnt das Blut
      Und tränkt die Frühlingserde
      Und düngt die Sommererde,
      Dass reicher reife
      Der kydonische Apfelbaum,
30   Um den die feldblumenduftenden Dryaden spielen
      Und die bocksgerüchigen Satyrn.
      O komm,
      Knabe,
      Dem der Flaum die Oberlippe noch nicht verunziert,
35   Springe,
      Du thrakisches Füllen!
      Auf deiner nackten braunen Haut
      Spiegelt sich lüstern die Sonne.
      Der Wind wühlt in deinem Gelock.
40   Dem matt ins Gras Sinkenden
      Öffnet die Erde den jungfräulichen Schoss.
      Du liebst sie.
      Dein Same befruchtet sie,
      Und eure Kinder werden die Welt beherrschen.[10]

Der Sänger als Figur steht im Zentrum der dargestellten Welt: Seine Verliebtheit dient nicht nur als topische Inspirationsquelle, sondern das Blut seines von Eros

---

10 Klabund: Sämtliche Werke. Bd. I,2, S. 447.

verletzten Herzens als Liebesmetapher (V. 25f.) setzt Frühling und Sommer, also den jahreszeitlichen Zyklus, überhaupt in Gang. Der so verlebendigte Weltentwurf, geprägt von Jugend, Muße und einer paradiesischen Ausklammerung des Sterblichen, mündet in die Apostrophe des verehrten Knaben und dessen Begattung der jungfräulichen – und somit weiblich markierten – Erde (V. 41–43), die schöpfungsmythische Qualität gewinnt. Sexualität, in dieser entpersonalisierten Variante, erscheint spirituell aufgewertet: Die Analogisierung von Sperma und Blut führt Zeugung und Dichtung als schöpferische und potentiell erlösende Akte parallel. Der liebende Dichter hat jedoch an dieser Szene nur als Voyeur teil und gewinnt seine poetische Energie aus gerade dieser voyeuristischen Distanz, in welcher der indifferente Darstellungsmodus seinen Ausgang nimmt. Ausgeschlossen wird umgekehrt, mit strukturell wie affektiv besonderer Stoßkraft, das Weibliche: Das ‚Weib' wird in den Eingangsversen diäretisch abgewertet als einheitsloses, aus tierischen und pflanzlichen Fragmenten willkürlich zusammengesetztes Wesen von Heimtücke, Unaufrichtigkeit und universal zerstörerischer Kraft, das mit der anonymen Knabenfigur wie auch dem schöpferisch wirkenden Sprecher klar kontrastiert. Klabund rekurriert so, antike und christliche Vorstellungswelten verschränkend, auf Interpretationen des Weiblichen im Lichte des biblischen Paradiesmythos: Grotesk verzerrt erscheint die neuzeitliche Heteronormativität als Ergebnis des Sündenfalls und eigentliche Perversion des paradiesisch Ursprünglichen.[11]

Der Rest des Zyklus untersucht in nebeneinanderstehenden Einzelstudien die so entworfene ideale Welt, unterläuft aber den in den Schlussversen des Eingangsgedichts formulierten Verewigungsanspruch radikal. Das dichterische Selbstbild der Ibykos-Figur – und im Zuge dessen die Erzählerverantwortung für das Dargestellte – erweist sich als hochgradig unzuverlässig: Die schöpfungsmythische Dimension wird als Selbsttäuschung und ganz spezifisch poetische Illusion bloßgelegt, welche einen Ausschluss zerstörerischer Mächte voraussetzt, aber nicht leisten kann. Dem korrespondiert die Tatsache, dass der Niedergang den Akteuren der verloren gehenden Welt nicht bewusst wird. Erst im vorletzten Gedicht *Herbst* setzt eine diffuse und längst verspätete Form von Bewusstsein ein, das sich in Erstaunen und Verwunderung manifestiert. Wo also eine äußere Wirklichkeit in das Dargestellte einbricht, gewinnt sie selbst den Status des (vermeintlich) Unwirklichen.

---

11 Eine solche Auseinandersetzung mit dem Konzept der Sünde ist im Kontext der frühen Sexualpathologie insofern virulent, als sich in deren Kontext christliche Definitionen von Sünde in biologische und psychologische Erklärungsmodelle aufzulösen beginnen. Vgl. Schaffner: Modernism and Perversion, S. 1–3.

Ein Spektrum an Konfigurationen zwischen Wirklichkeit und Möglichkeit prägt die Gedichte des Zyklus auf allen Darstellungsebenen: Ständig präsent sind etwa die Motive von Traum und Schlaf, auch – wie etwa in *Patroklos* oder *Orest und Pylades* – verlagert in den Bereich des Wahns. Andere Modi sind die Weissagung (*Adonis*), Erinnerung (*Elpenor*) oder auch die symbolistische Unwirklichkeit des *Herbst*-Gedichts. Potentielle Wirklichkeiten evozieren die Spiegelmotive im *Narkissos*, aber auch die Rekurse auf Verkleidungen, Rollenübernahmen und Inszenierungen. Schließlich manifestiert sich das Spiel mit Möglichkeitsebenen in Formen des uneigentlichen Sprechens, also des Abdriftens ins Symbolische, Metaphorische und Metonymische.

Zwei unmittelbar aufeinanderfolgende und stark kontrastierende Texte, den exotistisch-verfremdenden *Kyros* und das Rollengedicht *Knabe und Satyr*, möchte ich beispielhaft herausgreifen. *Kyros*, an dritter Stelle des *Mythen*-Zyklus, überkreuzt den erotischen Diskurs mit der Dimension der Macht. Es bringt nicht nur den Aspekt kultureller Alterität in den Zyklus ein, sondern thematisiert auch in besonderer Weise die Aspekte des Spiels und der Inszenierung. Zwischen Wirklichkeit und Möglichkeit positioniert sich dabei markant der Gedichteingang:

Kyros

1   Man sagt, dass Kyros, der Perser, die Griechen bekriege,
     Weil er die Griechenknaben liebe.
     In silberne Fesseln schlägt er die Gefangenen.
     Ihrer hundert ziehen seinen Sichelwagen
5   Nackt und nur geflügelte Sandalen an den Füssen
     Wie Hermes.
     Ihrer fünfzig bedienen den Herrn bei der Tafel,
     Ihrer dreissig spielen mit ihm Diskos.
     Vor ihrer zehn deklamiert er persische Oden.
10   Die also beginnen:
     Griechenknaben, Göttersöhne ...
     Aber zur Nacht
     Lässt er die weissen Knaben mit jungen schwarzen Sklavinnen spielen.
     Sie spielen Hund und Hündin.
15   Der König seufzt aus seinen Kissen
     Und zieht den schönsten der Knaben,
     Die schönste Sklavin
     An seine Seite,
     Entschläft in ihren Armen
20   Liebend, geliebt.[12]

---

12 Klabund: Sämtliche Werke. Bd. I,2, S. 449.

Nicht nur die Motivation für den Krieg gegen die Griechen – die angebliche Liebe zu den griechischen Knaben – ist konjunktivisch eingerückt, sondern auch der Krieg selbst (V. 1f.). Ob das nachfolgend Dargestellte nun eigentlich als verbürgte Wirklichkeit gelten soll, Teil des ‚man sagt' ist, oder nur dieses weiter ausschmückt, bleibt unklar. Jedenfalls wechselt der Sprecher im dritten Vers in den Indikativ – obwohl man annehmen dürfte, dass man sich mit der Darstellung des privaten Raums noch weiter in die Spekulation bewegt.

Gesteigert wird dieser unwirkliche Effekt durch Wiederholungs- und Klangfiguren. Diese lassen *Kyros* aus dem zumeist eher prosanah konstruierten Zyklus herausfallen und beschwören ein exotistisches Bild des Anderen, das sich – westlichen Standardformeln gemäß – aus Luxus, Willkür, absoluter Macht und visueller wie akustischer Schwelgerei zusammensetzt. So etabliert Klabund strukturbildend ein Klang-Kontinuum zwischen den Griechen, dem Krieg und der Liebe – also Aspekten, die sich wechselseitig motivieren –, dem wiederum die adversativ-assonierende Einleitung der zweiten Gedichthälfte, „Aber zur Nacht" (V. 12), gegenübersteht. Klabund greift folglich auf ästhetizistische Darstellungsformen opulenter Kunst-Welten zurück; im Stil eines wortgenetischen Verfahrens generiert er (fiktive) Wirklichkeit aus dem Sprachklang heraus. Der Begriff der ‚Liebe' – programmatisch eingeführt im zweiten Vers – illustriert dieses Verfahren besonders eindrucksvoll: Liebe und Erotik lässt sich Kyros nur im Spiel inszenieren, und zwar von Dienerfiguren. Die Schlussverse, zyklisch anbindend an den Eingang, suggerieren durch die Juxtaposition der beiden Partizipialformen („liebend" – „geliebt") eine Gegenseitigkeit, die Kyros als beobachtenden, schließlich eingreifenden Dritten gar nicht ausschließt und so die reziproke erotische Beziehung als solche verunklärt. Es liebt nicht mehr, psychologisch nachvollziehbar, eine Person die andere, sondern die Emotion wird aus der voyeuristischen Perspektive auf das Inszenierte gewonnen und in der Umlenkung auf den Voyeur spiegelbildlich auf sich selbst zurückgeworfen.[13]

Ungleich expliziter folgt diesen erotischen Anspielungen das Rollengedicht *Knabe und Satyr*. Sein Sprecher gibt sich aus als Satyr, gedacht als mythisches Mischwesen zwischen Ziege und Mensch aus dem Gefolge des Dionysos;[14] der

---

[13] Dem entspricht die anaphorisch konstruierte Engführung der Darstellung auf die erotische Schlussszene hin: So führt der Text von den „Griechenknaben" (V. 2) als Sammelbegriff über immer kleiner werdende Teilmengen – „Ihrer hundert" (V. 4), „Ihrer fünfzig" (V. 7), „Ihrer dreißig" (V. 8), „Vor ihrer zehn" (V. 9) – zur abschließenden Paarbildung (V. 16f.), bis schließlich alles auf Kyros als Schlafenden selbst zurückfällt.

[14] Die Figur des Satyrn geht hier fließend über in die des Pan als Mischwesen aus Mensch und Ziege – die Satyrn zunächst meist mit Extremitäten von Eseln oder Pferden, die Bocksmerkmale treten erst im Hellenismus unter dem Einfluss der Pan-Darstellungen auf. Vgl. Balbina Bäbler: Art.

titelgebende Knabe ist ein nicht zur Sprache kommendes Objekt seiner Verführungsmacht. Entscheidend ist, dass der Verführer nur seine Vorstellungen von einer in die Zukunft projizierten Begegnung angibt, von einem Vollzug des Vorgeschlagenen ist nicht die Rede. Klabund juxtapositioniert folglich nicht nur zwei sehr unterschiedliche Liebhaberfiguren, sondern wichtiger: zwei sehr unterschiedliche Szenarien einer nur potentiellen Wirklichkeit.

Knabe und Satyr

1　Komm, Knabe,
　　Wir wollen Brombeeren pflücken.
　　Warum fürchtest du
　　Meine Hörner – sie stossen dich nicht –
5　Dich stösst ein anderes.
　　Halte dich an meinem zottigen Bart.
　　Mit meinen Bocksfüssen ich springe tanzend
　　Dem Priapos zu Ehren.
　　Auf der Syrinx
10　Blase ich dir ein listiges Lied,
　　Dass du den Heimweg vergissest
　　Zu den erntenden Bauern.
　　Sieh: die Sonne brennt heiss!
　　Verweile, bis der Abendschatten naht.
15　Wir kriechen hier unter das Gebüsch –
　　Der stechenden Brennessel hab acht –
　　Und spielen ein wenig
　　Wie Pan mit den Nymphen spielt.
　　Dann schläfst du
20　Auf meiner zottigen Brust.
　　Aber wenn du erwachst,
　　Wollen wir eine Ziege jagen.
　　Wir packen sie am gestrafften Euter
　　Und trinken uns randvoll an süsser Milch.
25　Wenn ich aber geil geworden an ihr,
　　Bespringe ich sie gern
　　Und du nach mir.[15]

Die proleptische Inszenierung des Satyrn tendiert nicht, wie im vorausgehenden Gedicht, zu einer exotistisch-voyeuristischen Traumwelt, sondern legt eine buko-

---

„Satyr", in: Hubert Cancik, Helmuth Schneider, Manfred Landfester (Hg.): Der Neue Pauly. Bd. 11: Sam–Tal. Stuttgart 2001, Sp. 119–122.
15 Klabund: Sämtliche Werke. Bd. I,2, S. 450.

lisch inspirierte, deutlich stärker körperlich und auch animalisch konnotierte Vorstellung von Sexualität zugrunde. So mündet die männlich-homosexuelle Verführung durch ein mythisches Mischwesen in die sexuelle Vereinigung mit einer laktierenden Ziege. Die prägende phallische Symbolik kulminiert in der Evokation von Priapos als Schutzgott – Priapos, der Sohn von Dionysos und Aphrodite und Schutzgott der Schafe und Ziegen, wird meist grotesk ithyphallisch dargestellt.[16] Hörner wie Bocksfüße sind gleichzeitig als Attribute des Teufels lesbar. Die antik-mythologische Welt wird im gesamten Zyklus mit weiteren Anspielungshorizonten versetzt und gewinnt so nie den Status einer in sich geschlossenen Wirklichkeit.

Der Verführungsmodus evoziert eine Gegen-Welt, in der das stabilisierende Weltgefüge seine Gültigkeit verliert – antithetisch steht der Wald als prototypisch unzivilisierter Raum der luxuriösen Kunst-Welt des persischen Herrschers im vorausgehenden Gedicht gegenüber. So beginnt der Satyr seine Verführung mit dem allzu deutlich nur scheinbar harmlosen Vorschlag, Brombeeren sammeln zu gehen – Brombeeren chiffrieren aber gerade im neuzeitlichen Volkslied sexuelle Beziehungen jenseits der gesellschaftlichen Moral.[17] Er spielt mit Vorstellungen von Furcht und Gewalt, überblendet mit sexueller Penetration. Einmal im Wald angekommen, zerstört der Satyr mit dem Lied auf der Syrinx die Erinnerung des Knaben an den Heimweg. Dies wird ausgewiesen als List, manifestiert sich also als Form der Täuschung.[18] Uneigentlich ist auch die vergleichende Andeutung „wie Pan mit den Nymphen" (V. 18), die ähnlich wie Kyros' Formel von „Hund und Hündin" ein Spiel an den Grenzen des Menschlichen suggeriert. Das Anspielungsgeflecht schlägt erst ganz am Ende eindeutig um, nämlich bei der avisierten Begattung der Ziege und damit dem letztgültigen Übergang ins Animalische, dem bezeichnenderweise nichts mehr folgt: Verbindlichkeit wird in Andeutungen, diffusen Umschreibungen sowie suggestiven Aussparungsfiguren umgangen. Klabund entwirft also in den beiden aufeinanderfolgenden Gedichten die Gegenpole einer erotisch-ästhetischen Inszenierung einerseits, einer nicht weniger limi-

---

16 Vgl. Theodor Heinze: Art. „Priapos", in: Hubert Cancik, Helmuth Schneider, Manfred Landfester (Hg.): Der Neue Pauly. Bd. 10: Pol–Sal. Stuttgart 2001, Sp. 308f.

17 Im Volkslied dient die Suche nach Brombeeren häufig als Gleichnis für anstößige Liebesbeziehungen. Vgl. Werner Danckert: Symbol, Metapher, Allegorie im Lied der Völker. Bd. 3: Pflanzen. Bonn 1978, S. 1085–1090; sowie Gertraud Meinel: Pflanzenmetaphorik im Volkslied, in: Jahrbuch für Volksliedforschung 27/28 (1982/83), S. 162–174, hier S. 172f. Eine Überblendung mit der verbotenen Frucht der Genesis ist im gegebenen Kontext ebenfalls denkbar.

18 Klabund kommt hierbei zu einer homoerotischen Umwertung der Syrinx-Erzählung in Ovids *Metamorphosen* (Met. I, 689–713): Dort wird die Nymphe Syrinx auf der Flucht vor dem zudringlichen Pan in Schilfrohr verwandelt. Aus dem im Atem des Verfolgers klingenden Rohr schneidet sich dieser seine Flöte.

nalen animalischen Entführungsszene andererseits, die beide aber nur als mögliche Wirklichkeit gekennzeichnet werden. Verlagert der erste Text das ‚Perverse' in räumliche Distanz und Spekulation, so projiziert der zweite dies als Zukunftsprojektion in der Anderswelt des Unterholzes.

In der zweiten Zyklushälfte gewinnt gegenüber dem erotischen Thema das kontrapunktische Thema von Tod und Zerstörung an Relevanz. Die Schlussbildung erscheint dabei im Zyklus eigenartig verdoppelt: *Herbst* und *Phaethon* lassen sich als komplementäre Szenarien einer untergehenden Welt und auch darstellungstechnisch gegensätzliche Deutungsangebote lesen, die ein elegisches Antikebild aufgreifen und – vor dem Hintergrund des im Eingangsgedicht evozierten paradiesischen Zustands – kulturanalytisch auswerten. Die Perspektive im *Herbst*-Gedicht bleibt dabei eine mikrokosmische. Durch seine sehr lyrische Faktur, die angedeutete Strophengliederung und die symbolhafte Sprache hebt es sich vom Rest des Zyklus ab. Außerdem liegt diesem Text kein distinktiver Mythos – im Sinne eines narrativen Substrats – zugrunde:

> Herbst
>
> 1 Schon hebt die tanzende Charite
> Die selige Syrinx,
> Und dem gelösten Haar entfällt
> Ein Büschel Mohn.
>
> 5 Im Wasser spiegelt sich erstaunt
> Der heilige Frosch.
> Die letzte Schwalbe
> Verweht nach Süden.
>
> Ins brechende Blumenauge
> 10 Blickt der verwunderte Jüngling,
> Unwissend, dass er die Blume brach am Taumorgen,
> Da er die Freundin streichelte.
>
> Er schreitet,
> Der marmorne Henker,
> 15 Nackt
> In die stygische Nacht.[19]

Evoziert wird der künstliche Raum einer Garten- oder Parklandschaft, die in den strophischen Abschnitten von je einer zentralen Figur belebt werden. Die ent-

---

19 Klabund: Sämtliche Werke. Bd. I,2, S. 462.

gegen der ikonographischen Tradition einzeln auftretende Charis[20] mit der schon im Satyr-Gedicht eingeführten Syrinx und dem Mohnbüschel als Symbol für Schlaf, Traum und Tod[21] erhält ihren diffusen Signalcharakter durch das auftaktische Zeitadverb „Schon" (V. 1). Denkbar scharf kontrastiert Charis mit dem im Eingangsgedicht präsentierten Entwurf des Weiblichen: Als Tanzfigur verkörpert sie vielmehr eine ziel- und zwecklose ästhetische Bewegung jenseits der brutalen Zerstörungsgewalt des dort attackierten ‚Weibs'. Im Verweis auf die Kunsttheorie der deutschen Klassik, wesentlich Schillers *Anmut und Würde* (1793), evoziert sie eine Interpretation von Anmut als Sonderzustand der Bewusstlosigkeit, die sich wesentlich als Harmonie zwischen Sinnlichem und Geistigem manifestiert.[22]

Der Charis entspricht redimensionierend die „letzte Schwalbe" (V. 7) der zweiten Strophe, die ebenfalls vereinzelt, und vorgeblich von einer nicht weiter konturierten Macht der Herbstwinde bestimmt, die dargestellte Welt verlässt. Der sich spiegelnde Frosch hingegen verharrt in der Selbstbetrachtung, die – neben dem im Zyklus ebenfalls präsenten Narziss-Mythos – das Motiv der menschlichen Selbsterkenntnis im biblischen Paradies aufgreift. Der dort entscheidende Aspekt der beschämenden Nacktheit wird hier jedoch substituiert durch den der Metamorphose, dergestalt dass der Frosch sich im Spiegelbild seines neuen (und irreversiblen) Zustands bewusst wird. Zugleich gilt der Frosch in der christlichen Imagologie als Sinnbild des Bösen und des Irrgläubigen und tritt teils unmittelbar als Wappentier des Teufels auf; in John Miltons *Paradise Lost* (1667) erscheint Satan der schlafenden Eva in Form einer Kröte.[23]

---

20 Vgl. zur Figur der Charis Albert Schachter: Art. „Charites", in: Hubert Cancik, Helmuth Schneider, Manfred Landfester (Hg.): Der Neue Pauly. Bd. 2: Ark–Ci. Stuttgart 1997, Sp. 1102f.; Veronika Mertens: Die drei Grazien. Studien zu einem Bildmotiv in der Kunst der Neuzeit. Wiesbaden 1994; sowie Sabine Mainberger: Lässig – subtil – lakonisch. Zur Ästhetik der ‚Grazie', in: Arcadia 47 (2013), S. 251–271.

21 In der Antike ist Mohn Attribut von Morpheus, dem Gott des Traums, trägt aber verschiedentlich auch erotische Konnotationen. Vgl. Bernhard Herzhoff: Art. „Mohn", in: Hubert Cancik, Helmuth Schneider, Manfred Landfester (Hg.): Der Neue Pauly. Bd. 8: Mer–Op. Stuttgart 2000, Sp. 338f.; sowie Danckert: Lied der Völker, S. 1134f.

22 Friedrich Schiller: Anmut und Würde, in: ders.: Schillers Werke. Nationalausgabe. Bd. 20: Philosophische Schriften. Erster Teil. Unter Mitwirkung v. Helmut Koopmann hg. v. Benno von Wiese. Weimar 1962, S. 251–308. Erweiternd lässt sich die Passage auch auf die Verhandlung von Anmut und Bewusstsein in Kleists *Marionettentheater* beziehen, die dort mit Überlegungen zum Verhältnis von Mensch und Gott, zur paradoxen Überlegenheit des Künstlichen und – für die intertextuelle Dimension bei Klabund entscheidend – zum Sündenfall verschränkt wird.

23 John Milton: Paradise Lost. Hg. v. Barbara K. Lewalski. Malden, MA u.a. 2007, Buch IV. Vgl. zum Frosch in Ikonographie und Mythologie Martin A. Hainz: Der Frosch als Wille und Vorstellung, in: Zeitschrift für Deutsche Philologie 126 (2007), Sonderheft: Texte, Tiere, Spuren. Hg. v. Norbert Otto Eke, Eva Geulen, S. 63–81; Walter Hirschberg: Frosch und Kröte in Mythos und

Das Motiv des staunenden Blicks führt den Frosch parallel zum anonymen Jüngling der dritten Strophe, deren vage Erotisierung die teils ausgesprochen plastischen Darstellungen von (transgressiver) Sexualität nur noch verschwommen abspiegelt, den biblischen Bezugshorizont jedoch konkretisiert: Das – ausdrücklich auf die Sprecherperspektive begrenzte – Moment der Schuld, das sich in der welkenden Blume zeigt, ist geknüpft an die Begegnung mit der konturlosen ,Freundin'. Lesbar als Reminiszenz an die verbotene Frucht der Genesis wird so die – heterosexuell gedachte – Deflorationschiffre zum Auslöser des Niedergangs.

In der letzten Strophe erstarrt das so angedeutete Leben zur Marmorfigur: Im Sinne einer Korrektur des ovidischen Pygmalion-Mythos wird die poetisch evozierte Schöpfung des Ibykos im Eingangsgedicht wiederum zu lebloser Kunst.[24] Das kataphorische Pronomen „Er" (V. 13) lässt dabei eine Gleichsetzung mit dem anonymen Jüngling zumindest anklingen. Die Nacktheit, freilich Attribut antiker Plastik, ist durch die verstechnische Isolierung stark hervorgehoben. Erotische Konnotationen werden so ein weiteres Mal überschrieben mit der Imagologie des Sündenfalls, und mit der damit einhergehenden Erkenntnis der eigenen Zeit- und Sterblichkeit. Die Nacktheit als Unschuldsmetapher erscheint schließlich auch insofern verrätselt, als Klabund die Figur als Henker, als ausführende wie auch richtende Kraft, auftreten lässt und so auf das schon im Proömium evozierte Paradigma von Schuld und (Un-)Recht Bezug nimmt: In der paronomastisch konsequenten Assoziation von ,Nackt' und stygischer ,Nacht' steigt der Henker, ohne den Eingriff einer ihm übergeordneten Instanz, selbst als Gerichteter in die Totenwelt hinab.[25]

Brauch. Wien u.a. 1988; Engelbert Kirschbaum, Wolfgang Braunfels (Hg.): Lexikon der christlichen Ikonographie. Bd. 2. Rom 1968, S. 676f.; Sigrid Dittrich, Lothar Dittrich: Lexikon der Tiersymbole. Tiere als Sinnbilder in der Malerei des 14.–17. Jahrhunderts. Petersberg 2004, S. 162–164. Einen Überblick gibt außerdem der Aufsatz von Julian Blunk: Kröte und Katharsis, Frosch und König. Zur Rolle der Unken in der Kunst, als Vortrag für das Berliner Symposion ,Animalische Identitäten' (2009), verfügbar als Volltext: http://becoming-animal-becoming-human.animalstudies.org/html/conference.html [9.7.2015]. Darüber hinaus dürfte im Rahmen der jahreszeitlichen Symbolik das Moment der amphibischen Überwinterung mitgedacht sein, so auch in Klabunds *Winterschlaf* (1927 erschienen in der Gedichtsammlung *Die Harfenjule*) anklingt. Siehe Klabund: Sämtliche Werke. Bd. I,2, S. 628.

24 Vgl. Ovid: Met. X, V. 243–297.

25 Die als ,Schreiten' konturierte Bewegung der Figur lässt dabei an zeremonielle Handlungen denken, wichtiger noch ist der Kontrast mit der ziellos-unbewussten Tanzbewegung der Charis, durchaus auch im Sinne des ebenfalls geschlechterbinär kodierten Schiller'schen Begriffspaars von ,Anmut' und ,Würde', verstanden als moralisch-geistige Triebbeherrschung.

Ganz anders übersetzt das nachfolgende *Phaethon*-Gedicht das Szenario eines Weltuntergangs in einen panoramatischen Modus. Die mythisch scheiternde Sonnenfahrt des vatersuchenden Phaethon korrigiert Klabund hier zu einer motivationslosen Zerstörungsfahrt: Diese setzt die Erde erst in Brand, die Götterwelt umgekehrt in eine Kältestarre, in die mit der perturbierten Sonnenfahrt – in der Antike Symbol des Tageslaufs – die Zeit einbricht.[26] Von der verbrennenden Welt fliehen die Erde dabei die Liebesgötter Aphrodite und Eros, reitend auf dem geflügelten Pferd Pegasus: Mit Liebe und Kunst verlassen also gerade diejenigen beiden Phänomene die Menschenwelt, die im Eingangsgedicht noch eine Einheit bildeten, um vermeintlich zerstörerischen Kräften entgegenzuwirken. Entscheidend an Klabunds Mythostransformation ist, dass – im Gegensatz zu den antiken und auch fast allen neuzeitlichen Phaethon-Versionen – die am Schluss eingreifende und restaurierende göttliche Instanz fehlt. An die Stelle der in Schillers *Ibycus*-Ballade geständigen Mörder und der damit etablierten irdischen Gerechtigkeit[27] treten hilflose Vorhaltungen der bemerkenswert unsouveränen Götter; die gegenüber der Katastrophe restlos indifferente Reaktion des Schuldigen gerinnt zur Fratze:

> 60 Ich friere, sagte Helios.
> Was tatest du,
> Vorwitziger Knabe,
> Phaëthon?
> Die Götter frieren,
> 65 Und der Menschen viele sind verbrannt
> Wie Kälber am Spiess.
> Zeus weint zum erstenmal seit Ewigkeiten,
> Und Kypris floh die Erde.
> Der Knabe aber

---

26 Wesentlicher antiker Prätext ist Ovid: Met. I, V. 747–II, V. 400. Klabunds apokalyptischer Entwurf ist klar synkretistisch modelliert: Neben das antike Mythologem der in Brand gesteckten Erde treten Momente aus der biblischen Apokalypse, der Sintflut und wiederum dem Sündenfall (in John Miltons *Paradise Lost* verlassen Adam und Eva ein Paradies, das hinter ihnen in Flammen aufgeht); die Kältestarre der Götterwelt ließe sich auf das nordische *Ragnarök* zurückführen, die brennende Zeder ist dem Gilgamesch-Epos entlehnt. Ich habe mich dem Text in meiner Dissertation ausführlicher gewidmet und verzichte an dieser Stelle auf eine Wiederholung. Vgl. Christiane Hansen: Transformationen des Phaethon-Mythos. Berlin, New York 2012, S. 273–278. Zu literarischen Katastrophendarstellungen vgl. außerdem Klaus Vondung: Die Apokalypse in Deutschland. München 1988; sowie Gerhard R. Kaiser (Hg.): Poesie der Apokalypse. Würzburg 1991.
27 So endet Schillers Ballade mit dem Geständnis der Ibycus-Mörder: „und es gestehn die Bösewichter, | getroffen von der Rache Strahl". Schiller: Nationalausgabe. Bd. I, S. 390, hier V. 183f.

70 Schnalzte mit der Zunge
    Und zog die Stirne kraus –
    Und lächelte
    Und schwieg.[28]

Der Schluss des Zyklus perspektiviert auf diese Weise eine zerstörte Welt, die vom Geltungsraum des Göttlichen endgültig abgetrennt erscheint, und deren unmotivierte Zerstörung folgenlos bleibt.

Folglich zitieren Klabunds komplementär arrangierte Szenarien eines verfallenden arkadischen Ideals elegische Modi der Antike-Wahrnehmung, die – wie etwa paradigmatisch in Schillers *Die Götter Griechenlands* (1788) – die Entleerung der rationalisierten Welt von mythischen Gestalten und Gottheiten beklagen und im Zuge dessen eine Neuformierung des Menschlichen annehmen. Nur wird Schillers sentenziöser Chiasmus „Da die Götter menschlicher noch waren, | waren Menschen göttlicher"[29] im *Mythen*-Zyklus ironisch paradoxiert: das Göttliche der hier präsentierten Menschen tendiert allzudeutlich zur Krafft-Ebing'schen ‚Nachtseite', und damit zum Animalischen. Indem das arkadisch figurierte Paradies als Schutzraum der ‚Perversion' erscheint, wird die Lebenswirklichkeit zur defizitären Gegenwelt, deren moralisierendes Bewusstsein von Gut und Böse aus der Zäsur der Vertreibung aus dem paradiesischen Urzustand resultiert.[30] Die moralische Wertung erweist sich als Merkmal einer nach-paradiesischen, defizitären Lebenswirklichkeit: Die Sexualpathologie dient in Klabunds Zyklus einer ultimativen Verfremdung der vermeintlich idealen Antike. Mit den dabei entworfenen Vorstellungen von Paradies und Verfall perspektivieren die *Mythen* jedoch zugleich kulturpessimistische Strömungen, die in Oswald Spenglers *Untergang des Abendlandes* (1918/1922) ihre wirkungsmächtigste Ausprägung fanden. In Spenglers Vorstellung manifestiert sich der Spätzustand einer degenerierenden Kultur – am Übergang in die ‚Zivilisation' – in Künstlichkeit und Erstarrung, in der Ablösung des Jugendlichen durch das Greisenhafte, und im Einbruch von Zeit und Zeitlichkeit.[31] Indem er jedoch die als Ideal etablierte griechische Antike mit

---

28 Klabund: Sämtliche Werke. Bd. I,2, S. 462–464, hier S. 464.

29 Schiller: Nationalausgabe. Bd. I, S. 190–195, hier V. 191f. In der gekürzten Fassung von 1800 fehlt die zitierte Passage.

30 Die biblische Schlange verspricht, wiederum das Verhältnis von Mensch und göttlicher Instanz fokussierend, „und ihr werdet sein wie Gott und wissen, was gut und böse ist" (Gen 3,5).

31 Oswald Spengler: Der Untergang des Abendlandes. 2 Bde. Wien, München 1918/1922. Vgl. zu Spengler die neueren Arbeiten von Zaur Gasimov, Carl Antonius Lemke Duque (Hg.): Oswald Spengler als europäisches Phänomen: der Transfer der Kultur- und Geschichtsmorphologie im Europa der Zwischenkriegszeit 1919–1939. Göttingen 2013; Frits Boterman: Oswald Spengler und

Vorstellungen des ‚Perversen' überschreibt, führt Klabund das kulturanalytische Potential eines solchen Rückblicks eher ironisch vor; insbesondere Spenglers Annahme, die Analyse historischer Morphologien anderer abendländischer Kulturen sei notwendig für ein vertieftes Verständnis der Gegenwart, wird im Zyklus dekonstruiert. Der Spengler'sche Zugriff erklärt jedoch zugleich Klabunds synkretistisches Darstellungsverfahren: Welche Welt, welche Kultur hier unter dem bezeichnenden Vorzeichen des ‚Mythischen' entworfen und zerstört wird, bleibt irrelevant, ihr Wirklichkeitsstatus verliert sich in poetisch entworfenen Möglichkeiten.

Zwischen ‚Götterbild' und ‚menschlichem Elend' steckt damit ganz entscheidend der Dichter. Klabunds *Mythen*-Zyklus wertet literarische Analyseverfahren im sexualpathologischen wie auch kulturmorphologischen Sinne aus, verweigert sich jedoch dem erklärenden Anspruch, der für die literarische Fallstudie der Moderne bezeichnend ist. Gleichzeitig verweigert er sich dem Selbstverständnis der Kunst als ‚moralische Anstalt', die der klassizistische *Ibycus*-Bezug des Eingangsgedichts aufruft. Zentral für das Geständnis der Mörder ist in diesem Text der Raum des Theaters, also der Kunst und der Inszenierung, den Schiller mit der Gerichtsbühne analogisiert und zur Recht und Unrecht etablierenden Instanz erhebt. Eine solche Funktion der potentiellen Wirklichkeit in Bezug auf die eigentliche Wirklichkeit wird in Klabunds Zyklus nachdrücklich dekonstruiert: Anstatt an ‚Moral und Aesthetik' irre zu werden, löst sich Moral im vorgeblich selbstrelevanten Raum des Ästhetischen auf.

Verwendete Literatur

Achim Aurnhammer, Thorsten Pittrof (Hg.): ‚Mehr Dionysos als Apoll'. Antiklassizistische Antike-Rezeption um 1900. Frankfurt/M. 2002.
Balbina Bäbler: Art. „Satyr", in: Hubert Cancik, Helmuth Schneider, Manfred Landfester (Hg.): Der Neue Pauly. Bd. 11: Sam–Tal. Stuttgart 2001, Sp. 119–122.
Lutz Bergemann, Martin Dönike, Albert Schirrmeister u.a.: Transformation. Ein Konzept zur Erforschung kulturellen Wandels, in: dies., Hartmut Böhme (Hg.): Transformation. Ein Konzept zur Erforschung kulturellen Wandels. Paderborn 2011, S. 39–56.

---

sein ‚Untergang des Abendlandes'. Köln 2000; Francis Wilhelm Lantink: Oswald Spengler oder die „zweite Romantik": der Untergang des Abendlandes, ein intellektualer Roman zwischen Geschichte, Literatur und Politik. Utrecht 1995; Klaus P. Fischer: History and Prophecy. Oswald Spengler and the Decline of the West. Frankfurt/M. 1989. Von Klabunds intertextueller Spengler-Rezeption zeugt sein Erzählzyklus *Kunterbuntergang des Abendlandes* (München 1922).

Julian Blunk: Kröte und Katharsis, Frosch und König. Zur Rolle der Unken in der Kunst, als Vortrag für das Berliner Symposion ‚Animalische Identitäten' (2009), verfügbar als Volltext: http://becoming-animal-becoming-human.animal-studies.org/html/conference.html [9.7.2015].

Werner Danckert: Symbol, Metapher, Allegorie im Lied der Völker. Bd. 3: Pflanzen. Bonn 1978, S. 1085–1090.

Marcel Detienne: Die skandalöse Mythologie (oder: Projekt einer Arbeit über das zweideutige Wesen der sogenannten Mythologie), in: Renate Schlesier (Hg.): Faszination des Mythos. Studien zu antiken und modernen Interpretationen. Basel, Frankfurt/M. 1985, S. 13–34.

Sigrid Dittrich, Lothar Dittrich: Lexikon der Tiersymbole. Tiere als Sinnbilder in der Malerei des 14.–17. Jahrhunderts. Petersberg 2004.

Werner Frick: Die mythische Methode. Komparatistische Studien zur Transformation der griechischen Tragödie im Drama der klassischen Moderne. Tübingen 1998.

Antje Göhler: Antikerezeption im literarischen Expressionismus. Berlin 2012.

Martin A. Hainz: Der Frosch als Wille und Vorstellung, in: Zeitschrift für Deutsche Philologie 126 (2007), Sonderheft: Texte, Tiere, Spuren. Hg. v. Norbert Otto Eke, Eva Geulen, S. 63–81.

Christiane Hansen: Transformationen des Phaethon-Mythos. Berlin, New York 2012.

Theodor Heinze: Art. „Priapos", in: Hubert Cancik, Helmuth Schneider, Manfred Landfester (Hg.): Der Neue Pauly. Bd. 10: Pol–Sal. Stuttgart 2001, Sp. 308f.

Bernhard Herzhoff: Art. „Mohn", in: Hubert Cancik, Helmuth Schneider, Manfred Landfester (Hg.): Der Neue Pauly. Bd. 8: Mer–Op. Stuttgart 2000, Sp. 338f.

Walter Hirschberg: Frosch und Kröte in Mythos und Brauch. Wien u.a. 1988.

Gerhard R. Kaiser (Hg.): Poesie der Apokalypse. Würzburg 1991.

Klabund: Sämtliche Werke. Bd. I: Lyrik. Zweiter Teil. Hg. v. Ramazan Şen. Amsterdam 1998, S. 445–464.

Klabund: Werke. Bd. 4,2: Gedichte. Hg. v. Ralf Bogner. Heidelberg 2000.

Engelbert Kirschbaum, Wolfgang Braunfels (Hg.): Lexikon der christlichen Ikonographie. Bd. 2. Rom 1968.

Richard von Krafft-Ebing: Psychopathia sexualis. Mit besonderer Berücksichtigung der conträren Sexualempfindung. Eine klinisch-forensische Studie. 9., verbesserte und theilweise vermehrte Auflage. Stuttgart 1894.

Sabine Mainberger: Lässig – subtil – lakonisch. Zur Ästhetik der ‚Grazie', in: Arcadia 47 (2013), S. 251–271.

Gertraud Meinel: Pflanzenmetaphorik im Volkslied, in: Jahrbuch für Volksliedforschung 27/28 (1982/83), S. 162–174.

Veronika Mertens: Die drei Grazien. Studien zu einem Bildmotiv in der Kunst der Neuzeit. Wiesbaden 1994.

John Milton: Paradise Lost. Hg. v. Barbara K. Lewalski. Malden, MA u.a. 2007.

Stefan Müller: Ach, nur 'n bisschen Liebe: Männliche Homosexualität in den Romanen deutschsprachiger Autoren in der Zwischenkriegszeit 1919 bis 1939. Würzburg 2011.

Manfred Pfister: Konzepte der Intertextualität, in: ders., Ulrich Broich (Hg.): Intertextualität: Formen, Funktionen, anglistische Fallstudien. Tübingen 1985, S. 1–30.

Emmet Robbins: Art. „Ibykos", in: Hubert Cancik, Helmuth Schneider, Manfred Landfester (Hg.): Der Neue Pauly. Enzyklopädie der Antike. Bd. 5: Gru–Iug. Stuttgart 1998, Sp. 880f.

Albert Schachter: Art. „Charites", in: Hubert Cancik, Helmuth Schneider, Manfred Landfester (Hg.): Der Neue Pauly. Bd. 2: Ark–Ci. Stuttgart 1997, Sp. 1102f.

Anna Katharina Schaffner: Modernism and Perversion. Sexual Deviance in Sexology and Literature, 1850–1930. New York 2012.

Friedrich Schiller: Anmut und Würde, in: ders.: Schillers Werke. Nationalausgabe. Bd. 20: Philosophische Schriften. Erster Teil. Unter Mitwirkung v. Helmut Koopmann hg. v. Benno von Wiese. Weimar 1962, S. 251–308.

Friedrich Schiller: Die Kraniche des Ibycus, in: ders.: Schillers Werke. Nationalausgabe. Bd. I: Gedichte in der Reihenfolge ihres Erscheinens 1776–1799. Hg. v. Julius Petersen u. Friedrich Beißner. Weimar 1943, S. 385–390.

Bernd Seidensticker, Martin Vöhler (Hg.): Urgeschichten der Moderne: die Antike im 20. Jahrhundert. Stuttgart, Weimar 2001.

Klaus Vondung: Die Apokalypse in Deutschland. München 1988.

Louise Wilkinson: The Lyric of Ibycus: Introduction, Text and Commentary. Berlin, New York 2013.

Teresa Hiergeist (Erlangen-Nürnberg)

Medizin, Macht, Moral

Sexualpathologie und Leserbeteiligung in *À la recherche du temps perdu*

Die traditionelle Literaturwissenschaft ist pervers. Pervers freilich nicht in der aktuell gebräuchlichen Bedeutung von „abnorm" oder „widernatürlich", sondern im etymologischen Sinn von „verkehrt", „verdreht".[1] Sie sieht ihre Hauptaufgabe im Auslegen der Bedeutung literarischer Texte, d.h. sie versucht entweder die Rekonstruktion der jeweiligen Autorintention und richtet ihr Augenmerk damit auf die Produktionsseite des Literaturbetriebs oder sie extrahiert Wissen über die Struktur literarischer Kommunikation aus Werken und konzentriert sich folglich auf deren statische Komponente.[2] In beiden Fällen wendet sie sich der Erkenntnisdimension zu, als bestünde in ihr die einzige Möglichkeit der Erschließung von Literatur; der Erlebnisdimension hingegen schenkt sie kaum Beachtung. Der Rezipient ist zum hermeneutischen oder strukturalistischen Festmahl in den seltensten Fällen geladen, sodass seine emotionale, kognitive, evaluative und ästhetische Beteiligung am Werk in den Interpretationen weitgehend unbeachtet bleibt. Das meint Jochen Hörisch in *Die Wut des Verstehens*, wenn er konstatiert: „Interpretationen vervielfältigen Reden um den Preis, dass Wesentliches schweigt, weil es durch erzwungene Deutung einer Bedeutung zum Schweigen gebracht wurde."[3] Die interaktiven Anteile von Literatur, die sich in der Text-Rezipienten-Relation äußern und die Basis eines jeden Lektüreprozesses bilden, bleiben aufgrund methodologischer Vorbehalte häufig aus den literaturwissenschaftlichen Reflexionen ausgeschlossen. In der Abwendung von der Präsenz des literarischen Texts[4] erscheint die Literaturwissenschaft verdreht, *per-vertiert*.

---

1 Vgl. Friedrich Kluge: Etymologisches Wörterbuch der deutschen Sprache. Berlin 1999, S. 622.

2 Wie Charles Grivel herausstreicht, geht die Fokussierung von Semantik, Form und Aufbau des Werks in den Literaturwissenschaften mit der Auffächerung des literarischen Texts in Einzelsegmente einher, was letztendlich eine Erstarrung des Forschungsgegenstands zur Folge hat. Vgl. Charles Grivel: Production de l'intérêt romanesque. Amstelveen 1973, S. 13–23.

3 Jochen Hörisch: Die Wut des Verstehens. Frankfurt/M. 1988, S. 23.

4 Hans Ulrich Gumbrecht tritt für die These ein, dass westliche Kulturen dem Sinn ein größeres Prestige zuschreiben als der Präsenz und ihr deshalb auch in der wissenschaftlichen Annäherung verstärkt Rechnung tragen. Die literaturwissenschaftliche Beschäftigung mit der Bedeutung statt der Beteiligung ist hierfür lediglich ein Beispiel. Vgl. Hans Ulrich Gumbrecht: Diesseits der Hermeneutik. Über die Produktion von Präsenz. Frankfurt 2004, S. 100–109. Die Integration

Die nachfolgenden Ausführungen sollen die Relevanz der Rekonstruktion einer möglichen Partizipation des Lesers an Romanen für das Interpretationsergebnis aufzeigen und darlegen, inwiefern man das literaturwissenschaftliche Potenzial beschneidet, wenn man diese unberücksichtigt lässt. Herausgearbeitet wird dies anhand der Inszenierung der Homosexualität in Marcel Prousts Romanzyklus *À la recherche du temps perdu*: Hier lehnt sich die Darstellung der sexuellen In- und Perversion rein inhaltlich betrachtet verstärkt an den gängigen medizinischen und kriminologischen Diskurs der damaligen Zeit an, sodass man von hermeneutischer Warte aus dazu verleitet sein könnte, einen relativ traditionalistischen Umgang mit Homosexualität im Werk anzunehmen. Jedoch wird gleichzeitig über die Lektüreperformanz eine latente Relativierung und mehr noch: eine Kritik des szientistischen Habitus spürbar. Indem das Leseerlebnis so moduliert wird, dass es gerade keine Distanziertheit übermittelt, leitet es zur Partizipation an den ‚normwidrigen‘ Inhalten an. Das inhaltlich Explizierte und das über die Rezipientenbeteiligung Realisierte sind einander folglich diametral entgegengesetzt.[5] Es sollen im Folgenden diese beiden Ebenen der *Recherche* – das gleichzeitige Aufgreifen und Unterlaufen des sexualpathologischen Diskursmusters – beleuchtet und auf ihre Interdependenzen hin untersucht werden.

Die Beobachtungen konzentrieren sich dabei auf die Figur des M. de Charlus, einen Baron, der in den Pariser Salons großes Ansehen genießt und dessen Homosexualität sich im Laufe des Romanzyklus schrittweise enthüllt. Untersucht werden sollen vor allem zwei Passagen, die für den homosexuellen Werdegang der Figur konstitutiv sind: zum einen die Eingangsszene des vierten *Recherche*-Bands *Sodom et Gomorrhe*;[6] das Ich bekommt hier – eigentlich beschäftigt mit der

---

dieser weitgehend ausgeklammerten Dimension in den Forschungsalltag verspräche folglich die Erweiterung des literaturwissenschaftlichen Aktionsradius.

5 Die Sekundärliteratur hat der *Recherche* bereits in mehrerlei Hinsicht einen subversiven Grundgestus in Bezug auf die Homosexualität attestiert: etwa in Ursula Link-Heers *Über Offenheit und Verstellung*, wo Prousts charakteristischer digressiver Stil als Versuch der Dekonstruktion jeglicher Form von Normalität interpretiert wird (vgl. Ursula Link-Heer: Über Offenheit und Verstellung. Gide und Proust, in: Gerhard Härle, Maria Kalveram, Wolfgang Popp [Hg.]: Erkenntniswunsch und Diskretion. Erotik in biographischer und autobiographischer Literatur. Berlin 1992, S. 329–347, hier S. 346), in Gregor Schuhens Studie *Erotische Maskeraden*, welche die Orchideenszene als Infragestellung der Natürlichkeit der Geschlechtertrennung interpretiert (vgl. Gregor Schuhen: Erotische Maskeraden. Sexualität und Geschlecht bei Marcel Proust. Heidelberg 2007, S. 133) oder in Eve Kosofsky Sedgwicks Beitrag *Epistemology of the Closet*, welcher der Inszenierung des homosexuellen Protagonisten M. de Charlus als der interessantesten Figur des Zyklus einen dekonstruierenden Charakter zuschreibt (vgl. Eve Kosofsky Sedgwick: Epistemology of the Closet. Berkeley 1990, S. 223). Eine konkrete Anbindung dieser Ideen an die Lektüreperformanz wurde jedoch noch nicht vorgenommen.

6 Vgl. Marcel Proust: Sodom et Gomorrhe. Paris 1988, S. 4–11.

Beobachtung der Befruchtung einer Orchidee durch ein Insekt – zufällig den Flirt des M. de Charlus mit dem Hausschneider Jupien im Hof mit und belauscht diese anschließend von der unteren Etage des Hauses aus beim Geschlechtsakt; zum anderen die Flagellationsszene in *Le temps retrouvé*,[7] in der das Ich, ohne sich dessen bewusst zu sein, in einem Stundenhotel eincheckt und den Baron zufällig und heimlich in einem sadomasochistischen Arrangement, bei der Auspeitschung durch den Strichjungen Maurice beobachtet. Dabei handelt es sich um Passagen, die hundertfach analysiert wurden, bislang jedoch nicht schwerpunktmäßig aus einer möglichen Erlebnisperspektive des Rezipienten.

1 Theoretische Vorüberlegungen zur Erlebnisdimension der Literatur

Die Beteiligung an narrativen Texten oszilliert zwischen zwei Polen: Einerseits existieren Romane nicht autonom, sondern benötigen zur Entfaltung ihrer Wirkung einen Rezipienten, der sie aufführt und zum Leben erweckt. Andererseits sind dessen Reaktionen keine subjektiven, spontanen Impulse, sondern bilden sich gesteuert von textuellen Vorgaben bzw. von Gewohnheiten der Textverarbeitung aus, die durch den menschlichen Wahrnehmungsapparat sowie durch die literarische Sozialisierung determiniert sind. Insofern kann der Lektüreprozess als Wechselwirkung zwischen Textmaterial und dessen produktiver Assimilation durch den Rezipienten angesehen werden.

Wenngleich die Lektüre in theoretischen Überlegungen mehrfach und immer wieder als bilaterales Phänomen aufgefasst worden ist,[8] scheint die methodische Umsetzung dieser Idee problematisch. Interpretationen, die dem performativen

---

7 Vgl. Marcel Proust: Le temps retrouvé. Paris 1989, S. 111–123.

8 So heißt es etwa in Roman Ingardens *Erlebnis, Kunstwerk und Wert*, ein Lektüreerlebnis stelle sich ein, wenn „auf dem Hintergrund eines wahrgenommenen oder phantasiemäßig vorgestellten realen Gegenstandes eine besondere Qualität […] zur Erscheinung gelangt, die den Erlebenden nicht ‚kalt lässt‘, sondern ihn in einen eigentümlichen Erregungszustand versetzt". Roman Ingarden: Erlebnis, Kunstwerk und Wert. Tübingen 1969, S. 3. Jean-Paul Sartre formuliert in *Qu'est-ce que la littérature?* in Bezug auf Gedichte, die einzelnen Worte verwandelten sich bei der Lektüre in Dinge und Gefühle und erlaubten somit eine Partizipation am Text. Vgl. Jean-Paul Sartre: Qu'est-ce que la littérature? Paris 1948, S. 19. Und auch Rolf Kloepfer spricht sich mit seinem „Sympraxis"-Konzept für eine Literaturwissenschaft des Mithandelns aus. Vgl. Rolf Kloepfer: Für eine Geschichte der Literatur als Kunst – Sympraxis am Beispiel Diderots, in: Michael Titzmann (Hg.): Modelle des literarischen Strukturwandels. Tübingen 1991, S. 247–274, hier S. 249.

Charakter der Lektüre gerecht würden, existieren bislang nur mit Einschränkungen. Als prototypisch für diesen inneren Widerspruch kann Wolfgang Isers Vorgehen in *Der Akt des Lesens* und in *Der implizite Leser* betrachtet werden: Die Rezeption wird hier zwar als produktive Aktivität aufgefasst und es wird dem Rezipienten die Möglichkeit gewährt, sich über die Komplettierung von Leerstellen ins Werk einzubringen, sodass die Grundidee der Wirkungsästhetik eine partizipative ist. Das Modell des ‚impliziten Lesers‘ allerdings konzeptualisiert die Beteiligung schließlich als etwas, das „in der Struktur des Texts fundiert"[9] sei und sich direkt aus dieser ergebe. Der „im Text vorgezeichnete[] Aktcharakter"[10] bewirkt folglich eine Erstarrung und Objektivierung des Beitrags des Rezipienten und eine Einschränkung seines Handlungspotenzials, zumal sich seine Aktivität ausschließlich innerhalb der Bahnen einer fixierten Textstruktur bewegt. Isers Methode uniformiert die Beteiligung und sorgt, wie Wilhelm Solms und Norbert Schöll betonen, dafür, „dass der Leser die ihm gewährte Freiheit nicht beliebig, sondern in eindeutiger Weise bestätigt".[11] Dieses Zurückschrauben des Erkenntnisinteresses ist dem Vorurteil geschuldet, der Beitrag des Lesers zum Text variiere individuell, sei von subjektiven Kriterien bestimmt und deshalb ohne Rekurrenz auf empirische Befragungen nicht fassbar.[12] Die Angst vor der Unkontrollierbarkeit des Forschungsgegenstands lässt die traditionelle Literaturwissenschaft vor dem Rezeptionserlebnis zurückschrecken.

An diesem Punkt kann eine kognitiv orientierte Literaturwissenschaft produktiv werden, die nicht ausschließlich aus der Erkenntnisquelle der Werkimmanenz schöpft, sondern die Realisierung des Texts durch den Leser in den Forschungsprozess mit einbezieht. In den letzten Jahren haben vor allem in der Anglistik und Amerikanistik etliche Publikationen versucht, Wissen über den Ablauf von Textverarbeitung aus den empirischen Disziplinen als Modelle zu importieren und es auf konkrete Einzelwerke anzuwenden.[13] Die ‚kognitive Narra-

---

9 Wolfgang Iser: Der Akt des Lesens. Theorie ästhetischer Wirkung. München 1976, S. 60.

10 Wolfgang Iser: Der implizite Leser. München 1972, S. 8.

11 Wilhelm Solms, Norbert Schöll: Rezeptionsästhetik, in: Friedrich Nemec, Ruth Kayser (Hg.): Literaturwissenschaft heute. 7 Kapitel über ihre methodische Praxis. München 1979, S. 154–196, hier S. 191.

12 Auf eben dieser Annahme, dass die Erkenntnisse einer hermeneutisch ausgerichteten Literaturwissenschaft in Bezug auf das Rezeptionserlebnis lediglich auf Intuition fuße, beruht etwa das methodische Basiskonzept der empirischen Literaturwissenschaften. Vgl. Siegfried Schmidt: Grundriß der empirischen Literaturwissenschaft. Bd. 1. Braunschweig 1982, S. 6.

13 Als repräsentative Grundlagentexte können hierbei gelten: Peter Stockwell: Cognitive Poetics. An Introduction. London 2002; Reuven Tsur: Towards a Theory of Cognitive Poetics. Brighton 2008; sowie Geert Brône, Jeroen Vandaele (Hg.): Cognitive Poetics. Goals, Gains and Gaps. Berlin 2009.

tologie' beispielsweise versteht sich als Strömung, die Ergebnisse aus den Kognitionswissenschaften und der Empirischen Literaturwissenschaft mit den jeweiligen Textstrukturen kombiniert und auf diese Weise werkspezifische Beteiligungspotenziale erarbeitet.[14] Das Ziel besteht dabei nicht in der Umstrukturierung der Literaturwissenschaft zu einer empirischen Disziplin oder in der Substitution bewährter Analysekategorien, sondern vielmehr in der Erweiterung der gängigen narratologischen Konzepte um eine kognitionswissenschaftliche Komponente sowie in ihrer Bestimmung ausgehend von mentalen Abläufen im Lektüreprozess.[15]

Das vierte Kapitel des vorliegenden Beitrags lehnt sich an dieses methodische Konzept an, allerdings unter der Prämisse der Verwendung eines breiten Kognitionsbegriffs. Viele Versuche der kognitiven Literaturanalyse vollziehen keine Öffnung zur Emotion und grenzen die Interaktionsprozesse bei der Lektüre allein auf den geistigen Bereich (Spannung, Rätsellösen, Kohärenzherstellung) ein, sodass man mit David Miall behaupten kann: „the restriction to a cognitive approach has almost entirely eliminated consideration of the role of feeling in literary response [...].“[16] Gefühle galten lange Zeit als ‚weicher' Gegenstand, über den kaum wissenschaftliche Aussagen möglich waren, und wurden deshalb aus der literaturwissenschaftlichen Analyse ausgeschlossen. Dass sie sehr wohl zu heuristischen Zwecken fruchtbar gemacht werden können, beweisen etliche neuere Publikationen zum Thema ‚Literatur und Emotion', die im deutschen Forschungsgebiet meist im ehemaligen Exzellenzcluster *Languages of Emotion* (Berlin) entstanden oder von diesem inspiriert sind.[17] Ihr Ziel liegt in der Erschließung neuer Interpretationsmöglichkeiten für narrative Texte durch die Nutzung der Erlebnisdimension der Lektüre für die literaturwissenschaftliche Praxis. Exemplifiziert

---

14 Vgl. Bruno Zerweck: Der *cognitive turn* in der Erzähltheorie. Kognitive und ‚Natürliche' Narratologie, in: Ansgar Nünning, Vera Nünning (Hg.): Neue Ansätze in der Erzähltheorie. Trier 2002, S. 219–242, hier S. 226.

15 Vgl. Zerweck: Der *cognitive turn* in der Erzähltheorie, S. 226.

16 David Miall: Literary Reading. Empirical and Theoretical Studies. New York 2006, S. 3.

17 Die literaturwissenschaftlichen Publikationen im Rahmen von *Languages of Emotion* lassen sich in drei Gruppen einteilen: Den Großteil machen Veröffentlichungen zur Emotion als Thema literarischer Texte aus, die sich nicht auf die Partizipation beziehen. Darauf folgen empirische Studien zur Medienwirkung. Ein verhältnismäßig kleiner Teil der Veröffentlichungen beschäftigt sich mit den affektiven Erlebnissen bei der Lektüre. Hierzu zählen beispielsweise Burkhard Meyer-Sickendiek: Lyrisches Gespür. Vom geheimen Sensorium moderner Poesie. München 2011; oder Raoul Schrott, Arthur Jacobs: Gehirn und Gedicht. Wie wir unsere Wirklichkeit konstruieren. München 2011. Einen zentralen Beitrag zur emotionalen Beteiligung an Romanen liefert außerdem Claudia Hillebrandt: Das emotionale Wirkungspotenzial von Erzähltexten. Mit Fallstudien zu Kafka, Perutz und Werfel. Berlin 2011.

werden soll dieses methodische Konzept an der Inszenierung der Homosexualität des M. de Charlus in den eingangs genannten Szenen.

2 Wissenschaftlicher Erzählgestus und deviante Sexualität

À la recherche du temps perdu zeichnet sich im Allgemeinen nicht unbedingt durch Spannungsreichtum oder ein intensives emotionales Beteiligungsangebot aus. Nichtsdestoweniger dominiert in etlichen Szenen die subjektive Perspektive des erlebenden Ich – etwa wenn der Protagonist seine Madeleine in den Tee tunkt oder wenn ihn ob der mutmaßlichen Untreue seiner Freundin Albertine eine krankhafte Eifersucht befällt. Diejenigen Abschnitte des Romanzyklus allerdings, in denen von ‚sexuellen Perversionen‘ – d.h. von Homosexualität und Sadomasochismus – die Rede ist, beschränken sich konsequent auf eine distanzierte, unpersönliche und unparteiische Darstellung.[18] Der autodiegetische Erzähler schildert seine Beobachtungen in ihnen stets detailreich, in berichtendem Stil und extern fokalisiert. Letzterer Eindruck beruht darauf, dass die Passagen keinerlei Schwankungen im Lektürefluss verzeichnen. Der charakteristische Rhythmus des übrigen Texts findet sich auch in ihnen fortgesetzt: die für Proust typischen langen, parataktischen Sätze in distanzsprachlichem Stil, die zwar eine hohe Komplexität aufweisen, dabei jedoch nie inkohärent erscheinen.[19] Dadurch, dass sich die Episoden in die rhythmische Nullstufe des Romanzyklus nahtlos einfügen, obwohl die Ereignishaftigkeit stärker ausgeprägt ist als in zahlreichen anderen Passagen, wirkt der Erzähler angesichts des Beobachteten auffällig ungerührt. Diese Absenz jeglicher Dramatisierung kann, zumal literarische Texte konventionellerweise zu einer identifikatorischen Gestaltung von Verführungs- oder Sexszenen tendieren, markiert erscheinen, als wolle das Ich – ähnlich einem Wissenschaftler – seinen Ausführungen bewusst einen objektivistischen Anstrich verleihen.[20]

---

18 Vgl. Douglas B. Sylor: The Sadomasochistic Homotext. Reading in Sade, Balzac, and Proust. New York 1993, S. 92.

19 Ernst Robert Curtius spricht in diesem Zusammenhang von einer „scheinbar ungeordneten Fülle eindrängender Stoffmassen" und von einem „umständlichen, verwickelten Stil", durch den man sich „treiben [lässt] wie auf einem ruhigen mächtigen Strom". Ernst Robert Curtius: Marcel Proust. Frankfurt 1952, S. 12.

20 Den Objektivismus beschreibt Michel Foucault in *La naissance de la clinique* als typischen Gestus des Arzts im Kontext der Herausbildung eines diagnostisch ausgerichteten Medizinverständnisses und er geht noch weiter: Die betonte Nicht-Einmischung des Subjekts in den beob-

Doch nicht nur stilistisch, auch hinsichtlich seines Verhaltens scheint das Ich szientistisch geprägt. Es beschreibt sich in der ersten Szene explizit als Botaniker und verhält sich bei der Beobachtung der beiden Männer wie ein Sexualwissenschaftler.[21] Die gleichzeitige Anspielung auf diese beiden Disziplinen ist übrigens kein Zufall, zumal das Adjektiv ‚sexuell' ursprünglich aus der Botanik stammt und erst im Laufe des 19. Jahrhunderts auch auf die Humanbiologie transferiert wird.[22] Insofern hängen die beiden Erzählstränge – die der Insekten- und die der Menschenbeobachtung – wortgeschichtlich bereits unterschwellig zusammen. Später soll sich zeigen, dass diese Verknüpfung noch um Einiges weiter reicht und ihr auch diskurszersetzende Relevanz zukommt. Doch zunächst zurück zum Habitus des Ichs: Seine wissenschaftliche Identität bestärkt sich durch die Verwendung medizinischen Fachvokabulars sowie durch seine reduzierte Relevanz für die Handlung.[23] Als Akteur tritt es lediglich über seine Perzeption, konkret also über die zahlreichen Verben der Sinneswahrnehmung zutage. Ähnlich wie bei einer medizinischen Fallbeschreibung ist das beobachtende Subjekt zwar als vorhanden markiert, ohne jedoch einen Beitrag zur Handlung zu leisten.[24] Überdies verbalisiert das Ich wiederholt seine Bemühungen um eine verdeckte Observation, da ihm diese zu einer überlegenen Position verhilft.[25] Die Tatsache, dass es sieht, ohne gesehen zu werden, gemahnt an panoptische Bedingungen und

---

achteten Gegenstand sieht er als Mittel zur Herstellung eines Machtverhältnisses zwischen Arzt und Patient. Vgl. Michel Foucault: Naissance de la clinique. Paris 1972, S. 109.

21 Konkret heißt es: „À défaut de la contemplation du géologue, j'avais du moins celle du *botaniste* et je regardais par les volets de l'escalier le petit arbuste de la duchesse et la plante précieuse exposés dans la cour" (Proust: Sodom et Gomorrhe, S. 3, Hervorhebung T.H.)

22 Vgl. Philippe Weber: Der Trieb zum Erzählen. Sexualpathologie und Homosexualität. 1852–1914. Bielefeld 2008, S. 84.

23 Vgl. beispielsweise folgendes Zitat: „comme une *antitoxine* défend contre la *maladie*, comme le *corps thyroïde* règle notre *embonpoint*, comme la défaite vient punir l'orgueil, la fatigue le plaisir, et comme le sommeil repose à son tour de la *fatigue*, ainsi un acte exceptionnel d'*autofécondation* vient à point nommé donner son tour de vis [...]" Proust: Sodom et Gomorrhe, S. 5 (Hervorhebungen T.H.).

24 Auf die Ähnlichkeit des Beobachterverhaltens des Ichs mit einer medizinischen Attitüde weist auch Donald Wright hin: „Tout n'est qu'objet d'expérimentation méritant l'observation et l'étude clinique qui marginalise". Donald Wright: Du discours médical dans *A la recherche du temps perdu*. Science et Souffrance. Paris 2007, S. 239.

25 Hierzu etwa: „J'allais me déranger de nouveau pour qu'il ne pût m'apercevoir!" (Proust: Sodom et Gomorrhe, S. 6); „je ne puis m'empêcher de penser combien M. de Charlus eût été fâché s'il avait pu se savoir regarder" Proust: Sodom et Gomorrhe, S. 6; oder „Puis me rendant compte que personne ne pouvait me voir [...]". Proust: Sodom et Gomorrhe, S. 4.

verstärkt das Hierarchiegefälle, das zwischen ihm und den Figuren bereits dadurch besteht, dass es die privilegierte Vermittlerfunktion innehat.[26] Insgesamt ähnelt der Erzählgestus folglich dem eines Mediziners bei der Schilderung von Symptomen,[27] wobei – wie Serge Béhar in *L'univers médical* darlegt – durch die Isolierung des Verhaltens der Figuren, die Distanziertheit sowie die Genauigkeit der Schilderungen der Eindruck eines Zooms auf das Sexualpathologische entstehen kann.[28]

Ähnlich verhält es sich in der Flagellationsszene: Die Narration nimmt auch hier Anleihen beim wissenschaftlichen Diskurs, wobei die Leitdisziplin dieses Mal nicht die Botanik ist, sondern eine ebenfalls eng mit der Sexologie der damaligen Zeit verknüpfte Wissenschaft, die Kriminologie.[29] Bereits zu Beginn des Ausschnitts häufen sich Wörter aus der Isotopie des Verbrechens und bilden einen Chronotopos der Illegalität. Die Gespräche der Besucher des Stundenhotels, die das Ich belauscht, drehen sich um Krieg, Spionage und Zuhälterschaft und es ist von Ketten die Rede, die – wie es dem Ich zunächst scheint – bei einer Folterung verwendet werden sollen, in Wirklichkeit aber der Fixierung des M. de Charlus bei seiner Auspeitschung dienen.[30] In diese Atmosphäre fügt sich das Verhalten des Ichs, das dem eines Fallanalytikers ähnelt, problemlos ein: Es horcht die Anwesenden unbemerkt aus und schleicht sich nachts zwecks weiterer Nachforschungen heimlich aus seinem Hotelzimmer. Die externe Fokalisierung sowie die ausgeprägte Autonomie des Gesprächs zwischen dem Baron und Maurice, die durch die Wiedergabe in direkter Rede erreicht wird, entpersonalisieren das Ich und lassen es hinter der Handlung zurücktreten. Seine einzige Aktivität besteht im Zuhören und Zusehen, d.h. im Registrieren von Symptomen und Beweisen. Dem entspricht ebenfalls die Tatsache, dass die Beobachtung der sadomasochistischen Begegnung an ein wissenschaftliches Experiment erinnert: Die Auspeit-

---

26 Matías Martínez und Matthias Scheffel verweisen darauf, „[d]ass die Behauptungen des Erzählers in fiktionalen Texten einen logisch höheren Status besitzen als etwa die Behauptungen der Figuren". Matías Martinez, Michael Scheffel: Einführung in die Erzähltheorie. München 1999, S. 86.
27 Vgl. Antoine Compagnon: Proust entre deux siècles. Paris 1989, S. 82.
28 Vgl. Serge Béhar: L'univers médical de Proust. Paris 1971, S. 125.
29 Kriminalpsychologische Reflexionen nehmen im ausgehenden 19. Jahrhundert nicht selten auf die neusten sexualwissenschaftlichen Erkenntnisse Bezug und benutzen sie als Argumentationsgrundlage. Vgl. Weber: Der Trieb zum Erzählen, S. 52.
30 Siehe hierzu etwa: „Un *crime atroce* allait y être consommé si on n'arrivait pas à temps pour le *découvrir* et faire arrêter les *coupables*." Proust: Le temps retrouvé, S. 119. Oder: „Tout d'un coup le patron entra, chargé de plusieurs mètres de grosses *chaînes de fer* capables d'attacher plusieurs *forçats*." Proust: Le temps retrouvé, S. 121 (Hervorhebungen T.H.).

schung spielt sich in einem isolierten Raum ab,[31] die Observation erfolgt durch ein Bullauge, sodass eine Glasscheibe das Ich von seinen Untersuchungsobjekten trennt. Das Bordellzimmer wird somit zum Laboratorium für die Produktion kriminologischer bzw. sexualwissenschaftlicher Erkenntnisse.

Insgesamt lässt sich festhalten, dass sich Proust bei der Darstellung der Szenen, die der heterosexuellen Norm zuwider laufen, sowohl stilistisch als auch den Habitus der Vermittlerfigur betreffend am medizinischen und kriminologischen Diskurs der Entstehungszeit des Romans orientiert. Begründen lässt sich dies einerseits darüber, dass diese Wissensgebiete im Abfassungszeitraum der *Recherche* eine starke gesellschaftliche Präsenz und Durchschlagskraft besitzen,[32] andererseits aber auch darüber, dass die Literatur gegen Ende des 19. und zu Beginn des 20. Jahrhunderts im Allgemeinen für wissenschaftliche und insbesondere medizinische Schreibweisen durchlässiger ist als heute.[33] Außerdem mag der biographische Kontext Prousts Affinität zum Szientismus geprägt haben. Von seinem Vater und seinem Bruder bekam er tagtäglich den Gestus, die Methoden und die Arbeitsbedingungen von Medizinern vorgelebt und hatte in der umfassenden medizinischen Familienbibliothek Zugang zu mehreren einschlägigen sexualwissenschaftlichen Veröffentlichungen wie Richard von Krafft-Ebings *Psychopathia sexualis*, Paul Charles Dubois' *Les psycho-névroses et leur traitement moral*, Théodule Ributs *Les maladies de la volonté* als auch Marc Andrés *Uranisme et unisexualité*,[34] deren Ausführungen er in rhetorischer Hinsicht imitiert haben mag.

3 Inhaltliche Anleihen aus der Sexualwissenschaft

Doch nicht nur den Gestus der berühmtesten Wissenschaftler seiner Zeit, sondern auch deren inhaltliche Konzeptionalisierung von Homosexualität und des Sadomasochismus scheinen Proust beeinflusst zu haben. Jeanine Huas geht in dieser Hinsicht sogar so weit, die *Recherche* als regelrechten „condensé des théories

---

31 Es handelt sich bei den Szenen, die ‚Perversionen‘ zum Gegenstand haben, um die seltenen intimen Momente der *Recherche*. Ansonsten rückt der Romanzyklus eher das öffentliche Zusammentreffen mehrerer Personen in das Zentrum des Interesses.

32 Vgl. Dirk Naguschewski, Sabine Schrader: Homosexualität. Ein Thema der französischen Literatur und ihrer Wissenschaft, in: dies. (Hg.): Sehen, Lesen, Begehren. Homosexualität in französischer Literatur und Kultur. Berlin 2001, S. 7–32, hier S. 11.

33 Vgl. Wright: Du discours médical, S. 22.

34 Vgl. Jeanine Huas: L'homosexualité au temps de Proust. Dinard 1992, S. 78.

médicales de l'époque" zu bezeichnen.[35] Am prägnantesten profiliert ist dabei das seinerzeit gängige Konzept der Homosexualität als Inversion des natürlichen Geschlechtsempfindens, das impliziert, dass der Homosexuelle ein weibliches Gemüt besitze, das in einem männlichen Körper eingeschlossen sei.[36] Diese hybride Identität befördert ein ambivalentes Verhalten, wie an der Beschreibung des M. de Charlus in der Szene aus *Sodom et Gomorrhe* deutlich wird:

> *Pâle comme un marbre*, il [M. de Charlus] avait le nez fort, *ses traits fins* ne recevaient plus d'un regard volontaire une signification différente qui altérât *la beauté* de leur modèle. [...] Mais ces traits généraux de toute une famille prenaient pourtant dans le visage de M. de Charlus une *finesse plus spiritualisée, plus douce* surtout. [...] *Clingnant des yeux* contre le soleil, il semblait presque *sourire*, je trouvai à sa figure vue ainsi au repos et comme au naturel quelque chose de si *affectueux*, de si *desarmé* [...].[37]

Der Baron ist hier als Mann mit typisch weiblichen Attributen dargestellt. Die Akzentuierung seines feingliedrigen und ansprechenden Äußeren (statt markanter, kantiger Züge) sowie seiner Zurückhaltung und Schwäche (anstelle von Durchsetzungskraft und Energie) lässt seine Effeminiertheit in besonderer Weise zutage treten. Als nachhaltig erweist sich diese Inszenierung insofern, als die Figur in den vorherigen Szenen zumeist betont männlich aufgetreten ist und somit ein Erwartungsbruch an die Enthüllung ihrer Neigungen gekoppelt ist. Dem Rekurrieren auf den Inversionsgedanken kann vor dem Hintergrund des Versuchs der Neuaushandlung homosexueller Identität Anfang der 1920er Jahre nur eine bedingte Fortschrittlichkeit attestiert werden.[38] Zwar sorgt die biologistische Erklärung der sexuellen Orientierung für eine stärkere gesellschaftliche Sichtbarkeit der Gruppe der Homosexuellen[39] sowie für eine Entmoralisierung durch ein Verschieben der Verantwortung für das deviante Verhalten in den pathologischen Bereich,[40] gleichzeitig stellt sie die Grundfeste der heteronormativen Gesellschaft nicht in Frage, zumal die Anziehung zwischen Mann und Frau als Basis jeglichen Geschlechtslebens gewahrt bleibt. Wenn sich der M. de Charlus von Männern angezogen fühlt, dann nur deshalb, weil er im Grunde eine weibliche Identität besitzt.

---

35 Huas: L'homosexualité au temps de Proust, S. 78.

36 Vgl. Kosofsky Sedgwick: Epistemology of the Closet, S. 219.

37 Proust: Sodom et Gomorrhe, S. 5 (Hervorhebungen T.H.).

38 Florence Tamagne spricht von einer ansatzweisen sexuellen Befreiung in Paris in der Zeit nach dem ersten Weltkrieg, die sich im Auftauchen einschlägiger Etablissements sowie einem Rückgang der Repressionen gegen Homosexuelle niederschlägt. Vgl. Florence Tamagne: Histoire de l'homosexualité en Europe. Berlin, Londres, Paris. 1919–1939. Paris 2000, S. 40–42.

39 Weber: Der Trieb zum Erzählen, S. 311.

40 Vgl. Foucault: La naissance de la clinique, S. 59.

Eine zweite Parallele zum sexualwissenschaftlichen Diskurs der Entstehungszeit zieht die *Recherche* hinsichtlich der diachronen Perspektive auf die Sexualität
des Barons. Die gleichgeschlechtliche Orientierung erscheint als Pathologie, die
in mehreren Stadien verläuft. Der Gesundheitszustand des M. de Charlus ver-
schlechtert sich im Laufe des Romanzyklus zunehmend. Nachdem seine homosexuelle Neigung in der Orchideenszene erstmals aufgekeimt ist, breitet sie sich
immer mehr auf sein Leben aus. Vom Homosexuellen wird er zum Masochisten,
erkrankt dann schwer und stirbt schließlich.[41] Diese Kausalkette entspricht der
typischen Krankengeschichte eines Homosexuellen der damaligen Zeit: Wenn
man der sexuellen Inversion durch eine radikale Veränderung der Lebensumstände keinen Einhalt gebiete, so nehme sie nach Richard von Krafft-Ebing und Albert
Moll die Persönlichkeit immer stärker ein. Durch die dauerhafte widernatürliche
Unterwürfigkeit eines Mannes im homosexuellen Geschlechtsakt könne sich eine
masochistische Neigung ausbilden, die – ähnlich wie die Masturbation – gesund-
heitliche Folgeschäden nach sich ziehe.[42]

Mit dieser gesundheitlichen Verschlechterung ist ein sozialer Abstieg ge-
paart: Während sich der Baron zunächst ausschließlich in Adelskreisen aufhält,
geht er, je stärker sich seine homosexuellen Vorlieben ausprägen, zunehmend
Verbindungen mit Personen aus niedrigen Schichten ein – Jupien ist Schneider,
Morel Violinist und Maurice ein Prostituierter. Das liegt weniger daran, dass
innerhalb seines Stands keine potenziellen Geschlechtspartner vorhanden wären,
als daran, dass er nach und nach das Bewusstsein für die gesellschaftlichen
Normen verliert und sich fast magisch von zwielichtigen Gestalten angezogen
fühlt, die in der Unterschicht der deterministischen Logik zufolge breiter gestreut
sind. Das geht so weit, dass er ab einem bestimmten Punkt sexuelle Befriedigung
nur noch im Kontakt mit Kriminellen zu erreichen vermag. Die Auspeitschung
scheitert in *Le temps retrouvé*, weil Maurices Habitus dem Baron nicht ruchlos
genug erscheint, weshalb ihm vom Hotelbetreiber als Entschädigung ein baldiges
Rendezvous mit dem Dieb und Mörder Lebrun angeboten wird, der gewissermaßen die Endstation des Abgleitens des Barons in die Unterschicht bildet.[43] Dieser
Niedergang des M. de Charlus entspricht den Beschreibungen der Homosexualität

---

41 Vgl. Béhar: L'univers médical de Proust, S. 125.

42 Vgl. Richard von Krafft-Ebing: Traité clinique de psychiatrie. Paris 1897, S. 137; Albert Moll:
Les Perversions de l'instinct génital. Paris 1893, S. 166f.

43 Stellenweise scheint die kriminelle Vorgeschichte seiner Sexualpartner für den M. de Charlus
fast zum Fetisch zu werden. So wird etwa der Mord an einer Bekannten, den Maurice begangen
haben soll, zum Aufheizer für die Lüste des M. de Charlus: „,Tu ne m'avais jamais dit que tu avais
suriné une pipelette de Belleville.' Et M. de Charlus râlait d'extase et approchait sa figure de celle
de Maurice". Proust: Le temps retrouvé, S. 133.

in einer Studie Benjamin Tarnowskys, in der diejenigen Krankenfälle als am schwersten therapierbar angesehen werden, in denen sich Vererbung und lasterhaftes Verhalten gegenseitig aufschaukeln, und der Patient sich irgendwann nicht mehr kontrollieren kann und auch sozial verkommt.[44]

Mit ‚Krankheit' und ‚Verbrechen' werden in der *Recherche* zwei negativ konnotierte Bedeutungsbereiche mit Homosexualität verknüpft, sodass darüber der Grad der Abnormität dieser sexuellen Orientierung potenziert wird. Insofern ist die Inszenierung der Homosexualität trotz des zunächst neutral und wissenschaftlich anmutenden Gestus' des Ichs implizit an eine negative Bewertung gekoppelt. Hierin liegt die dritte Parallele der Szenen zu den medizinischen Ausführungen über Homosexualität: Während sie prinzipiell jegliche moralisierende Verurteilung der Perversionen zu vermeiden suchen, sind sie unterschwellig doch häufig wertend.[45] Das zeigt etwa folgender Kommentar des Ichs das Bordell betreffend, in dem in *Le temps retrouvé* die Auspeitschung stattfindet: „Cette maison est tout autre chose, plus qu'une maison de fous, puisque la folie des aliénés qui y habitent est mise en scène, reconstituée, visible, c'est un vrai pandémonium."[46] Durch den Vergleich des sadomasochistischen Treibens im Stundenhotel mit einer Versammlung von Satansanhängern konnotiert der sonst um Objektivität bemühte Diskurs deutlich christliche Moralvorstellungen. Einen ähnlichen Effekt hat die Betitelung des vierten Bands der *Recherche* mit „Sodom et Gomorrhe". Auch hier markiert die biblische Intertextualität die moralische Verwerflichkeit der Homosexualität und wirft ihren Schatten auf die Handlung der Eingangsszene voraus. Als weiteres Einfallstor des Moralismus erweist sich die Berufung auf mythologische Gehalte. In diesem Sinne wird etwa der M. de Charlus während der Flagellation mit Prometheus verglichen, der sein qualvolles Schicksal auf ewig ertragen muss:

> [E]t là, enchaîné sur un lit comme Prométhée sur son rocher, recevant les coups d'un martinet en effet planté de clous que lui infligeait Maurice, je vis, déjà tout en sang, et couvert d'ecchymoses qui prouvaient que le supplice n'avait pas lieu pour la première fois, je vis devant moi M. de Charlus.[47]

Die Homosexualität erscheint in diesem Zusammenhang als Sakrileg, dem die verdiente Strafe auf dem Fuß folgt. Die Auflehnung des M. de Charlus gegen die göttliche Ordnung verdammt ihn dazu, ein schmerzhaftes und entbehrungsrei-

---

44 Vgl. Benjamin Tarnowsky: Die krankhaften Erscheinungen des Geschlechtssinnes. Eine forensisch-psychiatrische Studie. Berlin 1886, S. 107.
45 Vgl. Wright: Du discours médical, S. 225.
46 Proust: Le temps retrouvé, S. 139.
47 Proust: Le temps retrouvé, S. 122.

ches Schicksal zu ertragen – verworfen, verflucht und ohne jegliche Gnade. Während der medizinisierende Stil der Passage („sang‘, ‚couvert d'ecchymoses‘) prinzipiell die Option einer Heilung der Inversion evoziert und Schuldfragen somit eigentlich ausgeklammert sein müssten, suggeriert das mythologische Einsprengsel das Gegenteil: die Unentrinnbarkeit und Unmoral der sexuellen Devianz, von der nur eine allmächtige Überfigur erlösen kann. Prousts Darstellung haftet folglich eine eindeutig negative Bewertung von Homosexualität und Sadomasochismus an, sodass die Wissenschaftlichkeit aus dieser Perspektive betrachtet als Mittel zur Camouflage des Machtgefälles zwischen Erzähler und Figuren erscheint.[48]

Es hat sich also gezeigt, dass Proust zur Beschreibung ‚sexueller Aberrationen‘ inhaltliche und stilistische Anleihen beim sexualpathologischen und kriminologischen Diskurs nimmt. Dies mag wohl der Grund für André Gides Vorwurf gewesen sein, Proust sei in der Darstellung der Homosexualität nicht radikal genug gewesen.[49] Der szientistischen Schreibweise stehen manche französische Schriftsteller der 1920er Jahre bereits mit einer gewissen Skepsis gegenüber. Etwas abgerückt ist der naturalistische Gedanke, der Autor könne als Arzt der Gesellschaft zur Wissensproduktion beitragen.[50] Diese kritische Grundhaltung ist freilich auch Proust nicht fremd. Dennoch bietet ihm die Wahl des objektivistischen Erzählrahmens die Möglichkeit einer unverstellten, direkten Thematisierung sexueller Devianz, auch wenn dies eine explizit negative Bewertung seines Gegenstands impliziert.[51] Doch hierauf allein bleibt Prousts Stellungnahme zu Homosexualität und Sadomasochismus nicht beschränkt. Auf subtile, implizite Weise diskreditiert er das Ich, sodass die Pragmatik des Textes eine kritisierende Relativierung der institutionalisierten Meinung zu diesen Themen bewirkt. Wie der Akt des Lesens somit zum Akt der Subversion werden kann, wird das folgende Kapitel aufzeigen.

---

48 Analog zur Idee, dass auch der sexualwissenschaftliche Diskurs der sozialen Unterwerfung dient und diese eine zentrale Motivation für die ‚Geburt der Klinik‘, also den Aufschwung der Medizin und Psychologie im 19. Jahrhundert bilden. Vgl. Weber: Der Trieb zum Erzählen, S. 175.
49 Vgl. Sylor: The Sadomasochistic Homotext, S. 101.
50 Vgl. Émile Zola: Le roman expérimental. Paris 1928, S. 112.
51 Wright: Du discours médical, S. 226.

4 Dekonstruktion des Wissenschaftsdiskurses qua Lektüreerlebnis

Die soeben beschriebene medizinische Distanziertheit und Kühle ist in den genannten Szenen nicht konsequent durchgehalten. Nahezu unmerklich sind an einigen Stellen Elemente eingestreut, die eine gesteigerte emotionale und kognitive Beteiligung des Rezipienten am Geschehen befördern. In der Passage aus *Sodom et Gomorrhe* spielt hierfür die partielle erotische Aufladung des Vokabulars bei der Beschreibung der zu befruchtenden Blume eine zentrale Rolle:

> Je savais que cette attente n'était pas plus passive que chez la *fleur mâle*, dont les étamines s'étaient spontanément tournées pour que l'insecte pût plus facilement la *recevoir*; de même la *fleur femme* qui était ici, si l'insecte venait, arquerait *coquettement* ses „styles" et pour être mieux *pénétrée* par lui ferait imperceptiblement, comme une *jouvencelle hypocrite* mais ardente, la moitié du chemin.[52]

Indem absichtlich Wörter gewählt werden, die ebenso gut die menschliche Sexualität bezeichnen könnten und die Orchidee somit personifiziert erscheint, entsteht eine sinnliche Atmosphäre – nur eben in Bezug auf den ‚falschen‘, also einen ungewohnten Gegenstand. Insofern ist derjenige Handlungsstrang, dem man erwartungsgemäß großes Spannungspotenzial zuschreiben würde – die Verführung Jupiens durch den M. de Charlus – emotionslos dargestellt, während die Insekten- und Pflanzenbeobachtung, die man spontan eher als monoton einstufen würde, eine eindeutige affektive Aufladung genießt.[53] Durch diesen Chiasmus kann beim Leser die kognitive Operation des *blending* ausgelöst werden: Die beiden Ebenen des Flirts und der Blütenbefruchtung schieben sich in seiner Vorstellung übereinander und verschmelzen ihre Konnotationen miteinander.[54]

---

52 Proust: Sodom et Gomorrhe, S. 4f. (Hervorhebungen T.H.)

53 Ina Hartwig zufolge lässt sich bereits diese Parallelisierung der Homosexualität mit der Pflanzenbefruchtung als diskurszersetzendes Moment lesen, zumal sie eine Biologisierung und damit eine Naturalisierung der devianten Sexualität bewirkt. Vgl. Ina Hartwig: Sexuelle Poetik. Proust, Musil, Genet, Jelinek. Frankfurt 1998, S. 32. Ähnlich argumentiert Julia Kristeva, wenn sie konstatiert, dass die Verwendung der vegetalen Metapher die Idee der menschlichen Bisexualität leichter verdaulich mache. Vgl. Julia Kristeva: Le temps sensible. Proust et l'expérience littéraire. Paris 1994, S. 110.

54 Die mentale Repräsentation der Romanwelt besteht aus einer Verblendung der unterschiedlichen Textelemente und der mit ihnen verknüpften Konnotationen und Assoziationen in der Vorstellung des Lesers. Vgl. Barbara Dancygier: The Text and the Story. Levels of Blending in Fictional Narratives, in: Todd Oakley, Anders Hougaard (Hg.): Mental Spaces in Discourse and Interaction. Amsterdam 2008, S. 51–78, hier S. 55.

Dies begünstigt der Roman in mehrerlei Hinsicht: Zunächst werden Menschen und Tiere in der Szene beständig miteinander in Beziehung gesetzt und übernehmen analoge Aufgaben, wie folgendes Beispiel zeigt: „Au même instant où M. de Charlus avait passé la porte en sifflant *comme un gros bourdon*, un autre, un vrai celui-là, entrait dans la cour."[55] Der Vergleich des Pfeifens des Barons mit dem Brummen einer Hummel bewirkt eine konzeptuelle Überlappung der beiden Akteure der Passage. Gleichzeitig verstärkt ihre Erwähnung innerhalb desselben Satzes in gleicher grammatikalischer Funktion die Annäherung von Mensch und Tier, die umso effektiver ist, als beide mit dem Eindringen in das Gebäude bzw. in den Hof eine ähnliche Handlung vornehmen. Diese Parallelführung mag dafür sorgen, dass der Rezipient den Baron als uneindeutiges Mischwesen wahrnimmt und somit die erotischen Konnotationen der Blumenbestäubung auf den homosexuellen Geschlechtsakt überträgt.[56] Er kann auf diese Weise in eine Situation geraten, in der er emotional an der sinnlichen Atmosphäre der homosexuellen Begegnung partizipiert.

Doch dieses Phänomen lässt sich nicht nur punktuell anhand einzelner Sätze, sondern auch im prozessualen Verlauf des Texts nachvollziehen. Die Aufmerksamkeit des Erzählers wechselt in der Passage unablässig zwischen der menschlichen und pflanzlichen Reproduktion. Diese Alternanz erzeugt einen Rhythmus, der – ähnlich wie eine Parallelmontage im Film – für die Belebung des Abschnitts sorgt. Das Besondere ist nun, dass die Abstände zwischen den Sprüngen während der Beschreibung des Flirts immer kürzer werden, je näher die sexuelle Vereinigung des M. de Charlus und Jupiens rückt, sodass sich hierüber eine Dramatisierung der Szene wahrnehmen lässt. Folgende Visualisierung (Abb. 1) zeigt schwarz markiert diejenigen Textteile, in denen von Insekten die Rede ist, weiß diejenigen, in denen die beiden Figuren fokussiert werden. Die zunehmende Frequenz des Farbwechsels in der rechten Skizzenhälfte repräsentiert das häufigere Umschwenken der Erzähleraufmerksamkeit und somit die Erhöhung der Dramatik der Situation:

---

55 Proust: Sodom et Gomorrhe, S. 8 (Hervorhebungen T.H.).

56 Vgl. Volker Woltersdorff alias Lore Logorrhöe: Proust's *queering*. Homosexualisierung der Literatur statt homosexueller Geständnisliteratur, in: Dirk Naguschewski, Sabine Schrader (Hg.): Sehen, Lesen, Begehren. Homosexualität in französischer Literatur und Kultur. Berlin 2001, S. 83–104, hier S. 98.

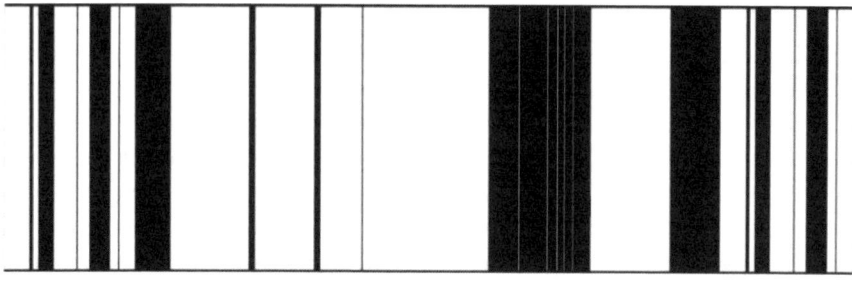

└ Beschreibung des Zusammentreffens ┘└ Beschreibung des Flirts ┘

Abb. 1: Thematischer Wechsel in der Orchideenszene.

Die thematische Verteilung bildet demnach eine klimaktische Struktur, die eine steigende Erregung ikonisiert. Geht man nun mit Altmann et al. davon aus, dass Rezipienten bei der Lektüre den einzelnen Instanzen des Romans auf Basis ihrer empathischen Fähigkeiten unablässig mentale Zustände zuweisen, die sie einerseits mittels ihrer Empathie bilden,[57] andererseits aber auch über die vom Lektürerhythmus gesendeten Signale selbst empfinden, dann erscheint die Haltung des Ichs bei der Beobachtung der homosexuellen Verführungsszene nicht ausschließlich szientistisch, sondern von einer sinnlichen Intensität durchzogen. Es wirkt in dieser Hinsicht fast, als wäre dieses – eher erlebend als erzählend – selbst am Geschlechtsakt beteiligt. Wie Volker Roloff in *Die Figur des unsichtbaren Dritten* darlegt, liegt der Fokus des Abschnitts somit weniger auf der dargestellten Handlung als auf der voyeuristischen Beziehung zwischen dem Beobachter und dem Protagonisten.[58]

Ähnlich verhält es sich für die Flagellationsszene, in der der Lektürerhythmus ebenfalls eine steigende Anspannung transportiert. Bereits der Beginn der Episode fußt auf einem Rätsel: Dem Ich ist schleierhaft, warum es mitten im ersten Weltkrieg das Hotel hell erleuchtet und florierend vorfindet, während alle übrigen

57 Ulrike Altmann, Isabel Bohm, Oliver Lubrich u.a.: The Power of Emotional Valence – From Cognitive to Affective Processes in Reading, in: Frontiers in Human Neuroscience 6 (Juni 2012), http://www.frontiersin.org/Human_Neuroscience/10.3389/fnhum.2012.00192/abstract [30.10.2013].

58 Vgl. Volker Roloff: Die Figur des unsichtbaren Dritten im Rollenspiel der Geschlechter. Anmerkungen zu den Voyeurszenen der *Recherche*, in: Ursula Link-Heer, Ursula Hennigfeld, Fernand Hörner (Hg.): Literarische Gendertheorie. Eros und Gesellschaft bei Proust und Colette. Bielefeld 2006, S. 149–166, hier S. 157.

Geschäfte und Einrichtungen geschlossen sind.[59] Auf der Suche nach einer Erklärung stößt es auf das zusätzliche Geheimnis der Ketten, für dessen Aufklärung es ebenfalls umgehend ausgeprägtes Interesse entwickelt und von dem aus eine direkte Spur zum Sadomasochismus des Barons führt.[60] Die steigende Motivation des Ichs für die Ergründung dieser Fragen, ist nun so inszeniert, dass sie dem Rezipienten eine Option zur emotionalen und kognitiven Beteiligung anbietet. Die Grundvoraussetzung hierfür ist, dass der inhaltliche Rhythmus des Texts in Form einer Sinuskurve mit wachsender Amplitude angelegt ist, wie folgendes Schaubild (Abb. 2) visualisiert.

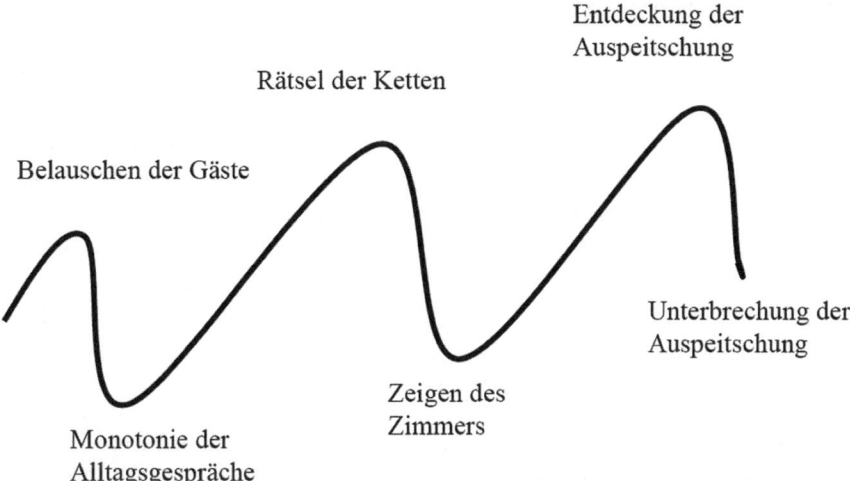

Abb. 2: Motivationale Beteiligungsoptionen an der Flagellationsszene.

Das Ich kommt der Aufdeckung der Rätsel allmählich näher, erleidet jedoch nach jedem Fortschritt einen unmittelbaren Rückschlag: Es kann die Hotelgäste erfolgreich belauschen, bekommt dabei allerdings nur Banalitäten zu hören. In dem

---

[59] Die Unfähigkeit des Ichs, das Männerbordell als solches zu identifizieren, ist nicht etwa dessen übermäßiger Naivität zuzuschreiben, sondern hat – wie Jeanine Huas herausgearbeitet – eine historische Begründung: So waren derartige Einrichtungen aufgrund der mangelnden Akzeptanz männlicher Homosexualität in keinerlei Form als solche ausgewiesen und ausschließlich von Eingeweihten erkennbar. Vgl. Huas: L'homosexualité au temps de Proust, S. 29.

[60] Dieses Interesse des Ichs für die Vorgänge im Bordell ist am Grad der Konzentration des Erzählers auf das Thema ablesbar. Während die übrige *Recherche* eine ausgeprägte Tendenz zu inhaltlichen Digressionen aufweist, bleibt hier die Aufmerksamkeit – wie auch in der Szene aus *Sodom et Gomorrhe* – strikt auf die diegetischen Vorgänge fokussiert.

Moment, in dem das Ich sich gelangweilt abwenden möchte, erhält es entscheidende Hinweise auf die Fesselung, kann diese aber nicht bis zum Ende mitverfolgen, da der Hotelbetreiber es auf sein Zimmer begleitet. Als es sich auf der Suche nach neuen Indizien wieder hinausschleicht, stößt es unverhofft auf die sadomasochistische Szene, die am Ende vom M. de Charlus unterbrochen wird, weil ihm sein Peiniger nicht brutal genug erscheint. Damit verfügt die Passage über eine typische *suspense*-Struktur. Laut Ralf Junkerjürgen bestehe diese darin, dass eine Situation theoretisch zu zwei sich logisch ausschließenden Ergebnissen führen könne, wobei aber unsicher sei, welche sich realisieren werde.[61] Durch das Pendeln zwischen der Lös- und der Unlösbarkeit der Rätsel um das Bordell inszeniert die Passage aus *Le temps retrouvé* dieses binäre Modell auf recht eindeutige Weise, sodass sie sich zur Attraktion der kognitiven Aufmerksamkeit des Rezipienten auf die Szene eignet. Zusätzlich ist die Struktur des Ausschnitts ähnlich wie die weiter oben analysierte Passage so angelegt, dass das Ich den Sexualakt abwechselnd fokussiert und von ihm abgelenkt ist und sich dadurch ein wellenartiger und anschwellender Grundrhythmus bildet. Über die Suggestion eines Abenteuers, das noch nicht eingetreten ist, dem man sich aber klimaktisch unablässig annähert, wird folglich auch hier steigende Erregung simuliert, ganz so, als partizipiere das Ich an der beobachteten Flagellation.

Selbst die Modulierung einer Art Höhepunkt lässt sich in diesem Fall in der oben bereits einmal zitierten Passage ausmachen:

> [E]t là, enchaîné sur un lit comme Prométhée sur son rocher, recevant les coups d'un martinet en effet planté de clous que lui infligeait Maurice, je vis, déjà tout en sang, et couvert d'ecchymoses qui prouvaient que le supplice n'avait pas lieu pour la première fois, je vis devant moi M. de Charlus.[62]

Bei der Darstellung der sexuellen Begegnung der beiden Figuren enthüllt die Erzählinstanz die Identität des Barons erst zum Schluss nach einer ausgedehnten Handlungsbeschreibung. An der prominenten Stelle am Ende eines Absatzes platziert, wird der Name verzögert wiedergegeben und birgt dadurch einen Überraschungseffekt.[63] Da das Ich in seinen Nachforschungen anfänglich ausschließlich auf die Ergründung des ‚Was?' konzentriert ist und dem ‚Wer?' keine Beach-

---

61 Vgl. Ralf Junkerjürgen: Spannung – Narrative Verfahrensweisen der Leseraktivierung. Eine Studie am Beispiel der Reiseromane von Jules Verne. Frankfurt/M. 2002, S. 61.

62 Proust: Le temps retrouvé, S. 122.

63 Die Spannungsforschung definiert Überraschung als plötzliche Konfrontation des Rezipienten mit einer relevanten, aber nicht erahnbaren Information. Sie ergebe sich bei der Abweichung des Romanfortgangs von der Erwartung. Vgl. Raphael Baroni: La tension narrative. Suspense, curiosité et surprise. Paris 2007, S. 107.

tung schenkt, kann der Moment des Umschwenkens auf die Preisgabe des Namens des Protagonisten mit einer Neuheitserfahrung verbunden sein. Diese ist umso intensiver, als sich an dieser Stelle auch der Satzrhythmus wandelt. Während die Äußerung zunächst über eine halbe Seite durch Parenthesen, Partizipialkonstruktionen und sonstige Erweiterungen unablässig im Fluss gehalten wurde, findet dieser beim M. de Charlus sein abruptes Ende. Der vorläufige Wechsel von Buchstaben und Kommata, von Stimme und Sprechpause, formt eine belebte Bewegung, die im Baron ihren Kulminations- und Zielpunkt findet.[64] Unter dem Deckmantel der Neutralität verborgen scheint das Ich letztendlich bei der Beobachtung der sadomasochistischen Szene Erregung und Sensationsgier zu empfinden – und selbst zum Höhepunkt zu kommen.

5 Fazit

Insgesamt ist das Ich in den Passagen homosexuellen und sadomasochistischen Kerns somit ambivalent angelegt: Auf inhaltlicher und stilistischer Ebene gibt es sich als neutraler Beobachter mit wissenschaftlichen Ambitionen; auf der Ebene des Lektüreerlebnisses scheint es gleich einem Voyeur aus der heimlichen Beobachtung der sexuellen Szenen Befriedigung zu ziehen. Diese Rivalität heteronormativer und *queerer* Motive erzeugt, so Rainer Warning, ein Dilemma in der Persönlichkeit des Ichs.[65] Durch die Widersprüchlichkeit wird dieses zumindest partiell unglaubwürdig, seine Machtposition und Integrität im Roman erfahren eine Erschütterung. Die Szenen kritisieren den vorherrschenden sexualpathologischen Diskurs, indem sie ihn zwar antizipieren, aber so strukturieren, dass er sich selbst unterläuft. Wie Gilles Deleuze in *Proust et les signes* auf den Punkt bringt, entpuppt sich die Entfaltung des Plots in der *Recherche* als Prozess der Umdeutung und Resemantisierung bereits vorhandener Zeichen.[66] Der Arzt oder der Kriminologe – und damit verbunden auch der Leser – werden in ihrer obsessiven Beschäftigung mit der Sexualität suspekt und es stellt sich die Frage, ob sie aufgrund ihrer voyeuristischen Neigungen nicht selbst als ‚pervers' bezeichnet werden müssen.

---

64 Roman Jakobson und Linda Waugh weisen darauf hin, dass die Schrift den Benutzer zu einer Assoziation mit gesprochener Sprache und einer Umsetzung in mündliche Performanz veranlasse. Bei der stillen Lektüre höre man deshalb stets eine Art innere Stimme, die das Gelesene in der Vorstellung mitspreche. Vgl. Roman Jakobson, Linda Waugh: Die Lautgestalt der Sprache. Berlin 1986, S. 141.
65 Vgl. Rainer Warning: Proust-Studien. München 2000, S. 209.
66 Vgl. Gilles Deleuze: Proust et les signes. Paris 2006, S. 96.

Verwendete Literatur

Ulrike Altmann, Isabel Bohm, Oliver Lubrich u.a.: The Power of Emotional Valence – From Cognitive to Affective Processes in Reading, in: Frontiers in Human Neuroscience 6 (Juni 2012), http://www.frontiersin.org/Human_Neuroscience/10.3389/fnhum.2012.00192/abstract.

Raphael Baroni: La tension narrative. Suspense, curiosité et surprise. Paris 2007.

Serge Béhar: L'univers médical de Proust. Paris 1971.

Geert Brône, Jeroen Vandaele (Hg.): Cognitive Poetics. Goals, Gains and Gaps. Berlin 2009.

Antoine Compagnon: Proust entre deux siècles. Paris 1989.

Ernst Robert Curtius: Marcel Proust. Frankfurt/M. 1952.

Barbara Dancygier: The Text and the Story. Levels of Blending in Fictional Narratives, in: Todd Oakley, Anders Hougaard (Hg.): Mental Spaces in Discourse and Interaction. Amsterdam 2008, S. 51–78.

Gilles Deleuze: Proust et les signes. Paris 2006.

Michel Foucault: Naissance de la clinique. Paris 1972.

Charles Grivel: Production de l'intérêt romanesque. Amstelveen 1973.

Hans Ulrich Gumbrecht: Diesseits der Hermeneutik. Über die Produktion von Präsenz. Frankfurt/M. 2004.

Ina Hartwig: Sexuelle Poetik. Proust, Musil, Genet, Jelinek. Frankfurt/M. 1998.

Claudia Hillebrandt: Das emotionale Wirkungspotenzial von Erzähltexten. Mit Fallstudien zu Kafka, Perutz und Werfel. Berlin 2011.

Jochen Hörisch: Die Wut des Verstehens. Frankfurt/M. 1988.

Jeanine Huas: L'homosexualité au temps de Proust. Dinard 1992.

Roman Ingarden: Erlebnis, Kunstwerk und Wert. Tübingen 1969.

Wolfgang Iser: Der Akt des Lesens. Theorie ästhetischer Wirkung. München 1976.

Wolfgang Iser: Der implizite Leser. München 1972.

Roman Jakobson, Linda Waugh: Die Lautgestalt der Sprache. Berlin 1986.

Ralf Junkerjürgen: Spannung – Narrative Verfahrensweisen der Leseraktivierung. Eine Studie am Beispiel der Reiseromane von Jules Verne. Frankfurt/M. 2002.

Rolf Kloepfer: Für eine Geschichte der Literatur als Kunst – Sympraxis am Beispiel Diderots, in: Michael Titzmann (Hg.): Modelle des literarischen Strukturwandels. Tübingen 1991, S. 247–274.

Friedrich Kluge: Etymologisches Wörterbuch der deutschen Sprache. Berlin 1999.

Eve Kosofsky Sedgwick: Epistemology of the Closet. Berkeley 1990.

Richard von Krafft-Ebing: Traité clinique de psychiatrie. Paris 1897.

Julia Kristeva: Le temps sensible. Proust et l'expérience littéraire. Paris 1994.

Ursula Link-Heer: Über Offenheit und Verstellung. Gide und Proust, in: Gerhard Härle, Maria Kalveram, Wolfgang Popp (Hg.): Erkenntniswunsch und Diskretion. Erotik in biographischer und autobiographischer Literatur. Berlin 1992, S. 329–347.

Matías Martinez, Michael Scheffel: Einführung in die Erzähltheorie. München 1999.

Burkhard Meyer-Sickendiek: Lyrisches Gespür. Vom geheimen Sensorium moderner Poesie. München 2011.

David Miall: Literary Reading. Empirical and Theoretical Studies. New York 2006.

Albert Moll: Les Perversions de l'instinct génital. Paris 1893.

Dirk Naguschewski, Sabine Schrader: Homosexualität. Ein Thema der französischen Literatur und ihrer Wissenschaft, in: dies. (Hg.): Sehen, Lesen, Begehren. Homosexualität in französischer Literatur und Kultur. Berlin 2001, S. 7–32.

Marcel Proust: Le temps retrouvé. Paris 1989.

Marcel Proust: Sodom et Gomorrhe. Paris 1988.

Volker Roloff: Die Figur des unsichtbaren Dritten im Rollenspiel der Geschlechter. Anmerkungen zu den Voyeurszenen der *Recherche*, in: Ursula Link-Heer, Ursula Hennigfeld, Fernand Hörner (Hg.): Literarische Gendertheorie. Eros und Gesellschaft bei Proust und Colette. Bielefeld 2006, S. 149–166.

Jean-Paul Sartre: Qu'est-ce que la littérature? Paris 1948.

Siegfried Schmidt: Grundriß der empirischen Literaturwissenschaft. Bd. 1. Braunschweig 1982.

Raoul Schrott, Arthur Jacobs: Gehirn und Gedicht. Wie wir unsere Wirklichkeit konstruieren. München 2011.

Gregor Schuhen: Erotische Maskeraden. Sexualität und Geschlecht bei Marcel Proust. Heidelberg 2007.

Wilhelm Solms, Norbert Schöll: Rezeptionsästhetik, in: Friedrich Nemec, Ruth Kayser (Hg.): Literaturwissenschaft heute. 7 Kapitel über ihre methodische Praxis. München 1979, S. 154–196.

Peter Stockwell: Cognitive Poetics. An Introduction. London 2002.

Douglas B. Sylor: The Sadomasochistic Homotext. Reading in Sade, Balzac, and Proust. New York 1993.

Florence Tamagne: Histoire de l'homosexualité en Europe. Berlin, Londres, Paris. 1919–1939. Paris 2000.

Benjamin Tarnowsky: Die krankhaften Erscheinungen des Geschlechtssinnes. Eine forensisch-psychiatrische Studie. Berlin 1886.

Reuven Tsur: Towards a Theory of Cognitive Poetics. Brighton 2008.

Rainer Warning: Proust-Studien. München 2000.

Philippe Weber: Der Trieb zum Erzählen. Sexualpathologie und Homosexualität. 1852–1914. Bielefeld 2008.

Volker Woltersdorff alias Lore Logorrhöe: Proust's *queering*. Homosexualisierung der Literatur statt homosexueller Geständnisliteratur, in: Dirk Naguschewski, Sabine Schrader (Hg.): Sehen, Lesen, Begehren. Homosexualität in französischer Literatur und Kultur. Berlin 2001, S. 83–104.

Donald Wright: Du discours médical dans *A la recherche du temps perdu*. Science et Souffrance. Paris 2007.

Bruno Zerweck: Der *cognitive turn* in der Erzähltheorie. Kognitive und ‚Natürliche' Narratologie, in: Ansgar Nünning, Vera Nünning (Hg.): Neue Ansätze in der Erzähltheorie. Trier 2002, S. 219–242.

Émile Zola: Le roman expérimental. Paris 1928.

III. Judging Normality

Stephan Karschay (Passau)

An Epidemic of Perversions

Normativity and Deviance in Richard von Krafft-Ebing's
Psychopathia sexualis

1 Sexual monsters

Richard Marsh's 1897 novel *The Beetle* features a villain who, like Bram Stoker's vampire Count Dracula, is possessed of consummate hypnotic and shape-shifting abilities and radically challenges cultural categories of identity, most notably with regard to gender, race and biological species. The novel's very first description of its eponymous creature in human form is provided by a homeless beggar, Robert Holt, who is literally spellbound when dwelling on the Beetle's indeterminate gender identity: "I saw someone in front of me lying in a bed. I could not at once decide if it was a man or a woman. Indeed at first I doubted if it was anything human. But, afterwards, I knew it to be a man, – for this reason, if for no other, that it was impossible such a creature could be feminine."[1] Holt's assumption of the stranger's male sex, however, is in no way founded on available visual evidence. At first, the creature's appearance does not allow for an unquestionable identification as either male, female, or even human. Holt's (albeit short-lived) decision to identify the Beetle's sex as male is based on a strategy of inverse reasoning: his pre-formed opinion of what constitutes behaviour appropriate to the female sex, i.e., acceptable femininity, apparently forbids the creature's categorisation as anything other than male. The ambiguous representation of the monster in terms of gender is radically heightened in the course of the novel. On beholding the creature after a prolonged absence, the narrator Holt is struck by the former's rejuvenated physiognomy and an apparently concomitant feminisation:

> [T]he most astounding novelty was that about the face there was something which was essentially feminine; so feminine, indeed, that I wondered if I could by any possibility have blundered, and mistaken a woman for a man; some ghoulish example of her sex, who had so yielded to her depraved instincts as to have become nothing but a ghastly reminiscence of womanhood.[2]

---

1 Richard Marsh: The Beetle. Ed. Julian Wolfreys. Peterborough, ON 2004, p. 53.
2 Marsh: Beetle, p. 61.

If this in fact means that Holt's initial rejection of the Beetle's female sex was false – prompted by his ideologically orthodox assumptions about gender identity – then the creature is a monster indeed, presenting a grotesquely degenerated version of femininity, which the text aligns with a perverted sexuality, as Judith Halberstam has noted:

> In this remarkable passage, femininity is an ideal and essential standard from which the Beetle has fallen or which she never attained. Indeed, femininity becomes almost coextensive with the civilised, and the degeneration from civilised to 'ghoulish' seems to have everything to do with sexual instincts, with depravity, with a modern decline of femininity into a former depraved state.[3]

Such "depraved" forms of femininity were not only to be found amongst the pages of late-Victorian Gothic novels such as *The Beetle* and Bram Stoker's *Dracula* (1897), but also in scientific publications like Richard von Krafft-Ebing's compendium of sexual 'perversions' *Psychopathia Sexualis* (1886), which foregrounds multifarious forms of sexual deviance and thus has the curious effect of making 'abnormal' sexual behaviour seem more pervasive than 'normal' sexuality.[4] By delineating a plethora of non-normative desires from supposedly normative forms of sexuality, Krafft-Ebing not only effected an 'Othering' of the sexually deviant as 'perverse'. Moreover, he also destabilised any binary conception of deviance and normativity in both explicit theorisations and tacit implications. This article aims to demonstrate how Krafft-Ebing's conceptualisation of sexual deviance marks an important change in the nineteenth century's understanding of 'normal' sexuality that – if only unconsciously – opened the science of sexology to a more flexible regime of normalism in the twentieth. Havelock Ellis's *Studies in the Psychology of Sex* (1897–1928, 7 vols.) is usually credited with positing a continuum of human sexuality from the 'normal' to the 'perverse', with its author strongly in favour of liberal toleration, while Krafft-Ebing's name is all too often used metonymically for the cataloguing of sexual pathology.[5] Such a simplified view reduces the complexity of Krafft-Ebing's *oeuvre* to little more than a checklist of sexual aberrations, a misrepresentation that has contributed to *Psychopathia Sexualis*'s

---

3 Judith Halberstam: Gothic Nation. The Beetle by Richard Marsh, in: Andrew Smith, Diane Mason, William Hughes (eds.): Fictions of Unease. The Gothic from Otranto to The X-Files. Bath 2002, p. 100–118, p. 114.
4 I examine the complex negotiation of normativity and deviance in late-Victorian Gothic fiction and nineteenth-century science in Stephan Karschay: Degeneration, Normativity and the Gothic at the Fin de Siècle. Basingstoke 2015.
5 Cf. Roy Porter, Lesley Hall: The Facts of Life. The Creation of Sexual Knowledge in Britain, 1650–1950. New Haven, CT 1995, p. 166.

reputation as a volume of scientific pornography ever since its first publication. I want to redress this imbalance by focussing on what Jonathan Dollimore has theorised as the "perverse dynamic":

> [T]o deviate from something presupposes an antecedent point of congruence with it [...]. Typically this means that perverse deviation discloses a split, a contradiction, a difference within or about (in proximity to) the normal which the latter must disavow in order to remain itself; this is one reason why perversion is regarded as dangerous. However, this original proximity (or identity) of the perverse with the normal also enables the latter to displace its own contradictions onto the former; proximity is a condition of displacement which in turn marks the same or the similar as radically other.[6]

I will attempt to lay bare the "split", the "contradiction", the "difference" between deviance and 'normality' in Krafft-Ebing's *Psychopathia Sexualis* and I will do so by drawing on Jürgen Link's theory of normalism, which provides the theoretical parameters for the following reading.

2 Deviance, normativity and the norm(al)

According to Jürgen Link, what we today consider as 'normal' is a cultural category which has been discursively produced since the mid-eighteenth century. The decisive moment in its conceptual evolution is marked by the emergence of statistical procedures in the nineteenth century, which helped to settle in mathematical terms what was to be considered 'normal', i.e., 'average' and 'usual', or 'abnormal', i.e., 'exceptional' and 'unusual'.[7] Ideally, this average can be visualised by means of a Gaussian bell curve on which the statistical majority of a population (the 'norm') is situated squarely in the broad middle range:[8] "The trend of the 'normal' is the more or less extensive normal range of mass objects or mass behaviours, which stretches around different averages between two polar boundaries of normality."[9]

---

6 Jonathan Dollimore: Perversion, Degeneration, and the Death Drive, in: James Eli Adams, Andrew H. Miller (eds.): Sexualities in Victorian Britain. Bloomington, IN 1996, p. 96–117, p. 101.
7 Jürgen Link: Versuch über den Normalismus. Wie Normalität produziert wird. Göttingen 2006, p. 39.
8 Link: Versuch, p. 44.
9 All translations from Link's work are my own. "Dabei ist die Tendenz des 'Normalen' der mehr oder weniger ausgedehnte normal range von Massenobjekten oder Massenverhalten, der sich um verschiedene Durchschnitte zwischen zwei polaren Normalitätsgrenzen erstreckt." Jürgen Link:

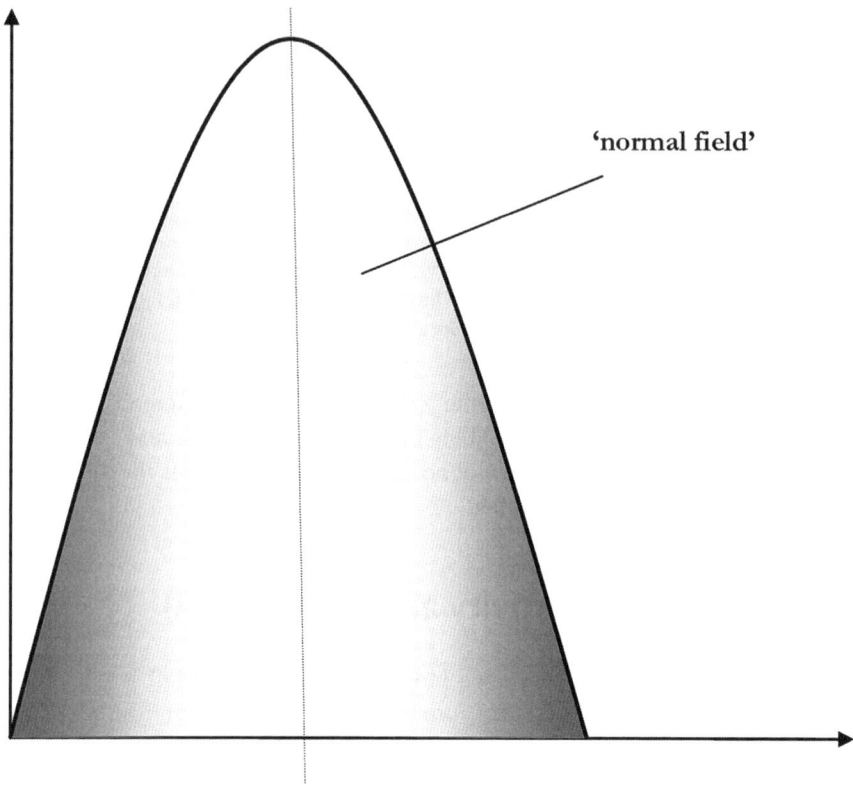

'normal field'

Fig. 1: Gaussian Bell Curve Depicting the 'Normal Field' of Society.

It is important to note, however, that this 'normal range' is not necessarily congruent with the 'normative range' of socially and legally acceptable behaviour. On the contrary, the concepts of normality (concerning the 'norm') and normativity (concerning norms) are essentially disparate phenomena.[10] Norms are explicit or implicit rules and regulations which prescribe specific forms of socially acceptable behaviour, while being reinforced by authorities through the threat of predefined sanctions. Norms are thus pre-existent to social action.[11] Not so the 'norm(al)':

Normal/Normalität/Normalismus, in: Karlheinz Barck (ed.): Ästhetische Grundbegriffe. Vol. 4: Medien – Populär. Stuttgart 2002, p. 538–562, p. 539.

10 Link: Versuch, p. 33–35. Subsequently, whenever the word 'norm' is used to denote a statistically average portion of a society's population, it is written in single quotation marks in order to avoid confusion with its plural homonym, 'norms', meaning normatively acceptable standards of behaviour.

11 Link: Normal, p. 539.

Normality is a historically specific achievement of modern occidental societies, which has never before existed and, to this day, does not exist in various societies, or is still only in its rudimentary stages. In fact, normality presupposes [...] mass data and statistical dispositives as its constituent sine qua non, and it is defined through averages and mean values. Normality is, then, essentially and by its very constitution, post-existent (rather than pre-existent) to action. Whether an action will be 'normative' (i.e., whether it will conform to a norm) is theoretically known in advance; whether the action was 'normal' can only be decided in retrospect, as it takes up its statistical position amongst a number of comparable actions.[12]

Frequently, 'normality' and 'normativity' are wound up in a tense and intricate relationship, as the statistical procedure which situates the 'average' population within a 'normal field' only produces a graded scale without qualitative discontinuities.[13] This is the stage when 'normativity' comes into play. If it cannot be decided at what point 'normality' tips over into 'abnormality' (the transitions on the bell curve are, after all, continuous), then societies react with the establishment of clear-cut, qualitative ('normative') boundaries which secure the grouping of individuals as either 'normal' or 'abnormal':

The variable positioning of the normalistic boundaries is an essential factor in the dynamics of normalism. This fundamentally new type of social boundaries separates the realm of normality from two 'extreme zones' of abnormality (which are usually imagined as symmetrical, either vertical or horizontal). Through the positioning of the normalistic boundaries, normalism governs social and cultural inclusion and exclusion respectively [...].[14]

---

12 "Demgegenüber ist Normalität eine historisch-spezifische Errungenschaft moderner okzidentaler Gesellschaften, die zuvor niemals existierte und auch heute in zahlreichen Gesellschaften nicht oder bloß in Ansätzen existiert. Sie setzt nämlich [...] als ihr Konstituens und als ihre conditio sine qua non massenhafte Verdatung und statistische Dispositive voraus und wird auf Durchschnitte und Mittelwerte hin definiert. Damit ist Normalität dem Handeln aber wesentlich und konstitutiv postexistent statt präexistent. Ob ein Handeln normativ gültig sein wird (einer Norm entspricht), ist im Prinzip [...] vorher bekannt; ob es normal war, ist mit Sicherheit erst nachträglich feststellbar, da es stets seine statistische Positionierung innerhalb einer Masse vergleichbarer Handlungen (seinen Ort in einer statistischen Verteilung) einschließt." Link: Normal, p. 539–540.
13 Link: Normal, p. 540–541.
14 "Ein wesentlicher Faktor der normalistischen Dynamik besteht konkret in der variablen Situicrung der Normalltätsgrenzen. Dieser fundamental neue Typ sozialer Grenzen trennt den Bereich der Normalität von zwei (in der Regel symmetrisch, vertikal oder horizontal vorgestellten) 'Extremzonen' der Anormalität. Durch die Lage der Normalitätsgrenzen wird im Normalismus gesellschaftliche und kulturelle Inklusion bzw. Exklusion geregelt [...]." Link: Versuch, p. 40.

Following the work of Erving Goffman, Jürgen Link calls such discursive border-lines 'stigma boundaries' to emphasise their functions of exclusion and brand-ing:[15] "With this line, the [...] continuous normal field is firmly and (if possible) indelibly marked out in a semiotic and semantic (especially symbolic) fashion."[16] Calling such boundaries 'stigmatic' seems particularly appropriate as their instal-lation presupposes a process of detection which tries to make visible the physical or behavioural markers of deviance. In the late-Victorian period, the supposed visibility of sexual deviance thus becomes the criterion by which the 'normal field' of a society's population is transformed into a 'normative field' with all kinds of perversions reigning beyond its bounds.

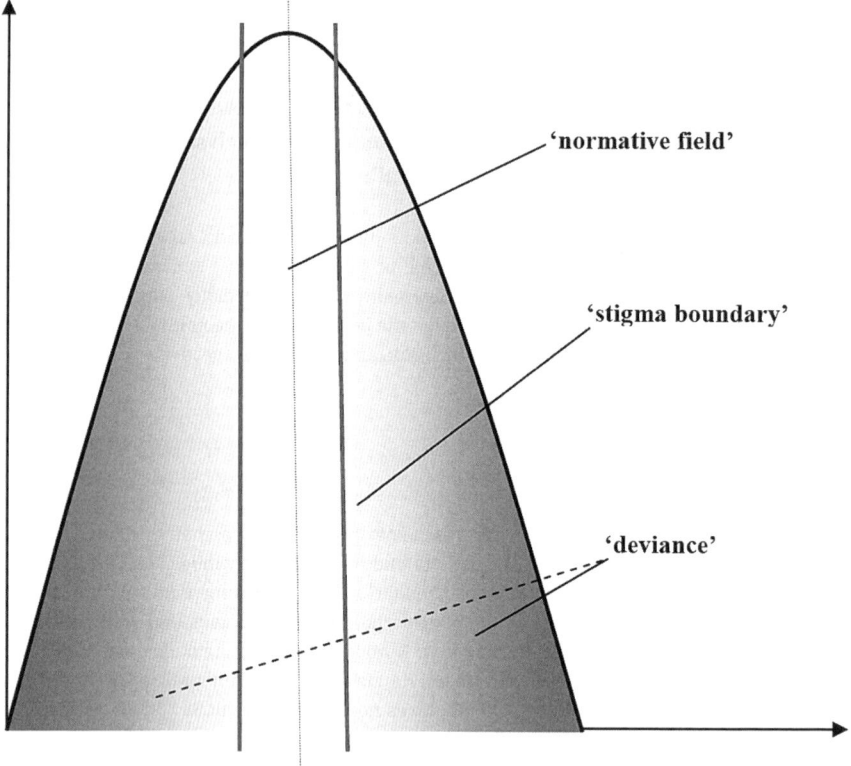

'normative field'

'stigma boundary'

'deviance'

Fig. 2: 'Normative Field' enclosed by 'Stigma Boundaries'.

---

15 Link: Versuch, p. 68.

16 "Bei dieser Grenze wird das [...] kontinuierliche Normal-Feld semiotisch und semantisch (insbesondere symbolisch) fest und möglichst unauslöschlich markiert." Link: Versuch, p. 81.

3 Krafft-Ebing's sexual psychopathology

Psychopathology's appropriation of the sexual sphere as a field of scientific inquiry is epigrammatically signalled by the title of Krafft-Ebing's vastly influential compendium of sexual perversions, *Psychopathia Sexualis*, which participated in a veritable "paradigm change in the understanding of sexual deviance".[17] Traditionally looked upon as 'sinful' and morally wrong (a sign of mankind's fall from grace), forms of deviant sexuality were here re-interpreted as the symptoms of a medical condition – a condition in dire need of professional treatment and research, not least for "its forensic bearing and its deep influence upon the common weal", as Krafft-Ebing made clear in the preface to his study's first edition.[18] However, this does not imply that the book was intended for the common reader. On the contrary, Krafft-Ebing expressly addressed *Psychopathia Sexualis* to an academic audience, versed in the natural sciences and the law. He justified his enigmatic choice of title, his heavy use of scientific jargon and his rendering of long (particularly indecent) passages in Latin with his desire to withhold his study from a popular readership.[19] Unsurprisingly, this strategy had

---

17 Harry Oosterhuis: Stepchildren of Nature. Krafft-Ebing, Psychiatry, and the Making of Sexual Identity. Chicago 2000, p. 43. Krafft-Ebing seems to have taken the title from the Russian psychiatrist Heinrich Kaan's earlier and far less influential classification of sexual disorders. Kaan's *Psychopathia Sexualis* (1844) was popularised in the twentieth century through Michel Foucault's lectures on sexuality, in which he honoured it as a foundational text in the history of sexual science: "With Heinrich Kaan's book we have then what could be called the date of birth, or in any case the date of the emergence, of sexuality and sexual aberrations in the psychiatric field." Michel Foucault: Abnormal. Lectures at the Collège de France, 1974–1975. Eds. Valerio Marchetti, Antonella Salomoni. New York 2003, p. 282. Post-Foucauldian critics, however, tend to give pride of place to Krafft-Ebing's study as the formational text for the discipline of sexology.
18 Richard von Krafft-Ebing: Psychopathia Sexualis. With Especial Reference to the Antipathic Sexual Instinct. A Medico-Forensic Study. Franklin S. Klaf (trans.). New York 1998, p. xxii.
19 "Die Wichtigkeit des Gegenstandes für das öffentliche Wohl [...] gebietet [...], dass er wissenschaftlich untersucht werde. [...] Die folgenden Blätter wenden sich an die Adresse von Männern ernster Forschung auf dem Gebiete der Naturwissenschaft und der Jurisprudenz. Damit jene nicht Unberufenen als Lektüre dienen, sah sich der Verfasser veranlasst, einen nur dem Gelehrten verständlichen Titel zu wählen, sowie, wo immer möglich, in Terminis technicis sich zu bewegen. Ausserdem schien es geboten, einzelne besonders anstössige Stellen statt in deutscher, in lateinischer Sprache zu geben." Richard von Krafft-Ebing: Psychopathia sexualis. Mit besonderer Berücksichtigung der konträren Sexualempfindung. Eine medizinisch-gerichtliche Studie für Ärzte und Juristen. München 1997, p. iv-v. The translation of *Psychopathia Sexualis* by Franklin S. Klaf, which I use in this article, renders all of Krafft-Ebing's Latin excursuses in modern English. Inexplicably, the important above passage from the preface to the first edition is here cut out. On the following pages, the original version of all quoted material is provided in footnotes with the translation cited first, followed by the original text and corresponding citation.

the adverse effect of making *Psychopathia Sexualis* one of the most widely circulated books of all time.[20] It quickly became the Bible of sexual degenerations, swelling from a mere 110 pages and 51 case histories in 1886 to four times its size in the thirteenth edition of 1903.[21] The substantial collection of case studies incorporated into *Psychopathia Sexualis* gave a voice to the sexually deviant subject so that its publication signalled nothing short of "the eruption into print of the speaking pervert, the individual marked, or marred, by his (or her) sexual impulses".[22]

Yet even though the nineteenth century considered the sexual deviant to be branded and even corrupted by his impulses, as Jeffrey Weeks suggests, Krafft-Ebing deemed the sexual instinct a fundamental driving force within human nature in general:

> The propagation of the human race is not left to mere accident or the caprices of the individual, but is guaranteed by the hidden laws of nature which are enforced by a mighty, irresistible impulse. Sensual enjoyment and physical fitness are not the only conditions for the enforcement of these laws, but higher motives and aims, such as the desire to continue the species or the individuality of mental and physical qualities beyond time and space, exert a considerable influence.[23]

---

20 *Psychopathia Sexualis* was quickly translated into several foreign languages, amongst them English, French, Dutch, Hungarian, Russian and Japanese. Oosterhuis: Stepchildren, p. 275. One reviewer of the *British Medical Journal*, writing in 1893, deemed the book so risqué that he wished "it had been written entirely in Latin, and thus veiled in the decent obscurity of a dead language", quoted in Daniel Blain: Foreword, in: Richard von Krafft-Ebing: Psychopathia Sexualis, p. xvi-xx, p. xix. Indeed, *Psychopathia Sexualis*'s long stretches of Latin did not seem to deter the many non-academic readers from perusing its pages, as the Munich physician Albert von Schrenk-Notzing (a contemporary of Krafft-Ebing) noted: "To be sure the appearance of seven editions of that work could not be accounted for were its circulation confined to psychiatric readers." Quoted in Blain: Foreword, p. xix. There is an apocryphal rumour that German and Austrian booksellers registered a marked increase in sales of Latin dictionaries after the publication of *Psychopathia Sexualis*. See Joseph LoPiccolo: Introduction to the Arcade Edition, in: Krafft-Ebing: Phychopathia Sexualis. p. xiii-xv, p. ix.
21 Oosterhuis: Stepchildren: p. 47; and Jeffrey Weeks: Sexuality and Its Discontents. Meanings, Myths & Modern Sexualities. London 1985, p. 67.
22 Weeks: Sexuality, p. 67.
23 Krafft-Ebing: Psychopathia Sexualis, p. 1. "Die Fortpflanzung des Menschengeschlechts ist nicht dem Zufall oder der Laune der Individuen anheimgegeben, sondern durch einen Naturtrieb gewährleistet, der allgewaltig, übermächtig nach Erfüllung verlangt. In der Befriedigung dieses Naturdrangs ergeben sich nicht nur Sinnesgenuss und Quellen körperlichen Wohlbefindens, sondern auch höhere Gefühle der Genugtuung, die eigene, vergängliche Existenz durch Vererbung geistiger und körperlicher Eigenschaften in neuen Wesen über Zeit und Raum hinaus fortzusetzen." Krafft-Ebing: Psychopathia sexualis, p. 1.

This "irresistible impulse" is here equated with the evolutionary drive for reproduction and the continual propagation of the species so that any sexual act other
than heterosexual penetrative vaginal intercourse would logically fall into the
domain of unnatural and abnormal sexuality.[24] Those beset by a perverse sexual
drive (such as individuals who 'suffered' from 'sexual inversion') were thus
considered "step-children of Nature", a term the German sexologist borrowed
from the English alienist Henry Maudsley.[25]

In Krafft-Ebing's understanding, deviant sexuality was also always a sign of
evolutionary regression, and he posited a progressive development for mankind's
evolution of sexual behaviour from primitive promiscuity, through matriarchy, to
patriarchy and monogamous marriage.[26] As for the Italian criminologist Cesare
Lombroso Henry Maudsley, a fully developed moral sense constituted the apex of
biological evolution, making it the exclusive property of the civilised human race,
whom it served as a counterforce to tame and channel its darker, violent under-
currents:[27] "Man puts himself at once on a level with the beast if he seeks to gratify
lust alone, but he elevates his superior position when by curbing the animal desire,
he combines with the sexual functions ideas of morality, of the sublime, and the
beautiful".[28] Krafft-Ebing cast life as "a never-ceasing duel between the animal
instinct and morality", a fight which Man could only win through "will-power and a
strong character".[29] Lisa Downing lays bare the paradox behind this flawed logic,
which casts sexuality as both an ethical project and a natural necessity.[30] While

---

24 Lisa Downing: Sexual Variations, in: Chiara Beccalossi, Ivan Crozier (eds.): A Cultural History
of Sexuality in the Age of Empire. Oxford 2011, p. 63–81, p. 66–67.
25 Krafft-Ebing: Psychopathia Sexualis, p. 383.
26 Oosterhuis: Stepchildren, p. 57.
27 Joseph Bristow: Sexuality. London 1997, p. 26–27.
28 Krafft-Ebing: Psychopathia Sexualis, p. 1. "In der grobsinnlichen Liebe, in dem wollüstigen
Drang, den Naturtrieb zu befriedigen, steht der Mensch auf gleicher Stufe mit dem Tier, aber es ist
ihm gegeben, sich auf eine Höhe zu erheben, auf welcher der Naturtrieb ihn nicht mehr zum
willenlosen Sklaven macht, sondern das mächtige Fühlen und Drängen höhere, edlere Gefühle
weckt, die, unbeschadet ihrer sinnlichen Entstehungsquelle, eine Welt des Schönen, Erhabenen,
Sittlichen erschliessen" (Krafft-Ebing: Psychopathia sexualis, p. 1).
29 Krafft-Ebing: Psychopathia Sexualis, p. 3. "Trotz aller Hilfen, die Religion, Gesetz, Erziehung
und Sitte dem Kulturmenschen in der Zügelung seiner sinnlichen Triebe angedeihen lassen, läuft
derselbe jederzeit Gefahr, von der lichten Höhe reiner und keuscher Liebe in den Sumpf gemeiner
Wollust herabzusinken. Um sich auf jener Höhe zu behaupten, bedarf es eines beständigen
Kampfes zwischen Naturtrieb und guter Sitte, zwischen Sinnlichkeit und Sittlichkeit. Nur will
ensstarken Charakteren ist es gegeben, sich ganz von der Sinnlichkeit zu emanzipieren und jener
reinen Liebe teilhaftig zu werden, aus der die edelsten Freuden menschlichen Daseins erblühen"
(Krafft-Ebing: Psychopathia sexualis, p. 5–6).
30 Downing: Sexual Variations, p. 68.

positing that "[s]exual desire during the years of sexual maturity is a physiological law", Krafft-Ebing simultaneously denies its role as "the predominant key in the chord of human sentiments" and relegates it to an era of pre-civilised humanity, which has been happily overcome by cultural education and 'good breeding'.[31] In this sense, the sexual instinct in man is set up as the 'natural' force which ensures species procreation, yet the 'normal' human subject has to channel this impulse through his moral sense to prevent it from degenerating into something more 'primitive' and consequently 'abnormal', a disconcerting prospect which looms large in *Psychopathia Sexualis*:[32] "The sublimest virtues, even the sacrifice of self, may spring from sexual life, which, however, on account of its sensual power, may easily degenerate into the lowest passion and basest vice".[33]

A compelling paradox fuels Krafft-Ebing's compilation of deviant behaviour: humanity has reached an apex of biological and cultural evolution, yet this elevated position makes its members particularly liable to succumb to a process of nervous disintegration. Due to an increased habit of masturbation and a diseased condition of the nervous system, "[a]nomalies of the sexual functions are met with especially in civilized races", Krafft-Ebing claimed with confidence.[34] Statistical data confirmed his hypothesis "that sexual crimes are progressively increasing in our modern civilization" and that the inescapable process of

---

31 Krafft-Ebing: Psychopathia Sexualis, p. 16 and p. 46. "Der Sexualtrieb in diesem Alter der Geschlechtsreife ist ein physiologisches Gesetz" (Krafft-Ebing: Psychopathia sexualis, p. 23). "Es ist wohl eine Frucht der Erziehung bzw. Züchtung durch viele Jahrhunderte, dass der zur Erhaltung der Gattung allerdings unerlässliche und bei keinem normalen Individium [sic] fehlende Geschlechtstrieb nicht die Dominante [im] Akkord menschlicher Gefühle darstellt" (Krafft-Ebing: Psychopathia sexualis, p. 60).

32 The masculine possessive determiner is appropriate here, as Krafft-Ebing – in line with orthodox Victorian attitudes towards sex – considered women to be relatively unconcerned by sexual urges: "Man has beyond doubt the stronger sexual appetite of the two. [...] Woman, however, if physically and mentally normal, and properly educated, has but little sensual desire. [...] As yet the man who avoids women, and the woman who avoids men are sheer anomalies." (Krafft-Ebing: Psychopathia Sexualis, p. 8). "Ohne Zweifel hat der Mann ein lebhafteres geschlechtliches Bedürfnis als das Weib. [...] Ist [das Weib] geistig normal entwickelt und wohlerzogen, so ist sein sinnliches Verlangen ein geringes. [...] Jedenfalls sind der Mann, welcher das Weib flieht, und das Weib, welches dem Geschlechtsgenuss nachgeht, abnorme Erscheinungen." Krafft-Ebing: Psychopathia sexualis, p. 12–13.

33 Krafft-Ebing: Psychopathia Sexualis, p. 1. "Wie das sexuelle Leben die Quelle der höchsten Tugenden werden kann, bis zur Aufopferung des eigenen Ich, so liegt in seiner sinnlichen Macht die Gefahr, dass es zur gewaltigen Leidenschaft ausarte und die grössten Laster entwickle" (Krafft-Ebing: Psychopathia sexualis, p. 2).

34 Krafft-Ebing: Psychopathia Sexualis, p. 32. "Ueberaus häufig erweisen sich bei dem Kulturmenschen die sexualen Funktionen abnorm" (Krafft-Ebing: Psychopathia sexualis, p. 44).

urbanisation was responsible for the rising number of sexual degenerates in "the centres of culture and refinement":[35] "These phenomena can only be ascribed to the higher and more stringent demands which circumstances make upon the nervous system".[36] History provided ample examples for Krafft-Ebing's assertion: A decadent lifestyle had signalled the end of ancient Greece; luxury and debauchery had made the Roman Empire tumble to its ruins; and the fate of cultural centres like Babylon, Nineveh and, of course, Rome bespoke that large cities inevitably become "hotbeds in which neuroses and low morality are bred".[37]

4 Family pedigrees and the origins of deviance

Considering the centrality of deviance and the abundance of case studies in *Psychopathia Sexualis*, Krafft-Ebing's relative reticence on the actual causes of perverse desire is surprising.[38] His insistence on attributing sexual perversity to a more general socio-cultural malaise cannot gloss over the noticeable imbalance between the collected case histories (and the doctor's diagnoses) and an actual scientific aetiology. The sparse instances at which *Psychopathia Sexualis* comes close to providing an explanation of the genesis and dissemination of perverse desire are, at best, tentative. Krafft-Ebing understood sexual deviance as the product of degenerative processes triggered by hereditary taint: "[S]uch functional anomalies are *chiefly* the signs of an inherited diseased condition of the nervous system".[39] Krafft-Ebing's cautious qualification is indicative: in theory,

---

35 Krafft-Ebing: Psychopathia Sexualis, p. 333 and p. 47. "Aus der Kriminalstatistik ergibt sich die traurige Tatsache, dass die sexuellen Delikte in unserem modernen Kulturleben eine fortschreitende Zunahme aufweisen" (Krafft-Ebing: Psychopathia sexualis, p. 372). "Leider ist ihre Anzahl in der modernen Gesellschaft, welche vielfach physische und psychische Entartungsmerkmale, besonders in Kulturzentren[,] aufweist, eine recht bedeutende" (Krafft-Ebing: Psychopathia sexualis, p. 61).

36 Krafft-Ebing: Psychopathia Sexualis, p. 4. "Diese Erscheinungen sind nur denkbar mit gesteigerter Inanspruchnahme des Nervensystems, das für das Plus an Bedürfnissen aufkommen muss" (Krafft-Ebing: Psychopathia sexualis, p. 6).

37 Krafft-Ebing: Psychopathia Sexualis, p. 4. "Dass die Grossstädte Brutstätten der Nervosität und entarteten Sinnlichkeit sind, ergibt sich aus der Geschichte von Babylon, Ninive, Rom, gleichwie aus den Mysterien des modernen grossstädtischen Lebens" (Krafft-Ebing: Psychopathia sexualis, p. 7).

38 Bristow: Sexuality, p. 31.

39 Krafft-Ebing: Psychopathia Sexualis, p. 32 (emphasis S.K.). "Diese Tatsache findet zum Teil Ihre Erklärung in dem vielfachen Missbrauch der Generationsorgane, zum Teil in dem Umstand, dass solche Funktionsanomalien häufig Zeichen einer meist erblichen krankhaften Veranlagung des Zentralnervensystems [...] sind." (Krafft-Ebing: Psychopathia sexualis, p. 44–45).

he believed in the irresistible forces of heredity, and his hunting for hereditary defects in his patients' past seems to place him firmly in the tradition of Lombroso and Maudsley; in contrast to their writings, however, *Psychopathia Sexualis* is permeated with a certain unease at the impossibility of providing physical evidence for the somatic origins of perversion and its pathways of dissemination. The fundamental invisibility of sexual degeneration, in a sense, robbed Krafft-Ebing of the epistemological hooks from which to hang his sexological typologies. The structural organisation of *Psychopathia Sexualis* gives the strong impression of attempting to counteract this lack of scientific knowledge by means of detailed descriptions of its subjects' family histories.

Almost all of the case studies in *Psychopathia Sexualis* open with an anamnestic account of the patient's pedigree.[40] The example of a bisexual woman (a 'psychical hermaphrodite') is representative in this respect:

> [The woman's father] died of dementia in an asylum after repeated apoplectic attacks. His brother was neuropsychopathic, as a child was afflicted with somnambulism, and later on with excessive sexual desire. [...] [Her grandfather] was given to heavy drinking and sexual excess, extravagant and fond of splendour, and died at the age of forty-nine of apoplexy. Her mother's father and her mother both died of pulmonary tuberculosis.
> She had eleven brothers and sisters, but only six survived. Two brothers died at the age of sixteen and twenty of tuberculosis. One brother was suffering from laryngeal tuberculosis. Four living sisters the same as Mrs. M. [i.e., bisexual] were physically like unto the father, very nervous and shy. Two younger sisters were married and in good health, and both had healthy children. Another one, a maiden, was suffering from nervous affection.[41]

With characteristic pertinacity, reportedly diseased ancestors are here tracked down to the grandparental generation. Sometimes, however, Krafft-Ebing failed to trace a history of family degeneration[42] and he considered certain perversions (such as the compulsive object fixation of the fetishist) as necessarily triggered by

---

40 Oosterhuis: Stepchildren, p. 103.

41 Krafft-Ebing: Psychopathia Sexualis, p. 266. "Der Vater dieser Frau [...] starb nach mehreren apoplektischen Anfällen dement im Irrenhaus. Vaters Bruder war neuropsychopathisch, als Kind mondsüchtig, zeitlebens mit Hyperaesthesia sexualis behaftet. [...] Vaters Vater [...] war exzessiv in Baccho et Venere, verschwenderisch, prachtliebend, starb mit 49 Jahren an Apoplexia cerebri. Mutters Vater und Mutter starben an Lungentuberkulose. Frau M. hatte elf Geschwister, von denen nur noch sechs leben. Zwei Brüder, körperlich der Mutter nachgeartet, starben mit 16 und 20 Jahren an Tuberkulose. Ein Bruder leidet an Kehlkopfphthise. Sämtliche vier lebenden Schwestern, wie auch Frau M., sind körperlich dem Vater nachgeartet und die älteste ist unverheiratet, sehr nervös und menschenscheu. Zwei jüngere Schwestern sind verheiratet, gesund und haben gesunde Kinder. Eine weitere ist Virgo und nervenleidend." Krafft-Ebing: Psychopathia sexualis, p. 304.

42 See, for example, Krafft-Ebing: Psychopathia Sexualis, p. 47, p. 49 and p. 68.

a quasi-traumatic childhood event.[43] Furthermore, *Psychopathia Sexualis* distinguishes between congenital and acquired homosexuality so that masochism and sadism appear as the only major perversions which are, as a rule, hereditary.[44] Another element which compelled Krafft-Ebing to merely hypothesise a somatic origin for sexual deviance was the minuscule size of the brain lesions which psychiatrists held responsible for aberrant behaviours and disordered states of mind.[45] Frequently unnoticeable in *post-mortem* microscopic examinations, organic lesions were, more often than not, speculatively assumed, rather than scientifically ascertained. Despite the largely hypothetical nature of *Psychopathia Sexualis*'s somaticist rationalisation of sexual deviance, Krafft-Ebing became one of the leading degenerationists of the nineteenth century.[46] Precisely because of their potential invisibility, Krafft-Ebing harnessed degeneration and heredity as valid aetiological models for the explication of perverse desires, as the sheer profusion of perversions in his study demanded at least some rationalising attempt. Harry Oosterhuis speculates convincingly that Victorian psychiatrists thus capitalised on degeneration theory's inherent imprecisions:[47] degeneration could serve as theoretical proof of what was ultimately unprovable. Indeterminate as the origins of perversion might have been, its manifestations seemed to be discursively fastened by sexology's rigorous taxonomies.

5 Protonormalism and Krafft-Ebing's typology of deviance

The final decades of the nineteenth century witnessed a discursive explosion of new sexual language and Krafft-Ebing's studies contributed a significant number

---

43 Krafft-Ebing: Psychopathia Sexualis, p. 145.

44 Krafft-Ebing: Psychopathia Sexualis, p. 187–188. Even in the case of sadism and masochism, Krafft-Ebing allowed for an interrelationship between acquired forms of deviant sexuality and its hereditary transmission as a congenital condition. See the example of sexual bondage and masochism which is discussed below.

45 Oosterhuis: Stepchildren, p. 101.

46 Harry Oosterhuis even canonises Krafft-Ebing as "the leading apostle of degeneration theory in central Europe", a distinction that should arguably be reserved for his contemporary Max Nordau. Oosterhuis: Stepchildren, p. 103.

47 Oosterhuis: Stepchildren, p. 106.

of terms to this expanding lexicon.[48] Indeed, *Psychopathia Sexualis* displays a taxonomical frenzy which dwarfs even that of Lombroso's criminological project with its photographic atlases of criminal faces. In line with the Victorians' "fiercely categorical instinct", Krafft-Ebing catalogued his patients' sexual perversions with characteristic typological rigour:[49] paradoxia (manifestation of the sexual instinct in childhood or old age), anaesthesia (absence of a sexual instinct), hyperaesthesia (excessive manifestation of the sexual instinct) and paraesthesia (perversion of the sexual instinct). This latter category comprised the perversions proper, around which *Psychopathia Sexualis* revolves: sadism, masochism, fetishism and homosexuality (which Krafft-Ebing labelled 'antipathic sexuality').[50] Under these general rubrics a plethora of 'perverse' acts and desires were further subsumed, which are almost too comprehensive for more than an indicative sample: sadism included such diverse transgressive behaviours as lust murder, anthropophagy (cannibalism), necrophilia (violation of corpses), flagellation, and bestiality (intercourse with animals); fetishism comprised a large variety of object fixations (on individual parts of the body, on hair, on items of clothing, on animals and even bodily defects); masochism was constituted by the passive desire relating to the various forms of sadism and fetishism, and additional neuroses such as coprolagnia (arousal by excrement and bodily secretions); and the antipathic sexual instinct was differentiated according to degrees of same-sex desire from a simple reversal of sexual feelings, to physical eviration in men and virilisation in women, to actual hermaphroditism). This exclusion of sexual deviants from the 'normative field' of society is typical of much nineteenth-century writing on degeneration. Stigmatised as 'other than normal' by degeneration theorists like Krafft-Ebing, as William Greenslade puts it, "[s]ocial groups and deviant types are tactically dispatched to a 'safe' zone of abnormality; this renders them innocuous and deprived of the power to challenge the dominant order".[51]

In *Psychopathia Sexualis*, the implicit norm (Greenslade's "dominant order") against which perversion is measured is inevitably constituted by monogamous

---

48 Oosterhuis: Stepchildren, p. 44. Harry Oosterhuis argues that – despite the concurrent development of several sexological taxonomies at the *fin de siècle* – Krafft-Ebing's set the tone in both the specialised and popular discourses. See Oosterhuis: Stepchildren, p. 46.

49 J. Edward Chamberlin, Sander L. Gilman: Degeneration. An Introduction, in: J. Edward Chamberlin, Sander L. Gilman (eds.): Degeneration. The Dark Side of Progress, New York 1985, p. ix–xiv, p. x.

50 Krafft-Ebing: Psychopathia Sexualis, p. 34.

51 William Greenslade: Degeneration, Culture, and the Novel, 1880–1940. Cambridge 1994, p. 18.

heterosexuality, as scattered comments by Krafft-Ebing make clear: "With opportunity for the natural satisfaction of the sexual instinct, every expression of it that does not correspond with the purpose of nature – *i.e.*, propagation – must be regarded as perverse".[52] Furthermore, only the institution of marriage could channel the human sexual instinct in a socially beneficial manner, since extramarital promiscuity would only amplify it to a dangerous degree: "Married life seems to preserve and control the instinct. Sexual intercourse with many persons increases the desire".[53] The normative field of sexuality is thus restrictively defined by three mutually-enforcing parameters: procreation, heterosexuality and matrimony. Consequently, each and every type of sexual behaviour that violated one of these categories had to be relegated to the sphere of deviance.

The rigid and repressive definition of a normative social field by means of stigmatic boundaries is a characteristic of 'proto-normalism', the discursive strategy which Link sees as dominant throughout the nineteenth century. The prominent feature of this strategy is the compression of the normative field. An alternative mechanism, which Link calls 'flexible normalism', did not become relevant until the second half of the twentieth century and is characterized by expansion.[54] An example may help to work out the differences between the two strategies: Nineteenth-century legislation criminalised same-sex relationships, branding them as pathological and 'abnormal' symptoms of degeneration.[55] By contrast, the twentieth century came to acknowledge homosexuality as a common phenomenon and gradually decriminalised same-sex relationships, thus formalising them as healthy and normal. Proto-normalism repressively excluded homosexuals from the normative field of society. Flexible normalism expanded

---

52 Krafft-Ebing: Psychopathia Sexualis, p. 52–53. "Als pervers muss – bei gebotener Gelegenheit zu naturgemässer geschlechtlicher Befriedigung – jede Auesserung des Geschlechtstriebes erklärt werden, die nicht den Zwecken der Natur, i.e. der Fortpflanzung entspricht" (Krafft-Ebing: Psychopathia sexualis, p. 68).

53 Krafft-Ebing: Psychopathia Sexualis, p. 48. "Das eheliche Leben konserviert und zügelt den Trieb. Sexueller Verkehr bei wechselndem Objekt der Befriedigung steigert ihn." Krafft-Ebing: Psychopathia sexualis, p. 63.

54 Link: Versuch, p. 54.

55 In 1885, Parliament passed the Criminal Law Amendment Act in Britain, which was originally designed to protect young women from the fate of prostitution. However, the Labouchère Amendment, which was added to the bill at the last minute, re-criminalised homosexuality. For an outline of the events which led to the passing of the Criminal Law Amendment Act of 1885, see Joseph Bristow: Wilde, Dorian Gray, and Gross Indecency, in: Joseph Bristow (ed.): Sexual Sameness. Textual Differences in Lesbian and Gay Writing. London 1992, p. 44–63, p. 48–51. A more comprehensive account is given in Matt Cook: London and the Culture of Homosexuality, 1885–1914. Cambridge 2003, p. 42–73.

the normative field to re-include homosexuals, recognising that they constituted a considerable and, by no means, 'abnormal' segment of society.

Writers like Krafft-Ebing participated in this proto-normalist project, and an analysis which focuses on the normative standard from which deviance is claimed to have occurred can reveal the inherent mechanisms of exclusion and branding, which Link sees as characteristic of normalist discourse in general. The discursive establishment of stigma boundaries is, as we have seen, a largely arbitrary endeavour, repressively forcing 'normality' on individuals, who would be either included in or excluded from society's 'normative' field. So technically (and this is confirmed by the case studies in *Psychopathia Sexualis*), it is imaginable that a rather large part of society's statistically 'average' population finds itself outside the 'normative field', because it may not (be able to) conform to such strict 'normative' standards. Krafft-Ebing's inquiries into that most normative field of social life, the sphere of human sexuality, reveal that the notion of a stable norm was little more than a fiction maintained by nineteenth-century alienists in order to make sense of and police aberrant forms of sexuality. Nevertheless, *Psychopathia Sexualis* can also be read as an early (and certainly unwitting) contribution to a more flexible version of normalist discourse.

6 Normalising sexual deviance

Psychopathia Sexualis is such a fertile source for the study of normativity because of the conceptual paradoxes which its author struggles to negotiate. Krafft-Ebing's taxonomy of deviance, at first glance, seems to delineate a clear-cut realm of perversion which, despite its expansive character, appears as readily distinguishable from an implicit field of normative sexual behaviour. Through its focus on sexual perversion and the chronicling of a multitude of deviant desires, *Psychopathia Sexualis* retains the silent acceptance of an identifiable field of sexual normativity. And yet, monogamous heterosexuality is not subjected to any extended analysis in *Psychopathia Sexualis*. On the contrary, it is tacitly accepted as the norm against which deviance must be measured and only gains its contours *ex negativo* through the detailed enumeration and examination of various forms of perversion.[56] Within Krafft-Ebing's framework of pathology, normative forms of sexuality merely have the status of elusive reference points, side-

---

56 Lisa Downing investigates the tension between the binary logic of 'normal'/'abnormal' and the principle of sexual variation in sexological discourse. She similarly argues that the explosive emergence of various abnormal sexualities in *Psychopathia Sexualis* did not relax the restrictive definition of sexual normativity. Downing: Sexual Variations, p. 65.

lined to an inferior and endangered position, as Joseph Bristow suggests: "Given the overwhelming quantities of evidence that Krafft-Ebing [...] produces on the topic of sexual perversion, *Psychopathia Sexualis* makes the distinct impression that the highest form of heterosexual love is menaced on all sides by an epidemic of perverse sexual behaviours".[57] Not only is this assumed normative field of a socially acceptable sexuality comprehensively threatened with all manner of perversions; it is simultaneously destabilised by Krafft-Ebing's concurrent conceptualisation of perversion as an extreme value on a graded continuum whose starting point is sexual normality.

Krafft-Ebing identified 'sexual bondage' as a form of deviant sexuality that he considered 'abnormal' but not truly 'perverse' (by contrast with 'true' masochism and sadism). To rationalise the differences between sexual abnormality (sexual bondage) and sexual perversion (masochism/sadism), Krafft-Ebing introduced a distinction between actual 'perversion' and mere 'perversity' in sexual relations. He did not consider the latter "psycho-pathological", and thus mere perversity was not "clinically decisive". Sexual perversion was the product of a diseased condition; sexual perversity – "monstrous as it may be" – qualified only as immoral behaviour.[58] Sexually transgressive acts were, in this logic, not sufficient for the diagnosis of a patient's constitution as degenerate: "*The perverse act does not of itself indicate perversion of instinct. At any rate, the most monstrous and most perverse sexual acts have been committed by persons of sound mind. The perversion of feeling must be shown to be pathological*".[59] As long as the ultimate goal of the sexual instinct remained procreation, sexual behaviour could technically encompass abnormal acts without signalling a perverse nature.[60]

---

57 Bristow: Sexuality, p. 29–30.

58 Krafft-Ebing: Psychopathia Sexualis, p. 53. "*Perversion* des Geschlechtstriebes ist [...] nicht zu verwechseln mit *Perversität* geschlechtlichen Handelns, denn dieses kann auch durch nicht psychopathologische Bedingungen hervorgerufen sein. Die konkrete perverse Handlung, so monströs sie auch sein mag, ist klinisch nicht entscheidend" (Krafft-Ebing: Psychopathia sexualis, p. 68).

59 Krafft-Ebing: Psychopathia Sexualis, p. 335. "*Der perverse Akt verbürgt nicht die Perversion der Empfindung.* Jedenfalls sind die monströsesten und perversesten sexuellen Handlungen bei geistig Gesunden schon vorgekommen. *Aber die Perversion der Empfindung muss als eine pathologische nachgewiesen werden*"(Krafft-Ebing: Psychopathia sexualis, p. 374–375).

60 Oosterhuis: Stepchildren, p. 47. Renate Hauser reads Krafft-Ebing's preoccupation with subjective states of mind as indicative of a new psychological understanding of sexuality, rather than "an exercise in pathology". Renate Hauser: Krafft-Ebing's Psychological Understanding of Sexual Behaviour, in: Roy Porter, Mikuláš Teich (eds.): Sexual Knowledge, Sexual Science. The History of Attitudes to Sexuality. Cambridge 1994, p. 210–227, p. 211. This is an important revisionist understanding of Krafft-Ebing's work, which was frequently branded as 'materialist' when contrasted with Sigmund Freud's psychoanalytic approach to understanding human behavior. (See Ooster-

Krafft-Ebing tried hard to uphold a *qualitative* difference between bondage as sexual deviance and masochism as sexual perversion, by positing a psychological mechanism anticipatory of Freudian 'projection': "*When the idea of being tyran-nized is for a long time closely associated with the lustful thought of the beloved person, the lustful emotion is finally transferred to the tyranny itself, and the transformation to perversion is completed*".[61] Besides, this supposed qualitative difference between bondage and masochism was also underwritten by an aetiolo-gical difference. Krafft-Ebing considered the former an acquired phenomenon and the latter its potential congenital transformation: "*[T]his abnormality* [i.e., sexual bondage] *is hereditarily transferred to a psychopathic individual in such a manner that it becomes transformed into a perversion*".[62] However, as much as Krafft-Ebing laboured to demarcate sexual bondage from masochism ("they are not different in degree, but in quality"), his point that heredity distinguishes actual sexual perversion from mere sexual deviance ultimately fails to convince.[63] The invisible workings of heredity are, after all, still scientifically untraceable at the *fin de siècle* and could hardly serve to clinch his argument conclusively. In *Psychopathia Sexualis*, sexual bondage is situated squarely between the spheres of normality and deviance; such a form of sexuality straddles *both* realms and therefore threatens to dissolve the distinctions between them.

There are other moments in *Psychopathia Sexualis* which confirm this in-stability between normality and perversion more deliberately. Krafft-Ebing inter-preted sadism, masochism and fetishism as the pathologically enhanced results

---

huis: Stepchildren, p. 59–61.) However, Hauser's contention that the terms 'masochism' and 'sadism' did not function as "disease labels but rather described extremist expressions of normal attitudes" is only correct with critical hindsight and was not really a conscious part of Krafft-Ebing's sexological project (Hauser: Sexual Behaviour, p. 211). Krafft-Ebing certainly shows an unusual understanding of perversion as the pathological intensification of normal drives. By the same token, however, he attempted to uphold a *qualitative* difference between deviant acts as part of a 'normal' sexuality and 'true' sexual perversions.

61 Krafft-Ebing: Psychopathia Sexualis, p. 137. "*Wenn die Vorstellung des Tyrannisiertwerdens lange mit der lustbetonten Vorstellung des geliebten Wesens eng assoziiert war, so geht endlich die Lustbetonung auf die Tyrannei selbst über, und es ist Perversion eingetreten*" (Krafft-Ebing: Psycho-pathia sexualis, p. 158).

62 Krafft-Ebing: Psychopathia Sexualis, p. 137. "Die Erklärung für die Entstehung der [...] Perver-sion des ausgebildeten Masochismus dürfte sich am richtigsten in der Annahme finden lassen, dass dieselbe aus der [...] Abnormität der 'geschlechtlichen Hörigkeit' hervorgeht, indem [...] diese *Abnormität durch Vererbung auf ein psychopathisches Individuum in der Weise übergeht, dass sie dabei zur Perversion wird*." Krafft-Ebing: Psychopathia sexualis, p. 159.

63 Krafft-Ebing: Psychopathia Sexualis, p. 136. "Die beiden Erscheinungen sind aber auch wie-der klar gegeneinander abzugrenzen, und zwar sind sie nicht graduell, sondern qualitativ verschieden" (Krafft-Ebing: Psychopathia sexualis, p. 158).

of physiological necessities between the sexes. The defining elements of these perversions were all to be found in natural ('normal') sexual relationships. In line with orthodox Victorian gender ideology, Krafft-Ebing rehearsed conservative gender stereotypes which naturalise male dominance and female subservience:

> In the intercourse of the sexes, the active or aggressive *rôle* belongs to man; woman remains passive, defensive. It affords man great pleasure to win a woman, to conquer her; and in the art of love making, the modesty of woman, who keeps herself on the defensive until the moment of surrender, is an element of great psychological significance and importance.[64]

Conversely, a will to submission was posited as part and parcel of woman's sexual nature:

> In woman, voluntary subjection to the opposite sex is a physiological phenomenon. Owing to her passive *rôle* in procreation and long-existent social conditions, ideas of subjection are, in woman, normally connected with the idea of sexual relations. They form, so to speak, the harmonics which determine the tone-quality of feminine feeling.[65]

As a consequence, *Psychopathia Sexualis* interprets sadistic and masochistic desires as perverse extensions and amplifications of natural male and female sexuality: "While sadism may be looked upon as a pathological intensification of the masculine sexual character in its psychical characteristics, masochism rather represents a pathological degeneration of the distinctive psychical peculiarities of woman".[66] The case of fetishism provides Krafft-Ebing with another instance in which perversion appears as the extreme version of 'normal' sexual attitudes. The natural appreciation of certain physical and psychological traits in a sexual

---

64 Krafft-Ebing: Psychopathia Sexualis, p. 56. "Im Verkehr der Geschlechter kommt dem Manne die aktive, selbst aggressive Rolle zu, während das Weib passiv, defensiv sich verhält. Für den Mann gewährt es einen grossen Reiz, das Weib sich zu erobern, es zu besiegen, und in der Ars amandi bildet die Züchtigkeit des in der Defensive bis zum Zeitpunkte der Hingebung verharrenden Weibes ein Moment von hoher psychologischer Bedeutung und Tragweite" (Krafft-Ebing: Psychopathia sexualis, p. 73).

65 Krafft-Ebing: Psychopathia Sexualis, p. 130. "Beim Weibe ist die willige Unterordnung unter das andere Geschlecht eine physiologische Erscheinung. In Folge seiner passiven Rolle bei der Fortpflanzung und der von jeher bestehenden sozialen Zustände sind für das Weib mit der Vorstellung geschlechtlicher Beziehungen überhaupt die Vorstellungen der Unterwerfung regelmässig verbunden. Sie bilden sozusagen die Obertöne, welche die Klangfarbe weiblicher Gefühle bestimmen" (Krafft-Ebing: Psychopathia sexualis, p. 151).

66 Krafft-Ebing: Psychopathia Sexualis, p. 133. "Während der Sadismus als eine pathologische Steigerung des männlichen Geschlechtscharakters in seinem psychischen Beiwerk angesehen werden kann, stellt der Masochismus eher eine krankhafte Ausartung spezifisch weiblicher psychischer Eigentümlichkeit dar" (Krafft-Ebing: Psychopathia sexualis, p. 155).

partner, which Krafft-Ebing calls "the real principle of individualism in love", is nothing other than a 'physiological' (i.e., natural) form of fetishism: "The germ of sexual love is probably found in the individual charm (fetich [*sic*]) with which persons of opposite sex sway each other".[67] In such an understanding, the special cherishing of a sexual partner's particular characteristics merges almost imperceptibly into a pathological idolisation of objects or body parts so that "it is almost impossible to sharply define the beginning of the perversion".[68]

7 Conclusion

In *Psychopathia Sexualis*, Krafft-Ebing casts some of his perversions (masochism, sadism and fetishism) as amplifications of otherwise normal sexual desires so that degeneration appears as a pathological intensification of, rather than a deviation from, the norm – a norm which, in turn, is rendered suspect. Even though monogamous heterosexuality is implicitly upheld as the normative yardstick by which sexual perversions should be measured, the manifold gradations between this strictly demarcated field of sexual normativity and the ever-widening field of sexual perversions betray a significant discursive change in the conceptualisation of 'normal' sexuality. In the theatre of Krafft-Ebing's sexual psychopathology, non-normative desires take centre stage and sexual deviance threatens to supplant the normativity of monogamous heterosexuality as the benchmark of what it means to be normal. The sexological typologies of *Psychopathia Sexualis* are thus most adequately understood as the product of a protonormalist reflex, arguably prompted by concerns about dissolving qualitative boundaries between normal and abnormal sexualities. In Jürgen Link's terminology, such an anxiety of denormalisation (*Denormalisierungsangst*) is a characteristic of protonormalist discourses of the nineteenth century: "If there is no boundary around the essence of the normal, then no individual is ultimately

---

67 Krafft-Ebing: Psychopathia Sexualis, p. 143 and p. 11. "Ja, es kann geradezu diese besondere Anziehungskraft bestimmter Formen und Eigenschaften […] als das eigentliche Prinzip der Individualisierung in der Liebe angesehen werden" (Krafft-Ebing: Psychopathia sexualis, p. 174). "Bezüglich der Entwicklung physiologischer Liebe ist es wahrscheinlich, dass ihr Keim immer in einem individuellen Fetischzauber, welchen die Person des einen Geschlechts auf eine des anderen ausübt, zu suchen und zu finden ist" (Krafft-Ebing: Psychopathia sexualis, p. 16).
68 Krafft-Ebing: Psychopathia Sexualis, p. 144. "Dieser pathologische Fetischismus schliesst sich in allmählichen Uebergängen an den physiologischen an, so dass es […] beinahe unmöglich ist, eine scharfe Grenze zu ziehen, wo die Perversion beginnt" (Krafft-Ebing: Psychopathia sexualis, p. 174–175).

safeguarded from denormalisation. If each and every position on the statistical continuum can shift, then every single individual may suddenly and irreversibly slip across the boundary."[69] Paradoxically, however, Krafft-Ebing's writings can also be read as conducive to a new, more flexible understanding of 'normality'. His primary perversions (sadism, masochism and fetishism) are cast as the pathologically enhanced results of physiological, and therefore 'normal', necessities. No matter how hard Krafft-Ebing struggled to describe the qualitative distinctions between pathological deviations and original types, *Psychopathia Sexualis* can never fully eliminate the sense that there is no *essential* difference between normal and deviant sexuality. By recognising the sheer diversity of sexual 'perversions' and their kinship with 'normal' varieties of sex, Krafft-Ebing's *Psychopathia Sexualis* implicitly suggests that 'normal' and 'abnormal' sexualities are, at best, unstable phenomena that merge into each other on a graded continuum of sexual behaviour. To fully appreciate Krafft-Ebing's contribution to the emerging science of sexology in the nineteenth century, it is necessary to appreciate his work as more than a mere catalogue of pathological sexual behaviours. *Psychopathia Sexualis* should rather be understood as being positioned on the cusp between protonormalism and a more flexible twentieth-century variety of normalism.

References

Daniel Blain: Foreword, in: Richard von Krafft-Ebing: Psychopathia Sexualis, p. xvi-xx.

Joseph Bristow: Sexuality. London 1997.

Joseph Bristow: Wilde, Dorian Gray, and Gross Indecency, in: Sexual Sameness. Textual Differences in Lesbian and Gay Writing. London 1992, p. 44–63.

J. Edward Chamberlin, Sander L. Gilman: Degeneration. An Introduction, in: J. Edward Chamberlin, Sander L. Gilman (eds.): Degeneration. The Dark Side of Progress, New York 1985, p. ix-xiv.

Matt Cook: London and the Culture of Homosexuality, 1885–1914. Cambridge 2003.

Jonathan Dollimore: Perversion, Degeneration, and the Death Drive, in: James Eli Adams, Andrew H. Miller (eds.): Sexualities in Victorian Britain. Bloomington, IN 1996, p. 96–117.

Lisa Downing: Sexual Variations, in: Chiara Beccalossi, Ivan Crozier (eds.): A Cultural History of Sexuality in the Age of Empire. Oxford 2011, p. 63–81.

Michel Foucault: Abnormal. Lectures at the Collège de France, 1974–1975. Eds. Valerio Marchetti, Antonella Salomoni. New York 2003.

---

69 "Wenn es keine Wesensgrenze des Normalen gibt, dann ist kein Individuum wesenhaft und ein für allemal gegen Denormalisierung geschützt. Wenn sich jede Position auf dem statistischen Kontinuum verschieben kann, dann kann jedes einzelne Individuum womöglich unversehens und irreversibel über die Grenze gleiten." Link: Normal, p. 541.

William Greenslade: Degeneration, Culture, and the Novel, 1880–1940. Cambridge 1994.

Judith Halberstam: Gothic Nation. The Beetle by Richard Marsh, in: Andrew Smith, Diane Mason, William Hughes (eds.): Fictions of Unease. The Gothic from Otranto to The X-Files. Bath 2002, p. 100–118.

Renate Hauser: Krafft-Ebing's Psychological Understanding of Sexual Behaviour, in: Roy Porter, Mikuláš Teich (eds.): Sexual Knowledge, Sexual Science. The History of Attitudes to Sexuality. Cambridge 1994, p. 210–227.

Stephan Karschay: Degeneration, Normativity and the Gothic at the Fin de Siècle. Basingstoke 2015.

Richard von Krafft-Ebing: Psychopathia sexualis. Mit besonderer Berücksichtigung der konträren Sexualempfindung. Eine medizinisch-gerichtliche Studie für Ärzte und Juristen. München 1997.

Richard von Krafft-Ebing: Psychopathia Sexualis. With Especial Reference to the Antipathic Sexual Instinct. A Medico-Forensic Study. Trans. Franklin S. Klaf. New York 1998.

Jürgen Link: Normal/Normalität/Normalismus, in: Karlheinz Barck (ed.): Ästhetische Grundbegriffe. Vol. 4: Medien – Populär. Stuttgart 2002, p. 538–562.

Jürgen Link: Versuch über den Normalismus. Wie Normalität produziert wird. Göttingen 2006.

Joseph LoPiccolo: Introduction to the Arcade Edition, in: Krafft-Ebing: Psychopathia Sexualis, p. xiii–xv.

Richard Marsh: The Beetle. Ed. Julian Wolfreys. Peterborough, ON 2004.

Harry Oosterhuis: Stepchildren of Nature. Krafft-Ebing, Psychiatry, and the Making of Sexual Identity. Chicago 2000.

Roy Porter, Lesley Hall: The Facts of Life. The Creation of Sexual Knowledge in Britain, 1650–1950. New Haven, CT 1995.

Jeffrey Weeks: Sexuality and Its Discontents. Meanings, Myths & Modern Sexualities. London 1985.

Robert Deam Tobin (Worcester)

Widernatürliche Unzucht!

Paragraph 175 in Deutsch-Südwestafrika

Zwischen 1904 und 1906 verurteilte das kaiserliche Bezirksgericht zu Windhoek in Deutsch-Südwestafrika einen deutschen Kolonisten namens Victor van Alten dreimal wegen ‚widernatürlicher Unzucht‘ (§ 175 des Reichsstrafgesetzbuchs). Das letzte Mal wiesen die Behörden ihn aus dem ‚Schutzgebiet‘ aus und schickten ihn zurück nach Deutschland. Von dort aus beantragte der Verurteilte noch dreimal die Wiederaufnahme seines Falls, was er mit neuen medizinischen Gutachten begründete. Die zahlreichen Verfahren erzeugten eine umfangreiche Sammlung von Dokumenten, die eine Stimmenvielfalt erklingen lassen, welche am Anfang des 20. Jahrhunderts zur Etablierung des Begriffs der Sexualität beigetragen hat. Die afrikanischen Zeugen, der deutsche Angeklagte, viele medizinische, psychiatrische und sexologische Experten – drei aus der Kolonie und noch mehr aus Deutschland – [1] und sogar das Wissenschaftlich-humanitäre Komitee, das für die Rechte Homosexueller und die Abschaffung des § 175 kämpfte, bezogen Stellung zu der Rechtsfrage. Während der Van-Alten-Prozesse wurden in den Kolonien Verbote gegen Mischehen verschärft und die deutschen Kolonialisten gingen im Zuge des Aufstands der Herero und Nama immer brutaler gegen die Einheimischen Deutsch-Südwestafrikas vor. In Deutschland wurde zur selben Zeit die öffentliche medizinisch-juristische Diskussion über Homosexualität wegen der skandalösen Prozesse um Eulenburg, Moltke und Harden immer intensiver. Anhand des Falls Victor van Alten lässt sich besonders gut zeigen, wie Medizin und Rechtsprechung sich im Zeitalter des Kolonialismus zugearbeitet haben, um die Grenzen der Sexualität neu zu ziehen.

Das Deutsche Reich begann in den 1880er Jahren vergleichsweise spät mit der Kolonisation eroberter Gebiete. Innerhalb kurzer Zeit erwarb es deutsche Kolonien in Togo, Kamerun, Deutsch-Ostafrika, Deutsch-Neuguinea, Samoa und Tsingtau, sowie in Deutsch-Südwestafrika. Deutsch-Südwestafrika wurde 1884 zum ‚Schutzgebiet‘ ernannt, wobei in erster Linie deutscher Besitz in der Kolonie vor britischen Aggressionen ‚geschützt‘ werden sollte. 1885 wurde Ernst Heinrich Göring, Vater des später führenden Nationalsozialisten Hermann Göring, erster

---

1 Die Gutachten aus Deutsch-Südwestafrika verfassten M. Bail, H. [?] Dünschmann und Heinrich Wohlgemuth. Die Gutachten aus Deutschland stammen von solch bekannten Wissenschaftlern wie Iwan Bloch, August Cramer, Albert Eulenburg, Magnus Hirschfeld, Bernhard Krickau, Friedrich Leppmann, Richard Stoermer, Ernst Ziemke und anderen.

Kaiserlicher Kommissar der Kolonie. Er blieb bis 1890 im Amt.[2] Unter allen Kolonien erschien Deutsch-Südwestafrika dem Deutschen Reich am besten für eine größere Ansiedlung deutscher Einwanderer geeignet. Auch die *Deutsche Kolonialzeitung* teilte diese Ansicht.[3] Die soziopolitischen Strukturen der Kolonie sollten denen Südafrikas ähneln, wo viele Europäer – v.a. aus Großbritannien und den Niederlanden – lebten und arbeiteten.

Victor van Alten war einer dieser kolonialen Einwanderer aus Deutschland. 1870 in Pommern geboren, ging er als junger Mann in die Armee, wurde aber schon 1894 wegen Verstößen gegen § 175 ausgemustert. Nach eigenen Angaben machte er seine erste homosexuelle Erfahrung im Alter von zwölf Jahren: „Er [van Alten] machte damals in kindlichem Spiel reitende Bewegungen auf dem Rücken eines Vetters, wodurch starke Wollustempfindungen und Samenerguss bewirkt wurden".[4] Wie viele homosexuelle europäische Männer fand van Alten in den Kolonien eine Zuflucht vor der strengen Sexualmoral der Heimat.[5] 1895 zog er nach Deutsch-Südwestafrika, wo er als Bauer und Frachtfahrer arbeitete. Er gab an, ein Leutnant außer Dienst zu sein, ohne genau zu erklären, warum er ausgeschieden ist. Victor Franke, ein Kolonist, dessen Tagebücher 2002 veröffentlicht worden sind, erwähnte schon am 27. Oktober 1897, dass van Alten ihm einen Besuch abgestattet hatte.[6] Franke wusste wohl nicht, dass van Alten wegen seiner Sexualität im selben Monat seine erste Begegnung mit dem Kolonialgesetz hatte: Der Frachtfahrer van Alten wurde bezichtigt, einen zehnjährigen Namajungen missbraucht zu haben. Das Verfahren wurde allerdings aus Mangel an Beweisen eingestellt – man glaubte dem afrikanischen Kind nicht.[7]

1904 hatte van Alten vor Gericht weniger Glück. Am 28. Mai jenes Jahres wurde er wegen eines Verstoßes gegen § 175 zu zwei Monaten Haft verurteilt. Nicht einmal ein Jahr später, am 16. März 1905, wurde er wegen desselben Delikts zu fünf Monaten Haft verurteilt. In diesem zweiten Prozess gab der junge Afrikaner Gerhart Metiruju eine ausführliche Aussage zu Protokoll:

---

2 David Olusoga, Casper W. Erichsen: The Kaiser's Holocaust. Germany's Forgotten Genocide and the Colonial Roots of Genocide. London 2010, S. 5.

3 Jeremy Sarkin: Germany's Genocide of the Herero. Kaiser Wilhelm II, His General, His Settlers, His Soldiers. Cape Town 2011, S. 56.

4 Magnus Hirschfeld: Ärztliches Attest. 4. Dezember 1908. Materialien zu diesem Fall sind in der Akte H3/05 in den National Archives of Namibia gesammelt.

5 Ronald Hyam: Empire and Sexuality. The British Experience. Manchester 1990, S. 5f.

6 Victor Franke: Die Tagebücher des Schutztruppenoffiziers Victor Franke. Bd. 1: Tagebuchaufzeichnungen vom 16.05.1896–27.05.1904. Delmenhorst 2002, S. 70.

7 Wolfram Hartmann: Sexuality, Gender, and the Body in Colonial Namibia. Some Preliminary Observations from German South West Africa [1996]. Unveröffentlichte Arbeit in den Archiven der Basler Afrika-Bibliografien.

Ich bin 20 Jahre alt, getauft, aus Otjimbingwe gebürtig [...] In der letzten Nacht gegen 11 Uhr, als ich in meinem neben dem Pferdestall belegenen [sic!] Kammer schlief, kam [...] der Frachtfahrer van Alten [...] Ich sollte mich mit dem Rücken nach oben legen und mich mit den Armen aufstützen. In meiner Schlaftrunkenheit tat ich das [...] Als er sich auf meinen Rücken setzte und auf mir ritt, suchte ich mich von ihm zu befreien, was mir aber nicht gelang, da er mich mit Gewalt festhielt [...].[8]

Metirujus Aussage schloss mit: „v. Alten ist bei allen Eingeborenen wegen seiner unnatürlichen Neigungen bekannt und gefürchtet".[9] Der Urteilsspruch umfasste neben diesem Verstoß gegen § 175 einen weiteren Fall:

Am 27. Februar hat der Angeklagte im Michelschen Pferdestall zu Okahandja den bei ihm in Dienst stehenden Klippkaffer Thomas ebenfalls veranlasst, sich vorne übergebeugt an die Wand zu stellen, hat sich dann auf seinen Rücken festgeklammert, und beischlafähnliche Bewegungen ausgeführt. Die Beine hat er hierbei um die Hüfte des Thomas geschlungen, während er mit der einen Hand in dessen Mund fasste und mit der anderen dessen Kehlkopf umklammert hielt.[10]

Wie im Fall Metiruju lebte van Alten auch hier seine Fantasien in der Nähe von Pferdeställen auf eine besonders anschauliche Weise aus, indem er seinen Partner ‚ritt'.

Obwohl die Van-Alten-Prozesse hauptsächlich die Perspektive der deutschen Kolonisten, Kolonialbeamten, Juristen und Ärzte illustrieren, ist es bemerkenswert, dass die am Prozess beteiligten Afrikaner ihre Sichtweise präsentieren konnten. Zwar haben deutsche Beamte die Aussagen von Metiruju und Thomas transkribiert und besaßen damit die Autorität über die Schrift, dennoch bekommen die zwei jungen Männer eine noch heute hörbare Stimme.

Im geschilderten Fall war die Frage, ob der Geschlechtsakt einvernehmlich erfolgte, irrelevant. Nach Heike Schmidt, die den homosexuellen Skandal um Georg Freiherr von Rechenberg erforschte, der zwischen 1906 und 1912 Gouverneur von Deutsch-Ostafrika war und wegen homosexuellen Geschlechtsverkehrs mit afrikanischen und arabischen Männern angeklagt wurde, erfasste das deutsche Strafrecht Anfang des 20. Jahrhunderts die Möglichkeit der Vergewaltigung eines Mannes nicht. Schmidt erklärt, dass afrikanische Männer, die europäische Männer wegen sexuellen Übergriffen anklagen wollten, sich ausschließlich auf

---

8 Gerhart Metiruju. Kaiserliche Gerichtsanstalt. 23. Februar 1905. Akte H3/05, National Archives of Namibia.
9 Gerhart Metiruju. Kaiserliche Gerichtsanstalt. 23. Februar 1905.
10 In der Strafsache gegen den Frachtfahrer Viktor van Alten. 31. Mai 1905. Akte H3/05, National Archives of Namibia.

§ 175 berufen konnten.[11] Die widernatürliche Unzucht, die in diesem Paragraphen verboten wurde, war allerdings für alle partizipierenden Männer illegal – unabhängig davon, ob der Geschlechtsakt einvernehmlich erfolgte oder nicht. Da § 175 weder eine Unterscheidung zwischen aktiver und passiver Teilnahme noch eine Ausnahme für Verführung oder Nötigung kannte, hätten Metiruju und die anderen vergewaltigten afrikanischen Männer genauso wie die Angeklagten aufgrund ihrer Aussagen juristisch belangt werden können.

Nach van Altens Aussage kann sich der „Vorgang [...] im allgemeinen so zugetragen haben, wie ihn der Hererobastard [Metiruju] schildert".[12] Er gab allerdings an, dass Metiruju bereitwillig mitgespielt habe. Noch energischer bestritt er zwei weitere Punkte. Erstens bestand er darauf, dass er die ganze Zeit bekleidet blieb, was bedeutete, dass sein erigiertes Glied nie in Berührung mit der Haut seines Sexualpartners kam. Zweitens behauptete er, dass sein Benehmen das Resultat eines medizinisch festgestellten pathologischen Zustands war. Diese Einschätzung des Tatbestands sollte van Altens eigene gesetzliche Verantwortung für seine Taten mindern bzw. ganz beseitigen. Sein vehementes Bestehen auf diesen zwei Punkten belegt, dass er die Gesetzgebung des § 175 nur zu gut kannte und verstand.

Darüber hinaus insistierte van Alten: „Zu der fraglichen Nacht war ich ziemlich stark betrunken, hatte aber immerhin nachträglich die Erinnerung, von dem was vorgefallen war [...] Ich weiß jedoch bestimmt, daß meine Kleider geschlossen waren und daß der Bastard [Metiruju] Hose und Hemd anhatte und anbehielt". An den Rand des Protokolls wurde notiert: „Infolgedessen ist es zu beischlafähnlichen Bewegungen nicht gekommen". In Bezug auf Thomas betonte van Alten weiter: „Ich verbleibe bei meiner polizeilichen Aussage vom 27. Februar und bestreite insbesondere, dem Klipp-Kaffer Thomas mit meinem entblößten Geschlechtsteil an seinen bloßen Körper gekommen zu sein". In einer Randnotiz im Protokoll wird hinzugefügt: „Auch nicht an seinen mit Kleidern bedeckten Körper".[13]

---

11 Heike Schmidt: Colonial Intimacy. The Rechenberg Scandal and Homosexuality in German East Africa, in: Journal of the History of Sexuality 17/1 (2008): Masculinity and Homosexuality in Germany and the German Colonies, 1880–1945, S. 25–59, hier S. 32.

12 In der Strafsache gegen den Frachtfahrer Victor, früh. Aussiedler Victor van Alten. 1. März 1905. Akte H3/05, National Archives of Namibia.

13 In der Strafsache gegen den Frachtfahrer Victor, früh. Aussiedler Victor van Alten. 1. März 1905.

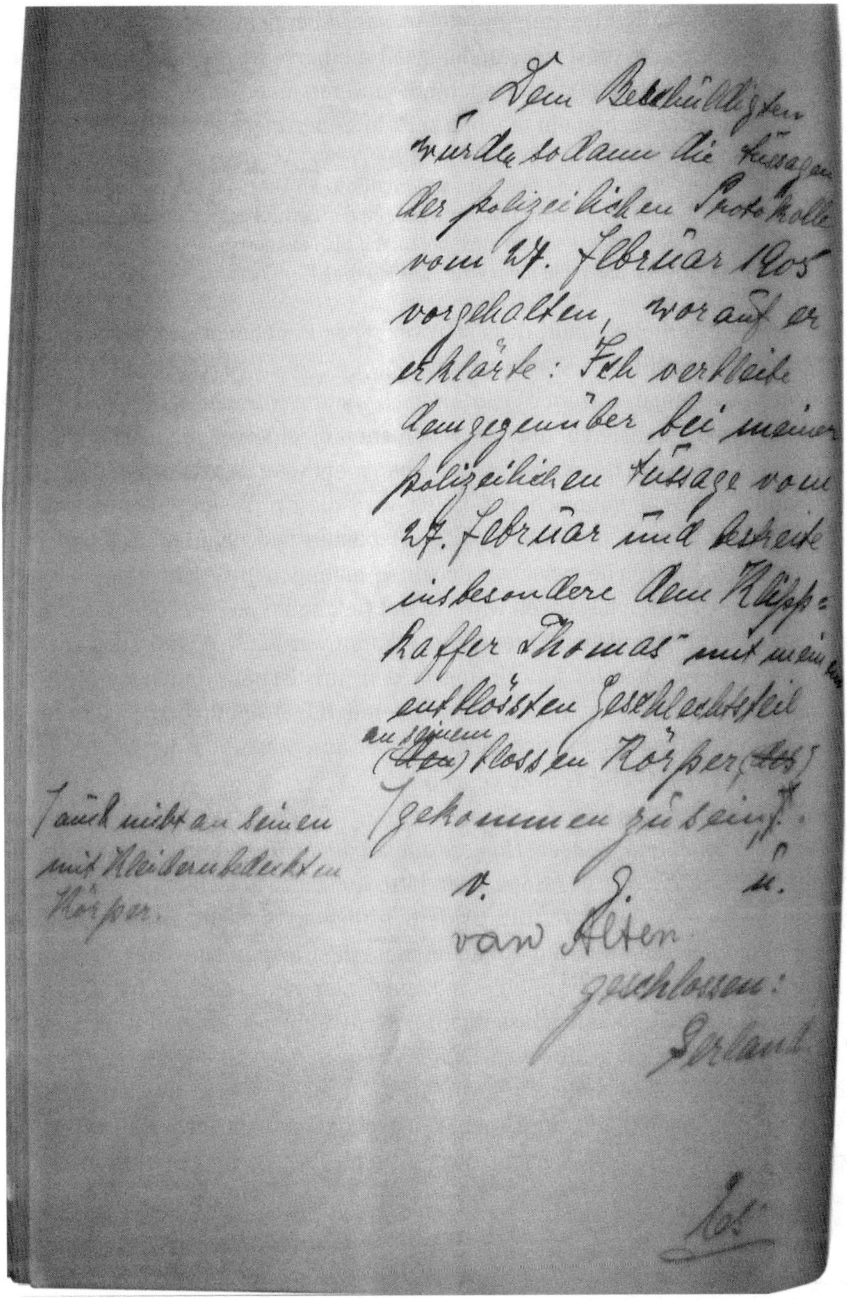

Abb. 1: Victor van Alten: „Auch nicht an seinen mit Kleidern bedeckten Körper".
National Archives of Namibia.

Als weitere Verteidigungsstrategie stellte van Alten einen Antrag auf Untersuchung des eigenen Geisteszustands, „weil die perverse Neigung im betrunkenen Zustande teilweise auch im nüchternen derart über ihn Macht gewonnen, daß er seiner Sinne nicht mehr mächtig sei". In seinen eigenen Worten:

> Ich bin pervers veranlagt und neige zur widernatürlichen Unzucht. Ich suche jedoch diese Neigung nach besten Kräften zu unterdrücken. Zu der Betrunkenheit allerdings tritt meine unsittliche Neigung oft so stark an mich heran, dass ich meiner Sinne nicht mehr im vollen Umfang mächtig bin und nicht mehr weiß, was ich thue.[14]

Van Alten wiederholte somit, dass sein sexuelles Benehmen das Resultat einer medizinisch feststellbaren Krankheit sei.

Um zu verstehen, warum es van Alten so wichtig war, derart detailliert seine Kleidung zu thematisieren und so vehement auf einer medizinischen Untersuchung zu bestehen, muss man ein bisschen mehr über das damalige Sexualgesetz wissen. Im Wilhelminischen Zeitalter wird die für diesen Fall einschlägige Gesetzgebung im § 175 des Reichsstrafgesetzbuches festgehalten: „Die widernatürliche Unzucht, welche zwischen Personen männlichen Geschlechts oder von Menschen mit Thieren begangen wird, ist mit Gefängniß zu bestrafen; auch kann auf Verlust der bürgerlichen Ehrenrechte erkannt werden." ‚Widernatürliche Unzucht' war bereits bei der Einführung in den juristischen Sprachgebrauch ein archaischer Begriff und schwierig zu definieren. Sogar die Richter in Windhoek gaben zu: „Das Gesetz lässt sich nicht darüber aus, was unter der widernatürlichen Unzucht des §175 Str.G.B. zu verstehen ist".[15]

Ein deutscher Sachverständiger, der die Sache zu klären versuchte, war Friedrich Wachenfeld, dessen *Homosexualität und Strafgesetz: Ein Beitrag zur Reformbedürftigkeit des § 175 Str. G.B.* 1901 in Leipzig erschien. Wachenfelds präzise Analyse des Begriffs der ‚widernatürlichen Unzucht' begann mit der Bemerkung, dass dieser darauf hindeutet, dass die Unzucht entweder ‚natürlich', ‚unnatürlich' oder ‚widernatürlich' sein kann. Unter ‚natürlicher Unzucht' wäre z. B. der heterosexuelle Geschlechtsverkehr zwischen Unverheirateten zu verstehen. ‚Unnatürliche Unzucht', hingegen, wäre so etwas wie das „Reiben an irgend einem Körperteil einer anderen Person". Die Unzucht ist aber „widernatürlich", wenn sie sich an das gleiche Geschlecht wendet und die menschliche Natur ignoriert, nach der zwei verschiedene Geschlechter zum gemeinsamen Ge-

---

14 In der Strafsache gegen den Frachtfahrer, früh. Ansiedler Viktor van Alten. 1. März 1905.
15 In der Strafsache gegen den Frachtfahrer Viktor van Alten. 16. März 1906. Akte H3/05, National Archives of Namibia.

schlechtsgenuß geschaffen sind".[16] Wachenfeld verwies ferner darauf, dass seit der *Constitutio Criminalis Carolina*, dem von Kaiser Karl V. 1532 im Heiligen Römischen Reich erlassenen Strafgesetzbuch, sexuelle Handlungen zwischen Männern ,beischläferisch' sein mussten, um strafbar zu sein. Im 19. Jahrhundert war der juristische Terminus dafür ,beischlafähnlich'.

Aber was ist dem Beischlaf ,ähnlich'? Wie die meisten seiner Zeitgenossen schloss Wachenfeld gegenseitige Onanie aus, während hingegen Analverkehr mit Ejakulation eindeutig ,beischlafähnlich' war. Um die Frage zu beantworten, wo die Grenze zwischen diesen Extremen zu ziehen sei, musste man genau und nüchtern über das Gesetz nachdenken. Leopold Loewenfeld, ein Fachmann der Sexualpathologie, beschwerte sich über das zunehmend komplexe Verständnis von widernatürlicher Unzucht: „Man beschränkte sich nicht mehr darauf, die *immisio penis in corpus os* oder *anum* für die Strafbarkeit zu verlangen, sondern konstruierte beischlafähnliche oder beischlafartige Akte, als welche reibende oder stoßende Bewegungen gegen den Körper des Anderen erklärt wurden".[17] Loewenfeld konstatiert, dass bereits der Sexologe Richard von Krafft-Ebing Einwände gegen die gesetzlichen Richtlinien hatte, weil sie solche expliziten Aussagen voraussetzten: „Diese unglückliche Rechtsübung nötigt den Richter zu den peinlichsten, geradezu widerwärtigen Feststellungen eines objektiven Tatbestandes, der sich darauf zuspitzt, ob Friktionen, d.h. beischlafähnliche Handlungen *in corpore viri* stattgefunden haben oder nicht [...]."[18]

Wenngleich sich Wachenfeld nicht auf Krafft-Ebings Argument bezüglich der peinlichen und würdelosen Befragung der Zeugen hinsichtlich des Tatbestands bezog, hoffte er, wenigstens eine konsequente Interpretation des Begriffs der Beischlafähnlichkeit einzuführen. Er behauptete, dass es eine „innere Wesensgleichheit" zwischen Beischlaf und anderen Sexualakten in nur zwei Situationen gäbe: erstens, Handlungen, „bei denen die Geschlechtsteile der einen Person denen der anderen nahegebracht werden", und zweitens, „diejenigen Handlungen, bei denen eine Person ihr Geschlechtsorgan in den Körper der anderen einfügt".[19] Wachenfelds Definition würde somit Sexualhandlungen zwischen Männern ausschließen, deren Genitalien mit Kleidung bedeckt waren:

---

16 Friedrich Wachenfeld: Homosexualität und Strafgesetz. Ein Beitrag zur Untersuchung der Reformbedürftigkeit des § 175 St.G.B. Leipzig 1901, S. 44.

17 Leopold Loewenfeld: Homosexualität und Strafgesetz. Nach einem in der kriminalistischen Sektion des akademisch-juristischen Vereins zu München am 17. Dezember 1907 gehaltenen Vortrage. Wiesbaden 1908 (= Grenzfragen des Nerven- und Seelenlebens, Bd. 57), S. 27.

18 Loewenfeld: Homosexualität und Strafgesetz, S. 27 (Hervorhebungen im Original).

19 Wachenfeld: Homosexualität und Strafgesetz, S. 46.

> Unzüchtige Handlungen am bekleideten Körper haben mit dem Beischlaf nichts zu tun. Sie mögen in der äußeren Form Ähnlichkeiten haben, aber, so wenig wie ein Beischlaf an der bekleideten Frau möglich ist, so wenig kann die Unzucht an dem bekleideten Mann eine beischläferische Handlung sein [...]. Der Versuch der widernatürlichen Unzucht beginnt erst mit dem Entblößen des eigenen oder fremden Körpers.[20]

Wachenfelds Analyse unterstreicht, wie relevant es für van Alten war, darauf zu bestehen, dass er und seine Partner während ihrer Begegnungen bekleidet blieben.

Die Definition der widernatürlichen Unzucht war jedoch nur der erste Schritt für die korrekte juristische Einschätzung eines Falles wie dem van Altens. Obwohl § 175 in der Geschichte der Sexualität viel Aufmerksamkeit auf sich gezogen hat, war ein anderer Paragraph – namentlich: § 51 – gleichermaßen signifikant für die Ausgestaltung der gedanklichen Struktur, welche zur Konstruktion der modernen sexuellen Kategorien geführt hat. Der § 51 des Reichsstrafgesetzbuchs regelte die Zurechnungsfähigkeit im Falle krankhafter psychischer Störungen:

> Eine strafbare Handlung ist nicht vorhanden, wenn der Thäter zur Zeit der Begehung der Handlung sich in einem Zustande von Bewusstlosigkeit oder krankhafter Störung der Geistesthätigkeit befand, durch welchen seine freie Willensbestimmung ausgeschlossen war.

Die kantischen Grundlagen des Begriffs der freien Willensbestimmung sind unverkennbar. Wachenfeld untersuchte § 51 genauso präzise, wie er bereits § 175 analysierte. Er bemerkte beispielsweise, dass eine krankhafte „Störung der Geistesthätigkeit" nicht dasselbe sei wie eine „Geisteskrankheit".[21] Man könnte also unzurechnungsfähig sein, ohne wahnsinnig zu sein. Es ist aufschlussreich, einen Vergleich zur britischen Regelung zu ziehen, die 1843 in der sogenannten *M'Naghten Rule* ausgesprochen wurde und grundlegend für die *insanity defense* in Großbritannien und Amerika wurde:

> It must be clearly proved that, at the time of the committing of the act, the part accused was laboring under such a defect of reason, from a disease of the mind, as not to know the nature and quality of the act he was doing; or, if he did know it, that he did not know he was doing what was wrong.[22]

Im Gegensatz zum eng gefassten angelsächsischen Verständnis der Unzurechnungsfähigkeit, das verlangte, dass der Angeklagte nicht verstand, was er tat oder

---

20 Wachenfeld: Homosexualität und Strafgesetz, S. 46.
21 Wachenfeld: Homosexualität und Strafgesetz, S. 99.
22 Queen v. M'Naghten: 8 Eng. Rep. 718 (1843).

was Unrecht war, erlaubte der deutsche § 51 eine Spannbreite von pathologischen Geisteszuständen, welche die Zurechnungsfähigkeit vermindern.[23] Diese Unschärfe eröffnete den der widernatürlichen Unzucht angeklagten Männern mehr Möglichkeiten, einer Bestrafung zu entgehen.

Die Hüter dieser Möglichkeit waren vom Gericht berufene Gutachter aus Medizin, Psychiatrie oder Sexologie. Im Falle Victor van Altens verfassten drei Ärzte aus Windhoek die Fachgutachten, in denen sich alle buchstabentreu an der in den §§ 51 und 175 ausgeführten Nomenklatur orientierten. Einer der drei Gutachter war der Arzt M. Bail, ein engagiertes Mitglied des städtischen Beirats, der u.a. für die Veröffentlichung der Sitzungsprotokolle plädierte.[24] In seinem medizinischen Gutachten schrieb er:

> Nach eingehender Rücksprache und Untersuchung stelle ich Herrn van Alten das Zeugnis aus, daß er ein konträrer sexual veranlagter Kranker ist. Im Falle der gewöhnlichen Befriedigung seines Geschlechtstriebes (Sitzen auf dem Rücken eines männlichen Individuums) handelt er getrieben von einer krankhaften psychischen Veranlagung, welche die freie Willensbestimmung ausschließt.[25]

Bail wusste – nicht zuletzt dank Krafft-Ebings Kritik am § 175 – um die Relevanz, die der verminderten Zurechnungsfähigkeit im Kontext der von ihm gestellten Diagnose der Homosexualität (oder mit Bails Worten: der ‚konträren Sexualempfindung') zukam. Seine explizite Bezugnahme auf ‚die freie Willensbestimmung' belegt, dass er bewusst mit den Begriffen aus § 51 argumentiert.

Während Bails Gutachten kurz und positiv für van Altens Verteidigung war, schrieb Dr. Dünschmann ein langes Gutachten, das van Altens Chancen, freigesprochen zu werden, erheblich schmälerte. Wahrscheinlich war dieser Dünschmann, der van Alten begutachtete, derselbe „H. Dünschmann", der auch eine Reihe von Untersuchungen zur forensischen Medizin um 1900 sowie einen Aufsatz über kinematische Darstellungen von Sexualproblemen verfasste.[26] Auf

---

23 Robert Musil behandelt dieses Thema wiederholt im *Mann ohne Eigenschaften*. Der Vater des Protagonisten Ulrich will den Nebensatz „so dass seine freie Willensbestimmung ausgeschlossen war" streichen und mit dem Satz „so dass er nicht die Fähigkeit besaß, das Unrecht seiner Handlung einzusehen" ersetzen. Er will also das englische System einführen. Robert Musil: Der Mann ohne Eigenschaften. Roman. Bd. 1: Erstes und zweites Buch. Hg. v. Adolf Frisé. Reinbek b. Hamburg 1978, S. 317.

24 Deutsch-Südwestafrikanische Zeitung 7/9 (1. März 1905) u. 7/12 (12. März 1905).

25 M. Bail: Ärztliches Zeugnis, Akte H3/05, National Archives of Namibia.

26 Dr. Ernst Ziemke (Kiel) schrieb eine Besprechung zu H. Dünschmann: Über den Tod durch Verhungern vom gerichtsärztlichen Standpunkte, in: Zeitschrift für Medizinbeamte 13 (1900), S. 385. Ziemke war einer der ersten deutschen Ärzte, der ein Gutachten für van Alten schrieb, nachdem letzterer wieder in Deutschland lebte und versuchte, seinen Fall wiederzueröffnen. Es

jeden Fall war der koloniale Arzt Dünschmann, der Deutsch-Südwestafrika kurz nach dem Verfassen seines Gutachtens zu van Alten verließ, besonders gut über Sexologie und das Gesetz informiert.[27] Er zitierte die bedeutenden Sexologen Carl Westphal und Richard von Krafft-Ebing, um zu beweisen, dass van Alten medizinisch eindeutig ein Homosexueller war: „Was nun die auf Grund dieses Befundes zu stellende psychiatrische *Diagnose* betrifft, so handelt es sich hier zweifellos um einen typischen Fall von *konträrer Sexualempfindung* (v. Westphal – v. Krafft-Ebing)".[28] Westphal war unter anderem der Verfasser des Aufsatzes *Die konträre Sexualempfindung: Symptom eines neuropathologischen (psychopathischen) Zustandes*, der 1869 erschien und laut Michel Foucault zentral für die ‚Geburt' der Homosexualität war.[29] Krafft-Ebing wurde als Autor des außerordentlich erfolgreichen Buchs *Psychopathia sexualis* bekannt, das 1886 veröffentlicht wurde und 1902 schon in der 12. Auflage erschien. Im Jahr 1906 waren die Schriften beider Experten absolut maßgebend – auch in den entfernten Außenposten des deutschen Kolonialreichs.

Nachdem Dünschmann bemerkte, dass van Alten „sein Vermögen in durchaus zweckmäßiger Weise zu verwalten versteht" und noch dazu „eine oft überraschend juristische Sachkenntnis entwickelt" hat, schloss er, dass die psychische Störung van Altens seine Zurechnungsfähigkeit nicht verminderte:

> Es bleibt also nur übrig, daß wir im vorliegenden Falle die durch isolierte Entartung des Trieblebens charakterisierte Form von konträrer Sexualempfindung (im Sinne von v. Westphal, v. Krafft-Ebing und Anderen) annehmen, bei der Intelligenz und Urteilskraft des Betr. nicht wesentlich gestört sind. Daraus ergiebt sich, daß sich Patient bei der Begehung der Delikte weder im Zustand der Bewußtlosigkeit befunden haben kann, noch auch mit einer krankhaften Störung seiner Verstandestätigkeit behaftet war, die seine strafrechtliche Ver-

---

kann sein, dass van Alten auf Ziemke gekommen ist, weil der Kieler Arzt mit der Arbeit von Dünschmann schon bekannt war. H. Dünschmanns Interesse an widernatürlicher Unzucht wird durch einen Aufsatz bestätigt, in dem er über Unzucht und Sexualprobleme schrieb: Vgl. H. Dünschmann: Kinematograph und Psychologie der Volksmenge, in: Konservative Monatsschrift für Politik, Literatur und Kunst 12/69 (1909/1910), S. 920–930; bibliografische Angaben zit. n. Andrea Haller: Influence of the Female Audience on the Program Structure of Early Cinema and the Changes of Modes of Reception [1906–1918], Vortrag gehalten auf der Konferenz „Women and Silent Screen", Montreal, 2.–6. Juni 2004, http://www.ubttest.opus.hbz-nrw.de/volltexte/2006/360/pdf/HallerFemaleAudienceandProgramme.pdf.

27 Dr. Dünschmann gab den Dienst im Schutzgebiet am 1. Oktober 1906 auf. Vgl. Deutsches Kolonialblatt 17 (1906), S. 800.

28 H. Dünschmann: Gutachten, 12. März 1905. Akte H3/05, National Archives of Namibia (Hervorhebungen im Original).

29 Michel Foucault: The History of Sexuality. Volume 1: An Introduction. New York 1980, S. 43.

antwortlichkeit ausschließt. Mithin steht ihm nach Ansicht des Unterzeichneten der Schutz des § 51 des Strafgesetzbuches nicht zur Seite.[30]

Dünschmanns ausführliche und überzeugende Analyse des Falls besiegelte letztlich van Altens Schicksal.

Nachdem die Kläger und der Angeklagte ausgesagt und die medizinischen Fachmänner ihre Meinungen niedergeschrieben hatten, entschied das Gericht am 25. Juni 1906 über die beiden Hauptfragen. Das Gericht akzeptierte Dünschmanns Argumente zum § 51, nach denen van Altens homosexuelle Neigung seine Zurechnungsfähigkeit nicht verminderte. In Bezug auf § 175 schloss das Gericht, dass van Altens Handlungen als widernatürliche Unzucht zu gelten haben:

> Der Angeklagte kletterte dann auf ihren Rücken und führte mit seinem erregten Geschlechtsteile beischlafähnliche Stöße gegen den Körper der Eingeborenen aus. In den meisten Fällen erfolgte Samenerguß beim Angeklagten. Der [sic!] Geschlechtsteil des Angeklagten war zum Teil bedeckt, zum Teil unbedeckt.[31]

Die Handlungen des Angeklagten seien ‚beischlafähnlich‘, weil dieser mit einem erigierten und unbedeckten Glied auf seine Sexualpartner ejakulierte.

Der im Jahre 1906 stattfindende Prozess war das dritte Mal, dass van Alten wegen § 175 verurteilt wurde. Die Behörden sahen sich deswegen am 9. August 1906 genötigt, van Alten aus Deutsch-Südwestafrika auszuweisen. Wenn das Benehmen eines Kolonisten dem Ruf der Deutschen schadete, wurde er in sein Heimatland zurückgeschickt.[32] Van Alten focht die Ausweisung im Jahre 1909 an – allerdings ohne Erfolg.[33] Zusätzlich zum Versuch, die Ausweisung rückgängig zu machen, reichte van Alten drei Petitionen ein, alle drei Fälle wiederzueröffnen. Da solchen Anträgen nur dann stattgegeben wurde, wenn neue Beweismittel aufgetaucht sind, behauptete van Alten, dass die neu erstellten Gutachten von Fachmännern aus Deutschland als neue Beweismittel zu gelten

---

30 Dünschmann: Gutachten. 12. März 1905.

31 In der Strafsache gegen den Frachtfahrer Viktor van Alten. 25. Juni 1906. Akte H3/05, National Archives of Namibia.

32 Daniel Joseph Walther: Creating Germans Abroad. Cultural Policies and National Identity in Nambia. Athens, OH 2002, S. 37f. In einem neueren Artikel listet Walther vier Fälle von Ausweisungen europäischer Männer aus deutschen Kolonien wegen Verstößen gegen § 175 auf: ein Brite mit Nachnamen Robinson, Edward Jochens, Kurt Horn (alle drei aus Deutsch-Neuguinea) und Erich Happel aus Kamerun. Vgl. Daniel Joseph Walther: Racializing Sex. Same-Sex Relations, German Colonial Authority and Deutschtum, in: Journal of the History of Sexuality 17/1 (2008): Masculinity and Homosexuality in Germany and the German Colonies, 1880–1945, S. 11–24, hier S. 14.

33 Walther: Creating Germans Abroad, S. 38.

haben. Die Entscheidung über eine Wiederaufnahme des Verfahrens oblag den Behörden in Windhoek.

Der wohl bekannteste Experte, der aus Deutschland für van Alten schrieb, war der Sexologe Magnus Hirschfeld, der sich intensiv für die Rechte der Homosexuellen einsetzte. Aufgrund seiner eigenen Analyse van Altens und „der sehr reichlichen Erfahrung, die ich [Hirschfeld] an einem Material von mehreren Tausend homosexuell veranlagter Personen beiderlei Geschlechtes als Specialarzt habe sammeln können", befand Hirschfeld in seinem Gutachten vom 4. Dezember 1908, dass van Alten zweifellos an Homosexualität ‚litt'. Hirschfeld räumte ein, dass eine Diagnose der Homosexualität „allein nicht genügen [würde], [um] seine freie Willensbestimmung im Sinnes des §51 R.St.G.B. aufzuheben".[34] Obwohl Hirschfeld dafür kämpfte, § 175 ganz zu streichen, versuchte er in spezifischen Fällen, wie auch in dem van Altens, darzulegen, warum der Angeklagte den Schutz des § 51 verdiente:

> Treten aber zu der sexuellen Anomalie Leiden des Central-Nervensystems, welche die Widerstandsfähigkeit erheblich herabsetzen, insbesondere cerebrospinale Neurasthenie in solcher Form, und eine solche ist im vorliegenden Falle als Folgeerscheinung der schweren Infectionskrankheiten constatiert worden: so stellt die Vereinigung der beiden Momente, des sexuellen und nervösen Leidens, eine soweit gehende krankhafte Störung der Geistestätigkeit dar, dass man mit einer an Gewissheit grenzenden Wahrscheinlichkeit sagen kann, dass ein Ausschluss der freien Willensbestimmung im Sinne des § 51 R.St.G.B. in der Tat vorgelegen hat.[35]

Hirschfelds Erwähnung der Neurasthenie überrascht nicht – Ann Laura Stoler merkt hierzu an, dass man Neurasthenie für diejenige psychische Störung hielt, die am häufigsten in den Kolonien auftrat. Dabei unterschied sich die Erklärung für die Häufigkeit der Krankheit in den Kolonien von derjenigen in Europa, wo Neurasthenie als Resultat der frenetischen Geschwindigkeit der modernen Zivilisation interpretiert wurde. In den Tropen hingegen sei Neurasthenie eine Folge der weiten Entfernung zur europäischen Kultur.[36] Auf jeden Fall war es für Hirschfeld – wie für viele medizinische Experten – nicht die Homosexualität allein, die die Zurechnungsfähigkeit verminderte: Nur in Verbindung mit einem anderen medizinischen Befund konnte Homosexualität zu einer verminderten Zurechnungsfähigkeit führen, da die Beherrschung ‚unzüchtiger' Sexualtriebe nicht mehr gegeben sei.

---

34 Magnus Hirschfeld: Ärztliches Attest. 4. Dezember 1908. Akte H3/05, National Archives of Namibia (Hervorhebungen im Original).
35 Hirschfeld: Ärztliches Attest.
36 Ann Laura Stoler: Carnal Knowledge and Imperial Power. Race and the Intimate in Colonial Rule. Berkeley 2002, S. 66f.

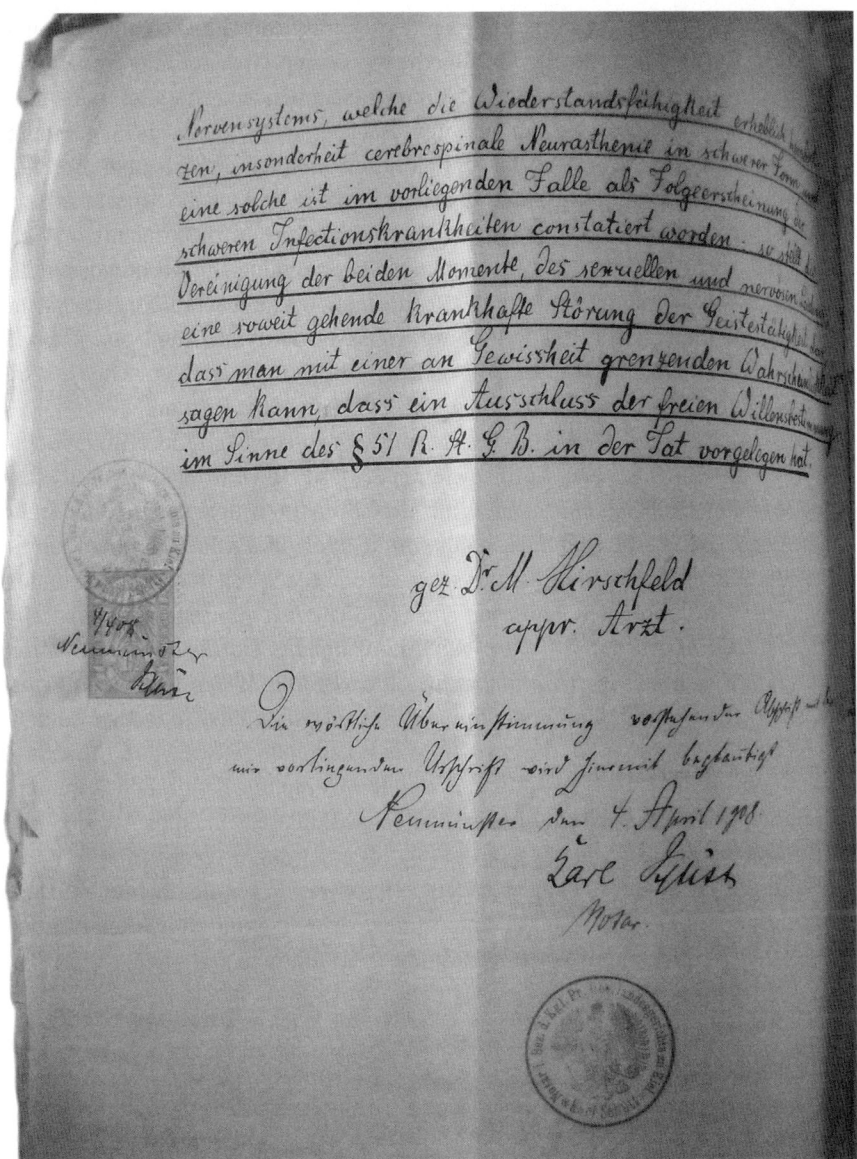

Abb. 2: Magnus Hirschfeld, Ärztliches Attest. National Archives of Namibia.

Hirschfeld schrieb sein Gutachten kurz nach seiner renommierten Tätigkeit als sexualwissenschaftlicher Fachmann in den Eulenburg-Prozessen. Der Journalist Maximilian Harden wollte die Politik Wilhelms II. in Verruf bringen, indem er abfällige Anspielungen auf die Sexualität einiger kaiserlicher Berater verbreitete.

Hiervon waren vor allem Prinz Philip zu Eulenburg und Graf Kuno von Moltke betroffen. Moltke klagte Harden infolgedessen wegen Verleumdung an. Hirschfeld sagte im Prozess aus, dass Graf Kuno tatsächlich eine homosexuelle Veranlagung besäße, was aber keineswegs einen Verstoß gegen § 175 darstelle. Hirschfelds Aussage war Teil der Verteidigung Moltkes, sprach aber zugleich Harden vom Vorwurf der Verleumdung frei, weil der Sexologe die Ansicht vertrat, dass es nicht schädlich sei, jemanden als Homosexuellen zu bezeichnen. Viele reagierten negativ auf Hirschfelds Aussagen, die tendenziell anti-homosexuelle Empfindungen stärkten, anstatt die Rechte Homosexueller zu fördern. Seine Bereitschaft, gleich nach der Eulenburg-Affäre im Fall van Alten auszusagen, zeigte, dass Hirschfeld fest entschlossen blieb, denjenigen medizinische Gutachten anzubieten, die wegen Verstößen gegen § 175 angeklagt wurden.

Hirschfelds bekannter Berliner Kollege und Sexologe Iwan Bloch untersuchte van Alten am 8., 10. und 20. April sowie am 6. Mai 1911. Obwohl er betonte, dass er bei seinem Urteil „*hauptsächlich* die drei Gutachten der an Ort und Stelle ansäßigen Ärzte" berücksichtigte, befürwortete er ebenfalls die Wiederaufnahme des Falls. Wie die anderen Gutachter schloss auch Bloch mit der entsprechenden juristischen Terminologie: „*So ist mit einer an Sicherheit grenzenden Wahrscheinlichkeit anzunehmen, daß bei ihm* [van Alten] *damals ein Zustand krankhafter Störung der Geistesfähigkeit vorhanden war, der die freie Willensbestimmung ausschloss*".[37] Die wiederholte Verwendung dieser Phrase in medizinischen Gutachten zeigt, wie wichtig es für die medizinischen Fachmänner war, ihre Gutachten exakt im Wortlaut des § 51 zu verfassen, damit mit einer medizinischen Argumentation die juristische Behandlung der Homosexualität im Sinne des Angeklagten beeinflusst werden konnte.

Laut Bloch hatten die Richter in Deutsch-Südwestafrika die prägende Bedeutung der jugendlichen Sexualität unterschätzt. In Bezug auf van Altens frühen sexuellen Erfahrungen mit Freunden argumentiert Bloch:

> Es ist eine alte Erfahrung, daß solche Kindheitseindrücke mit sexuellen Begleiterscheinungen sich förmlich einnisten, das psychische Sein völlig beherrschen und zu unwiderstehlichen Impulsen, sie durch gleiche Situationen neu zu erleben, Veranlassung geben können. Hierin und nicht in der bloßen Abweichung des Triebes, wie die Homosexualität eine solche darstellt, liegt das Krankhafte eines solchen Zustandes.[38]

---

37 Iwan Bloch: Ärztliches Gutachten. 9. Mai 1911. Akte H3/05, National Archives of Namibia (Hervorhebungen im Original).
38 Bloch: Ärztliches Gutachten.

Wie Hirschfeld erwähnte auch Bloch die Wirkung der anderen medizinischen Probleme van Altens – im Besonderen verwies er auf „eine schwere Tropenkrankheit wie die Malaria mit allen ihren zerrüttenden Wirkungen auf Körper und Geist, auf Vernunft und Willen".[39]

Das Wissenschaftlich-humanitäre Komitee unterstützte den dritten Wiederaufnahmeantrag des Falls schriftlich. In einem Brief vom 18. Juni 1911 erhob das Komitee mit der These, van Altens Handlungen seien nicht ‚beischlafähnlich' und daher nicht als ‚widernatürliche Unzucht' zu bewerten, Einspruch gegen die Gerichtsinterpretation von § 175. Das Komitee anerkannte jedoch, dass es eigentlich zu spät sei, die Auslegung des Gesetzes zu beanstanden, da die Wiederaufnahme nur auf Grundlage neuer Beweismittel erfolgen konnte. Es beharrte aber darauf, dass in den neuen Gutachten „eine ganze Menge tatsächlicher Feststellungen enthalten sind, die in den afrikanischen Gutachten fehlen". Aus der Berliner Perspektive des Wissenschaftlich-humanitären Komitees waren alle Dokumente aus Windhoek „afrikanisch", obgleich auch diese Gutachten von deutschen Fachmännern verfasst wurden.

Namentlich deutete das Wissenschaftlich-humanitäre Komitee damit an, dass die früheren Entscheidungen die Wirkung der „dortigen klimatischen Verhältnisse" auf van Altens Zustand vernachlässigten. Das Komitee betonte, „dass die klimatische Kenntnis der Tropen und der Subtropen und ihrer Einwirkungen auf Körper und Geist seit langem Allgemeingut der Wissenschaft geworden sind".[40] Die Bedeutung, die Sexologen wie Hirschfeld und Bloch sowie das Wissenschaftlich-humanitäre Komitee dem tropischen Klima und seinen Folgen für die europäische Seele beimaßen, erinnert an die allgemeine Sorge um den „Tropenkoller", eine Krankheit, die laut Wolfram Hartmann damals genutzt wurde, um fast jede brutale und sexuell gewalttätige Handlung der Kolonisten zu erklären und rechtfertigen.[41]

Die Kolonialbehörden wiesen solche klimatologischen Beobachtungen vehement zurück. Sie schrieben am 10. November 1909 in der Ablehnungsbegründung des zweiten Wiederaufnahmeantrags, dass die Spekulationen, die Mediziner in Berlin Jahre nach den in Frage kommenden Ereignissen im Gegensatz zu denjenigen Beobachtungen, die ein Arzt wie Dünschmann „in Afrika an dem Verurteilten unmittelbar nach Begehung der ihm zur Last gelegten Handlungen machte",

---

39 Bloch: Ärztliches Gutachten.

40 Wissenschaftlich-humanitäres Komitee: An das kaiserliche Obergericht zu Windhoek. 18. Juni 1911. Akte II3/05, National Archives of Namibia.

41 Wolfram Hartmann: Sexual Encounters and their Implications on an Open and Closing Frontier. Central Namibia from the 1840s to 1905, dissertation, Columbia University (New York), 2002, S. 185.

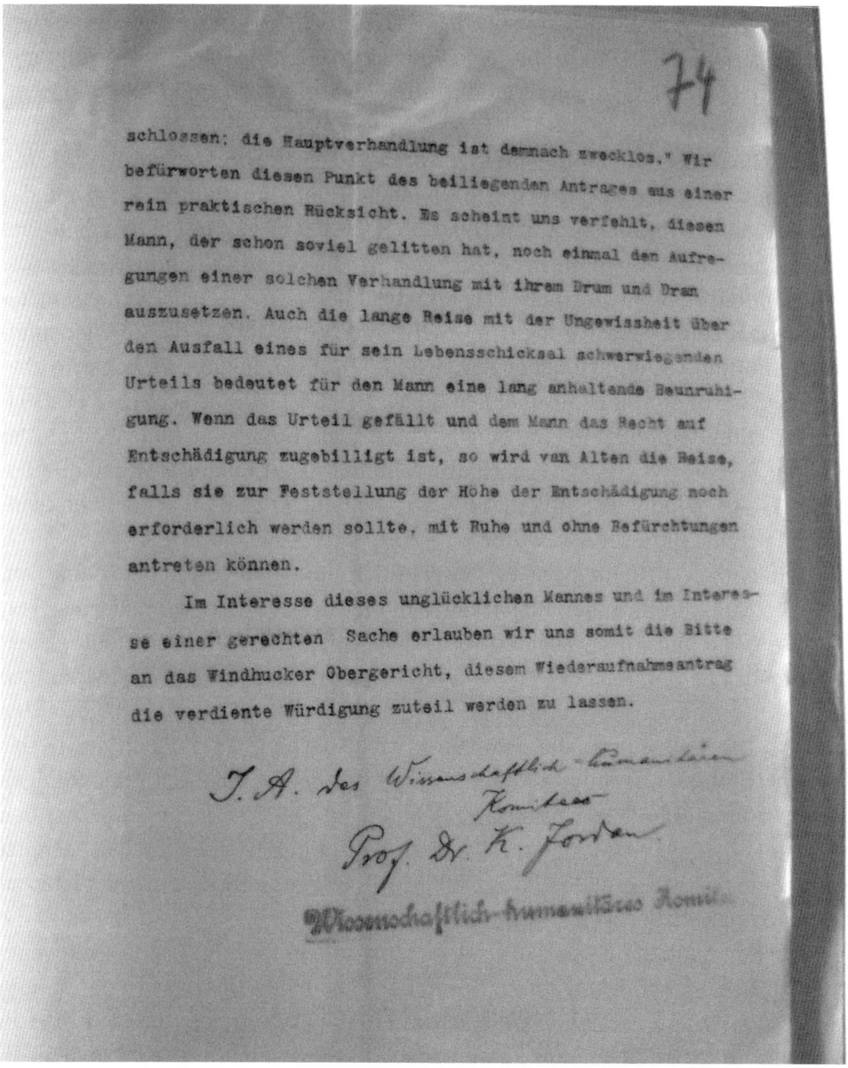

74

schlossen; die Hauptverhandlung ist demnach zwecklos." Wir befürworten diesen Punkt des beiliegenden Antrages aus einer rein praktischen Rücksicht. Es scheint uns verfehlt, diesen Mann, der schon soviel gelitten hat, noch einmal den Aufregungen einer solchen Verhandlung mit ihrem Drum und Dran auszusetzen. Auch die lange Reise mit der Ungewissheit über den Ausfall eines für sein Lebensschicksal schwerwiegenden Urteils bedeutet für den Mann eine lang anhaltende Beunruhigung. Wenn das Urteil gefällt und dem Mann das Recht auf Entschädigung zugebilligt ist, so wird van Alten die Reise, falls sie zur Feststellung der Höhe der Entschädigung noch erforderlich werden sollte, mit Ruhe und ohne Befürchtungen antreten können.

Im Interesse dieses unglücklichen Mannes und im Interesse einer gerechten Sache erlauben wir uns somit die Bitte an das Windhucker Obergericht, diesem Wiederaufnahmeantrag die verdiente Würdigung zuteil werden zu lassen.

I. A. des Wissenschaftlich-humanitären Komitees
Prof. Dr. K. Jordan

Wissenschaftlich-humanitäres Komitee

Abb. 3: Das Wissenschaftlich-humanitäre Komitee. National Archives of Namibia.

irrelevant seien. Diese lokalen Urteile „sind also, zumal sie in genauer Kenntnis der hiesigen klimatischen Verhältnisse und Lebensbedingungen erstattet sind, weit wertvoller" als die europäischen Gutachten.

Neben der angeblich negativen Wirkung des tropischen Klimas war für Bloch auch „der in solchen Fällen doppelt verhängnisvolle Einfluss des Alkohols" wichtig. Sorgen um übermäßigen Alkoholkonsum in den Kolonien waren weit verbreitet. Kritiker des kolonialen Projekts beklagten die Ausbeutung der Einheimischen durch die Einführung von Alkohol und verurteilten das durch den Alkoholgenuss hervorgerufene zunehmend raue und brutale Benehmen der Kolonisten. Wie Hartmann schreibt, gaben sogar Befürworter der kolonialen Bewegung zu, dass die ‚Biersentimentalität' der Entwicklung der deutschen Kolonien entgegenstand; zum Teil, weil der Alkoholismus das Sexualverhalten der Kolonisten dergestalt beeinflusste, dass Männer ihre Hemmungen im betrunkenen Zustand verloren.[42] Walther hebt hervor, dass die Kolonisten, die wegen homosexuellen Handlungen in Deutsch-Neuguinea angeklagt wurden, stets behauptet haben, dass sie durch Alkohol die Fähigkeit verloren hätten, ihre Triebe zu beherrschen.[43]

Die Verdammung des Alkoholmissbrauchs war Teil einer überraschend vehementen Kritik am Kolonialismus, die maßgeblich von Sozialdemokraten in Deutschland ausging. Am 2. Dezember 1905 erklärte Georg Ledebour, ein sozialdemokratischer Abgeordneter im Reichstag:

> Ja, meine Herren, es ist die Erfahrung aller Völker, die sich in diese verrückten Ausbeutungs- und Unterdrückungskriege in den Kolonien hineinstürzten, dass solche Kriege zu einer Verrohung und Entsittlichung der Eroberer führen. So ist es dem Engländer ergangen in Indien. Die Bestialitäten der kolonialen Kriegführung haben sie sogar in Südafrika im Kriege gegen die Buren bewiesen. So ist es den Franzosen ergangen überall, wo sie Kolonialkriege geführt haben. Ich erinnere nur an den General Pélissier, der Hunderte von Feinden durch Rauch in den Höhlen ersticken ließ, wohin sie sich geflüchtet hatten. So ist es in neuerer Zeit erst den Belgiern ergangen. Wir wollen auch nicht, dass Deutschland auf ein solches Niveau herabsinkt wie König Leopold von Belgien [...].[44]

Schockiert durch August Bebels angeblich „im schärfsten und gehässigsten Tone betriebene Hetze gegen die Südwestafrikanischen Kolonisten",[45] berichtete die *Deutsch-Südwestafrikanische Zeitung*: die Sozialdemokratische Partei Deutschlands „betrachtet das ganze Kolonisieren als ein Unrecht gegenüber den Eingeborenen, als verwerfliche Vergewaltigung und Ausbeutung".[46]

Der Streit um den Kolonialismus in Deutsch-Südwestafrika war während des von 1904 bis 1907 dauernden Herero-Kriegs besonders intensiv. 14.000 deutsche Soldaten kämpften in diesem Krieg, der 600 Millionen deutsche Mark verschlang – es war die teuerste Militäraktion des Deutschen Reichs vor dem Ersten

---

42 Hartmann: Sexual Encounters and their Implications, S. 183.
43 Walther: Racializing Sex, S. 16.
44 Deutsch-Südwestafrikanische Zeitung, 8/2 (10. Januar 1906), „Parlaments-Beilage".
45 Deutsch-Südwestafrikanische Zeitung, 6/16 (19. April 1904).
46 Deutsch-Südwestafrikanische Zeitung, 8/18 (2. Mai 1906).

Weltkrieg.[47] Unter der Leitung von Lothar von Trotha führte die deutsche Kolonialregierung eine genozidale Kampagne gegen die Herero und andere Völker; er
drohte, alle männlichen Herero zu erschießen und die Frauen und Kinder in die
Wüste zu treiben. Die deutsche Kolonialregierung entwickelte eine neue Kriegs-
rhetorik, in der von ‚Konzentrationslagern' und ‚Vernichtungskriegen' die Rede
war und die später im Nationalsozialismus wiederkehren sollte. Nach Hull schät-
zen die meisten Historiker, dass zwischen 75 und 80 Prozent der Herero und
zwischen 45 und 50 Prozent der Nama ermordet wurden.[48] Buchtitel wie Jeremy
Sarkins *Germany's Genocide of the Herero* und David Olusogas und Casper
W. Erichsens *The Kaiser's Holocaust. Germany's Forgotten Genocide and the Colonial Roots of Nazism*, beide 2010 erschienen, weisen darauf hin, dass dieser Krieg
in der Forschung zunehmend als Genozid gewertet wird. Im Jahre 2004 entschul-
digte sich die deutsche Entwicklungsministerin Heidemarie Wieczorek-Zeul für
den Völkermord an den Herero und Nama – das erste Mal, dass dieses „ent-
schädigungsrelevante" Wort (Joschka Fischer) von einem Mitglied der deutschen
Regierung mit Blick auf die ehemalige Kolonie Deutsch-Südwestafrika benutzt
wurde.[49]

Während die Deutschen Kriege gegen die Herero, die Nama und andere
Völker in der Gegend führten, erließen sie neue Verordnungen zu (hetero-)sexuel-
len Handlungen zwischen Europäern und Afrikanern: 1905 verbot Gouverneur
Lindquist Zivilehen zwischen Weißen und Nicht-Weißen, 1906 untersagte er
religiöse Mischehen und 1907 wurden vorher anerkannte Mischehen aufgeho-
ben.[50] Unter den Kolonien war Deutsch-Südwestafrika führend bezüglich derartiger Richtlinien: Deutsch-Ostafrika folgte ein Jahr später, während Samoa ein
ähnliches Verbot erst 1912 einführte, da viele dortige Kolonisten solche Gesetze
als eine unerwünschte Einschränkung ihrer persönlichen Freiheit wahrnahmen.
In Deutsch-Südwestafrika aber haben die meisten Europäer solche Prohibitionen
begrüßt.

Eigentlich waren derlei Mischehen relativ selten. Nach Birthe Kundrus wurden
in allen deutschen Kolonien zwischen 1907 und 1908 insgesamt 166 dokumentiert.
In den Jahren 1892 und 1893 gab es in Deutsch-Südwestafrika 38 solcher Ehen,

---

47 Isabel V. Hull: German Military Culture and the Colonial War in Southwest Africa, 1904–1907,
in: Wayne E. Lee (Hg.): Warfare and Culture in World History. New York 2011, S. 142–164, hier
S. 144.
48 Hull: German Military Culture, S. 145.
49 Spiegel Online, 15. August 2004, http://www.spiegel.de/politik/ausland/wieczorek-zeul-in-
namibia-deutschland-entschuldigt-sich-fuer-kolonialverbrechen-a–313373.html [06.05.2014].
50 Andreas Selmeci, Dag Henrichsen: Das Schwarzkommando. Thomas Pynchon und die
Geschichte der Herero. Bielefeld 1995, S. 85.

wovon jedoch nur sieben zwischen Deutschen und Afrikanern geschlossen wurden (während die Europäer in den anderen Ehen aus England, Holland oder Schweden kamen).[51] Stoler legt dar, dass frühe Kolonialismus-Theoretiker wilde Ehen und Prostitution zwischen Europäern und Afrikanern als notwendiges Übel betrachtet haben – nicht zuletzt, um den Sexualverkehr zwischen den europäischen Männern zu unterbinden.[52] In der Tat haben viele Kolonialmächte anfänglich europäischen Frauen verboten, in die Kolonien einzureisen, weil sie fürchteten, dass die Frauen zu viel Geld, Zeit, Energie und Aufmerksamkeit von den männlichen Kolonisten abverlangen würden.[53] Religiöse Organisationen wie die Rheinische Missionsgesellschaft beharrten aber auf der Unantastbarkeit der Ehe, einschließlich der Mischehen. Im Allgemeinen zogen sie Mischehen der Promiskuität vor, die junge unverheiratete Männer in den Kolonien sonst ausleben würden.[54] Ende des 19. Jahrhunderts aber kamen immer mehr Frauen in die Kolonien und die Erhaltung der nationalen und rassischen Identität bekam für viele Kolonisten höchste Priorität.[55] Wie Stoler beobachtet, entwickelte sich die ‚weiße Endogamie‘ zusehends zu einer soziopolitischen Strategie, die auf Ängste vor Sexualität und Rasse in Deutschland und in den Kolonien reagierte.[56] In Berlin stießen solche Verordnungen jedoch auf Widerstand. Gesetzlich war ‚Rasse‘ nicht einmal eine juristisch definierte Kategorie, weswegen diese Verbote von den Gerichten eigentlich nicht hätten berücksichtigt werden können. 1912 versuchte der Reichsrat entgegen der Position des Militärs, die Gültigkeit aller Ehen zwischen ‚Weißen und Einheimischen‘ zu erlauben; vermutlich als Teil eines aufkeimenden Streits mit dem Militär über die Art und Weise, wie die Kolonien regiert werden sollten.[57]

Der Herero-Krieg in Deutsch-Südwestafrika sowie die zunehmende Stigmatisierung des Sexualverkehrs zwischen Europäern und Afrikanern lassen die Aussagen der afrikanischen Männer im Fall van Alten umso interessanter erscheinen. Mitten im Herero-Krieg klagt der Herero Metiruju erfolgreich gegen einen deutschen Kolonisten. In den Akten des Gerichts wurde Metiruju zuerst nur „der Junge" genannt. Diese Bezeichnung wurde aber schließlich in den Protokollen

---

51 Birthe Kundrus: Moderne Imperialisten. Das Kaiserreich im Spiegel seiner Kolonien. Köln 2003, S. 220.

52 Stoler: Carnal Knowledge, S. 2.

53 Stoler: Carnal Knowledge, S. 48.

54 Die meisten Missionare, die in Deutsch-Südwestafrika waren, unterstützten die Verbote. Die Opposition gegen die Mischehen-Verbote kam aus der Verwaltung in Deutschland. Vgl. Selmeci, Heinrichsen: Das Schwarzkommando, S. 85.

55 Lora Wildenthal: German Women for Empire, 1884–1945. Durham, NC 2001, S. 3–5.

56 Stoler: Carnal Knowledge, S. 2.

57 Kundrus: Moderne Imperialisten, S. 220.

gestrichen und durch „den Zeugen" ersetzt, was ein Versuch zu sein scheint, ihm mehr Respekt zu zollen. Wenngleich die kolonisierten Völker grundsätzlich nicht dem reichsdeutschen Recht unterstanden und entsprechend auch nicht dessen Schutz genossen, wussten Juristen, dass dieser Sachverhalt alles andere als eindeutig war. Die *Deutsch-Südwestafrikanische Zeitung* druckte Artikel der *Deutschen Juristen-Zeitung* ab, welche die noch unbeantwortete Frage zum Verhältnis zwischen dem Rechtssystem der ‚Schutzgebiete' und demjenigen des Deutschen Reichs behandelten: Inwiefern kamen den einheimischen Einwohnern dieselben Rechte zu wie den Deutschen?[58] Dieses Thema wurde zwar in den Prozessen gegen van Alten nicht explizit thematisiert. Trotzdem gab es in diesem Fall implizite Hinweise darauf, dass die Herero wenigstens bei Sexualdelikten Rechte gemäß der deutschen Rechtsordnung zugestanden bekamen. Rassische Bestimmungen wurden also entsprechend umgangen, um die Sexualdisziplin durchzusetzen. Die Verbote zu Ehe und Sexualverkehr zwischen Europäern und Afrikanern spielten in diesen Prozessen keine Rolle – vermutlich, weil die Handlungen auch dann illegal gewesen wären, wenn sie unter Europäern erfolgt wären. Dennoch ist es überraschend, wie wenig Aufsehen der Verkehr zwischen Europäern und Afrikanern erregte, wenn man bedenkt, wie rassistisch und sogar völkermörderisch die Regierung während des Aufstands der Herero und Nama in Deutsch-Südwestafrika vorging.

Die Ärzte aus Windhoek diskutierten van Altens Missbrauch der einheimischen Afrikaner, ohne ihn dafür aus rassischen Überlegungen heraus zu verdammen. Dünschmann schrieb über van Alten, „daß er sehr zum Zorn neigt. Wenn z.B. unterwegs beim Frachtfahren der Wagen plötzlich stehen bleibe, so schlage er zuweilen auf die Schwarzen rücksichtslos zu, auch wenn er sich davon überzeugt, daß ein Weitergehen des Wagens eben nicht möglich sei".[59] In Berlin hingegen erwähnte Hirschfeld van Altens Benehmen gegenüber den Afrikanern mit keinem einzigen Wort, obwohl er Dünschmanns Gutachten gelesen hatte. Dies geschah, obgleich Hirschfeld als überzeugter Sozialdemokrat wohl gegen das koloniale Projekt gewesen sein dürfte und in den 1930er Jahren sogar ein ganzes Buch über den Rassismus geschrieben hat. Ferdinand Karsch-Haack, der van Alten in seinem 1911 erschienenen Buch *Das gleichgeschlechtliche Leben der Naturvölker* erwähnte, argumentierte bei seinem Versuch, die angeblich von manchen geäußerte Behauptung zu widerlegen, dass van Alten den vorher reinen und unschuldigen afrikanischen Naturvölkern eine lasterhafte europäische Sexualmoral beigebracht habe, auf geradezu anstößige Weise.

---

58 Deutsch-Südwestafrikanische Zeitung, 7/51 (20. Dezember 1905).
59 Dünschmann: Gutachten.

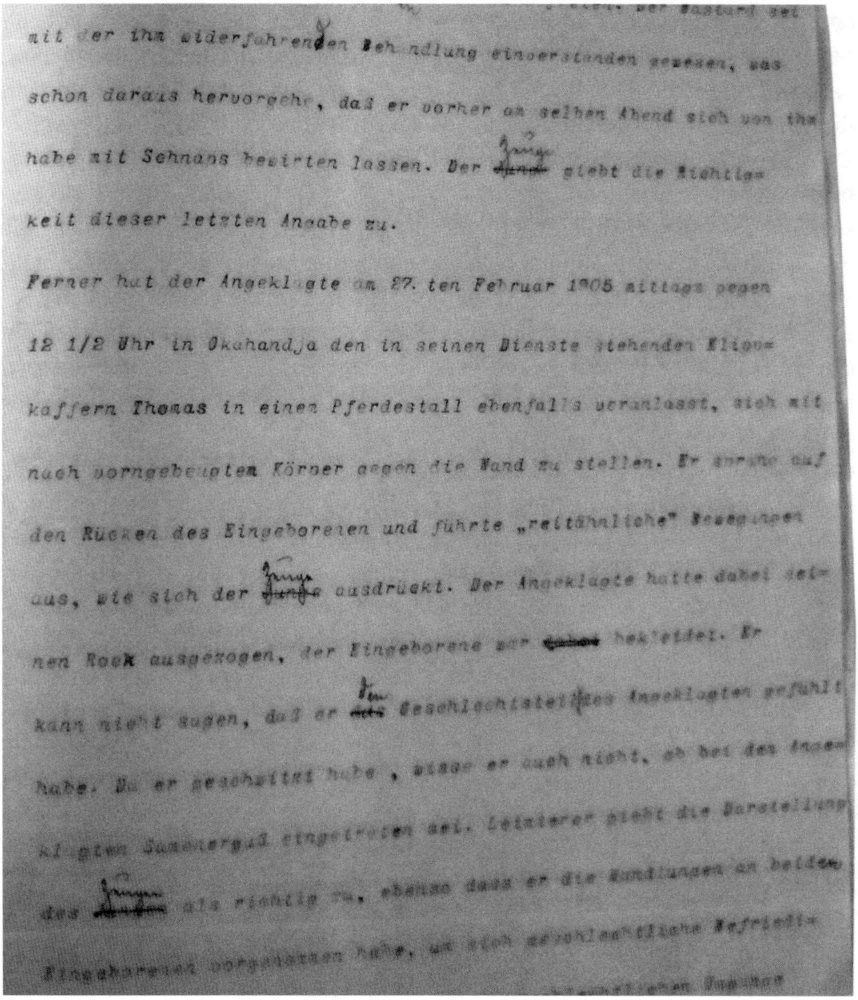
mit der ihm widerfahrenden Behandlung einverstanden gewesen, was schon daraus hervorgehe, daß er vorher am selben Abend sich von ihm habe mit Schnaps bewirten lassen. Der Zeuge ~~Junge~~ giebt die Richtigkeit dieser letzten Angabe zu.

Ferner hat der Angeklagte am 27. ten Februar 1905 mittags gegen 12 1/2 Uhr in Okahandja den in seinen Diensten stehenden Klippkaffern Thomas in einen Pferdestall ebenfalls veranlasst, sich mit nach vorngebeugtem Körper gegen die Wand zu stellen. Er sprang auf den Rücken des Eingeborenen und führte „reitähnliche" Bewegungen aus, wie sich der Zeuge ~~Junge~~ ausdrückt. Der Angeklagte hatte dabei seinen Rock ausgezogen, der Eingeborene war ~~[illegible]~~ bekleidet. Er kann nicht sagen, daß er den ~~das~~ Geschlechtsteil des Angeklagten gefühlt habe. Ob er geschwitzt habe, wisse er auch nicht, ob bei dem Angeklagten Samenerguß eingetreten sei. Letzterer giebt die Darstellung des Zeugen ~~Jungen~~ als richtig zu, ebenso dass er die Handlungen an beiden Eingeborenen vorgenommen habe, um sich geschlechtliche Befriedi-

Abb. 4: „Zeuge" statt „Junge". National Archives of Namibia.

Um van Alten besser verteidigen zu können, hoben sowohl Hirschfeld als auch Karsch-Haack dessen Militärdienst hervor. Nachdem Hirschfeld van Altens Militärdienst in dessen Jugend erwähnte, betonte er: Van Alten „nahm an der Niederwerfung des Herero-Aufstandes als Kriegsfreiwilliger teil".[60] In Karsch-Haacks Wut über die Ausweisung eines deutschen Staatsbürgers aus einem

60 Hirschfeld: Ärztliches Attest.

deutschen ‚Schutzgebiet' in Afrika wegen Handlungen, die angeblich „am licht-
hellen Tage, am Feldrain gang und gäbe gewesen" seien, hob auch er hervor,
dass van Alten ein ehemaliger Leutnant war – freilich ohne zu erwähnen, dass
dieser wegen seiner Homosexualität aus dem Militär ausgemustert worden war.[61]
Es ist bemerkenswert, dass die frühen Führer der homosexuellen Emanzipationsbewegung in Deutschland „homonationalistisch" arbeiteten,[62] indem sie versuchten, das trotz der Gräueltaten während der Herero-Kriege weiter bestehende
Prestige des deutschen Militärs für den Schutz Homosexueller zu instrumentalisieren, während sie zugleich die Bedeutung des Rassismus herunterspielten.

Der Fall Victor van Alten stellt viele weit verbreitete Annahmen in Frage. In
diesem kolonialen Prozess wegen Verstößen gegen § 175 des Reichsstrafgesetzbuchs erscheint der Kläger Metiruju sympathischer als der Angeklagte. Der Staat
behandelte den Kläger mit einem gewissen Respekt, während er gleichzeitig
einen völkermörderischen Krieg gegen dessen Volk, die Herero, führte. Trotz
zunehmend strikter Regulierung der Sexualhandlungen zwischen Europäern und
Afrikanern wurde die Tatsache, dass die Unzucht zwischen einem Weißen und
einem Schwarzen stattfand, im Prozess nicht hervorgehoben. Die Führer der
Homosexuellenbewegung in Deutschland, selbst tendenziell gegen den Kolonialismus eingestellt und hinsichtlich Rassismus sensibilisiert, übersahen van Altens
Rassismus, während die Ärzte in Windhoek, wichtige Vertreter der rassistisch
eingestellten Gesellschaft der Kolonie, den Rassismus des Angeklagten zur Kenntnis nahmen. Die Spuren, die die vielen verschiedenen Stimmen in den Akten der
van Alten Prozess hinterlassen haben, weisen auf die vielfältige Polyphonie der
diskursiven Symphonie hin, welche die modernen Sexualitäten hervorgebracht
hat. Dass viele dieser Stimmen aus den Kolonien stammen, bestätigt die These
Stolers, dass die Kolonien überhaupt nicht provinziell und rückständig, sondern
vielmehr „Laboratorien der Modernität" waren.[63] In diesem spezifischen Ver-
suchsraum der Moderne – den Prozessen von Victor van Alten – sieht man
besonders deutlich, wie Medizin und Jurisprudenz bei der argumentativen Verknüpfung der §§ 51 und 175 zusammengearbeitet haben, um moderne Sexualität
neu zu definieren.

---

61 Ferdinand Karsch-Haack: Das gleichgeschlechtliche Leben der Naturvölker. München 1911,
S. 131.
62 Jasbir Puar: Terrorist Assemblages. Homonationalism in Queer Times. Durham, NC 2007.
63 Stoler: Carnal Knowledge, S. 146.

Verwendete Literatur

M. Bail: Ärztliches Zeugnis, Akte H3/05, National Archives of Namibia.

Iwan Bloch: Ärztliches Gutachten. 9. Mai 1911. Akte H3/05, National Archives of Namibia.

Deutsch-Südwestafrikanische Zeitung 6/16 (19. April 1904).

Deutsch-Südwestafrikanische Zeitung 7/9 (1. März 1905).

Deutsch-Südwestafrikanische Zeitung 7/12 (12. März 1905).

Deutsch-Südwestafrikanische Zeitung 7/51 (20. Dezember 1905).

Deutsch-Südwestafrikanische Zeitung 8/2 (10. Januar 1906), „Parlaments-Beilage".

Deutsch-Südwestafrikanische Zeitung 8/18 (2. Mai 1906).

Deutsches Kolonialblatt 17 (1906).

Dünschmann: Gutachten, 12 März 1905. Akte H3/05, National Archives of Namibia.

H. Dünschmann: Kinematograph und Psychologie der Volksmenge, in: Konservative Monats-schrift für Politik, Literatur und Kunst 12/69 (1909/10), S. 920–930.

Michel Foucault: The History of Sexuality. Vol. 1: An Introduction. New York 1980.

Victor Franke: Die Tagebücher des Schutztruppenoffiziers Victor Franke. Bd. 1: Tagebuchauf-zeichnungen vom 16.05.1896–27.05.1904. Delmenhorst 2002.

Andrea Haller: Influence of the Female Audience on the Program Structure of Early Cinema and the Changes of Modes of Reception [1906–1918], Vortrag gehalten auf der Konferenz „Women and Silent Screen", Montreal, 2.–6. Juni 2004, http://www.ubttest.opus.hbz-nrw.de/volltexte/2006/360/pdf/HallerFemaleAudienceandProgramme.pdf.

Wolfram Hartmann: Sexual Encounters and their Implications on an Open and Closing Frontier. Central Namiba from the 1840s to 1905, dissertation, Columbia University (New York), 2002.

Wolfram Hartmann: Sexuality, Gender, and the Body in Colonial Namibia. Some Preliminary Observations from German South West Africa [1996]. Unveröffentlichte Arbeit in den Archi-ven der Basler Afrika-Bibliografien.

Magnus Hirschfeld: Ärztliches Attest. 4. Dezember 1908. Akte H3/05, National Archives of Namibia.

Isabel V. Hull: German Military Culture and the Colonial War in Southwest Africa, 1904–1907, in: Wayne E. Lee (Hg.): Warfare and Culture in World History. New York 2011, S. 142–164.

Ronald Hyam: Empire and Sexuality. The British Experience. Manchester 1990.

Ferdinand Karsch-Haack: Das gleichgeschlechtliche Leben der Naturvölker. München 1911.

Birthe Kundrus: Moderne Imperialisten. Das Kaiserreich im Spiegel seiner Kolonien. Köln 2003.

Leopold Loewenfeld: Homosexualität und Strafgesetz. Nach einem in der kriminalistischen Sektion des akademisch-juristischen Vereins zu München am 17. Dezember 1907 gehalte-nen Vortrage. Wiesbaden 1908 (= Grenzfragen des Nerven- und Seelenlebens, Bd. 57).

Robert Musil: Der Mann ohne Eigenschaften. Roman. Bd. 1: Erstes und zweites Buch. Hg. v. Adolf Frisé. Reinbek b. Hamburg 1978.

N.N.: Gerhart Metiruju. Kaiserliche Gerichtsanstalt. 23. Februar 1905. Akte H3/05, National Archives of Namibia.

N.N.: In der Strafsache gegen den Frachtfahrer Viktor van Alten. 25. Juni 1906. Akte H3/05, National Archives of Namibia.

N.N.: In der Strafsache gegen den Frachtfahrer Viktor van Alten. 16. März 1906. Akte H3/05, National Archives of Namibia.

N.N.: In der Strafsache gegen den Frachtfahrer Viktor van Alten. 31. Mai 1905. Akte H3/05, National Archives of Namibia.

N.N.: In der Strafsache gegen den Frachtfahrer Victor, früh. Aussiedler Victor van Alten. 1. März 1905. Akte H3/05, National Archives of Namibia.

David Olusoga, Casper W. Erichsen: The Kaiser's Holocaust. Germany's Forgotten Genocide and the Colonial Roots of Genocide. London 2010.

Jasbir Puar: Terrorist Assemblages. Homonationalism in Queer Times. Durham, NC 2007.

Queen v. M'Naghten: 8 Eng. Rep. 718 (1843).

Jeremy Sarkin: Germany's Genocide of the Herero. Kaiser Wilhelm II, His General, His Settlers, His Soldiers. Cape Town 2011.

Heike Schmidt: Colonial Intimacy. The Rechenberg Scandal and Homosexuality in German East Africa, in: Journal of the History of Sexuality 17/1 (2008): Masculinity and Homosexuality in Germany and the German Colonies, 1880–1945, S. 25–59.

Andreas Selmeci, Dag Henrichsen: Das Schwarzkommando. Thomas Pynchon und die Geschichte der Herero. Bielefeld 1995.

Spiegel Online, 15. August 2004, http://www.spiegel.de/politik/ausland/wieczorek-zeul-in-namibia-deutschland-entschuldigt-sich-fuer-kolonialverbrechen-a–313373.html.

Ann Laura Stoler: Carnal Knowledge and Imperial Power. Race and the Intimate in Colonial Rule. Berkeley 2002.

Friedrich Wachenfeld: Homosexualität und Strafgesetz. Ein Beitrag zur Untersuchung der Reform-bedürftigkeit des § 175 St.G.B. Leipzig 1901.

Daniel Joseph Walther: Creating Germans Abroad. Cultural Policies and National Identity in Nambia. Athens, OH 2002.

Daniel Joseph Walther: Racializing Sex. Same-Sex Relations, German Colonial Authority and Deutschtum, in: Journal of the History of Sexuality 17/1 (2008): Masculinity and Homo-sexuality in Germany and the German Colonies, 1880–1945, S. 11–24.

Lora Wildenthal: German Women for Empire, 1884–1945. Durham, NC 2001.

Wissenschaftlich-humanitäres Komitee: An das kaiserliche Obergericht zu Windhoek. 18. Juni 1911. Akte H3/05, National Archives of Namibia.

Ernst Ziemke: H. Dünschmann: Über den Tod durch Verhungern vom gerichtsärztlichen Stand-punkte, in: Zeitschrift für Medizinbeamte 13 (1900), S. 385.

Maurice Cottier (Bern)
Tragische Verhängnisse

Erzählstile und sexuelle Gewalt im Amtsbezirk Bern um 1900

> Denn als ein tragisches Verhängnis – im Unterschied gegen ein trauriges oder von außen her zerstörendes – bezeichnen wir doch wohl dies: dass die gegen ein Wesen gerichteten, vernichtenden Kräfte aus den tiefsten Schichten eben dieses Wesens selbst entspringen; dass sich mit seiner Zerstörung ein Schicksal vollzieht, das in ihm selbst angelegt und sozusagen die logische Entwicklung eben der Struktur ist, mit der das Wesen seine eigene Positivität aufgebaut hat.
>
> *Georg Simmel*[1]

1 Einleitung

Im Jahr 1934 erzählte der Bauhandlanger Emil M.[2] vor der Berner Strafjustiz auf tragische Weise seine Übergriffe auf seine eigene Tochter. Der Begriff ‚tragisch' ist bewusst gewählt, denn längst nicht jede sexuelle Gewalttat wurde in Bern als – um einen Begriff von Georg Simmel von 1911 zu verwenden – *tragisches Verhängnis* geschildert. Die allermeisten der Angeklagten taten dies nicht. So zum Beispiel auch der Tagelöhner Johann S., der 1870 dem gleichen Gericht seine sexuelle Gewalttat an einer ihm vage bekannten Frau erzählte. Ich möchte anhand dieser zwei Gerichtsfälle wegen Notzucht exemplarisch darstellen, wie sich der Stil der in den Verhörprotokollen niedergeschriebenen Erzählungen über sexuelle Gewalt um die Jahrhundertwende änderte, und aufzeigen, wie die Angeschuldigten im Kontext des medizinischen und soziologischen Degenerationsdiskurses begannen, sich selber als tragische Helden zu stilisieren.

---

1 Georg Simmel: Der Begriff und die Tragödie der Kultur, in: ders.: Philosophische Kultur. Gesammelte Essais. Frankfurt/M. 1996 [Original 1911] (= Georg Simmel Gesamtausgabe, Bd. 14), S. 385–416, hier S. 411.
2 Alle Namen wurden anonymisiert.

2 Dreifache Perspektive auf gerichtliche Verhörprotokolle

Die serielle Auswertung von 102 unspektakulären Gerichtsfällen wegen Notzucht und Notzuchtversuch, die zwischen 1867 und 1941 im Amtsbezirk Bern geführt wurden, gibt einen Blick frei auf die Akteure, in die Kontexte und in die Erzählweisen der sexuellen Gewalt in einer mittelgrossen west- oder mitteleuropäischen Stadt um 1900. Als historische Quellen analysiere ich die Untersuchungsakten dieser Gerichtsfälle auf drei verschiedene Weisen. Da sie unter anderem Angaben zum Beruf, Zivilstand und Wohnort der verhörten Person enthalten, ermöglichen die Verhörprotokolle es, Sozialprofile der Angeschuldigten und ihrer Opfer zu erstellen. Anhand dieser sozialhistorischen Perspektive kann ungefähr die soziale Position der Beteiligten in der Gesellschaft bestimmt werden. Die zweite, wenn man so will, positivistische Perspektive teilt man mit dem Untersuchungsrichter, der sich fragte, was genau vorgefallen war. Die Schilderungen der Angeschuldigten und Opfer, denen man folgt, waren natürlich nicht neutral. Allerdings interessieren mich dabei im Gegensatz zum Gericht nicht die Frage der Schuld oder Unschuld eines Angeschuldigten sondern lediglich die Kontexte der Gewalthandlung. Anhand der Protokolle kann ungefähr Ort und Zeit der Begegnung und des Angriffs rekonstruiert werden und es kann bestimmt werden, in welcher Beziehung der Täter zu seinem Opfer stand. Die dritte Perspektive schließlich betrachtet die Verhörprotokolle als Erzählungen. Unabhängig von der Frage, ob sie im juristischen Sinn wahr oder gelogen waren, fügten sich die protokollierten Aussagen zu einer Erzählung zusammen, deren Stil wie das Sozialprofil der Beteiligten und das Ereignis der Gewalt als veränderbare historische Tatsache behandelt werden kann. Auch der Stil einer Erzählung ist historisch wandelbar und daher für die Gewaltforschung von Interesse.

Die qualitative Arbeit mit Gerichtsakten erfordert eine fundierte Quellenkritik. In unserem Zusammenhang ist es wichtig, dass die Berner Strafjustiz gerade zwischen 1867 und 1971 im Wesentlichen unverändert blieb.[3] Die Möglichkeiten

---

3 Grundlegende Bestimmungen zur Strafjustiz enthält die Berner Verfassung von 1846 (*Staatsverfassung des Kantons Bern vom 4. Juni 1846, Art. 63*). Im Jahr darauf erliess der Kanton ein *Gesetz über die Organisation der Gerichtsbehörden vom 31. Heumonat 1847*, das ab 1909 geringfügig revidiert weitergeführt wurde (*Gesetz über die Organisation der Gerichtsbehörden von 1908*). Ab 1850 verfügte der Kanton über ein erstes umfassendes Strafprozessrecht, das in seiner leicht überarbeiteten Fassung von 1854 bis 1927 gültig war (*Gesetzbuch über das Verfahren in Strafsachen für den Kanton Bern vom 29.6.1854*). Für die Untersuchung und die Beurteilung der Notzucht vor den Berner Gerichten hatte diese Gesetzesrevision allerdings keinen Einfluss (*Gesetz über das*

zur Anzeige und Untersuchung eines Verbrechens sowie die Herstellungsbedingungen der Gerichtsakten im Allgemeinen und der Verhörprotokolle im Besonderen blieben daher über die ganze Dauer der Untersuchungsperiode gleich.

Hergestellt wurden die Verhörprotokolle, wie die meisten anderen Dokumente, die in den einzelnen Falldossiers enthalten sind, während der sogenannten gerichtlichen Voruntersuchung. Es handelte sich dabei um ein geheimes Verfahren, das weder der Öffentlichkeit noch den Angeschuldigten und Opfern oder deren Rechtsvertretungen zugänglich war.[4] Ein Untersuchungsrichter untersuchte während der Voruntersuchung, ob eine angezeigte strafbare Handlung tatsächlich stattgefunden hatte und wer gegebenenfalls die Schuld an dieser trug. Das Verhör stellte die wichtigste Technik dar, um diese zwei Fragen zu beantworten. Es diente den Untersuchungsrichtern als Beweis für die Schuld oder Unschuld eines Angeschuldigten.

Nach dem *Handbuch der gerichtlichen Untersuchungskunde* des deutschen Juristen Ludwig von Jagemann aus den 1830er Jahren hatte ein Verhör nach dem folgenden Muster durchgeführt zu werden: Der Untersuchungsrichter sollte sein Gegenüber auffordern, „anzugeben, was ihm selbst von der Sache bekannt ist", oder ihn dazu anhalten, „über einen gewissen Umstand eine Erklärung zu geben, oder eine Meinung zu äussern".[5] Wenn eine strafbare Handlung eingestanden wurde, sollte nach den Beweggründen, dem sogenannten „Animus" der Tat gefragt werden.[6] Ähnlich formulierte es auch das Berner Strafprozessrecht von 1854:

> Der Angeschuldigte ist über alle auf die strafbare Handlung Bezug habenden Tatsachen zu befragen und kann auch aufgefordert werden, zuerst eine zusammenhängende Erzählung über dieselben zu machen. Die unklaren und unbestimmten Antworten sucht der Richter

---

Strafverfahren für den Kanton Bern, 20. Mai 1928). 1867 erhielt der Kanton Bern sein erstes Strafgesetzbuch (*Strafgesetzbuch für den Kanton Bern*), das 1942 durch das erste gesamtschweizerische Strafrecht abgelöst wurde. Zum Berner Justizwesen vgl. auch Sybille Hofer: Strafrecht und Strafprozessrecht, in: Peter Martig, Charlotte Gutscher (Hg.): Berns moderne Zeit. Das 19. und 20. Jahrhundert neu entdeckt. Bern 2011, S. 105–112.

4 Der geheime Charakter der Voruntersuchung verhinderte es, dass die Angeschuldigten sich vor ihren Verhören mit einem Anwalt austauschen konnten. Dies galt auch für die Voruntersuchung nach 1927, als die Rechtsvertretung des Angeschuldigten teilweise bei Zeugenverhören anwesend sein durfte. Vgl. W. Krebs: Die Reform des Strafprozesses, in: Zeitschrift des Bernischen Juristen-Vereins 58 (1929), S. 472–485, hier S. 477f.

5 Ludwig von Jagemann: Handbuch der gerichtlichen Untersuchungskunde. Bd. 1. Frankfurt/M. 1838, S. 628.

6 Jagemann: Untersuchungskunde, S. 410.

durch neue Fragen aufzuhellen; er soll auch den Angeschuldigten auf die Widersprüche aufmerksam machen, in die er sich verwickelt, und ihn zu deren Lösung auffordern.[7]

In Bern scheinen diese Vorgaben in die Praxis umgesetzt worden zu sein. Wenn man die Verhörprotokolle betrachtet, fällt auf, dass vor allem das erste Verhör mit dem Angeschuldigten sehr offen geführt und dem Verhörten dabei viel Raum zum Erzählen gelassen wurde.

Das Gericht führte das Verhör nicht nur, sondern es schrieb die Aussagen auch auf eine spezifische Weise auf. Ende des 18. Jahrhunderts stellte das Verhörprotokoll für den Berner Juristen Karl Ludwig von Haller ein „Selbstzeugnis" der verhörten Person dar. Er forderte in diesem Zusammenhang ein Höchstmaß an „Authentizität".[8] Anders als in der Frühen Neuzeit wurden die gerichtlichen Verhörprotokolle des 19. und 20. Jahrhunderts tatsächlich nicht mehr in der dritten, sondern in der ersten Person Singular verfasst. Von Jagemann sah im „directen Stil [...] den wesentlichen Vorzug [...], dass Jeder, der das Protokoll später liest, sich lebendig in den Moment der Entstehung desselben, ja in die Seele und damalige Stimmung des Disponenten zurückversetzen kann."[9] Das Verhörprotokoll sollte also ein Text sein, der dem Leser Zugang zum Subjekt des Verhörten ermöglichte. Aus diesem Grund verzichteten die Aktuare bei den

---

7 Gesetzbuch über das Verfahren in Strafsachen für den Kanton Bern vom 29.6.1854, Art. 208. Anders als im frühneuzeitlichen Inquisitionsprozess durften die Richter im reformierten Strafprozess nicht mehr durch Gewalt, Drohungen, falsche Versprechen oder suggestive Fragen den Inhalt des Erzählten beeinflussen. Der Untersuchungsrichter hatte „sich einzig auf die Protokollierung der Antworten [...] zu beschränken". Der Verzicht auf körperlichen Zwang, namentlich auf die Folter, hatte nicht nur humanistische Gründe, sondern rührte auch daher, dass im reformierten Strafverfahren das Geständnis oder belastende Zeugenaussagen nicht mehr unbedingt nötig waren, um die Schuld zu beweisen. Wegen der Abschaffung der Beweistheorie und der Einführung der freien Beweiswürdigung durch die Richter und die Geschworenen wurde es möglich, Angeschuldigte auch ohne ein vorliegendes Geständnis oder eine gewisse Anzahl belastender Zeugenaussagen zu verurteilen. Nach dem Berner Strafverfahren von 1854 dienten auch Gutachten von Experten oder der richterliche Augenschein des Tatortes als ebenwertige Beweise der Schuld oder Unschuld. Obwohl das Geständnis und die belastenden Zeugenaussagen wichtig blieben, führte ihre relative Abwertung dazu, dass die Verhörtechnik nicht mehr auf das Geständnis ausgerichtet war. Vgl. Gesetzbuch über das Verfahren in Strafsachen für den Kanton Bern vom 29.6.1854, Art. 214; vgl. auch: Gesetz über das Strafverfahren des Kantons Bern von 20. Mai 1928, Art. 106. Zum Beweisrecht im frühneuzeitlichen Strafverfahren der peinlichen Gerichtsordnung Carolina von 1532 vgl. Alexander Ignor: Geschichte des Strafprozesses in Deutschland 1532–1846. Von der Carolina Karls V. bis zu den Reformen des Vormärz. Paderborn 2002, S. 62–73.

8 Karl Ludwig von Haller: Gutachten Mrghhrn. der Committierten über die Verbesserung der hiesigen Criminal-Prozessform. Bern 1797, S. 41 u. S. 49.

9 Jagemann: Untersuchungskunde, S. 615.

allermeisten Protokollen auch darauf, die Fragen der Untersuchungsrichter zu notieren. Die einzelnen Aussagen wurden so zu einem ungebrochenen Autonarrativ geglättet.[10] Auch die Berner Verhörprotokolle zwischen 1867 und 1941 waren in diesem spezifisch historischen Sinn ‚authentische Selbstzeugnisse‘.

Wie wir in der Folge sehen werden, konnten der Inhalt und der Stil dieser ‚authentischen Selbstzeugnisse‘ über sexuelle Gewalt aber stark variieren. Die Stabilität des rechtlichen Rahmens zwischen 1867 und 1941 spricht dafür, dass die Veränderungen der Erzählstile nicht auf einer neuen Verhör- und Protokolliertechnik beruhten. Das wichtigste Argument aber, das dafür spricht, dass die feststellbaren Veränderungen nicht auf einer veränderten Praxis der Gerichte beruhten, liefert der Blick in die Untersuchungsakten, der zeigt, dass die verschiedenen Erzählweisen an spezifische Handlungskontexte der Gewalt und an gewisse Akteure gebunden waren.

3 Sexuelle Gewalt als situative Interaktion am Rand der bürgerlichen Gesellschaft

Am 19. August 1870 meldete ein Landjäger aus dem nördlich der Stadt gelegenen Bauerndorf Uettligen dem Regierungsstatthalteramt in Bern, dass Elisabeth I., „50 Jahre alt, blödsinnig und wohnhaft in Uettligen" – so wurde sie vom Landjäger beschrieben – „Anzeige" eingereicht hatte. Der Tagelöhner Johann S. aus dem Nachbarsdorf Wohlen habe sie am Tag zuvor „im Schüpfenriedwald zu Boden gemacht, misshandelt" und an ihr einen „Nothzuchtversuch" verübt. Nachdem er durch den Landjäger festgenommen worden war, äußerte sich Johann am nächsten Tag folgendermaßen über den Vorfall:

> Am 18. [dieses Monats], gegen Mittag, fuhr ich mit einer Kuh von Uettligen gegen Möriswil u. kam durch den Schüpfenriedwald. Ich traf in diesem Walde die Elisabeth I. an, welche nicht am besten reden kann. Ich sprach allergattig mit ihr u. suchte sie zu fleischlichen Umgang an. Sie weigerte sich, worauf ich sie zu Boden machte, auf den Rüken [sic] legte u. ihr die

---

10 Auch die Unterschrift, mit der die Verhörten das Protokoll, nachdem es ihnen vorgelesen worden war, unterzeichneten, war eine Neuerung des reformierten Strafverfahrens. Die verhörte Person wurde dadurch zur Autorin des Protokolls, ohne es jedoch selber geschrieben zu haben. Vgl. Peter Becker: „Recht schreiben" – Disziplin, Sprachbeherrschung und Vernunft. Zur Kunst des Protokollierens im 18. und 19. Jahrhundert, in: Michael Niehaus (Hg.): Das Protokoll. Kulturelle Funktionen einer Textsorte. Frankfurt/M. 2005, S. 49–76, hier S. 71–74; Rebekka Habermas: Diebe vor Gericht. Die Entstehung der modernen Rechtsordnung im 19. Jahrhundert. Frankfurt/M. 2008, S. 152–157.

Kleider aufhob. Ich hatte die Absicht, die [Elisabeth] I. geschlechtlich zu missbrauchen. Sie wehrte sich aber u. schrie, worauf ich von meinem Vorhaben abstund. Ausser dass ich die [Elisabeth] I. zu Boden gemacht, habe ich dieselbe keineswegs misshandelt, sonst würde ich es sagen, da ich durchaus nicht leugnen will.[11]

Die Verhörprotokolle ermöglichen es, ein Sozialprofil des angeschuldigten Johann S. und seines Opfers Elisabeth I. zu rekonstruieren. Der 20-jährige Johann war ein Tagelöhner in der Landwirtschaft; das Opfer Elisabeth eine soziale Randfigur, die im Dorf als „blödsinnig" galt und daher weder die Chance hatte, einen Beruf zu ergreifen, noch eine Ehe einzugehen.[12] Sie wohnte bei ihrer Schwester, die ihr auch half, mit dem Landjäger und dem Gericht zu kommunizieren.

Die Verhörprotokolle ermöglichen zudem eine ungefähre Rekonstruktion des gewaltsamen Ereignisses. Der Überfall auf Elisabeth geschah in einem Wald. Weshalb Elisabeth sich dort aufhielt, lässt sich anhand der Gerichtsakten nicht bestimmen. Johann war nach eigenen Angaben mit einer Kuh unterwegs, die er von einem Dorf ins andere bringen sollte. Im Wald begegneten sie sich und Johann sprach Elisabeth an. Nach einem kurzen Gespräch forderte er sie zu ‚fleischlichem Umgang' auf. Als sie sich weigerte, ‚machte' er sie zu ‚Boden' und vergewaltigte sie. Entgegen Johanns Versicherung während des ersten Verhörs, nicht zu lügen, gab er auf Nachfrage des Untersuchungsrichters in einem zweiten Verhör umstandslos zu, dass es sich nicht bloß um einen Versuch, sondern tatsächlich um Notzucht gehandelt habe.

Unabhängig davon, ob Johanns Aussagen in einem gerichtlichen Sinn wahr oder gelogen waren, kann seine Erzählung auf stilistische Eigenheiten hin untersucht werden. Hier fällt auf, dass die anfängliche Szene des Kuhtreibens, die als eine Art Exposition gelesen werden kann, nur insofern etwas mit der späteren Handlung zu tun hat, als sie zeigt, wie Johann an den Ort gelangte, wo er auf Elisabeth traf. Danach setzt die eigentliche Handlung ein, die aus der Interaktion zwischen Johann und Elisabeth (Gespräch, Angriff/Abwehr) besteht und schließlich im Angriff, der Gegenwehr und dem darauffolgenden (angeblichen) Ablassen Johanns gipfelt. Die sehr kurze Handlung hört danach ebenso abrupt auf, wie sie eingesetzt hatte. Es fällt auf, dass Johanns Erzählung keine Angaben über ihn selber enthält. Vermutlich auf die Nachfrage des Untersuchungsrichters gab er zwar an, dass er die Absicht gehabt habe, Elisabeth geschlechtlich zu missbrauchen. Diese Aussage war für den Tatbestand des Notzuchtversuchs von Bedeutung. Darüber, wann, wie und weshalb er diese Absicht traf, machte Johann keine

---

11 StAB BB 15. 4. 1132 3550.
12 StAB BB 15. 4. 1132 3550.

weiterführenden Angaben. Die Erzählung thematisiert die Subjektivität des Ich-Erzählers nicht. Johann erzählte nur seine und Elisabeths Aussagen und Handlungen und schilderte den Vorfall im Schüpfenriedwald so, als hätte er diesen als außenstehender Beobachter gesehen.

In den Berner Akten finden sich zwischen 1867 und 1941 insgesamt 60 Gerichtsfälle, die in Bezug auf die Sozialprofile der Beteiligten, den Inhalt und den Stil der Erzählungen der Angeschuldigten starke Ähnlichkeiten zum Fall Johann S. aufweisen. Es handelt sich also um weit mehr als die Hälfte der insgesamt 102 Berner Gerichtsfälle wegen Notzucht(versuch). Nicht in allen Fällen gaben die Angeschuldigten zu, Gewalt angewendet zu haben. Teilweise sagten sie auch aus, dass es sich nur um Spaß gehandelt hätte; oder sie behaupteten, dass die Frauen sich prostituiert hätten. Dies musste nicht heißen, dass die Angeschuldigten unbedingt abstritten, Gewalt angewendet zu haben. Immer wurden die Ereignisse aber als situativ entstandene Interaktion zwischen dem Angeschuldigten und dem Opfer erzählt, die bald nachdem sie begonnen hatte, bereits wieder zu Ende war, ohne dass sie eine längere Vorgeschichte oder – natürlich immer aus der Sicht des Angeschuldigten – einen bleibenden Einfluss gehabt hätten.[13]

Die Erzählweise, die eine situative Interaktion zur Handlung der Erzählung macht, korrelierte mit einem gewissen Sozialprofil der angeschuldigten Erzähler. Obwohl einige der Angeschuldigten aus den 60 Gerichtsfällen bereits in der städtischen Industrie angestellt waren, verfügten die meisten unter ihnen als Tagelöhner, Landarbeiter und Handwerker über ein ländliches und/oder traditionelles Sozialprofil. Die Tatsache, dass sie in Dörfern im Umland oder in den ärmeren Vierteln der Stadt wohnten, bekräftigt diese Annahme. Auch das Sozialprofil der Opfer lässt sich rekonstruieren. Hier zeigt sich, dass die Männer in diesen 60 Fällen ausnahmslos gegen Frauen aus der gleichen sozialen Schicht gewalttätig wurden, denn die Opfer stammten aus denselben Dörfern oder Vierteln. Sie waren im Gegensatz zu den Männern allerdings auffallend häufig Randfiguren der traditionellen Gesellschaft. Über ein Drittel von ihnen galt in ihrem sozialen Umfeld als geistig oder körperlich behindert. Waren die Opfer verheiratet, dann lebten sie in sozial und ökonomisch prekären Ehen.

Der traditionelle Hintergrund der Beteiligten spiegelt sich in typischen Tatorten wider, an denen sich die Frauen aufhielten, um ökonomische Bedürfnisse zu decken. Sie sammelten Holz, arbeiteten auf Äckern oder waren wegen Auf-

---

13 Die Situativität der Ereignisse wurde auch dann narrativ hergestellt, wenn die Angeschuldigten angaben, sich wegen vollständiger Betrunkenheit an nichts mehr erinnern zu können. Die Besinnungslosigkeit steckte, ob gelogen oder nicht, einen undurchlässigen Rahmen ab, innerhalb dessen es zu den Ereignissen kam. Der Übergriff konnte dann nur situativ entstanden sein.

trägen auf Landstraßen unterwegs. Aus denselben Gründen wie ihre Opfer hielten sich meist auch die Angeschuldigten an diesen Orten auf – etwa, um wie Johann S. eine Kuh von einem Dorf ins andere zu treiben.

Für die angeschuldigten Männer konnten Wälder und Landstraßen jedoch auch Orte der Geselligkeit sein, an denen sie bei Trinkgelagen ihre Freizeit verbrachten. Ebenfalls im Rahmen der traditionellen Formen der Geselligkeit wurde im späten 19. Jahrhundert vor allem auf dem Land noch immer der Brauch des Kiltgangs praktiziert, bei dem junge Männer alleine oder in Gruppen nach Wirtshausbesuchen in fremde Häuser eindrangen. Dieses traditionale Ritual der Brautschau beinhaltete nicht zwingendermaßen Gewalthandlungen. Wie die Berner Untersuchungsakten zeigen, konnte es dabei aber durchaus zu sexuellen Übergriffen kommen. Nicht alle Frauen waren dieser nächtlichen Bedrohung gleichermaßen ausgesetzt. Für die Wahl der Behausungen war der schlechte Ruf entscheidend, den eine Frau, ihr Ehemann, ihre Eltern oder ihr Meister im Dorf genoss. Randständige Frauen waren deshalb auch in ihren eigenen Behausungen nicht sicher vor plötzlichen Überfällen.

Betrachtet man die Sozialprofile der Beteiligten, die Handlungskontexte und den Erzählstil, so kann über die Hälfte der 102 Gerichtsfälle zu einem Typ sexueller Gewalt zusammengeführt werden, der sich im vor allem in den ersten Jahrzehnten der Untersuchungsperiode noch stark verbreiteten traditionellen Milieu abspielte. Ich fasse diese 60 Fälle als sexuelle Gewalt am Rand der bürgerlichen Gesellschaft zusammen. Ihrem traditionellen Charakter entsprechend konzentrieren sich diese Fälle auf die erste Hälfte der Untersuchungsperiode und nur 12 Fälle beziehen sich auf Ereignisse, die 1905 oder später stattfanden. Die Konzentration auf den Beginn der Untersuchungsperiode wird noch deutlicher, wenn man berücksichtigt, dass sich die Bevölkerungszahl des Amtsbezirks Bern zwischen 1870 und 1941 fast verdreifachte.[14] Da es unwahrscheinlich ist, dass solche Vorfälle im 20. Jahrhundert lediglich seltener angezeigt wurden, kann von einer starken Abnahme dieses Typs von sexueller Gewalt ausgegangen werden.

4 Sexuelle Gewalt als Verführung

Allerdings wurde nicht nur sexuelle Gewalt am Rand der bürgerlichen Gesellschaft als situativ und interaktionistisch beschrieben: Auch Angeschuldigte mit

---

14 Von 59.810 auf 170.195 Einwohner. Christian Pfister (Hg.): Bernhist. Historisch-statistische Datenbank des Kantons Bern, http://bernhist.ch/web-apps/bernhist/result.php [02.01.2014].

städtisch-modernen Sozialprofilen nahmen auf eine ähnliche Weise Stellung zu den ihnen vorgeworfenen sexuellen Gewalthandlungen. Allerdings stritten sie Gewalt typischerweise ab oder verharmlosten sie stark. Es handelt sich um 28 Gerichtsfälle, in denen die Angeschuldigten die angezeigte Gewalttat als Verführung darstellten. Die Angeschuldigten gaben in ihren Verhören deshalb meistens zu, mit dem Opfer geschlechtlich verkehrt zu haben, verneinten aber, irgendwelche Gewalt angewendet zu haben.

Der Steinhauerpolier Alfred H. erzählte:

> Sie beharrte darauf mit ihr nach hause [sic] zu kommen. [...] Als ich mit dem Frauenzimmer in die Wohnung ging, wurde dasselbe sofort zärtlich und zwar in einer Weise, dass ich annehmen musste, sie wolle mich veranlassen mit ihr den Beischlaf zu vollziehen.[15]

Wenn die Angeschuldigten ein leichtes Ausüben von Gewalt eingestanden, schilderten sie dies als Teil der Verführung. So verharmloste Carl C.: „Es ist richtig, dass sie sich etwas gesträubt hat, doch konnte ich ihrem ganzen Benehmen nach schliessen, dass es mit ihrem Widerstand so sehr ernst nicht war."[16] Die Opfer erzählten selbstredend eine andere Geschichte.

Obwohl die Trennlinie zur sexuellen Gewalt am Rand der bürgerlichen Gesellschaft nicht immer leicht zu ziehen ist, weisen die Fälle mit Verführungsnarrativen tendenziell doch Beteiligte mit anderen Sozialprofilen auf. Die Angeschuldigten übten größtenteils Beschäftigungen der modernen städtischen Berufswelt aus. Keiner dieser Angeschuldigten war in der Landwirtschaft tätig. Neben einem Metzger, der sich bezeichnenderweise als Offizier ausgab, sind unter anderem ein Dekorationsmaler, ein Angestellter einer ausländischen Botschaft und ein Zeitungsredaktor überliefert. Die meisten unter ihnen arbeiteten jedoch auf den Baustellen oder in den Fabriken der Stadt und gehörten damit den im späten 19. Jahrhundert rasch wachsenden sozialen Gruppen der Arbeiterschaft und des Kleinbürgertums an. Die Opfer gehörten, bis auf eine Ausnahme, als Schneiderinnen, Dienstmägde, Kellnerinnen, Wäscherinnen oder Fabrikarbeiterinnen ebenfalls diesen sozialen Gruppen an.

Auch die Handlungskontexte der Verführungsnarrative unterschieden sich von denjenigen der sexuellen Gewalt am Rand der bürgerlichen Gesellschaft. Nur zwei der Verführungsnarrative erzählten Szenen, die während Kiltgängen oder nach Tanzveranstaltungen auf dem Land stattfanden.[17] Alle anderen beschrieben

---

15 StAB BB 15. 4. 1550 8061.

16 StAB BB 15. 4. 1191 4223.

17 Verführungsnarrative finden sich in drei Fällen mit ländlichen Handlungskontexten. Allerdings übten die Angeschuldigten in diesen Fällen stets einen modernen Beruf aus. StAB BB 15. 4. 1708 9373; StAB BB 15. 4. 2125 205.

Ereignisse aus dem modernen städtischen Leben. Bei den Tatorten handelte es sich um die privaten Zimmer und Wohnungen der Angeschuldigten bzw. der Opfer oder um Hotelzimmer. Nur ausnahmsweise fanden Übergriffe draußen statt. Vor dem Übergriff verbrachten der Angeschuldigte und das Opfer teilweise einige Zeit miteinander. Bevor beispielsweise Luise G. von ihrem Nachbarn, dem Musiker Friedrich B., in ihrem eigenen Zimmer angegriffen wurde, gingen die beiden gemeinsam spazieren und unterhielten sich über Musik und die Liebe, wie Luise G. in ihrem Verhör angab.[18] Fritz B., Max B. und Heinrich S. trafen die ihnen bekannten Mädchen Anna W. und Martha B. und luden diese zu einem gemeinsamen Spaziergang ein.[19] Die Aushilfskellnerin Emma R. folgte ihrem Gast, dem Zeitungsredaktor Jakob M. nach Ladenschluss unter dem Versprechen, Kleider geschenkt zu bekommen, auf dessen Hotelzimmer, wo er sich „zu ihr aufs Bett sezte [sic]" und ihr „flattierte".[20]

Die Verführungsnarrative orientierten sich – im Gegensatz zu den Erzählungen der Opfer, die voller Gewalt waren – an der romantischen Verführungs-, Begehr- und Liebessemantik, auf die ab dem späten 19. Jahrhundert zunehmend auch die Angehörigen der städtischen Unterschicht zurückgriffen. In gewisser Hinsicht ist die Erzählweise in den Verführungsnarrativen derjenigen in den Narrativen der sexuellen Gewalt am Rand der Gesellschaft sehr ähnlich: Die Ich-Erzähler schildern vor allem eine situative Interaktion mit ihrem Opfer. Allerdings finden sich Aussagen zu den subjektiven Ansichten der Beteiligten. Den Angeschuldigten ging es gerade darum, zu zeigen, dass sie die Frauen nicht durch Gewalt zum Geschlechtsverkehr zwangen, sondern sie verführten. Sie taten sich also quasi als Gedankenleser hervor, die zu glauben wussten, dass ihre Opfer trotz des abwehrenden Verhaltens eigentlich mit dem Geschlechtsverkehr einverstanden waren. Nur aufgrund der behaupteten Diskrepanz zwischen gezeigtem Verhalten und innerem Empfinden ließ sich der Einsatz von angeblich immer nur leichter Gewalt innerhalb dieser Semantik rechtfertigen. Diese subjektive Dimension findet sich in den Verhörprotokollen zur sexuellen Gewalt am Rand der bürgerlichen Gesellschaft nicht.

Im Unterschied zu den 60 Fällen mit sexueller Gewalt am Rande der bürgerlichen Gesellschaft fallen die 28 Fälle mit Verführungsnarrativen nicht auf den Beginn des Untersuchungszeitraums. Bis auf eine Ausnahme konzentrieren sich alle auf die beiden letzten Jahrzehnte des 19. und die beiden ersten Jahrzehnte des 20. Jahrhunderts. Bezeichnenderweise handelt es sich beim Angeschuldigten

---

18 StAB BB 15. 4. 1989 1295.
19 StAB BB 15. 4. 1824 459.
20 StAB BB 15. 4. 1674 9120.

des frühen Ausnahmefalls um einen Theaterschneider, der die Romantik gewissermaßen aus dem Tagesgeschäft kannte.[21] Das Aufkommen der Verführungsnarrative in den 1880er und vor allem in den 1890erJahren korreliert mit der relativ späten Entwicklung Berns zu einer modernen und industrialisierten Stadt.[22] Diese Entwicklung sorgte dafür, dass auch die unteren Bevölkerungsschichten immer mehr in den Sog der (klein-)bürgerlichen Lebensweise mit ihrer romantischen Verführungs-, Begehr- und Liebessemantik gerieten.[23] Das vermehrte Auftreten der Fälle mit Verführungsnarrativen und dazugehörigen Handlungskontexten und sozialen Akteuren um die Jahrhundertwende war Folge und Ausdruck dieser sozialen, kulturellen und ökonomischen Entwicklung.

5 Sexuelle Gewalt als tragisches Verhängnis: Das Verhörprotokoll von Emil M.

Die Angeschuldigten erzählten allerdings nicht in allen Fällen die ihnen vorgeworfene sexuelle Gewalt als Folge und Ausdruck einer situativen Interaktion mit ihrem Opfer. Ihre Erzählungen verfügen über einen grundlegend anderen Stil als die bisher analysierten. Hier ging es nicht so sehr um eine situative Interaktion des Angeschuldigten mit seinem Opfer, sondern um den Angeschuldigten selbst. Die Subjektivität des Angeschuldigten steht demnach im Zentrum der Erzählung. Das vermag ein Gerichtsfall aus den 1930er Jahren zu verdeutlichen.

Am 24. Februar 1934 erschien Emil M. auf dem Büro der Fahndungspolizei Bern und erstattete Selbstanzeige. Nachdem er zu Beginn seines Verhörs kurz auf seine Anstellung als Bauhandlanger, das Datum seiner Heirat (1918) und die

---

21 StAB BB 15. 4. 1191 4223.
22 Die Stadt Bern durchlief im späten 19. Jahrhundert eine für mittelgroße europäische Städte typische soziale, kulturelle und ökonomische Transformation. Vgl. Anna Bähler: Von der Altstadt in der Aareschlaufe zur Stadtregion. Stadtentwicklung, Wohnungsbau, städtische Versorgungsnetze und Verkehr, in: dies., Robert Barth, Emil Erne u.a. (Hg.): Bern – die Geschichte der Stadt im 19. und 20. Jahrhundert. Stadtentwicklung, Gesellschaft, Wirtschaft, Politik, Kultur. Bern 2003, S. 11–45; Christian Pfister: Im Strom der Modernisierung. Bevölkerung, Wirtschaft und Umwelt im Kanton Bern, 1700–1914. Bern 1995, S. 144–148.
23 Schwieriger als das verstärkte Aufkommen der Verführungsnarrative, ist ihre abnehmende Tendenz nach 1920 zu erklären. Es fällt aber auf, dass ein Drittel der mit einem Verführungsnarrativ operierenden Gerichtsfälle in einem Freispruch endeten. Die schlechten Erfolgschancen vor Gericht könnten auch der Grund sein, dass vergleichbare Vorfälle mit der Zeit nicht mehr angezeigt wurden.

Anzahl seiner Kinder (neun) eingegangen war, kam er auf den Gegenstand der Selbstanzeige zu sprechen:

> Im September 1933 wurde meine Frau herz- und nervenkrank. Auf Anraten des Herrn Dr. med. F., wohnhaft in Bümpliz, wurde meine Frau nach dem Erholungsheim ‚Neuhaus' in Münsingen verbracht. Sie war dort von Anfang September bis Anfang Oktober. Kurze Zeit war meine Frau nun zu Hause. Es zeigte sich aber bald, dass meine Frau noch nicht geheilt war. Sie trug sich mit Selbstmordgedanken um, weshalb eine Versorgung in die Waldau angeordnet wurde. Am 6. Oktober 1933 wurde sie per Sanitätsauto nach der Irrenanstalt Waldau verbracht. Sie konnte die Irrenanstalt Waldau erst am 21. Dezember 1933 verlassen, wurde aber zur Beobachtung zu einer Schwester namens K. [...] verbracht. Bis Mitte Januar war meine Frau nun bei der erwähnten Schwester und seit diesem Datum ist sie nun wieder zu Hause und besorgt die Haushaltung. Während der Abwesenheit meiner Frau hatte ich eine Heimpflegerin, namens H. Hedwig [...]. Frl. H. war 8 Wochen bei mir. Hierauf besorgte mir Frl. S. Martha [...] 2 Monate lang die Haushaltung.[24]

Vermutlich auf die Zwischenfrage des Untersuchungsrichters, wie es um seine Ehe stünde, sagte Emil aus: „Seit dem Jahr 1924 bin ich abstinent. Ich hatte mit meiner Frau ein sehr gutes Verhältnis. Ich hatte jedoch schon längere Zeit das Gefühl, meine Frau zeige mir gegenüber keine Liebe." In seinem zweiten Verhör gab er an, dass Lina bereits „im September 1933 richtig gesagt verrückt" wurde und er „glaubte, dass sie niemals mehr gesund werde". Wie man im zweiten Verhör von Emil erfährt, wurde die Ehekrise zudem durch die Präsenz der Haushälterin Hedwig H. vorangetrieben, mit der Emil während Linas Abwesenheit ein „Liebesverhältnis" unterhielt.[25]

Erst nach dieser längeren Einleitung kam Emil auf die eigentliche strafbare Handlung zu sprechen.

> Es war nun ca Mitte September 1933 als ich mit meiner ältesten Tochter namens Marie [...] allein im Schlafzimmer schlief. Es [Marie] lag anfänglich auf der Ottomane und ich im Bett. Ich konnte das Mädchen überreden, dass es zu mir in das Bett kam. Da ich längere Zeit keinen Geschlechtsverkehr hatte, war ich sehr gereizt und dies führte dazu, dass ich meine Tochter zum Geschlechtsverkehr verleiten konnte. Das Mädchen war mit dem Vorgehen nicht einverstanden und weinte. Ich machte ihm jedoch Angst, indem ich ihm sagte, sonst gehe ich in die Stadt um zu trinken. Nach längerem Zureden konnte ich das Mädchen überreden und vollzog regelrechten Geschlechtsverkehr.[26]

---

24 StAB BB 15. 4. 2439 3490.
25 StAB BB 15. 4. 2439 3490.
26 StAB BB 15. 4. 2439 3490.

Etwas mehr als eine Woche bevor sich Emil selbst anzeigte, bemerkte die mittlerweile nach Hause zurückgekehrte Ehefrau Lina einen der Übergriffe ihres Ehemannes auf die Tochter. Dieser Vorfall bewegte Emil dazu, sich der Polizei zu stellen, obwohl seine Tochter und Ehefrau angeblich dagegen waren. „Da ich vermutete, dass doch alles an den Tag kommen werde, hielt ich es nicht mehr länger aus und bin nun auf die Polizei gekommen um Aufschluss zu geben. Es hat mich zu diesem Schritte niemand gedrängt." Er erklärte, dass er „seine Verfehlungen eingesehen habe und beschloss ein anderes Leben zu beginnen."[27]

Es fällt auf, dass Emils Erzählung weit mehr beinhaltet als bloß die Schilderung der Übergriffe. In ihr werden Situationen und Ereignisse, die zeitlich vor wie nach dem eigentlichen Verbrechen stattfanden, beschrieben. Erzähltheoretisch können die Schilderungen von Linas Krankheit, ihre Abwesenheit in Heil- und Irrenanstalten sowie ihre angebliche Gefühlskälte gegenüber Emil als Exposition betrachtet werden, welche die Erzählung einführt und die kommenden Konflikte andeutet. Hier wird erklärt, weshalb Emil ‚geschlechtlich gereizt' war. Dieser subjektive Zustand setzt zugleich die Handlung der Erzählung in Gang, die auch die sexuellen Übergriffe auf die Tochter beinhaltet.

Der subjektive Zustand der ‚Gereiztheit' ist für Emils Erzählweise entscheidend. Im Polizeirapport der Fahndungspolizei findet sich die folgende zitierte Aussage: „Dies [die Übergriffe auf seine Tochter] sei hauptsächlich aus dem Grunde geschehen, weil er geschlechtlich sehr gereizt sei, da seine Ehefrau schon seit längerer Zeit herz- und nervenleidend sei und er deshalb mit ihr nicht verkehren konnte."[28] Mit der ‚Gereiztheit' macht Emil einen subjektiven Zustand, der bereits vor und unabhängig von der Tat bestand, für sein Verbrechen verantwortlich.[29] Die sich verändernde Subjektivität des Angeschuldigten stellt die Handlung der Geschichte dar. Sie ist der rote Faden, der die einzelnen Situationen und Ereignisse in der Erzählung kausal miteinander verbindet. Die sexuelle Gewalttat wird daher als Ausdruck und Folge eines subjektiven Zustands des Angeschuldigten geschildert und nicht als Ausdruck und Folge einer Interaktion zwischen dem Angeschuldigten und dem Opfer. Damit wird der Konflikt in das Innere des Angeschuldigten verlegt. Darüber hinaus enthält die Erzählung ganz im Sinne Simmels eine *tragische* Note. Emil ist aufgrund äußerer Umstände, die er nicht

---

27 StAB BB 15. 4. 2439 3490.

28 In der eigentlichen Gerichtsverhandlung machte Emil dann das unbefriedigende Liebesverhältnis zur Haushälterin Hedwig H. für seinen Zustand verantwortlich, da sie „jeweilen abends etwa da [blieb] und es [...] stets eine Liebelei mit ihr [gab]. So wurde ich gereizt und das war auch der Anstoss zu meiner Verfehlung". StAB BB 15. 4. 2439 3490.

29 Emil stellte deshalb in diesem Sinne auch klar: „Ich war jeweils nicht unter Einfluss von Alkohol, allein konnte ich meiner Erregung nicht widerstehen." StAB BB 15. 4. 2439 3490.

verschuldet hat, ‚geschlechtlich gereizt‘, in der Folge ist er nicht im Stand, seine ‚Erregung‘ zu kontrollieren, begeht deswegen ein Verbrechen und zeigt sich schließlich selber an, um ein ‚anderes Leben‘ beginnen zu können.

‚Geschlechtliche Gereiztheit‘ und ‚Erregung‘ waren gegen Ende des 19. Jahrhunderts wissenschaftliche Schlagworte, wenn es um kranke Nerven und pathologische Sexualität ging. Emil setzte sich also – bewusst oder nicht – mitten in das ungemütliche Geäst des medizinisch-soziologischen Degenerationsdiskurses. Der Begriff der „Reizung" war für die aufkommende Sexualwissenschaft mit ihrer Neuro- und Psychopathologie grundlegend.[30] Der neurologisch-psychiatrische Diskurs drehte sich um 1900 um ein Zuviel oder Zuwenig an nervlichen Reizen. Der deutsche Psychiater Richard von Krafft-Ebing erklärte: Wenn ein „Individuum" mit „krankhaft gesteigerte[m] Geschlechtstrieb" seinem „mächtigen Drang [nicht unterliegt], so steht es in Gefahr, durch die erzwungene Abstinenz sein Nervensystem im Sinne einer Neurasthenie zu ruinieren oder eine bereits vorhandene bedenklich zu steigern."[31] Der Zustand der ‚geschlechtlichen Gereiztheit‘, den sich Emil in seiner Erzählung selber zuschrieb, konnte also laut der ärztlichen Expertise um 1900 die Gesundheit in hohem Maße gefährden. Hier entstand der tragische Konflikt. Würde Emil seine ‚Erregung‘ länger kontrollieren, drohte ihm der nervliche Ruin. Aber die Übergriffe auf die Tochter zur Abwendung dieser Bedrohung waren unmoralisch und gesetzeswidrig. Die Befriedigung des Geschlechtstriebs als vermeintliche Lösung trieb Emils Verfall deshalb nur weiter voran.

Mit Georg Simmels eingangs zitierter Beschreibung des Tragischen lässt sich Emils ‚Gereiztheit‘ als eine ‚vernichtende Kraft‘ bezeichnen, die aus seinen ‚tiefsten Schichten selbst entspringt‘ und nicht nur seine Familie, sondern vor allem

---

30 Richard von Krafft-Ebing: Psychopathia sexualis. Mit besonderer Berücksichtigung der conträren Sexualempfindung. Eine klinisch-forensische Studie. 7. Aufl. Stuttgart 1892, S. 39. Während die Nervosität bzw. Neurasthenie in den 1880er Jahren ursprünglich von ihrem Namensgeber, dem New Yorker Nervenarzt George M. Beard, als Diagnose eines Schwächezustandes formuliert worden war, wurde das Konzept spätestens ab der Jahrhundertwende vor allem benutzt, um einen krankhaften Zustand der „Reizbarkeit" oder „Überreizung" zu beschreiben. Vgl. Joachim Radkau: Das Zeitalter der Nervosität. Deutschland zwischen Bismarck und Hitler. München 1998, S. 63–73.

31 Krafft-Ebing: Psychopathia sexualis, S. 49. Auch Erektionsstörungen und Impotenz deuteten die Ärzte um 1900 als eine bedrohliche Erscheinung des nervlich belasteten „modernen Kulturmenschen". Der deutsche Arzt Iwan Bloch schrieb: „Die Mehrzahl aller Fälle von Impotenz gehört der eigentlich nervösen oder neurasthenischen Impotenz an [...]." Der Magaziner Ernst St. und der Arzt Hans Sch. stritten den Notzuchtversuch auf ihre Tochter bzw. Patientin ab, indem sie angaben, aufgrund ihrer Erektionsstörungen gar nicht als Täter in Frage zu kommen. Auch diesen – höchstwahrscheinlich strategischen – Aussagen hängt deshalb eine Note von tragischer Subjektivität an. Vgl. Iwan Bloch: Das Sexualleben unserer Zeit in Beziehung zu seinen Beziehungen zur modernen Kultur. Berlin 1907, S. 497; StAB BB 15. 4. 1823 456; StAB BB 15. 4. 2141 2160.

auch ihn selbst ‚zerstört'. Emil schilderte seine eigene Entwicklung als etwas Unausweichliches, als eine ‚logische Entwicklung', die gleichzeitig in ihm stattfindet und sich gegen ihn wendet. In dieser Erzählung ist die sexuelle Gewalt daher Ausdruck und Folge eines subjektiven Verfalls. Die Abwärtsspirale kann nur durch eine radikale Maßnahme durchbrochen werden. Die Selbstanzeige kommt einem symbolischen Freitod gleich, durch den das gereizte Subjekt verschwindet und an seiner Stelle ein ‚anderes Leben', wie Emil es ausdrückt, beginnen kann. Der Tod des Helden als typisches Merkmal des Tragischen ist dabei gleichzeitig Tiefpunkt und Befreiung.[32] So stilisierte sich Emil in seiner Erzählung zu einem tragischen Helden.

Insgesamt sind tragisch-subjektive Erzählungen in den Verhörprotokollen zu Notzuchtfällen eher selten. Sie finden sich aber in insgesamt neun Gerichtsfällen, in denen die Angeschuldigten auf tragische Weise auf ihre eigene Subjektivität verweisen, um eine Straftat entweder zuzugeben oder abzustreiten.[33] In einem Brief, den der Naturheilkundler Wilhelm R. aus der Untersuchungshaft an seine Frau schrieb, ist zu lesen: „Du hast mich schon oft über meine traurige Jugenderziehung im Hause des Oheims zu Dir reden hören." Es handelt sich wiederum um den Auftakt zu einer tragischen Lebensgeschichte: Frühe Verführung zur „Onanie" und ein Kampf mit dem „Aufgebot der ganzen [ihm] zu Gebote stehenden moralischen Kraft" gegen dieses „Laster", ohne es je vollständig in den Griff zu bekommen, prägen das Leben des tragischen Helden Wilhelm. Die Übergriffe auf die Tochter werden wieder als Ausdruck und Folge eines subjektiven Verfalls inszeniert, der bereits lange vor und unabhängig von der Straftat eingesetzt hat. Wilhelms Verzweiflung sitzt tief. Im gleichen Brief teilt er seiner Frau mit, dass er daran gedacht habe, sich selbst zu töten, aber von diesem Gedanken wieder abgekommen sei. Gleichzeitig hält er aber fest, dass er nicht wisse, ob ihm der „Verstand bleiben wird", wenn sie sich von ihm trennen sollte. An einer anderen Stelle im Brief erklärt er hingegen euphorisch, dass die Tatsache, dass die Tochter mit ihren belastenden Aussagen die Wahrheit erzählt habe, seine Rettung dar-

---

32 Vgl. dazu auch die Ausführungen zur „Ich-Entgrenzung" von Karl-Heinz Bohrer: Der romantische Brief. Die Entstehung ästhetischer Subjektivität. Frankfurt/M. 1987, S. 131–209.

33 In zwei weiteren Fällen stellen die Angeschuldigten zwar einen Bezug zwischen der Tat und ihrer Subjektivität her, ohne allerdings dabei einem tragischen Narrativ zu folgen: Der Maschinenschlosser Werner S. gab an: „Ich muss schon zugeben, dass ich in Gegenwart von Frauenpersonen ab zu in einen sexuell gereizten Zustand gerate, und dann eigentlich gar nicht mehr exakt abwäge, was geschieht." StAB BB 15. 4. 2318 3046. Auch der Maler Rudolf S. sprach über seine Subjektivität, als er erklärte, weshalb er sich nicht zu den gegen ihn erhobenen Vorwürfen äußern konnte: „Ich hatte früher hie und da Gliedersucht und von da her eine Schwäche im Kopf; infolgedessen hat auch mein Gedächtnis abgenommen." StAB BB 15. 4. 1620 8642.

stelle. Die Wahrheit würde auch ihm ermöglichen, „endlich ganz die Augen aufzureissen u. [ihm] den Abgrund vor dem [er] stand, zu zeigen". Er folgerte daraus: „[I]ch bin geheilt!"[34]

Auch der vom Untersuchungsrichter eingeforderte und selbstständig verfasste Lebenslauf des Gasarbeiters Gottfried S., der seine zwei erwachsenen Töchter zu vergewaltigen versuchte, verfügt über einen tragischen Stil. Er enthält das folgende Ende: „Heute befinde ich mich in einer Lage, dass ich nie geglaubt hätte [sic]." Ähnlich wie bei Emil M. hilft die vollständige Abkehr der bisherigen Existenz: „Ich will nun ein anderer Mensch werden und das Trinken ganz weg lassen."[35] Auch in Zeugenverhören finden sich Aussagen, die auf ein tragisches Selbstverständnis des Angeschuldigten verweisen. Als der Pfarrer Johannes G. Margrith B. aufforderte, seine Unschuld schriftlich zu bezeugen, soll er ihr gesagt haben, „wenn [sie] dieses Schriftstück unterzeichne, so seien er und seine Familie gerettet, und wenn [sie] es nicht mache, so erschiesse er sich und die Frau gehe ins Wasser".[36]

Es fällt auf, dass sich die neun Gerichtsfälle mit tragisch-subjektiven Erzählungen auf Ereignisse nach 1900 beziehen. Sie verteilen sich demnach auf die zweite Hälfte der Untersuchungsperiode.[37] Ebenfalls auffallend ist, dass die tragisch-subjektiven Erzählungen ausschließlich Übergriffe in hierarchischen Beziehungen beschrieben, in denen auch gewaltlose sexuelle Beziehungen verboten waren oder zumindest als moralisch anrüchig galten. In sechs der neun Fälle handelte es sich dabei um inzestuöse Handlungen innerhalb der bürgerlichen Kleinfamilie. Sexuelle Übergriffe in hierarchischen Beziehungen im Allgemeinen und von Vätern auf ihre Töchter im Besonderen sind kein historisches Novum der Moderne. Die Geschichtswissenschaft hat gezeigt, dass sexuelle Gewalt gegen die eigenen Töchter oder gegen andere, im selben Haus wohnende Frauen auch in der Frühen Neuzeit vorkam und vor Gericht verhandelt wurde.[38] Neu scheint allerdings der tragisch-subjektive Erzählstil zu sein.[39]

---

34 StAB BB 15. 4. 1748 9691.

35 StAB BB 15. 4. 2125 2055.

36 StAB BB 15. 4. 1726 9522.

37 Die zwei Fälle mit Erzählungen mit subjektiven Äußerungen ohne Tragik, die in der Fußnote 33 erwähnt werden, fallen auf die Jahre 1896 und 1929 und treten damit ebenfalls relativ spät innerhalb des Untersuchungszeitraums auf.

38 Vgl. Claudia Jarzebowski: Inzest. Verwandtschaft und Sexualität im 18. Jahrhundert. Köln 2006; Jutta Eming, Claudia Jarzebowski, Claudia Ulbrich (Hg.): Historische Inzestdiskurse. Königstein i. Ts. 2003; Claudia Töngi: Um Leib und Leben. Gewalt, Konflikt, Geschlecht im Uri des 19. Jahrhunderts. Zürich 2004.

39 In den insgesamt zehn Gerichtsfällen aus dem Amtsbezirk Bern zwischen 1867 und 1941, bei denen untersucht wurde, ob Väter oder Stiefväter ihre eigenen Töchter oder Stieftöchter gewaltsam zum Geschlechtsverkehr gezwungen hatten, weisen vier keine tragisch-subjektiven Narrative

Auch die Sozialprofile der Beteiligten entsprachen der zeitlichen Verteilung der Gerichtsfälle. Unter den neun Angeschuldigten hatte keiner ein traditionelles Sozialprofil, wie es für die Angeschuldigten der sexuellen Gewalt am Rand der bürgerlichen Gesellschaft typisch war. Als Kaufleute, Ärzte, Pfarrer, Magaziner, Angestellte, Naturheilkundige, Elektromonteure oder Maschinen- und Bauarbeiter übten sie Berufe des modernen, städtischen Arbeitslebens aus. In den sechs Fällen, in denen es sich um inzestuöse Übergriffe handelte, stammten die Opfer wesensgemäß aus der gleichen sozialen Schicht wie die Angeschuldigten. In einem weiteren Fall war der Angeschuldigte der Schwager des Opfers. Die Tatorte waren wie bei den Fällen mit Verführungsnarrativen die privaten Räume der bürgerlichen Gesellschaft.

Die spezifischen Tatorte und Sozialprofile der Beteiligten verweisen darauf, dass die Erzählungen mit tragisch-subjektivem Narrativ ein modernes Phänomen darstellen. Dieser Befund wird zudem gestützt durch ihre inhaltliche Nähe zum medizinisch-soziologischen Diskurs, der um 1900 über die nervöse und sexuelle ‚Entartung‘ bzw. ‚Degeneration‘ geführt wurde. Ihre hohe Bedeutung erhielt die diskursive Verbindung von Subjektivität, Kriminalität, Sexualität und Nervosität, weil nach der Meinung der Ärzte kranke Subjekte, zu denen auch die Verbrecher gehörten, eine große Gefahr für die Gesellschaft darstellten. Viele Zeitgenossen – nicht nur Ärzte –, betrachteten diese Phänomene als charakteristisch für die Epoche, in der sie lebten.[40]

Anhand der Ausführungen des Schweizer Arztes Auguste Forel lässt sich der Erzählstil des Degenerationsdiskures analysieren.[41] Forel glaubte in individuellen Krankheitsdiagnosen Anzeichen für eine „sexuelle Entartung" der gesamten

---

auf. In einem Fall handelte sich um einen Baumeister, der angab, von seiner Stieftochter verführt worden zu sein. Dieser Fall fällt unter die 28 Fälle mit Verführungsnarrativ. Die anderen drei Fälle bilden eine eigene Kategorie, da die sexuelle Gewalt gegen die Töchter regelmäßig wiederholt wurde, aber ohne dass die Angeschuldigten ein subjektiv-tragisches Narrativ verwendet hätten. In einem dieser Fälle wertete ein Metzger und Kutscher die Anzeige als Racheakt seiner Tochter, die er zuvor aufgrund eines erhaltenen Liebesbriefs verprügelt hatte. Im zweiten Fall gab ein Schmid und Steinbrecher an, „spassweise" mit seinen Stieftöchtern verkehrt zu haben. Im dritten begründete ein verwitweter Bauer die wiederholten Übergriffe auf seine Tochter damit, dass aufgrund eines Brands viele Möbel abhanden gekommen seien. Er und seine Tochter seien deshalb gezwungen gewesen, gemeinsam in einem Zimmer zu schlafen. StAB BB 15. 4. 1794 250; StAB BB 15. 4. 1665 9041; StAB BB 15. 4. 1915 914; StAB BB 15. 4. 1874 707.

40 Vgl. Radkau: Zeitalter, S. 263–271.

41 Zu Auguste Forel vgl. Vera Koelbing-Waldis: Art. „Forel, Auguste", in: Historisches Lexikon der Schweiz, http://www.hls-dhs-dss.ch/textes/d/D14365.php [30.12.2013].

„Kulturmenschheit" zu erkennen.[42] Bei der ‚sexuellen Frage' ging es für ihn nicht bloß um die krankhafte oder gesunde Sexualität einzelner Subjekte, sondern auch um „soziale Hygiene" und „Rassenhygiene".[43] Diese Ansicht gründete auf einem rassistischen Verständnis von Gesellschaft, nach dem die Krankheit des Einzelnen gleichzeitig Ausdruck und Folge der ‚sexuellen Entartung' bzw. ‚Degeneration' der ganzen Gesellschaft oder ‚Rasse' sei. Vorangetrieben wurde die ‚Entartung' laut Forel vor allem durch den Hang seiner Zeitgenossen zum Trinken, weshalb er sich in der Abstinenzbewegung, der wohlgemerkt auch Emil M. angehörte, engagierte.

Die Situation war für Forel deshalb so bedrohlich, weil Menschen ihr angeblich ‚entartetes' Erbgut an die nächste Generation weitergaben, wodurch die ‚Entartung' weiter fortschreiten würde. Nachfahren von Alkoholikern waren seiner Meinung nach verstärkt der Gefahr ausgesetzt, „Idioten, Epileptiker, Zwerge, Psychopathen, Rhachitiker und dergleichen zu werden", sogar dann wenn sie selber gänzlich auf den Konsum von Alkohol verzichteten.[44] Auch ihre Krankheiten würden wiederum auf die nächste Generation weitervererbt. In einer „Zukunftsperspektive" erklärte Forel, dass die ‚Kulturmenschheit' – würde man sie einfach ihrem Schicksal überlassen – wegen der fortschreitenden ‚Entartung' „durch inferiore Menschenrassen [...] überwuchert" würde.[45] Die Zukunft verhieß daher nichts Gutes. Die ‚sexuelle' und ‚nervöse Entartung' wurde von Forel als Verfall der „Kulturmenschen" geschildert, die an ihren eigenen kulturellen Errungenschaften zugrunde zu gehen drohten.[46]

Als „Quellen sexueller Missstände" betrachtete der bekennende Sozialist das „moderne Manchestertum", die Prostitution, „religiöse Dogmen", die soziale und rechtliche Ungleichheit zwischen Mann und Frau, den Konsum von Alkohol und anderer Drogen sowie die Pornografie.[47] Auch in dieser Argumentation handelt es sich bei der Konfliktsituation wieder um ein ‚tragisches Verhängnis', wie es von Simmel definiert wurde. ‚Die gegen' die Gesellschaft ‚gerichteten vernichtenden Kräfte entspringen aus den tiefsten Schichten eben' dieser Gesellschaft ‚selbst': Kapitalismus, Alkohol und Prostitution galten Forel als hausgemachte Probleme der modernen Gesellschaft und sie waren es, die für den Niedergang der ‚Kultur-

---

42 Auguste Forel: Die sexuelle Frage. Eine naturwissenschaftliche, psychologische, hygienische und soziologische Studie für Gebildete. München 1917, S. 582 u. S. 589.

43 Forel sprach von „sozialer Hygiene" oder „Rassenhygiene". Vgl. Forel: Die sexuelle Frage, S. 511.

44 Forel: Die sexuelle Frage, S. 39.

45 Forel: Die sexuelle Frage, S. 589.

46 Forel: Die sexuelle Frage, S. 582.

47 Forel: Die sexuelle Frage, S. VI u. S. 582–591.

menschheit' verantwortlich waren. Auch Forels Ausführungen über ‚Entartung' bzw. ‚Degeneration' sind daher wie die Erzählung von Emil M. in einem tragischen Stil gehalten.

Wie Emil, der sein eigenes tragisches Schicksal mit der Selbstanzeige besiegelte, um ein ‚anderes Leben' beginnen zu können, plante auch Forel radikale Schritte, um der ‚Entartung' der ‚Kulturmenschheit' und der ‚Rasse' entgegenzutreten. Wegen der düsteren Aussichten forderte er, rechtzeitig mit „rationelle[n] Reformen auf dem sexuellen Gebiet" zu intervenieren, um die „sexuellen Missstände" der Gesellschaft zu bekämpfen.[48] Eine „Sexualreform" sollte die Ursachen der ‚Entartung' ins Auge fassen.[49] Um letztere abzuwenden, sah Forel aber vor allem in der „Eugenik [...] eine neue Kunst", die es auf „wissenschaftlicher Basis" zu erlernen gelte.[50] „Untermenschen" sollten sich „nicht mehr vermehren" dürfen. Zu diesen gehörten neben „Geisteskranke[n], Schwachsinnige[n], vermindert Zurechnungsfähige[n], boshafte[n], streitsüchtige[n], ethisch defekte[n] Menschen" auch „Verbrecher".[51] Auch die Kriminalpolitik sollte sich daher nicht mehr an der Schuldfrage orientieren, sondern sich nach einer „durch die Wissenschaft aufgeklärten Wahrheit [...] richten."[52] Statt Sühne und Vergeltung forderte Forel – wie bei der ‚sexuellen Frage' – „Präventivmassregeln zu ergreifen, die sich immer dringlicher notwendig machen gegen das Verbrechen und seine Ursachen, wie gegen die Degeneration der Rasse."[53]

Die „menschliche Zuchtwahl" zur Steuerung der menschlichen Fortpflanzung galt Forel als das „Prinzip, das uns zu einem noch fernen Ziele führen muss."[54] Er betonte zwar, dass es nicht darum gehen würde, „eine neue menschliche Rasse, einen Übermenschen zu schaffen". Dennoch forderte er, dass „defekte Untermenschen durch die Entfernung der Ursachen der Blastophthorie und durch willkürliche Sterilität der Träger schlechter Keime zu beseitigen" wären.[55]

---

48 Forel: Die sexuelle Frage, S. 580 u. S. 582.
49 Forel: Die sexuelle Frage, S. 583.
50 Forel: Die sexuelle Frage, S. 592.
51 Forel: Die sexuelle Frage, S. 594.
52 Auguste Forel: Verbrechen und konstitutionelle Seelenabnormitäten. Die soziale Plage der Gleichgewichtslosen im Verhältnis zu ihrer verminderten Verantwortlichkeit. München 1907, S. 9.
53 Forel: Verbrechen, S. 179.
54 Forel: Die sexuelle Frage, S. 592.
55 Forel: Die sexuelle Frage, S. 593. Forel entwickelte das Konzept der „Blastophthorie (Keimverderbnis)". Darunter verstand er „etwas, was man auch falsche Vererbung nennen könnte, nämlich die Folgen aller direkten abnormen und störenden Einwirkungen auf das Protoplasma der Keimzellen, deren erbliche Determinanten auf solche Weise in verderblichen Sinn geändert werden." Die Blastophthorie stand am „Anfang dessen, was man erbliche Entartung oder Degeneration nennt". Forel verglich die Blastophthorie mit einem „wilden Fremdling" und einem

Um das tragische Schicksal der ‚Kulturmenschheit' abzuwenden, brauchte es für Forel in kultureller und biologischer Hinsicht ein – wie Emil M. es ausdrückte – ‚anderes Leben'.

Die Ähnlichkeiten zwischen den Erzählungen von Emil M. und Auguste Forel bestehen weniger auf der inhaltlichen denn auf der stilistischen Ebene. Zwar beschrieb Emil, dass er ‚geschlechtlich gereizt' war und verwendet damit zur Selbstbeschreibung ein Schlagwort des medizinisch-soziologischen Diskurses um 1900. Er folgert daraus aber nicht, krank oder gar ‚entartet' oder ‚degeneriert' zu sein. Die Ähnlichkeiten ergeben sich durch den tragischen Stil, der beiden Erzählungen eigen ist. Bei Forel wird die moderne Gesellschaft durch die ihr inhärenten Missstände existenziell bedroht. Auch Emil wird durch etwas bedroht, das aus ihm selbst kommt. Es sind daher Parallelen zwischen dem, in einem spezifisch historischen Sinn, ‚authentischen Selbstzeugnis' eines Bauhandlangers und der Gesellschaftsdiagnose eines ranghohen Arztes erkennbar. Emils tragisches Verständnis von Subjektivität fand um 1900 einen Widerhall in den kritischen Gesellschaftstheorien. In einer Kultur, die – wie man bei Simmel sieht – als tragisch wahrgenommen wurde, stilisierten sich auch einzelne Individuen zu tragischen Helden.

6 Fazit

Der Übergang von der traditionellen zur modernen Gesellschaft hinterließ auch in den 102 Untersuchungsakten wegen Notzucht und Notzuchtversuch aus dem Amtsbezirk Bern zwischen 1867 und 1941 Spuren. In der ersten Hälfte der Untersuchungsperiode dominieren Gerichtsfälle, in denen Angriffe auf randständige Frauen an meist abgelegenen Orten geschildert wurden. Die Angeschuldigten verfügten wie die Frauen, die sie angriffen, überwiegend über ein ländlich-traditionelles Sozialprofil. Sie erzählten die Ereignisse in ihren Verhören als situative Interaktionen zwischen ihnen und ihrem Opfer. Die Gerichtsfälle mit dieser sexuellen Gewalt am Rand der bürgerlichen Gesellschaft nahmen im Verlauf der Untersuchungsperiode stark ab. In den letzten beiden Jahrzehnten des 19. Jahrhunderts tauchten dagegen immer mehr Gerichtsfälle auf, in denen die Ereignisse von den Angeschuldigten zwar weiterhin als situative Interaktion erzählt, aber die ihnen vorgeworfene Gewalt nicht mehr eingestanden wurde. Mit einem Narrativ der Verführung dementierten oder verharmlosten vor allem Män-

---

„Kuckucksei". Für die Blastophthorie war vor allem die „alkoholische Vergiftung" verantwortlich. Vgl. Forel: Die sexuelle Frage, S. 38f.

ner mit städtisch-modernem Hintergrund die ihnen vorgeworfene sexuelle Gewalt. Schließlich tauchte um die Jahrhundertwende eine weitere Erzählweise auf, bei der die Angeschuldigten die sexuelle Gewalt nicht mehr als Ausdruck und Folge einer situativ entstanden Interaktion schilderten, sondern sie als Ausdruck und Folge der eigenen Subjektivität deuteten. Sie schilderten die sexuelle Gewalt als Symptom ihres eigenen Verfalls und stilisierten sich dabei als tragische Helden. Mit ihrem tragischen Stil sind diese Verhörprotokolle anschlussfähig an den medizinisch-soziologischen Diskurs, der um die Jahrhundertwende über ‚nervöse' und ‚sexuelle Entartung' bzw. ‚Degeneration' geführt wurde und eine große soziale und kulturelle Bedeutung erlangte. Der tragische Erzählstil im Kontext von sexueller Gewalt passte in die Zeit um 1900, in welcher Ärzte und Soziologen die gesamte moderne Kultur aufgrund ihrer eigenen Errungenschaften auf tragische Weise als ‚entartet' oder ‚degeneriert' betrachteten.

Verwendete Literatur

Anna Bähler: Von der Altstadt in der Aareschlaufe zur Stadtregion. Stadtentwicklung, Wohnungsbau, städtische Versorgungsnetze und Verkehr, in: dies., Robert Barth, Emil Erne u.a. (Hg.): Bern – die Geschichte der Stadt im 19. und 20. Jahrhundert. Stadtentwicklung, Gesellschaft, Wirtschaft, Politik, Kultur. Bern 2003, S. 11–45.

Peter Becker: „Recht schreiben" – Disziplin, Sprachbeherrschung und Vernunft. Zur Kunst des Protokollierens im 18. und 19. Jahrhundert, in: Michael Niehaus (Hg.): Das Protokoll. Kulturelle Funktionen einer Textsorte. Frankfurt/M. 2005, S. 49–76.

Iwan Bloch: Das Sexualleben unserer Zeit in Beziehung zu seinen Beziehungen zur modernen Kultur. Berlin 1907.

Karl-Heinz Bohrer: Der romantische Brief. Die Entstehung ästhetischer Subjektivität. Frankfurt/M. 1987.

Jutta Eming, Claudia Jarzebowski, Claudia Ulbrich (Hg.): Historische Inzestdiskurse. Königstein i. Ts. 2003.

Auguste Forel: Die sexuelle Frage. Eine naturwissenschaftliche, psychologische, hygienische und soziologische Studie für Gebildete. München 1917.

Auguste Forel: Verbrechen und konstitutionelle Seelenabnormitäten. Die soziale Plage der Gleichgewichtslosen im Verhältnis zu ihrer verminderten Verantwortlichkeit. München 1907.

Gesetzbuch über das Verfahren in Strafsachen für den Kanton Bern vom 29.6.1854.

Rebekka Habermas: Diebe vor Gericht. Die Entstehung der modernen Rechtsordnung im 19. Jahrhundert. Frankfurt/M. 2008.

Karl Ludwig von Haller: Gutachten Mrghhrn. der Committierten über die Verbesserung der hiesigen Criminal-Prozessform. Bern 1797.

Sybille Hofer: Strafrecht und Strafprozessrecht, in: Peter Martig, Charlotte Gutscher (Hg.): Berns moderne Zeit. Das 19. und 20. Jahrhundert neu entdeckt. Bern 2011, S. 105–112.

Alexander Ignor: Geschichte des Strafprozesses in Deutschland 1532–1846. Von der Carolina Karls V. bis zu den Reformen des Vormärz. Paderborn 2002.

Ludwig von Jagemann: Handbuch der gerichtlichen Untersuchungskunde. Bd. 1. Frankfurt/M. 1838.

Claudia Jarzebowski: Inzest. Verwandtschaft und Sexualität im 18. Jahrhundert. Köln 2006.

Vera Koelbing-Waldis: Art. „Forel, Auguste", in: Historisches Lexikon der Schweiz, http://www. hls-dhs-dss.ch/textes/d/D14365.php.

Richard von Krafft-Ebing: Psychopathia sexualis. Mit besonderer Berücksichtigung der conträren Sexualempfindung. Eine klinisch-forensische Studie. 7. Aufl. Stuttgart 1892.

W. Krebs: Die Reform des Strafprozesses, in: Zeitschrift des Bernischen Juristen-Vereins 58 (1929), S. 472–485.

Christian Pfister (Hg.): Bernhist. Historisch-statistische Datenbank des Kantons Bern, http:// bernhist.ch/web-apps/bernhist/result.php.

Christian Pfister: Im Strom der Modernisierung. Bevölkerung, Wirtschaft und Umwelt im Kanton Bern, 1700–1914. Bern 1995.

Joachim Radkau: Das Zeitalter der Nervosität. Deutschland zwischen Bismarck und Hitler. München 1998.

Georg Simmel: Der Begriff und die Tragödie der Kultur, in: ders.: Philosophische Kultur. Gesammelte Essais. Frankfurt/M. 1996 [Original 1911] (= Georg Simmel Gesamtausgabe, Bd. 14), S. 385–416.

Claudia Töngi: Um Leib und Leben. Gewalt, Konflikt, Geschlecht im Uri des 19. Jahrhunderts. Zürich 2004.

Ungedruckte Untersuchungsakten (Staatsarchiv Katon Bern): StAB BB 15. 4. 1132 3550; StAB BB 15. 4. 1191 4223; StAB BB 15. 4. 1550 8061; StAB BB 15. 4. 1620 8642; StAB BB 15. 4. 1665 9041; StAB BB 15. 4. 1674 9120; StAB BB 15. 4. 1708 9373; StAB BB 15. 4. 1726 9522; StAB BB 15. 4. 1748 9691; StAB BB 15. 4. 1794 250; StAB BB 15. 4. 1823 456; StAB BB 15. 4. 1824 459; StAB BB 15. 4. 1874 707; StAB BB 15. 4. 1915 914; StAB BB 15. 4. 1989 1295; StAB BB 15. 4. 2125 205; StAB BB 15. 4. 2125 2055; StAB BB 15. 4. 2141 2160; StAB BB 15. 4. 2318 3046; StAB BB 15. 4. 2439 3490.

Norman Domeier (Stuttgart)

Dialektik von Repression und Liberalisierung

Die Politisierung der Homosexualität vor dem Ersten Weltkrieg

1 Das Scheitern der Tabuisierungsversuche

In der *Belle Époque*, schreibt der Kulturhistoriker Peter Gay, war es am ungefähr-
lichsten, wenn man über Sexualität und ihre Devianzen als Arzt, Moralist oder
Patriot sprach. Dann war es möglich, sie in Fachausdrücken zu analysieren, als
Auswuchs moderner Zivilisation zu brandmarken oder mit Genugtuung ihr ge-
häuftes Auftreten in anderen Ländern festzustellen. Im Blick hatte Gay bei diesen
klugen Überlegungen vor allem den vom Eulenburg-Skandal ganz besessenen
Marcel Proust.[1] Der Eulenburg-Skandal, der in den Jahren 1906 bis 1909 „in allen
zivilisierten Ländern" miterlebt wurde, wie Zeitgenossen vermerkten, war ein
konstituierendes Ereignis in der globalen Geschichte der Homosexualität, denn er
machte sie erstmals allgemeingesellschaftlich sagbar.[2] Allerdings kann der Skandal auch als Geburtsstunde der Homophobie ausgemacht werden, der zwar
irrational-aggressiven, aber auf moderne Weise systematischen, umfassenden
und vor allem öffentlich artikulierten Feindseligkeit gegenüber gleichgeschlecht-
lich begehrenden Menschen. Dies macht deutlich, dass der von den dramatischen
Ereignissen in den Gerichtssälen des deutschen Kaiserreiches bestimmte und
diskursiv erstaunlich freizügige Aushandlungsprozess nicht geradlinig in eine
simple Modernisierungs-, Fortschritts- und Emanzipationsgeschichte der sexuellen Revolutionen des 20. Jahrhunderts einmündete. Vielmehr kristallisierte sich
aus dem Zusammenprall von sagbarer Homosexualität, überkommenem Keusch-
heitsideal, weiblicher Emanzipation und virilem Patriotismus die Homophobie
als neue Tugend heraus, was – Dialektik der Aufklärung – zu einem heterosexuellen Liberalisierungsschub führte.

Ist der Eulenburg-Skandal heute als erster großer Homosexualitätsskandal
des 20. Jahrhunderts in Erinnerung, so wurde er von den Zeitgenossen politisch
noch umfassender als Gegenstück zur französischen Dreyfus-Affäre verstanden.[3]

---

1 Peter Gay: Die zarte Leidenschaft. Liebe im bürgerlichen Zeitalter. München 1987, S. 207f.

2 Vgl. allgemein Robert Aldrich (Hg.): Gleich und anders. Eine globale Geschichte der Homosexualität. Hamburg 2007.

3 Zu den kultur- und politikgeschichtlichen Facetten des Skandals siehe Norman Domeier: Der
Eulenburg-Skandal. Eine politische Kulturgeschichte des Kaiserreichs. Frankfurt/M., New York

In seiner europaweit beachteten Politik- und Kulturzeitschrift *Die Zukunft* unterstellte Maximilian Harden im Herbst 1906 dem Fürsten Philipp Eulenburg, bester Freund und zeitweise wichtigster Berater Kaiser Wilhelms II., das Haupt einer homosexuellen ‚Kamarilla' innerhalb der Reichsregierung zu sein. Harden, einem der bedeutendsten, aber auch umstrittensten Publizisten und Intellektuellen der damaligen Zeit, gelang es durch den drei lange Jahre andauernden Skandal, ein großes Narrativ wilhelminischer Dekadenz zu popularisieren: Danach hatte die Eulenburg-Kamarilla bereits 1890 den Sturz Bismarcks bewerkstelligt, seither den Monarchen vom Volk abgeschirmt und durch eine von übersteigerter Friedensliebe bestimmte Politik das Deutsche Reich in die internationale Isolation manövriert. Mit der nach Eulenburgs Schloss in der Uckermark nördlich von Berlin auch ‚Liebenberger Tafelrunde' genannten Gruppe war ein Sündenbock für die zahlreichen politischen Fehlleistungen der Herrschaft Wilhelms II. gefunden worden. Mehr noch: Die gesamte Politik des Kaiserreiches geriet in den Ruch der Homosexualität, die sich im Laufe des 20. Jahrhunderts auch als politische Deutungskategorie etablierte, um individuelle Gegner, verfeindete Nationen und ganze Gesellschaftssysteme zu diskreditieren.[4]

Am Beginn dieser Entwicklung standen noch Versuche der Tabuisierung. Nicht nur nach Meinung Konservativer sollte Homosexualität unsagbar bleiben. Dieses Laster, fürchtete die monarchistische *Kreuzzeitung* nach den ersten Enthüllungen des Eulenburg-Skandals, breite sich aus, „je mehr von ihm gesprochen und je mehr also der Abscheu vor dem Greuel abgestumpft wird."[5] Dies verdeutlicht, für wie groß die „Macht der Benennung" gehalten wurde, die Pierre Bourdieu zum wichtigsten Kapitalbesitz der Intellektuellen gezählt hat.[6] Paul Lindau brachte ihren Stellenwert mit Blick auf die sexualhistorische Seite des Eulenburg-Skandals so auf den Punkt:

> Zur Salonfähigkeit des Scheußlichen musste ein Wort gefunden werden, das zunächst nicht jedermann zugänglich war. Es ist gefunden worden, nicht in unserer ehrlichen Muttersprache, ein in seiner sprachlichen Bildung ebenso ungeheuerliches Unding, wie in seiner sachlichen Bedeutung: Homosexualität.[7]

2010. Auf Englisch: Norman Domeier, The Eulenburg Affair. A Cultural History of Politics in Imperial Germany (German History in Context 1), New York 2015.

4 Zur Traditionslinie politischer Homophobie vgl. Robert Dean: Imperial Brotherhood. Gender and the Making of Cold War Foreign Policy. Amherst, MA 2001.

5 Kreuzzeitung, 27. Oktober 1907.

6 Pierre Bourdieu: Sozialer Raum und „Klassen" – Leçon sur la Leçon, Frankfurt/M. 1985, S. 18f.

7 Neue Freie Presse, „Das Gesprächsthema", 17. November 1907.

Lindau, Jahrgang 1839, einer der wichtigsten deutschen Theater- und Literaturkritiker des ausgehenden 19. Jahrhunderts, verstand die Welt zu Beginn des 20. Jahrhunderts zumindest sprachlich nicht mehr, in der Dinge, „die man früher nicht anzudeuten wagte", „zum Gesprächsthema am Familientisch geworden" waren, wie die *Berliner Börsenzeitung* nüchtern feststellte.[8]

2 Das gesellschaftliche Bedrohungspotential der Homosexualität und die Weltmetropole Berlin

Der Ausbruch von Homophobie im Eulenburg-Skandal kann als Überdruckventil für die um 1900 verbreiteten urbanen Angstvorstellungen gesehen werden, öffentlich der Homosexualität beschuldigt zu werden oder in die Hände berufsmäßiger Erpresser zu fallen. Hierzu trug nicht zuletzt der Wandel Berlins zu einer Weltstadt bei. Bis zu den Enthüllungen des Eulenburg-Skandals figurierten Paris, London oder Rom als Hochburgen von Ausschweifung, Überreiztheit und Dekadenz.[9] Die Suche nach dem ‚modernen Babylon' war seit Jahrzehnten im Gange. Die Lokalisierung dieses, je nach Gusto, imaginären Schreckens- oder Sehnsuchtsortes der Moderne wurde sowohl in innenpolitischen Kämpfen als auch in internationalen Pressekriegen versucht.[10] Nach der nicht nur militärisch-politischen, sondern auch moralischen Demütigung von 1871, perpetuiert durch das beständige Ausrufen des siegreichen Deutschland zum „Reich der Gottesfurcht und frommen Sitte", bemühten sich französische Journalisten, Berlin zum Sündenpfuhl Europas zu stilisieren.[11] Auch die weltweite Pionierstellung der deutschen Sexualwis-

---

8 Berliner Börsen Zeitung, 30. Oktober 1907.

9 Vgl. Joachim Radkau: Das Zeitalter der Nervosität. Deutschland zwischen Bismarck und Hitler. München 1998, S. 329; zu Großstädten um 1900 als Orten sexueller Vergnügung und Gefahr Judith R. Walkowitz: City of Dreadful Delight. Narratives of Sexual Danger in Late-Victorian London. Chicago 1994; Joachim Schlör: Nachts in der großen Stadt. Paris, Berlin, London 1840–1930. München 1991.

10 Zur deutschen Rezeption von William T. Steads „Modern Babylon"-Kampagne siehe etwa N. N.: Die Mädchen-Opferung im modernen Babylon. Enthüllungen der „Pall Mall Gazette" über die sittlichen Zustände in London. Hagen 1885; zur moralischen Verortung des modernen Babylon in Paris Hans Wachenhusen: Vom neuen Babylon. Berlin 1872; Hermann Kuhn: Aus dem modernen Babylon. Pariser Bilder. Köln 1892.

11 Ein frühes Beispiel ist Louis Schneider: Bilder aus Berlin's Nächten. Genre-Skizzen aus der Geschichte, Phantasie und Wirklichkeit. Berlin 1835. In den folgenden Jahrzehnten: Victor Tissot, L'Allemagne amoureuse (1884); Léouzon LeDuc: Odeurs de Berlin. Paris 1874; Victor Joze: Babylone d'Allemagne. Paris 1894.

senschaft und Homosexuellenbewegung wurde genutzt, um Homosexualität, meist am Beispiel der vitalen schwulen Subkultur Berlins, als *le vice allemand* zu deklarieren.[12] Doch erst die Enthüllungen des Eulenburg-Skandals beglaubigten, was bis dahin an Sittenpropaganda im Dienste von Nationalismus und Imperialismus erschienen war. Ab jetzt rangierte die Weltmetropole Berlin auf der publizistischen Rangliste moralischer Verkommenheit ganz oben, auch innerhalb Deutschlands.[13] Berlin-Potsdam, ehemals als ‚preußisches Sparta' glorifiziert, wurde zu einem ‚Babylon an der Spree' umgeschrieben. Durch den Eulenburg-Skandal wurde der moralischen Überheblichkeit der ‚Neudeutschen', wie ihn als forsch-imperialistischen Typus das Kaiserreich als erster moderner deutscher Nationalstaat nach 1871 schuf, vor aller Welt ein Dämpfer verpasst. Friedrich Naumann konstatierte: „Die tugendreiche Residenz Wilhelms II. hat ihren Trauertag gehabt." In Paris, London, Rom und Wien, klagte der Sozialimperialist, sei die Genugtuung groß, dass der Berliner Hof keinen Deut besser sei als das „Sodom und Gomorrha" des Pariser Hofes unter Napoleon III.[14]

Zur Ausbildung einer neuen, bedrohlichen Vorstellung von der Natur des Homosexuellen trug in Deutschland vor allem der Sensationsprozess zwischen Maximilian Harden und Kuno Graf Moltke bei, der im Oktober 1907 im Justizpalast von Berlin-Moabit stattfand. General Moltke, der engste Freund Philipp Eulenburgs, sollte auf Druck Kaiser Wilhelms II. und seiner militärischen Berater durch einen Beleidigungsprozess gegen Harden die Ehre der „allerhöchsten Kreise" des Reiches wahren. Von den Mitgliedern der Eulenburg-Kamarilla hielt man ihn für sexuell „am geringsten belastet". Die *cause célèbre* wurde „in der ganzen Kulturwelt mit größter Spannung verfolgt", wie der Gerichtsreporter Hugo Friedländer notierte. Der Andrang ausländischer Journalisten war enorm.[15] Wenige Wochen vor Beginn des Prozesses bemerkte der weltgewandte Kunsthistoriker Théodore Duret, ein Freund Émile Zolas und Édouard Manets, bei einem Besuch in der Reichshauptstadt mit ironischem Lächeln, dass „diese glücklichen

---

12 Etwa Armand Dubarry: Les invertis. Le vice allemande. Paris 1896. Kurz vor Ausbruch des Eulenburg-Skandals mit Unterstützung Magnus Hirschfelds in der homosexuellen Subkultur Berlins recherchiert hat Oscar Méténier: Vertus et vices allemands. Les Berlinois chez eux. Paris 1904. Mit direktem Bezug auf den Eulenburg-Skandal: Henri de Weindel: L'Homosexualité en Allemagne. Étude documentaire et anecdotique. Paris 1908.
13 Anonym: Das perverse Berlin. Kulturkritische Gänge. Berlin 1910; Karl Scheffler: Berlin. Ein Stadtschicksal. Berlin 1910.
14 Die Hilfe, Der Schmutzprozess, von Friedrich Naumann, 3. November 1907.
15 Hugo Friedländer, Interessante Kriminal-Prozesse. Ein Pitaval des Kaiserreichs, CD-Rom, Berlin 2001 [Original 1910–1920], S. 3965f.

Berliner sich doch alles anschafften – und nun haben sie sogar die Perversität".[16] Viele Prozessbeobachter teilten das Gefühl, dass sich in diesem Prozess bevorstehende politische und gesellschaftliche Umbrüche spiegelten. „Man kommt allmählich in so etwas wie 1789er Stimmung hinein [...] man spürt die Dekadenz in der Luft und glaubt zuweilen, dass man auf einem Vulkan tanze", ahnte der Korrespondent einer Kölner Zeitung.[17]

Die Erwartungen wurden nicht enttäuscht. Die Beweisaufnahme im ersten Moltke-Harden-Prozess lieferte Enthüllungen, die europaweit zur Sensation wurden: Ehe, Freundschaft und Sexualität wurden in einem bis dahin kaum gekannten Ausmaß politisiert. Das Licht der Öffentlichkeit fiel besonders auf die nach kurzer Zeit gescheiterte Ehe Kuno Moltkes mit Lilly von Elbe. Sie wurde Kernstück des juristischen Wahrheitsbeweises, ob Moltke „sexuell abnorm" war.[18] Unter Eid bekräftigte Lilly, die seit langem Harden mit Informationen gegen ihr Ex-Mann und dessen Freunde versorgt hatte, dieser habe mit Blick auf schwangere Frauen geäußert: „Die Ehe ist eine Schweinerei." Damit habe der Kaiserfreund keineswegs die Ehe ohne Liebe, sondern „die Ehe als Institut überhaupt" gemeint. Das eheliche Schlafzimmer habe General Moltke, erklärte sie weiter, als „die reine Notzuchtanstalt" empfunden und, nach der Rückkehr von einer Nordlandreise mit Kaiser Wilhelm II., ausgerufen: „Wochenlang habe ich, Gott sei Dank, keine Weiber gesehen!". Am meisten entrüstete man sich aber über die vulgäre Äußerung Moltkes: „Eine Frau ist für ihren Mann nicht mehr als ein Klosett, was bist du denn anderes". Diese misogyne Aussage wurde als Beleidigung aller deutschen Ehefrauen gewertet, aber auch als Beleg für Moltkes Homosexualität.[19]

Mit solch intimen Details war der Öffentlichkeit in Deutschland noch kein Schlafgemach der aristokratischen Herrschaftselite geöffnet worden.[20] Mit der Enthüllung der Moltke'schen Ehewirklichkeit vor Gericht erfolgte der erwartete Dammbruch eines Politiker-Privatlebens durch das Thema Homosexualität. Im Krupp-Skandal 1902 hatte Maximilian Harden selbst noch die Maxime geprägt: „Der öffentlich kontrollierbare Ehrbegriff reicht nur bis an den Nabel: was weiter unten geschieht, geht links und rechts keinen Fremden an." Nun vollzog er eine Kehrtwende und argumentierte, angesichts der politischen Bedeutung Moltkes

---

16 Theodor Wolff, in: Berliner Tageblatt, Das Ende des Moltke-Harden Prozesses, 29. Oktober 1907.
17 Kölnische Volkszeitung, 25. Oktober 1907. Für die Berliner waren Gerichtsprozesse im späten Kaiserreich ein alltägliches Informations- und Vergnügungsmittel. Vgl. Franz Hoeniger: Berliner Gerichte. 5. Aufl. Berlin 1905.
18 Friedländer: Interessante Kriminal-Prozesse, S. 3971.
19 Friedländer: Interessante Kriminal-Prozesse, S. 3987f.
20 Leipziger Volkszeitung, 25. Oktober 1907.

als Stadtkommandant von Berlin und intimer Freund Wilhelms II. sei die Unterstellung einer sexuellen Normwidrigkeit eine politische Behauptung.[21] Damit rechtfertigte er, was Richard Sennett später als „Tyrannei der Intimität" fasste: die Politik Maßstäben des Privatlebens zu unterwerfen.[22]

Ein forensischer Nachweis homosexueller Veranlagung, um den es im Fall Kuno Moltkes ging, war trotz der Strafbarkeit bestimmter homosexueller Akte im Deutschen Reich ungewöhnlich.[23] Denn in Strafprozessen nach § 175 StGB kam es darauf an, Tatzeugen für strafbare Sexualpraktiken aufzubieten.[24] Maximilian Harden hatte seine Kampagne gegen die Eulenburg-Kamarilla exakt auf das juristische Problem der Nachweisbarkeit von Homosexualität abgestimmt. Aus diesem Grund beharrte er vor Gericht darauf, „mit keinem Atom auf Geschlechtshandlungen", also auf einen Straftatbestand nach § 175, hingewiesen zu haben.[25] Angesichts der verwickelten Prozesslage erstaunt es wenig, dass der bekannte Berliner Sexualwissenschaftler Magnus Hirschfeld als Gutachter herangezogen wurde. Als er sein spektakuläres Gutachten über den ehemaligen Stadtkommandanten von Berlin und Kaiserfreund abgab, war er nicht nur als Gründer des *Wissenschaftlich-humanitären Komitees* im Jahr 1897 berühmt, der ersten Vereinigung weltweit, die sich offen für die gesellschaftliche Toleranz Homosexueller einsetzte, sondern hatte sich bereits internationales Prestige erworben, insbesondere durch seine ‚Zwischenstufentheorie', mit der er auch den Doyen der Sexualwissenschaft Richard von Krafft-Ebing überzeugen konnte. Mann und Frau stellten demnach nur idealtypische Pole auf einer Skala quasi unendlicher sexueller Zwischenstufen dar. Jeder heterosexuelle Mann besaß auch weibliche, jede heterosexuelle Frau auch männliche Eigenschaften. Der homosexuelle Mann war für Hirschfeld besonders feminin veranlagt, die homosexuelle Frau besonders maskulin.[26] Sowohl das Gericht als auch Maximilian Harden zeigten sich mit dieser neuen Theorie bereits vertraut. Das Gericht fragte Hirschfeld mit Blick auf

---

21 Friedländer: Interessante Kriminal-Prozesse, S. 4236f.

22 Richard Sennett: Verfall und Ende des öffentlichen Lebens. Die Tyrannei der Intimität. Frankfurt/M. 1996, S. 424–428.

23 Mit der Reichsgerichtsentscheidung von 1902 war das Berühren eines männlichen Körpers mit dem Glied „beischlafähnlich" und damit strafbar nach § 175: „Die widernatürliche Unzucht, welche zwischen Personen männlichen Geschlechts oder von Menschen mit Tieren begangen wird, ist mit Gefängnis zu bestrafen; auch kann auf Verlust der bürgerlichen Ehrenrechte erkannt werden."

24 Jörg Hutter: Die gesellschaftliche Kontrolle des homosexuellen Begehrens. Medizinische Definitionen und juristische Sanktionen im 19. Jahrhundert. Frankfurt/M. 1992, S. 66–68.

25 Friedländer: Interessante Kriminal-Prozesse, S. 3971.

26 Eine zeitgenössische Kritik findet sich bei Albert Moll: Sexuelle Zwischenstufen. In: Die Zukunft 40 (1902), S. 425–433.

Moltke ausdrücklich nach „verschiedenen Arten von Homosexualität", während Harden einräumte, dass es in der Sexualität des Menschen „ungemein verschiedenen Nuancen" gebe.[27]

Dennoch kam Hirschfeld der Erwartungshaltung bereitwillig nach, im Fall Eulenburg-Moltke eine eindeutige Grenze zwischen Männerfreundschaft und Männerliebe zu ziehen und die homosexuelle Veranlagung klar zu definieren:

> Ich habe aus der Beweisaufnahme die wissenschaftliche Überzeugung gewonnen, dass bei dem Kläger, Herrn Grafen Kuno v. Moltke, objektiv ein von der Norm, d.h. von den Gefühlen der Mehrheit abweichender Zustand vorliegt, und zwar eine unverschuldete, angeborene und m.E. in diesem Fall ihm selbst nicht bewusste Veranlagung, die man als homosexuell zu bezeichnen pflegt. Wir verstehen unter homosexuell jemanden, der homosexuell empfindet, der sich zu Personen des gleichen Geschlechts in wirklicher Liebe hingezogen fühlt. Ob er sich dabei homosexuell betätigt, ist vom naturwissenschaftlichen Standpunkt nebensächlich. Wie es Normale gibt, die keusch leben, so gibt es Homosexuelle, deren Liebe einen ausgesprochen seelischen, ideellen, ‚platonischen' Charakter trägt.[28]

Für Hirschfeld lagen genug Indizien für die von Harden behauptete sexuelle Normwidrigkeit Moltkes vor, zumal dieser sich eher als Künstler denn als General verstand. Allerdings sei ihm seine Homosexualität nicht bewusst.[29]

Michel Foucault hat betont, dass der Homosexuelle im Laufe des 19. Jahrhunderts zu einer Gesamtpersönlichkeit geworden ist, „die über eine Vergangenheit und Kindheit verfügt, einen Charakter, eine Lebensform und die schließlich eine Morphologie mit indiskreter Anatomie und möglicherweise rätselhafter Physiologie besitzt".[30] In Anlehnung daran hat der Sexualwissenschaftler Erwin Haeberle Anfang der 1990er Jahre bei seiner Analyse des ersten Moltke-Harden-Prozesses Hirschfeld den Vorwurf gemacht, die Homosexualität „als eine Disposition, einen Seelenzustand, eine Wesenseigenschaft", die unabhängig von „irgendwelchen tatsächlichen sexuellen Handlungen" existiere, forensisch dargestellt und wissenschaftlich eingeführt zu haben.[31] Haeberles harsche Hirschfeld-Kritik mag aus der Perspektive eines theoretisch argumentierenden Sexualwissenschaftlers be-

---

27 Friedländer: Interessante Kriminal-Prozesse, S. 3969.

28 Friedländer: Interessante Kriminal-Prozesse, S. 4049–4054. Das Gutachten enthält eine umfassende Definition homosexueller Veranlagung.

29 Friedländer: Interessante Kriminal-Prozesse, S. 4049–4054.

30 Michel Foucault: Sexualität und Wahrheit. Bd. 1: Der Wille zum Wissen. Frankfurt/M. 1977, S. X.

31 Erwin J. Haeberle: Justitias zweischneidiges Schwert. Magnus Hirschfeld als Gutachter in der Eulenburg-Affäre, in: Klaus M. Beier (Hg.): Sexualität zwischen Medizin und Recht. Stuttgart 1991, S. 5–20, hier S. 12; vgl. allgemein dazu Michel Foucault: Sexualität und Wahrheit.

rechtigt sein, historisch reflektiert ist sie nicht. Zunächst verkennt sie, dass der erste Moltke-Harden-Prozess kein Strafprozess nach § 175 war. Es ging vorderhand nicht um die Repression Homosexueller, sondern um die mögliche Verurteilung eines obrigkeitskritischen Publizisten zu einer Haftstrafe wegen Beleidigung eines Aristokraten. Hirschfeld sah in diesem Moment vor allem die große Chance, durch „den herbeigesehnten Idealzustand eines Sittenprozesses" der Homosexuellen-Emanzipation einen großen Schritt näherzukommen.[32] In Hunderten Strafprozessen nach § 175, in denen er bis in die Weimarer Republik als Sachverständiger tätig war, hatte er genug damit zu tun, seiner Gutachterpolitik treu zu bleiben und auf Freisprüche der Angeklagten hinzuarbeiten. Desweiteren war ihm in diesem Privatklageverfahren vom Gericht als Untersuchungsgegenstand explizit nicht die Klärung der Ausübung von Homosexualität, sondern der Nachweis ihrer Veranlagung zugewiesen worden.

Die einzige, nicht sehr fortschrittliche Alternative wäre eine körperliche Untersuchung Moltkes gewesen. Dadurch hätte der Versuch unternommen werden können, anatomisch festzustellen, ob er – passiven – homosexuellen Geschlechtsverkehr praktiziert hatte; ein Vorgehen, für das zeitgenössische Lehrbücher der Gerichtsmedizin spezielle Untersuchungsmethoden vorsahen.[33] Der sexualwissenschaftliche Trend jener Jahre ging jedoch eindeutig in Richtung Analyse des Individuums und seines psychologischen Intimlebens; in seinem Moltke-Gutachten verweist Hirschfeld bereits auf Sigmund Freuds gerade erst Konturen annehmende Psychoanalyse.[34]

Trotz Hirschfelds Reputation war es eine Sensation, als sich das Gericht nicht allein seinem Gutachten anschloss, sondern die Diagnose noch zuspitzte, indem es Homosexualität nicht nur als individuelle Wesenseigenschaft, die objektiv

---

32 Florian Mildenberger: „In Richtung der Homosexualität verdorben". Psychiater, Kriminalpsychologen und Gerichtsmediziner über männliche Homosexualität. 1850–1970. Hamburg 2002, S. 81.

33 ‚Aktive Päderastie' wurde für nicht nachweisbar erachtet. Für den Nachweis passiven homosexuellen Geschlechtsverkehrs wurde Gerichtsärzten die Methode des russischen Sexualmediziners Tarnowsky empfohlen. Siehe August Cramer, Georg Puppe, Otto Rapmund (Hg.): Der beamtete Arzt und ärztliche Sachverständige. Bd. 1: Die ärztliche Sachverständigentätigkeit auf dem Gebiete der gerichtlichen Medizin und Psychiatrie, der Unfall-, Invaliditäts- und Lebensversicherung, Berlin 1904, S. 278f. Afteruntersuchungen wurden bei Sodomie-Verdacht seit dem 16. Jahrhundert durchgeführt. Vgl. Hutter: Homosexuelles Begehren, S. 68–70; Klaus Pacharzina, Karin Albrecht-Désirat: Die Last der Ärzte. Homosexualität als klinisches Bild von den Anfängen bis heute, in: Joachim Hohmann (Hg.): Der unterdrückte Sexus. Lollar 1977, S. 97–112.

34 Von der gerichtlichen Feststellung „körperlicher Abnormität" sprach nur: Deutsche Tageszeitung, 10. November 1907. Widersprüchlicherweise war dies hier Teil der Forderung, Homosexuelle als „geborene Kranke" in Irrenanstalten einzuweisen.

nachgewiesen werden konnte, sondern auch als sozial konstituierte und gesellschaftlich bedeutsame Realität fasste. Tatsächlich habe Harden, so das Ge-
richtsurteil, Moltke eine für Dritte „erkennbare" Homosexualität nachgesagt.[35]

> Eine solche Behauptung ist aber, wie das Gericht angenommen hat, geeignet, den Privatklä-
> ger in der öffentlichen Meinung herabzuwürdigen. Denn von einem Manne in der Stellung
> eines Kommandanten von Berlin erwartet man, dass er, solange das Gesetz die Ausübung
> eines homosexuellen Triebes – wenn auch nur in der schärfsten Form – verbietet, die ihm
> innewohnende Homosexualität nicht erkennbar werden lässt.[36]

Hierin lag für das Gericht Moltkes eigentliches soziales Vergehen und der Grund,
Harden freizusprechen:

> Er [Moltke] hat somit seine homosexuelle Anlage anderen gegenüber nicht verheimlicht [...].
> Aus alledem hat das Gericht den Schluss gezogen, dass der Privatkläger erkennbar homo-
> sexuell ist und der Angeklagte den Beweis der Wahrheit geführt hat.[37]

Das Gericht ging also davon aus, dass mit einem öffentlichen Amt auch ein
Anspruch der Öffentlichkeit auf ein tadelloses Sexualleben des Amtsträgers verbunden ist. Die Privatsphäre ‚öffentlicher Persönlichkeiten' existierte demnach
nur eingeschränkt, ihr Privatleben durfte politisiert werden. Das Urteil war so
demokratisch und liberal, wie es bigott war. Es war demokratisch, weil es für das
allein vom Monarchen zu vergebende militärische Amt des Stadtkommandanten
von Berlin Anrechte der Öffentlichkeit festlegte, es war liberal, weil es eine
homosexuelle Veranlagung *per se* nicht als Ausschlussgrund für ein politisches
Amt erachtete, und es war bigott, weil es in aller Offenheit und Deutlichkeit dem
gesellschaftlichen Schein Vorrang vor dem individuellen Sein gab.

Was die für das 20. Jahrhundert hochbedeutsame Grenzverschiebung von
‚normwidriger' Freundschaft über ‚unbewusste' zu ‚erkennbarer' Homosexualität
betrifft, so ist sie ohne die Intervention der jungen Sexualwissenschaft kaum
vorstellbar. Genau genommen glich sie in diesen Jahren noch mehr einer sozialen
Bewegung von Wissenschaftlern, stark verbunden mit den übrigen Lebensre-
formbewegungen, als einer wissenschaftlichen Disziplin. Erst um 1900 hatte sie
begonnen, sich aus Medizin, Psychiatrie und Biologie, mit Anleihen bei Rechts-
wissenschaft, Geschichtswissenschaft und Soziologie, als eigenständiges wissen-

---

35 Die Erkennbarkeit von Homosexuellen in der Öffentlichkeit war bereits Thema der Kriminologie. Siehe Paul Näcke: Der Kuss Homosexueller, in: Archiv für Kriminalanthropologie 17 (1904),
S. 177–180; sowie allgemein Richard Wetzell: Inventing the Criminal. A History of German Criminology 1880–1945. Chapel Hill 2000.

36 Urteil im 1. Moltke-Harden-Prozess. In: GStA 49838, Blatt 36–48.

37 Urteil im 1. Moltke-Harden-Prozess. In: GStA 49838, Blatt 36–48.

schaftliches Fach auszubilden.[38] Spezifisch sexualwissenschaftliche Lehrstühle an Universitäten gab es noch nicht, ihre wichtigsten Vertreter im deutschen Sprachraum – Richard von Krafft-Ebing, Albert Eulenburg, Albert Moll, Iwan Bloch, Auguste Forel und Magnus Hirschfeld – verbreiteten ihre sexualwissenschaftlichen Überlegungen in populären Publikationen, öffentlichen Vorträgen, als gerichtliche Sachverständige und in ihrer medizinischen Behandlungspraxis, denn bei der Mehrzahl der ‚Sexologen' handelte es sich um Ärzte.[39] Umso erstaunlicher ist es, wie das ungefestigte Fach ‚Sexualwissenschaft' durch diesen und die folgenden Gerichtsprozesse des Eulenburg-Skandals eine Probe seiner intellektuellen Deutungsmacht abgab. Allerdings war die Unkontrollierbarkeit und Eigendynamik dieser neuen, skandalgestützten Form intellektueller Machtausübung kaum zu überschätzen: Die Grenzverschiebung von Freundschaft zu Sexualität, verbunden mit der Sagbarkeit und Wissenspopularisierung von Homosexualität, bewirkte keineswegs die Zunahme gesellschaftlicher Toleranz gegenüber Homosexuellen. Die *moralische* Deutungsmacht der liberalen Sexualwissenschaft Hirschfeld'scher Prägung stieß im öffentlichen Diskurs schnell an ihre Grenzen.

3 Der homophobe Gemeinsinn formiert sich

Mit der Grenzverschiebung mannmännlicher Beziehungen aus dem Bereich der Freundschaft in den Bereich der Sexualität hatte Magnus Hirschfeld angesichts der eingangs zitierten antiaufklärerischen Stimmen, die der Unsagbarkeit und Tabuisierung der Homosexualität das Wort redeten, einen beachtlichen Erfolg erzielt. Die Homosexualität sei, argumentierte er in seinem Gutachten im ersten Moltke-Harden-Prozess, eine Konstante in allen menschlichen Gesellschaften. Sie sei in der Gegenwart nicht häufiger als in der Vergangenheit, in allen sozialen Klassen zu finden und in Deutschland nicht verbreiteter als in Frankreich oder

---

38 Zum Problem der Ausbildung einer wissenschaftlichen Disziplin vgl. Silviana Galassi: Kriminologie im Deutschen Kaiserreich. Geschichte einer gebrochenen Verwissenschaftlichung. Stuttgart 2004.

39 Die Tätigkeit des medizinischen Sachverständigen zählte Albert Moll zu den „nichtärztlichen Aufgaben der Medizin", weil er die Forschungsresultate der Medizin verwertet, „um die Rechtspflege zu unterstützen und damit dem Staate eine wesentliche Grundlage seiner Existenz zu sichern." Albert Moll: Ärztliche Ethik. Die Pflichten des Arztes in allen Beziehungen seiner Tätigkeit. Stuttgart 1902, S. 14–17 u. S. 29–31.

Großbritannien. Er könne deshalb feststellen, dass „Homosexualität ebenso im Plane der Natur und Schöpfung liegt wie die normale Liebe".[40]

Mit der Forderung an die Gesellschaft, Homosexuellen daher auch bürgerliche Respektabilität zuzubilligen, überspannte der Berliner Sexualwissenschaftler jedoch die ihm zugestandene intellektuelle Deutungsmacht.[41] Mit seinem Moltke-Gutachten war der Rekurs auf die Homosexualität historischer Persönlichkeiten in eine neue Qualität übergegangen: in das sexualwissenschaftlich begründete *Outing* lebender Menschen – ohne Belege für Geschlechtsakte, allein aufgrund diagnostizierter homosexueller Veranlagung.[42] Bisher Selbstverständliches wie den Kuss unter Geschwistern oder unter Studenten sah die Presse dadurch in ein Zwielicht sexueller Perversion gerückt.[43] Weite Teile bürgerlicher und vor allem adlig-korporativer Verhaltensweisen wirkten nun fragwürdig. Die *Vossische Zeitung*, Leitblatt des deutschen Bildungsbürgertums und bis dahin der Homosexuellenbewegung wohlgesonnen, erklärte jetzt angesichts des gesellschaftlichen Bedrohungspotentials der Homosexualität rundheraus, sie halte das Konzept einer „homosexuellen Liebe" für abstoßend und widerlich.[44]

Die Homosexualität konstituierte sich nach einer viel zitierten Einschätzung von Foucault an dem Tag, als sie „weniger nach einem Typ von sexuellen Beziehungen als nach einer bestimmten Qualität sexuellen Empfindens" charakterisiert wurde. Der ‚Sodomit' als Gewohnheitssünder sei damit zum modernen biologisch veranlagten Homosexuellen, zu einer „Spezies" geworden.[45] Trotz ihres sexuellen Wissensdurstes war die wilhelminische Öffentlichkeit keinesfalls bereit, diese neue menschliche Spezies zu tolerieren, die Hirschfeld in einem gewissen Widerspruch zu seiner Zwischenstufentheorie genau so als ‚Drittes

---

40 Hirschfeld war lange vor Kinsey der erste Sexualwissenschaftler, der die Disziplin auf eine statistische Basis zu stellen versuchte. 1904 verschickte er zu diesem Zweck Tausende Fragebögen an Studenten der TU Berlin. Die Aktion wurde ein Skandal und Gegenstand staatsanwaltschaftlicher Untersuchungen. Siehe GStA 17333.

41 Zur Respektabilität als Kategorie von Selbst- und Fremdwahrnehmungen in der modernen Gesellschaft George L. Mosse: Nationalism and Sexuality. Respectability and Abnormal Sexuality in Modern Europe. New York 1985.

42 Ein typisches zeitgenössisches Beispiel für die Methode des Outings/Reklamierens berühmter Homosexueller aus der (Literatur-)Geschichte ist Hermann Michaelis: Die Homosexualität in Sitte und Recht. Berlin 1907.

43 Deutsche Hochwacht, 3. November 1907.

44 Vossische Zeitung, 16. November 1907.

45 Foucault: Sexualität und Wahrheit, S. 58. Zur Kritik an Foucaults allzu positiver Einschätzung des mittelalterlichen Sodomiten im Vergleich zum modernen Homosexuellen vgl. Jens Dobler: Zwischen Duldungspolitik und Verbrechensbekämpfung. Homosexuellenverfolgung durch die Berliner Polizei von 1848–1933. Frankfurt/M. 2008, S. 13–19.

Geschlecht' konstruiert hatte. Das von ihm beschworene Naturrecht der gleichgeschlechtlichen Liebe wurde während des Eulenburg-Skandals verhöhnt, viele
Zeitungen hielten es gar für völlig belanglos, ob Homosexualität angeboren oder
erworben war.[46] Appelle an die Humanität, jeder habe Homosexuelle unter
seinen Nächsten, ohne es zu wissen, stießen auf blanke Unbarmherzigkeit. „Denn
wir alle", so das Verdikt der *Staatsbürgerzeitung*,

> Freunde, Verwandte, Kollegen, meiden den Homosexuellen ja nicht, weil er sich gegen das
> Strafgesetz verging [...] wir meiden ihn, weil er anders ist als wir, und uns sein Wesen
> unheimlich, ungeheuerlich erscheint, und das wird bleiben, wie immer auch unser geschrie-
> benes Gesetz lauten mag [...].[47]

Alfred Adler, Begründer der Individualpsychologie, sprach noch 1930 ganz ähnlich von einer instinkthaften Abneigung der Normalen gegenüber den Homosexuellen.[48]

Obgleich die Jahre vor dem Ersten Weltkrieg den Höhepunkt eines wis-
senschaftsgläubigen Zeitalters bildeten und speziell das wilhelminische Deutschland an Sexualthemen brennend interessiert waren, wurde der (Sexual-)Wis-
senschaft keineswegs zugestanden, aus ihren Erkenntnissen auch verbindliche
moralische Vorgaben für die Gesellschaft abzuleiten.[49] Vielmehr ist bei der glo-
balgeschichtlich erstmaligen öffentlichen Aushandlung von Homosexualität
während des Eulenburg-Skandals eine erstaunliche Ambivalenz von Sagbarkeit
und Wissensvermehrung erkennbar. Nach dem Motto ,alles begreifen, heißt *nicht*
alles verzeihen' produzierten und verbreiteten viele Journalisten, Publizisten und
Wissenschaftler in der deutschen Tagespresse zwar beträchtliches, häufig auch
wissenschaftlich fundiertes Mehrwissen um Homosexualität und beleuchteten
diese in bis dahin unerhörter Offenheit und Detailliebe aus historischen, soziologischen, medizinischen, rasse- und sozialhygienischen Perspektiven; die mora-

---

46 Reichsbote, 24. November 1907.

47 Staatsbürgerzeitung, 31. Oktober 1907. Verweise des Wissenschaftlich-humanitären Komitees
(WhK) auf die Nichtstrafbarkeit von Homosexualität zu anderen Zeiten und in anderen Ländern
wurden genauso brachial beiseite gewischt. Vgl. Deutsche Zeitung, 13. November 1907. Zur
mittelalterlichen und frühneuzeitlichen Verfolgungspraxis siehe Bernd-Ulrich Hergemöller: Sodom und Gomorrha. Zur Alltagswirklichkeit und Verfolgung Homosexueller im Mittelalter. Hamburg 2000; Helmut Puff: Sodomy in Reformation Germany and Switzerland. 1400–1600. Chicago
2003.

48 Alfred Adler: Das Problem der Homosexualität und sexueller Perversionen. Frankfurt/M.
1930, S. 24f.

49 Zur Wissenschaftsgläubigkeit vgl. Andreas W. Daum: Wissenschaftspopularisierung im
19. Jahrhundert. Bürgerliche Kultur, naturwissenschaftliche Bildung und die deutsche Öffentlichkeit 1848–1914. München 2002, S. 1–32 u. S. 459–472.

lische Bewertung blieb jedoch stets von Homosexuellenhass geprägt.[50] So besprach die Intellektuellenzeitschrift *Der Tag* die Promiskuität Homosexueller als Aspekt der Bevölkerungssoziologie. Ohne Scheuklappen erörterte man Fall- und Zahlenbeispiele, wonach ein Homosexueller in einer einzigen Stadt mit rund 250 männlichen Personen Geschlechtsverkehr habe, reisende Homosexuelle in mehreren Jahrzehnten sogar mit bis zu 1000 Männern. Allein in Berlin schätzte man die Zahl Homosexueller auf 10.000, in ganz Deutschland auf 1,2 Millionen. Was für die Aktivisten um Hirschfeld Bedeutung und Normalität der Homosexualität deutlich machte, galt hier jedoch als eindrücklicher Beleg dafür, dass Homosexualität als „Seuche" und „Epidemie" eine Gefahr für die deutsche Nation darstellte.[51]

Sogar erste Versuche, Homosexualität mit der Neurobiologie des Gehirns zu erklären, wurden in der deutschen Tagespresse vorgestellt. Bei ‚normalen' Männern, schrieb Prof. Dr. Otto Zacharias in den *Kieler Neuesten Nachrichten*, reagiere ein „erotisches Rindenfeld" im Gehirn auf die Reize von Frauen, ein Effekt, der sich als „Engrammschatz" über Generationen eingeprägt habe. Bei Homosexuellen funktioniere dieser Gehirnbereich infolge von „Entwicklungsstörung oder Erkrankung" nicht normal. Aber auch für den methodisch seiner Zeit weit voraus denkenden Mediziner war eine klare moralische Bewertung der Homosexualität als eine „perverse Handlungsweise", die durch ihr besseres Verständnis „nicht weniger widerlich und lasterhaft" wurde, selbstverständlich.[52]

Der entscheidende Grund für die im Vergleich zu anderen europäischen oder amerikanischen Zeitungen erstaunliche Freizügigkeit der deutschen Presse bei der Besprechung von Homosexualität[53] war ihre Einbettung in einen partei-, klassen-, konfessions- und milieuübergreifenden *common sense* der Homophobie.[54] Unter Verweis auf Cesare Lombrosos Konzept vom „geborenen Verbrecher" argumentierten viele Journalisten, Räubern und Mördern vergebe die Menschheit schließlich auch nicht, nur weil sie diese zu verstehen suche.[55] So manchem Zeitgenossen fielen Mittel und Wege jenseits der ‚Humanitätsduselei' der Epoche

---

50 Zur ähnlich gelagerten Ambivalenz sexueller Sagbarkeiten im Kontext des Rassismus vgl. Judith Butler: Haß spricht. Zur Politik des Performativen. Berlin 1998, S. 118f.

51 Der Tag, 13. Oktober 1907.

52 Kieler Neueste Nachrichten, 23. August 1908.

53 Zu Frankreich siehe Antony Copley: Sexual Moralities in France 1780–1980. New York 1989, S. 135–154; zu Großbritannien Jeffrey Weeks: Sex, Politics and Society. The Regulations of Sexuality since 1800. London 1981, S. 96–121.

54 Von der Homophobie als gesellschaftlicher Norm spricht John C. Fout: Sexual Politics in Wilhelmine Germany. The Male Gender Crisis, Moral Purity and Homophobia, in: Journal of the History of Sexuality 2 (1992), S. 388–421, hier S. 419.

55 Der Tag, 27. November 1907.

ein. Bereits 1904 hatte der spätere NS-Eugeniker Ernst Rüdin in einer Replik auf Magnus Hirschfelds Theorien geurteilt, dass die homosexuelle Anlage „als solche biologisch minderwertig" sei. Die von Hirschfeld herausgestellten kulturellen Leistungen Homosexueller erkannte Rüdin durchaus an, sie könnten jedoch „der Rasse einen Ersatz" für ihre Negativeigenschaften nicht bieten. Daher müsse sichergestellt werden, dass Homosexuelle weder heirateten, noch sich fortpflanzten. Der dann von der Natur „verhältnismäßig mild und rasch besorgten Ausmerze" dürfe sich die Gesellschaft nicht entgegenstellen.[56] Die solchen rassistischen Aufladungen von Homosexualität mit eugenischen Argumenten zugeneigte *Deutsche Tageszeitung* spitzte im Eulenburg-Skandal zu: „Verzerrte Humanität führt in ihren Auswüchsen zur Bestialität". Homosexuelle, so ihre Forderung, müssten in Irrenanstalten „unschädlich" gemacht werden.[57] Selbst in der deutschen Sozialdemokratie wollte man angesichts des Eulenburg-Skandals von früheren Lippenbekenntnissen zur Liberalisierung des § 175 nichts mehr wissen. Zu gut fügte sich Homosexualität als typisches Dekadenzphänomen von Monarchie und Aristokratie in die marxistische Geschichtstheorie ein.[58] Der *Vorwärts* bezeichnete es als „Tatsache", dass es neben der angeborenen auch eine erworbene, vor allem in Kreisen des Kaiserhofes verbreitete „künstliche Homosexualität" gab, die ein Zeichen gesellschaftlichen Verfalls sei.[59]

Begriff und Konzept der Homosexualität gingen durch den Eulenburg-Skandal – zumindest in Deutschland – in kürzester Zeit aus dem sexualwissenschaftlichen Fachdiskurs in Alltagssprache und Alltagswissen ein. Die moralische Deutungshoheit aber bewahrte sich die Öffentlichkeit. Mit der Sagbarkeit von Homosexualität wurde auch Homophobie sagbar und mit dem Mehrwissen um Homosexualität ging ihre moralische Verdammung Hand in Hand. An eine Liberalisierung oder gar Aufhebung des § 175 war nach dem Eulenburg-Skandal nicht mehr zu denken, im Gegenteil. Gefordert wurden jetzt Verschärfungen, die im Kaiserreich nur wegen des Ausuferns der großen Strafrechtsreform nicht mehr durchgesetzt wurden. Die Nationalsozialisten griffen die Überlegungen auf und setzten die Radikalisierung des § 175 um; für sie nur noch eine Formalität, bevor sie das im Eulenburg-Skandal bereits vorgedachte „Ausmerzen" und „Unschä-

---

56 Ernst Rüdin: Zur Rolle der Homosexuellen im Lebensprozess der Rasse, in: Archiv für Rassen- und Gesellschaftsbiologie 1 (1904), S. 99–109, hier S. 109. Vgl. Peter Weingart (Hg.): Rasse, Blut und Gene. Geschichte der Eugenik und Rassenhygiene in Deutschland. Frankfurt/M. 1988.
57 Deutsche Tageszeitung, 17. August 1907; am amerikanischen Fall untersucht von S.B. Somerville: Queering the Color Line. Race and the Invention of Homosexuality in the American Culture. Durham, NC 2000.
58 Leipziger Volkszeitung, 25. Oktober 1907.
59 Vorwärts, 24. Oktober 1907.

dlichmachen" Homosexueller zum Zwecke der Rassenhygiene ins Werk setzten und zur blanken Gewalt übergingen.[60]

Was den Charakter öffentlicher Homophobie in ihren Konstituierungsjahren 1906–1909 betrifft, lassen sich aus den Diskursen zwei Grundängste herauskristallisieren, die bis heute den Homosexuellenhass vieler Gesellschaften bestimmen: einerseits eine individuelle Furcht vor der Stigmatisierung als Homosexueller, andererseits eine kollektive Panik vor Homosexualität als ansteckender Krankheit, die, je nach sozialpolitischer Sichtweise, die Jugend, Frauen, Unterschichten oder gleich die gesamte Volksgesundheit bedroht.[61] Das Sprechen über Homosexualität wirkte allgemeingesellschaftlich befreiend, sowohl für Homosexuellenhasser als auch Homosexuellenaktivisten. Der Eulenburg-Skandal fungierte als großer Wissensproduzent sozialer Wirklichkeiten zu Beginn des 20. Jahrhunderts, die sexualgeschichtlichen Folgen der stärkeren Sagbarkeit waren jedoch höchst ambivalent.[62]

4 Homophobie als Katalysator heterosexueller Liberalisierung

Durch den umgehenden Wahn, Männer der Homosexualität zu verdächtigen, sah die *Vossische Zeitung* in Deutschland einen Zustand erreicht, in dem „kaum noch ein Mann, der nicht maßlose Ausschweifungen mit Weibern offenkundig betreibt, vor der Verdächtigung sicher ist, homosexuell sich zu betätigen oder veranlagt zu sein."[63] Die neue Tugend Homophobie prallte durch den Eulenburg-Skandal mit der alten Tugend Keuschheit zusammen. Gegen den Verdacht der Homosexualität aber war (und ist) für Männer ‚gesunde Heterosexualität' kaum anders glaubhaft zu machen als durch Promiskuität mit Frauen.

In seinem als Broschüre veröffentlichten Gegengutachten zu Hirschfeld brach der Berliner Sexualwissenschaftler Georg Merzbach zu diesem Zweck sogar die

---

60 Vgl. Rüdiger Lautmann: Geschichte und Politik. Paradigmen der nationalsozialistischen Homosexuellenverfolgung, in: Burkhard Jellonnek (Hg.): Nationalsozialistischer Terror gegen Homosexuelle. Verdrängt und ungesühnt. Paderborn 2002, S. 41–54.

61 Vgl. Dagmar Herzog: Sexuality in Europe. A Twentieth-Century History. Cambridge 2011.

62 Die „subtile Dialektik" des Eulenburg-Skandals trug dazu bei, dass der Einzelne seine Homosexualität leichter entdeckte, aber gerade nicht, wie James Steakley vermutet hat, dass er sie leichter öffentlich machte. James D. Steakley: Die Freunde des Kaisers. Die Eulenburg-Affäre im Spiegel zeitgenössischer Karikaturen. Hamburg 2004, S. 180.

63 Vossische Zeitung, 7. November 1907; Staatsbürgerzeitung, 31. Oktober 1907.

ärztliche Schweigepflicht. General Kuno Moltke habe selbstredend „seine Verhältnisse mit Frauen unterhalten" und ein „ganzes Leben lang normal mit Frauen
sexuell verkehrt", erklärte Merzbach, der nicht allein Arzt der Moltke-Familie,
sondern auch der zweite Vorsitzende in Hirschfelds Wissenschaftlich-humanitär-
em Komitee war, frei heraus. Den schwersten Schlag versetzte er dem Ideal der
Keuschheit mit der Enthüllung, „dass Graf Moltke mehrfach Geschlechtskrankheiten durchgemacht hat; ich meine, in diesem Falle ein Kompliment, denn
sicherlich dürfte der Graf diese Infektionen nicht im Verkehr mit seinem Freunde
Eulenburg davongetragen haben." Wichtiger als Dr. med. Merzbachs vorgebliche
Unkenntnis über die Übertragungswege von Geschlechtskrankheiten war der
hypertrophe maskuline Stolz, angesichts der Bedrohung der Heterosexualität
durch Homosexualität einen uralten moralischen Wert wie Keuschheit öffentlich
vernachlässigen zu können.[64]

Große Teile der deutschsprachigen Zeitungen unterstützten diese moralische
Neujustierung. Die *Neue Freie Presse*, das renommierteste Blatt Österreich-Un-
garns, stellte der homosexuell „degenerierten" wilhelminischen Gesellschaft ein
so kitschig wie heterosexuell-libertär verklärtes Bild der Habsburgermonarchie
entgegen. Die Berichte aus Berlin lese man in Wien wie „Nachrichten über
Kranke, die mit einem Leiden behaftet sind, so widerwärtig, wie der Aussatz und
alle Zwecke der natürlichen Triebe verhöhnend." Ohne die Institution der Ehe
auch nur einmal zu erwähnen, zeigte man sich dankbar für „die gesunde österrei-
chische Fröhlichkeit der Sinne", lobte „die Liebe zu Frauen" als „Freude an dem
Schönsten, was die Erde bietet" und sah in den „Seligkeiten, die in den Beziehungen zwischen Mann und Frau liegen […] Quellen sich stets erneuernder Herrlich-
keit des Lebens".[65] Ohne in lyrische Ekstase zu verfallen, relativierte der konservative Sexualwissenschaftler Albert Moll den Wert der Keuschheit. Im *Berliner
Tageblatt* warnte er mit Verweis auf die Theorie über den undifferenzierten
Geschlechtstrieb in der Pubertät vor den Gefahren für die Volksgesundheit, wenn
bei jungen Männern die „heterosexuelle Reizbarkeit" nicht zur Geltung kommen
könnte.[66] Schon in seiner *Ärztlichen Ethik* von 1902 riet Moll daher Männern zum
regelmäßigen Geschlechtsverkehr mit Frauen, im Zweifelsfall auch mit Prostituierten: Ärzte sollten Männer entsprechend beraten und unter Umständen auch

---

64 Merzbachs Gutachten wurde im ersten Moltke-Harden-Prozess aus formalen Gründen verworfen. Vgl. Georg Merzbach: Zur Psychologie des Falles Moltke. Leipzig, Wien 1907/08, S. 38f. Zu
den bekannten Übertragungswegen von Geschlechtskrankheiten unter Homosexuellen vgl. Iwan
Bloch: Das Sexualleben unserer Zeit in seinen Beziehungen zur modernen Kultur. Berlin 1907,
S. 392–415.
65 Neue Freie Presse, 25. Oktober 1907.
66 Albert Moll zit. in Berliner Tageblatt, 15. November 1907.

das „Bordell auf Rezept" verschreiben. Selbst bei älteren Homosexuellen, so Molls Therapieversprechen, könne sich mitunter noch „durch eine gewisse Gewöhnung ein heterosexueller Trieb" entwickeln.[67]

Auf wie fruchtbaren Boden die durch Homophobie bewirkte heterosexuelle Liberalisierung in den nächsten Jahren fiel, zeigt die Offenherzigkeit eines ärztlichen Frauenratgebers von 1913. Obgleich „der gesündeste Geschlechtsverkehr" natürlich in einer Ehe stattfinde, schrieb dort Dr. med. Elisabeth Lucas verständnisvoll zum frühen Sammeln heterosexueller Erfahrungen: „Viele junge Leute halten es für notwendig, mit Frauen zu verkehren, selbst wenn ihr Trieb nicht sehr stark ist [...] man hält das Unterlassen für ein Zeichen von Unmännlichkeit und fürchtet davon Schlimmes für die Zukunft."[68]

Zu dem fundamentalen Wertewandel in den Jahren des Eulenburg-Skandals hatte vor allem der Patriotismus der modernen Massenmedien beigetragen, der den Wert von Keuschheit stark relativierte. Die *Vossische Zeitung* sah in den in aller Öffentlichkeit betriebenen „Ausschweifungen mit Weibern" nur eine legitime „Gegenbewegung der Normalsexuellen" gegen den Verdacht der Homosexualität. Im Sinne der nach wie vor herrschenden männlichen Doppelmoral und des Klassendünkels dachte das Blatt dabei in erster Linie an Prostituierte, Dienstmädchen und Mägde.[69] Das Deutsche Reich, warnten die *Hamburger Nachrichten*, dürfe nun einmal „unter keinen Umständen" in den Ruf kommen, „das klassische Land der Päderastie zu sein".[70] Und die *Kölnische Zeitung* mahnte, die Deutschen dürften bei ihren weltumspannenden Zukunftsplänen nicht an den „Klippen des Homosexualismus" scheitern.[71]

Es vollzog sich eine gesellschaftliche Entwicklung, die als Sakralisierung von Heterosexualität gefasst werden kann.[72] Die andere Seite dieses Wertewandels, der sich nur als widersprüchliches Potential der Moderne bezeichnen lässt, bildete jedoch ostentative Homophobie.[73] Magnus Hirschfeld blieb allein der Blick in eine bessere Zukunft: „Diese Konflikte und Skandale werden leider nicht mehr aufhören, sie werden sich wiederholen, bis das Problem der Homosexualität

---

67 Moll: Ärztliche Ethik, S. 220–231.

68 Elisabeth Lucas: Vom gesunden und kranken Körper, in: Eugenie von Soden (Hg.): Das Frauenbuch. II. Teil: Die Frau als Gattin, Hausfrau und Mutter. Stuttgart 1914, S. 47.

69 Vossische Zeitung, 7. November 1907.

70 Hamburger Nachrichten, 25. Oktober 1907.

71 Kölnische Zeitung, 25. Oktober 1907.

72 Judith Surkis: Sexing the Citizen. Morality and Masculinity in France. 1870–1920. Ithaca, NY 2006, S. 161–183.

73 Zur Dialektik von Homophobie und heterosexueller Liberalisierung siehe auch Dagmar Herzog: Sex in Crisis. The New Sexual Revolution and the Future of American Politics. New York 2008, S. 164f.

die Lösung gefunden hat, die der Wahrheit, dem Recht und der Moral entspricht."[74] Mit der Wiederkehr von Homosexualitätsskandalen sollte Hirschfeld Recht behalten, aber auch er hätte sich kaum vorstellen können, dass in Deutschland noch viele Jahrzehnte bis zu zaghaften juristischen und gesellschaftlichen Verbesserungen vergehen sollten, ja der Homosexuelle bis heute der Anti-Typus des „Vollmannes" geblieben ist.[75] Die heteronormative Gegenbewegung bekamen die Homosexuellen sofort zu spüren. Die Verurteiltenrate wegen § 175 verdoppelte sich fast von rund 0,6 Verurteilten auf 100.000 Einwohner im Jahr 1907 auf rund 1,1 im Jahr 1911.[76] Die deutsche Homosexuellenbewegung konnte sich in der Weimarer Republik zwar von dem Rückschlag erholen, den der Eulenburg-Skandal bedeutete; die Verfolgung nach 1933 prägt sie jedoch nach wie vor.[77] In seiner von den Nationalsozialisten verschärften Fassung wurde der § 175 erst 1969 und 1972 reformiert und 1994 ersatzlos gestrichen.[78]

Heute kann sich Homophobie in den meisten Ländern Europas zwar nicht mehr als Offizialnorm oder Tugend artikulieren oder in eine ‚Kultur des Wahnsinns' integriert und in staatlichen Repressionsstrukturen (Anstalten, Gefängnisse, Umerziehungslager) bekämpft werden. Kulturgeschichtlich von einer linearen homosexuellen Erfolgsgeschichte seit dem Eulenburg-Skandal zu sprechen, fiele angesichts der zahlreichen Brüche, Widersprüche und Gegenläufigkeiten in der Sexualgeschichte des 20. Jahrhunderts dennoch schwer.[79] Das prekäre Wechselverhältnis von Hetero- und Homosexualitäten wird wohl auch in Zukunft immer wieder neu ausgehandelt werden müssen.

Verwendete Literatur

Alfred Adler: Das Problem der Homosexualität und sexueller Perversionen. Frankfurt/M. 1930.
Robert Aldrich (Hg.): Gleich und anders. Eine globale Geschichte der Homosexualität. Hamburg
    2007.

---

74 Vorwort zu Magnus Hirschfeld: Sexualpsychologie und Volkspsychologie. Eine epikritische Studie zum Harden-Prozess. Leipzig 1908.
75 George L. Mosse: Das Bild des Mannes. Zur Konstruktion moderner Männlichkeit. Frankfurt/ M. 1997, S. 79–106.
76 Hutter: Homosexuelles Begehren, S. 163.
77 Manfred Herzer: Magnus Hirschfeld. Leben und Werk eines jüdischen, schwulen und sozialistischen Sexologen. Frankfurt/M., New York 1992, S. 83–87.
78 Kai Sommer: Die Strafbarkeit der Homosexualität von der Kaiserzeit bis zum Nationalsozialismus. Eine Analyse der Straftatbestände im Strafgesetzbuch und in den Reformentwürfen 1871–1945. Frankfurt/M. 1998.
79 Siehe dazu Herzog: Sexuality in Europe.

Berliner Börsen Zeitung, 30. Oktober 1907.

Berliner Tageblatt, 15. November 1907.

Iwan Bloch: Das Sexualleben unserer Zeit in seinen Beziehungen zur modernen Kultur. Berlin 1907.

Pierre Bourdieu: Sozialer Raum und „Klassen" – Leçon sur la Leçon, Frankfurt/M. 1985.

Judith Butler: Haß spricht. Zur Politik des Performativen. Berlin 1998.

Antony Copley: Sexual Moralities in France 1780–1980. New York 1989.

August Cramer, Georg Puppe, Otto Rapmund (Hg.): Der beamtete Arzt und ärztliche Sachverständige. Bd. 1: Die ärztliche Sachverständigentätigkeit auf dem Gebiete der gerichtlichen
Medizin und Psychiatrie, der Unfall-, Invaliditäts- und Lebensversicherung, Berlin 1904.

Robert Dean: Imperial Brotherhood. Gender and the Making of Cold War Foreign Policy. Amherst,
MA 2001.

Andreas W. Daum: Wissenschaftspopularisierung im 19. Jahrhundert. Bürgerliche Kultur, naturwissenschaftliche Bildung und die deutsche Öffentlichkeit 1848–1914. München 2002.

Der Tag, 13. Oktober 1907.

Der Tag, 27. November 1907.

Deutsche Hochwacht, 3. November 1907.

Deutsche Tageszeitung, 17. August 1907.

Deutsche Tageszeitung, 10. November 1907.

Jens Dobler: Zwischen Duldungspolitik und Verbrechensbekämpfung. Homosexuellenverfolgung
durch die Berliner Polizei von 1848–1933. Frankfurt/M. 2008.

Norman Domeier: Der Eulenburg-Skandal. Eine politische Kulturgeschichte des Kaiserreichs.
Frankfurt/M., New York 2010.

Armand Dubarry: Les invertis. Le vice allemand. Paris 1896.

Michel Foucault: Sexualität und Wahrheit. Bd. 1: Der Wille zum Wissen. Frankfurt/M. 1977.

John C. Fout: Sexual Politics in Wilhelmine Germany. The Male Gender Crisis, Moral Purity and
Homophobia, in: Journal of the History of Sexuality 2 (1992), S. 388–421.

Hugo Friedländer, Interessante Kriminal-Prozesse. Ein Pitaval des Kaiserreichs, CD-Rom, Berlin
2001 [Original 1910–1920].

Silviana Galassi: Kriminologie im Deutschen Kaiserreich. Geschichte einer gebrochenen Verwissenschaftlichung. Stuttgart 2004.

Peter Gay: Die zarte Leidenschaft. Liebe im bürgerlichen Zeitalter. München 1987.

Erwin J. Haeberle: Justitias zweischneidiges Schwert. Magnus Hirschfeld als Gutachter in der
Eulenburg-Affäre, in: Klaus M. Beier (Hg.): Sexualität zwischen Medizin und Recht. Stuttgart
1991, S. 5–20.

Hamburger Nachrichten, 25. Oktober 1907.

Bernd-Ulrich Hergemöller: Sodom und Gomorrha. Zur Alltagswirklichkeit und Verfolgung Homosexueller im Mittelalter. Hamburg 2000.

Manfred Herzer: Magnus Hirschfeld. Leben und Werk eines jüdischen, schwulen und sozialistischen Sexologen. Frankfurt/M., New York 1992.

Dagmar Herzog: Sex in Crisis. The New Sexual Revolution and the Future of American Politics.
New York 2008.

Dagmar Herzog: Sexuality in Europe. A Twentieth-Century History. Cambridge 2011.

Magnus Hirschfeld: Sexualpsychologie und Volkspsychologie. Eine epikritische Studie zum
Harden-Prozess. Leipzig 1908.

Franz Hoeniger: Berliner Gerichte. 5. Aufl. Berlin 1905.

Jörg Hutter: Die gesellschaftliche Kontrolle des homosexuellen Begehrens. Medizinische Definitionen und juristische Sanktionen im 19. Jahrhundert. Frankfurt/M. 1992.

Victor Joze: Babylone d'Allemagne. Paris 1894

Kieler Neueste Nachrichten, 23. August 1908.

Kölnische Zeitung, 25. Oktober 1907.

Kreuzzeitung, 27. Oktober 1907.

Hermann Kuhn: Aus dem modernen Babylon. Pariser Bilder. Köln 1892.

Kölnische Volkszeitung, 25. Oktober 1907.

Rüdiger Lautmann: Geschichte und Politik. Paradigmen der nationalsozialistischen Homosexuellenverfolgung, in: Burkhard Jellonek (Hg.): Nationalsozialistischer Terror gegen Homosexuelle. Verdrängt und ungesühnt. Paderborn 2002, S. 41–54.

Leipziger Volkszeitung, 25. Oktober 1907.

Léouzon LeDuc: Odeurs de Berlin. Paris 1874.

Elisabeth Lucas: Vom gesunden und kranken Körper, in: Eugenie von Soden (Hg.): Das Frauenbuch. II. Teil: Die Frau als Gattin, Hausfrau und Mutter. Stuttgart 1914.

Georg Merzbach: Zur Psychologie des Falles Moltke. Leipzig, Wien 1907/08.

Oscar Méténier: Vertus et vices allemands. Les Berlinois chez eux. Paris 1904.

Hermann Michaelis: Die Homosexualität in Sitte und Recht. Berlin 1907.

Florian Mildenberger: „In Richtung der Homosexualität verdorben". Psychiater, Kriminalpsychologen und Gerichtsmediziner über männliche Homosexualität. 1850–1970. Hamburg 2002.

Albert Moll: Ärztliche Ethik. Die Pflichten des Arztes in allen Beziehungen seiner Tätigkeit.
Stuttgart 1902.

Albert Moll: Sexuelle Zwischenstufen. In: Die Zukunft 40 (1902), S. 425–433.

George L. Mosse: Das Bild des Mannes. Zur Konstruktion moderner Männlichkeit. Frankfurt/M.
1997.

George L. Mosse: Nationalism and Sexuality. Respectability and Abnormal Sexuality in Modern
Europe. New York 1985.

N.N.: Das perverse Berlin. Kulturkritische Gänge. Berlin 1910.

N.N.: Die Mädchen-Opferung im modernen Babylon. Enthüllungen der „Pall Mall Gazette" über
die sittlichen Zustände in London. Hagen 1885.

Paul Näcke: Der Kuss Homosexueller, in: Archiv für Kriminalanthropologie 17 (1904), S. 177–180.

Friedrich Naumann, in: Die Hilfe, Der Schmutzprozess, 3. November 1907.

Neue Freie Presse, 25. Oktober 1907.

Neue Freie Presse, „Das Gesprächsthema", 17. November 1907.

Klaus Pacharzina, Karin Albrecht-Désirat: Die Last der Ärzte. Homosexualität als klinisches Bild
von den Anfängen bis heute, in: Joachim Hohmann (Hg.): Der unterdrückte Sexus. Lollar
1977, S. 97–112.

Helmut Puff: Sodomy in Reformation Germany and Switzerland. 1400–1600. Chicago 2003.

Joachim Radkau: Das Zeitalter der Nervosität. Deutschland zwischen Bismarck und Hitler.
München 1998.

Reichsbote, 24. November 1907.

Ernst Rüdin: Zur Rolle der Homosexuellen im Lebensprozess der Rasse, in: Archiv für Rassen- und
Gesellschaftsbiologie 1 (1904), S. 99–109.

Karl Scheffler: Berlin. Ein Stadtschicksal. Berlin 1910

Joachim Schlör: Nachts in der großen Stadt. Paris, Berlin, London 1840–1930. München 1991.

Louis Schneider: Bilder aus Berlin's Nächten. Genre-Skizzen aus der Geschichte, Phantasie und
Wirklichkeit. Berlin 1835.

Richard Sennett: Verfall und Ende des öffentlichen Lebens. Die Tyrannei der Intimität. Frankfurt/
M. 1996.

S.B. Somerville: Queering the Color Line. Race and the Invention of Homosexuality in the American Culture. Durham, NC 2000.

Kai Sommer: Die Strafbarkeit der Homosexualität von der Kaiserzeit bis zum Nationalsozialismus. Eine Analyse der Straftatbestände im Strafgesetzbuch und in den Reformentwürfen 1871–1945. Frankfurt/M. 1998.

Staatsbürgerzeitung, 31. Oktober 1907.

James D. Steakley: Die Freunde des Kaisers. Die Eulenburg-Affäre im Spiegel zeitgenössischer Karikaturen. Hamburg 2004.

Judith Surkis: Sexing the Citizen. Morality and Masculinity in France. 1870–1920. Ithaca, NY 2006.

Victor Tissot: L'Allemagne amoureuse. Paris 1884.

Urteil im 1. Moltke-Harden-Prozess. In: GStA 49838, Blatt 36–48.

Vorwärts, 24. Oktober 1907.

Vossische Zeitung, 7. November 1907.

Vossische Zeitung, 16. November 1907.

Hans Wachenhusen: Vom neuen Babylon. Berlin 1872.

Judith R. Walkowitz: City of Dreadful Delight. Narratives of Sexual Danger in Late-Victorian London. Chicago 1994.

Jeffrey Weeks: Sex, Politics and Society. The Regulations of Sexuality since 1800. London 1981.

Henri de Weindel: L'Homosexualité en Allemagne. Étude documentaire et anecdotique. Paris 1908.

Peter Weingart (Hg.): Rasse, Blut und Gene. Geschichte der Eugenik und Rassenhygiene in Deutschland. Frankfurt/M. 1988.

Richard Wetzell: Inventing the Criminal. A History of German Criminology 1880–1945. Chapel Hill 2000.

Theodor Wolff, in: Berliner Tageblatt, Das Ende des Moltke-Harden Prozesses, 29. Oktober 1907.

Janet Weston (London)

"Prison will not cure a sexual perversion"

Sexology, Forensic Psychiatry, and their Patients in
Twentieth-Century Britain

> However much one feels that the men should be
> severely punished, the fact remains that prison will
> not cure a sexual perversion.
>
> *Nesta Wells, Police Surgeon in Manchester*
> *from 1927 to 1954*[1]

In the mid-1960s, as he approached his 70th birthday, Russell George found himself in Strangeways prison in Manchester awaiting trial for indecent assault. A prison sentence seemed likely due to his previous convictions, but thanks to the efforts of his barrister the court agreed upon an alternative solution: he would be released from prison into the care of his family and a probation officer, on condition that he received treatment with a psychiatrist to address his undesirable sexual behaviour. George saw a psychiatrist almost every day for a year, and although the process of treatment "wasn't easy by God; it wasn't easy at all", he persevered until he could be discharged, no longer a risk to the public. Reflecting on his sexual crimes and his encounter with psychiatry, George wished that others "like me" could know that "it's something there's treatment for, that it can be cured".[2]

At the time of his first offences in the late 1920s, medical treatment to "cure" someone like George was all but unheard-of in Britain. Indeed, the medical profession had been reluctant to engage with the subject of "sexual deviance" at all, choosing for the most part to dismiss the new field of sexology that had emerged from continental European medicine.[3] This chapter addresses the initial

---

1 Nesta H. Wells: Sexual Offences as Seen by a Woman Police Surgeon, in: British Medical Journal 2/5109 (1958), p. 1404–1408, p. 1407.

2 Russell George's story is recorded in Tony Parker: The Twisting Lane. London 2013 [1969], p. 13–43. "Russell George" was the pseudonym provided by Parker.

3 The term "sexual deviance" refers throughout to behaviour that was understood as such by doctors in the early twentieth century. This included sexual crimes, such as rape, indecent assault, homosexual acts between men, and indecent exposure, as well as more ambiguous acts such as cross-dressing and certain displays of fetishism or sado-masochism. This framing of deviance, without enforcing contemporary labels that may not have been historically meaningful,

aversion within mainstream British medicine to sexology, and the role of criminology and forensic psychiatry in the eventual shift in the 1920s from an attitude of condemnation to one of acceptance and modest interest. Of interest are the ways in which medical thought and practice was shaped by this relationship with criminology, as well as practical considerations surrounding treatment. These influences led to the adoption of diagnostic criteria that were clearly defined in order to identify the treatable sexual deviant but also heavily reliant upon the subjective assessment of the doctor and the performance of his patient. The final section of this exploration suggests some of the experiences and reactions to medicine of the objects of sexological enquiry: the sexually deviant themselves, who, like Russell George, suddenly found themselves classed as patients as a result of their sexual behaviour.

1 Sexology in Britain

Although the first outpouring of Western medical interest in sexual behaviour is commonly attributed to the sexologists of the nineteenth century, British doctors were noticeably reluctant to discuss the subject. The founding fathers of modern sexology were viewed with some suspicion by the medical press, ostensibly due to the "loathsome" nature of their subject matter. Krafft-Ebing's *Psychopathia sexualis* was featured with hostility in the *Journal of Mental Science,* amidst fears that the "medical profession is in danger of pandering to the morbid tastes of men, and women also". Concerned by the "details" included within the case studies, "which seem unnecessary in a scientific aspect", the reviewer concluded angrily that although doctors did have to address unsavoury matters from time to time, "this does not grant a licence to supply an unlimited quantity of coprophagic literature".[4] In the *British Medical Journal*, Krafft-Ebing's opus was simply "the most repulsive of a group of books of which it is the type". Havelock Ellis's *Studies in the Psychology of Sex* fared slightly better but was still said to contain "disgusting and nauseous" facts unbecoming of a medical professional to mention.[5]

---

is influenced by Laura Doan's encouragement to consider sexual identities and acts in the past on their own terms. Laura L. Doan: Disturbing Practices. History, Sexuality, and Women's Experience of Modern War. Chicago 2013.

4 H. R.: Review of 'Psychopathia Sexualis', by Dr. R. von Krafft-Ebing, in: Journal of Mental Science 37/156 (1891), p. 152–154, p. 154.

5 Sexual Psychology and Pathology, in: British Medical Journal 1/2145 (1902), p. 339–341, p. 339–340.

When one of his volumes became embroiled in an obscenity trial in London in 1898, not one doctor would speak in its defence in court.[6]

Freudian theories proved equally unpopular for many years, benefitting more from the interest of well-educated laypeople than medical curiosity or awareness.[7] In the early twentieth century, discussions of psychoanalysis within the correspondence pages of medical journals were heated. The renowned psychiatrist Charles Mercier condemned Freud's work as "the new pornography" which,

> teaches that medical practitioners should question and cross-question for hours together, day after day, for weeks and months, clean-minded men and pure-minded women upon the very subjects that clean-minded men and pure-minded women put behind them and refuse to think about. Sex, sex, sex, in its grossest aspect, is dinned into their ears for hours every day and every failure to elicit a confession is met by the suggestion of some new form of beastliness.[8]

Historian of medicine Roy Porter has suggested that psychoanalysis was slow to infiltrate Britain "due perhaps to Anglo-Saxon phlegm and distrust of naval-gazing",[9] and strict obscenity laws may also have been a vital consideration; Havelock Ellis was not the only doctor to face censure for publishing on the subject of sex. The line between educative material and obscenity remained a fine one for the profession to tread with care well into the twentieth century.[10] However, such impassioned disapproval from Mercier suggests that there was more to his reluctance to

---

6 Phyllis Grosskurth: Havelock Ellis. London 1980, p. 196–199. Those such as Ellis who did endeavour to research and publish on the subject of sexual deviance were largely "outsiders", on the periphery of the profession. See Lesley Hall: The English Have Hot-Water Bottles: The Morganatic Marriage Between Sexology and Medicine in Britain since William Acton, in: Roy Porter, Mikulas C. Teich (eds.): Sexual Knowledge, Sexual Science. The History of Attitudes to Sexuality. Cambridge 1994, p. 350–366, p. 363; and Lesley Hall: Disinterested Enthusiasm for Sexual Misconduct: The British Society for the Study of Sex Psychology, 1913–1947, in: Journal of Contemporary History 30/4 (1995), p. 665–686.

7 See Edward Glover: The Social and Legal Aspects of Sexual Abnormality. Institute for the Scientific Treatment of Delinquency. London 1947, p. 2; Dean Rapp: The Early Discovery of Freud by the British General Educated Public, 1912–1919, in: Social History of Medicine 3/2 (1990), p. 217–243; and Lesley Hall: Hidden Anxieties. Male Sexuality, 1900–1950. Cambridge 1991, p. 26.

8 Charles Mercier: Psycho-Analysis, in: British Medical Journal 1/2768 (1914), p. 172–173, p. 173; and follow-up correspondence in subsequent volumes, including T. F. Keenan, T. Claye Shaw, Charles Mercier: Psycho-Analysis, in: British Medical Journal 1/2770 (1914), p. 275–276.

9 Roy Porter: Madness. A Brief History. Oxford, New York 2002, p. 197.

10 See Hall: Hidden Anxieties p. 55; and Harry G. Cocks: Saucy Stories. Pornography, Sexology and the Marketing of Sexual Knowledge in Britain, c. 1918–1970, in: Social History 29/4 (2004), p. 465–484. Historians have also suggested that ideals of masculinity effectively silenced any acknowledgements that British men engaged in sexually deviant acts. See Sean Brady: Masculinity and Male Homosexuality in Britain, 1861–1913. Basingstoke 2005.

engage with sexologists. In his complaints, Mercier implied that the very nature of psychoanalytic practice, in which the "clean-minded" were encouraged to dwell upon unsavoury topics, would provoke some of the "beastliness" he so abhorred. This concern is echoed elsewhere: discussions of Krafft-Ebing maintained that although a doctor did need to be proficient in the difficult subject of sexual deviance, as little as possible should be written and circulated about it. Excessive detail was "to be deprecated in view of the probability of the book falling into the hands of lay readers", a claim which suggests particular anxiety around the readership of such works.[11] Fears of the spread of sexual knowledge beyond the medical profession imply both a proprietary inclination over such knowledge, and a belief that the very mention of deviance might lead to its enactment.

By the 1920s concerns about crime and mental disorder meant that previously "loathsome" subjects could more freely find a suitable outlet for expression. It is not new to suggest that doctors used criminology or forensic psychiatry as a respectable shield to conceal their potentially controversial professional interests; historian Ivan Crozier has argued that this is precisely what some doctors of the late nineteenth century did in order to study and comment upon homosexuality, as in, for example, A. S. Taylor's extensive *Manual of Medical Jurisprudence*. However, such texts and commentary were restricted to the analysis of physical evidence of a small number of criminal acts and did not address diagnosis, aetiology or adjustments in sexual behaviour in the same innovative ways as sexological texts.[12] Medical study of sexual behaviour in all possible variety had to wait for the "psychological and psycho-pathological method of enquiry" into the offender, floated in 1907 as a new but necessary approach, to take hold. As the "psychological point of view" gradually became better established as one plausible method for dealing with crime, doctors began to suggest that some sexual crime could have a psychological explanation that medicine could illuminate.[13] The first independent research into sexual deviance began to appear in 1924 in British medical journals, and focused on the prevalence and diagnosis of mental disorder amongst those in trouble with the law for their sexual behaviour.[14]

---

11 H. R.: Review of Psychopathia Sexualis, p. 154.

12 Ivan D. Crozier: The Medical Construction of Homosexuality and its Relation to the Law in Nineteenth-Century England, in: Medical History 45/1 (2001), p. 61–82.

13 J. F. Sutherland: Recidivism regarded from the Environmental and Psychopathological Standpoints, in: Journal of Mental Science 53/223 (1907), p. 568–590, p. 570; and J. P. Sturrock: The Mentally Defective Criminal, in: Journal of Mental Science 59/245 (1913), p. 314–325, p. 315.

14 William Norwood East: Observations on Exhibitionism, in: The Lancet 204/5269 (1924), p. 370–375; and M. Hamblin Smith: The Mental Conditions Found in Certain Sexual Offenders, in: The Lancet 203/5248 (1924), p. 643–646.

Slowly but surely, these articles were joined by a growing body of work produced by doctors in Britain, continuing to examine sexual misconduct in relation to mental illness and borrowing heavily from those sexological works that had been condemned so vigorously two decades earlier.[15]

In this, prison doctors and other early exponents of forensic psychiatry played a key role, and none less than Dr. William Norwood East. East had joined the prison service of England and Wales in 1899 as a newly-qualified doctor, and rose steadily through the ranks to become the Senior Medical Inspector and ultimately a Prison Commissioner, one of the few men running prisons on behalf of the Home Office. He was only the second doctor to hold this office. Still, his appointment reflects the growing recognition of the importance of medicine in matters of penology. He published prolifically in medical journals from the 1920s until the end of the 1940s, lectured on psychiatry at the prestigious Maudsley Hospital, frequently advised the government on the management of offenders and was credited with writing the first British textbook on forensic psychiatry.[16] In the award of a knighthood for his services to the study of criminal psychology in 1947, the mainstream status of Sir William Norwood East MD and his specialism was confirmed.

Dr. East had drawn attention to the importance of medical advice for the courts, noting in 1930 that "the mental condition of an accused person may be as relevant to the charge as any other item of evidence" and with adequate medical intervention, "there is reason to hope that a certain number of criminal careers may be checked".[17] The impetus did not come exclusively from doctors, however. In 1919 the judiciary in Birmingham requested extra medical assistance to improve their assessment and management of potentially disordered offenders, and in 1920 the Prison Commissioners began to record the number of requests that they received for reports into the mental health of an accused person. This rose from 1,611 in 1920 to a peak in 1953 at 5,218, far outstripping any rise in prisoner

---

15 These include William Norwood East: An Introduction to Forensic Psychiatry in the Criminal Courts. J & A Churchill. London 1927; The Interpretation of Some Sexual Offences, in: Journal of Mental Science 71/294 (1925), p. 410–412; M. Hamblin Smith: The Psychology of the Criminal. Methuen & Co. London 1933; J. A. Hadfield: Some Aspects of the Psychopathology of Sex Perversions, in: Proceedings of the Royal Society of Medicine 29/8 (1933), p. 1022–1023; J. R. Rees: Prognosis in the Sexual Neuroses, in: The Lancet 225/5825 (1935), p. 948–949; William Norwood East: Sexual Offenders, in: L. Radzinowicz, J. W. C. Turner (eds): Mental Abnormality and Crime. Introductory Essays. London 1944, p. 177–207; and F. H. Taylor: Homosexual Offences and their Relation to Psychotherapy, in: British Medical Journal 2/4526 (1947), p. 525–529.
16 Sir Norwood East, M.D., F.R.C.P., in: British Medical Journal 2/4844 (1953), p. 1050–1051.
17 Report of the Commissioners of Prisons and the Directors of Convict Prisons for the year 1930. H. M. Stationery Office. London 1932, p. 44 and p. 45.

numbers, and was driven in the main by judges, magistrates and lawyers pressing for greater medical information in cases where there was "reason to suspect mental infirmity".[18]

The sexual offender remained a frequent feature of these enquiries. London magistrate Claud Mullins recollected that his interest in psychology had been prompted by the consideration of sexual offenders brought before him, and various official enquiries into the problems of crime and punishment were instigated by and dwelt upon concerns surrounding mental abnormalities among certain types of criminals in particular, especially the sexual offender.[19] In 1934, a programme of experimental psychotherapeutic treatment was introduced at Wormwood Scrubs prison under Dr. East's management, and during its first four years of operation fully half of its subjects were categorised for diagnostic and therapeutic purposes as sexual offenders.[20]

By the late 1930s, as the publication of the results of medical treatment at Wormwood Scrubs approached, concern over the details of sexual deviance becoming too easily available to the curious layperson was uttered by an unnamed civil servant but swiftly rebutted by Dr. East: "the chief value of the report would be lost if the chapter about sexual offences is omitted", he stated. "Sexual offences are those which the general public frequently regard as symptoms of mental abnormality requiring psychotherapeutic treatment rather than punishment", and should therefore be presented in depth.[21] The medical profession, as represented by this senior government employee, could now appear confident that, given its important criminological bearings, sexual deviance was a matter that medicine must discuss.

---

18 On the "Birmingham experiment" see Report of the Commissioners of Prisons and the Directors of Convict Prisons, with Appendices, for the Year Ended 31st March, 1919. H. M. Stationery Office. London 1919, p. 16–17; and Psychological Treatment of Crime 1933–1939, HO 45/18736, File 438456/37, The National Archives (London). For Prison Commission statistics, see Report of the Commissioners of Prisons and the Directors of Convict Prisons, with Appendices, for the year ended 31st March, 1920. H. M. Stationery Office. London 1920; Report of the Commissioners of Prisons for the Year 1953. H. M. Stationery Office. London 1954, et al. The final quotation is from the Report of Prisons, 1920, p. 17.

19 Claud Mullins: Crime and Psychology. Methuen & Co. London 1943, p. 66; Report of the Committee on Sexual Offences Against Young Persons. H. M. Sationery Office. London 1925, p. 5; Report of the Departmental Committee on Persistent Offenders. H. M. Stationery Office. London 1932, chapter XI.

20 As reported in William Norwood East, William Henry de Bargue Hubert: The Psychological Treatment of Crime. H. M. Stationery Office. London 1939.

21 Psychological Treatment of Crime 1933–1939, HO 45/18736, File 438456/37, The National Archives (London).

2 Sexology and forensic psychiatry

British medical interest in sexual deviance was, therefore, afforded some legitimacy and had grown in self-confidence thanks to its relevance to criminological interests, specifically forensic psychiatry. Within this context, sexual deviance was reframed as sexual offending, although it continued to include diagnoses such as fetishism that were not illegal in and of themselves but were punishable if the sexual motive was thought to have inspired criminality of any kind.[22] However, difficulties in reconciling legal and medical concepts of deviance, disorder and responsibility, to say nothing of contrasting medical views, created significant limitations for medicine. Disagreements often played out in the courts and could damage the already-uncertain reputation of that new specialist in the witness box, the psychiatrist. A 1936 editorial in the *British Medical Journal* affirmed slightly anxiously that it "is greatly to be desired from every point of view that doctors, lawyers, and legislators may come to some agreement" regarding sexual offenders, but when agreement between doctors proved elusive in high-profile and controversial cases, the foundations of medical expertise regarding sexual offences and mental disorder came under scrutiny.[23]

The peculiarities of the British legal system played no small part in creating this precarious situation for the medical expert. Unlike the procedure in many other jurisdictions, in which a medical witness was summoned by the judge, the adversarial legal system meant that prosecution and defence lawyers would each call upon the doctor whose evidence best suited their case. In the case of Neville Heath, convicted of murder in 1946 and described as a sexual sadist, two prison doctors testified for the prosecution that he was indeed sexually deviant, but quite sane and responsible for his actions. His defence argued that he should be found guilty but insane, and a third doctor gave evidence to the effect that his deviance was the symptom of disorder which rendered him incapable of exercising self-control and understanding that his actions were wrong.[24] Such contradictory opinions on the question of sexual deviance and mental instability were

---

22 See, for example, Dr. East's discussion of "plait-cutters" in William Norwood East: Medical Aspects of Crime. London 1936, p. 345.

23 Children's Moral Welfare, in: British Medical Journal 1/3937 (1936), p. 1261–1262, p. 1262.

24 Macdonald Critchley: Neville George Clevely Heath, in: James H. Hodge (ed.): Famous Trials 5. London 1955, p. 55–106; and Neville Heath, HO 144/22872, The National Archives (London). Press coverage included Ronald Camp: Doctors Clash on Sanity of Heath, in: News Chronicle, 26 September 1946, and his conviction and execution also led to questions in Parliament regarding the qualifications of the doctors involved.

reported in great detail in the national press, and portrayed a profession that lacked clarity and consistency in its own ideas.

In fact, Dr. East was one of the doctors who reviewed Heath's mental state, and carefully stated that although Heath was "a psychopathic personality of the sexual pervert type", he did not fall into any of the categories of mental disorder set down in law that might render him ineligible for the death penalty.[25] Throughout his senior career with the Prison Commission, Dr. East had been aware of the potential for tension between medicine and law, and frequently reminded his colleagues of the need for sensitivity towards the demands of the justice system and for a modest view of medicine's powers that would not cause consternation with judge and jury. In 1920, writing in the *Journal of Mental Science*, he criticised a tendency amongst doctors to recommend practices that would be "definitely antagonistic to public opinion and liable to abuse", and would delay the administration of justice "without adequate compensatory diagnostic advantage".[26] Again in 1939 he reminded an audience of Prison Medical Officers at their annual conference to be modest in their claims to knowledge since "as specialists we cannot make any claim to omniscience" and emphasised the need not only for "unswerving adherence to scientific truth" but also for critically "sound judgment" in all dealings.[27] No matter what the ideal procedures might be for identifying mental disorder amongst offenders, or what new theories might be circulating as to causes and cures of sexual offending, medical practice needed to avoid any hyperbole that might cause incredulity and concern for the future management of offenders, and to focus upon that which would appear both credible and useful in court.

Perhaps some of the views against which Dr. East protested were those of his colleague, Dr. Maurice Hamblin Smith, who argued that "the frequency with which one meets with instances of [sexual deviance] in mental work is amazing" and that a "very strong case exists for the routine investigation of all persons charged with 'sex' offences. There is general agreement that the incidence of mental abnormality in offenders of this class is very high".[28] Irrespective of whether or not the medical profession could produce sufficient evidence for this, resources simply would not permit such frequent medical investigations, nor would the Home Office or the judiciary tolerate it, nor indeed was it supported by

25 Neville Heath, HO 144/22872, The National Archives (London).

26 William Norwood East: Some Cases of Mental Disorder and Defect seen in the Criminal Courts, in: Journal of Mental Science 66/275 (1920), p. 422–438, p. 425.

27 The Modern Psychiatric Approach to Crime, in: Journal of Mental Science 85/357 (1939), p. 649–666, p. 654.

28 Hamblin Smith: The Psychology of the Criminal, p. 123 and p. 178.

wider criminological thought.[29] Although British criminology itself was inextricably linked to psychiatry and prison medicine, it has been described as less theoretical and less ambitious in its claims than its counterparts overseas, given the close relationship between its researchers and the day-to-day workings of prison and court.[30] Within this context, all practitioners had to remain realistic and interventions to study and treat sexual deviance had to remain limited in number and scope.[31]

Efforts in Britain to cure sexual offenders of their disordered acts were, therefore, modest. Private clinics began to conduct research into the treatment of sexually deviant patients with psychotherapy in the 1930s, but even when the first fruits of their research began to appear in British medical journals in the 1940s, the fact that they were largely run by volunteers meant that their patients were few in number. One, the Institute for the Scientific Treatment of Delinquency, saw around 166 patients per year in the late 1930s, of which between a quarter and a half were classed as sexual offenders.[32] The first government-sanctioned programme of research and treatment, in Wormwood Scrubs prison, provided psychotherapy to around 50–100 individuals a year, a figure that increased very little into the 1940s.[33] The psychiatric treatment described by Russell George in the 1960s only became possible in law with the Criminal Justice Act of 1948, which permitted psychiatric treatment to form part of a criminal sentence. Earlier experiments took place here and there at the behest of more daring magistrates and

---

29 Criminological writings drew attention to the lack of knowledge or interest in psychology amongst judges and magistrates and the limited facilities for treatment, which made a greater use of medicine impossible. Another review bemoaned the "mass of ill-digested thought and partial observation" regarding criminals, including that "which regards him merely as a psychologically sick man. He is usually quite an ordinary person". E. Roy Calvert, Theodora Calvert: The Lawbreaker. A Critical Study of the Modern Treatment of Crime. London 1933; and Criminal Science, in: The Magistrate. November/December (1940), p. 333–334, p. 334.
30 David Garland: British Criminology Before 1935, in: British Journal of Criminology 28/2 (1988), p. 1–17, p. 2.
31 For some considerations of alternative approaches to treating sexual offenders in other countries, see Nikolaus Wachsmann: Hitler's Prisons. Legal Terror in Nazi Germany. New Haven, CT, London 2004, especially p. 140–151; Gunnar Broberg, Nils Roll-Hansen: Eugenics and the Welfare State: Sterilization Policy in Denmark, Sweden, Norway, and Finland. East Lansing, MI 1996; Philip Jenkins: Moral Panic. Changing Concepts of the Child Molester in Modern America. New Haven, CT, London 1998.
32 Edward Glover: The Diagnosis and Treatment of Delinquency, Being a Clinical Report on the Work of the Institute during the Five Years 1937 to 1941. Institute for the Scientific Treatment of Delinquency. London 1944, p. 7–11.
33 Report of the Commissioners of Prisons and the Directors of Convict Prisons for the Year 1937. H. M. Stationery Office. London 1938, p. 86; East, Hubert: The Psychological Treatment of Crime.

doctors from the 1930s, but the numbers treated were negligible.[34] In short, although the medical profession could now discuss sexual deviance in its relation to crime and mental disorder, there was very little in place for a proactive approach.

Although treatment options eventually became more varied from the 1940s and more widespread in the 1960s, given the limited solutions presented by early twentieth-century forensic psychiatry and its restricted resources, psychotherapy was the only viable option available to doctors as they began to investigate the psychological treatment of sexual offenders. Despite the influence of Freudian theories and interest in the practice of psychoanalysis, the demands upon doctors' time and the frequency of short prison sentences amongst their patients precluded the use of lengthy psychoanalytical methods. Psychotherapy in its simple form was the most common approach and was not without success.[35] However, as soon as psychotherapy became an officially-recognised possibility for prisoners in 1934, examples of sexual offenders who were unsuitable for treatment emerged in an effort to explain failed attempts at treatment and to clarify which offenders would be more responsive to medical attention. *The Psychological Treatment of Crime*, the report on the first four years of treatment at Wormwood Scrubs prison, featured large numbers of case studies to illustrate "features making psychotherapeutic modification impossible", or individuals "quite unsuitable for treatment". Its conclusions emphasised that psychotherapy could only help to prevent future offending if "the cases to which the treatment is applied are carefully selected".[36]

Efforts to explain the failures of treatment emphasised the complexities of the doctor's role in determining who might benefit most from the limited treatments on offer. There were frequent concerns that those who were unsuitable might infiltrate treatment programmes and in so doing, escape more appropriate, punitive, efforts for their rehabilitation. Dr. East cautioned that, for this reason, the "psychological treatment of crime is not to be recommended lightly".[37] To illustrate his point, he discussed an individual imprisoned for a "homo-sexual offence" who had been considered for treatment, but it became clear that "he appreciated the practical benefits that might accrue to him if he was regarded as

---

34 See Probation at Mental Hospital. A Legal Experiment, in: British Medical Journal 1/4021 (1938), p. 260; and Psychological Treatment of Crime 1933–1939, HO 45/18736, File 438456/37, The National Archives (London).

35 East, Hubert: The Psychological Treatment of Crime, p. 152.

36 East, Hubert: The Psychological Treatment of Crime, p. 153.

37 Report of the Commissioners of Prisons and the Directors of Convict Prisons for the Year 1936. H. M. Stationery Office. London 1937, p. 62.

an interesting psychological problem rather than as a man who had made no effort to counteract his weakness by his own efforts". Although he "ingratiatingly and plausibly expressed contrition for his offences and his realisation of his mental abnormality", this was determined to be false and the apparently devious offender was quickly returned to the normal prison regime.[38] Doctors were therefore required to discern between fraudulent and genuine cases for psychotherapy, protecting access to limited medical programmes and upholding the punitive element of the dominant response to deviance.

This emphasis upon the doctor's informed selection of the most appropriate candidates to receive treatment, and the need to appear confident and knowledgeable to a sometimes doubtful judiciary, led to the introduction of specific selection criteria for the treatable deviant. It naturally behoved the relatively new specialism of forensic psychiatry to emphasise the expertise and experience that its work entailed, but the criteria themselves were shaped as much by the practical difficulties of psychotherapy for offenders, and subjective assessments of an offender's performance with their doctor, as by any medical theories of aetiology and cure. Limited access to psychotherapy, its uncertain status as neither punishment nor guaranteed cure, and the requirement for patients to engage proactively in the process of psychotherapy itself, were all important considerations in selecting patients for treatment. However, these selection criteria were not seen as purely practical and became confused with diagnostic guidelines. Judgements about suitability for treatment were entangled with diagnoses of disorder and deviance, and at times a failure to meet the selection criteria was read as a sign of the presence of a specific type of disorder: namely, constitutional and incurable perversion.

3 Diagnosing deviance

The criteria for a potentially suitable sexual offender for medical treatment were widely agreed upon in the 1930s and largely codified by 1949 (figure 1).[39] Alongside the practical considerations of length of sentence and the presence or

---

38 Report of Prisons, 1936, p. 63.
39 Figure 1 is from Report of the Commissioners of Prisons for the Year 1949. H. M. Stationery Office. London 1950, p. 73. The same criteria appear in W. Calder: The Sexual Offender. A Prison Medical Officer's Viewpoint, in: British Journal of Delinquency 6/26 (1955), p. 26–40; and John J. Landers, D. S. Macphail, R. Cedric Simpson: Group Therapy in H. M. Prison, Wormwood Scrubs. The Application of Analytical Psychology, in: The British Journal of Psychiatry 100/421 (1954), p. 953–960.

absence of insanity, mental defect or organic brain disease sat several measures designed to root out the undeserving and thereby to protect treatment programmes from accusations of providing a route for offenders to avoid punishment. Exclusionary criteria of a lack of zeal and co-operation or an attitude suggestive of "ulterior motives" in seeking treatment addressed this directly and demanded a persuasive performance from the offender. Only those who could convincingly demonstrate a desire to undergo treatment in the genuine hope of curing their disorder could be accepted for psychotherapy, and any semblance of deception to obtain access to medical specialists or a lack of enthusiasm or participation in the process would transform even the most promising case from hopeful to untreatable.

In the selection of cases for treatment it was found necessary to exclude all prisoners who had less than 4 months of their sentences to serve, and few cases were accepted above the age of 35. In addition, the following types were considered unsuitable for treatment :—

(a) Those who are certifiable under either the Lunacy or Mental Deficiency Act.

(b) Those who are suffer·.g from permanent organic cerebral changes.

(c) Those who show intelligential inferiority of such a degree as to render them incapable of co-operating in treatment.

(d) Those who do not exhibit a genuine anxiety for cure.

(e) Those who are unwilling to co-operate in measures designed to modify their abnormal practices.

(f) Adult prisoners whose criminal activities show evider.e of marked chronicity.

(g) Adolescents whose abnormality has existed from an early age and is combined with a closely related psychopathic heredity.

(h) Those showing excessive resentment or undue resignation at their conviction or sentence.

(i) Those whose attitude suggests that they have ulterior motives in seeking treatment.

Subject to these general contraindications all prisoners are submitted for investigation who are (a) recommended by the Courts or (b) regarded as suffering from psychological abnormalities which are amenable to psychotherapy.

73

Fig. 1: Extract from the Report of the Commissioners of Prisons for the Year 1949.

However, from their origins as a method of apportioning limited rations of therapy, judgments from doctors regarding an honest desire for cure and a readiness to engage with medical processes involved determining the presence of treatable sexual disorders in the first place. The very fact of an offender displaying shame and disgust at their acts and earnestly requesting medical treatment were soon seen as a symptom of obsessional or circumstantial disorders that were thought to respond well to psychotherapy. In a collection of essays Dr. East asserted that "an obsessional patient usually admits and deplores his weakness", and is prepared to take steps to address it, "whereas a denial suggests shame for an act appreciated as disgraceful, and not regarded as pathologically excusable by the offender". Implying that he would accept the offender's judgement of whether or not his offence was pathological, he was confident that the obsessional patient, who could be identified by their desperation for cure, would indeed benefit from treatment.[40]

In something of a vicious cycle, therefore, the offender's performance of contrition, disgust and desire for treatment and cure had to be considered with a view to their suitability for psychotherapy in prison, but the performance also contributed to diagnosis, which in turn fed into beliefs about who could and could not be cured. This relationship played out in case studies from the 1930s and was re-enacted in the 1960s by Russell George. In the 1930s, sexual offenders who showed no desire to change were often categorised as "constitutional perverts" or "perverted personalities", driven by something far more integral than an obsession or neurosis that could be eased by psychotherapy. Of one offender given as an example of the "sexually perverted personality", it was said by his doctor that his "attitude was one of self-satisfaction" and "his co-operation would have been entirely negative if treatment had been seriously attempted". It seemed that the very fact of his self-satisfaction contributed to his diagnosis as a "constitutional pervert", and his possible lack of co-operation would have presented practical difficulties for psychotherapy.[41] Similarly, another offender "considered that he was unjustly treated and was unable to appreciate the fact that his callous conduct was an affront to decency", an observation that led his doctor to refer to an "abnormal sexual constitution" and a fixed "generalized moral abnormality" that defied current treatment options.[42]

In the case of Russell George, although he initially felt that any medical interventions would be "pointless" and a "big waste of money", his son persuaded him to support the suggestion from his lawyer that he should receive treatment instead of imprisonment. Devastated and suicidal following his brief experience of prison, George appeared far from self-satisfied or without remorse. He agreed to any and all of the conditions proposed and was prepared to pay for daily consultations with a psychiatrist, demonstrating his enthusiasm for cure through this considerable expenditure. Looking back after treatment, and possibly reflecting an understanding of deviance that he had acquired from his psychiatrist, he acknowledged that he had put "work, my job, my position, my family, my home" all "in the

---

40 East: Medical Aspects of Crime, p. 193. This is a reproduction of his 1924 essay on exhibitionism, reprinted in this collection with only one change: the addition of these comments. Apparently Dr. East's diagnostic views had solidified in the intervening decade.

41 East, Hubert: The Psychological Treatment of Crime, p. 95.

42 East, Hubert: The Psychological Treatment of Crime, p. 118.

balance over and over again" in order to offend, as though his sexual deviance had been beyond his control. "Mad, I must have been mad", he concluded.[43]

Although the idea of sexual deviance as suggestive of mental disorder was alien to Russell George at first, an educated insight into the subject of sexual pathology was indicative of co-operation and a positive attitude towards change for doctors assessing potential patients in the 1930s and 1940s. One offender from the 1930s convicted of stealing women's clothes to wear and classed as a sexual offender was said to be "concerned about his condition" and had "studied psychoanalytic literature in order to gain some insight". Largely thanks to this, it was concluded that treatment "should prove of benefit to him in spite of his bad recidivist history".[44] Another of "the sexually perverse constitutional type" had studied Jung and Adler, and was "co-operative in treatment and showed himself to be of good intelligence with the capability of obtaining a fair degree of psychological insight". Despite his unpromising diagnosis, treatment was deemed as successful as it could possibly have been in the short time available.[45] This active interest, displayed through relevant reading and intelligent discussion with the doctor, was taken as a sign that offenders felt themselves to be the victims of illness, like Dr. East's obsessional patient who detested his "weakness" and desperately hoped for change. Russell George did not mention any independent reading on the subject that he may have undertaken, but his level of general education and social status as an affluent retired engineer would not have caused his doctors to doubt his potential for gaining insight.

Intelligence as well as enthusiasm, therefore, was not simply a factor in assessing whether an individual would participate effectively in psychotherapy but could be read as an indicator of treatment's success. It was, unsurprisingly, often conflated with education and class. An 18-year-old of limited schooling classed as a sexual sadist and said to have a "complete lack of experience in verbalizing his mental content" gave an unimpressive performance that led to a diagnosis of "mental subnormality" and rejection from the treatment programme.[46] In contrast, a freelance journalist who should have presented a challenging prospect, since he "showed strong evidence of a sexually perverted constitution", turned out to be "extremely co-operative and developed considerable psychological insight in relation to his problems". His prognosis was thought to be excellent.[47] Although the potential of group therapy for helping patients was

---

43 Parker: The Twisting Lane, p. 39–40 and p. 31.
44 East, Hubert: The Psychological Treatment of Crime, p. 124.
45 East, Hubert: The Psychological Treatment of Crime, p. 147.
46 East, Hubert: The Psychological Treatment of Crime, p. 121.
47 East, Hubert: The Psychological Treatment of Crime, p. 143.

recognised when it was introduced in the 1940s, since "many offenders who would be assessed as unsuitable for individual psychotherapy can be treated in a group", the criteria for being transferred and accepted into the special unit at Wormwood Scrubs prison did not change.[48]

In some cases a lack of co-operation contributed to diagnoses that ruled out treatment, while in other cases of offenders with a similar history, a display of education and insight could persuade the doctor that treatment would succeed. That these restrictions might favour the wealthy over the poor has not gone unremarked by historians who research the pathologisation of deviance.[49] The assessment of intelligence was one factor highlighted by Dr. Calder who observed that the "more intelligent, highly educated men who are most suitable for psychotherapy are apt to come from the higher income groups; the more dull and less literate men come as a rule from a less fortunate section of the community [...]. One law for the rich and one for the poor!"[50] An offender of good standing, free from any or many previous offences, stood at the opposite end of the medical and social scale to the hardened recidivist and was more likely to be recognised as medically treatable.

To explain sexual deviance amongst those of previously good character, doctors argued that an otherwise irreproachable individual could be driven to sexually perverted behaviour by a particular stressor. Such a case would be a good prospect for treatment, with no constitutional factors and an obvious potential for cure if the doctor could identify the particular cause. Dr. East described the case of a widower who had sent his daughter "on the streets so that he could view her relations with the men she took home", but his explanation for such conduct was that the man had regressed to the "more primitive sexual aim" of "looking" after his wife's death.[51] This suggested a turn of events with its own logic and without a consciously unsavoury motive and positioned the case as one of recent, not chronic or constitutional, deviance. In another case study, Dr. East described "a man of middle age" who "was thrice found guilty of exposing himself". Again, this was understood to have been precipitated by a particular event that removed the normal object of his sexual attention. Eighteen months before his offences his "wife after several years of happily-married life denied him

---

48 Report of Prisons (1949), p. 80.
49 For example, see Frank Mort: Dangerous Sexualities. Medico-Moral Politics in England since 1830. London 1987, especially the first section on the period 1830–1860; Joanna Bourke: Rape. A History from 1860 to the Present Day. London 2007.
50 Calder: The Sexual Offender, p. 35.
51 East: The Interpretation of Some Sexual Offences, p. 421.

any further access".[52] Psychological disorder such as a sudden regression or neurosis could thus explain the normally respectable man's offence without directly challenging his character or morals.

The best candidate for treatment was, therefore, identifiable through his intellect and attitude towards his offence. Practically speaking, doctors could not offer treatment to all sexual offenders, and nor did their early efforts suggest that this would prevent future crime in all cases, since so many offenders appeared "unsuitable" for treatment. Exclusionary criteria were founded upon the require-ments of individual psychotherapy and the need to identify only the most promis-ing prospects for treatment, but they were also blurred with diagnoses of untrea-table "constitutional" disorder on the one hand, and obsessional or neurotic problems on the other. By the mid-1960s and Russell George's sixth trial, his status as a wealthy and well-educated widower with no history of other crimin-ality or perversion and his dedication to the prospect of treatment and cure would have assisted his case for psychiatry instead of prison and would have persuaded the medical profession of his suitability and diagnosis as well. Medicine may have attained some confidence in dealing with sexual deviance, but diagnosis had been shaped, if not distorted, by the demands of treatment within the criminal justice system and subjective assessments of patient personalities.

4 The patient

One aspect of this story is still to be uncovered: the experience of receiving medical treatment to change sexual behaviour. Interpreting this is not without problems, not least of which is the fact that articulate and often affluent men, especially writers, whose same-sex attraction constituted their offence and who encountered medical interventions from the 1950s onwards, are vastly over-represented in the existing sources. The opprobrium still connected to other forms of sexual deviance has silenced many. Added to this is the fact that any accounts of patient experiences do not offer unmediated access to its realities but are as carefully constructed and widely influenced as any other form of writing.[53] Nor can we untangle here the complex relationships between medical practices and diagnoses, and the views of patients about their own sexual behaviours and

---

52 The Interpretation of Some Sexual Offences, p. 421; An Introduction to Forensic Psychiatry in the Criminal Courts, p. 307–308.
53 Angela Woods: Rethinking "Patient Testimony" in the Medical Humanities. The Case of Schizophrenia Bulletin's First Person Accounts, in: Journal of Literature and Science 6/1 (2013), p. 38–54.

identities. As a result of these difficulties and many more, generalisations are impossible. However, some of the opinions, thoughts and reactions of a small number who encountered medicine as treatment for sexual deviance serve here as a reminder of the human side of sexological innovation.

From the 1930s, individuals received medical advice or treatment in relation to their sexual behaviour from a variety of sources, and reported an equally wide range of impressions of the medical profession. General practitioners, often the first point of contact for those who worried privately about their sexual behaviour, did not impress and often seemed to their patients "perplexed by their disclosure" and to have "little empathy for their patients' situation".[54] One reacted to his young patient's concerns about same-sex attraction with an abrupt "Don't be stupid", dismissing him on the grounds that he would "grow out of it" and leaving him "utterly miserable".[55] Some psychiatrists and nurses also provoked great distress in patients who were stunned by their lack of compassion, to the extent that they struggled to find the words to convey their shock, even decades later.[56] Others were more circumspect in their reactions. Wilfred Johnson, in prison for sexual assault, had signed up to see "the doctor from the Home Office" but was taken aback by the individual he met. Doubtful of his doctor's professionalism, Wilfred pondered that you "wonder where they get some of them from, don't you? To my mind he wasn't like a doctor at all".[57] Equally bemused on first meeting his psychiatrist was Russell George, who reflected that he "didn't know at all what to make of him". He explained that he had "never met one before" but concluded that his must have been typical: "I gather they're all pretty much the same".[58]

Some medical professionals were remembered positively, such as the "young student nurse" who "was fantastic; we had such a laugh together [...] I used to do impressions of the Matron, and we would be rolling about laughing".[59] Tellingly, the nurse was remembered for having offered an escape from treatment by assisting her patient in lying about its success. A pragmatic approach was also

---

54 Tommy Dickinson et al.: "Queer" Treatments. Giving a Voice to Former Patients Who Received Treatments for Their "Sexual Deviations", in: Journal of Clinical Nursing, 21/9–10 (2012), p. 1345–1354, p. 1349. This view echoes the impression of GPs in Lesley Hall: "Somehow Very Distasteful": Doctors, Men and Sexual Problems between the Wars, in: Journal of Contemporary History 20/4 (1985), p. 553–574.

55 Pete Price, Adrian Butler: Pete Price. Namedropper. Liverpool 2007, p. 33.

56 Dickinson et al.: "Queer" Treatments, p. 1350.

57 Parker: The Twisting Lane, p. 51.

58 Parker: The Twisting Lane, p. 32.

59 Tommy Dickinson: Mental Nursing and 'Sexual Deviation'. Exploring the Role of Nurses and the Experiences of Patients, 1935–1974. dissertation, University of Manchester 2012, p. 248.

appreciated within Wormwood Scrubs, where Rupert Croft-Cooke, convicted of gross indecency, came to enjoy his conversations with an "intelligent-looking little man", the visiting psychiatrist, who expressed sympathy for his position and debated the state of the law with him instead of proposing or even discussing any form of cure.[60]

When it came to medical treatment in prisons, the most common critique was that the nation laboured under a sad delusion regarding its existence. Rupert Croft-Cooke took stock of the situation at Wormwood Scrubs and reported that "there were a few men in a psychiatric ward in the hospital, the only one among all the prisons in the country". He reflected that when "judges promise treatment in prison to unlucky sex offenders given long sentences they do not perhaps realize that there is one psychiatrist to twenty-five thousand prisoners".[61] Similarly, the authors of *The Truth about Dartmoor* reflected upon the case of a fellow prisoner whose hobby, they said,

> had been cutting the posteriors of small boys. Such peculiarities in England are considered as crimes, not diseases [...]. When judges blandly tell such men, 'you will be treated in prison; you should be cured by the end of your sentence', do they realise that the number of psychiatrists employed by the Prison Commissioners is – just one? And that one is permanently stationed at Wormwood Scrubs.[62]

The anonymous author of *Prison and After: The Experience of a Former Homosexual* also agreed that at "no time during my imprisonment was there any reference to the psychological treatment promised by the Judge", and that it was in fact "an illusion – one, I may add, that is still widely held in judicial circles".[63] Journalist and former prisoner Peter Wildeblood similarly concluded that at "Wormwood Scrubs, which is so often pointed out as a centre for the psychological treatment of offenders, the facilities for such treatment were not so much inadequate, as virtually absent". He reported meeting "many men who had been told by judges that they were being sent for three, or five, or seven years to a place where they would be properly looked after" but that "nothing whatever was being done for them. Out of 1,000 prisoners at the Scrubs, only 11 were receiving psychiatric treatment at the time I was there".[64] The contradiction between the beliefs in public circulation and the realities of patient experiences in prison was

---

60 Rupert Croft-Cooke: The Verdict of You All. London 1955, p. 121–124.
61 Croft-Cooke: The Verdict of You All, p. 221–???.
62 George Dendickson, Frederick Thomas: The Truth About Dartmoor. London 1954, p. 167.
63 'J. D.': Prison and After, in: The Howard Journal of Criminal Justice 9/2 (1955), p. 118–124, p. 121.
64 Peter Wildeblood: Against the Law. London 1959 [1955], p. 186–187.

felt to be stark and was no doubt a reflection of the limited means for treatment and the rigorous criteria for inclusion under which doctors largely operated.

A handful of male prisoners did receive treatment, but they were a minority. By the 1960s, Wilfred Johnson had embraced the belief that his indecent assaults may be symptoms of disorder, describing it as a "kind of illness almost that you're suffering from, it descends on you, it's like a malady come upon you". However, when he asked to see the specialist doctor in prison, the reaction from the psychiatrist was to ask: "Why haven't you tried to get treatment for yourself while you were out, instead of waiting till now?" He abruptly told Johnson that "there's no treatment we can give you, so you're wasting my time", upsetting his potential patient greatly.[65] Perhaps Johnson was insufficiently convincing in his performance of contrition and desire for cure, perhaps the psychiatrist suspected a constitutional perversion, or perhaps resources were simply too limited for treatment to be attempted. This experience was echoed by Norman, who had a large number of convictions for assault and rape. Upon arriving in prison for the first time, he reported that he "asked for treatment or help of some kind, but I was told there wasn't any, it was up to me to go and see a doctor myself when I got out".[66]

Some, including Russell George, ultimately accepted treatment only as an alternative to prison. "Nobody ever suggested to me I ought to try and do something about it, have treatment or something like that – but if they had, I wouldn't have paid attention to them", he admitted of his younger self. He remembered thinking of his sexual assaults as "just a little fault I had, nothing serious, not even worth talking about".[67] Another man feared prison because "if the other inmates found out what I was in there for, well, I just thought they would kill me". Of treatment he said that "I knew it was not going to make me straight, I didn't want it to, but it seemed a better option than prison".[68] Indeed, Russell George's account is rather an exception given his description of treatment while on probation as being helpful. Trevor Thomas's psychiatrist was "a Freudian, unfortunately for me. If he'd been Jungian he'd have probably said, go your way". He struggled to convince himself that he was cured as it would "solve a lot of professional problems" and make others happy, but it proved so fruitless that his psychiatrist simply gave up.[69]

---

65 Parker: The Twisting Lane, p. 51–52.
66 The Frying-Pan. A Prison and its Prisoners. London 1970, p. 181–182.
67 Parker: The Twisting Lane, p. 31 and p. 39.
68 Dickinson et al.: "Queer" Treatments, p. 1349.
69 Jeffrey Weeks, Kevin Porter: Between the Acts. Lives of Homosexual Men 1885–1967. London 1998, p. 85–86.

Others, in contrast, were concerned that the option of treatment while on probation was a neglected opportunity. Wilfred Johnson reflected regretfully that at the time of his first conviction, in 1945, "they didn't seem to be even thinking of probation at all for my sort of case".[70] Richmond Harvey bemoaned the case of someone he met in prison, a clergyman with convictions for "offences against boys": "Despite Counsel's plea that the accused was prepared to enter a home and undergo any form of treatment that medical science might prescribe", he was "packed him off to a gaol for another four years, to live the life of an ordinary prisoner, and to return to the world with his impulses unchecked".[71] To fellow-prisoner Harvey he seemed to be in need of medical treatment, but whether medical advice or a judge's opinion was the deciding factor in the final decision, he was not seen as a suitable candidate for anything other than traditional punishment.

Others were sufficiently disillusioned after volunteering for treatment that they resorted to lying to put an end to it. One recalled the "eureka moment" in which he realised that this would be possible. He wondered, "how do the doctors actually know what I'm thinking?", and then "knew I would have to start lying about my feelings if I ever wanted to get out".[72] Another simply said that he had "lied, and told them that it had worked", and was discharged shortly afterwards.[73] The fact that patients felt the need to deceive doctors and that they also felt able to do so suggest that, for some, the idea of medical expertise quickly became unconvincing and could easily be overcome. It seems possible that some patients within prisons performed equally convincing displays of cure, potentially distorting medical research and theories of types of disorder and their susceptibility to treatment.

While physical therapies provoked the strongest reactions, even psychotherapy could inspire unhappy memories. After release from prison following a conviction for "importuning", Nat Burke was persuaded by the managers of his hostel to "go and try treatment as an out-patient at a psychiatric clinic". Years before, he had been "given pills to subdue my sexual instincts" which led him to be doubtful that medicine had anything more to offer, but he decided to try and was sent to a "Jesuit psychologist, who ran a psychiatric clinic attached to a church in south London". This therapist, Burke recalled, told him repeatedly that all he was "just a dirty little boy". "Every time I saw him", Nat reported, "he hammered away at this theme, telling me to repent and give up my 'unnatural'

---

70 Parker: The Twisting Lane, p. 55.
71 Richmond Harvey: Prison from Within. London 1937, p. 261.
72 Dickinson: Mental Nursing and 'Sexual Deviation', p. 250.
73 Dickinson: Mental Nursing and 'Sexual Deviation', p. 248.

practices". Nat was so distressed by this experience that he "ran away, I literally ran away from his church one night after seeing him". Having lost his hostel place he lived on the streets and it was many years before he could seek treatment again, ultimately for alcoholism.[74] Others experienced psychoanalysis as unsatisfactory, although less traumatic. Thomas Worsley found it "on the whole a disappointing experience. I expected too much, no doubt; I certainly didn't find a solution, much less a cure".[75] Thomas Trevor concluded that it "didn't work of course. Fortunately".[76] One anonymous man found it a "long and painful experience" costing "considerable effort and expense", which in the end failed entirely.[77] For some, there may have been benefits, but medical treatments were primarily remembered negatively.

Whether or not those who were seen as sexually deviant believed that a cure was possible or even desirable, engaging with the medical profession was commonly a fraught experience. In some cases, treatment was physically painful and for others, emotionally wrought. Medical staff was described as unsympathetic and unhelpful, easily fooled, arrogant, hypocritical, cruel, confused and incapable, but also at times as gifted and compassionate, charming, clever, funny, tolerant and kind. Treatment was both actively sought and imposed in situations of limited choices or capacity for consent, lasting from a few days to years and incorporating most of psychiatry's arsenal. Some patients were grateful, others resentful, and some felt that they were still suffering the after-effects decades later.

The late adoption of the study of sexual deviance, its roots in criminology and its limited resources ensured that the theories and practices of doctors in Britain were restricted in scope, focused upon determining who in the criminal population could *not* be successfully treated, and prone to confusing practical and diagnostic considerations. For each patient like Russell George who happily announced their cure, many more were deemed ineligible for medical attention or dismissed as incurable. Of those few who were treated, the extent to which their performances of contrition, co-operation, intelligent insight and even cure shaped medical theories poses questions about the foundations of contemporary understandings of disorder and deviance. However, the very fact that medical treatments were offered, and that some wholeheartedly believed themselves to be ill because of their sexual behaviour, indicates the extent to which sexological theories had been able to take hold in Britain by the mid-twentieth century.

---

74 Parker: The Twisting Lane, p. 129–130.
75 T. C. Worsley: Flannelled Fool. A Slice of Life in the Thirties. London 1967, p. 211–212.
76 Weeks, Porter: Between the Acts, p. 65.
77 'J. D.': Prison and After, p. 122.

References

Anon.: Children's Moral Welfare, in: British Medical Journal 1/3937 (1936), p. 1261–1262.

Anon.: Criminal Science, in: The Magistrate. November/December (1940), p. 333–334.

Anon.: Probation at Mental Hospital. A Legal Experiment, in: British Medical Journal 1/4021 (1938), p. 260.

Anon.: Sexual Psychology and Pathology, in: British Medical Journal 1/2145 (1902), p. 339–341.

Anon.: Sir Norwood East, M.D., F.R.C.P., in: British Medical Journal 2/4844 (1953), p. 1050–1051.

Anon.: The Interpretation of Some Sexual Offences, in: Journal of Mental Science 71/294 (1925), p. 410–412.

Anon.: The Modern Psychiatric Approach to Crime, in: Journal of Mental Science 85/357 (1939), p. 649–666.

Sean Brady: Masculinity and Male Homosexuality in Britain, 1861–1913. Basingstoke 2005.

Gunnar Broberg, Nils Roll-Hansen: Eugenics and the Welfare State: Sterilization Policy in Denmark, Sweden, Norway, and Finland. East Lansing, MI 1996.

W. Calder: The Sexual Offender. A Prison Medical Officer's Viewpoint, in: British Journal of Delinquency 6/26 (1955), p. 26–40.

E. Roy Calvert, Theodora Calvert: The Lawbreaker. A Critical Study of the Modern Treatment of Crime. London 1933.

Harry G. Cocks: Saucy Stories. Pornography, Sexology and the Marketing of Sexual Knowledge in Britain, c. 1918–70, in: Social History 29/4 (2004), p. 465–484.

F. J. O. Coddington: The Psychological Treatment of Crime 1933–1939, HO 45/18736, File 438456/37, The National Archives (London).

Macdonald Critchley: Neville George Clevely Heath, in: James H. Hodge (ed.): Famous Trials 5. London 1955, p. 55–106.

Rupert Croft-Cooke: The Verdict of You All. London 1955.

Ivan D. Crozier: The Medical Construction of Homosexuality and its Relation to the Law in Nineteenth-Century England, in: Medical History 45/1 (2001), p. 61–82.

J. D.: Prison and After, in: The Howard Journal of Criminal Justice 9/2 (1955), p. 118–124.

George Dendickson, Frederick Thomas: The Truth about Dartmoor. London 1954.

Tommy Dickinson: Mental Nursing and 'Sexual Deviation'. Exploring the Role of Nurses and the Experiences of Patients, 1935–1974. dissertation, University of Manchester 2012.

Tommy Dickinson et al.: "Queer" Treatments. Giving a Voice to Former Patients Who Received Treatments for Their "Sexual Deviations", in: Journal of Clinical Nursing 21/9–10 (2012), p. 1345–1354.

Laura L. Doan: Disturbing Practices. History, Sexuality, and Women's Experience of Modern War. Chicago 2013.

David Garland: British Criminology Before 1935, in: British Journal of Criminology 28/2 (1988), p. 1–17.

Edward Glover: The Diagnosis and Treatment of Delinquency, Being a Clinical Report on the Work of the Institute during the Five Years 1937 to 1941. Institute for the Scientific Treatment of Delinquency. London 1944.

Edward Glover: The Social and Legal Aspects of Sexual Abnormality. Institute for the Scientific Treatment of Delinquency. London 1947.

Phyllis Grosskurth: Havelock Ellis. London 1980.

J. A. Hadfield: Some Aspects of the Psychopathology of Sex Perversions, in: Proceedings of the Royal Society of Medicine 29/8 (1933), p. 1022–1023.

Lesley Hall: Disinterested Enthusiasm for Sexual Misconduct: The British Society for the Study of Sex Psychology, 1913–1947, in: Journal of Contemporary History 30/4 (1995), p. 665–686.

Lesley Hall: Hidden Anxieties. Male Sexuality, 1900–1950. Cambridge 1991.

Lesley Hall: "Somehow Very Distasteful": Doctors, Men and Sexual Problems between the Wars, in: Journal of Contemporary History 20/4 (1985), p. 553–574.

Lesley Hall: The English Have Hot-Water Bottles: The Morganatic Marriage Between Sexology and Medicine in Britain since William Acton, in: Roy Porter, Mikulas C. Teich (eds.): Sexual Knowledge, Sexual Science. The History of Attitudes to Sexuality. Cambridge 1994, p. 350–366.

M. Hamblin Smith: The Mental Conditions Found in Certain Sexual Offenders, in: The Lancet 203/5248 (1924), p. 643–646.

M. Hamblin Smith: The Psychology of the Criminal. Methuen & Co. London 1933.

Richmond Harvey: Prison from Within. London 1937.

Philip Jenkins: Moral Panic. Changing Concepts of the Child Molester in Modern America. New Haven, CT, London 1998.

T. F. Keenan, T. Claye Shaw, Charles Mercier: Psycho-Analysis, in: British Medical Journal 1/2770 (1914), p. 275–276.

John J. Landers, D. S. Macphail, R. Cedric Simpson: Group Therapy in H.M. Prison, Wormwood Scrubs. The Application of Analytical Psychology, in: The British Journal of Psychiatry 100/421 (1954), p. 953–960.

Charles Mercier: Psycho-Analysis, in: British Medical Journal 1/2768 (1914), p. 172–173.

Frank Mort: Dangerous Sexualities. Medico-Moral Politics in England since 1830. London 1987.

Claud Mullins: Crime and Psychology. Methuen & Co. London 1943.

William Norwood East: An Introduction to Forensic Psychiatry in the Criminal Courts. J & A Churchill. London 1927.

William Norwood East: Medical Aspects of Crime. London 1936.

William Norwood East: Neville Heath, HO 144/22872, The National Archives (London).

William Norwood East: Observations on Exhibitionism, in: The Lancet 204/5269 (1924), p. 370–375.

William Norwood East: Sexual Offenders, in: L. Radzinowicz, J. W. C. Turner (eds.): Mental Abnormality and Crime. Introductory Essays. London 1944, p. 177–207.

William Norwood East: Some Cases of Mental Disorder and Defect seen in the Criminal Courts, in: Journal of Mental Science 66/275 (1920), p. 422–438.

William Norwood East, William Henry de Bargue Hubert: The Psychological Treatment of Crime. H. M. Stationery Office. London 1939.

T. C. Worsley: Flannelled Fool. A Slice of Life in the Thirties. London 1967.

Tony Parker: The Frying-Pan. A Prison and its Prisoners. London 1970.

Tony Parker: The Twisting Lane. London 2013 [1969].

Roy Porter: Madness. A Brief History. Oxford, New York 2002.

Pete Price, Adrian Butler: Pete Price. Namedropper. Liverpool 2007.

H. R.: Review of 'Psychopathia Sexualis', by Dr. R. von Krafft-Ebing, in: Journal of Mental Science 37/156 (1891), p. 152–154.

Dean Rapp: The Early Discovery of Freud by the British General Educated Public, 1912–1919, in: Social History of Medicine 3/2 (1990), p. 217–243.

J. R. Rees: Prognosis in the Sexual Neuroses, in: The Lancet. 225/5825 (1935), p. 948–949.

J. P. Sturrock: The Mentally Defective Criminal, in: Journal of Mental Science 59/245 (1913), p. 314–325.

J. F. Sutherland: Recidivism regarded from the Environmental and Psychopathological Standpoints, in: Journal of Mental Science 53/223 (1907), p. 568–590.

F. H. Taylor: Homosexual Offences and their Relation to Psychotherapy, in: British Medical Journal 2/4526 (1947), p. 525–529.

Nikolaus Wachsmann: Hitler's Prisons. Legal Terror in Nazi Germany. New Haven, CT, London 2004.

Jeffery Weeks, Kevin Porter: Between the Acts. Lives of Homosexual Men 1885–1967. London 1998.

Nesta H. Wells: Sexual Offences as Seen by a Woman Police Surgeon, in: British Medical Journal 2/5109 (1958), p. 1404–1408.

Peter Wildeblood: Against the Law. London 1959 [1955].

Angela Woods: Rethinking "Patient Testimony" in the Medical Humanities. The Case of Schizophrenia Bulletin's First Person Accounts, in: Journal of Literature and Science 6/1 (2013), p. 38–54.

Namensregister